唐 玄 宗 传

许道勋　赵克尧 著

人民出版社

目　　录

引　言

　　继《唐太宗传》出版之后,《唐玄宗传》历史传记的编写就上手了。转眼间,又是四年多! 至今才把它献给读者,似乎为时已晚矣。

　　唐朝最杰出的帝王莫过于唐太宗,其次是谁呢? 如果撇开女皇武则天不论的话,就得推唐玄宗了。宋代史学家欧阳修说:"唐有天下,传世二十,其可称者三君,玄宗、宪宗皆不克其终,盛哉,太宗之烈也!"①这里,所谓"传世二十",指的是李唐帝王世系,不包括武则天。所谓"可称者三君",即太宗、玄宗、宪宗,基本上符合历史事实。据载,唐宪宗嗣位之初,曾研读列祖的历史实录,"见贞观、开元故事,竦慕不能释卷。"他无限地感叹:"太宗之创业如此,玄宗之致理如此,既览国史,乃知万倍不如先圣。"②的确,宪宗比起"先圣"逊色得多,唐史上最"可称者"无疑是太宗和玄宗。

　　任何杰出的历史人物的出现,都是社会时代的需要。从隋末丧乱到唐初"大治"的创业时期,产生了唐太宗。而由初唐到盛唐的长期的发展时期,造就了唐玄宗。一个是"治世"之主,一个是"盛世"之君,他们的事迹犹如两座丰碑耸立在近三百年的唐朝历史上。唐穆宗说:"我国家贞观、开元,同符三代,风俗归厚,礼让皆行。"③唐文宗说:"我每思贞观、开元之时,观今日之事,往往愤

---

①　《新唐书·太宗本纪》赞曰。
②　《旧唐书·宪宗本纪下》史臣蒋系曰。
③　《旧唐书·钱徽传》。

气填膺耳。"①这些是歌功颂德。然而,贞观、开元并称,历代公认。倘若没有"贞观之治"与"开元盛世",唐朝历史就不可能显得如此光彩夺目。

评论历史人物要作比较。唐太宗享年五十二岁,在位仅二十三年,虽然贞观后期不如前期,但对他评价几乎是一致的肯定。唐玄宗享年七十八岁,在位长达四十五年。早年与太宗有相似的经历,从生死夹缝中奋斗过来,才登上皇帝的宝座。开元初期,励精图治,兢兢业业,蓬勃向上,取得了"贞观之风,一朝复振"的功绩。开元中期,好大喜功,不如初期。晚期以后,贪图享乐,荒于理政,又跟杨贵妃闹了一场动人的爱情故事。就在经济文化一直呈上升趋势的同时,唐玄宗政治上却是"滑坡"了。这样明显的反差,往往令人反思不已。安史之乱的暴风雨过后,歌舞升平的"盛世"消失了,回过头来一看,不难发现,唐玄宗走的是一条由明而昏的道路。于是,人们探讨的话题自然地集中到"开元之治"的得失上,集中到开元天宝治乱的殊异上。寻思的结果,没有获得共同的结论,以致千余年来对唐玄宗褒贬纷呈,莫衷一是。有的说他"本中主,遭变可与谋始,持成不可与共终。"②有的说他是半明半暗的君主,毁誉参半。有的着意刻画他与杨贵妃的爱情故事,寄以惋惜与同情。至今戏曲舞台上,还可看到明皇与贵妃的艺术形象,令人迷醉。因此,如何评价唐玄宗以及杨贵妃,仍是唐史研究的重要课题。

本书将以历史传记的体例,根据可靠的而不是虚构的史料,翔实地分析唐玄宗与杨贵妃的功过是非,尽力作出客观的评价。与已出版的通俗性传记不同,本书着重探讨唐玄宗之所以成为盛唐君主的社会条件,揭示唐玄宗与杨贵妃爱情生活的历史缘由。从

---

① 《旧唐书·文宗本纪下》。
② 《新唐书·崔群传》赞曰。

传主生平,可以看到整个时代的风貌,展现各种各样的群体集团、事件制度、经济生活、方伎科学、宗教迷信、礼仪习俗、社会心理等等。至于史料的发掘,力求在广度与深度上有所突破,总汇异说,考辨事实,以求真为宗旨。人物传记的前提,是生平履历的确凿。为此,对某些传记中的史实讹误,也将作出订正。本书末章《唐玄宗与杨贵妃传说的历史》,试图清理形形色色的猎奇故事是怎样编织起来的。其中,是假是真,略予说明。读者由此会明白唐玄宗与杨贵妃爱情故事流芳千古的历史原因。

第一章　青少年时代

唐玄宗(公元 685 年至 762 年),又称唐明皇,原名李隆基,因谥曰"至道大圣大明孝皇帝",所以自唐朝后期起常称"孝明皇帝"、"明皇"、"唐明皇"等。

他诞生那天,正是"垂拱元年秋八月戊寅"。① 戊寅即初五。唐玄宗多次说过:"朕生于仲秋,厥日惟五"。② 后来,每年八月初五定为"千秋节",这是盛唐时期全国性的喜庆大节日。垂拱元年八月五日,换算成公历,就是公元 685 年 9 月 8 日。

第一节　帝胄之家,幼年封王

隆基出身于李唐王朝的皇室之家,用古代诗人的话来说,也算是与常人殊异的"龙种"。曾祖父是唐太宗,祖父是唐高宗,祖母是武则天,父亲是武后嫡亲的小儿子唐睿宗李旦。这样显贵的帝胄之家,对于李隆基的生活道路与性格特征有着深刻的影响。

婴儿隆基呱呱坠地时,唐王朝已走过了六十八年的历程。这近七十年明显地分为 3 个阶段:武德开创时期,贞观、永徽大治时期,武则天转变时期。奔腾向前而又曲折多变的时代潮流,正在把唐王朝推向它的黄金时代。唐玄宗毕生七十八年的历史固然是他自己谱写的,但是他决不能随心所欲,而只能在先辈们历史活动的

---

① 《旧唐书·玄宗本纪上》及《太平御览》卷 111《皇王部》。

② 《册府元龟》卷 2《帝王部·诞圣》和《全唐文》卷 23 玄宗《千秋节宴群臣制》。

基础上进行。

　　唐高祖创业的情景似乎太遥远，没有给李隆基留下多少的追念。而在他的心目中，楷模则是曾祖父唐太宗。开元初期，以曾祖父的事业为榜样，出现了"贞观之风，一朝复振"的盛况。①

　　祖父唐高宗也无缘见过面，在隆基出生前一年八个月就逝世了。然而，"永徽之治"却给他留下美好的历史回忆。高宗亲政的永徽年间（公元650年至655年），继续推行轻徭薄赋政策，罢除军役与土木营建，留意救灾，平抑粮价；继承任贤致治政策，尊礼辅相，稳定政局；强调求谏，开献书之路，集思广益；制订《唐律疏议》，以完善封建法制。显而易见，所谓"永徽之治"实质上是"贞观之治"的延续。

　　就在永徽六年（公元655年），发生了一起对隆基家族和唐朝历史都有深远影响的事件，即武则天被立为皇后。武氏是一个很有本领、权术的女性。她跻身宫阙，从昭仪到皇后，是靠了各种有利的条件，其中之一就是利用了皇权与相权的矛盾。原来，唐高宗即位初，大权操于元舅长孙无忌之手。长孙无忌在维护"永徽之治"中起了一定的作用，但是，他为宰相三十年，窃弄威权，天下畏其威。这样，唐高宗深感处处受制约，要想加强皇权，必须削弱相权。对于长孙无忌这个长辈兼恩人的重臣，不能平白无故地剥夺其权力，也难以物色另一大臣与之抗衡，只能通过特殊手段来解决矛盾，而废原来的王皇后、立武昭仪则是解决这一特殊矛盾的较好途径。因为武则天"性明敏，涉猎文史，处事皆称旨"，②短短几年就已成为高宗理政的得力助手。为了达到当皇后的目的，她更是费尽心机，挫败力保王皇后的长孙无忌集团，使皇帝与元舅的特殊关系遭到破裂。武后既立，就毫不手软地把国舅贬逐于黔州，以至

----

① 《旧唐书·玄宗本纪下》史臣曰。
② 《资治通鉴》卷200显庆五年十月条。

"逼令自缢而死,籍没其家。"①这样,以废立皇后为契机,揭开了皇权与相权斗争的序幕;终以长孙无忌之死,宣告了皇权对相权的胜利。

历史常常喜欢捉弄人。唐高宗以立武后加强皇权,结果他本人却成了名义上的皇帝,一切大权掌握在武后手里。公元659年,长孙无忌被贬逐后,"自是政归中宫"。②过了一年,高宗患风疾,政事始由皇后处决。皇后权势与皇帝无异,当时称为"二圣"。公元674年,"皇帝称天皇,皇后称天后"。次年,由于唐高宗风疾愈来愈重,"不能听朝,政事皆决于天后。"高宗甚至准备下诏令让天后"摄国政",有人反对才作罢。③总之,终高宗之世,武则天以皇后身份操持权柄长达二十四年,展现了封建地主阶级的女政治家的杰出才能。

皇后执政是超越封建政治常轨的事,必将改变李唐王朝的历史进程。而对于武后的子孙们包括李隆基来说,这种局势却是他们赖以发迹乃至登上皇位的客观条件。果然,公元683年冬,唐高宗因病逝世于东都洛阳(后改神都)。武则天就把自己的儿子李显推上皇帝宝座,即唐中宗。可是,中宗却没有摸透母亲的意图,自作主张,依恃皇后韦氏及其外戚集团。这是太后武则天所不能容忍的。公元684年春,当了不到两个月皇帝的李显被废黜了,改封庐陵王,幽于别所。同时,武则天立小儿子豫王李旦为皇帝,即唐睿宗。睿宗虽贵为天子,实际上是傀儡。"政事决于太后,居睿宗于别殿,不得有所预。"④这标志着武则天以太后身份亲临朝政,向着当女皇帝的预定目标迈进了一大步。

就在那皇位急剧变动的年代里,隆基诞生于神都。母亲是窦

<hr>

① 《旧唐书·长孙无忌传》。
② 《资治通鉴》卷200 显庆四年八月条。
③ 《旧唐书·高宗本纪下》。
④ 《资治通鉴》卷203 光宅元年二月条。

氏,她出身高门,曾祖父是唐朝开国重臣窦抗。追溯历史,隋末李渊任弘化郡留守时,妻兄窦抗曾跑来劝说起兵。唐王朝建立后,窦抗地位显贵,"高祖(李渊)每呼为兄而不名也,宫内咸称为舅。"①窦抗的孙子,名叫孝谌,也就是李隆基的外祖父,历任太常少卿、润州刺史等职。孝谌有个女儿,"姿容婉顺,动循礼则,睿宗为相王时为孺人,甚见礼异。"②公元684年深秋,已当了半年皇帝的睿宗,特地册立窦氏为德妃。次年仲秋,生下一个男孩,取名隆基。可见,细论李隆基的父系与母系,还是有点远亲的血缘关系呢。

隆基有众多同父异母的哥哥与弟弟,他本人排行第三,时人亲切地称之为"三郎"。大哥名叫成器,其母刘氏是唐初名臣刘德威的孙女。睿宗居藩时,刘氏为妃。睿宗即位初,刘氏为皇后,而年仅六岁的成器以嫡长子身份被立为皇太子。二哥名叫成义,其母柳氏系掖廷宫人。生母虽然卑微,但由于成义初生时被视为"西域大树之精",③所以得到武后的喜欢,仍列于兄弟之次。至于几个弟弟,一是隆范,母亲崔孺人;二是隆业,母亲王德妃。范、业两弟比隆基略小一岁,都在垂拱三年(公元687年)以前出生。小弟弟隆悌,其母是宫女,出生较晚,却早年夭折。

总之,唐睿宗有六个儿子。垂拱三年(公元687年)闰正月,④除了皇太子成器外,其他皇子均封王,如成义为恒王、隆基为楚王、隆范为卫王、隆业为赵王。当时,隆悌尚未出世。而从隆悌死后,健在的五个合称"五王子"。据唐玄宗回忆说:"……尝号五王,同开邸第。远自童幼,泊乎长成,出则同游,学则同业,事均形影,无

①　《旧唐书·窦抗传》。

②　《旧唐书·后妃传上》。

③　《旧唐书·睿宗诸子传》。

④　《旧唐书·则天皇后本纪》作垂拱三年春正月,《资治通鉴》卷204作垂拱三年"闰正月丁卯"。《旧唐书·玄宗本纪上》及《太平御览》卷111《皇王部》作同年"闰七月丁卯"。今从前者。

不相随。"①这种和睦的兄弟关系,对于后来的政治争起了良好的作用,避免了"推刃同气"之类现象。

关于隆基的幼童生活,记载的都是零星的片断。像他这样的皇子多得很,谁会料到二十几年后他当皇帝所,以好事者还来不及编造"龙凤之姿"的离奇故事。幼小的隆基是平凡的,不过,史称"玄宗生而聪明睿哲"②也是事实。大概他长相漂亮,聪明伶俐,天真活泼,颇得祖母武则天的喜爱。据说,隆基始封楚王时,虚龄三岁,实足不到一岁半,武后抱着他在神都宫殿高楼上眺望,忽然,一不小心,将婴孩坠落地下。左右侍者惊呆了,慌忙跑下扶抱。而小隆基"怡然无亏损之状,则天甚奇之。"③此事不见于正史,是否虚构,不得而知。北宋编纂《册府元龟》时,将这个故事列入《帝王部·神助》类,其意图在于贬斥武则天的"篡唐",并把唐玄宗的帝业归结为"神助"的结果。这当然是别有用心。但是,可以肯定地说,幼时的隆基长得逗人喜爱,祖母武则天时常抱着他玩耍。在唐睿宗当皇帝的几年里,隆基因楚王的地位而显得尊贵,再加上武后的喜欢,也就更加得宠了。

第二节　父皇被废,初次"出阁"

好景不长。李隆基的命运随着其父睿宗被废而处于淡泊的境遇。他六岁那年,④公元 690 年,宫廷里发生了一场所谓"革命"事件。六十七岁的老祖母竟以惊人的魄力与勇气,举行了正式登基典礼,以唐为"周",改元"天授",尊号为"圣神皇帝"。武则天经

---

① 《全唐文》卷 40 玄宗《奠让皇帝文》。
② 《册府元龟》卷 18《帝王部·帝德》。
③ 《册府元龟》卷 26《帝王部·神助》。
④ 公元 690 年,武周"革命",则天称帝。隆基时年六岁。有的传记作"七岁",当属计算错误。

由数十年的奋斗,跨越重重政治障碍,最终如愿以偿,成为中国历史上唯一的女皇帝。很多封建史家对武周"革命"竞起口诛笔伐,其实,这是不公正的。历史上宫廷政变知多少,皇帝岂能一姓专有?评价帝王的功过,不可囿于男尊女卑的封建史观,应当看其对社会发展起了促进或者阻碍作用。就此标准来衡量,武则天执政期间采取的政治经济措施,基本上是起了积极的作用,所以她不失为地主阶级的女政治家。

既然武则天自己称帝,建立了周朝,原来的李姓皇帝怎么办呢?处置方法还算得体。降唐睿宗为皇嗣,赐姓武氏;宣布皇太子成器及隆基诸皇子为皇孙,也一律由"李"姓改为"武"姓。虽然睿宗本来就是傀儡,毫无实权,降为皇嗣并无实质性的影响,但丧失名义上的"皇帝",毕竟是不愉快的事。对于隆基来说,武周"革命"所造成的急剧变动,不能不在他幼小的心灵里留下阴影,而且必定会改变他未来的生活道路。

父皇被降黜以后,隆基诸兄弟再也不能住在禁宫里了。天授二年(公元691年),他们便纷纷"出阁"。① 所谓"出阁",本来是指皇室诸王出就藩封。隆基生于神都内宫,三岁时封楚王,因年幼依旧住在内宫。如今,父亲从皇帝宝座上下来了,他和兄弟们也就被迁出皇宫,美其名曰"出阁"。这里所谓"出阁",并不是指出就藩封,而是在神都(洛阳,武则天统治全国的政治中心)另外"开府

---

① 《册府元龟》卷46《帝王部·知识》曰:"天授二年,开府置官属,始年七岁"。《太平御览》卷111《皇王部》引《唐书》云:"天授二年十月戊戌,出阁,开府置官属,年始七岁。"上述记载确切。而今本《旧唐书·玄宗本纪》则作:"天授三年十月戊戌,出阁,开府置官属,年始七岁。"这里,自相矛盾。天授三年(公元692年),隆基八岁;如系七岁,当为天授二年。且天授三年九月已改元"长寿",故无"天授三年十月"之说。据《太平御览》所引《唐书》,"三"当"二"之讹。有一种解释:"七周岁时出阁,开府设置官属。"按:各种史籍均载出阁时"年始七岁",指虚龄,即六周岁。如果改为"七周岁",固然与"天授三年十月"之说相合,但与事实不符。

置官属",每月初一和十五日仍要到朝堂拜见女皇武则天。初次"出阁",前后不到两年。隆基七八岁了,略懂世事,看到了一些深宫里无法看到的东西,"出阁"对于他增长知识却大有好处。

据记载,就在"出阁"那年,有一次,隆基在官属拥扶下,来朝堂拜见祖母,车骑"严整",十分威风。当时担任宫中禁卫的金吾将军武懿宗,是武则天伯父武士逸之孙。武懿宗"忌上(玄宗)严整,诃排仪仗,因欲折之"。隆基责骂道:"吾家朝堂,干汝何事?敢迫吾骑从!"武则天得知此事,"特加宠异之"。①这个故事当是信史,反映了李隆基的英武倔强的性格。但是,如果认为"吾家朝堂"是指李唐王朝,隆基已有复兴李唐的朦胧意识,那就错了。试想,武则天刚刚称帝,睿宗及其诸子赐姓武氏,女皇统治正处于极盛时期,举国上下没有发生像过去徐敬业反抗那类事件。可见,复兴李唐尚未提到日程上来。在7岁孩子的心目中,"吾家朝堂"就是指祖母武则天的殿堂。当时,祖母与孙子的关系虽然已由亲热渐趋冷淡,但还没有出现裂痕,所以隆基不可能有改变祖母统治的闪念。假使真的是指李家王朝,武则天是决不会"特加宠异"的。"宠异"的原因在于对隆基果敢性格的赞赏。而且,所谓"宠异",无非是一种惊奇情绪,跟几年前的宠爱是大不相同的。

其实,上述故事倒是反映了武则天的儿孙们与侄子们之间的矛盾。也就是说,"吾家朝堂"即封建最高统治权力今后由谁来继承。武则天称帝,一方面以睿宗为皇嗣,另一方面重用武姓侄子,封武承嗣为魏王、武三思为梁王。武承嗣权势显赫,"自为次当为皇储。"②就在隆基兄弟"出阁"前不久,有一批人打着民意的幌子,

---

① 据《太平御览》卷111《皇王部》引《唐书》及《旧唐书·玄宗本纪上》记载,此事发生在隆基初次"出阁"时,"年始七岁",即天授二年冬十月。"朔望车骑至朝堂,金吾将军武懿宗……因欲折之。"如作"天授三年",或者改为"长寿元年冬十月",欠妥。
② 《旧唐书·外戚传》。

"请立武承嗣为皇太子。"这种活动遭到一些大臣的抵制。例如，李昭德说："皇嗣，陛下之子。陛下身有天下，当传之子孙为万代业，岂得以侄为嗣乎！"①传子还是传侄？这对于女皇帝来说确实是个难题。武则天终究屈从于"传之子孙"的传统观念，没有让武承嗣当"皇储"。但是，武氏侄子的实力地位急剧上升，给皇嗣造成了严重的威胁。回顾永昌元年（公元 689 年）正月初一，万象神宫祭拜时，武后初献，睿宗亚献，太子成器终献。及至长寿二年正月初一（公元 692 年 12 月 3 日），万象神宫祭拜时，女皇武则天初献，魏王武承嗣亚献，梁王武三思终献。在这样隆重的礼仪上，皇嗣没有出场，说明其处境已是十分不利的了。少年的隆基未必能理解父亲睿宗地位沉浮的政治背景，但对武家新权贵们的咄咄逼人的气焰还是感受到的。所以，"吾家朝堂，干汝何事"的斥骂，决不是偶然而发的，而是内心愤怒的倾泻。

第三节　磨难少年

隆基近九岁时，母亲窦氏和长兄成器的母亲刘氏，被秘密地杀害于禁宫。这是一场从"天"而降的灾祸。此后，父亲皇嗣的地位摇摇欲坠，隆基诸兄弟皆"入阁"，幽闭内宫，长达六年多。

（一）生母窦氏惨死

长寿二年正月二日（公元 692 年 12 月 4 日），即大享万象神宫的次日，窦氏和刘氏来到内宫嘉豫殿，拜见婆婆武则天。"既退而同时遇害，梓宫秘密，莫知所在。"②残杀的手段是何等的诡密，连尸骨都不知弄到哪里去了。直到十八年后，睿宗重新即位，追谥刘

---

① 《资治通鉴》卷 204 天授二年十月条。

② 《旧唐书·后妃传上》。

氏为肃明皇后、窦氏为昭成皇后,招魂葬于东都洛阳城南。

被杀的原因究竟是什么?据刘知几《太上皇实录》记载,女皇武则天身边有个"信任"的户婢,叫做韦团儿,"欲私于"皇嗣睿宗,结果被拒绝,因而"怨望,遂作桐人潜埋于二妃院内,潜杀之。"照此说来,这纯粹是一场宫廷女人之间的私斗。司马光主编《资治通鉴》时,已觉察到刘知几记载的不妥,改写为"户婢团儿……有憾于皇嗣,乃潜皇嗣妃刘氏、德妃窦氏为厌咒。"①这里所谓"有憾",仍没有具体内容。其实,只有联系女皇登基以来复杂的政治斗争,才能揭开谋杀案件的真相。两年多前,武后改唐为周,睿宗降为皇嗣,原皇后刘氏也相应地降为妃子,窦德妃也丧失了显贵的地位,她们心中自然愤恨不满。搞蛊道咒诅,历史上从来是宫廷斗争的常用手段之一。二妃院内挖出桐人,"祝诅武后",②确有此事。这反映了婆媳之间尖锐的矛盾。如果仅仅是韦团儿诬陷,查无实据,那么,武则天也不会断然地害死两个媳妇。后来韦团儿又被处死,很可能是杀人灭口的做法。《旧唐书·后妃传上》称"长寿中,(肃明皇后刘氏)与昭成皇后(窦氏)同被谴,为则天所杀。"可见,主谋者是武则天,归罪于韦团儿是不公平的。两位妃子遇害时,作为皇嗣的睿宗十分畏惧,竟不敢吭一声,"居太后前,容止自如。"③这副可怜相既说明女皇的凶狠与毒辣,也暴露了睿宗的懦弱与无能。

因窦氏之死,其父母也受到了牵连。当时,隆基外祖父窦孝谌任润州刺史,"有奴妄为妖异以恐德妃母庞氏,庞氏惧,奴请夜祠祷解,因发其事。"看来,庞氏只为女儿惨死而恐惧,决不敢诅咒女皇武则天。在诬告成风的年月里,家奴罗告其主,以求官赏,那是屡见不鲜的。如果稍加核查,真相不难弄清。可是,案件偏偏落在

① 《资治通鉴》卷 205 长寿二年正月条。
② 《新唐书·后妃传上》。
③ 《资治通鉴》卷 205 长寿二年正月条。

酷吏监察御史薛季昶手里,他诬奏"以为与德妃同祝诅。"①薛某因诬陷有功,被提拔为给事中,进而硬判庞氏坐斩。隆基的舅舅窦希瑊出来诉冤,经由侍御史徐有功的辩护,才改判庞氏免死,与三个儿子流于岭南,窦孝谌也被贬为罗州司马。

对于母亲的惨死以及外祖父母一家的不幸遭遇,年近九岁的隆基是十分悲痛的。后来当了皇帝,还常常回忆起伤心的往事。"玄宗以早失太后(窦德妃),尤重外家。"②追赠外祖父窦孝谌为"太保",舅舅窦希瑊等3人皆为国公,食实封,甚见优宠。希瑊等也没有忘记患难中相救的徐有功,"请以身之官爵让有功子恬,以报旧恩。"后代史臣评论说:"希瑊让爵酬恩,可知遗爱。"③表彰了不忘昔日情谊的风尚。

(二)诸兄弟幽闭深宫

刘妃、窦妃死后第二个月(腊月),睿宗诸子一律降为郡王。按照惯例,皇子们封王,皇孙们则封郡王。因此,成器为寿春郡王,成义为衡阳郡王,隆基从原楚王改为临淄郡王,隆范为巴陵郡王,隆业为中山郡王(后改封彭城郡王)。女皇武则天为了防范这些郡王的活动,还采取了"随例却入阁"的措施。④ 所谓"入阁",实质上是不再让睿宗诸子在外"开府置官属",而把他们幽闭于深宫。

据《资治通鉴》卷204记载,早在天授二年(公元691年)八月,"义丰王光顺、嗣雍王守礼、永安王守义、长信县主等皆赐姓武氏,与睿宗诸子皆幽闭宫中,不出门庭者十余年。"这恐怕有些失实。光顺、守礼、守义等人系章怀太子李贤之子。李贤大概不是武

①　《资治通鉴》卷205长寿二年正月条。
②　《旧唐书·外戚传》。
③　《旧唐书·徐有功传》。
④　《旧唐书·睿宗诸子传》。

后亲生子,唐高宗在世时,一度被立为皇太子,后又被武后废为庶人。文明元年(公元 684 年)二月,唐中宗刚刚下台,武后就派人将李贤杀害。及至武后建周,改元"天授",为了防止李唐宗室的叛乱,特地将李贤诸子幽闭宫中。自那时至公元 699 年"出阁",约十余年。至于睿宗诸子,天授二年(公元 691 年)十月初次"出阁",开府置官属,显然不会跟李贤诸子同时幽禁。直到长寿二年(公元 693 年),刘妃、窦妃被杀后,才以"入阁"形式,把睿宗诸子幽闭宫中。

隆基诸兄弟在禁宫的生活情况如何,不得而详。据嗣雍王守礼的回忆:"则天时以章怀(李贤)迁谪,臣幽闭宫中十余年,每岁被敕杖数顿,见瘢痕甚厚。"①可见,管教严厉,打骂是经常发生的事。当然,隆基的处境可能好些,不至于那样地挨打。一则有所谓"皇嗣"的父亲在宫中,二则"幼失所恃,为窦姨鞠养。"②这位"窦姨",也就是窦德妃的亲妹妹。母亲被杀,隆基近九岁,往后生活上便由窦姨悉心抚养,处处庇护,那境遇也就好得多了。幽闭宫中,可以与太常乐工相伴,学习音乐,学习书法,学习骑射。但是,不准自由外出,不准与外朝有所联系。

(三)安金藏剖腹事件

隆基诸兄弟幽闭内宫不久,发生了一件轰动朝野的事,那就是安金藏剖腹案。"盖睿宗为皇嗣时,止于宫中朝谒,不出外朝。"③尤其在刘妃和窦妃被杀后,皇嗣实际上也是幽闭宫中。长寿二年(公元 693 年)一月,④前尚方监裴匪躬、内常侍范云仙因"私谒"皇嗣,结果被腰斩于市。尔后,公卿大臣及其僚属都不敢来见了,皇

① 《旧唐书·邠王守礼传》。
② 《旧唐书·后妃传下》。
③ 《资治通鉴》卷 206 圣历元年九月条。
④ 据《资治通鉴》卷 205。《旧唐书·则天皇后本纪》作"春二月",疑误。

嗣身边进出的只有一些太常乐工。不久，又有人诬告皇嗣"潜有异谋"即有反对武则天统治的图谋，武则天就派著名的酷吏来俊臣去查办。酷吏使用种种刑罚，大搞逼供信。有个乐工名叫安金藏，竭力替皇嗣辩护，大声疾呼："公（指来俊臣）既不信金藏言，请剖心以明皇嗣不反。"紧接着就用佩刀剖腹，流血满地，昏厥了过去。女皇武则天知道后，显然被这壮烈的一幕镇住了，立即派医人治疗，"以桑白皮缝合之，傅药，经宿乃苏。"第二天，武则天亲临探望，叹道："吾有子不能自明，不如汝之忠也。"①于是，下令不再追究睿宗了。

上述事件表明，武后篡唐为周，引起了封建统治集团内部的新矛盾。睿宗由于自己被降黜，加上两个妃子被杀害和五个儿子被幽禁，不满的情绪是难免的，但还不会有谋反的异图。安金藏的辩护，无疑是可信的。武则天作为历史上杰出的女政治家，仍然被权欲所迷惑。为了巩固女皇的绝对地位，任用酷吏，制造恐怖，镇压一切她认为是反对她的人。即使是儿子、孙子和媳妇，也决不手软。一个封建专制主义的女皇，弄到这样孤家寡人的地步，实在是可悲的。唐朝著名的诗人元稹评论说："母后临朝，剪弃王室，中（宗）、睿（宗）为太子，虽有骨鲠敢言之士，不得在调护保安职，及谗言中伤，惟乐工剖腹为证，岂不哀哉！"②

安金藏剖腹的消息，当时就传遍了神都宫廷内外，在少年隆基的脑海里也留下不可磨灭的印象。及至"玄宗即位，追思金藏忠节，下制褒美，擢拜右骁卫将军，乃令史官编次其事。"③这种"追思"久久无法平静，开元二十年（公元732年）又封安金藏为代国公，下制赞扬"安金藏忠义奉国，精诚事君。往属酷吏肆凶，潜行

---

① 《大唐新语》卷5《忠烈》及《旧唐书·忠义传上》。
② 《新唐书·元稹传》。又及，《旧唐书·元稹传》"乐工"误作"医工"，参见《元稹集》卷29《论教本书》。
③ 《旧唐书·忠义传上》及《大唐新语》卷5《忠烈》。

谋构,当疑惧之际,激忠烈之诚。……宜锡宠于珪组,兼勒名于金石。"①

总而言之,隆基在幽闭禁宫的六年多里,早已失去了祖母武则天的宠爱,成为一个磨难少年。他目睹"酷吏肆凶"尤其是酷吏薛季昶和来俊臣的暴行,既感到疑惧不安,又深恶痛绝。这段难忘的经历,对于唐玄宗政治思想的发展起了一定的作用。

第四节　再次"出阁",初入长安

直到隆基十五岁时,即武周统治的后期,出现了重大的转变;武则天采取措施结束恐怖主义的酷吏政治,改善跟儿孙们的关系,协调封建统治集团的各种利益。于是,隆基诸兄弟包括众多的堂兄弟重新"出阁",恢复了自由。隆基十七岁那年,又跟随祖母武则天初次来到长安,大约呆了两年,再回到洛阳。这时已成长为青年的李隆基,从深宫走向社会,走向民间,阅历丰富了,知识广博了,在政治上逐渐地成熟起来。

(一)庐陵王为皇太子

皇太子的重新确立,标志着武周统治进入了一个新的阶段。对于原李姓皇室子孙们来说,这无疑是命运好转的契机。

自武则天称帝以来,围绕着皇太子的问题,展开了激烈的争夺。睿宗降为皇嗣,"徙居东宫,其具仪一比皇太子。"②所谓"皇嗣",是自古以来没有过的称呼,也可算是武则天的发明。顾名思义,"嗣"者,继承也。"皇嗣"就是皇位的继承者。武则天一方面喜欢小儿子睿宗,另一方面愈来愈多地看到睿宗的懦弱和某些离

---

① 《全唐文》卷23 玄宗《追封安金藏代国公制》。
② 《旧唐书·睿宗本纪》。

异倾向。因此,在政治上更多地信用侄子武承嗣和武三思。她公开地对大臣说:"吾侄也,故委以腹心。"①武承嗣既以心腹见用,也就竭力谋求"当为皇储",前面说过,由于大臣的反对,未能实现。及至圣历元年(公元 698 年)二月,"武承嗣、三思营求为太子",数次派人向女皇武则天说:"自古天子未有以异姓为嗣者。"②言下之意,武后为帝,当以姓武者为皇位继承人,而皇嗣睿宗则是李姓的唐朝宗枝。其实,武则天早已考虑到这一点,降睿宗为皇嗣,同时赐姓武氏。所以,从皇嗣的建置来说,并未违背以同姓为嗣的原则。

问题在于:今后皇位传给"赐姓武氏"的儿子还是传给武姓的侄子? 换言之,传子还是传侄? 武则天虽然贵为皇帝,但毕竟是一位女人,势必要碰到这个疑难问题。她曾长期犹豫不决,但最终还是遵循了传子的原则。大臣狄仁杰告诫说:"姑侄之与母子孰亲? 陛下立子,则千秋万岁后,配食太庙,承继无穷;立侄,则未闻侄为天子而祔姑于庙者也。"③武则天之所以采纳了这种意见,原因主要有以下两点。

第一,不能摆脱封建宗法制度的约束。中国封建社会的家族以男子为中心,继承家系或帝世非子不可。武则天虽能以非凡的气概,冲破阻碍女子称帝的种种传统观念的束缚,但她作为一个女皇帝,又无法在皇位继承问题上有所创新。传给儿子吗,岂不是意味着要从武周天下回复到李唐王朝? 传给侄子吗,将来太庙配食问题又如何解决? 武则天降睿宗为皇嗣,又赐姓武氏,就是她想解决传子不同姓的矛盾心理的反映。至于武承嗣鼓吹"自古天子未有以异姓为嗣者",恰恰是抓住了武则天的前一种担忧心情;而狄仁杰强调"未闻侄为天子而祔姑于庙者",恰恰是抓住了武则天的

---

① 《资治通鉴》卷 205 如意元年六月条。
② 《资治通鉴》卷 206 圣历元年二月条。
③ 《资治通鉴》卷 206 圣历元年二月条。

后一种担忧心情。结果,后者胜于前者。所谓由亲子祭祀血食,实质上是封建宗法制度的衍生物。武则天关注这个问题,说明她头脑里存在传统的封建宗法制度观念。既然如此,皇位传子是不可避免的了。

第二,大臣中拥李派势力雄厚。自武后称帝以来,封建统治阶级内部斗争十分激烈。高宗诸子与武后诸侄之间,拥李派与拥武派官僚之间,朝廷士人与女皇嬖宠之间,充满着种种矛盾。有一段时期里,以武承嗣为首的诸武势力居上风,他们培植党羽,勾结酷吏,陷害忠良。但是,这种种行径引起了正直朝臣的愤怒与不满。大臣中如吉顼、李昭德、狄仁杰、张柬之、魏玄同、敬晖等,虽效忠于女皇武则天,但坚主立李氏后裔,他们认为这是一个问题的两个方面,是互为补充,并非互相排斥。而愚蠢的武承嗣等却将两者对立起来,因而在舆论上陷于不利的境地。尤其在酷吏来俊臣被处决后,正直朝臣力量大增,狄仁杰成为武周政权的核心人物之一。在狄仁杰等拥李派的推动下,最终确定了传子的原则。

那么,立哪一个儿子为皇太子呢?按理说,睿宗李旦早已为皇嗣,即皇位的继承者。但是,皇嗣的懦弱无能和无所作为,尽为朝野所知,显然不是理想的人选。安金藏事件后,武则天和李旦之间的母子感情的裂缝加深了,皇嗣实际上处于幽闭的境地。史称"庐陵(中宗)既在房州,相王(睿宗)又在幽闭。"[1]在这种情况下,狄仁杰提出:召回庐陵王,立为皇太子。此议得到大臣吉顼的支持。吉顼又鼓动女皇身边的嬖宠张易之、昌宗兄弟,说:"主上(指女皇武则天)春秋高,大业须有所付;武氏诸王非所属意,公何不从容劝上立庐陵王以系苍生之望!如此,非徒免祸,亦可以长保富贵矣。"[2]由于张氏兄弟的劝说,[3]加上大臣们具陈利害,女皇终于

① 《旧唐书·酷吏传上》。

② 《资治通鉴》卷 206 圣历元年二月条。

③ 参见陈寅恪《金明馆丛稿初编》第 254 页。

同意立庐陵王为皇太子。

圣历元年(公元 698 年)三月,庐陵王从幽闭之所房州,回到了神都洛阳。八月,武承嗣恨不得为太子,怏怏不乐,一病就死了。九月,皇嗣睿宗称疾不朝,固请逊位,庐陵王便被立为皇太子。又过三个月,赐太子姓武氏,可见武则天依旧担心武周天下回复到李唐王朝,说明她要做女皇的权欲至老而不衰。

(二)再次"出阁"

圣历二年正月(公元 698 年冬),辞掉皇嗣的李旦被封为相王。早在唐高宗时,作为皇子的李旦曾封过相王,又改封为豫王。据记载,"初,太宗爱晋王(高宗李治),不使出阁;豫王(睿宗李旦)亦以武后少子不出阁,及自皇嗣为相王,始出阁。"[1]也就是说,因为武后的喜爱,小儿子李旦在高宗时未曾"出阁"。后来相继为皇帝(睿宗)和皇嗣,当然不存在"出阁"问题。直到这次再度为相王,才开始"出阁",建府置官属。著名的相王府设在东都积善坊。

圣历二年十月(公元 699 年冬),"相王诸子复出阁"。[2] 隆基兄弟五人离开禁宫,也在东都积善坊"分院同居",号称"五王子宅"。[3] 回想初次"出阁",隆基才七岁,那时父皇被降黜,武氏诸王气焰嚣张,日子是很不好过的。再次"出阁"时,隆基已经十五岁了,伯父为皇太子,父亲为相王,境况无疑是今胜于昔。隆基诸兄弟结束了长达六年多的宫中幽闭生活,宅居积善坊,行动得以自由,有利于接触社会和了解民情。

---

① 《资治通鉴》卷 213 开元十五年五月条。
② 《资治通鉴》卷 206 圣历二年十月条。又,《旧唐书·玄宗本纪上》、《旧唐书·邠王守礼传》及《太平御览》卷 111《皇王部》均误作圣历元年。"出阁"之事,当在以皇嗣为相王之后。
③ 《新唐书·三宗诸子传》。

（三）初入西京长安

隆基十七岁时,跟随祖母来到西京,视野更广阔了。

长安作为唐王朝的京城,是令人神往的圣地。远在永淳元年(公元 682 年)夏,关中灾荒,唐高宗偕同武则天来到了东都洛阳。次年末,高宗病危时,曾经希望"天地神祇若延吾一两月之命,得还长安,死亦无恨。"①结果当晚就死在东都。又一年,武后废中宗,临朝执政,干脆改洛阳为"神都",并以此作为统治全国的政治中心。直至大足元年(公元 701 年)十月,女皇武则天率领太子、相王、宗室子弟以及官属,浩浩荡荡地西入关中,回到了阔别近二十年的长安。

为什么要重返西京呢? 首先,女皇年事已高,且又多病。公元 700 年,刚服了僧人胡超炼的"长生药",健康稍有好转。人到暮年,不免思念往事;作为老年的女皇帝,更不免思念西京和高宗坟陵。其次,在她看来,皇太子已立,放下了一件心事。她意识到儿子们与侄子们之间的争斗,特地叫他们"立誓"于明堂,以为这样就可以相安无事了。正是在这种情绪支配下,率领太子、相王、女儿和武氏诸王等入关。为了表示此行的隆重,宣布大赦天下,改元"长安"。所谓"长安"年号,一方面是说明重新回到西京,另一方面也是有长治久安的寓意,反映了武则天晚年的愿望。

然而,长安三年(公元 703 年)九月,武后又发病了。臣僚们竟担忧她会"晏驾"(逝世),可见病得够重了。如果说唐高宗渴望"得还长安,死亦无恨",那么,武则天就以死于洛阳而百无遗憾,因为"神都"是历史上唯一的女皇帝统治全国的象征。所以,这年十月,武则天在原班人马的拥戴下,又匆匆地返回洛阳。

在长安的两年里,女皇和太子等住在大明宫,而相王和隆基诸

---

① 《旧唐书·高宗本纪下》。

17

兄弟则"赐宅于兴庆坊"。① 兴庆坊,也叫隆庆坊,在长安城东隅。传说,这里原是平民王纯家。王家水井常常外溢,竟变成了一个大池,即著名的龙池。其实,据《长安志》载:"自垂拱初载后,因雨水流潦为小流;后又引龙首渠水分溉之,日以滋广。"②隆基诸兄弟列第于池北,如同在东京积善坊一样,"分院同居",所以也称"五王宅"。

隆基在西京的活动情况,缺少详细的记载。史称"长安中(公元701年至704年),历右卫郎将、尚辇奉御。"③这两个职务可能是在长安时就担任了。右卫郎将,隶属于左右卫,担任警卫事务。尚辇奉御系殿中省尚辇局长官,从五品上,掌管宫殿里舆辇,分其次序而辨其名数,参与大朝会和大祭祀。隆基作为皇室子弟,年近二十,正好适合于这类任职。

第五节　少有抱负

前面说过,隆基幼小时聪明伶俐。而长大后,十八九岁时,"仪范伟丽,有非常之表。"看来,确实是堂堂一表人才,高大英俊,直到北宋初还被称为"奇表"。④ 宫中尝叫他"阿瞒"。⑤ 众所周知,曹操"小字阿瞒。"⑥可见,李隆基俨然是曹操式的人物,颇有抱负。

(一)复兴李唐意识的萌发

隆基青少年时代的生活道路是不平坦的。生于神都深宫,幼

---

① 《旧唐书·玄宗本纪上》。
② 《资治通鉴》卷209景云元年四月条胡三省注引。
③ 《旧唐书·玄宗本纪上》。
④ 《旧唐书·玄宗本纪上》及《册府元龟》卷44《帝王部·奇表》。
⑤ 《酉阳杂俎》前集卷1《忠志》。
⑥ 《三国志·魏书·武帝纪》注引《曹瞒传》。

年封王,颇得祖母武后的宠爱。七岁"出阁",受到武氏诸王的冷遇。近九岁时丧母,幽闭六年。十五岁再次"出阁",才恢复了跟祖母的亲善关系。总之,他一方面生活在皇宫和府第里,即使幽闭时仍有"临淄郡王"的封号,物质上享受自然是丰厚的。另一方面,他又经历了宫廷内部的激烈斗争,跟父亲睿宗一样,长期处于险恶多变的境地。史称,"昔玄宗少历屯险。"①正是这种生活状况,造就了李隆基"英武果断,不拘小节"的性格。②

复兴李唐,无疑是李隆基的抱负。这种意识是在再次"出阁"前后萌发的。那时,他十四五岁左右,逐渐地对时局与政争有所了解。庐陵王立为皇太子,反映了复兴李唐的政治潮流的不可阻挡。大臣吉顼私下说:"天下士庶未忘唐德,咸复思庐陵王。"③尽管后来皇太子赐姓武氏,但在"天下士庶"心目中,仍然是李唐王朝的象征性人物。李隆基"出阁"后,居外活动,是很容易感受到这股新潮流的。

尤其在长安的两年里,隆基耳闻目睹西京的风物,更加培植了对李唐祖宗功业的感情。长安二年(公元 702 年)五月,苏安恒上疏,慷慨陈词:"当今太子追回,年德俱盛,陛下(指女皇武则天)贪其宝位而忘母子深恩,将何圣颜以见唐家宗庙,将何诰命以谒大帝(唐高宗)坟陵?"甚至尖锐地指出:"臣愚以为天意人事,还归李家。"如果在十几年前说这些话,就会立刻遭到杀身之祸。如今,女皇武则天看了,淡然置之,"亦不之罪。"④这就清楚地说明,人们怀念与祭拜唐家宗庙与坟陵的心情是十分急切的,而将政权"还归李家"的呼声是十分激烈的。连武则天也意识到,归政李唐是难以阻遏的事。上述事件轰动西京,隆基当然是知道的;至于他反

① 《新唐书·崔群传》。
② 《册府元龟》卷 18《帝王部·帝德》。
③ 《资治通鉴》卷 206 圣历元年二月条。
④ 《资治通鉴》卷 207 长安二年五月条。

应如何,史无记载。可以肯定地说,他是赞成"还归李家"的观点的。

(二)目睹五王诛二张的政变

公元703年初冬,隆基随祖母回到神都洛阳。过了一年多,隆基21岁时,经历了一场著名的政变。

所谓"五王",是指张柬之、桓彦范、敬晖、崔玄暐、袁恕己等。他们是政变的策动者,后来被唐中宗封为王,所以称"五王"。所谓"二张",是指张易之、张昌宗。这俩兄弟是唐初名臣张行成的族孙,时人呼之为"五郎"、"六郎"。由于他们貌似莲花,善于歌舞,会炼丹药,深得女皇武则天的宠爱。"则天春秋高,政事多委易之兄弟。"①二张贵盛,权倾朝野。自庐陵王为皇太子以后,武承嗣已死,诸武(主要是武三思)和太子、相王之间,斗争不再突出了;而矛盾则愈来愈集中到二张身上。皇太子李显的儿子重润、女儿永泰公主以及女婿武延基(武承嗣之子),因窃议二张专权,竟皆令自杀。可见,彼此之间的矛盾是何等的尖锐。

很明显,要匡复李唐,首先必须除掉二张。长安四年(公元704年)冬,女皇武则天病危,居于洛阳宫长生殿。张柬之以宰相身份,跟崔玄暐、敬晖、桓彦范、袁恕己等密谋策划。次年即神龙元年(公元705年)正月,由张柬之出面,拉拢右羽林大将军李多祚。多祚宿卫北门达数十年,对唐高宗感恩不尽。张柬之鼓动说:"将军既感大帝(唐高宗)殊泽,能有报乎? 大帝之子见在东宫,逆竖张易之兄弟擅权,朝夕危逼。宗社之重,于将军诚能报恩,正属今日。"②多祚表示不惜身家性命,愿意效劳。于是,制定了政变的实施方案,并由桓彦范和敬晖去见皇太子,"密陈其计,太子从之。"③

---

① 《旧唐书·张易之、昌宗传》。

② 《旧唐书·李多祚传》。

③ 《旧唐书·桓彦范传》。

正月二十二日，张柬之、崔玄暐、桓彦范等率左右羽林兵五百余人，聚集于洛阳宫北门（亦称玄武门）。派遣李多祚、李湛、王同皎（皇太子女婿）等到东宫迎皇太子，王等人说："今天启忠勇，北门将军、南衙执政，克期以今日诛凶竖，复李氏社稷。伏愿殿下暂至玄武门，以副众望。"①紧接着，扶拥太子上马，奔至玄武门，斩关而入禁宫，诛二张于迎仙院庑下，逼女皇武则天逊位。

由上可见，这次政变是南衙执政和北门将军的联合行动，以诛灭二张和恢复李唐为目标。胜利的原因虽然是跟控制玄武门有关，但从根本上说，是由于顺应了"复李氏社稷"的历史潮流。正月二十四日，女皇传位于太子。次日，唐中宗正式即位于通天宫。二月，复国号曰"唐"，礼仪制度皆如唐高宗永淳以前故事，并将"神都"改回为东都。至此，历史上唯一的女皇帝武则天的政治统治完全结束了。"天之历数归睿唐，顾惟菲德钦昊苍。"②李唐王朝的重新出现，当然不是由于什么天意，而是武则天时期政治斗争的必然结局。

（三）在复唐斗争中的作用

在五王诛二张的过程中，相王、隆基父子究竟起了什么作用呢？

史称"相王宽厚恭谨，安恬好让"，③故在武后执政时期，既无突出的作为，也往往幸免于难。然而，对于二张弄权，他是不满的，完全站在皇太子和五王一边。五王之一袁恕己，就曾"兼知相王府司马事"。袁恕己以相王府僚属，参与密谋，显然反映了相王的政治态度。此外，著名的政治家与军事家姚元之（崇），早在长安

①　《大唐新语》卷1《匡赞》。日期作"二十三日"，疑误。《旧唐书·张易之、昌宗传》作"二十日"，亦误。
②　《旧唐书·音乐志三》载中宗亲祀昊天上帝乐章之一。
③　《资治通鉴》卷208景龙元年八月条。

二年(公元702年)就曾为相王僚属。长安四年(公元704年)六月,姚元之兼相王府长史,九月改任灵武道安抚大使,行前推荐张柬之为宰相。张柬之出任宰相后,就立即密谋策划政变。神龙元年(公元705年)正月初,姚元之自灵武回到神都,张柬之把密谋情况告诉他,并一起商量。从上述关系中,可以看到相王在政变策划过程中的作用。特别是五王定计后,一方面由桓彦范和敬晖去向皇太子报告,另一方面由袁恕己去通知相王。正月二十二日,张柬之、崔玄晔、敬晖、桓彦范等迎太子,率羽林兵发动宫廷政变;而袁恕己则"从相王统率南衙兵仗,以备非常。"①内外配合,协同行动,从而保证了政变的迅速胜利。唐中宗即位后,为了表彰相王的功劳,特地"进号安国相王"。②

至于李隆基,看来是没有资格直接参预密谋。他只是跟随父亲相王而行动,在政治斗争中还不是独立的角色。虽然没有确凿的史料证明隆基也"从相王统率南衙兵仗",但这种推测是合乎情理的。他对五王的人品极其敬佩,对诛二张的功业更是拥护。所以,直到开元六年(公元718年),唐玄宗下诏,盛赞五王"并德惟神降,材与运生,道协台岳,名书谶纬,寅亮帝载,勤劳王家,参复禹之元谋,奉升唐之景命。"③表达了深沉的追念。可见,在李隆基的心目中,五王并非"贪拥立之功"的人,而是对匡复李唐作出重大贡献的功臣。

---

① 《旧唐书·袁恕己传》。
② 《全唐文》卷16中宗《加相王实封制》。
③ 《唐大诏令集》卷63《桓彦范等配享中宗庙廷诏》。

第二章　诛灭韦后势力

二十一岁的李隆基，虽然跟随父亲相王，经历了复兴李唐的斗争，但他毕竟是没有政治影响的小人物。又经过五年的磨炼，经验与才能增长了，政治野心也膨胀了。到二十六岁那年，竟一举诛灭韦后势力。这是唐玄宗政治生涯的转折点。此后，他成为八世纪前半期中国历史舞台上的核心人物。

第一节　韦后之党擅权

五王政变胜利以后，唐中宗重新坐上皇帝宝座，立韦氏为皇后。神龙二年(公元706年)十月，唐王朝中央统治机构从东都迁回长安。相王和隆基诸兄弟也随同到了京师，居住在旧宅兴庆坊。这时，隆基已担任卫尉少卿，掌管宫门卫屯兵，因而有机会更加清楚地了解宫廷里的事。他曾对伯父中宗寄予希望，不久，看到的却是韦后专权的腐败局面，以及新的宫廷政变。

（一）韦后乱政

唐中宗和皇后韦氏，是经历22年患难的夫妻。按理说，应该"鼎命维新"，有一番新的作为。可是，中宗是"愚暗"之主；[①]而韦后则是别有野心，"颇干朝政，如则天故事。"[②]当时政治之腐败，正如

---

① 　范祖禹《唐鉴》宋刻本卷4《中宗》。
② 　《大唐新语》卷2《刚正》。

柳泽后来揭露的:"韦氏蛊乱,奸臣同恶,政以贿成,官以宠进,言正者获戾,行殊者见疑,海内寒心,人用不保。"①这是何等的景象啊!

韦后弊政的恶果之一,是安乐公主的放纵专横。公主是最小的女儿,嫁给武三思的次子武崇训。她恃宠不法,权倾天下,甚至请求为皇太女。从历史上看,只有皇太子,偶尔也有过皇太弟和皇太孙之类,但决无皇太女的建置。传统的嫡长制,是不允许女子来继承皇位的。安乐公主愤怒地说:"阿武子尚为天子,天子女有不可乎?"②"阿武"指的是武后则天。既然已有祖母称帝的先例,为什么不可以当皇太女呢?这番话似乎有点冲决旧传统的气概。但是,安乐公主岂有武则天的才智与气度,决不是一个有所作为的人物。请为皇太女,不过是她无所忌惮的表现。

韦后弊政的又一个恶果,就是武三思的恃宠专权。自武承嗣死后,诸武势力衰微,而跟二张之间的矛盾突出起来。因此,五王诛二张时,武三思是站在拥戴中宗的立场上。"(武)攸暨、三思皆悉预告凶竖(指二张),虽不亲冒白刃,而亦早献丹诚。"③神龙元年(公元705年)五月,张柬之等五王以及武攸暨(武后伯父之孙)、武三思等"皆为立功之人",④赐以铁券,享有特权。据说,三思与皇后有奸情私通,但这在唐朝宫闱生活中是平常的事,算不上特殊的丑闻。这种关系使武三思势力重新振盛,史称"三思令百官复修则天之政,不附武氏者斥之,为五王所逐者复之,大权尽归三思矣。"⑤而一些拍马钻营之徒,如侍御史冉祖雍等五人,则飞扬跋扈,时人呼为"三思五狗"。⑥

---

① 《新唐书·柳泽传》。
② 《新唐书·诸帝公主传》。
③ 《全唐文》卷17中宗《答敬晖请削武氏王爵表敕》。
④ 《资治通鉴》卷208神龙元年五月条。
⑤ 《资治通鉴》卷208神龙元年五月条。
⑥ 《旧唐书·外戚传》。所谓"五狗",是指周利用、冉祖雍、李俊、宋之逊、姚绍之。

总之，"神龙之后，后族干政"，①政治状况是令人失望的。从中宗、韦后到安乐公主、武三思，都曾标榜效法"则天之政"。其实，他们推行的是则天时期的各种弊政；至于武后政治中的积极方面，一丝一毫都没有继续下来。

（二）太子重俊政变未遂

由于武三思勾结韦后，权倾人主，所以反对武氏的斗争又成为突出的问题。太子重俊举兵诛杀武三思，标志着唐中宗时期宫廷内部矛盾的进一步激化。

重俊是唐中宗的第三个儿子，系后宫所生，神龙二年（公元706年）七月被立为皇太子。重俊未必是有政治抱负的人物，其官属大多是贵游子弟，蹴鞠猥戏，行为不轨。武三思、武崇训和安乐公主等，"以其非韦氏所生，常呼之为奴。或劝公主请废重俊为王，自立为皇太女，重俊不胜忿恨。"②看来，他们纯粹是封建统治集团内部的争权夺利。但在当时特定的历史条件下，太子因个人地位受到威胁而产生的"忿恨"，却跟朝野反对武三思的政治潮流相适应，所以也就较多地得到人们的同情与支持。

神龙三年（公元707年）七月初六，太子收买了左羽林大将军李多祚等，③率领羽林兵三百人，攻进武三思、武崇训第宅，杀死了武氏父子。长期以来，多少人想除掉武三思，这回总算实现了。紧接着，太子率众斩关而入内宫。中宗、韦后和安乐公主等躲到玄武门楼上，命右羽林大将军刘景仁率兵在楼下保卫。大臣杨再思、李峤、宗楚客等统兵2千余人扼守太极殿。一会儿，李多祚率众攻打玄武门，遭到了抵抗。中宗在楼上呼喊："汝并是我爪牙，何故作

---

① 《旧唐书·刑法志》。

② 《旧唐书·中宗诸子传》。

③ 李多祚原为右羽林大将军，因参与五王政变有功，迁左羽林大将军。

逆？若能归顺，斩多祚等，与汝富贵。"①果然有人倒戈，杀死了李多祚。太子见势不妙，就冲出禁宫，向终南山逃跑，最后也为人所杀。第二天，中宗引见供奉官，泪落如雨，说："几不与卿等相见！"②表达了极度危惧的心情。根据大臣宗楚客的建议，以太子头首祭奠武三思、崇训尸枢。八月，改玄武门为神武门，楼为制胜楼。九月，改元"景龙"。愚暗的中宗没有从突发的事变中引出必要的教训来。

（三）相王受牵连

太子重俊死后不久，原三思"五狗"之一冉祖雍奏言："安国相王及镇国太平公主，亦与太子连谋举兵，请收付制狱。"③不少大臣如苏珦、岑羲、萧至忠等则竭力替相王辩护，以致中宗无法追查下去。相王究竟有没有"与太子连谋"呢？看来，有过一定的支持。"初，右台大夫苏珦治太子重俊之党，因有引相王者，珦密为之申理。"④这位"囚"者是不会诬陷相王的，当为据实而言。从政治形势来分析，韦后、安乐公主和武三思结成一伙，必然危及相王的地位。"在阿韦（韦后）之时，（相王）危亡是惧，常切齿于群凶。"⑤因此，对于太子重俊的政变，相王以及李隆基肯定是支持的。最能说明问题的是，后来唐睿宗即位，特地颁布《赠重俊皇太子制》，强调指出："重俊，大行之子，元良守器。往罹构间，困于谗嫉，莫顾铁钺，轻盗甲兵，有此诛夷，无不悲悼。"⑥还颁布《追复李多祚官制》，赞扬多祚"以忠报国，典册所称；感义捐躯，名节斯在。"⑦由此可以

① 《旧唐书·中宗诸子传》。

② 《旧唐书·韦凑传》。

③ 《旧唐书·萧至忠传》。

④ 《资治通鉴》卷208景龙元年八月条。

⑤ 《旧唐书·辛替否传》。

⑥ 《唐大诏令集》卷31《赠重俊皇太子制》。

⑦ 《全唐文》卷18睿宗《追复李多祚官制》。

知道相王当年的政治态度是怎样的了。

（四）血的教训

重俊政变那年，李隆基恰好二十三岁。以前，他经历过一些宫廷内争包括五王政变，但都没有像这次看得真切。一天之内，先是出奇制胜地诛灭武三思，接着就偃旗息鼓，归于失败。此中经验教训，对于隆基来说，是不能不留意观察的。可以说，没有这次失败原因的总结，也就没有三年后隆基政变的成功。

第一，准备仓促，贸然发动。正如睿宗指出："轻盗甲兵，有此诛夷。"重俊本来只是因一时"不胜忿恨"而举兵，没有作长期的准备与周密的策划。他联络了李多祚等一些羽林将军，以"矫制"发羽林兵三百余人。这支队伍用以消灭武三思父子，还是足够的。但是斩关而入禁宫，不能不说是轻举妄动了。就力量对比而言，玄武门楼下虽然只有百余卫士，但在太极殿宰臣们统兵多达二千余人。太子兵力显然处于劣势，而且又无外援兵力。

第二，由于缺乏鼓动工作，倒戈者颇多。重俊只注意收买羽林将军，而没有在士兵中作深入的动员。三百余羽林兵是"矫制"即假托皇帝名义而调集的，诛武三思，尚无疑义。一旦突入禁宫，兵指黄屋，士兵们不能不对假借圣旨表示怀疑。所以，中宗在玄武门楼上发出"归顺"的呼喊，立刻产生了作用。"于是千骑王欢喜等倒戈，斩多祚及李承况、独孤祎之、沙吒忠义等于楼下，余党遂溃散。"①至于太子重俊逃至鄠县附近，不是死于追兵之手，而是为自己的部众所杀。可见，倒戈是失败的原因之一。

第三，指挥上失误，缺乏果断的决心。据记载，"太子令多祚先至玄武楼下，冀上（中宗）问以杀三思之意，遂按兵不战。"②当时

---

① 《旧唐书·中宗诸子传》。

② 《旧唐书·李多祚传》。

三百余人进攻玄武门,而楼下守卫者仅一百多。如果猛然一击,乘势进攻,占领玄武门还是有点希望的。但是,"多祚等犹豫不战,……由是不克。"①众所周知,在唐代宫廷政变中,玄武门地位极端重要。谁占据玄武门,谁就有了克敌制胜的重要条件。重俊和多祚未能果敢地攻下玄武门,显然是他们失败的又一个原因。

第四,没有注意在舆论上伸张正义。应当说,诛武三思,在舆论上是会得到广泛的声援。但在封建时代,臣下包括太子举兵入禁宫,必然要冒着"犯上作乱"的恶名,在封建伦理上居于不利的地位。如何应付这种情况,重俊似乎没有作过细致的考虑。因此,直到睿宗即位后,还有人上书说:"臣窃见节愍太子(重俊)与李多祚等拥北军禁旅,上犯宸居,破扉斩关,突禁而入,兵指黄屋,骑腾紫微。……其为祸也,胡可忍言!"②从封建伦理上责备重俊发动政变。

以上几点,确实给李隆基以深刻的教训。下面,将会清楚地看到:隆基发动新政变,诛灭韦后势力,是怎样地避免上述一个又一个的失误,才取得了胜利。

第二节　任潞州别驾前后

重俊政变后一年,即景龙二年(公元 708 年)四月,二十四岁的李隆基外任潞州别驾。在潞州一年半,开始了新政变的前期准备工作。后罢潞州别驾,返回京城长安,更加抓紧密谋策划。前后两年里,李隆基在组织、人员、舆论等各方面,都进行了充分的准备。

---

① 《旧唐书·魏元忠传》。
② 《旧唐书·韦凑传》。

（一）出任潞州别驾

中宗和韦后不仅追查"与太子连谋"的相王，而且对相王诸子存有戒心，用外任方式加以防范，宣布以隆基兼潞州别驾，隆范兼陇州别驾，隆业兼陈州别驾。隆基原为卫尉少卿，从四品上。而别驾，"唐制：上州别驾从四品下，中州正五品下，下州从五品上。"①潞州曾置都督府，治所在今山西长治。隆基从京城到那里任别驾，实际上是降职。当离开长安时，许多亲友来相送，尤其是同里居住的好友崔澄一直送到很远的地方才分手。"出潞州，宾友饯者止国门，而（崔）澄独从至华。"②可见，隆基的潞州之行是引人瞩目的。

隆基走马上任，首先结交了"豪富"张暐。景龙初，张暐曾为铜鞮令，热情好客，喜欢游猎。"会临淄王为潞州别驾，暐潜识英姿，倾身事之，日奉游处。"③这种交谊是以气味相投为基础，不见得有什么政治目的。但是，在地方豪强的心目中，李隆基俨然是一位"英姿"人物，博得了拥护。不久，有个"乐人"名叫赵元礼，来自山东，身边带有女儿，俊秀美丽，擅长歌舞。二十四岁的隆基看上了歌女，就在张暐宅第里相爱起来，还生了个儿子。唐代诸王溺于女色，临淄王李隆基也不例外。此前，隆基已纳王氏和刘氏两妃。王氏后来为皇后，但一直没有生过儿子。刘氏生了儿子，名叫嗣直，即玄宗长子。至于歌女赵氏，后来就是赵丽妃，其子取名嗣谦，即玄宗第二子。应当说，隆基既以共同喜欢歌舞而相爱，也就不会因赵氏出身低微而嫌弃。这一点还算是难得的。赵氏的父亲和哥哥后来也都"擢为京职，开元初皆至大官。"④

---

① 《资治通鉴》卷 209 景云元年六月条胡三省注。
② 《新唐书·崔澄传》。
③ 《旧唐书·张暐传》。
④ 《旧唐书·玄宗诸子传》。

除了结交地方豪富外,还十分注意收罗心腹。李隆基在长安时已有一个贴身侍从,名叫王毛仲,系高丽人,"本起微贱",①但性识明悟,办事干练。这时,又添了个李宜德。"李宜得(德)本贱人,背主逃匿。"②此人出身虽贱,但很有本领,"趫捷善骑射",所以隆基不惜以5万钱把他赎了过来。后来,"玄宗还长安,以二人(毛仲和宜德)挟弓矢为翼。"③毛仲和宜德,成为李隆基发动政变时的得力助手。从出身低微者中培养亲信,这是值得注意的一种手段。

在潞州一年半,作为别驾,自然谈不到什么政绩。但是,这一年半,恰恰是李隆基平生的重要时期之一。史称:"州境有黄龙白日升天。尝出畋,有紫云在其上,后从者望而得之。前后符瑞凡一十九事。"④所谓"符瑞"十九事,据说,是指日抱戴,月重轮,赤龙,逐鹿,嘉禾,黄龙,羊头山北童谣"羊头山北作朝堂",仙洞,大王山三垒,疑山凿断,赤鲤,黄龙再现,紫云,李树连理,神蓍,金桥,紫气,大人迹,神人传庆。显然,这些是臆造、附会,有的则是别有用心的活动。李隆基当了皇帝以后,大肆鼓吹"祥瑞",特地叫著名的文士领袖张说写了十九首"颂"。由此透露了一个重要信息:隆基在潞州时已产生政治野心。

景龙三年(公元709年)九月,隆基接到回长安的通知,便请一个名叫韩凝礼的搞"蓍筮"活动,"卦未成,而一蓍翘立。"凝礼说:"此天人之瑞。"这种占卜固然是荒诞的,但也清楚地反映了李隆基的政治企图。后来,隆基坐上皇帝宝座,授韩凝礼游击将军长上折冲。张说还写了《神蓍》颂:"纤纤灵蓍,下有伏龟。天生神

① 《册府元龟》卷271《宗室部・刚正》。
② 《朝野佥载》卷4。
③ 《旧唐书・王毛仲传》。
④ 《旧唐书・玄宗本纪上》。

物,以决狐疑。一著特起,自天立之。无卦之卦,告帝之期。"①

十月二十五日,隆基经由潞南二里的金桥,返回京师。据载,这里常有童谣说:"圣人执节度金桥。"②童谣有无,不得而知。即使有,原本是跟李隆基无关的。但是,隆基此行,在他的一生中,乃至在唐朝历史上,都有重要的意义。正如旧史所说:玄宗"定天位,因此行也。"③十几年后,即开元十一年(公元723年)春,唐玄宗巡幸潞州,重游故地,"宴父老,曲赦大辟罪已下,给复五年,别改其旧宅为飞龙宫。"④飞龙宫,又名为"启圣宫"。这就意味着:李隆基登上龙位是从潞州起飞的,唐玄宗的帝业是从这里开始的。

(二)返回长安

李隆基返回京城,是在景龙三年(公元709年)冬。⑤因为这年十一月中宗将亲祀南郊,祭拜昊天上帝,举行极其隆重的礼仪。届时,大赦天下,流人放还,在外诸王包括隆基都要回来参加典礼。当然也有个别人例外,如中宗第二子重福。中宗原有四个儿子:长子重润,系韦氏所生,早在武则天时期,为张易之兄弟迫害致死。次子重福,系后宫所生,因与重润案件有牵连,所以一直被幽禁于均州。第三子重俊,死于政变。第四子重茂,年幼无知。"景龙三年,中宗亲祀南郊,大赦天下,流人并放还。重福不得归京师,尤深郁快。"他特地上表陈述,说:"近者焚柴展礼,郊祀上玄,……苍生

---

① 《全唐文》卷221张说《皇帝在潞州祥瑞颂十九首奉敕撰》。原作"百姓韩拟礼"。《隋唐嘉话》卷下作"军人韩凝礼,自谓知兆,上(玄宗)因以食箸试之。既布卦,一箸无故自起,凡三偃三起,观者以为大吉征。"《旧唐书·玄宗本纪上》作"术士韩礼筮之,著一茎子然独立。"

② 《全唐文》卷221张说《皇帝在潞州祥瑞颂十九首奉敕撰》。

③ 《隋唐嘉话》卷下。

④ 《旧唐书·玄宗本纪上》。

⑤ 《旧唐书·玄宗本纪上》作景龙四年,疑误。《旧唐书·王毛仲传》云:"景龙三年冬,玄宗还长安。"

31

并得赦除,赤子偏加摈弃,皇天平分之道,固若此乎?"①表奏不报。可见,在中宗和韦后看来,今后争夺皇位的最主要危险是次子重福,而不是相王诸子,所以对重福的防范甚于隆基。

隆基回到长安,也就罢去了潞州别驾职务。当时,他居住的兴庆坊已叫隆庆坊。前章说过,坊南有一龙池。据《长安志》载,"至景龙中,弥亘数顷,深至数丈,常有云龙之谓,后因谓之龙池。"关于龙池的传说颇多,有的望气者说:"常郁郁有帝王气,比日尤盛。"所谓"望气者言",不过是替唐玄宗制造舆论而已。景龙四年(公元710年)四月,中宗游幸隆庆池,结彩为楼,欢宴侍臣,"泛舟戏象以厌之。"胡三省注云:"时人以为玄宗受命之祥。"②中宗的到来,主要是寻欢作乐,并顺便拜访相王"五王宅"。是否有意窥测隆基诸兄弟的动态,那就很难肯定了。以象厌之,近于儿戏。如果确已发现隆基的图谋,完全可以下令追查。看来,没有把相王诸子视为最危险的力量,尚不了解"五王宅"里的秘密活动,这是中宗和韦后在政治上的失算。

(三)厚结万骑,阴聚亲党

李隆基在长安是暗中进行政变准备的。"属中宗末年,王室多故,上(玄宗)常阴引材力之士以自助。"③也就是说,继续收罗亲信,加紧集结党羽。他把重点放在北门禁军万骑上,这是老谋深算的表现。众所周知,远在唐太宗时,选拔官户及"蕃口"骁勇者,著虎文衣,跨豹文鞯(马上被具),跟从游猎,于马前射禽兽,谓之"百骑"。武则天时,稍增为"千骑",隶属于左右羽林禁军。中宗景龙元年(公元707年),又改称"万骑"。如果不拉拢这支禁卫力量,

① 《旧唐书·中宗诸子传》。
② 《资治通鉴》卷209景云元年四月条。
③ 《旧唐书·玄宗本纪上》。

要想宫廷政变成功,是很难的。太子重俊失败原因之一,就是"千骑"王欢喜等倒戈。前车之覆,怎能不引以为戒呢?所以,李隆基特别加强这方面的工作。"王(临淄王李隆基)数引万骑帅长及豪俊,赐饮食金帛,得其欢心。"此中意图,心腹王毛仲一清二楚,故"亦布诚结纳,王嘉之。"①结果是成功的,万骑帅长葛福顺、陈玄礼、李仙凫等都被拉了过来。

隆基还广泛地结交各种有识之士,以组织亲党。例如朝邑尉刘幽求,早年曾向桓彦范、敬晖建议,乘势杀武三思。桓、敬不听,后来反而被武氏诬构致死。史称"幽求风云玄感,川岳粹灵,学综九流,文穷三变",②对于这种人隆基是很器重的,与之潜谋。又如尚衣奉御王崇晔,"偏傥任侠,轻财纵酒,长安少年皆从之游。"李隆基也慕名求见,并在聚会上碰到了禁苑总监钟绍京、利仁府折冲麻嗣宗等,彼此"言及家国,深相款结。"③可见,共同的政治态度把他们连在一起了。尤其是钟绍京,以善书法著名,诸宫殿门榜皆其手笔。作为禁苑总监,对宫苑门廷了如指掌。隆基与之友朋,显然是另有图谋的。以上诸人,后来都是隆基发动政变的骨干。

"龙池跃龙龙已飞,龙德先天天不违。"④李隆基回长安的半年多,在暗地里加紧策划政变,而这一切活动都是以隆庆坊"五王宅"为根据地的。社会上不时地流传着龙池"龙气"的说法,多少

---

① 《新唐书·王毛仲传》。隆基交结禁军"万骑",始于何时? 如果认为神龙元年任卫尉少卿时就与"万骑"中的一些人频繁往来,似缺乏史实根据。须知,两年后,即景龙元年,才有"万骑"名称。卫尉少卿跟北门禁军是两个系统的禁卫部门,不能说它"是一个有权调配禁军长官的要职"。当然,隆基外任别驾前,跟北门禁军某些长官有所交往,也是可能的(史实待寻找)。细读《旧唐书·王毛仲传》,隆基有意识地厚结"飞骑",是在从潞州"还长安"之后。综观前后政治形势,李隆基暗中准备政变,也是景龙三年冬以后的事。赴潞州之前,不可能以政变为目的而去交结禁军"飞骑"。

② 《旧唐书·刘幽求传》。

③ 《册府元龟》卷20《帝王部·功业第二》。

④ 《全唐诗》卷96《龙池篇》。

反映了李隆基跃跃欲试的状态。但是,在中宗去世以前,隆基仅仅是在窥测方向,决不贸然地举兵。这一点,正是吸取了重俊政变失败的教训,以免蒙受"上犯宸居"的恶名。

第三节　诛韦氏之党

景龙四年(公元 710 年)六月初,中宗之死,使形势发生急剧的变化。二十六岁的李隆基及其谋士当机立断,果敢地发动宫廷政变,一夜之间就取得了完全的胜利。

(一)中宗被毒致死

毒死中宗的凶手竟是皇后与安乐公主,这件事反映了封建统治集团内部斗争的残酷性。

自太子重俊起兵以后,虽然武三思死了,但韦后和安乐公主专权却愈演愈烈。景龙二年(公元 708 年)春,宫中传说皇后衣箱中有五色云出现,有人奏请:"则天皇后未受命,天下歌《妩媚娘》,……顺天皇后(韦后)未受命,天下歌《桑条韦》,盖天意以为顺天皇后宜为国母,主蚕桑之事。"[1]这完全是谄佞者的附会。其实,早在"永徽年以后,人唱《桑条歌》云:桑条苇,女韦也乐。"[2]这首民歌怎么会跟韦后有什么因缘呢? 借此宣扬"天意"以韦后为"国母",也就助长了韦后擅权的气焰!

安乐公主也没有从丈夫武崇训之死中引出必要的教训来。这时,又有了新丈夫,那就是武承嗣次子武延秀。此人有姿媚,会唱突厥歌,跳胡旋舞,早已勾搭上公主。"及崇训死,延秀得幸,遂尚公主。"当了驸马以后,他的恃恩放纵,比起武崇训,真是有过之而

---

① 《资治通鉴》卷 209 景龙二年二月条。

② 《朝野佥载》卷 1。

无不及。连公主府属官也看出"延秀有不臣之心",献计说:"今天下苍生,犹以武氏为念,大周必可再兴。按谶书云'黑衣神孙披衣裳',驸马即神皇之孙也。"①可见,延秀妄图篡唐,野心不小。

　　总之,"韦庶人(韦后)、安乐公主、武延秀等可谓贵矣,可谓宠矣! 权侔人主,威震天下。然怙侈灭德,神怒人弃。"②很多人敢怒而不敢言,连相王也如此。但还是有些人冒死上书,怒斥群邪。例如,景龙四年(公元710年)四月,定州人郎岌备陈韦后等"将为逆乱",结果遭到杀害。五月,洛州偃师人燕钦融多次上奏,揭露韦后、安乐公主、武延秀等"将图危宗社",同样被害致死。③ 这些事件表明,一股公开反对韦后和安乐公主的力量正在兴起。相王及隆基自然意识到这股力量的重要性,对郎岌与燕钦融寄予深切的同情。所以,睿宗即位后,追赠他俩为谏议大夫,特别赞扬燕钦融:"先陈忠说,颇列章奏,虽干非其位,而进不顾身。永言奄亡,诚所伤悼。"④

　　至于中宗,虽然昏庸愚暗,但他至少还是要维护"李家天下"。这一点,毕竟跟韦后、安乐公主、武延秀等稍有区别。韦氏之党"阴导韦氏行武后故事",⑤延秀党羽扬言复兴"大周"。当中宗读到一系列揭发韦氏"将图危宗社"的上书,不能不有所触动。他曾面诘燕钦融,而看到钦融"顿首抗言,神色不挠",不禁为之默然。钦融死后,中宗怏怏不悦。史称:"由是韦后及其党始忧惧。"⑥韦氏之党开始"忧惧"什么呢? 怕的是中宗一旦觉悟,不许篡唐,他们的易姓之事就难以实现。因此,韦后与安乐公主等合谋,干脆于

　　① 《旧唐书·外戚传》。
　　② 《旧唐书·柳泽传》。
　　③ 《旧唐书·燕钦融传》。
　　④ 《全唐文》卷18睿宗《追赠燕钦融谏议大夫制》。
　　⑤ 《新唐书·韦巨源传》。
　　⑥ 《资治通鉴》卷209景云元年五月条。

六月二日毒死已经患病的中宗。①

（二）韦后临朝称制

中宗一死，"秘不发丧，皇后亲总庶政。"②为了应付非常局面，采取了几项措施。

第一，修改"遗制"内容。中宗既死于非命，也就不会留下什么"遗制"。怎么办呢？六月二日那天，上官昭容和太平公主谋草遗制，内容是：立中宗小儿子重茂为皇太子，韦后知政事，相王参谋政事。六月三日，韦后召集禁中会议，参加者有大臣韦安石、韦巨源、萧至忠、宗楚客、苏瑰等十九人。宗楚客说："今须请皇太后临朝，宜停相王辅政。且皇太后于相王居嫂叔不通问之地，甚难为仪注，理全不可。"③虽然有些人反对这种意见，但最后还是决定罢相王辅政。六月四日，发丧于太极殿，宣布遗制，改元"唐隆"。六月七日，皇太子重茂即位，时年十六，皇太后韦氏临朝称制，一手操纵朝政。

第二，安插亲党，掌握军权。韦后令从父兄韦温"总知内外兵马，守援宫掖。又引从子播、族弟璇、弟捷、濯等，分掌屯营及左右羽林军。"④当时调集诸府折冲兵五万人，分屯京城，一概由诸韦子侄统率。为了使万骑听从命令，竟使用"榜捶"立威的办法。

第三，鼓吹"韦氏宜革唐命"。据《资治通鉴》卷 209 记载，六月十二日，宗楚客、武延秀、诸韦子弟以及司农卿赵履温、国子祭酒叶静能等"共劝韦后遵武后故事。"胡三省注曰："欲遵武后易姓事

① 黄永年《说李武政权》（载《人文杂志》1982 年第 1 期），认为"中宗很大可能是病死的。"按：中宗确实患病，但尚未病危至将死的地步。是年正月，微行观灯。二月，御球场。四月，游芳林园与龙池。可见，身体尚可。《通鉴》与《旧唐书》均作被毒而死，似应为事实。

② 《旧唐书·中宗本纪》。

③ 《旧唐书·苏瑰传》。

④ 《旧唐书·韦温传》。

也。"尤其是宗楚客秘密上书,称引图谶,"谓韦氏宜革唐命。"①

第四,为了防止中宗次子重福在均州起兵,"遽令左屯卫大将军赵承恩以兵五百人就均州守卫重福。"②同时,加强东都洛阳的留守力量。六月十二日,遣使臣到关内道、河北道和河南道等巡抚。

从上述部署看来,韦后决不会仅仅以太后身份为满足。任其发展下去,很有可能重演武则天篡唐的故伎。

(三)六月政变的酝酿

韦后临朝称制的日日夜夜,也是李隆基策划政变的紧张时刻。自中宗之死,到隆基举兵,只有十九天。隆基及其谋士们采取了一系列有效的步骤,以保证政变的胜利。

首先,制造"受命"的舆论。中宗被害,韦后临朝,形势的变化已在舆论上有利于李隆基,因为再也不必担心蒙受"犯上作乱"的恶名了。"时京城恐惧,相传(韦后)将有革命之事,往往偶语,人情不安。"③韦氏之党鼓吹"宜革唐命",闹得人心惶惶。而李隆基则以继承"唐命"相号召,于是关于"龙气"符瑞的说法广为流传。"上(玄宗)所居里名隆庆,时人语讹以'隆'为'龙';韦庶人(韦后)称制,改元又为唐隆,皆符御名。"④其实,韦后改元"唐隆",寓意原是使唐朝兴隆起来,以此掩饰其"革唐命"的野心。谁知"唐隆"与"隆基"有一个字巧合,竟成了李隆基"受命"的征兆,这是韦后所始料不及的。以"隆"为"龙"的舆论,确实使隆基"益自负",⑤坚定了及时举兵的决心。

---

① 《资治通鉴》卷209景云元年六月条。
② 《旧唐书·中宗诸子传》。
③ 《旧唐书·后妃传上》。
④ 《旧唐书·玄宗本纪上》。
⑤ 《旧唐书·玄宗本纪上》。

其次，争取太平公主的支持。太平公主是中宗和相王的亲妹妹，也就是隆基的姑母。据说，公主丰硕，方额广颐，颇像母亲武则天。五王诛二张时，公主和丈夫武攸暨都有一定的功劳。中宗在位期间，太平公主是一股独立的政治力量，拥有一批党羽。由于"韦后、上官昭容用事禁中，皆以为智谋不及公主，甚惮之。"①可见，太平公主和韦后之间有一定的矛盾。中宗一死，太平公主参与谋草"遗制"，地位相当重要，但韦后之党"深忌相王及太平公主"，②竭力加以排挤。李隆基显然摸透了姑母的政治态度，"乃与太平公主谋之，公主喜，以子（薛）崇简从。"③太平公主的合谋，是李隆基敢于发动政变的重要因素。

再次，进一步拉拢禁军万骑。隆基虽然早已着手收买万骑，但以前都是秘密地进行，也不轻易地吐露自己的意图。而当韦温接管禁军后，"榜棰以取威"，引起了万骑将士的不满；营长葛福顺、陈玄礼等"相与见玄宗诉冤"。时机成熟了，隆基"令幽求讽之，皆愿决死从命。"④晓以举兵意图，万骑将领踊跃请以死自效，说明诛韦后之党得到了广泛的响应。

经过一番紧锣密鼓的策划，最后共同商定了政变的实施方案。据《册府元龟》卷20《帝王部·功业第二》记载，参与"建策"的有刘幽求、薛崇简、太平公主府典签王师虔、尚衣奉御王崇晔、利仁府折冲麻嗣宗、押万骑果毅葛福顺与李仙凫、东明观道士冯处澄、宝昌寺僧人普润、前商州司马崔谔之、山人刘承祖等等。从这张名单可以看到，除了李隆基及其主要谋士刘幽求外，有太平公主势力的代表薛崇简与王师虔，有禁军万骑将领，还有道士、僧人、山人之类。值得一提的，僧人普润实际上代表了官僚中拥护李隆基的一

① 《旧唐书·太平公主传》。
② 《资治通鉴》卷209景云元年六月条。
③ 《旧唐书·玄宗本纪上》。
④ 《旧唐书·王毛仲传》。

股势力。原来,有个人叫崔日用,曾投靠过宗楚客、武三思、武延秀等,一下子升为兵部侍郎兼修士馆学士。中宗暴死,崔日用"知玄宗将图义举,乃因沙门普润、道士王晔密诣藩邸(隆庆坊五王宅),深自结纳,潜谋翼戴。"①崔某随风而倒,自出于政治投机,但此事说明朝廷官僚中有相当一部分逐渐倒向李隆基。

(四)二十日夜战禁宫

举兵方案既经各方协商,周密策划,所以也就能顺利地执行。六月二十日,李隆基改穿平民衣服,在随从李宜德和道士冯处澄的陪同下,离开"五王宅",外出与刘幽求、薛崇简、麻嗣宗等会面。近傍晚时分,隆基等约数十人自禁苑南潜入,聚集在苑总监钟绍京廨舍。据《资治通鉴》卷209载,"绍京悔,欲拒之。"这恐怕不是信史。很可能是,因为钟绍京没有参加"定策"会商,不了解举兵的具体时刻,所以看到隆基等数十人的出现,就感到有些突然。后经妻子许氏一说,又立即明白过来。"绍京乃趋出拜谒,隆基执其手与坐。"可见,彼此"以结其心",心心相印。绍京对于举兵的态度,还是坚决的。《新唐书·钟绍京传》称"绍京之果",就是赞扬其果敢的决心与行动。

及至夜晚,万骑将领葛福顺、李仙凫也来到苑中廨舍,请求下令行动。约二鼓时分,满天繁星如雪,刘幽求认为是动手的时候了。葛福顺奉命返回羽林将士屯守的玄武门,斩韦璇、韦播等于寝帐,"羽林之士皆欣然听命"。接着,把韦璇等头首送到廨舍,隆基"取火视之",②加以验证。这样,玄武门羽林禁军基本上解决了。

据记载,"时轩辕星落于紫微中,王师虔及僧普润皆素晓玄象,遂启帝(玄宗)曰:大王今日应天顺人,诛锄凶慝,上象如此,亦

---

① 《旧唐书·崔日用传》。
② 《资治通鉴》卷209景云元年六月条。

何忧也。"①于是，李隆基、刘幽求等数十人，以及钟绍京所率领的手执斧锯的丁匠二百余人，②出禁苑南门，勒兵于玄武门外。同时，令葛福顺和李仙凫分别率领左、右万骑，攻打玄德门和白兽门。预先约定：斩关而入，一旦会合于凌烟阁前，就发出信号，"即大噪。"③三鼓时辰，隆基等听到噪声，就率众突入玄武门。太极殿里守卫中宗灵柩的是南牙诸卫兵，他们虽被甲应战，但很快就溃散了。

在禁宫一片混乱之际，韦后惶恐地奔入太极殿飞骑营，结果被军士所杀。安乐公主"方览镜作眉，闻乱，走至右延明门，兵及，斩其首。"④武延秀逃出肃章门，也被兵士所杀。禁宫夜战终于取得了胜利。

第二天，即六月二十一日，关闭宫门及长安城门，分遣万骑收捕诸韦亲党，斩死韦温、宗楚客等。诸韦向来门宗强盛，于京城南杜曲聚族而居。"崔日用将兵杜曲，诛诸韦略尽，绷子中婴孩亦捏杀之。诸杜滥及者非一。"⑤针对这种滥杀现象，隆基和幽求等颁布赦天下令，强调："逆贼魁首已诛，自余支党一无所向。"⑥京城内外才逐渐地安定下来。滥杀总是不好，不能说隆基树立了除恶务尽的指导思想。

第四节　拥戴睿宗即位

李隆基虽以"隆"为"龙"而自负，但在发动政变的过程中，却

---

① 《册府元龟》卷20《帝王部·功业第二》。
② 二百余人是禁苑内的户奴或丁夫，并非李隆基暗中招募的私人武装。
③ 《资治通鉴》卷209景云元年六月条。
④ 《新唐书·诸帝公主传》。
⑤ 《朝野佥载》卷1。
⑥ 《资治通鉴》卷209景云元年六月条。据《旧唐书·刘幽求传》，当时制赦均系幽求起草。

是以拥戴父亲相王重新登位为目标。这是当时政治斗争的客观形势所决定的。

（一）相王在政变中的作用

据《旧唐书·玄宗本纪上》记载，相王似乎根本不了解儿子的密谋活动。夜战禁宫前，有人建议先告诉相王，隆基不同意，说："若请而从，是王与危事；请而不从，则吾计失矣。"至六月二十一日，诛韦党后，内外皆定，隆基"乃驰谒睿宗，谢不先启请之罪。"父亲拥抱儿子，泣曰："宗社祸难，由汝安定；神祇万姓，赖汝之力也。"这里，把一切功劳都归于唐玄宗，显然是唐修实录时的曲笔。

其实，对于隆庆坊"五王宅"里的紧张策划，相王是知道的，而且是支持的。儿子既已"与太平公主谋之"，怎么不会跟父亲商讨呢？"时帝（隆基）侍相王在藩邸，"[1]可见相王也是参与某些密谋活动的。当然，关于举兵的具体方案，考虑到相王的地位，考虑到以免"忧怖"父亲，所以没有"启请"。这丝毫不能说明相王不晓得政变的情况。

相王在政变中的作用，主要是他的政治影响。这一点，恰恰是李隆基无法做到而又十分重要的事。相王早年当过皇帝（虽然无实权）；中宗复位初，他为皇太弟。中宗刚死时，"遗制"原先规定相王参谋政事；但韦后临朝称制，"深忌相王。"当时处境之险恶，正如睿宗后来所说："韦温、延秀，朋党竞起；晋卿、楚客，交构其间。潜结回邪，排挤端善，潜贮兵甲，将害朕躬。"[2]在这种情况下，相王成了各种反对韦后专权的社会势力的旗帜。例如，有个叫严善思的，曾对姚元之说："韦氏祸且涂地，相王所居有华盖紫气，必位九五。"[3]而且，"善思此时，乃能先觉，因诣相（王）府，有所发

---

① 《册府元龟》卷20《帝王部·功业第二》。

② 《旧唐书·玄宗本纪上》。

③ 《新唐书·严善思传》。

明,进论圣躬,必登宸极。"①又如,"及立温王(重茂为帝),数日,天下之心归于相(王)府。"②可见,相王是众望所归的人物。

李隆基在策划政变的过程中,是以"立相王"作为目标的。中宗死后,有人劝说立即举兵,隆基则说:"今谋此举,直为亲,不为身。"③发难前夕,他又强调:"我拯社稷之危,赴君父之急,事成福归于宗社,不成身死于忠孝。"④这些表白,当然不能视为李隆基没有政治野心,只是说明他打着为国为父的旗号,利用相王的声望与影响进行活动。

(二)睿宗重登皇位

六月二十日夜战禁宫时,十六岁的重茂即少帝,也在太极殿里。刘幽求建议:"众约今夕共立相王,何不早定!"隆基连忙阻止,叫他别多说。第二天,向相王汇报后,"遂迎相王入辅少帝。"⑤这样部署,是很得体的。过早地废少帝,拥立相王,在舆论上是不利的,可能被视为篡夺。而迎相王,辅少帝,这正是中宗"遗制"的原旨。同日,以临淄王隆基为平王,兼知内外闲厩,押左右厢万骑;薛崇简为立节王,钟绍京守内书侍郎,刘幽求守中书舍人,并参知机务。这样,实权仍操在李隆基手里。

六月二十三日,太平公主传少帝命,请让位于相王。相王故意推辞一番,后经隆基等人劝说,才答应下来。同日,以平王隆基为殿中监,同中书门下三品。六月二十四日,少帝坐在太极殿御座,相王立于中宗灵柩旁,太平公主故意发问:"皇帝欲以此位让叔父,可乎?"刘幽求跪奏,表示拥护。太平公主接着说:"天下之心

---

① 《旧唐书·严善思传》。
② 《旧唐书·外戚传》。
③ 《旧唐书·崔日用传》。
④ 《旧唐书·玄宗本纪上》。
⑤ 《资治通鉴》卷 209 景云元年六月条。

已归相王,此非儿座。"①于是,把少帝提了下来。二十六年前当过皇帝的相王,如今重新登上御座。睿宗即位这场戏,是李隆基政变的最后一幕。

(三)皇太弟与嫡长制继承法

就皇位继统关系来说,从中宗到睿宗,是兄弟相承。重茂少帝诏云:"自昔帝王,必有符命,兄弟相及,存诸典礼。……叔父相王,高宗之子,昔以天下让于先帝,孝友宽简,彰信兆人。神龙之初,已有明旨,将立太弟,以为副君。……择今日,请叔父相王即皇帝位。"②此诏内容,当系刘幽求等起草,也反映了李隆基的观点。

的确,神龙元年(公元705年),曾立相王为"皇太弟",后因恳辞,故未行册命。从历史上看,"皇太弟"的称号始于西晋。据崔鸿《十六国春秋》载:"晋成都王颖为皇太弟,领丞相,自邺悬秉朝政。"③尔后几百年里,似未曾再出现过。及至相王,他是唐代政治史上的第一个皇太弟,也是唐朝第一位弟继兄位者。

为了论证睿宗即位的合"礼"性,隆基和幽求等强调:"兄弟相及,存诸典礼"。这里是援引兄终弟及的继承法作为依据。不错,远在殷代,是那样做的。然而,到了周代,据王国维在《殷周制度论》中分析,由于政治制度大变革,在继承法上产生了立子立嫡之制。这一点,唐初政治家魏征也言及:"殷家尚质,有兄终弟及之义;自周以降,立嫡必长,所以绝庶孽之窥觎,塞祸乱之源本,有国者之所深慎。"④也就是说,自周朝以后,立子立嫡之制是传统的典礼。从唐太宗经高宗,再到中宗,虽然没有一个是由嫡长子即位的,但其间还算是父子一脉相承。睿宗以"皇太弟"身份继承哥哥

① 《资治通鉴》卷209景云元年六月条。
② 《唐大诏令集》卷38《温王逊位制》。
③ 《太平御览》卷149《皇亲部》15附"太弟"条。
④ 《旧唐书·魏征传》。

中宗的皇位,于"父子之统"的礼义是相违背的。正因为这个缘由,睿宗即位后一个月,洛阳人张灵均对中宗次子重福说:"大王地居嫡长(因嫡长子重润早年已死,故称重福为嫡长),自合继为天子。相王虽有讨平韦氏功,安可越次而居大位。"[①]这番煽动之辞,恰恰是借口维护嫡长制,以反对睿宗和隆基。

嫡长制继承法极力宣扬尊嫡卑庶,宣扬亲疏不可越次,其目的在于防止皇室内部的互相争夺,以保证封建王朝"家天下"的稳定性与连续性。但是,事实上嫡长制在唐朝并不是必定遵循的原则。因为皇位的继承终究是由封建统治集团内部斗争的客观形势决定的。睿宗即位,从根本上说,不是按照哪一条继承法原则进行的,而是从重俊到隆基一系列政变的结果。至于中宗次子重福,自以为"地居嫡长",阴谋叛乱,但还是很快地被镇压下去。

第五节　政变胜利的原因

为什么李隆基竟能一举诛灭韦后势力呢?景云二年(公元711年),即政变后一年,有个叫王琚的,曾对隆基说:"顷韦庶人智识浅短,亲行弑逆,人心尽摇,思立李氏,殿下诛之为易。"[②]这个分析,是有些道理的。

(一)"思立李氏"的历史潮流

李隆基的胜利,首先是他适应了匡复李唐的历史潮流。

回顾武则天篡唐以来,匡复李唐的潮流一直是难以阻遏的。所谓"武周革命",不过是姓氏不同的皇帝之间的取代,在礼仪与政策上不完全是破旧立新,另搞一套。如享明堂,武氏祖宗配飨,

---

① 《旧唐书·中宗诸子传》。
② 《旧唐书·王琚传》。

唐三帝（高祖、太宗、高宗）亦同配。这颇能说明武周与李唐的相承关系。武后执政，在官制、田制、税制、兵制、婚制、门阀观念、科举、学校等各方面，基本上沿袭了贞观永徽时期的政策措施。因此，武周政权与李唐王朝并无实质性的差别。这种客观现实显然有利于武后诸子和拥李派官僚，容易唤起他们匡复李唐的意识。例如，中宗被贬为庐陵王后，大臣吉顼强调指出："天下士庶未忘唐德，咸复思庐陵王。"①这一点，连武则天也同意，最后召回为太子。虽然赐姓武氏，但在"天下士庶"的心目中，太子是李唐的后裔，"唐德"的象征。又如，五王诛二张，也是在"复李氏社稷"口号下进行的。当时，桓彦范对武后说："天意人心，久思李氏。……愿陛下传位太子，以顺天人之望！"②武后传位中宗，反映了天下"久思李氏"的意愿。

及至中宗执政，理应是李唐王朝的"中兴"。贾虚己上疏云："今中兴之始，万姓喁喁，以观陛下之政。"③这确实是朝野上下的希望。但是，韦后擅权，企图效法武后，规定"自今奏事不得言中兴。"④在武后称帝这个特殊的历史时代结束以后，唐王朝业已复建，任何一个女后，不管她有多大的本领，要想重新走武则天的篡唐老路，是很难得逞的。何况，韦后只是表面上标榜"袭则天故事"，实际上根本没有继承武后政治的积极内容，其结果出现了自唐初以来未曾有过的腐败局面。尤其不得人心的是，武后专权时，尚不敢谋杀高宗，而韦后竟"亲行弑逆"，合谋毒死中宗，那就必然是"人心尽摇"，自取灭亡。正是在这种"人神愤怨"的形势下，李隆基毅然以"拯社稷之危"为己任，一举诛灭韦氏之党。睿宗即位

---

① 《资治通鉴》卷 206 圣历元年二月条。
② 《资治通鉴》卷 207 神龙元年正月条。
③ 《资治通鉴》卷 208 神龙元年二月条。
④ 《资治通鉴》卷 208 景龙元年二月条。

后,赞扬隆基"有大功于天地,定阽危于社稷。"①也就是说,李隆基所策划的政变,合乎天下士庶"思立李氏"的历史潮流。

当然,今天不能用封建主义的正统观点来评论是非。对于匡复李唐和女后专权,都要作具体分析。简单地说前者代表中小地主官僚集团势力,后者代表商人地主官僚集团势力,也是值得商榷的。诚然,历史上不少政治斗争,确实是不同阶级或者不同阶层的利害冲突的表现。但是,就皇室、外戚与贵族官僚争夺皇位来说,就很难套用大、中、小地主和商人地主那样的阶层分析。惟其如此,还不如用"群体"集团的概念来解释,也许更恰当些。在封建统治阶级内部,存在着各种"群体"与派系,它们根本利益是一致的,阶级本质并无区别。然而,由于各自的家族、地位、利益、教养以及政见的不同,经常彼此勾斗,明争暗夺,时而联合,时而拆散,呈现十分复杂的局面。例如,女皇武则天统治晚期,就有武氏集团、二张集团、五王集团等等。如果认为五王是中小地主官僚的代表,发动政变,匡复李唐,那么,支持"中宗复辟"的武三思算是何等的地主? 如果认为武三思是代表商业富豪利益的,他又为什么会暗中支持匡复李唐的政变呢? 其实,五王政变是各种"群体"集团包括武三思、武攸暨、相王、太平公主等联合一致,铲除二张集团,以实现"中宗复辟"。所以,唐中宗一再强调武三思"亦早献丹诚",和五王一样,"皆为立功之人"。简单地说"中宗复辟"是中小地主官僚集团发动的,似不完全正确。所谓"天意人心,久思李氏",这是封建地主阶级甚至庶民百姓的广泛的意愿。

中宗重登皇位以后,各种"群体"集团又发生了新的变化与组合。武三思与皇后韦氏相勾结,搞掉了五王集团。韦氏代表的是新崛起的外戚集团。安乐公主也跃跃欲试,企图另立山头。相比较而言,韦、武集团确实是腐朽的。但是,这种腐朽性并不是商人

---

① 《旧唐书·玄宗本纪上》。

地主阶级属性的反映。把商人地主、商业富豪跟腐朽势力画上等号，这种传统的观点似有重新检讨的必要。须知，在古代超稳定的封建经济结构中，工商业与商品生产的不发达，恰恰是封建社会长期延续的原因之一。唐中宗时期，滥封王爵与食邑，热衷于市肆，竞相侈丽，如此等等也证明不了受着商业富豪们的侵蚀。事实上，相王、李隆基跟韦后、安乐公主之间的矛盾，是不同"群体"集团争夺最高统治权的斗争，是封建统治集团内部的争权夺利。从阶级本质上说，两个集团并无区别。当然，就施政效果而言，韦后专权是武后政治的坏的一面的继续，在人心向背上处于不利的地位。韦后政治上无能，先是宠用武三思、武崇训、武延秀等，后则委权于韦温、韦播、韦璇等。而原由武后选取的大批有才之士不为之用，这是韦后集团失败的原因之一。①

此外，韦后"智识浅短"，缺乏远虑。隆基秘密策划政变为时已久，韦后没有觉察到一些动静。中宗刚死，某些大臣如李峤"密表请处置相王诸子，勿令在京。"②可是，韦后及韦温等并没有采纳。他们掌管军权后，曾派兵五百人监视中宗次子重福，而对隆庆坊"五王宅"里的密谋则完全疏忽了。无能无谋者必败，这是肯定无疑的。

（二）精心策划，有胆有识

史称："玄宗扫清内难，翊戴圣父（睿宗）；……此皆应天顺人，拨乱返正。"③所谓"天意"，自然没有那回事。但是，李隆基的六月政变，确实是顺应了人心"思立李氏"的历史潮流。推动这股历史潮流的不仅有李唐宗室和中小地主官僚，而且也包括大地主官僚。具体地说，六月二十日事件是封建统治阶级上层的宫廷政变，中小

---

① 参见陈寅恪《金明馆丛稿初编》第 259 页。
② 《旧唐书·李峤传》。
③ 《旧唐书·王彦威传》。

地主官僚集团究竟起了多少作用,还有待史实证明。刘幽求、钟绍京出身虽低微,但他们是以隆基"群体"的亲党而行动,并不是代表中小地主官僚集团势力。

从重俊到隆基,先后两次政变,一次失败,一次成功。李隆基显然是吸取了前次失败的教训,经过精心的策划,才赢得了胜利。

第一,作较长期的准备,决不"轻盗甲兵"。早在五王诛二张的斗争中,隆基还只是父亲相王的从属,尚未形成个人的独立力量。出任潞州别驾,开始纠集私人势力。召回长安后,加紧培植党羽,寻找各种支持者。其中,有心腹侍从李宜德、王毛仲,有谋士刘幽求,有太平公主的儿子薛崇简,有禁苑总监钟绍京,有官僚崔日用,还有僧人与道士等。经过两年的努力,终于形成了以李隆基为首的政治势力,为发动政变作了组织上的准备。而且,充分发挥各种人才的作用,各方商讨,周密策划,这也是李隆基的"成功"之道。正如旧史所称:"幽求之谋,绍京之果,日用之智,……皆足济危纾难,方多故时,必资以成功者也。"①

第二,重视对万骑将士的动员工作。唐代宫廷政变的成败关键在于北门禁军,李隆基为此费尽了心机。他不仅在物质上收买,赐以饮食金帛,而且晓以大义,说清举兵意图。当时,"(韦)播、(韦)璇欲先树威严,拜官日先鞭万骑数人,众皆怨,不为之用。"②李隆基则乘机加以利诱与劝导,结果万骑将领纷纷表示"决死从命"。六月二十日夜,葛福顺来到禁苑廨舍时,隆基鼓动说:"与公等除大逆,安社稷,各取富贵,在于俄顷,何以取信?"③于是,葛福顺等请求行动,率先杀了韦播、韦璇等。"羽林军士相率来应,无有拒者。"④很清楚,北门禁军不为韦后所用,而完全倒向李隆基,

① 《新唐书》卷 121 赞曰。
② 《旧唐书·后妃传上》。
③ 《旧唐书·王毛仲传》。
④ 《册府元龟》卷 20《帝王部·功业第二》。

这是六月二十日夜战胜利的重要原因。

第三，深谋远虑，果敢灵活。人称"阿瞒"的李隆基，"识度弘远，英武果断"，①确实具有曹操那样的谋略。离开潞州时，他就吐露了自己的政治野心。但在准备时期里，只是积蓄力量，集结亲党，决不虚张声势。有个好友姜皎，曾多次鼓动说："相王必登天位，王且储副。"隆基"叱而后止。"②而中宗一死，他就看准时机，在短短19天内，作出一系列的紧急部署。他公然对亲信们说："诸吕之难复起，今日宗社之危，实若缀旒，不早图之，必贻后悔。"所谓"诸吕之难"，原是指西汉初吕产、吕禄等以外戚干涉朝政。中宗被害后，"台阁要司、门阙中禁及左右屯兵，皆布韦氏子弟。"③对于这些吕产、吕禄式人物窃权的局面，绝大多数官僚士人是不满的。李隆基善于分析政争形势，及时地公开地打出"拯社稷之危"的旗号。这样就获得了广泛的同情与支持。正如睿宗后来所说："隆基密闻其期，先难奋发，挺身鞠旅，众应如归，呼吸之间，凶渠殄灭。"④

总之，从政变前后过程中，可以看到，李隆基已经是一个有胆有识的政治家。他策划的六月政变，本质上是封建统治阶级内部的斗争，但它跟以往的一些内争不同，在唐朝历史上具有重要的意义。著名的文士张说写了"神人传庆"颂，说："王赫斯兴，拨乱返正。击凶尊主，一麾大定。"⑤这是李隆基"拨乱返正"的第一步。没有这"一麾大定"，也就没有未来的"开元之治"。

---

① 《册府元龟》卷18《帝王部·帝德》。

② 《新唐书·姜皎传》。

③ 《册府元龟》卷20《帝王部·功业第二》。

④ 《全唐文》卷18睿宗《立平王为皇太子诏》。

⑤ 《全唐文》卷221张说《皇帝在潞州祥瑞颂十九首奉敕撰》。

第三章 监国前后

六月政变的胜利,为李隆基登上皇位创造了一定的条件。然而,从被立为太子到监国,再到即位,还是经历了整整二年的艰苦斗争。这期间,严重的威胁已不是失败了的韦氏之党,而是来自姑母太平公主纠集的势力。李隆基在宋璟、姚元之和张说等支持下,运用灵活的策略手段,化劣势为优势,终于摘取了皇冠。

第一节 以功建储,长兄相让

唐睿宗重新称帝后,首先遭到的是如何确定太子的问题。"时将建储贰(太子),以成器嫡长,而玄宗有讨平韦氏之功,意久不定。"①成器是睿宗的嫡长子,早在六岁时就曾被立为皇太子。按照传统的嫡长制继承法,皇太子理应是成器。但是,睿宗没有贸然地据此办事。经过三天的商议,六月二十七日宣布以第三子隆基为太子。诏曰:"虽承继之道,咸以冢嫡居尊;而无私之怀,必推功业为首。然后可保安社稷,永奉宗祧。第三子平王(隆)基孝而克忠,义而能勇。……为副君者,非此而谁? 可立为皇太子。有司择日,备礼册命。"②七月二十日,宫廷里举行隆重的册命典礼,睿宗御承天门,隆基诣朝堂受册。册文赞扬太子"义宁家邦,忠卫社稷。"③据说,这天有景云之瑞,所以改元"景云",大赦天下。

---

① 《旧唐书·睿宗诸子传》。
② 《全唐文》卷18睿宗《立平王为皇太子诏》。
③ 《全唐文》卷19睿宗《册平王为皇太子文》。

立隆基为皇太子,显然是六月政变胜利的结果。隆基作为政变的主谋者,他的功劳是其他人无法相比的。如果"推功业为首",皇太子无疑是李隆基。当时,诸王和公卿大臣们"亦言平王(隆基)有社稷大功,合居储位。"①尤其是追随李隆基发动政变的一批谋士们,更是竭力拥护平王为太子。其中,以刘幽求最为突出。他对睿宗说:"臣闻除天下之祸者,当享天下之福。平王拯社稷之危,救君亲之难,论功莫大,语德最贤,无可疑者。"②除了"论功莫大"外,又加上"语德最贤",那么,皇太子非隆基莫属了。前章提到,在废少帝重茂和拥戴睿宗即位的过程中,刘幽求扮演了重要的角色。而当睿宗面临立太子的疑难问题时,刘幽求的意见又起了决定性的作用。

唐睿宗之所以放弃传统的"承继之道",也是跟他本人的经历有关的。从中宗到睿宗,原是不符合嫡长制继承法的。既然如此,在立太子问题上也就没有必要恪守传统的教条了。六月二十八日,睿宗以成器为雍州牧、扬州大都督、太子太师,下制曰:"成器,朕之元子,当践副君。以隆基有社稷大功,人神金属,……爰符立季之典,庶协从人之愿。"③古代兄弟排行,以伯、仲、叔、季为次序。这里所谓"季"者,是指排行在后的非长子。以"立季之典"来论证隆基为太子的合"礼"性,跟几天前援引"兄弟相及,存诸典礼"来论证睿宗即位的合法性,其手段是何等的相似啊!

回顾唐初历史,秦王李世民是通过"玄武门之变"才获得了皇位的继承权。而平王李隆基取得太子地位,则是经由兄弟相让的途径而实现。长兄成器的推辞,避免了可能发生的"蹀血禁门"事件。

关于成器在平定韦氏之乱中的作用,旧史记载较少。这里,是

① 《旧唐书·睿宗诸子传》。
② 《资治通鉴》卷209景云元年六月条。
③ 《旧唐书·睿宗诸子传》。

否像唐初李建成那样,被史官们隐没了功绩呢? 不得而知。成器作为睿宗的长子,是有一定的声望的。例如,神龙四年(公元710年)六月四日,韦后临朝摄政,改元"唐隆","进相王旦太尉,雍王守礼为幽王,寿春王成器为宋王,以从人望。"可见,在一般舆论中,成器的威望略高于几个弟弟。因为隆基正在秘密地准备政变,不露声色,所以没有引起舆论的注意。六月二十日夜战禁宫,一举诛灭韦后之党,胜利才使隆基的声望骤然大增。不过,成器也因全力支持政变而居于重要的地位。六月二十三日,以平王隆基为殿中监,以宋王成器为左卫大将军。隆基、成器和刘幽求共同商议拥戴相王为帝,"成器、隆基入见相王,极言其事,相王乃许之。"①很清楚,成器的作用是不可抹杀的。简单地说李成器"并不成器",似欠具体分析。

但是,就功劳大小与才识高下而言,成器毕竟比不上隆基。隆基在策划政变的过程中,培植了大批党羽,控制了北门禁军力量。而成器则没有私人势力,显得孤单。因此,睿宗即位后,本应为皇太子的成器,不能不作出退让的抉择,"累日涕泣固让,言甚切至。"他说:"储副者,天下之公器,时平则先嫡长,国难则归有功。若失其宜,海内失望,非社稷之福。臣今敢以死请。"②这里,把嫡长制说成是仅仅适用于"时平",并不符合先王之教。根据儒家礼制,"以嫡以长,谓之储君,其所承也重矣。……庶子虽贤,不是正嫡。先王所以塞嫌疑之渐,除祸乱之源。"③然而,这种"圣人制礼"也只是主观意愿而已,在实际政治生活中并非绝对的准则。试看,从太宗、高宗到中宗、睿宗,谁曾是嫡长子呢? 谁取得皇太子地位,归根到底,取决于各派政治势力的较量。成器显然是意识到这一点,所以主动退让,声称"国难则归有功",把皇位继承权让给"有

---

① 《资治通鉴》卷209景云元年六月条。

② 《旧唐书·睿宗诸子传》。

③ 《大唐新语》卷7《知微》。

功"的三弟。

当然,嫡长制作为传统的继承法,在礼义上还是颇有影响的。连李隆基也不得不再三表态,说:"臣闻立嫡以长,古之制也。岂以臣有薄效,亏失彝章?伏愿稽古而行,臣之愿也。"①这未必是由衷之言。以"隆"为"龙"而自负的李隆基,怎么会不想当太子呢?建议"稽古而行",照嫡长制办事,只是想从舆论上作点掩饰,表明自己是不得已而为之的。对此,睿宗宣称"无私之怀,必推功业为首",这就既满足了隆基的愿望又顾全了成器的面子。其实,所谓"无私"云云,不过是遮盖皇室内部争权夺利的幌子;而提出建储以功的原则,毕竟跟"立嫡以长"制度相抗衡。

总之,从具体方式上看,平王李隆基为皇太子,跟秦王李世民杀兄夺嫡有所区别,但是两者都体现了以功建储的原则。一般地说,争夺皇位继承权都属于封建统治者内部的争权夺利,谈不上谁有什么进步的意义。但是,在某种历史条件下,建储以功要比以长好一些。因为"有功"者往往在才智方面比较杰出,具有较强的施政能力,所以一旦即位,就会产生积极的效果。李世民取得皇位后出现"贞观之治",李隆基取得皇位后出现"开元之治",就是两个突出的例子。

第二节 "景云继立,归妹怙权"

隆基当太子不到四个月,所谓"太子非长,不当立"的流言蜚语就传播起来了。② 制造这种舆论的不是长兄成器,而是姑母太平公主。从此以后,太子集团和公主势力之间展开了一系列的争斗。

---

① 《册府元龟》卷257《储宫部·建立二》。
② 《资治通鉴》卷210景云元年十月条。

（一）太平公主势力的嚣张

太平公主是唐睿宗唯一的亲妹妹。景云年间（公元 710 至 711 年），她纠集的势力达到鼎盛的阶段。正如《旧唐书·刑法志》所说："景云继立，归妹怙权。"

韦后被诛，睿宗继位，有志者莫不想望太平，努力恢复贞观之风。就在立隆基为太子的第二天，即六月二十八日，睿宗召拜姚元之为兵部尚书、同中书门下三品。七月八日，召拜宋璟检校吏部尚书、同中书门下三品。过了九天，以姚元之兼中书令。这两位杰出的政治家，在中宗时期遭到冷遇，外任刺史、长史等职，如今担任了宰相。在他们主持下，革除弊政，罢斜封官，纲纪修举，平定打出维护嫡长制旗号的重福叛乱；还为中宗时期各种冤案平反昭雪，如追赠郎岌、燕钦融为谏议大夫，追复故太子重俊位号，为五王（敬晖、桓彦范、崔玄暐、张柬之、袁恕己）以及成王千里、李多祚等恢复名誉与官爵。值得注意的是，姚、宋等正直大臣竭力拥护太子李隆基。因为姚、宋看到了这位年仅二十六岁的王子在六月政变中的突出表现，相信隆基是"真宗庙社稷之主"。"玄宗在春宫，（宋璟）又兼右庶子"。① 可见，他们政治观点的一致，尤其对"外戚及诸公主干预朝政"表示了非改不可的决心。

然而，太平公主却不满足于自己的地位与权力，掀起了一场大风大浪。史称："太平公主沉断有谋，则天爱其类己。诛二张，灭韦氏，咸赖其力焉。"② 的确，在历次政变中，公主起了不是主角而是重要配角的作用。她所代表的既不是武氏集团，也不是韦后之党，而是一股相对独立的"群体"。五王诛二张时，公主出过力气，因而被封为镇国太平公主。此刻，她是站在复兴李唐立场上，其实

---

① 《旧唐书·宋璟传》。

② 《大唐新语》卷 9《谀佞》。

武氏集团如武三思也都如此,其功实不可没。但是,韦后擅权时,太平公主并不依附于韦武联盟,相反,与韦后、安乐公主和武三思有矛盾,因而毅然支持太子重俊政变,支持杀死武三思的举动。重俊失败,公主和相王、隆基受到了牵连。由于这个原因,隆基发动六月政变时,公主派遣儿子薛崇简积极参与斗争。特别是在六月二十四日,公主"提下幼主(少帝重茂),因与玄宗、大臣尊立睿宗。公主频著大勋,益尊重。"①可见,太平公主是一个很有本领的女人。武则天早就"爱其类己",真是慧眼识女!

由于公主的特殊功勋与地位,加上她"沉断有谋",善弄权略,议政处事能力超过哥哥睿宗,所以睿宗即位后,"常与之图议大政,每入奏事,坐语移时;或时不朝谒,则宰相就第咨之。"据记载,每当宰相奏事,睿宗总是问:"与太平(公主)议否?"又问:"与三郎(太子)议否?"这里,一先一后,固然是照顾到辈分高低,但实质上反映了公主议政权力是在太子之上。睿宗听取意见时,相比较而言,不是偏向太子,而是偏向公主,这就为宫廷内争扇了一把火。史称:"公主所欲,上无不听,自宰相以下,进退系其一言,其余荐士骤历清显者不可胜数,权倾人主,趋附其门者如市。"②公主权势的显赫,达到了"归妹怙权"的程度,必然引起满怀壮志的太子的愤怒,使一批立志改革韦后弊政的人大失所望。

(二)阴谋易置东宫

应当说,隆基与姑母的关系本来是和好的,并没有什么利害冲突。在六月政变过程中,彼此支持,互相配合。睿宗立隆基为皇太子,是得到大臣包括宗室和太平公主的一致赞同。从现存的史料中,看不到公主反对的迹象。当时政局形势,只能是睿宗当皇帝、

---

① 《旧唐书·外戚传》。
② 《资治通鉴》卷 209 景云元年六月条。

隆基当太子。太平公主绝对不可能萌发当皇帝的意愿,哪怕是一时的闪念。公主原以为自己支持过隆基,而太子年仅二十六,没有多少从政经验,总会依照她的意图办事。但是,过了几个月,就觉得不对了。皇太子是很精明的,自有一套政治主张,决不会屈居于姑母之下。拥护太子的一批大臣如姚元之、宋璟等,纷纷以革除"弊政"的姿态活动于政治舞台。鉴于"外戚及诸公主干预朝政,请托滋甚"的历史教训,"璟与侍郎李乂、卢从愿等大革前弊,取舍平允,诠综有叙。"①这样做,不能不触犯太平公主的私利。因此,太子与公主之间的矛盾不可避免地发生了。"太平公主专权,睹太子明察,恐不利己,仍阴谋废黜。"②景云元年(公元710年)十月,废黜太子的流言四处散布,睿宗不得不"制戒谕中外,以息浮议。"③这意味着新的斗争序幕拉开了。

公主阴谋废黜太子,有一个冠冕堂皇的理由,就是所谓"太子非长,不当立"。的确,隆基不是嫡长子,按照传统继承法,不该立为太子。但是,当时议立时,诸王、公卿大臣包括太平公主都一致赞同以功建储原则。不到半年,公主自己首先变卦了,打出维护嫡长制的旗号,甚至私下挑动成器说:"废太子,以尔代之。"④如此出尔反尔,显然是非法的活动。其实,太平公主也不是嫡长制的真诚的维护者。她替成器争太子地位,完全是为了自己的私利。因为隆基的"明察",不利于她的专权。"太平公主以太子年少,意颇易之;既而惮其英武,欲更择暗弱者立之,以久其权。"⑤也就是说,公主企图立的不是嫡长子,而是"暗弱者"。在她看来,成器是"暗弱者",立之可以长久地专权。其罪恶的目的如此而已。如果说公

① 《旧唐书·宋璟传》。
② 《册府元龟》卷333《宰辅部·罢免二》。
③ 《资治通鉴》卷210景云元年十月条。
④ 《册府元龟》卷286《宗室部·忠二》。
⑤ 《资治通鉴》卷210景云元年十月条。

主想让成器当太子,进而自己夺权称帝,似乎没有史实根据。

第三节　"太子监国,君臣分定"

面对太平公主的阴谋活动,太子隆基及其支持者进行了各种形式的斗争。

(一)从道义上揭露废黜阴谋

公主制造"不当立"的舆论,总要拉拢一些元老重臣参加。有位大臣名叫韦安石,早年反对过二张专权,中宗时任宰相。景云元年(公元710年),先为侍中,后罢为太子少保。太子少保是东宫官属,掌教谕太子,自然跟太子隆基有相当密切的关系。景云二年(公元711年)正月,太平公主"潜有异图,将引安石预其事",屡次派自己的女婿唐晙邀请韦安石来家密谈,安石竟拒而不往。睿宗知悉此事,密召安石,叮嘱他要留意点。安石对曰:"陛下何得亡国之言,此必太平之计。太子有大功于社稷,仁明孝友,天下所称,愿陛下无信谗言以致惑也。"①这里,揭露了公主的"异图",维护了以功建储的原则。的确,如果照"太平之计"办,势必引起不太平的内争,朝廷又面临"亡国"之祸。据说,当时公主于帘中窃听之,便欲加罪于韦安石。幸好有支持太子的宰相郭元振保护,韦安石才免了一场灾难。

暗中收买不成,公主便在公开场合扬言"易置东宫"。就在景云二年(公元711年)正月,有一次,"公主又尝乘辇邀宰相于光范门内,讽以易置东宫,众皆失色。"光范门是宰相们到中书省的通道,公主于此露骨地宣称废黜太子,不能不令人吃惊。当时,宰相有姚元之、宋璟、郭元振、张说等,都是太子的支持者。被邀的是哪

---

① 《旧唐书·韦安石传》。

几位,不得而知。但宋璟肯定在场,他当面抗争说:"东宫有大功于天下,真宗庙社稷之主,公主奈何忽有此议!"①这番严正的驳斥,使太平公主无言对答。

由上可见,公主"易置东宫"的非法活动,必然引起正直大臣的反对。双方斗争首先是从舆论上展开的,围绕着嫡长制问题的争论,反映了各派别政治观点的不同。既然皇太子"有大功"于国家,而且"仁明孝友,天下所称",那么,维护以功建储原则就是合乎道义的了,而打出传统继承法就是理亏的了。

(二)宋璟、姚元之的三点建议

除了舆论上揭露外,宋璟和姚元之还秘密地向睿宗建议:第一,请出宋王成器和豳王守礼(高宗长孙)为刺史,使之离开京师。第二,以隆基两个弟弟,即岐王隆范和薛王隆业,"为左右率以事太子"。第三,将太平公主及其丈夫武攸暨安置于东都洛阳。这些意见,可能是跟隆基商量过,不失为巩固太子地位的良策。

看来,成器和守礼并没有个人的政治野心,如公主挑拨成器取代太子时,成器立刻把这番话向隆基说了。② 但是,在皇室内部的争斗中,他们往往因睿宗长子和高宗长孙的地位而引人瞩目。"太平公主交构其间,将使东宫不安。"③公主集团企图推出嫡长子,以取代太子隆基。因此,要防止"交构"活动,就必须从两个方面下手:既把成器等外任刺史,又将公主等安置东都。这样就从组织上拆散他们的联系。至于岐王和薛王,当然没有争立太子的资格。但是,他们身为左、右羽林大将军,职掌禁军,如果一旦为公主集团所利用,后果也是不堪设想的。因此,宋璟和姚元之提出,让岐王与薛王分别为东宫左、右卫率,掌管东宫兵仗羽卫之政令,

① 《资治通鉴》卷210景云二年正月条。
② 参见《册府元龟》卷286《宗室部·忠二》。
③ 《资治通鉴》卷210景云二年正月条。

"以事太子"。这种安排还可以把太子和两个弟弟势力集结一起，以巩固东宫的实力地位。

景云二年(公元711年)二月初一，睿宗基本上采纳了三点建议，宣布以成器为同州刺史、守礼为幽州刺史，以隆范和隆业为左、右卫率。不过，睿宗认为"朕更无兄弟，惟太平一妹，岂可远置东都!"①所以宣布公主就近于蒲州安置。蒲州即今山西永济，自然要比东都洛阳近便些。

(三)张说策动太子监国

紧接着，二月初二，睿宗命太子监国。所谓"监国"，本来是指皇帝外出时，由太子留守京师，代管国事。这里意味着睿宗意欲传位，先由太子代行某些职权，如六品以下除官及徒罪以下，并取太子处分。先后两天里，竟采取了这么多重大措施，说明太子支持者作了巨大的努力。

策动太子监国的是中书侍郎、同平章事张说。原来，张说曾为东宫侍读，陪伴太子隆基读书学习，深见亲敬。由于太子"为太平公主所忌，朝夕伺察，纤微闻于上；而宫阙左右，亦潜持两端，以附太平之势。"②当时，太子妃子杨氏怀娠，隆基密谓张说：公主不要我多有后代子息，杨氏怀孕如被探知，恐怕祸及此妇人。密商结果，由张说弄来三帖"去胎药"。隆基于曲室亲自煮药，昏昏然睡着了，梦见一个长丈余的"神人"，身披金甲，手操戈，将药倒掉。隆基惊醒，增火，再投一帖于药鼎中，又梦见"神人"覆鼎。"凡三煮皆覆，乃止。"第二天，张说来了，隆基详告一切。张说拜贺曰："天所命也，不可去。"据说，后来杨氏养下的小孩，就是唐肃宗。上述故事载于《次柳氏旧闻》，神人覆鼎当属小说家言，不足为信。

---

① 《资治通鉴》卷210景云二年正月条。
② 《次柳氏旧闻》。

但是，一度打胎之事，并非虚构，所以《旧唐书·后妃传下》也编进了这个故事。不管怎么说，故事反映了无可争辩的事实："公主每觇伺太子所为，纤介必闻于上，太子左右，亦往往为公主耳目，太子深不自安。"①同时也生动地说明，隆基与张说的关系是何等的亲密。大概由于太子的推荐，景云二年（公元711年）正月，以中书侍郎张说、太仆卿郭元振并同平章事，都提拔为宰相。

不久，"有术者上言，五日内有急兵入宫。"睿宗将此事跟大臣们商量，宰相张说一针见血地指出："此是谗人欲摇动东宫耳。"也就是说，"术者"流言是"谗人"制造的，而"谗人"无疑是属于太平公主势力。正是公主收买了"术者"，散布政变的谣传，以动摇东宫。对于这种严峻的形势，张说体验尤深，故特向睿宗建议："陛下若使太子监国，则君臣分定，自然窥觎路绝，灾难不生。"②姚元之、宋璟和郭元振进曰："如（张）说所言。"③一致支持太子监国。值得注意的是，张说所强调的"太子监国，君臣分定"，确实是安社稷之至计。此计不再局限于嫡长制继承法的纷争，不再纠缠于该不该立太子的辩论，干脆鼓动太子监国，代行国务。换言之，隆基的地位已是君王了，太平公主只能安守臣下的本分，否则，就是大逆不道。这样，"窥觎路绝"，政局就会安定。

唐睿宗高兴地采纳了宰相们的建议，二月初二，下制曰："皇太子（隆）基仁孝因心，温恭成德，深达礼体，能辨皇猷，宜令监国，俾尔为政。"④充分地肯定皇太子的品德与能力，令之监国，对于公主集团犹如当头一棒。至此，处于劣势的太子隆基，在姚元之、宋璟、张说、郭元振以及韦安石等支持下，通过一系列的斗争，逐渐地转危为安。二月监国的实现，标志着隆基势力略居上风，初次挫败

① 《资治通鉴》卷210景云元年十月条。
② 《册府元龟》卷259《储宫部·监国》及《旧唐书·张说传》。
③ 《大唐新语》卷1《匡赞》。
④ 《旧唐书·玄宗本纪上》及《全唐文》卷18睿宗《命皇太子监国制》。

了公主的废黜阴谋。

第四节　监国以后的斗争

从二月监国,到次年八月正式即位之前,二十七八岁的李隆基又走过一年半的艰难历程。

(一)姚元之、宋璟被贬逐

太平公主是决不会甘心自己的失利的。虽然宣布公主蒲州安置,但人仍在长安,进行紧张的活动。当她探悉二月一日的三项措施出自姚元之和宋璟的密谋,不禁大怒,便去责备隆基。"玄宗惧,乃奏崇(元之)、璟离间骨肉,请加罪黜,悉停宁王(成器)已下外授。"①这里,奏请加罪于姚、宋,是一种以退为进的策略手段;主动提出,显然是在舆论上表白自己并无"离间骨肉"之心。可见,太子虽已监国,但对姑母的权势还是惧怕的。经过商议,二月九日,贬元之为申州刺史、璟为楚州刺史。过了两天,宋王成器等外任刺史的命令也作废了。不过,公主仍被安置于蒲州,离开了京师。而岐王和薛王则为东宫左、右卫率,"以事太子",这对于后来消灭公主势力起了重要的作用。

须知,上述处理并不意味着公主反败为胜,而是唐睿宗搞平衡政策的结果。近半年来,目睹亲妹妹与三郎之间的矛盾日益激化,睿宗的态度是:一方面,他放纵公主"怙权",但又不同意废黜太子;另一方面,他要维护隆基的太子地位,但又时时袒护公主的利益。睿宗本人就陷于十分矛盾的境遇。每每碰到激烈的争斗,往往是采取平衡的对策。二月初,他采纳了三点建议,并令太子监国,企图平息"浮议",杜绝祸乱。但是,公主跳出来反对,他就以

---

①　《大唐新语》卷1《匡赞》及《旧唐书·姚崇传》。

贬谪姚元之和宋璟作为代价,来换取妹妹到蒲州的安排。世上决无绝对的平衡。史称:"及公主出蒲州,尤所怨谤。"①双方矛盾没有缓和下来,反而愈演愈烈。

(二)睿宗意欲让位

前章说过,六月政变胜利后,拥戴睿宗即位,这是当时政治斗争的客观形势所决定的。即使以"隆"为"龙"的李隆基也不敢贸然自立为帝,更何论太平公主这样作为配角的女人了。睿宗当上皇帝,并不是太子派与公主派暂时妥协的结果。那时,李隆基和姑母之间没有什么矛盾,钩心斗角只是在景云元年(公元710年)十月才产生。随着宫廷内争的激化,以"宽厚恭谨,安恬好让"为性格特征的唐睿宗,终于萌发了不愿意当皇帝的一些念头。二月二日命太子监国,多少包含有要传位的意思。及至四月,趁太平公主在蒲州,"睿宗欲传位于皇太子"。他召集三品以上大臣商量,说:"朕素怀淡泊,不以宸极为贵。昔居皇嗣,已让中宗。及居太弟,固辞不就,思脱屣于天下为日久矣。今欲传位太子,卿等以为如何?"②群臣莫对。所谓"素怀淡泊",实际上反映了睿宗面对矛盾而束手无策的心情。既然无法调解,也就想"传位太子",以免引起新的争夺。

消息一经传出,无论是太子集团还是公主集团都惊讶不已,谁都料不到即位仅十个月的睿宗就公开声称要"传位"了。太子隆基立刻叫右庶子李景伯上疏推辞,甚至连监国也要让掉。而属于公主集团的殿中侍御史和逢尧,则对睿宗说:"陛下春秋未高,方为四海所依仰,岂得遽尔?"③睿宗时年半百,不算寿高,照正常的情况,传位确实早了一些。彼此对立的两个集团,出于各自利害关

---

① 《册府元龟》卷333《宰辅部·罢免二》。
② 《册府元龟》卷259《储宫部·监国》。
③ 《资治通鉴》卷210景云二年四月条。

系的考虑，竟在"传位"问题上都持否定的态度。睿宗只好打消自己的主意，暂时不提"传位"的事了。

接着，四月戊子，睿宗颁布一道制书，说："政事皆取皇太子处分，若军马刑政、五品以上除授，政事与皇太子商量，然后奏闻。"①这意味着太子的权限扩大了。二月监国时，仅处理六品以下除官及徒罪以下；如今，政事要由太子负责处理，然后向皇帝报告。看来，睿宗是想用过渡的步骤，把皇位传给太子隆基，以平息皇室内争。然而，这一下惹起了公主集团更大的反对，李隆基只好恳求推辞。不过，监国时的权限维持不变。

史载："五月，太子请让位于宋王成器，不许；请召太平公主还京师，许之。"②前者说明太子处境艰难，维护嫡长制的舆论甚嚣尘上，所以隆基不得不表态"让位"给长兄成器。同时，为了证明自己并无"离间姑、兄"的图谋，主动建议召回太平公主。至于睿宗的态度，前一个"不许"，后一个"许之"，反映了他处置矛盾还是用老办法：既维护太子隆基的地位，又偏袒太平公主的利益。

（三）公主加紧营私结党

太平公主自蒲州回到长安以后，吸取往昔一度失利的教训，就加紧营私结党，安插亲信，排除异己。

首先，把一批私党推举为宰相。公主早就"与益州长史窦怀贞等结为朋党，欲以危太子"。③ 窦怀贞曾经是韦后的帮凶，劣迹闻于朝野。继而依附太平公主，从益州长史调任京官殿中监。景云二年（公元711年）五月，公主回京师不久，窦怀贞为御史大夫、同平章事。九月，以窦怀贞为侍中。"怀贞每退朝，必诣太平公主

---

① 《册府元龟》卷259《储宫部·监国》。
② 《资治通鉴》卷210景云二年五月条。
③ 《资治通鉴》卷210景云二年正月条。

第。"①十月,一度罢政事,左迁御史大夫。同时,根据公主的提议,以崔湜为中书侍郎、同中书门下三品。次年正月,以窦怀贞与岑羲并同中书门下三品。又过五个月,以岑羲为侍中。窦、崔、岑等宰相都是公主集团的核心人物。

其次,把支持太子的韦安石、郭元振和张说等从相位上撤下来。公主以韦安石不附己,故意要睿宗封安石为尚书左仆射,兼太子宾客,依旧同中书门下三品。"虽假以崇宠,实去其权。"②不久,将韦安石、张说、郭元振同时罢免相职,分别为东都留守、左丞、吏部尚书。

这样,又出现了"归妹怙权"的局面。李隆基虽以太子身份"监国",实际上却是渐趋劣势。史称:"遇玄宗为太子监国,为太平公主所忌,思立孱弱,以窃威权,太子忧危。"③当时,有个名叫王琚的,选补会稽诸暨主簿,过谢太子。来到殿廷,故意摆出一副"徐行高视"的神态,宦者说太子殿下就在帘内。王琚惊奇地说:"何谓殿下? 当今独有太平公主耳!"④这是袭用战国时代谋士范雎的"故智"。范雎曾在秦国离宫里扬言:"秦安得王? 秦独有太后、穰侯耳!"⑤用这种办法来感怒秦昭王。同样,王琚也正是用这类言辞来激发太子隆基。隆基便立刻召见,引为知己。这个故事反映了太平公主"怙权"的气焰逼人的状况。

关于隆基与王琚初交的史实问题,据《开天传信记》载,早在诛灭韦后势力之前,隆基"于藩邸(兴庆宅)时",经常到城南韦曲、杜曲戏游打猎,结识了一个"磊落不凡"的穷书生,名叫王琚。彼此谈论投机,愈发亲密。"及韦氏专制,上(隆基)忧甚,独密言于

① 《资治通鉴》卷210景云二年九月条。
② 《旧唐书·韦安石传》。
③ 《旧唐书·王琚传》。
④ 《资治通鉴》卷210先天元年八月条。
⑤ 《史记·范雎列传》。

琚"，王琚献计说："乱则杀之，又何疑也？"最后，隆基"遂纳琚之谋，戡定祸难。累拜为中书侍郎。"①上述记载是不确切的，不能当作信史来引用。②《旧唐书》固然没有采录，《新唐书·王琚传》则云："玄宗为太子，闲游猎韦、杜间，怠休树下，琚以儒服见，且请过家，太子许之。至所庐，乃萧然窭陋。……"可见，欧阳修等史家认为，隆基为太子时，才初次结识了王琚。司马光在《通鉴考异》中照录了《开天传信记》那段记载，但也不予采纳，仍从《旧唐书·王琚传》。因为事实是很明白的，王琚没有参与诛灭韦后的斗争，不是有功之臣。如果"戡定"韦氏之乱确实出于王琚之谋，怎么会至隆基为太子时还只是诸暨主簿这样小的官呢？至于官拜中书侍郎，那是唐玄宗即位以后的事。

---

① 《开天传信记》。
② 有的传记据此认为王琚参加了消灭韦后集团的斗争，欠妥。

第四章　正式即位,铲除奸党

先天元年(公元 712 年)八月,二十八岁的李隆基正式即位,尊睿宗为太上皇。但是,由于奸党作祟,斗争依旧激烈。直到彻底消灭太平公主势力,天下方才太平,历史进入了"开元之治"的新时代。

第一节　"太子合作天子"

唐玄宗即位,仿佛是出于某种偶然的迷信的因素,其实是二月监国以来长期斗争的必然结局。

(一)在"合作天子"的背后

太平公主及其亲党自以为得势,便着手策划新的废黜太子阴谋。延和元年(公元 712 年)七月,西边天空上出现彗星,公主趁机唆使"术人"向睿宗报告:"据玄象,帝座及前星有灾,皇太子合作天子,不合更居东宫矣。"①这里的"术人",是否即监国前夕散布谣言的"术者"呢? 不得而知,但他们的手法如出一辙。所谓"帝座",是指武仙座 a 星,它好像天皇大帝的外座。"前星",是指心宿的前星。心宿有星三颗,中星象征天子位,前星犹如太子。"术人"根据天象胡诌什么"有灾",无非是宣扬上天对皇帝睿宗和太

---

① 《旧唐书·玄宗本纪上》作"六月,凶党因术人闻睿宗。""六月"疑误,应为七月。"凶党",即太平公主党羽。参见《资治通鉴》卷 210 先天元年七月条。

子隆基有所警告,而要消除这种灾祸,办法就是"太子合作天子"。

太平公主及其凶党果真主张太子隆基当皇帝吗?当然不是。他们是在挑拨睿宗与太子的关系,制造隆基要抢先夺位的流言蜚语。最险恶的用心还在于:"不合更居东宫"。这也就是说,如果隆基不"合作"天子,那就要"更居东宫",加以废黜,另立太子。

但是,事与愿违,弄假反而成真。睿宗似乎不领会"术人"的心计,坚决表示"传德避灾,吾志决矣。"①公主及其党羽眼看大事不妙,就纷纷力谏,以为不可传位。可见,所谓"太子合作天子"完全是鬼蜮伎俩。针对公主的劝阻,睿宗强调指出:"昔中宗之朝,悖逆(指安乐公主,追贬为悖逆庶人)骄纵,擅权侈靡,天变屡臻。我当时极谏,请择贤子立之,以应灾异,中宗不悦,我忧惶数日不食。岂在彼能谏,于己不行!"②借鉴往昔的经验教训,再次表明了自己让位传德的决心。

隆基显然不知底细,觉得有点突然。他驰入请见,自投于地,叩头曰:"臣以微功,不次为嗣,惧不克堪,未审陛下遽以大位传之,何也?"③碍于嫡长制的舆论,太子一直心怀"不次为嗣"的隐痛;迫于公主集团的压力,隆基总是带着诚惶诚恐的神态。回忆一年多前,父皇已经想要让位;而这次重提"传德",又究竟是为了什么呢?对此,睿宗解释说:"汝以弱年夷凶静乱,安我宗庙,尔之力也。今天意人事,汝合当之。"甚至把话都说绝了:"汝若行孝,岂宜于枢前即位邪!"④隆基无可奈何,流涕而出。

结果,"太子合作天子"真的成了事实。七月壬辰,睿宗下制传位给太子,诏文赞扬隆基"有大功于天地","委之监抚,已逾年岁,时政益明,庶工惟序。"宣称:"朕方比迹洪古,希风太皇,神与

---

①　《资治通鉴》卷210 先天元年七月条。
②　《册府元龟》卷11《帝王部·继统三》。
③　《资治通鉴》卷210 先天元年七月条。
④　《册府元龟》卷11《帝王部·继统三》。

化游,思与道合,无为无事,岂不美欤!"①的确,睿宗让位还是跟"无为无事"思想分不开的。半年多前,曾经跟天台山道士司马承祯讨论"道经之旨"。睿宗问:"理身无为,则清高矣。理国无为,如何?"道士援引《老子》"顺物自然而无私"的观点,说明"无为之旨,理国之道也。"②睿宗叹息不已。在公主与太子彼此争斗的情况下,"顺物自然而无私"不失为良策。正是在"无为"思想的推动下,睿宗作出了"传位"的抉择。所谓玄象灾异云云,不过是一种迷信的借口罢了。

(二)太上皇犹总大政

太平公主既然阻止不了"传位",也就另出一条诡计,"劝上(睿宗)虽传位,犹宜自总大政",③企图架空二十八岁的新皇帝。睿宗又是采取折中的办法:一方面断然地传位给太子,另一方面不能不考虑公主的意见,"自总大政"。这也算是"顺物自然而无私"吧!他对隆基说:"况朕授汝,岂忘家国!其军国大务及授三品已上、并重刑狱,当兼省之。"④妥协终于达成了。八月庚子,玄宗正式即位,尊睿宗为太上皇。上皇自称曰朕,命曰诰,每五日一受朝于太极殿。皇帝自称曰予,命曰制、敕,每日受朝于武德殿。三品以上除授及大刑政决于上皇,其余政事都由皇帝处理。过了四天,大赦天下,改元"先天"。

上皇和皇帝"兼省"政务,这是中国历史上罕见的政治局面。封建专制主义的集权制历来强调"天无二日,民无二王",以维护皇帝的绝对地位。唐玄宗虽然正式登基,但他的权力受到太上皇

---

① 《唐大诏令集》卷30《睿宗命皇太子即位诏》。又,《旧唐书·玄宗本纪上》作"壬午",疑误。《资治通鉴》卷210及《册府元龟》卷11均作"壬辰"。

② 《旧唐书·隐逸传》。

③ 《资治通鉴》卷210先天元年七月条。

④ 《册府元龟》卷11《帝王部·继统三》。

的极大限制,甚至可以说他还没有真正地掌握实权。睿宗作为太上皇,把三品以上大臣任免权抓在自己手里,把重大刑政的决定权也抓在自己手里。这种局面固然反映了太平公主强大势力的存在,也说明睿宗并不那么甘心情愿地退出政治舞台。口称"无为无事"的太上皇,又偏要"自总大政",袒护公主利益,也就等于给政局的动荡添了催化剂。

第二节　诛灭太平公主及其党羽

从监国到即位,无疑是太子集团的重大胜利。但是,这个胜利不是在摧毁太平公主势力的基础上赢得的,因此,即位后的斗争依旧十分激烈。

(一)"宰相七人,四出其门"

前面说过,公主自蒲州回长安后,阴谋活动的重点是在宰相位置上安插亲党。玄宗正式即位后,她更要加紧这方面的活动,以便使皇帝徒有虚名而无实权。

先天元年(公元712年)八月"改元"后两天,推出了这样的人事安排:以刘幽求为右仆射、同中书门下三品,魏知古为侍中,崔湜为检校中书令。显然,这是由太上皇决定的折中的办法。刘幽求是唐玄宗的心腹,崔湜是公主的党羽,彼此势不两立。至于魏知古,原是相王府故吏,后任东宫左庶子,迁户部尚书。知古暗中"忠诚"于玄宗,但不公开出面反对太平公主,往往被视为中立的人物。此外,窦怀贞为左仆射兼御史大夫、平章军国重事。还有岑羲,曾任侍中,也积极参与公主的预谋。

八月丙辰,即"改元"后十二天,刘幽求遭诬陷下狱,不久流贬于封州。这表明公主势力有所扩张。次年正月,公主荐引党羽萧至忠为中书令,在宰相群里多了一员干将。当然,玄宗也不会熟视

69

无睹的,六月以兵部尚书郭元振同中书门下三品,填补了刘幽求被贬的空缺。

总之,"太平公主依上皇之势,擅权用事,与上(玄宗)有隙,宰相七人,五出其门。"①这里,"五"应作"四",较为确切。《大唐新语》卷9《谀佞》篇说:"宰相有七,四出其门;玄宗孤立而无援。"当时,依附于公主的是窦怀贞、萧至忠、岑羲、崔湜,共四人。支持玄宗的是郭元振和魏知古。还有一位名叫陆象先,景云二年(公元711年)冬,同中书门下平章事,监修国史。"太平公主时既用事,同时宰相萧至忠、岑羲及(崔)湜等咸倾附之,唯象先孤立,未尝造谒。"②玄宗即位初,"太平公主欲废之",说什么"宁王(指成器)长当立。"象先问:"帝(玄宗)何以得立?"公主答道:"有一时之功"。象先严正地指出:"立以功者,废必以罪。今不闻有罪,安得废?"③可见,陆象先为人正直,孤立清静,决不是攀龙附凤之辈。面对新的废立阴谋,他坚持以功立帝的原则,但也不公然地偏向玄宗一边,与公主作对。后来,唐玄宗赞扬他是挺立在寒风中的松柏,那是十分贴切的。

(二)诛灭公主的密谋

为了粉碎废立阴谋,并从根本上消灭公主势力,李隆基及其支持者也时时在密谋策划。

如果说,密谋的先声是姚元之和宋璟的三点建议,那么,正式提出诛杀公主的则是谋士王琚。还在太子监国时,王琚曾以"当今独有太平公主"的言辞,来激发隆基。隆基引与同榻而坐,泣诉"主上(睿宗)同气,唯有太平",大有不忍为之的神态。王琚断然

---

① 《资治通鉴》卷210开元元年六月条。《考异》引《唐历》曰:"宰相有七,四出其门。"《旧唐书·外戚传》及《新唐书·诸帝公主传》均作"五",欠妥。

② 《旧唐书·陆象先传》。

③ 《新唐书·陆象先传》。

地说:"天子之孝,异于匹夫,当以安宗庙社稷为事。盖主,汉昭帝之姐,自幼供养,有罪犹诛之。为天下者,岂顾小节!"①这里是在鼓动效法汉代故事,对于"有罪"的太平公主必须"诛之"。隆基听了很高兴,足见诛灭公主也是他本人的心愿。但是,作为经历过诛灭韦后大风浪的政治家,是不会轻率地行动的。他清楚地知道,父皇在位,姑母"怙权",在力量对比上自己处于不利的地位。过早地诛杀公主,在道义上也难以获得广泛的支持。所以,隆基没有跟这位初交的谋士王琚直接谈论诛杀之事,而把话题扯开了,笑道:"君有何艺,可以与寡人游?"言下之意:来日方长,容后商议。

及至正式即位,形势发生了新的变化。玄宗虽然还没有实权,但皇帝的地位是谁也否定不了。公主散布的嫡长"当立"的滥调,已经丧失了蛊惑人心的作用。至于"宰相多太平公主之党",②确实有不利的一面,但在先天元年(公元712年)八月,刘幽求和魏知古尚在宰相之列。正是在这种情况下,刘幽求和右羽林将军张暐(隆基在潞州结交的好友),密商诛杀公主亲党。张暐秘密地向玄宗报告:"宰相中有崔湜、岑羲,俱是太平公主进用,见作方计,其事不轻。殿下若不早谋,必成大患。……唯请急杀此贼。刘幽求已共臣作定谋计讫,愿以身正此事,赴死如归。"③他们对敌我形势与行动方案是深思熟虑的。先打崔湜,也是很策略的。这里,并非出于刘幽求与崔湜之间的私人勾斗。宋代史学家司马光按曰:"幽求素尽心于玄宗,湜等附太平,非幽求因私忿而害之也。"④矛头针对崔湜,实质上就是指向太平公主。

玄宗听了,"深以为然",表示赞同诛杀公主党羽的计划。显然,玄宗看到了自己刚当皇帝的有利时机,企图用所掌握的羽林禁

---

① 《资治通鉴》卷 210 先天元年八月条。
② 《资治通鉴》卷 210 先天元年八月条。
③ 《旧唐书·刘幽求传》。
④ 《资治通鉴》卷 210 先天元年八月条《考异》。

兵,一举歼灭之。谁知密谋不慎泄露,太平公主立刻向太上皇睿宗报告。八月丙辰,将幽求下狱,有人建议以"离间骨肉"罪处死。这时,玄宗慌了,亲自出来辩护,"言幽求有大功(指六月政变),不可杀。"①结果,流幽求于岭外封州,张暐于岭南峰州。崔湜叫广州都督周利贞杀死幽求,经人营救,才幸免于难。

(三)公主集团的反扑

八月诛杀密谋的流产,使玄宗又处于不利的境遇,往后近一年是他一生最危险的时期之一。太平公主从上述事件中意识到问题的极端严重性,也就着手进行谋杀活动。应当说,此前,公主无时无刻不在策划废黜太子,接着又要架空皇帝,但是,她还不至于想诛杀李隆基。废而不杀,这是太平公主过去的方针。八月事件使她看到了刀光剑影,看到了她自己也会被诛的危险,因而采取了种种反扑的措施。

第一,"广树朋党"。② 除了窦怀贞、崔湜、岑羲窃居相位外,又以萧至忠为中书令。这样,在宰相班子里,公主势力占明显的优势。依附于公主的还有:太子少保薛稷、雍州长史新兴王李晋、左羽林大将军常元楷、知右羽林将军李慈、左金吾将军李钦、中书舍人李猷、右散骑常侍贾膺福、鸿胪卿唐晙以及西明寺僧人慧范等等。总之,"文武之臣,太半附之。"③其中,有的是颇有影响的人物。例如,薛稷原是东宫官属,职掌教谕太子,理应倒向隆基一边。睿宗时,"常召稷入宫中参决庶政,恩遇莫与为比。"④又如新兴王李晋,"为殿中监,兼雍州长史,甚有威名。"⑤这些人投靠公主,说

---

① 《资治通鉴》卷210先天元年八月条。
② 《旧唐书·张暐传》。
③ 《资治通鉴》卷210开元元年六月条。
④ 《旧唐书·薛稷传》。
⑤ 《旧唐书·宗室传》。

明"朋党"势力的强大。

第二,收买北门禁军。羽林禁兵基本上是由隆基控制的,右羽林将军张晰被贬后,公主收买了禁军将领常元楷和李慈。"常元楷、李慈掌禁兵,常私谒公主。"①他们常时出入于公主第宅,相与结谋,企图发动政变。此外,窦怀贞等以宰相身份控制了南牙诸卫兵。

第三,阴谋毒死皇帝。由崔湜出面,勾结宫人元氏,在玄宗饮服的"赤箭粉"里放进毒药,欲置皇帝于死地。这条毒计是否由于太平公主的指使,不得而知,但清楚地暴露了公主集团的狰狞面目。

由上可见,形势愈来愈急迫。虽然所谓"玄宗孤立而无援"的分析,是过高地估计了公主势力,然而,玄宗面临生死存亡的时刻,也是事实。谋士王琚对玄宗说:"事迫矣,不可不速发。"②建议尽早设计对付之。远在东都洛阳的张说,也是万分焦急。原来,张说罢知政事后,被公主排挤到东都。这时,"既知太平等阴怀异计,乃因使献佩刀于玄宗,请先事讨之。"③献佩刀,暗示要先发制人,割断公主势力。还有那位崔日用,因与薛稷矛盾不协,被排挤出京师,时为荆州长史。他特地回京奏事,建议"讨捕"之,说一旦"奸究得志,则祸乱不小。"玄宗担心"惊动太上皇",日用强调指出:"天子孝,安国家,安社稷。今若逆党窃发,即大业都弃,岂得成天子之孝乎!"这把话说到底了! 如果"逆党"阴谋得逞,玄宗连皇帝都当不成了,且有被杀的危险,那还谈什么"天子之孝"! 他还提出"先定北军,次收逆党",认为这样就不会惊动太上皇。"玄宗从其议",④完全采纳了崔日用的意见。

---

① 《旧唐书·外戚传》。
② 《资治通鉴》卷210开元元年六月条。
③ 《旧唐书·张说传》。
④ 《旧唐书·崔日用传》。

(四)七月三日事件

决战的时刻终于来临了。

先天二年(公元713年)秋,"窦怀贞等与太平公主同谋,将议废立,期以羽林兵作乱。"①他们决定:七月四日,由常元楷和李慈率领禁兵,突入玄宗朝见群臣的武德殿,窦怀贞、萧至忠和岑羲等宰相在南牙举兵响应,以实现其"废立"阴谋。

宰相魏知古得知此事,立刻向李隆基汇报。因为魏知古表面上是中立人物,故能了解一些密谋情况。在这关键时刻,魏知古立了一大功。后来,唐玄宗赞扬他"每竭忠诚,奸臣有谋,预奏其兆。"②

紧接着,玄宗和岐王隆范、薛王隆业、宰相郭元振、龙武将军王毛仲、殿中少监姜皎、太仆少卿李令问、尚乘奉御王守一、内给事高力士、果毅李守德等商量对策,决定抢先动手。七月三日,玄宗和王毛仲、高力士等亲信十余人,取闲厩马及卫兵三百余人,出武德殿,入太极殿左边虔化门,召常元楷和李慈,斩之。这样就实现了第一步"先定北军",没有引起禁兵骚乱,干得十分利落。第二步是"次收逆党":在朝堂和内客省分别捉拿了宰相萧至忠、岑羲与李猷、贾膺福,皆斩之。窦怀贞这天似不在禁宫,闻变外逃,投沟水而死,追戮其尸。太平公主逃入山寺,过了三天又回来,故赐死于家。公主诸子及其党羽死者数十人,如薛稷赐死于万年狱。儿子薛崇简曾反对过其母的阴谋活动,特免死,赐姓李氏,官爵如故,但在往后的政治活动中也销声匿迹了。

值得一提的是,崔湜跟窦怀贞这类党羽不同,表面上还和隆基保持亲善关系。"玄宗在东宫,数幸其第,恩意甚密。"实际上,"湜

---

① 《册府元龟》卷11《帝王部·继统三》。
② 《旧唐书·魏知古传》。

既私附太平公主,时人咸为之惧。"①这种两面派更有助于公主的"怙权"。但是,策划七月四日叛乱,崔湜确实是不在场的。所以,其他几个宰相处死了,唯独他流于窦州。不久,新兴王李晋临刑前揭发崔湜原是主谋者,加上宫人元氏供认与崔湜共谋进毒,才追赐死于荆州。

七月三日事变很快就胜利了,而"穷治公主枝党"一直延续到年底。"百官素为公主所善及恶之者,或黜或陟,终岁不尽。"②经过半年多的清查与处置,太平公主势力被彻底地铲除了。

(五)"三为天子,三让天下"

七月三日那天,特地派郭元振"侍卫"太上皇睿宗。睿宗事先不知道玄宗部署的行动,一听到鼓噪声,就连忙登上承天门楼。郭元振奏曰:"皇帝前奉诰诛窦怀贞等,惟陛下勿忧。"③所谓"前奉诰",自然没有那回事。睿宗的折中态度包含有袒护公主的一面,不可能早就下令诛灭公主党羽。这里无非是把皇帝的行动说成是符合太上皇的旨意,敬请睿宗不必惊忧。

过了一会儿,玄宗带领王琚等人来到承天门楼上,拜见睿宗,陈述情况,并起草了一份诏令,以太上皇的名义宣布天下。诏曰:"逆贼窦怀贞、萧至忠、岑羲、薛稷、李慈、李猷、常元楷、唐晙、唐昕、李晋、李钦、贾应福、傅孝忠、僧惠范等,咸以庸微,谬承恩幸,未申毫发之效,遂兴枭獍之心,共举北军,突入禁中,将欲废朕及皇帝,以行篡逆。朕令皇帝,率众讨除,……其逆人魁首未捉获及应缘坐者,并不在赦限。"④

① 《旧唐书·崔湜传》。
② 《资治通鉴》卷210开元元年七月条。
③ 《资治通鉴》卷210开元元年七月条《考异》引《玄宗实录》。
④ 《册府元龟》卷84《帝王部·赦宥三》。"逆贼"名单中无"崔湜",可见他没有直接参与叛乱的会商。

诏文特别强调七月三日是根据太上皇的命令而行动的,显然在于制造"讨除"逆贼的合法性的舆论。对照一下郭元振"奏曰",就会明白,这是玄宗及其亲信早已商定好的一种策略手段。既然逆贼企图"共举北军","以行篡逆",那么,皇帝率众"讨除"之,就是理所当然的事了。

其实,太上皇睿宗内心里并不希望看到七月三日事变,因为玄宗的胜利不仅使唯一的妹妹陷于灭顶之灾,而且意味着他本人将永远地退出政治舞台。第二天,即七月四日,他以无可奈何的心情颁布诏令:"昨者奸臣构衅,窃犯禁闱,凶党布于萧墙,飞变闻于帷扆。朕虑深仓卒,爰命讨除,……自今已后,军国政刑一事已上,并取皇帝处分。朕方高居大廷,缅怀汾水,无为养志,以遂素心。"①同日,太上皇徙居百福殿。至开元四年(公元716年)六月逝世,享年五十五岁。

由大臣苏颋起草的《睿宗遗诰》说:"三为天子,三以天下让。"这是对唐睿宗一生的总结。第一次被武后则天立为皇帝,后被贬黜为皇嗣,再降封为相王。第二次中宗即位时,尊称"皇太弟",固辞不受。中宗一死,"遗诏"规定相王辅政,因韦后反对而作罢。第三次是隆基的六月政变胜利,使睿宗重登皇位。过了两年多,传位给太子隆基,称为太上皇。的确,睿宗一生以"安恬好让"为特点,反映了宫廷内部斗争的复杂性。睿宗作为唐朝历史上第二位太上皇,跟第一位唐高祖李渊略有不同。回顾历史,玄武门事变后,唐太宗正式即位,李渊尊号为"太上皇"。这位太上皇完全退出了政治舞台,不干预军国大务,没有造成新的纠葛。而唐玄宗即位后,声称"无为无事"的太上皇睿宗偏要"自总大政",结果加剧了长达一年的宫廷内争。直到七月三日事变后,宣布一切政事都由皇帝处分。太上皇睿宗表示要"无为养志",再也不插手政治

---

① 《唐大诏令集》卷30《睿宗命明皇总军国刑政诏》。

了。二十九岁的唐玄宗才开始亲政。

第三节　七月事件的性质与影响

七月三日事件,是李隆基与太平公主之间长期斗争的总爆发。诛灭"太平"方太平,历史揭开了新的一页。

(一)正与邪之争

如何认识这场长达三年的激烈争斗呢?换句话说,公主集团代表的是怎样的社会力量呢?

太平公主步武则天的后尘,想当女皇,这种意见似乎缺乏事实根据。诚然,史称公主"多权略,则天以为类己。"①这里仅仅说母女在智略与权术方面有很多相似之处,并不能引申出公主有当女皇的美梦。武后称帝,是中国封建社会历史上罕见的政治局面。这个特殊的时代结束以后,有些人鼓吹"韦氏宜革唐命","劝韦后遵武后故事,"②结果是彻底地破灭了。历史已经证明,谁想再当女皇,此路不通。经历过诛灭韦后斗争的太平公主,确实没有提出当女皇的政治主张,至少现存的史料中找不到记载。史载公主"思立孱弱,以窃威权",也就是说,公主惧怕太子隆基的英武明察,企图"更择暗弱者立之",以维护她的特权地位。这种所谓"以窃威权",跟想当女皇,是不可同日而语的。

太平公主属于武氏政治势力,这种观点也是值得商榷的。所谓武氏政治势力,应当是指依附武则天而兴盛起来的外戚势力,其中以武承嗣、武三思为主要代表人物,还包括武延基、武延秀、武崇训等等。这股势力经由重俊政变尤其是隆基六月政变的沉重打

---

① 《旧唐书·外戚传》。
② 《资治通鉴》卷 209 景云元年六月条。

击,已经基本上被清除了。睿宗重新即位时,虽然太平公主的第二个丈夫武攸暨也算是武氏之党,但他在政治舞台上作用不大。公主之所以左右政局,并不是由于武攸暨的缘故。《旧唐书·外戚传》把太平公主事迹附于武攸暨之后,实在是很不得体的。

太平公主代表的是腐朽的商人地主官僚集团势力,这种看法也是难以苟同的。诚然,把五王政变、六月政变和七月三日事件串起来考察,统统归结为中小地主官僚与商人地主官僚两大集团间的矛盾斗争,在理论上是颇有创见的,可以自圆其说地解释长达八年半的政治风云。但是,从封建统治阶级各个"群体"组合的实际情况来看,似乎并不存在如此明显的两条路线斗争。如果说,五王政变与六月政变都是中小地主官僚集团发动的,那么,太平公主也积极参加,"诛二张,灭韦氏,咸赖其力",①又该如何解释呢?此时此刻,太平公主是站在中小地主官僚集团一边,还是站在商人地主官僚集团一边呢?事实上,在风云变幻的宫廷内争中,各个"群体"或者派别呈现纷繁复杂的关系,有时互相利用,有时彼此勾斗,时而是合作者,时而是敌对者,一切都是依具体的政治形势与力量对比而定的。这里,套用大、中、小地主与商人地主官僚的阶层分析,似乎是讲不清楚的。

或许在六月政变以后,太平公主才转化为商人地主官僚集团的代表人物。这种可能性是存在的。但是,就公主"群体"集团的成员来看,宰相窦怀贞、萧至忠、岑羲、崔湜等是不是商人地主官僚,这不能靠理论分析,而要由事实来证明。僧人慧范以及禁军将领常元楷、李慈等,无疑是跟商人地主无缘的。太平公主支持的大批斜封官,其中不乏供应奢侈消费品的大商人,但更多的是通过裙带关系而往上爬的政治投机者和钻营利禄之辈。关于斜封官问题,它反映了封建专制主义政治的弊病,但是,这种腐败现象并不

---

① 《大唐新语》卷9《谀佞》。

是唯独跟商人地主官僚联系在一起的。同样，恣情奢纵，竞相侈丽，也不仅仅是商业富豪们的专利权。太平公主如此，唐睿宗和太子李隆基也不例外，差别只是程度的不同。况且，如何看待工商业地主的历史作用，还有待重新估价。把他们视为腐朽的社会势力，却是传统观念的表现。

至于支持诛灭太平公主的斗争的，除了李唐皇室正统势力外，就是中小地主官僚吗？当然有中小地主官僚，但也有大地主官僚。李唐皇室的很多人，难道不是大地主贵族吗？唐睿宗时期，以隆基为首的太子集团，是由于政见一致与利益相同而组成的"群体"。其中，姚元之、宋璟、韦安石、郭元振以及张说等，显然不是作为中小地主官僚集团的代表人物而活动的，显然不是站在中小地主立场上来支持李唐皇室的。先天元年（公元712年）八月，太子隆基正式即位，他作为一个封建皇帝，代表了整个封建统治阶级的利益，包括大、中、小地主的利益。李隆基与太平公主间的矛盾斗争，是封建统治阶级上层的两个"群体"派系的最严重的一次较量。

我们认为，李隆基和太平公主之间斗争的实质，在于要不要改革中宗弊政问题。太子的支持者宋璟和姚元之，"协心革中宗弊政，进忠良，退不肖，赏罚尽公，请托不行，纲纪修举，当时翕然以为复有贞观、永徽之风。"①这种新局面也正是太子隆基所向往的。而太平公主及其党羽却竭力维护过去的那种"群邪作孽，法纲不振，纲维大紊"的状况，甚至把被姚元之等废除了的斜封官皆复旧职。景云二年（公元711年）二月，宋璟和姚元之被贬后，有位名叫柳泽的，上疏说："今海内咸称太平公主令胡僧慧范曲引此辈，将有误于陛下矣。谤议盈耳，咨嗟满街，故语曰：姚宋为相，邪不如正；太平用事，正不如邪。"②这番话讲得多么精彩，点出了问题的

① 《资治通鉴》卷209景云元年七月条。
② 《旧唐书·柳泽传》。

实质。太子隆基与太平公主的斗争,也就是"正"与"邪"之争。

　　太平公主及其党羽确实是一股邪恶的社会势力。他们大多是反复小人,阿附权势,好恶任情,是非颠倒。例如,窦怀贞早就以"诣顺委曲取容"而臭名远扬,唐中宗时被称为"国奢"(韦后乳母之婿)。韦后被诛,他左迁益州长史,便"以附会太平公主"。唐睿宗时,为金仙、玉真两个公主修造道观,群臣多谏,"唯怀贞赞成其事,躬自监役"。所以,当时人讽刺说:"前为韦氏国奢,后作公主邑丞。"①又如萧至忠,中宗时依附韦后,睿宗即位初出为蒲州刺史。"时太平公主用事,至忠潜遣间使申意,求入为京职。"据说,隆基六月政变时,萧至忠有个儿子任千牛,在禁宫夜战中被杀。"公主冀至忠以此怨望,可与谋事,即纳其请。"萧至忠表面上清俭刻苦,实际上贪得无厌。"及籍没,财帛甚丰,由是顿绝声望矣。"②再如,"僧惠范恃太平公主权势,逼夺百姓店肆,州县不能理。"③御史大夫薛谦光予以揭发,结果反而遭到公主的打击,被贬为岐州刺史。由上可见,这股腐朽的社会势力,并不是商人地主官僚集团。虽然萧至忠财帛甚丰,惠范家财亦数十万缗,但是这些并不是经营工商业而赢得的,而是通过掠夺与榨取的方式积聚起来的。

　　总之,太平公主所纠集的亲党,正如唐代张铸所说:"并外饰忠鲠,内藏谄媚,翕肩屏气,舐痔折肢。附太平公主,并腾迁云路,咸自以为得志,保泰山之安。七月三日,破家身斩,何异鹡鸰栖于苇苕,大风忽起,巢折卵破。后之君子,可不鉴哉!"④如此腐朽的社会势力,其失败是不可避免的。

---

　　① 《旧唐书·窦怀贞传》。
　　② 《旧唐书·萧至忠传》。
　　③ 《旧唐书·薛登传》。
　　④ 《朝野佥载》卷5。

（二）七月事变胜利的原因

铲除公主势力，比起诛灭韦后之党，更加艰巨。王琚曾对隆基说：由于种种的因素，诛韦后"为易"。而太平公主就不同了，第一，她是"则天之女，凶狡无比，专思立功"；第二，"朝之大臣，多为其用"；第三，"主上（睿宗）以元妹之爱，能忍其过。"因此，"贱臣浅识，为殿下深忧。"①的确，六月政变的准备时期不到一年，最激烈的斗争仅仅十九天。而七月事变以前，则经历了近三年的曲折的斗争。从太子监国到即位前后，几乎每一步都伴随着激烈的争夺。胜利得来实在是很不容易的。原因究竟是什么呢？

首先，李隆基及其支持者代表的是一股坚持改革弊政的政治力量。宋璟、姚元之之所以维护太子的地位，原因不是单纯出于封建正统观念，而是把改革的重任寄托于李隆基。"革中宗弊政"的重点在于用人问题："进忠良，退不肖。"景云元年（公元710年）八月，根据姚元之、宋璟及御史大夫毕构的建议，罢斜封官凡数千人。同年十二月，鉴于"中宗之末，嬖幸用事，选举混淆，无复纲纪"，以宋璟为吏部尚书，李乂、卢从愿为侍郎，"皆不畏强御，请谒路绝。集者万余人，留者三诠不过二千人，人服其公。"又以姚元之为兵部尚书，陆象先、卢怀慎为侍郎，"武选亦治"。②次年二月，宋、姚被贬为地方刺史后，纲纪紊乱的情况又有所恢复。冬十月，左补阙辛替否上疏说："忍弃太宗之理本，不忍弃中宗之乱阶；忍弃太宗久长之谋，不忍弃中宗短促之计。陛下（睿宗）又何以继祖宗、观万国？"③可见，要不要革除中宗弊政，是区分"正"与"邪"两股政治势力的标准。李隆基正式即位并诛灭公主集团，从根本上说，就

---

① 《旧唐书·王琚传》。
② 《资治通鉴》卷210景云元年十二月条。
③ 《旧唐书·辛替否传》。又，《资治通鉴》卷210景云二年十月条作"右补阙辛替否"。

是前一股政治势力推动的结果。

其次,策略手段的高明,往往是宫廷内争胜利的保证。早在三年前的六月政变中,李隆基已显露出政治家的胆识;而在跟公主集团的斗争中,他变得更加老练了。

针对公主的阴险狡猾,他就采取以理斗智的策略。所谓"理",即维护皇位继承的合法性。李隆基自称:"臣以微功,非次见擢,偏守储贰(太子),日夜兢惶。"①的确,以非嫡长子为皇太子,不符合传统的继承法。太平公主正是抓住这一点,大做"废黜"文章,大肆挑拨太子与长兄成器的关系。如果成器站到公主一边,那就会使斗争复杂化。对此,李隆基除了坚持以功建储的原则外,还尽力鼓吹兄弟情谊。例如:"先天初,玄宗为大被长枕,宋王成器等昆季每与同寝。太平公主奏之。"这时,隆基已继位称帝,共被同寝不过是一种姿态罢了。公主离间不成,太上皇睿宗说:"昆季恩深,欢娱共被,汝为留爱,天伦其睦,斯乃万万有庆,九族延休,言念仁慈,固多忻慰。"②结果是宋王成器、岐王隆范、薛王隆业等都成了隆基的支持力量,隆范和隆业两个弟弟还直接参加了七月三日事变。

针对公主的恃权骄横,李隆基则采取了以退为攻的策略。由于公主纠集的"朋党"势力的强大,朝臣多为其所用,李隆基不得不小心谨慎,每走一步就看一步,决不冒进。例如:景云二年(公元711年)初,宋璟、姚元之提出三点建议后,太平公主大怒。"太子惧,奏元之、璟离间姑、兄,请从极法。"③其实,三点建议出自太子隆基的意愿。要求对宋、姚加以处置,不过是一种退兵之计。又如:先天元年(公元712年)八月,在玄宗的同意下,刘幽求和张暐谋划诛杀太平公主党羽。事泄,"玄宗大惧,遽列上其状,睿宗下

① 《册府元龟》卷11《帝王部·继统三》。
② 《册府元龟》卷47《帝王部·友爱》。
③ 《资治通鉴》卷210景云二年二月条。

幽求等诏狱,令法官推鞫之。"①这种手法跟过去的完全一样。总之,在长达三年的宫廷斗争中,李隆基善于观察政局形势,见机行事,时而主动进击,时而以退为攻,化劣势为优势。

第三,控制羽林禁军,这是夺取胜利的重要条件。李隆基是以厚结万骑起家的,深知羽林禁军的重要性。景云元年(公元710年)六月政变的次日,平王李隆基就兼知内外闲厩,押左右厢万骑。过了两天,以隆范为左羽林大将军,隆业为右羽林大将军。上述安排,对于镇压韦氏之党是必要的。但是,"万骑恃讨诸韦之功,多暴横,长安中苦之。"②八月,诏除外官。又停以户奴为万骑;更置飞骑,隶左、右羽林。这时,隆基已为皇太子,当然不可能直接兼管万骑了。随着与太平公主斗争的兴起,宋璟、姚元之建议:罢隆范、隆业二王左、右羽林。景云二年(公元711年)正月,睿宗下制云:"诸王、驸马自今毋得典禁兵,见任者皆改他官。"③显然,其目的在于防止某些人利用禁兵参与争夺皇位的斗争。

值得注意的是,同年二月,李隆基以皇太子监国,"因奏改左右万骑左右营为龙武军,与左右羽林为北门四军,以(葛)福顺等为将军以押之。"④这是对北门禁军的重大改组,以加强太子集团的势力。葛福顺是六月政变的骨干,自然听从于李隆基。此外,左羽林将军孙佺也和刘幽求关系密切,右羽林将军张暐则是隆基的至交好友。先天元年(公元712年)八月,玄宗即位不久,张暐献计说:"臣既职典禁兵,若奉殿下命,当即除蘖(公主党羽)。"⑤可见,北门四军基本上由李隆基控制。

---

① 《旧唐书·刘幽求传》。
② 《资治通鉴》卷210景云元年八月条。
③ 《资治通鉴》卷210景云二年正月条。
④ 《旧唐书·王毛仲传》。当时,仅设"龙武将军"名称。关于"龙武军"的建置问题,详见第五章第四节。
⑤ 《旧唐书·刘幽求传》。

然而,自刘幽求与张暐被贬流之后,太平公主收买了左羽林大将军常元楷和知右羽林将军事李慈,"元楷、慈数往来(公)主第,相与结谋",①妄图以羽林兵突入玄宗听政的武德殿,发动政变。看来,公主党羽过高地估计了自己的力量。其实,除了个别将领外,羽林禁军的政治倾向在皇帝玄宗一边。特别是率领万骑的龙武将军,如王毛仲,即李隆基的心腹。先天二年(公元713年)七月三日,正是通过龙武将军王毛仲取闲厩马及禁兵三百余人,自武德殿入虔化门,召常元楷与李慈,先斩之。很清楚,掌握北门禁军,是赢得胜利的重要原因。

(三)诛灭"太平"方太平

七月三日事变无论是对李隆基个人还是对唐朝历史,都具有深远的影响。

一年前,李隆基虽然即位,但上有太上皇睿宗,还有凶恶的太平公主集团。只有现在,唐玄宗才真正地掌握了政权,一切政事都由皇帝处置了。《新唐书·玄宗本纪》指出:"乙丑(七月四日),始听政。"这个"始"字体现了史家的春秋笔法,颇能说明历史事件的本质。过了八天,唐玄宗下令说:"太上皇志尚无为,捐兹俗务,军国庶政,委成朕躬",希望王公文武百官们"戮力同心,辅相休命,各尽诚节,共洽维新。"②十一月,玄宗尊号为"开元神武皇帝"。十二月初一,大赦天下,改元为"开元"。这样,唐朝历史进入了"开元之治"的新时期。

七月三日事变是政局由不安定到安定的转折点。自李隆基出世以来,近三十年,由于皇位继承权的不固定,引起了连续不断的宫廷内争。"天步时艰,王业多难。"③虽然六月政变铲除了韦氏、

---

① 《资治通鉴》卷210开元元年六月条。
② 《册府元龟》卷11《帝王部·继统三》。
③ 《全唐文》卷19睿宗《诛窦怀贞等大赦诏》。

武氏这股动乱势力,但睿宗在位时并没有出现安定的政治局面。后来,隆基以太子身份监国,接着又受内禅,即皇帝位,但他的皇位还是不稳定的,面临着太平公主集团的严重威胁。"必至诛夷太平公主党徒之后,睿宗迫不得已,放弃全部政权,退居百福殿,于是其皇位始能安定,此诚可注意者也。"①可见,七月事变具有重要的历史意义,标志着政局安定的开始。

———————

① 陈寅恪《唐代政治史述论稿》第 65 页。

第五章　安定政局，巩固皇权

封建时代的"治世"无不以政局安定为前提，而政局安定的关键又在于皇权的巩固。开元时期，前后二十九年，唐玄宗吸取往昔政局动荡的教训，采取种种措施，竭力维护和巩固皇位。这就为"开元之治"奠定了基础。①

第一节　"再三祸变"的历史教训

唐玄宗亲始听政之前，政变迭起，时局不宁。景云二年（公元711年）十月，谏官辛替否上疏陈时政，指出："五六年间，再三祸变，享国不永，受终于凶妇人。"②把国难归结为"女祸"，是缺少具体分析的。但是，韦后、安乐公主以及太平公主之流，兴风作浪，也是加速"祸变"的因素之一。据统计，从神龙元年（公元705年）正月至先天二年（公元713年）七月，在这八年半里，各种形式与性质的政变就有七次之多。请看：

一、神龙元年（公元705年）正月，以张柬之为首五王发动政变，诛灭二张。女皇武则天被迫让位，唐中宗重新称帝。

二、神龙三年（公元707年）七月，太子重俊发动政变，诛杀武三思等。后率众斩关而入内宫，结果是以失败而告终。

三、景龙四年（公元710年）六月二日，韦后和安乐公主等合

---

① 参见汪篯《唐玄宗安定皇位的政策和姚崇的关系》，原载1948年3月27日《申报·文史周刊》第16期，收入《汪篯隋唐史论稿》。

② 《旧唐书·辛替否传》。

谋,毒死中宗。四日,改元"唐隆"。七日,年仅十六岁的太子重茂即位,即少帝;而韦氏以皇太后身份临朝称制。这实质上是一场宫廷政变。

四、同年六月二十日,李隆基发动政变,诛灭韦后势力。六月政变的胜利,使唐睿宗重登皇位。

五、同年七月底,中宗次子重福在某些人挑动下,借口维护嫡长制,阴谋在东都洛阳叛乱。企图立重福为帝并要改元为"中元克复。"八月,叛乱被洛州长史崔日知平定。

六、先天元年(公元712年)七月,太平公主集团策划废黜太子隆基的图谋,结果睿宗下制传位给太子。八月,唐玄宗正式即位。这场宫廷内争,本质上是不流血的政变。

七、先天二年(公元713年)七月,唐玄宗诛灭太平公主势力,取得了最终的完全的胜利。

上述事变,大多是李隆基经历过的,其中三次还是他亲自发动的。作为在政治漩涡中奋搏的年轻人,自然深深地感受到形势之险恶。他在诛灭太平公主集团不久说:"昔因多难,内属构屯,宝位深坠地之忧,神器有缀旒之惧。"①李唐王室确实是多灾多难。从中宗到少帝,再到睿宗与玄宗,皇帝换了四个。还有不少人蠢蠢欲动,觊觎皇位;弑杀与叛乱交替,祸变接连不绝。

为什么会出现如此动荡的政局呢?历来认为是由于"女子之祸",②或者说是由于武则天"革命"所造成的。其实,原因并不全在于此。回顾唐高祖、太宗和高宗时期,"女祸"问题也不同程度地存在着,争夺皇位斗争也时有发生(如玄武门之变及房遗爱事件等),太子废立层出不穷,但是,政局基本上是安定的。自武则天执政以后,封建统治集团内部斗争更是加剧了。高宗诸子与武

①　《唐大诏令集》卷2《明皇即位赦》。
②　《新唐书·玄宗本纪》赞曰。

后诸侄之间,拥李派与拥武派官僚之间,朝廷士人与武后嬖宠之间,充满着种种矛盾。但是,安定局面仍是时代的主流。由于武则天广开才路,朝廷上下,人才辈出,如李昭德、魏元忠、杜景佺、狄仁杰、姚崇、宋璟、张柬之等,都是极一时之选的名臣,所以在群奸出没、酷吏横行的政治气氛中,全国仍能保持安定的状态。可见,把动荡归咎于"女祸",归咎于武则天"革命",是片面的看法。

问题的关键在于皇权是否巩固,是否任贤致治。"山有猛虎,兽不敢窥。"①如果皇权是强有力的,能够任用贤臣,敢于治理,那么,即使有"女祸"也不会泛滥成灾,即使有形形色色的皇位窥伺者也难以兴风作浪。从唐太宗到武则天时期,政局安定的主要原因就是皇权之强大。及至唐中宗、睿宗时期,情况就大不相同了。中宗是"愚暗"之主,睿宗是懦弱之君,毫无能力执掌大政。朝廷罕有正人,附丽无非险辈。中伤端士者有之,奔走豪门者有之,以致朋比成风,廉耻殆尽。这种状况正是时局动荡的根源。当然,武则天"革命"也留下消极的影响。例如,韦后和安乐公主受到女子亦可秉政的启示,效法"则天之政",疯狂地参与宫廷内争。但是,这种"女祸"不仅是以皇权软弱为前提,而且是暂短一时的现象。在以男子为中心的封建家族制度下,女子企图秉政不可能是普遍的经常的事。所以,太平公主就没有那样的幻想了,她只是打着维护嫡长制的旗号,投入纷争的涡流。总之,"女祸"问题不是政局动荡的根本原因,而只是使动荡政局复杂化的一个因素而已。

李隆基一踏上政治舞台,几乎都是处于斗争漩涡的中心。他本人通过一系列的政变,实现了从皇室庶子到太子监国再到正式即位的历史任务。八年多的奋斗,把一个近而立之年的人变成了杰出的政治家、"开元之治"的开创者。"开元握图,永鉴前车。"②

---

① 《旧唐书·玄宗本纪下》史臣曰。
② 《旧唐书·玄宗本纪下》赞曰。

唐玄宗比别人更了解前车之鉴,更懂得巩固皇权的重要性,更清楚如何来防止政变涡流的再起。英姿勃勃的君主以铁腕手段,有效地维护了较长期的安定局面,为开元改革准备了必要的条件。

第二节 "姚崇劝不用功臣"

唐玄宗巩固皇权的最重要措施,就是根据贤相姚崇的建议,将一批由政变而产生的功臣外任刺史,接着又加以妥善的安置。这样就消除了"再三祸变"的某些可能性,使封建统治集团内部矛盾缓和下来。

(一)骊山讲武,始欲立威

七月三日事变胜利不久,唐玄宗搞了一次耀武扬威的军事检阅。这年十月十三日,在骊山脚下,"征兵二十万,戈铤金甲,耀照天地。列大阵于长川,坐作进退,以金鼓之声节之。三军出入,号令如一。"①玄宗身穿戎服,手持大枪,立于阵前,甚至亲自击鼓,号令将士。如此隆重的演习,显然有它的政治目的。玄宗在赏慰将士的诏中,宣称:"往以韦氏构逆,近又凶魁作祸,则我之宗社危如缀旒,故斩长蛇,截封豨,戮枭獍,扫搀枪。使武之不修,人何克义?"可见,骊山讲武是吸取了"祸变"教训而采取的行动,"以振国威,用搜军实。"②除了向动乱势力作示威外,更使皇权的威势大大地伸张起来。

值得注意的是,在这天检阅中,唐玄宗以突然袭击的方式,解除了功臣郭元振的兵权。郭元振早在武则天时就是一员名将,后来立功于西土边陲。睿宗即位,他官至兵部尚书同中书门下三品。

---

① 《唐会要》卷26《讲武》。
② 《唐大诏令集》卷107《骊山讲武赏慰将士诏》。

先天二年(公元713年),参与七月三日事变,又立大功。可是,隔了三个多月,在骊山讲武中,唐玄宗以"军容不整"的罪名,"坐于纛下,将斩以徇。"功臣一下子变成了死囚,颇能说明封建专制主义的厉害。不过,唐玄宗只是借此扬威,并不想处斩。所以,宰臣刘幽求、张说出来说情,玄宗就决定"赦之,流于新州。"①

与此同时,唐玄宗以"制军礼不肃"为由,宣布处斩给事中、知礼仪事唐绍。"上(玄宗)始欲立威,亦无杀绍之意",②可是金吾卫将军李邈没有领会圣上的心意,立刻宣敕,将唐绍斩了。"时人既痛惜绍,而深咎于邈。寻有敕罢邈官,遂摈废终其身。"③其实,完全归咎于李邈,也欠公平。唐绍之死,无非是唐玄宗"始欲立威"的牺牲品。由于两位大臣得罪,诸军几乎都被皇权威势所震慑。

(二)姚崇为相,功臣外刺

当然,强化皇权的关键还在于委任贤相姚崇。安定政局与巩固皇位的一系列措施,大多得力于姚崇的推行。宋代史臣赞曰:"不有其道,将何以安?"④这是事实。

姚崇是杰出的政治家、皇权主义的维护者。原名元崇,陕州硖石(今三门峡市以南陕县)人。早在武则天时,由于才能出众,被提拔为宰相。"时突厥叱利元崇构逆,则天不欲元崇与之同名,乃改为元之。"⑤后来,他推举张柬之为相,并参与五王政变的预谋。政变胜利后,武则天被迫退位,移居上阳宫,唐中宗率王公百官欣跃庆功,唯独姚元之呜咽流涕。张柬之等说:"今日岂是啼泣时!

---

① 《旧唐书·郭元振传》。
② 《资治通鉴》卷210开元元年十月条。
③ 《旧唐书·唐绍传》。
④ 《旧唐书》卷96赞曰。
⑤ 《旧唐书·姚崇传》。

恐公祸从此始。"姚元之坦然地承认自己啼泣出于衷情，强调说："昨预公诛凶逆者，是臣子之常道，岂敢言功；今辞违旧主悲泣者，亦臣子之终节，缘此获罪，实所甘心。"①寥寥数语，不仅反映了姚元之的"多智"，而且足以说明他是一个皇权的忠诚卫士。姚元之所以预谋政变，并不是反对皇帝武则天，相反，他恪守"臣子之常道"，只是反对危害皇权的凶逆者张易之兄弟。政变的结局却是武则天下台，而新皇帝中宗又是如此暗弱，这就难免使皇权维护者感到悲哀而啼泣。还因为这个缘故，姚元之在唐中宗时遭到冷遇，出为亳州刺史，转宋、常、越、许四州刺史。

自从李隆基的六月政变胜利后，唐睿宗即位，召拜姚元之为兵部尚书、同中书门下三品，进中书令。姚元之和另一位杰出的政治家宋璟，协心革除弊政，进忠良，退不肖，赏罚尽公，请托不行，深得朝野的好评。他们从皇权主义的观点出发，维护既定太子隆基的地位，以著名的三点建议，反对太平公主的废黜阴谋。凡此种种，旨在巩固皇权和安定政局。后来，他们却受到贬斥，外任刺史。

及至太平公主势力被消灭，唐玄宗为了巩固皇位，"共治维新"，自然地想起了姚元之。"上（玄宗）将猎于渭滨，密召元崇会于行所。"②所谓"密召"，包含有出其不意的人事安排。果然，十月十三日骊山讲武，罢兵部尚书郭元振。十四日，玄宗猎于新丰界之渭川，姚元之恰好到达，立刻被任为兵部尚书、同中书门下三品。先后两天，一个罢免，一个任命，自出于唐玄宗的精心考虑。据《升平源》记载，那天，姚元之自称"至于驰射，老而犹能。"于是，呼鹰放犬，迟速称旨，玄宗十分高兴。此时此刻，姚元之"以十事上

① 《旧唐书·姚崇传》。
② 吴兢《升平源》。鲁迅云："《开元升平源》，《唐志》本云陈鸿作，《宋史·艺文志》史部故事类始著吴兢《贞观政要》10卷，又《开元升平源》1卷。疑此书本不著撰人名氏，陈鸿、吴兢，并后来所题。二人于史皆有名，欲假以增重耳。"（《唐宋传奇集·稗边小缀》）

91

献",提出了一整套的施政方略。关于著名的"十事要说",司马光认为"似好事者为之,依托(吴)兢名,难以尽信,今不取。"①当然,《升平源》作者是不是吴兢,无法考证。君臣一问一答,亦未必是实录。但十条的基本精神是可信的,其中重要的内容就是加强皇权。例如,元之说:"自武氏诸亲猥侵清切权要之地,继以韦庶人、安乐,太平用事,班序荒杂;臣请国亲不任台省官,凡有斜封、待阙、员外等官,悉请停罢,可乎?"玄宗答道:"朕素志也。"的确,这件事早在玄宗当太子时,就由姚元之和宋璟着手做了,只是后来被迫中断。既诛太平公主,重提此事,君臣心里又想到一块了。

史称,"上初即位,励精为治,每事访于元之,元之应答如响,同僚唯诺而已,故上专委任之。"②这年十二月初一,改元"开元"。过了十二天,以姚元之兼紫微令(即中书令)。元之避"开元神武皇帝"尊号,恢复旧名崇。唐玄宗之所以"专委任"姚崇,原因在于姚崇跟别的臣僚不同,他作为忠诚的皇权维护者,从长期的从政经验中找到一整套行之有效的方略,而这些方略又完全符合唐玄宗安定皇位的需要。难怪玄宗这样地赞美他:"宏略冠时,伟才生代,识精鉴远,正词强学,有忠臣之操,得贤相之风。"③所谓"忠臣之操",无疑是要大力表彰的。

历来忠臣与功臣是有些差异的,各有妙用。如果说,唐玄宗在发动政变时更多地依靠一批功臣,那么,"励精为治"时就要重用"有忠臣之操"的贤相了。因此,姚崇既为宰相,原来一批由政变而产生的功臣,纷纷从高位上下来了,不少人外任刺史。请看:

功臣郭元振最早被罢免,甚至处以流刑。开元元年十二月初一,天下大赦,元振起为饶州司马,怏怏不得志,途中病卒。

功臣张说先前是太子隆基的侍读,"深见亲敬"。后鼓吹太子

①　《资治通鉴》卷210开元元年十月条《考异》。
②　《资治通鉴》卷210开元元年十月条。
③　《全唐文》卷20玄宗《授姚元之兵部尚书同三品制》。

监国，并献计诛灭太平公主，"玄宗深嘉纳焉。"①七月十四日，以功拜中书令，封燕国公。十二月初一，改元并改易官名，拜紫微令。仅过十二天，姚崇既为紫微令，张说也就被罢职了。又隔十一天，张说左迁相州刺史。后来，又坐事左转岳州刺史。

功臣刘幽求是六月政变和七月三日事件的主谋者之一，勋业卓著。既诛太平公主，被任命为左仆射、同中书门下三品。可是，就在张说左迁的当天，刘幽求亦罢为太子少保，丢掉了实权。开元二年（公元 714 年）闰二月，因有怨言牢骚，贬为睦州刺史。岁余，迁杭州刺史。开元三年（公元 715 年）十一月，自杭州徙郴州刺史，途中愤恚而卒。

功臣钟绍京曾参与六月政变，从禁苑总监升为户部尚书。玄宗即位，迁太子詹事。他与太子少保刘幽求一道，"发言怨望"，②同时左迁果州刺史。七月，因妄陈休咎，贬为溱州刺史。

功臣王琚早年与太子隆基为友，"呼为王十一"。他还是七月三日事变的直接参加者，以功封赵国公。"琚在帷幄之侧，常参闻大政，时人谓之'内宰相'，无有比者。"③可是，不久就被玄宗所疏远。开元二年（公元 714 年）闰二月，与刘、钟同时，贬为泽州刺史。

功臣崔日用曾参与六月政变，又献计诛太平公主。开元初期，出为常州刺史，削实封三百户，转汝州刺史。

宰臣魏知古曾告发太平公主七月四日阴谋叛乱，立了大功。后来，官至黄门监。开元二年（公元 714 年）五月，罢知政事，除工部尚书。

由上可见，一个个功臣或流贬，或外刺，或罢相。据旧史记载，

<hr />

① 《旧唐书·张说传》。
② 《旧唐书·钟绍京传》。
③ 《旧唐书·王琚传》。

这一切似乎都是姚崇"嫉功"的结果。例如:张说"为姚崇所构,出为相州刺史。"①对于刘幽求,"姚崇素嫉忌之。"②又,"姚崇素恶绍京之为人"。③ 至于"魏知古起诸吏,为姚崇引用,及同升也,崇颇轻之"。"姚崇深忌惮之,阴加谗毁,乃除工部尚书,罢知政事。"④这么多的记载当不容否认,功臣外刺是出于姚崇的主张。姚崇的"嫉忌"夹杂着一些私念,但主要是体现了一个皇权主义者对热衷于政变的臣僚的鄙视与憎恨。

(三)"不用其奇,厌然不满"

当然,如果仅仅是姚崇的"嫉忌",要想把功臣外刺,那也是不可能的。姚崇的主张得以实施,最终还是取决于唐玄宗的态度。

唐玄宗为什么要将功臣外刺呢? 原因是吸取了往昔政局动荡的教训,为了防止可能发生的新的动乱。功臣们确实有翊赞之功,没有他们的努力,难以登上皇位。但是,如今要安定皇位,就不能不注视着他们的动静。须知,功臣们大多是"在变能通"的人物,⑤崔日用自己就承认:"吾一生行事,皆临时制变,不必重专守始谋。每一念之,不觉芒刺在于背。"⑥崔某的"反思",⑦说明政变迭起的时代培育了一些善于搞政变的人物。对于唐玄宗来说,这些人是善变的功臣,而不是诚实的忠臣。因此,有人上说于玄宗:"彼王琚、麻嗣宗谲诡纵横之士,可与履危,不可得志。天下已定,宜益求纯朴经术之士。"⑧这话立刻拨动了玄宗的心弦,不久前"宴慰终

---

① 《旧唐书·张说传》。
② 《旧唐书·刘幽求传》。
③ 《旧唐书·钟绍京传》。
④ 《次柳氏旧闻》及《旧唐书·魏知古传》。
⑤ 《旧唐书·刘幽求传》。
⑥ 《旧唐书·崔日用传》。
⑦ 《新唐书·崔日用传》作"每一反思,若芒刺在背。"
⑧ 《旧唐书·王琚传》。

夕"的王琚就被疏远出京城。所谓"纯朴经术之士",无非是指"有忠臣之操"的人。重用姚崇,贬谪功臣,这是唐玄宗安定天下的必然抉择。

宋代史臣评论说:"雄迈之才,不用其奇则厌然不满,诚不可与共治平哉! 姚崇劝不用功臣,宜矣。"①某些功臣由不满而可能导致祸乱,决不是危言耸听。改元"开元"不久,有一次,唐玄宗在便殿上,看见姚崇走路略有拐脚,问:"有足疾乎?"对曰:"臣有腹心之疾,非足疾也。"接着,玄宗追问这话的意思。姚崇说:"岐王陛下爱弟,张说为辅臣,而密乘车入王家,恐为所误,故忧之。"②这里,对答机敏而巧妙,也是在要弄权术。然而,张说由于跟姚崇有矛盾,"潜诣岐王申款",③私入王家,表示诚意,也确有其事。关于此事的后果,姚崇表面上是说他自己的个人之忧,实际上触及皇位安定这个最敏感的问题。换句话说,担忧的是玄宗的皇位为其所误。久经政变风云的唐玄宗,深知大臣勾结宗室发动政变的危险性。即使张说没有这种企图,也必须事先加以防范。因此,唐玄宗断然地决定,把张说贬为相州刺史,杜绝大臣与宗室之间的联系。很久以后,由于大臣苏颋"见帝陈(张)说忠謇有勋,不宜弃外",④才重新起用。可见,唐玄宗的态度是以忠君原则(巩固皇权)为转移的。

因与张说外刺有牵连,刘幽求同时罢相而为太子少保。⑤ 刘幽求是个奇才,"不用其奇则厌然不满",他和太子詹事钟绍京以及王琚等,由发言怨望进而结成一帮,史称"幽求党"。⑥ 朋党的结

① 《新唐书》卷 121 赞曰。
② 《资治通鉴》卷 210 开元元年十二月条。
③ 《新唐书·姚崇传》。
④ 《新唐书·张说传》。
⑤ 参见汪篯《唐玄宗安定皇位的政策和姚崇的关系》。
⑥ 《资治通鉴》卷 211 开元二年闰二月条。

合必将导致"祸变",这也是唐玄宗所熟悉的、所担忧的。因此,下令将刘、钟交紫微省审问。这时,姚崇等宰相向玄宗说:"幽求等皆功臣,乍就闲职,微有沮丧,人情或然。功业既大,荣宠亦深,一朝下狱,恐惊远听。"①这个建议提得好,颇有卓识。像刘幽求这样的元勋功臣,处理要慎重。突然下狱,震动太大,反而不利于安定的局面。因此,根据姚崇等的意见,分别外任地方刺史。人不在京城,且分散各地,也就不可能结党营私了。

(四)思念旧功,常优容之

如何妥善地安置功臣,是关系到政局安定的大问题。如前所述,开元初期,"姚崇劝不用功臣,宜矣。"功臣外刺,对于巩固皇权起了重要的作用。然而,如果一味地贬逐,不做抚慰工作,也会造成新的麻烦。唐玄宗作为杰出的政治家,没有被狭隘的心理所支配,没有枉杀功臣,而尚能肯定别人的应该肯定的功劳,表现了某种宽容的器度。

例如,骊山讲武时,下令斩唐绍。"绍死后,玄宗追悔之。"②一个封建专制时代的帝王能为自己的误杀臣下而后悔,毕竟是难能可贵的。后来,没有枉杀功臣,似与此事的教训有关。郭元振被处流刑后,"帝思旧功,起为饶州司马。"③既然"姑欲立威"的目的已经达到,也就没有必要施以刑罚了。开元元年(公元713年)十二月一日,下制大赦,宣称:"郭元振往立大功,保护于朕。顷因阅武,颇失军容,责情放逐,将收后效,可饶州司马员外置同正员。"④不因其过错而抹杀大功,这种以观后效的做法还算是妥善的。

---

① 《资治通鉴》卷211开元二年闰二月条。
② 《廿二史札记》卷16《新唐书本纪书法》。
③ 《新唐书·郭元振传》。
④ 《唐大诏令集》卷4《改元开元元年大赦天下制》。

又如,鉴于"(刘)幽求轻肆不恭,失大臣礼,乖崖分之节",①给予贬谪,外任刺史。后来,刘幽求积郁而死。宋代史臣评论说:"然待幽求等恨太薄云。"②往昔元勋弃诸荒外,是太薄情了。不过,唐玄宗对功臣的思念之情并没有泯灭。幽求死后,赠以礼部尚书,谥曰"文献"。开元六年(公元 718 年)六月,制以"故司空苏瑰、故左丞相太子少保郴州刺史刘幽求配飨睿宗庙庭。"③以礼尊之,仍称左丞相和太子少保,无异是给刘幽求恢复名誉。

再如,钟绍京自左迁果州刺史后,又坐他事,贬怀恩县尉,悉夺阶封,再迁温州别驾。直到开元十五年(公元 727 年)入朝东都洛阳,拜见玄宗,老泪纵横,泣奏曰:"陛下岂不记畴昔之事耶?何忍弃臣荒外,永不见阙庭。且当时立功之人,今并亡殁,唯臣衰老独在,陛下岂不垂愍耶?"④玄宗听了,"为之恻然"。回忆十七年前,夜战禁宫,苑总监钟绍京率领户奴及丁夫二百余人,手执斧锯以从,那情景怎么会忘记呢! 当时立功之人,如刘幽求和崔日用等,一一过世,面对这位健在而又衰老的功臣,又怎能不产生怜愍之情! 因此,就在这一天,拜钟绍京为银青光禄大夫、右谕德。久之,迁少詹事。"年逾八十,以官寿卒。"⑤

此外,还有坐"幽求党"而贬谪的王琚,历诸州刺史。及至开元二十二年(公元 734 年),起复太子右庶子,仍兼地方刺史。天宝以后,又为广平、邺郡太守。此人性格豪放,纵酒享乐。"玄宗念旧,常优容之"。史称,王琚"携妓从禽,恣为欢赏,垂四十年矣。"⑥

---

① 《新唐书·刘幽求传》。

② 《新唐书》卷 121 赞曰。

③ 《旧唐书·玄宗本纪上》。

④ 《旧唐书·钟绍京传》。

⑤ 《新唐书·钟绍京传》。

⑥ 《旧唐书·王琚传》。

以上事实说明,开元初年,功臣外刺是必要的,非如此不足以巩固皇位。而当皇权已臻稳定的时候,唐玄宗又念旧功,优容待之。这样做,同样是有利于政局的安定。

(五)"南阳故人,优闲自保"

唐玄宗还总结了西汉与东汉的历史经验,以"南阳故人,优闲自保"告诫功臣。

开元五年(公元 717 年),贤相姚崇已辞职,继任者宋璟仍推行安定皇位的政策。当时,太常卿姜皎及其弟御史中丞、吏部侍郎姜晦,当朝用事,"宋璟以其权宠太盛,恐非久安之道,屡奏请稍抑损之。"姜皎,是玄宗在藩时的好友,曾密议诛韦后势力。及玄宗即位,"数召入卧内,命之舍敬,曲侍宴私,与后妃连榻,间以击球斗鸡,常呼之为姜七而不名也。"如此宠遇,有乖礼节,在皇权主义者看来,实在不是"久安之道"。

经宋璟多次奏请,唐玄宗明白过来了,"亦以为然"。这年七月,将姜皎放归田里,使之自娱。同时迁姜晦为宗正卿,以去其权。还特地下敕曰:"西汉诸将,多以权贵不全;南阳故人,并以优闲自保。观夫先后之迹,吉凶之数,较然可知,良有以也。"这里,以西汉功臣被诛的故事为鉴,鼓吹东汉元勋"优闲自保"的做法,旨在巩固皇权,防止动乱。唐玄宗强调指出:"朕每欲戒盈,用克终吉。未若避荣公府,守靖私第,自弘高尚之风,不涉嚣尘之境,沐我恩贷,庇尔子孙。"[①]也就是说,只要拥护皇权,不干预时政,尽可以纵情娱乐,永保富贵。这是唐玄宗安置功臣的重要原则之一。

---

① 《旧唐书·姜皎传》。

第三节　诸王外刺,终保皇枝

由皇室内争而演成祸乱,往昔是屡见不鲜的。唐玄宗妥善地处理与兄弟诸王的关系,避免了可能发生的残杀。史称,"近古帝王友爱之道,无与比也。"①在"友爱"的背后,自有猜疑、伺察与诈术等等。但是,"友爱之道"毕竟是占主导的,它对稳定政局起了良好的作用。

(一)诸王外任刺史

早在隆基为太子时,由于"太平公主阴有异图,姚元之、宋璟等请出成器及申王成义为刺史,以绝谋者之心。"②后来,姚、宋被贬逐,外刺也就停止执行了。开元二年(公元714年),旧事重提。"群臣以成器等地逼,请循故事出刺外州。"③"群臣"主要是指宰臣姚崇等,先后两次显然出自姚崇的政治主张。

如果说,前一次是为了粉碎太平公主的废黜阴谋,那么,后一次则是为了杜绝某些功臣可能发生的政变图谋。在以"家天下"为特征的封建专制制度下,参与政争或者制造祸乱的人往往打出某个皇室成员(包括宗室诸王、诸皇子)的旗帜,以相号召。景云年间,中宗次子重福和睿宗长子成器,就曾被某些人当作旗号挥动过。开元时期,也有类似的情况。例如,开元十年(公元722年)八月,唐玄宗正在东都洛阳,京师长安发生了一起叛乱事件。左领军兵曹权楚璧勾结故兵部尚书李迥秀男齐损、从祖弟金吾淑、陈仓尉卢玢及京城左屯营押官长上折冲周履济等,"举兵反。""立楚璧

---

① 《开天传信记》。
② 《旧唐书·睿宗诸子传》。
③ 《资治通鉴》卷211开元二年五月条。

兄子梁山,年十五,诈称襄王男,号为光帝。"①叛乱很快就被镇压了。令人瞩目的是,"诈称襄王男。"襄王即中宗少子重茂,曾为房州刺史。开元二年(公元714年)七月,襄王重茂去世,追谥曰"殇皇帝"。以拥立襄王儿子为帝,发动叛乱,可见宗室诸王在社会上的号召力。上述例子是开元十年的事,当然不能直接说明开元初年的情况。但是,由此可以推断开元初年也存在那种可能性。所谓"成器等地逼",岂不是反映了姚崇等的担忧吗?功臣张说私入岐王家门,立刻被左迁相州刺史,这件事清楚地说明唐玄宗是如何地警惕着诸王与朝臣之间的串联以及可能发生的祸乱。因此,就在刘幽求、钟绍京和王琚等外刺不久,即开元二年(公元714年)六月,以宋王成器兼岐州刺史,申王成义兼豳州刺史,豳王守礼兼虢州刺史。七月,又以岐王范兼绛州刺史,薛王业兼同州刺史。关于诸王外任刺史,特作两条规定:第一,他们只领大纲,州务由长史、司马主持。换句话说,诸王不得掌握地方实权。尔后,诸王为都护、都督、刺史者,均照此办理。第二,宋王以下每季二人入朝,周而复始。这样,既可鼓吹兄弟"友悌",又可经常了解诸王动态,以便杜绝诸王与朝臣之间的联系。

由上可见,诸王外刺与功臣外刺是相辅而行的。"玄宗政权之所以能臻于巩固,却正是由于开元初年诸王外刺和功臣贬逐这两项大刀阔斧的措施。"②这个论断是正确的。不过,似应指出,两者有先后的关系,诸王外刺是继功臣贬逐之后而采取的措施。当时,在唐玄宗看来,主要的危险来自某些心怀不满的功臣尤其是刘幽求,而诸王只是可能被利用的旗号。因此,对待诸王也必须外刺,加以防范。至开元六年(公元718年),唐玄宗为逝世已二年多的刘幽求恢复名誉,标志着主要的危险已经消除。在这种形势

① 《旧唐书·权怀恩传》。
② 汪篯《唐玄宗安定皇位的政策和姚崇的关系》。

下,诸王外刺也就没有必要了。开元七年(公元719年)深秋,宋王成器(已改名宪)徙为宁王,召回京城。次年,岐王范和薛王业回到长安。申王成义(已改名㧑)入朝,停刺史。开元九年(公元721年),豳王守礼召回。至此,"诸王为都督、刺史者,悉召还京师。"①

(二)伺察诸王,禁约告诫

唐玄宗以非嫡长子的身份即位,内心深处埋藏着对兄弟诸王猜忌的情绪。诸王外刺,从某种意义上说,也是玄宗为这种心理所支配而采取的措施。诸王召还以后,猜疑心理并没有全然消失。据记载,"玄宗常伺察诸王"。有一次,适逢炎夏季节,宁王宪"挥汗鞔鼓,所读书乃龟兹乐谱也。"玄宗探知后,高兴地说:"天子兄弟,当极醉乐耳。"②可见,玄宗时常暗中侦察宁王的行动,而当知道长兄迷醉于音乐,也就稍稍放心些。

除了"伺察诸王"外,还明文禁止诸王的某些交往。"上禁约诸王,不使与群臣交结。"③虽然诸王与刘幽求这些功臣的勾结的可能性已不存在了,但是,跟其他朝臣的"交结"也会造成麻烦,有碍于皇位的稳固。立约禁止,正是唐玄宗害怕心理的反映。开元八年(公元720年),担忧的事情果真发生了。光禄少卿、驸马都尉裴虚己(娶睿宗女霍国公主为妻)和岐王范游宴,"兼私挟谶纬之书"。所谓"谶纬之书",历来是政局动乱的预言,不少内容为改朝换代者所利用。当时恰逢冬十月,玄宗行幸长春宫,得知此事,深感问题的严重性。于是,将裴虚己流于岭外新州,离其公主。同时,对参加游宴的万年尉刘庭琦和太祝张谔作了处理,分别贬逐为雅州司户和山茌丞。然而,玄宗没有追究岐王范,谓左右曰:"我

---

① 《资治通鉴》卷212开元九年十二月条。
② 《酉阳杂俎》前集卷12《语资》。
③ 《资治通鉴》卷212开元八年十月条。

兄弟友爱,天生必无异意,只是趋竞之辈,强相托附耳。我终不以纤芥之故责及兄弟也。"①这番表白半是掩饰半是真情。兄弟之间相猜忌,早已为许多事实所证明,哪里有什么"天生"的"必无异意"呢?在唐玄宗的心底里,诸王与群臣"交结"无疑是危害皇权的隐患,也决不是纤芥小事。当然,严惩的确实"只是趋竞之辈",因为这些人往往以宗室成员为靠山,无事生非,制造祸端。只有将他们严加处置,也就不会有"交结"问题了,也就无需"责及兄弟"了。

紧接着,又发生了新的事件。唐玄宗"尝不豫",患病欠安。东宫内直郎韦宾和殿中监皇甫恂"私议休咎",结果被揭发出来。"私议"内容,现存史籍上不见记载,但肯定是涉及皇位问题。对此,唐玄宗是决不仁慈宽贷的,立刻下令杖杀韦宾,左迁皇甫恂为锦州刺史。韦宾原是薛王业的妃子的弟弟,妃子怕受牵连,"降服待罪"。薛王业也不敢入谒。如此惊惧,足见猜忌是何等的深重!这时,玄宗急令召见,薛王来到殿廷阶下,欲进不前,惶惶请罪。而玄宗却走下阶来,亲执其手,说:"吾若有心猜阻兄弟者,天地神明,所共咎罪。"②还设宴款待,慰谕业妃,令复其位。透过韦宾事件,暴露了皇室内部的勾斗。看来,妃子韦氏确实没有参与弟弟的"私议"活动,所以玄宗才不会株连及她,且演出了一场执手言欢的喜剧。

接二连三的事故犹如声声警钟,对于宗室及其他皇亲国戚非严加防范不可。因此,开元十年(公元722年)八月,重申禁约,敕曰:"自今已后,诸王、公主、驸马、外戚家,除非至亲以外,不得出入门庭,妄说言语。所以共存至公之道,永协和平之义,克固藩翰,

---

① 《册府元龟》卷47《帝王部·友爱》。
② 《旧唐书·睿宗诸子传》及《册府元龟》卷47《帝王部·友爱》作"十三年"。《资治通鉴》卷212系于开元八年十月,今从之。

以保厥休。贵戚懿亲,宜书座右。"①唐玄宗不仅禁止诸王与群臣的"交结",而且禁止皇亲国戚之间的"交结"。特别是裴虚己事件之后,对驸马都尉也严加管教,不准他们与朝廷要官往来,以免"妄说言语",搬弄是非。直到唐朝后期,名臣李德裕还曾提及:"旧制,驸马都尉与要官禁不往来。开元中,诃督尤切。"②

总之,种种禁约与诃督,目的在于"共存至公之道,永协和平之义。"换言之,就是为了巩固皇权与安定政局。唐玄宗处理"交结"事件时,严厉打击的只是"趋竞之辈"和挑激小人。这是十分策略的做法,体现了皇室内部的"和平之义"。正如王夫之所评论的:"玄宗日游诸王于斗鸡吹笛之间,而以雷霆之威,呕施之挑激之小人,诸王保其令祚,王室无所震惊,不亦休乎!"③

(三)鼓吹友悌,同保长龄

唐玄宗对待兄弟诸王,一方面是猜忌、伺察与防范,另一方面则是大力鼓吹"友爱之道"。史称"天子友悌,近世无比。帝既笃于昆季,虽有谮邪交构其间,然友爱如初。"④所谓"友爱"之道,突出地表现为以下几种姿态。

第一,同居住,同欢乐。前面说过,隆基诸兄弟的青少年时代是在"五王宅"里度过的。那时"同开邸第"的生活情景,后来成为唐玄宗鼓吹"友悌"的话题。开元初,"帝友爱至厚,殿中设五幄,与五王处,号五王帐。"⑤显然,"五王帐"是从"五王宅"脱胎而来的。自兴庆旧宅(五王宅)改为宫殿后,诸王自然不能住在原处了,于是赐宁王宪和薛王业宅于胜业坊,申王㧑和岐王范宅于安兴

① 《全唐文》卷 22 玄宗《诫宗属制》。
② 《新唐书·李德裕传》。又,参见《旧唐书·穆宗本纪》。
③ 《读通鉴论》卷 22《玄宗》。
④ 《册府元龟》卷 47《帝王部·友爱》。
⑤ 郑处海《明皇杂录》逸文。又,参见《唐鉴》卷 4《玄宗上》。

坊，"邸第相望，环于宫侧。"①这样的布局同样有兄弟共处的寓意。而且，兴庆宫的楼宇设计也有所体现："花萼相辉楼在西临街，以燕（宴）兄弟；勤政务本楼在南，以修政事。"②玄宗听政之暇，常常召诸王登楼同榻欢宴，礼仪悉如家人。有时候，还亲赴诸王邸第，赐金分帛，厚其欢赏。

为了表示愿与兄弟永远分享欢乐，唐玄宗还将自己服用的仙药，分赠给诸王，并致书说："朕每思服药而求羽翼，何如骨肉兄弟天生之羽翼乎！……顷因余暇，妙选仙经，得此神方，古老云'服之必验'。今分此药，愿与兄弟等同保长龄，永无限极。"③这里，把"骨肉兄弟"看成是"天生之羽翼"，反映了唐玄宗的真诚愿望。因为"同保长龄"总要比互相残杀好，有利于政局的稳定。又有一次，薛王业患病，玄宗"亲为祈祷，及瘳，幸其第，置酒宴乐，更为初生之欢。"还特地赋诗曰："昔见漳滨卧，言将人事违。今逢庆诞日，犹谓学仙归。棠棣花重发，鸰原鸟再飞。"④这首诗唱出了对兄弟"友爱"之情，表达了"同保长龄"的意愿。

第二，赠谥"太子"，宣扬"孝友"。唐朝历史上有过追谥"太子"的先例，但像玄宗那样几乎给每个兄弟赠谥"太子"，却是罕见的。这是一种特殊的"友爱"姿态。开元十二年（公元724年）十一月，申王㧑病逝，玄宗下制表彰他"温恭孝友"，说："用表非常之荣，少寄天伦之戚。可追赠惠庄太子。"⑤开元十四年（公元726年）四月，岐王范病逝，玄宗甚为悲伤，手写《老子经》，为之追福。下制云："故太子太傅、上柱国、岐王范，特禀聪明，率由孝友，……

---

① 《旧唐书·睿宗诸子传》。
② 《资治通鉴》卷215天宝元年正月条胡三省注。
③ 《旧唐书·睿宗诸子传》。
④ 《大唐新语》卷6《友悌》。
⑤ 《唐大诏令集》卷32《申王赠惠庄太子制》。

可追赠惠文太子。"①开元二十二年（公元 734 年）七月,薛王业病逝,赠谥"惠宣太子"。

宋代史臣范祖禹批评说:"太子,君之贰,……非官爵也,而以为赠,何哉? 虽亲爱其弟,欲以厚之,然不正之礼,不足为后世法也。"②这种意见只是从皇帝与太子的关系上立论,显然没有体察到唐玄宗的良苦用心。玄宗久历政变与动乱,深知"推刃同器"是会造成何等的局面。为了皇位的稳定,有必要宣扬"孝友";而赠谥"太子",则是表彰"孝友"的策略手段。及至唐代宗大历三年（公元 768 年）,商议褒赠齐王侁,著名政治家李泌"请用岐、薛（王）故事赠太子"。③ 可见,在唐朝君臣看来,赠谥"太子"并不是"不正之礼",而是值得效法的。

第三,宠荣大哥,赠"让皇帝"。"友爱"的最突出表现是对待长兄的态度。前面说过,隆基为太子,也是嫡长子成器相让的结果。这一点是不能忘记的。后来,成器改名宪,封为宁王。"宪尤恭谨畏慎,未曾干议时政及与人交结,玄宗尤加信重。"一不干涉时政,不任以职事;二不与群臣交结,专以声色娱乐;如此,玄宗当然是放心了。申王、岐王、薛王先后去世,唯宪独在,玄宗尤加恩贷。"每年至宪生日,必幸其宅,移时宴乐。居常无日不赐酒酪及异馔等,尚食总监及四方有所进献,食之稍甘,即皆分以赐之。"开元二十九年（公元 741 年）十一月,宁王宪病逝,玄宗悲涕交集,追谥曰"让皇帝"。册敛那天,特令高力士带手书置于灵座之前,书称"隆基白",表达了"家人之礼"。手书强调:"大哥嫡长,合当储贰,以功见让,爱在簏躬。……大哥事迹,身殁让存,故册曰让皇帝,神之昭格,当兹宠荣。"④这里表彰大哥的谦让精神,也是出于

① 《唐大诏令集》卷 32《岐王赠惠文太子制》。

② 《唐鉴》卷 5《玄宗下》。

③ 《资治通鉴》卷 224 大历三年四月条。

④ 《旧唐书·睿宗诸子传》。

巩固皇位的需要。玄宗"不次为嗣"的隐痛至此才完全消失。

综上所述，唐玄宗的"友爱之道"起了积极的作用，避免了可能发生的"祸变"，有利于开元时期政局的稳定。宋代史臣赞曰："睿宗有圣子，一受命（玄宗），一追帝（让皇帝），三赠太子（惠庄、惠文、惠宣），天与之报，福流无穷，盛欤！"[①]这样的结局在唐朝历史上是罕见的。试想唐太宗诸兄弟的情况如何？经由"玄武门之变"，长兄和弟弟死于利箭。唐高宗诸兄弟，或者废为庶人，或者被诛，或者以位寿终。至于唐中宗的四个儿子，都死于"祸变"之中，其嗣亦不得传。唯独唐玄宗妥善地对待兄弟诸王，获得了"终保皇枝"的结局。这不能不说是唐玄宗的卓识，表现了杰出的政治家所具有的器度。

第四节　整顿禁军，防止"祸变"

巩固皇权的又一个重要措施，就是加强对北门禁军的掌握。唐玄宗清楚地知道，以往每一次政变都跟禁军尤其是千骑、万骑与飞骑有关。要防止"祸变"再起，保障稳定的统治秩序，就非牢牢地控制住禁军不可。

（一）北门奴官太盛

开元初期，功臣外刺，诸王外刺，而有一个人却越来越受到宠用，他就是王毛仲。前面说过，毛仲原是临淄王李隆基的家奴，在准备六月政变的过程中，结交万骑将士，起了一定的作用。但是，二十日夜战禁宫，他却躲避了，显然对胜利缺乏信心。过了几天，才出来。隆基没有责备他，反而超授将军。在诛灭太平公主的斗争中，王毛仲的态度始终是坚决的，立了大功。因功授辅国大将

---

① 《新唐书·三宗诸子传》赞曰。

军、左武卫大将军、检校内外闲厩兼知监牧使,进封霍国公,实封五百户。后来,姚崇为相,"劝不用功臣",一大批功臣或者外刺或者贬黜,而王毛仲却成了唐玄宗的心腹。"玄宗或时不见,则悄然如有所失;见之则欢洽连宵,有至日晏。"①毛仲拥有赐庄宅,奴婢、驼马、钱帛不可胜记;两个妻子都被封为"国夫人";幼小的儿子官五品,与皇太子同游乐。开元七年(公元 719 年),进位特进,行太仆卿,余并如故。开元十三年(公元 725 年),又加开府仪同三司。自玄宗即位后十五年间,只有王皇后父亲王仁皎、姚崇、宋璟以及王毛仲官至开府,荣获最高的勋位。

为什么唐玄宗如此宠遇王毛仲呢?仅仅从家奴、心腹与耳目的关系来解释,还是不够的。真正的原因在于王毛仲是控制禁军的关键人物。隆基为太子时,王毛仲曾以龙武将军的身分直接统领万骑左右营,并专管闲厩马。这就保证了七月三日事变的胜利。诛灭太平公主势力后,王毛仲地位提高了,自然不必亲自管辖万骑左右营,但是,万骑禁军还是由他控制的。史称:"毛仲奉公正直,不避权贵,两营万骑功臣、闲厩官吏皆惧其威,人不敢犯。"②所谓"奉公正直",是指为人威严,竭诚地维护皇权。一方面权贵们有所害怕,另一方面万骑功臣也惧其威,这样,谁想利用禁军搞"祸变",也就很难了。王毛仲还与典万骑的龙武将军葛福顺结成亲家,"北门(禁军)诸将多附之,进退唯其指使。"③可见,王毛仲是掌握禁军的实权人物。

此外,王毛仲检校内外闲厩兼知监牧使,负有御马与全国军马的培育与管理的重任。须知,六月政变刚结束,平王李隆基曾兼知

---

① 《旧唐书·王毛仲传》。传云:"以后父王同皎及姚崇、宋璟及毛仲十五年间四人至开府。"按:王皇后父系王仁皎。王同皎则是唐中宗的女婿,曾参与五王政变。有的传记据此,将"仁皎"误为"同皎",似出疏忽。

② 《旧唐书·王毛仲传》。

③ 《资治通鉴》卷 213 开元十七年六月条。

内外闲厩，押左右万骑。七月三日事变，是由王毛仲取闲厩马及兵三百余人而发动的。很清楚，管理闲厩与掌握禁军，都是极其重要的军事部署。唐玄宗让心腹任此要职，不是偶然的。王毛仲干得颇出色，"部统严整，群牧孳息，遂数倍其初。刍粟之类，不敢盗窃，每岁回残，常致数万斛。"①唐玄宗十分高兴，特地叫著名的文士张说写《监牧颂》，以赞美之。

应当说，开元十七年以前，唐玄宗通过王毛仲控制禁军，是有成效的。除了开元十年（公元 722 年）长安左屯营兵作乱仅一天便溃散外，没有发生过其他"祸乱"，更无人敢利用禁军来达到危害皇权的目的。

然而，"宠极则奸生"，事情走向了它的反面。毛仲小人，志得而骄，"既而贵倨恃旧，益为不法，帝常优容之。"②这就助长了种种不法行为。例如，"万骑将军马崇正昼杀人，时开府、霍国公王毛仲恩幸用事，捋鬻其狱。"③由于刑部员外郎裴宽坚决执法，才没让杀人犯逍遥法外。王毛仲与禁军将领葛福顺、李守德等沆瀣一气，形成了气焰嚣张的恶势力。除了元老重臣宋璟敢投以鄙视的目光外，其他臣僚包括张说、源乾曜等宰相都献上殷勤的姿态。

北门奴官的宠幸，引起了以高力士为首的宦官势力的愤恨。唐玄宗常派宦官慰问王毛仲，"毛仲受命之后，稍不如意，必恣其凌辱，而后遣还。高力士、杨思勖忌之颇深，而未尝敢言于帝。"④这种日益尖锐的矛盾，吏部侍郎齐浣看得清楚。开元十七年（公元 729 年）六月，齐浣奏言："福顺典兵马，与毛仲婚姻，小人宠极则奸生，若不预图，恐后为患，惟陛下思之。况腹心之委，何必毛

---

① 《旧唐书·王毛仲传》。
② 《明皇杂录》卷上。
③ 《旧唐书·裴宽传》。
④ 《明皇杂录》卷上。

仲,而高力士小心谨慎,又是阉宦,便于禁中驱使。"心腹毛仲"宠"的结果,完全可能造成"后患",但是,当时还不至于那么严重。所以,玄宗对齐浣的建议"嘉其诚",但表示不必担心,自己会慢慢处理的。谁知齐浣将此事告诉大理丞麻察,而麻察是投靠过太平公主的。因此,玄宗大怒,质问齐浣:"麻察轻险无行,常游太平之门,此日之事,卿岂不知耶?"[1]同年七月,以"交构将相,离间君臣"的罪名,贬齐浣为高州良德县丞,麻察为浔州皇化县尉,下制责备他们"作诡黩之笙簧,是德义之蟊贼。"[2]显然,唐玄宗防范的主要对象是太平公主的残余势力,担心某些"轻险无行"之徒,制造"祸乱",破坏安定的政局。

随着阉宦势力与北门奴官之间争权夺利的加剧,王毛仲似乎要采取比较激烈的手段。开元十八年(公元730年),王毛仲求兵部尚书不得,颇有怨言。唐玄宗的态度发生了转折性的变化:从言无不从到有所戒心。高力士看准时机,继续挑起玄宗与毛仲的主奴矛盾。有一次,毛仲的妻子生儿子,玄宗命高力士去祝贺。力士回来反映毛仲有怨望之言,并说:"北门奴官太盛,豪者皆一心,不除之,必起大患。"[3]所谓"豪者皆一心",反映了北门将领对宦官势力的不满。但是,"必起大患"只是推论,尚未得到有力的证据。因此,玄宗没有立即表态。后来,严挺之揭发:王毛仲私自向太原军器监索取兵器。这就使唐玄宗感到问题的严重性:宠用了二十多年的家奴兼心腹,居然有"祸变"的图谋。如果冷静地分析一下,王毛仲未必敢把矛头指向皇帝陛下,不过,要对宦官采取激烈行动,大概是事实。作为专制帝王的唐玄宗,是绝对不容许任何形式的"祸变"的发生。于是,开元十九年(公元731年)正月,突然地下诏把王毛仲贬为瀼州别驾,将葛福顺、李守德等贬为远州别

---

① 《旧唐书·文苑传中》。
② 《全唐文》卷23玄宗《贬齐浣麻察等制》。
③ 《旧唐书·王毛仲传》。

驾。毛仲行至永州，又诏追赐死。诏文只述王毛仲"在公无竭尽之效，居常多怨望之词"，[①]实际上是当作谋反案来处理的。

王毛仲之死，标志着宦官势力对北门诸将的胜利。说是谋反，似有点冤枉。然而，"北门奴官太盛"，迟早会闹出或大或小的乱子，这是无疑的。唐玄宗及时地干净地处置了王毛仲一伙人，防止酿成大规模的动乱，客观上有利于"开元之治"的安定局面。

（二）重建北门四军

唐朝北门禁军肩负着极其重要的宿卫任务，它本身经历了一个发展过程。

远在唐高祖时，有所谓"元从禁军"。贞观年间，始置左右屯营于玄武门，号曰"飞骑"。又从中挑选骁健者，称为"百骑"，[②]作为皇帝的卫仪队。唐高宗龙朔二年（公元 662 年），将左右屯营正式改名为左右羽林军。永昌元年（公元 689 年），武则天增加原"百骑"人数，叫做"千骑"。唐中宗景龙元年（公元 707 年）九月，由于太子重俊政变与"千骑"有牵连，故作了一次整顿，改名为"万骑"。上述所谓"千骑"与"万骑"依旧是皇帝的卫队，它们隶属于羽林军，没有独立的编制。此外，还有"飞骑"。例如，隆基发动六月政变那天，韦后就是逃入"飞骑营"而被杀的。这"飞骑"是指羽林军中的骑队，与贞观时期"飞骑"名同而实异。

唐睿宗景云二年（公元 711 年），太子隆基监国时，由于"万骑"有讨诛韦后之大功，地位急剧地突出起来，而且人数众多，因此，"奏改左右万骑左右营为龙武军，与左右羽林为北门四军，以（葛）福顺等为将军以押之。"[③]注意！所谓"奏改"，即建议。至于

---

① 《全唐文》卷 30 玄宗《贬王毛仲诏》。

② "百骑"始置于贞观初，比北门左右屯营早，原是唐太宗围猎时的助手。贞观十二年始置"飞骑"，又从中组建"百骑"，作为卫队。

③ 《旧唐书·王毛仲传》。有的传记据此认为已改称"龙武军"，似欠妥当。

是否已经改为"龙武军",史籍上没有明确地说明。如果认为已改左右万骑为"龙武军",似欠确切。事实上,"龙武军"名称未被采用,依旧叫左右"万骑";只是增设了"龙武将军"名称,以统率"万骑"。司马光《资治通鉴》卷 210 载:景云二年二月,太子监国,"左、右万骑与左、右羽林为北门四军,使葛福顺等将之。"这里根本不提"龙武军",显然,司马光认为尚未改左右万骑为"龙武军"。元代史学家胡三省也指出:"景云初,以左右万骑与左右羽林为北门四军,置左右龙武将军,以领万骑,位从三品。"①可见,首次组建的北门四军,即左、右万骑与左、右羽林军。也就是说,从前隶属于羽林军的左右万骑两营,如今正式有了独立的编制。王毛仲和葛福顺都担任过龙武将军。龙武官尽是功臣,故号为"唐元功臣"。"长安良家子避征徭,纳资以求隶于其中,遂每军至数千人。"②北门四军的组建与扩大,对于诛灭太平公主势力起了重要的作用。

开元时期,由于边防军事上的需要,左右羽林大将军常率众在外,禁宫宿卫主要由左右万骑负责。"北门奴官太盛",结果导致了王毛仲事件,牵连及一批北门将领包括葛福顺。据记载,葛福顺复叙用,于开元二十年(公元 732 年)率兵讨登州海贼。③这里所记恐误。《旧唐书·玄宗本纪上》作"盖福顺",《新唐书·玄宗本纪》作"盖福慎",与葛福顺似非一人。④看来,王毛仲既诛,有牵连的北门诸将没有重新叙用的了。葛福顺被贬后的结局如何?史无记载,肯定是没有东山再起的可能性。

唐玄宗吸取了王毛仲事件的教训,注意到北门禁军将领的选择。史称"其后,中官益盛,而陈玄礼以淳朴自检,宿卫宫禁,志节

①　《资治通鉴》卷 210 开元元年七月条胡三省注。
②　《旧唐书·王毛仲传》。
③　《资治通鉴》卷 213 开元二十年九月条。
④　参见吕思勉《隋唐五代史》上册第 177 页。

不衰。"①陈玄礼,早年与葛福顺一样,是万骑营长。参与六月政变,立了大功。但他从不骄盈放肆,以"淳朴自检"著称。开元十九年以前,陈玄礼一直是默默无闻的,不像葛福顺那样与王毛仲结交,盛气凌人。因此,葛福顺等被贬之后,北门禁军就由陈玄礼统率了。

为了整顿北门四军,开元二十六年(公元 738 年),"析羽林军置左右龙武军,以左右万骑营隶焉。"②据此,龙武军的建置是从羽林军中分出来的,并不是改"万骑"为龙武军。将左右万骑营归于龙武军管辖,说明唐玄宗对万骑态度的变化。这样,左、右龙武军与左、右羽林军,重新组建为北门四军。开元二十七年(公元 739年)五月,"置龙武军官员。"③经过整顿的龙武军,由龙武大将军陈玄礼率领,主要的任务是宿卫宫禁、保卫皇帝。天宝中,玄宗在华清宫,乘马出宫门,欲幸虢国夫人宅,玄礼奏曰:"未宣敕报臣,天子不可轻去就。"玄宗就回来了。天宝十二载(公元 753 年)冬,玄宗在华清宫,欲夜出游,龙武大将军陈玄礼谏曰:"宫外即是旷野,须有备预,若欲夜游,愿归城阙。"④玄宗也接受了,为之引还。由上可见,从开元晚期至天宝末年,龙武大将军陈玄礼犹如忠诚的卫士,始终保卫着唐玄宗的安全,真是"志节不衰"!

(三)宦官与飞龙禁军

飞龙禁军是一种特殊的禁卫力量。胡三省说:"飞龙禁军,乘飞龙厩马者也。武后置仗内六闲,一曰飞龙,以中官为内飞龙

---

① 《旧唐书·陈玄礼传》。
② 《通典》卷28《职官》及《旧唐书·玄宗本纪下》。《唐会要》卷72曰:"或出二十七年三月二十七日。"
③ 《旧唐书·玄宗本纪下》。
④ 《旧唐书·陈玄礼传》。《资治通鉴》卷216系于天宝十二载冬十月,今从之。

使。"①原来,唐初以来,皇帝拥有内外闲厩之马,一曰左右飞黄,二曰左右吉良,三曰左右龙媒,四曰左右騊駼,五曰左右駃騠,六曰左右天苑,共计十二闲。武则天增置禁中飞龙厩,由宦官掌管。及至开元,"仗内有飞龙、祥麟、凤苑、鹓鸾、吉良、六群等六厩,奔星、内驹等两闲。仗外有左飞、右飞、左万、右万等四闲,东南内、西南内等两厩。"②唐玄宗十分喜欢骑良马。以往,皇帝外出都是乘车舆玉辂的。开元十一年(公元723年)冬十一月,举行祭祀南郊大礼,玄宗乘辂而往,礼毕,骑马而还。"自此行幸及郊祀等事,无远近,皆骑于仪卫之内。"③

飞龙禁军作为仗内卫队,是由宦官高力士掌握的。天宝十一载(公元752年)四月,有个名叫邢𫟌的,企图策动龙武万骑作乱,杀李林甫、陈希烈、杨国忠等。被告发后,邢𫟌率党徒数十人,持弓刀格斗,走至皇城西南隅。"会高力士引飞龙禁军四百至,击斩𫟌,捕其党,皆擒之。"④可见,高力士率领的飞龙禁军起了重要的作用。

综上所述,唐玄宗在位四十多年,除了开元中长安左屯营兵和天宝末邢𫟌两次小乱外,基本上是"天下太平"的。政局安定,皇权巩固,一个重要的因素就是牢牢地控制住禁军。

---

① 《资治通鉴》卷216天宝十一载四月条胡三省注。
② 《唐六典》卷11《尚乘局》。
③ 《旧唐书·舆服志》。
④ 《资治通鉴》卷216天宝十一载四月条。

第六章　"依贞观故事"

——开元前期

开元前期,大约十年,唐玄宗求治心切,重用贤相姚崇和宋璟等,求谏纳谏,革除弊政,抑制奢靡,取得了所谓"贞观之风,一朝复振"的业绩。这是"开元之治"的最好时期。

第一节　寻求"安国抚人之道"

自武周统治结束以后,重新建立的唐王朝应该奉行什么样的方略呢?有识之士提出了"依贞观故事"的主张。但是,唐中宗、睿宗都没有做到,只是唐玄宗亲政后才切实地加以实施。

(一)"依贞观故事"的由来

早在神龙元年(公元 705 年),"时既改易,制尽依贞观、永徽故事。"①既然中宗复位,国号依旧为"唐",施政大计理应是"依贞观、永徽故事"。可是,韦后之党专权,却要"行则天故事"。②神龙三年(公元 707 年)二月,有个谏官名叫权若讷,上疏说:"神龙元年制书,一事以上,并依贞观故事,岂可近舍母仪,远尊祖德!"显然,这种舆论完全迎合了韦后势力的需要。对此,中宗"手制褒美",实际上取消了原先制书。出尔反尔,"中宗无是非之心"。③

① 《旧唐书·刑法志》。
② 《旧唐书·后妃传上》。
③ 《资治通鉴》卷 208 景龙元年二月条及胡三省注。

韦后之党被诛,唐睿宗即位,"改中宗之政,依贞观故事,有志者莫不想望太平。"①当时,在中书令姚元之、宰相宋璟、御史大夫毕构、河南尹李杰等的努力下,革除弊政,赏罚尽公,纲纪修举,"翕然以为复有贞观、永徽之风。"②然而,好景不长,仅仅维持了半年多。由于太平公主作祟,姚元之和宋璟被贬为刺史,朝中紊乱局面又如中宗之世。景云二年(公元711年)十月,谏官辛替否上疏说:"依太宗之理国,则百官以理,百姓无忧,故太山之安立可致矣。依中宗之理国,则万人以怨,百事不宁,故累卵之危立可致矣。"③这种意见表达了有识之士对"太平"局面的"想望"。疏奏,睿宗"嘉其公直",行动上却没有跨出一步。

很清楚,"依贞观故事"要有一个先决条件,那就是政局稳定与皇权巩固。在中宗、睿宗时期,"祸变"再三,动乱不已,根本谈不到治理好国家。

(二)"访以安国抚人之道"

"依贞观故事"的历史任务必然地落到唐玄宗的身上。

景云年间,李隆基为太子时,就曾明确地声称:"寡人近日颇寻典籍,至于政化,偏所留心。"④从历史典籍上寻求理政之道,反映了皇太子的远大抱负。当时,东宫僚属是一批很有学问的人,如贾曾、张说、褚无量、刘知几等。侍读褚无量,"尝撰《翼善记》以进之,皇太子降书嘉劳。"⑤

前面说过,太子隆基及其支持者如姚元之、宋璟等,代表的是一股坚持革新的政治力量。他们"协心革中宗弊政",以恢复"贞

---

① 《隋唐嘉话》卷下。
② 《资治通鉴》卷209景云元年七月条。
③ 《旧唐书·辛替否传》。
④ 《旧唐书·贾曾传》。
⑤ 《旧唐书·褚无量传》。

观、永徽之风"作为努力方向。先天年间,唐玄宗正式即位,虽然姚元之和宋璟已外刺,不在辅弼之列,但"依贞观故事"的决心依旧不变。先天二年(公元713年)三月,晋陵尉杨相如上疏陈时政,说:"臣不敢远征古昔,博引传记,请以隋炀帝、太宗文武皇帝言之。"接着,阐述了"贞观之治"的一番道理,指出:"贞观之际,太平俗洽,官人得才,功赏必实,刑不谬及,礼无愆度。于时天下晏如,遗粮在亩,盛德洽于人心,而祥风游乎海内矣。非太宗之明懿聪达,虚心治道,与天下贞臣正士同心戮力,岂能致于此乎?"最后,杨相如强调:"臣所以举隋氏纵欲而亡,太宗抑欲而昌,愿陛下详择。"希望陛下以唐太宗为榜样,"去邪佞之士,进忠贤之人",大布新政。"如此,则朝廷无僻谬,国政必清平矣。"这长篇的奏疏,深深地打动了唐玄宗的心弦。"帝览而善之",①理所当然地加以采纳。不过,当时面临着跟太平公主集团的激烈斗争,还不是细心探究"贞观之治"的时候。

　　七月三日诛灭公主集团之后,唐玄宗亲始听政,才把"依贞观故事"提到议事日程上来。史称:"主上求治甚切。"②近而立之年的帝王,经历多少的政变风云,那求治的心情是何等的急切。同年十月十四日,玄宗猎于新丰界之渭川,召见姚元之。元之"备陈古今理乱之本上之,可行者必委曲言之。玄宗心益开,听之亹亹忘倦。"③元之提出了著名的"十事要说":政先仁义,不求边功,阉宦不预公事,皇亲国戚不任台省要职,行法自近亲始,租赋之外无苛取,止绝建造寺观宫殿,对臣下接之以礼,倡导臣子"批逆鳞",以汉朝外戚乱政为殷鉴。显然易见,这十条正是"依贞观故事"的具体化,总结了古今治乱的历史经验。唐玄宗欣然采纳,视之为政治纲领。

　　①　《册府元龟》卷533《谏诤部·规谏一〇》。
　　②　《明皇杂录》,《资治通鉴》卷211开元四年十一月条《考异》引。
　　③　《大唐新语》卷1《匡赞》。

宋代史臣评论说:"姚崇以十事要说天子而后辅政,顾不伟哉,而旧史(指《旧唐书》)不传。观开元初皆已施行,信不诬已。"①的确,"十事要说"并不是好事者虚构的,而是"依贞观故事"时代潮流的产物。从开元元年至四年(公元713年至716年),姚崇为相时,这十条基本上施行了。

姚崇罢相后,继任者宋璟也是以"贞观之治"作为榜样。史称"及宋璟为相,欲复贞观之政。"②在他主持下,恢复了贞观谏诤制度。宋璟还用唐太宗、长孙皇后以及魏征等故事,劝说唐玄宗遵礼仪、戒奢靡。据记载,宋璟"手写《尚书·无逸》一篇,为图以献。"③《今文尚书·无逸》篇写的是西周成王即位初,周公恐其逸豫,故戒之使无逸。文中借周公之口,强调"知稼穑之艰难"。回顾贞观时期,唐太宗临灯披览《尚书》,也曾用"稼穑艰难"的古训来教戒太子诸王。如今,宋璟献上《无逸》篇,唐玄宗深知其用心良苦,所以"置之内殿,出入观省,咸记在心,每叹古人至言,后代莫及,故任贤戒欲,心归冲漠。"④

可贵的是,唐玄宗不仅虚心采纳贤相们的主张,而且广泛听取各色人等的意见。开元初,"下制求直谏昌言、弘益政理者"。礼部侍郎张廷珪上疏,"愿陛下约心削志,澄思励精,考羲、农之书,敦素朴之道。登庸端士,放黜佞人,……矜恤茕嫠,蠲薄徭赋。"⑤唐玄宗还特令黄门侍郎李乂与中书侍郎苏颋纂集起居注,"录其嘉谟昌言可体国经远者,别编奏之。"⑥开元五年(公元717年),玄宗在东都洛阳召见著名学者僧一行,"访以安国抚人之道"。一行

---

① 《新唐书》卷124赞曰。
② 《资治通鉴》卷211开元五年九月条。
③ 《册府元龟》卷523《谏诤部·讽谏》。
④ 《旧唐书·崔植传》。
⑤ 《旧唐书·张廷珪传》。
⑥ 《旧唐书·李乂传》。

敢于谏诤,"言皆切直,无有所隐。"①同年,礼聘嵩山处士卢鸿,不至,下诏曰:"朕以寡薄,忝膺大位。尝恨玄风久替,淳化未升,每用翘想遗贤,冀闻上皇之训。"表达了求贤致治的急切心情。开元六年(公元718年),卢鸿至东都,玄宗召见于内殿,又诏曰:"访之至道,有会淳风,爰举逸人,用劝天下。"②特地授予谏议大夫之职,后因卢鸿固辞作罢。玄宗还在"听政之暇",向著名道士叶法善"屡询至道"。法善"以理国之法,数奏昌言。谋参隐讽,事宜弘益。"③开元八年(公元720年),法善病卒,玄宗下诏哀悼。这些例子说明,唐玄宗为了寻求"安国抚人之道",作出了极大的努力。

显而易见,前期施政的显著特色是效仿"贞观之治"。直至开元中期,如史官吴兢所说:"比尝见朝野士庶有论及国家政教者,咸云若以陛下之圣明,克遵太宗之故事,则不假远求上古之术,必致太平之业。"④"克遵太宗之故事",这不仅是朝野士庶的呼声,而且也是唐玄宗本人前期的意愿。

第二节 "任贤用能"

如果说,"贞观之治"是任贤致治,那么,"开元之治"也同样如此。史称"开元之代,多士盈庭。"⑤多士指百官。济济多士,确实是开元"盛世"的创造者。尤其是"开元之初,贤臣当国,四门俱穆,百度唯贞。"⑥那个时期,唐玄宗善于用人,突出地表现为以下几点。

---

① 《旧唐书·方伎传》。
② 《旧唐书·隐逸传》作"卢鸿一",误。《资治通鉴》卷212开元六年三月条《考异》引碑文作"卢鸿",《旧唐书·玄宗本纪上》亦作"卢鸿",今从之。
③ 《旧唐书·叶法善传》。
④ 吴兢《上贞观政要表》。
⑤ 《旧唐书》卷99赞曰。
⑥ 《旧唐书·玄宗本纪下》史臣曰。

（一）注意选拔宰辅

大凡古代杰出的帝王,无不留意于委任贤相。"国无贤臣,圣亦难理。"①这一点,唐玄宗是非常清楚的。《明皇杂录》卷上云:"开元中,上急于为理,尤注意于宰辅。"姚崇与卢怀慎、宋璟与苏颋、源乾曜与张嘉贞,可谓三对配合得当的名相。他们先后辅佐唐玄宗,对于实现"开元之治"起了重要的作用。

前面说过,姚崇致力于稳定政局、巩固皇权以及治理庶务,功绩是极其显赫的。他曾问紫微舍人齐浣,"余为相,可比何人?"齐浣当面评论他似不及古代名相管仲、晏婴,说:"公可谓救时之相耳。"姚崇一听,却高兴得把手中笔都丢开,说:"救时之相,岂易得乎!"②的确,所谓"救时之相"的评论恰到妙处。姚崇经历武则天、中宗、睿宗及玄宗四朝,三次拜相,深知时弊之所在,洞悉动乱之根源。开元初期,短短几年,他所采取的措施收到了明显的效果。"救时",正是这位贤相的业绩,决非轻而易举的事。

姚崇作为阅历丰富的政治家,独当重任,明于吏道,断割不滞,很有魄力。据说,另一位宰相卢怀慎,"自以为吏道不及崇,每事皆推让之,时人谓之'伴食宰相'。"其实,卢怀慎并不是唯唯诺诺的庸才之辈。他出身于进士,早年对"兴理致化"颇有高见,而且为人"忠清直道"。③ 他和姚崇一道,建议惩办犯法的贵戚,建议量才授官,建议妥善处置功臣,等等。许多重大的决策,都有卢怀慎的一份贡献。尤其是他善于识别人才,曾荐太常卿马怀素为皇帝身边侍读,临终遗表荐宋璟、李杰、李朝隐、卢从愿"并明时重器"。可见,表面上唯唯诺诺,实际上积极配合姚崇施政。司马光说得

---

① 《旧唐书·玄宗本纪下》史臣曰。
② 《资治通鉴》卷 211 开元三年正月条。
③ 《旧唐书·卢怀慎传》。

对:"崇,唐之贤相,怀慎与之同心戮力,以济明皇太平之政。"①一个"救时之相",一个"伴食宰相",一刚一柔,互相协调,反而减少了议政过程中的磨擦。唐玄宗任用这样两位贤相作为自己的左右手,可谓颇有眼力与卓识。

继任者宋璟与苏颋,又是一对"同心戮力"的贤相。宋璟,邢州南和人。据载,乡里有个隐士李元恺,博学善天文律历,宋璟"年少时师事之",②培育了公直贞固的性格特征。后来,官历凤阁舍人、左御史中丞、宰相、都督、刺史等职,动惟直道,行不苟合,实为社稷重臣。这是朝野所公认的,无一微词。至于苏颋,乃是前朝宰相苏瑰之子,"聪悟过人",才思犹如涌泉。"及玄宗既平内难,将欲草制书,难其人",苏瑰自荐儿子供指使。苏颋竟简笔立成,词理典赡。"玄宗大喜,……由是器重,已注意于大用矣。"③后来,苏颋提拔为紫微侍郎。开元四年(公元716年)十二月,宋璟守吏部尚书兼黄门监,苏颋同平章事。玄宗赞扬宋璟"宇量凝峻,执心劲直";夸许苏颋"风检详密,藻思清华";对他俩"匡辅政途"表示充分的信任。④可见,唐玄宗善于任贤用能!如此安排,一个性刚,一个善文,正宜搭伴。史称:"璟刚正,多所裁断,颋皆顺从其美;若上(玄宗)前承旨、敷奏及应对,则颋为之助,相得甚悦。"⑤这样紧密配合,关系融洽,超过了前任宰相姚崇与卢怀慎的关系。

宋璟罢相后,继任者张嘉贞和源乾曜也是一对刚柔相配的重臣。他们的业绩虽然不及姚、宋,但是,正如吴兢所说:他们"位居宰辅,寅亮帝道,弼谐王政,恐一物之乖所,虑四维之不张,每克己

---

① 《资治通鉴》卷211开元三年正月条臣光曰。

② 《旧唐书·隐逸传》。

③ 《明皇杂录》卷上。

④ 《全唐文》卷21玄宗《授宋璟吏部尚书苏颋同平章事制》。

⑤ 《旧唐书·苏颋传》。

励精,缅怀故实,未尝有乏。"①张嘉贞是一个"性强躁自用"的人,早年"为政严肃,甚为人吏所畏";为相则"断决敏速,善于敷奏。"②而源乾曜则是另具性格特征的人,"政存宽简,不严而理。"史称:"乾曜在政事十年,时张嘉贞、张说相次为中书令,乾曜不敢与之争权,每事皆推让之。"这种"唯诺"神态,大有如卢怀慎。《旧唐书》将卢、源合在一传,可谓得体的。至于史臣评曰:"乾曜职当机密,无所是非,持禄保身,焉用彼相?"③这却不是公允的。

由上可见,唐玄宗知人善任,特别注意宰相班子里的人员配备。这是"开元之治"的成功经验。宋代欧阳修赞曰:"开元之盛,所置辅佐,皆得贤才,不者若张、源等,犹惓惓事职,其建明有足称道。朝多君子,信太平基欤!"④如果把宰相的作用夸大到系天下安危于一身的高度,固然陷入了唯心史观,但是,不承认"太平盛世"跟贤相们的作用密切相关,那也是非历史主义的观点。

(二)识人君之大度

要充分地发挥宰相的作用,就必须"专委任之",⑤放手让宰相处理庶政,对于细务不多加干涉。这是杰出帝王应有的风度。就在姚崇为相的第二天,唐玄宗从打猎的渭川回到长安,姚崇奏请"序进郎吏",玄宗故意不答,仰视殿屋。再三奏请,最终还是不应。姚崇不明白皇帝的态度,有点惧怕,急急退出罢朝。这时,宦官高力士谏曰:陛下亲始听政,宰臣奏事,理应当面说声可或不可,为什么一言不发呢? 玄宗答道:"朕既任崇以庶政,事之大者当白奏,朕与共决之;如郎署吏秩甚卑,崇独不能决,而重烦吾耶?"也

① 《贞观政要》自序。
② 《旧唐书·张嘉贞传》。
③ 《旧唐书·源乾曜传》及传末史臣曰。
④ 《新唐书》卷127赞曰。
⑤ 《资治通鉴》卷210开元元年十月条。

就是说,皇帝抓大事,庶务由宰相独立处置。后来,高力士把这话传给姚崇,"崇且解且喜"。"朝廷闻者,皆以上有人君之大度,得任人之道焉。"①的确,玄宗具有政治家的风度,深识人君之体。

宋代史学家范祖禹就此事评曰:"人君劳于求贤,逸于任人。……苟得其人,则任而勿疑,乃可以责成功。明皇既相姚崇,而委任之如此,其能致开元之治,不亦宜哉!"②这里道出了一条历史经验:委任宰相,要"任而勿疑"。除了大事共决外,其他庶政由宰相全权处理。实现"开元之治",宰相们之所以发挥了特殊的显著的作用,是跟唐玄宗的指导思想分不开的。

在开元时期众多的贤相中,最杰出的无疑是姚崇与宋璟。唐朝史臣早已是"姚、宋"并称。③ 唐宪宗时,刘肃撰《大唐新语》,指出:"崇善应变,故能成天下之务;璟善守文,故能持天下之政。二人执性不同,同归于道,叶心翼赞,以致刑措焉。"著名的宰相裴度也论之曰:"纪太宗、玄宗之德,则言房、杜、姚、宋。自古至今,未有不任辅弼而能独理天下者。"④的确,"贞观之治"和"开元之治"分别跟房玄龄、杜如晦和姚崇、宋璟相联系,这也恰恰是唐玄宗"依贞观故事"的例证。

当然,必须指出,宰相都有迎合皇帝的一面,即使贤相也不例外。例如:开元二年(公元714年)二月初一,太史奏太阳应亏而不亏,日蚀没有发生。姚崇为此表贺,请书之史册。同年八月,太子宾客薛谦光献《豫州鼎铭》。据载,铭文是武后则天"御撰",文末云:"上玄降鉴,方建隆基。"这里"隆基"两字跟唐玄宗名字一样,于是成了受命之符。姚崇竟奏曰:"圣人启运,休兆必彰。请

---

① 《次柳氏旧闻》。

② 《唐鉴》卷4《玄宗上》。

③ 《隋唐嘉话》卷下。

④ 《全唐文》卷537裴度《请罢知政事疏》。

宣付史馆。"玄宗"从之"。① 对于这两件事,司马光尖锐地批评说:
"日食不验,太史之过也;而君臣相贺,是诬天也。采偶然之文以
为符命,小臣之诏也;而宰相因而实之,是侮其君也。上诬于天,下
侮其君,以明皇之明,姚崇之贤,犹不免于是,岂不惜哉!"②可见,
"明君"与"贤相"自有其局限性,"开元之治"夹杂着不少虚假的
东西。

(三)重视地方官的作用

"治世"的实现,上头要靠宰相的辅佐,下面则有赖于发挥地
方官的作用。唐初以来,地方建置大略如此:州设刺史,只是天宝
年间,一度改州为郡,改刺史为太守。州下有县,置县令。此外,还
有都督,每一都督掌管数州军事。唐太宗曾强调:"治人之本,莫
如刺史最重";"县令甚是亲民要职"。③ 还说都督、刺史"实治乱
所系,尤须得人。"④重视地方吏治,构成了"贞观之治"的内容之
一。至于开元时期,唐玄宗也是以贞观吏治为榜样,认为"诸刺史
县令,与朕共治,情寄尤切。"⑤开元元年(公元 713 年)七月,诛灭
太平公主不久,为了稳定地方统治秩序,派遣益州长史毕构等六人
宣抚十道,同时规定:今后,都督、刺史赴任前,都要"面辞","朕当
亲与畴咨,用观方略。"可见,唐玄宗是多么重视地方政治策略的
研讨。同年十二月底,重申:"都督、刺史、都护每欲赴任,皆引面
辞讫,侧门取候进止。"⑥侧门,是指东内(殿堂所在)左右侧门。罢
朝之后,六品以上臣僚包括刺史、谏官等如有"面奏",则由侧门进

① 《旧唐书·礼仪志二》。
② 《资治通鉴》卷 211 开元二年八月条臣光曰。
③ 《唐会要》卷 68《刺史上》。
④ 《贞观政要》卷 3《择官》。
⑤ 《唐会要》卷 81《勋》。
⑥ 《唐会要》卷 69《都督刺史以下杂录》。

出,史称"侧门论事"。通过这种方式,向地方官作指示。

在唐玄宗的重视下,地方吏治得到显著的改善,涌现一批卓有成效的良吏。例如,"毕构为益州长史兼按察使,多所举正,风俗一变。"玄宗特地降玺书表扬:"卿孤洁独行,有古人之风。自临蜀川,弊讹顿易。"①又如韦恒,"开元初为砀山令,为政宽惠,人吏爱之。"②又如汴州刺史兼河南采访使倪若水,"政尚清静,人吏安之。"他很重视教育,"增修孔子庙堂及州县学舍,励劝生徒,儒教甚盛,河、汴间称咏不已。"玄宗手诏表彰他"达识周材,义方敬直,故辍纲辖之重,委以方面之权。"再如宋庆礼,历任贝州刺史、营州都督等职,"为政清严,而勤于听理,所历之处,人吏不敢犯。"③这些例子反映了开元吏治的突出成就。正如《新唐书·刑法志》指出:"玄宗自初即位,励精政事,常自选太守县令,告戒以言,而良吏布州县,民获安乐。"

(四)实施内外官交流

为了进一步加强地方官的作用,贯彻"任贤用能"的原则,唐玄宗还采取了地方官与京官互相交流的措施。

回顾历史,虽然唐太宗、武则天以及一些有识之士如陈子昂、刘知几等,都反复强调过地方官的重要性,但事实上"重内官,轻外职"的倾向总是或多或少地存在着,而且唐中宗、睿宗时期尤其突出。唐玄宗企图扭转这种不合理的官员流向,采取了交换内外官的措施。开元二年(公元714年)正月,制曰:"当于京官内简宏才通识堪致理兴化者,量授都督、刺史等官。在外藩频有升进状者,量授京官。使出入尝均,永为常式。"④这里包括"出"与"入",

---

① 《大唐新语》卷6《友悌》。
② 《旧唐书·韦嗣立传》附韦恒传。
③ 《旧唐书·良吏传下》。
④ 《全唐文》卷20玄宗《黜陟内外官制》。

124

一方面选拔京官中有才识者担任都督、刺史,另一方面调都督、刺史中政绩卓著者到京城做官。通常地说,"入"者是乐意的,"出"者则未必都是痛快的。史称:"上虽欲重都督、刺史,选京官才望者为之,然当时士大夫犹轻外任。"例如,开元四年(公元716年)二月,扬州采访使班景倩调任京官大理卿,经过大梁(今河南开封市),汴州刺史倪若水饯别后,遥望班景倩一行西去,风尘滚滚,心里不可名状,对手下官属说:"班生此行,何异登仙!"①"入"者被视为"登仙","出"者又算是什么呢? 显然,这话反映了士大夫"轻外任"的倾向。

所以,开元六年(公元718年),唐玄宗再次颁布敕令,强调"刺史兼于京官中简择,历任有善政者补署。"过了两年,又敕曰:"自今以后,诸司清望官阙,先于牧守内精择。都督、刺史等要人,兼向京官简授。其台郎下除改,亦于上佐县令中通取。即宜铨择,以副朕怀。"②开元十二年(公元724年)六月,唐玄宗在《重牧宰资望敕》中重申:"朕欲妙择牧宰,以崇风化;亦欲重其资望,以励衣冠。自今以后,三省侍郎有阙,先求曾任刺史者;郎官阙,先求曾任县令者。"③接二连三的敕令,表明玄宗坚持"任贤用能"的原则,实施地方官与京官交流的决心是大的。但是,这也恰恰说明,要真正做到"出入尝均,永为常式",实在是很不容易的,反复强调也未必奏效。原因不在个人,而是制度。须知,在大一统的封建帝国,君主专制主义政治体制必然是重上而轻下,重内而轻外,开元时期也不例外。何况,权贵之家往往为自己的子弟谋求京职,不愿外出当地方官,而外任刺史或者出任外官则常常被当作一种贬黜与惩罚的手段,这样就加深了士大夫"轻外任"的倾向。

尽管唐玄宗在体制上不可能作根本性的改革,但是毕竟为内外

① 《资治通鉴》卷211开元四年二月条。
② 《唐会要》卷68《刺史上》。
③ 《全唐文》卷35玄宗《重牧宰资望敕》。

官"出入尝均"做了一些事。在玄宗的倡导下,不少京官经过选择,纷纷出任地方官。让他们独挡一方,施展才智,将大大改进地方吏治。例如,倪若水原为中书舍人、尚书右丞。开元初,奉命为汴州刺史兼河南采访使。虽然他本人也有"轻外任"的想法,但作为一个有才识之士,治理地方,成绩显著。又如李漍,隆基为太子时曾任东宫僚属,开元初授润、虢、潞等州刺史,"所历皆以诚信待物,称为良吏。"①再如,开元十二年(公元 724 年)六月,山东旱灾,"朝议选朝臣为刺史,以抚贫民。"玄宗下制强调:"长吏或不称,苍生或不宁,深思循良,以矫过弊,仍重诸侯之选,故自朝廷始之。"②于是,以黄门侍郎王丘、中书侍郎崔沔、礼部侍郎韩休等五人为山东诸州刺史。开元十三年(公元 725 年),"玄宗令宰臣择刺史之任,必在得人"③,结果吏部侍郎许景先首中其选,出为虢州刺史。上述事实说明,唐玄宗"重诸侯之选",从京官中选择刺史,以加强地方吏治。

值得一提的是,唐玄宗还采取果断的措施,让公卿子弟外出,使朝野震动不小。开元八年(公元 720 年)五月,宰相源乾曜上疏说:"臣窃见形要之家并求京职,俊乂之士多任外官,王道平分,不合如此。臣三男俱是京任,望出二人与外官,以叶均平之道。"权贵之家包括宰相凭借特权,安排子弟为京官,是普遍的现象。源乾曜总算是触及时弊,力图改变它,并从自己做起。他带这个头,是难能可贵的。唐玄宗立即同意,将其子源弼和源絜,分别出为绛州司功和郑县尉。同时,抓住这个典型事例,下制表彰宰相"率先庶僚,崇是让德"的精神,命令文武百官都照此办理,"由是公卿子弟京官出外者百余人"。④ 大批公卿子弟外出,无疑地会转变士大夫

---

① 《旧唐书·良吏传下》。
② 《旧唐书·王丘传》。
③ 《旧唐书·文苑传中》。
④ 《旧唐书·源乾曜传》。《资治通鉴》卷 212 作开元八年五月,《唐会要》卷 53 《杂录》作开元九年四月,今从前者。

"轻外任"的观念。

内外官交流的积极意义,一方面在于"出",即选择京官中"宏才通识"者担任地方官,推动了地方吏治的整顿。另一方面还在于"入",即选调有地方从政经历的人为京官,对改善中央辅政将起重要的作用。因为这些官员能够了解下面的情况,体察民情,他们的决策自然比较地符合实际,得以顺利地贯彻与执行。看来,唐玄宗选拔宰相时,已经注意到这个条件。如姚崇,先后担任过亳州、常州、申州、同州等刺史,扬州长史及淮南按察使。史称"为政简肃,人吏立碑纪德。"①又如宋璟,先后担任过贝州、杭州、相州、楚州、魏州、兖州、冀州、睦州等刺史,洛州长史,河北按察使及幽州与广州都督。史称"人皆怀惠,立颂以纪其政。"②再如张嘉贞,早年历任梁州、秦州都督及并州长史,政绩颇佳。开元初,因奏事至京师,"玄宗善其政,数慰劳。"及宋璟罢相,玄宗想起用张嘉贞,但一时间忘其名,只记张姓。那天,"夜且半,因阅大臣表疏,举一则嘉贞所献,遂得其名,即以为中书侍郎、同中书门下平章事。"③可见,开元前期,唐玄宗所选拔的这三位宰相,都有在地方上从政的经历。事实上,姚、宋、张之所以成为名相,也是跟他们的丰富的地方经验分不开的。

至于"诸司清望官"包括三省侍郎等,唐玄宗多次明确地宣称:要优先从任刺史等职的地方官中"精择"。前面提及的汴州刺史倪若水,由于政绩显著,加上敢于直谏,唐玄宗手诏赞扬他"达识周材,义方敬直,……言念忠说,深用嘉慰。"不久,调为京官,任户部侍郎。同州刺史姜师度以兴修水利而闻名,调任将作大匠。还有个叫崔隐甫的,曾为华州刺史,转大原尹,"人吏刊石颂其美政"。后来,选拔为御史大夫,在职强正,无所回避。玄宗尝谓曰:

---

① 《旧唐书·姚崇传》。
② 《旧唐书·宋璟传》。
③ 《新唐书·张嘉贞传》。

"卿为御史大夫,海内咸云称职,甚副朕之所委也。"历蒲、华二州刺史的李尚隐,入为中央宪官,"辄去朝廷之所恶者,时议甚以此称之。"①历庆、郑等州刺史的贾曾,开元六年(公元718年),入拜光禄少卿,迁礼部侍郎。出为虢州刺史的许景先,后又入拜吏部侍郎。诸如此类,不一而足。许多京官都有在地方上从政的经验,而这些经验显然有助于他们在中央辅政。唐玄宗似乎还有意识地这样做:把京官出为刺史等职,过几年,再把优秀者调入为三省侍郎等京官。由内而外,再由外而内,这种官员交流办法对于提高官员素质大有好处。"开元之治"的实现,无疑地跟官员素质较好密切相关。

(五)亲自考核县令

县是地方吏治的基础。由于县令人数众多,自然难以一一考核。唐太宗只是亲自"简择"刺史,至于县令则由五品以上的京官各举一人。而就唐玄宗亲自考核县令来说,其重视的程度超过了曾祖父。

开元元年(公元713年)十月初,"引见京畿县令,戒以岁饥惠养黎元之意。"②京县包括长安、万年、河南、洛阳、太原、晋阳六县。畿县指京兆、河南、太原所管诸县。唐玄宗亲政不久,特地接见京畿县令,表明了对地方吏治与社会安定的关注。但是,长期以来,弊病甚多,地方官中滥竽充数者不少。开元三年(公元715年),有人建议"精简"刺史县令,玄宗命召尚书省官议之。姚崇认为,"天下三百余州,县多数倍,安得刺史县令皆称其职乎!"③玄宗接受了这种意见,停止讨论"精简"问题。人数多,难以严格挑选,不可能个个称职,这也是事实。但是,按照姚崇的意见办,停止"精

---

①　《旧唐书·良吏传下》。

②　《资治通鉴》卷210开元元年十月条。

③　《资治通鉴》卷211开元三年十二月条。

简",势必助长了滥举的歪风。所以,开元四年(公元716年),竟出现了"今岁吏部选叙大滥,县令非才,全不简择"的情况。四月,"有人密奏上",秘密地向皇帝报告"全不简择"的情况。这里,所谓"有人",是否即去年提议"精简"的人,不得而知。用"密奏"的方式,显然是要绕过宰相姚崇及尚书省官,防止再次不了了之。此事引起了唐玄宗的高度注意。新授县令入殿拜谢那天,唐玄宗在宣政殿亲自主持考试,"问安人策一道"。试者二百余人,其中竟"有不书纸者"即交白卷的,不入第的二十余人还旧官,四十五人放归习读。唯独鄄城令韦济,词理第一,擢为醴泉令。鄄城(在今山东西南)属濮州,醴泉(在今陕西)近京师,自紧县擢为次赤县,是升职了。据说,"济至醴泉,以简易为政,人用称之。"①

　　唐玄宗不仅对考试不入第者作了处理,而且还追究吏部"选叙大滥"的责任。同年五月,吏部侍郎卢从愿"以注拟非才,左迁豫州刺史。"②吏部侍郎李朝隐"以授县令非其人,出为滑州刺史。"③像这样的查处,在唐朝历史上是罕见的,说明唐玄宗求治心切,决心整顿一下吏治,以保障"任贤用能"方针的贯彻。

　　当然,由皇帝亲自考核县令,是不可能时时进行的,终开元之世,仅此一次而已。县令依旧是通过推举出来的,报吏部核准。开元九年(公元721年)四月,敕曰:"京官五品以上,外官刺史、四府(指京兆府、河南府、河中府、太原府)上佐,各举县令一人,视其政善恶,为举者赏罚。"④这里的"赏罚"规定,显然是为了防止出现"选叙大滥"、"县令非其人"的情况。

---

① 《旧唐书·韦济传》及《资治通鉴》卷211开元四年五月条《考异》。《通鉴》云"余二百余人不入第",似误。胡三省改为二十余人,确切。因参加考试者共计二百余人,据《旧唐书》,"二十余人还旧官"。
② 《旧唐书·卢从愿传》。
③ 《旧唐书·李朝隐传》。
④ 《资治通鉴》卷212开元九年四月条。

综上所述,从中央宰辅到地方官吏,唐玄宗都加以认真地选拔。朝廷里,选用群官,必推精当;地方上,简择良吏,非才不用。当时有人颂扬玄宗"任贤用能,非臣等所及。"①这是有事实根据的。唐玄宗之所以赢得"开元之治",原因之一就是他善于"任贤用能"。

第三节　求谏与容纳

唐朝政治家赞颂"太宗、玄宗之容纳",②说"贞观、开元之政,思理不遑食,从谏如顺流。"③这些话道出了一个事实:在求谏与纳谏方面,唐玄宗继承了曾祖父的好传统。这也是"依贞观故事"的重要内容。

(一)下制求直谏昌言者

李隆基刚踏上政治舞台,处于极其险恶的境遇。事业的成功,既要接时贤于外,又要纳说言于内。否则,就没有六月政变的胜利。当了皇太子后,又面临着跟太平公主集团的激烈斗争。为此,一方面要"盛择宫僚",收罗贤才;另一方面,还要虚心采纳各种意见。太子舍人贾曾批评他"好妓之声,或闻于人听",建议一切皆停。太子隆基手令答曰:"比尝闻公正直,信亦不虚。……公之所言,雅符本意"。④须知,那时沉溺于"女乐",忘乎所以,又怎么能够战胜凶狠的姑母势力呢?所谓"雅符本意",实在是斗争形势所逼的结果。

一般地说,在艰难困苦之中,容易听取别人的不同意见。胜利

---

① 《旧唐书·苏颋传》及《大唐新语》卷6《举贤》。
② 《旧唐书·李德裕传》。
③ 《旧唐书·李绛传》。
④ 《旧唐书·贾曾传》。

了,未必都能如此。唐玄宗的可贵之处在于:战胜公主集团后,亲自理政,仍然坚持求谏与纳谏。姚崇的"十事要说"有一条纳谏诤的建议,说:"臣请凡在臣子,皆得触龙鳞,犯忌讳,可乎?"玄宗答道:"朕非唯能容之,亦能行之。"①这里看到了贞观谏诤的遗风。龙,是封建皇权的象征;触龙鳞,也就是批评皇帝。如果君主容不得半点不同意见,那么,臣下又何敢触犯龙鳞呢? 唐太宗曾公开号召臣僚们"不避犯触",唐玄宗也是如此。这种雄豪的器度正是每个杰出的政治家的素质特征。

果然,唐玄宗不仅"容之",而且"行之"。过了两个多月,即开元二年(公元714年)正月,"制求直谏昌言、弘益理政者。"②这是通过制令的方式,号召天下臣僚与士庶积极地提出各种意见。尔后的二十多年尤其是前十年,出现了唐朝历史上谏诤风行的第二次高潮。上封事、上书切谏和陈时政者络绎不绝,其中有宰相等中央臣僚,有刺史等地方官属,有亲王贵戚,有平民百姓,有文人学者,有方伎隐士,等等。

(二)开元谏诤的三大类别

综合各种谏诤以及唐玄宗的态度,大约分为以下三类。

第一类,凡是建设性的意见,即弘益理政的"昌言",唐玄宗总是乐意地听取与采纳。例如,姚崇奏请僧人还俗,"上纳其言,令有司隐括僧徒,以伪滥还俗者万二千余人。"姚崇建议灭杀蝗虫,朝廷喧议,反对者呼声甚高。玄宗广泛地听取不同意见之后,决定照姚崇的办法去做,"蝗因此亦渐止息。"③又如,宰相们提出:不要再搞斜封官,不要缘亲故之恩滥封官,不许贵戚为奴请官,等等。这些意见,玄宗都一一"从之"。开元七年(公元719年),宁王宪

---

① 《开元升平源》。
② 《册府元龟》卷144《帝王部·弭灾二》及《旧唐书·玄宗本纪上》。
③ 《旧唐书·姚崇传》。

奏选人薛嗣先请授微官,宋璟坚持"不出正敕",指出:"自大明临御,兹事杜绝,行一赏,命一官,必是缘功与才,皆历中书、门下。至公之道,唯圣能行。"如此堂堂正正的道理,玄宗当然"从之",①加以采纳。应当说,顺耳的话、符合旨意的意见,听取并不难。但是,善于比较,审时度势,能作出正确的抉择,收到显著的效果,这也不是容易的。

第二类,批评性的意见,即触犯龙鳞的直谏,唐玄宗基本上是"容纳"的。玄宗曾令宦官到江南捕捉鸂鶒、鸂鶒等水禽,以供宫殿园池之玩。远自江、岭,水陆传送,沿途烦扰。汴州刺史倪若水上表切谏,认为这样做妨害农作,"道路观者,岂不以陛下贱人贵鸟也!"语气颇尖锐,近于指责。玄宗还是听取了,把禽鸟统统放掉,赐给倪若水帛四十段,表彰其"骨鲠忠烈,遇事无隐。"不过,在"手诏"中说:"朕先使人取少杂鸟,其使不识朕意,采鸟稍多。"②这是在为自己辩解,把责任推到宦官身上。不久,又发生了一件事。根据胡人的建议,玄宗派人到海南及师子国寻求珍宝、灵药与医媪。监察御史杨范臣劝谏,说:"此特胡人眩惑求媚,无益圣德,窃恐非陛下之意,愿熟思之。"其实,下令派人前往的,不是别人,完全是"陛下"的意愿。所以,玄宗无法再辩解了,"遽自引咎,慰谕而罢之。"③一个位居尊极的帝王能够"引咎"自责,知错即改,总算是难能可贵的吧!

当然,关于鸟、药与珍宝之类谏净毕竟是小事,也许容易听取。至于涉及皇帝亲生母亲、王皇后父亲以及公主礼制方面的"忤旨直言",玄宗的态度又是怎样的呢? 前面说过,玄宗幼年丧母,对窦德妃怀着深厚的爱。睿宗复位后,曾在东都洛阳城南造了一座"靖陵"。开元二年(公元 714 年),玄宗下令征料与工匠,在靖陵

---

① 《资治通鉴》卷 212 开元七年十一月条。
② 《旧唐书·良吏传下》及《大唐新语》卷 2《极谏》。
③ 《资治通鉴》卷 211 开元四年五月条。

建纪念碑。汝州刺史韦凑"以自古园陵无建碑之礼,又时正旱俭,不可兴功,飞表极谏,工役乃止。"①开元七年(公元719年),王皇后父亲、开府仪同三司王仁皎逝世,玄宗下令依外祖父窦孝谌先例,筑坟高五丈一尺。宋璟与苏颋认为不合礼制常式,特别提醒:"岂若韦庶人(韦后)父追加王位,擅作酆陵,祸不旋踵,为天下笑。"这里竟联系到被唐玄宗所推翻的韦后势力,真是犯颜逆耳的直谏。经此一说,玄宗觉悟了,谓曰:"朕每事常欲正身以成纲纪,至于妻子,情岂有私?然人所难言,亦在于此。卿等乃能再三坚执,成朕美事,足使万代之后,光扬我史策。"②分赐绢四百匹,表彰敢于说"人所难言"的两位宰相。开元十年(公元722年),女儿永穆公主将出嫁,"敕有司优厚发遣,依太平公主故事。"僧一行直言讽谏,指出:"太平骄僭,竟以得罪,不应引以为例。"这一提醒,促使玄宗"遽追敕不行,但依常礼。"③上述例子说明,唐玄宗居安思危,没有忘记韦后与太平公主覆灭的教训,所以能够听取各种的极言规谏。

第三类,某些谏诤,唐玄宗采取"不能用"的态度。例如,开元二年(公元714年),宫中更置左右教坊,以教俗乐;又选乐工伎女,以兴歌舞。礼部侍郎张廷珪等上疏,以为"上春秋鼎盛,宜崇经术,迩端士,尚朴素;深以悦郑声、好游猎为戒。"④对于这种意见,玄宗虽然嘉赏言者的用心,但并不予以采纳。应当指出,倡导音乐歌舞未必是件坏事,这里有个度的问题。在跟太平公主激烈斗争时期,沉溺于"女乐"是危险的,所以贾曾的切谏,太子隆基接受了。开元初期,玄宗"励精为治"之余,从个人的爱好出发,亲自教法曲于梨园,倡导歌舞,实在是无可非议的。按照传统的观念,

---

① 《旧唐书·韦凑传》。

② 《旧唐书·宋璟传》。

③ 《旧唐书·僧一行传》。

④ 《资治通鉴》卷211开元二年正月条。

鄙之以"悦郑声",难道不是太迂了吗? 唐玄宗不为这种谏诤所左右,倒是他特殊个性的表现。

(三)恢复谏官议政制度

唐朝谏官议政之制,始创于贞观初年。当时规定"中书、门下及三品官入奏事,必使谏官、史官随之,有失则匡正,美恶必记之。"谏官、史官(指御史等)可以随宰相们到皇帝视朝之所两仪殿里,参与"平章国计",商讨大政。唐太宗也就能够听到各种不同的意见,便于全面了解情况,择善而从。自唐高宗永徽以后,李义府和许敬宗恃宠用事,加上高宗也以天下无虞,改每日为隔日视朝,怠于理政。这样,谏官议政制度逐渐地被废弃了。史称"及许敬宗、李义府用事,政多私僻,奏事官多俟仗下,于御坐前屏左右密奏,监奏御史及待制官远立以俟其退;谏官、御史皆随仗出,仗下后事,不复预闻。"①所谓"仗",即朝会的兵卫。"仗下"之后,大臣才向皇帝奏事。谏官、御史参与朝会仅仅是形式,随着仗卫而退下,对于奏事自然不可能当面发表什么意见了。这种状况一直延续到开元初年:"比来百司及诏使奏陈,皆待仗下,颇乖公道,须有革正。"②

开元五年(公元717年)九月,根据宰相宋璟的建议,恢复了贞观谏诤制度。唐玄宗诏曰:"自今以后,非灼然秘密,不合彰露者,并令对仗。如文书浩大,理文杂著,仍先进状。其史官(包括御史、起居舍人等)自依旧制。"开元六年(公元718年)七月,玄宗下诏重申:"百司及奏事,皆合对仗公言。比日以来,多仗下独奏,宜申明旧制,告语令知。如缘曹司细务,及有秘密不可对仗奏者,听仗下奏。"③这里,反复强调的"旧制",指的是贞观故事。除了机

---

① 《资治通鉴》卷211开元五年九月条。
② 《唐会要》卷25《百官奏事》。
③ 《唐会要》卷25《百官奏事》。

密的和细杂的事务外,其他奏事一概"对仗公言",即当着兵卫、谏官、史官等都在场的朝会上,公开奏陈,甚至可以互相弹奏。如此,谏官也就有了参与谋议的机会,可以从比较客观的立场上发表自己的意见。而唐玄宗也就能够了解更多的情况,在兼听博采的基础上,作出符合实际的决策。

关于唐朝谏官的建置,据《册府元龟》卷 523《谏诤部·总序》记载,唐高祖武德初置谏议大夫四员,隶属于门下省。高宗龙朔中改称为正谏大夫。武则天垂拱中又置左右补阙各二人、左右拾遗各二人,合计八人。其职"供奉左右,箴规得失。"天授中,补阙、拾遗左右各增至五人,合计二十人。中宗神龙初,恢复垂拱初置人数,同时将正谏大夫改回为谏议大夫。及至"开元定制,左右补阙、拾遗各二员,复有内供奉各一员,凡十二人。左属门下,右属中书。"[1]总之,开元时期,谏官主要有:谏议大夫四人,正五品上,掌侍从赞相、规谏讽谕。左补阙二人,从七品上;左拾遗二人,从八品上;掌供奉讽谏,"大则廷议,小则上封。"[2]以上隶属于门下省。右补阙二人,从七品上;右拾遗二人,从八品上;掌如左补阙拾遗之职。以上属于中书省。此外,左右补阙、拾遗各有内供奉一员,计四人。

唐玄宗重视谏官的作用,一方面是让他们参与廷议,当面提意见;另一方面则是鼓励谏官"上封事",即书面陈述时政之得失。开元十二年(公元 724 年)四月敕令:"自今以后,谏官所献封事,不限旦晚,任封状进来,所由门司不得有停滞。如须侧门论事,亦任随状面奏,即便令引对。如有除拜不称于职,诏令不便于时,法禁乖宜,刑赏未当,征求无节,冤抑在人,并极论失,无所回避,以称朕意。其常诏六品以上,亦宜准此。"[3]可见,玄宗多么留意谏官及

---

① 《册府元龟》卷 523《谏诤部·总序》。
② 《唐六典》卷 8《门下省》。
③ 《唐会要》卷 55《谏议大夫》。

其他臣僚所献的"封事"，强调"门司"不得"停滞"，正是为了防止壅蔽。回顾贞观时期，唐太宗著《司门式》云："其有无门籍人，有急奏者，皆令监门司与仗家引奏，不许关碍。"①开元敕令也体现了这种精神，说明此时唐玄宗还是勤于听览的，迫切希望下情上达，鼓励谏官们"无所回避"，敢于陈述意见。

（四）优礼故老，虚心求教

贞观谏诤有一条准则，叫做"虚己纳下"。作为封建帝王，要容纳臣下意见，必须有虚心求教的态度。如果傲视一切，动辄训人，谁还敢讲话呢？唐玄宗虽然不是时时处处都能虚己纳下，但至少开元前期对大臣还是相当尊重的。史称"玄宗初即位，体貌大臣，宾礼故老，尤注意于姚崇、宋璟，引见便殿，皆为之兴，去则临轩以送。其他宰臣，优宠莫及。"②便殿即紫宸殿，在正殿（宣政殿）的后面。姚、宋每进见，玄宗就从御座上站起来，表示敬意。姚、宋离开时，又临轩以送。这种礼遇反映了玄宗虚己纳下的神态。宋代范祖禹就此事评曰："开元之初，明皇励精政治，优礼故老，姚、宋是师。"③

为什么唐玄宗会如此"优礼故老"呢？原因也很简单。开元之初，玄宗不过二十九岁。虽然经历了六月政变以来的复杂斗争，颇谙策略手段，但对如何治理好天下，毕竟是经验不足。而姚崇年已六十四岁，宋璟也有五十一岁，他俩早在武则天时期就显露出杰出的政治才华，又历唐中宗、睿宗两朝，积极鼓吹"依贞观故事"。"玄宗初即位，亲访理道"，④自然听得进姚、宋的种种意见。"每事访于元之，元之应答如响，同僚唯诺而已，故上专委任之。元之请

---

① 《旧唐书·颜真卿传》。
② 《次柳氏旧闻》。
③ 《唐鉴》卷4《玄宗上》。
④ 《旧唐书·张果传》。

抑权幸,爱爵赏,纳谏诤,却贡献,不与群臣亵狎;上皆纳之。"①开元三年(公元 715 年),玄宗曾同卢怀慎说:"朕以天下事委姚崇。"②足见对姚崇是何等的器重! 至于宋璟,向来以"论得失"闻名,敢于讲话,连武则天都是"内不能容,而惮其公正。"③唐玄宗对他那副"敢犯颜直谏"的举动,"甚敬惮之,虽不合意,亦曲从之。"④宋璟还"顾天子方少",时常"危言切议"。像这样在青年皇帝面前摆起老资格来,实在是罕见的。正如宋代史臣所评论:"宋璟刚正又过于崇,玄宗素所尊惮,常屈意听纳。"⑤

姚、宋为相时,唐玄宗固然是虚怀纳诲,就是离开相职后,作为元老顾问,玄宗依然优礼如故,虚心请教。这是唐玄宗的卓识,很值得注意! 开元四年(公元 716 年)底,姚崇罢政事而为开府仪同三司,这是最高的文散官,从一品,属于荣誉性的虚职。姚崇每五日一朝,内殿朝参时仍立于供奉班之首。"恩礼更厚,有大政辄访焉。"⑥开元九年(公元 721 年)九月,姚崇病逝,享年七十二岁,谥曰"文献"。至于宋璟罢相后,也被授予开府仪同三司,继续发挥参谋的作用。开元十二年(公元 724 年),玄宗将东巡洛阳,以宋璟为西京留守。临别时,特地对宋璟说:"卿,国之元老,为朕股肱耳目。今将巡洛邑,为别历时,所有嘉谟嘉猷,宜相告也。"璟一一极言。唐玄宗手制答曰:"所进之言,书之座右,出入观省,以诚终身。"⑦可见,对元老的顾问作用是多么的重视! 直到开元二十五年(公元 737 年),宋璟病逝,享年七十五岁,谥曰"文贞"。

唐玄宗"体貌大臣"还表现于"申师资之礼"。开元初期,为了

① 《资治通鉴》卷 210 开元元年十月条。
② 《资治通鉴》卷 211 开元三年正月条。
③ 《大唐新语》卷 2《刚正》。
④ 《资治通鉴》卷 211 开元四年十二月条。
⑤ 《新唐书·宋璟传》及传末赞曰。
⑥ 《资治通鉴》卷 211 开元五年正月条。
⑦ 《旧唐书·宋璟传》。

读书学习,聘请著名学者马怀素和褚无量为侍读,隔日轮流陪读。马怀素笃学博识,谦恭谨慎,深为玄宗所礼。"每次阁门,则令乘肩舆以进。上居别馆,以路远,则命宫中乘马,或亲自送迎,以申师资之礼。"①褚无量已届老年,每次随仪仗出入,特许缓缓步行。后来,又为他造了"腰舆",令内侍抬进内殿。"无量频上书陈时政得失,多见纳用。"②此外,对社会上各类遗贤隐士如僧一行、卢鸿、叶法善等等,无不以礼相征,询问治道。例如,有个被誉为"真君子"的王友贞,礼聘不至,年九十余卒。玄宗下制赞颂"王友贞禀气元精,游心大朴";强调"贵德尊贤,饰终念远,此圣人所以治天下、厚风俗也。"③这里,把尊贤纳下当作"治天下"的必要条件,是很有见地的。

(五)"见不贤,莫若自省"

凡是善纳谏诤的帝王,从认识论的角度来看,往往都勇于自我反省,敢于承认与改正错误。唐玄宗也是如此。开元二年(公元714年)八月,他接受民间舆论的批评,深知"求声色"的错误,在诏令中说:"见不贤,莫若自省。"④这种知错自省的精神,正是唐玄宗尊贤纳下、虚心求教的思想基础。开元四年(公元716年),倪若水批评宦官罗捕禽鸟,玄宗就用"手诏"的方式作了自我检讨。杨范臣批评求灵药等,玄宗便引咎自责,在臣下面前公开检点过错。开元七年(公元719年),宋璟等批评筑高坟不合礼式,玄宗虚心接受,表示"每事常欲正身",严格地从自己做起。同年十一月,玄宗以"墨敕"将原藩邸故吏、岐山令王仁琛提升为五品官,宋璟反对说:"仁琛向缘旧恩,已获优改,今若再蒙超奖,遂于诸人不类;

---

① 《旧唐书·马怀素传》。
② 《旧唐书·褚无量传》。
③ 《旧唐书·隐逸传》。
④ 《唐会要》卷3《出宫人》。

又是后族(属王皇后家族),须杜舆言。乞下吏部检勘,苟无负犯,于格应留,请依资稍优注拟。"①墨敕授官是不妥当的做法,经由"吏部检勘"才是正常的途径。玄宗终于自省了,同意了宋璟的意见。由此可见,唐玄宗并不以一贯正确自居,别人说得对就接受,自己做错了就改正。这里的关键在于"自省"。善于认识错误,并翻然而改,对于位居尊极的封建帝王来说,是不容易的。

以上事实,从各个侧面反映了开元谏诤的概况。唐玄宗虽然不如唐太宗那样"从谏如流",但他"虚怀纳海"的事迹还是引人瞩目的。就"容纳"谏诤而言,唐朝李德裕把"太宗、玄宗"相提并论,不是没有道理的。

第四节　抑制奢靡,移风易俗

先天年间,唐玄宗十分赞赏这样的观点:"隋氏纵欲而亡,太宗抑欲而昌。"②开元初期,他就从行动上效仿曾祖父,抑情损欲,刻厉节俭,抵制浮竞,使社会风习出现了"返朴还淳"的新气象。这是"开元之治"的特色之一。

(一)禁断泼寒胡戏

泼寒,又称乞寒,"用水浇沃为戏乐"。最早从波斯传入中国,约于北周大象元年(公元 579 年)十二月。③《资治通鉴》卷 173曰:"初作乞寒胡戏。"隋朝和唐初,却多不见记载。直到武则天末年,又从波斯传入,每年冬十一月或者十二月举行。神龙元年(公元 705 年)十一月,唐中宗在东都洛阳,曾登上城南门楼,观看泼寒胡戏。不久,清源县尉吕元泰上疏劝谏,引用《洪范》"谋时寒

---

① 《资治通鉴》卷 212 开元七年十一月条。
② 参见本章第一节晋陵尉杨相如上疏。
③ 《周书·宣帝纪》。参见岑仲勉《隋唐史》下册。

若"的古训,指出:"何必裸露形体,浇灌衢路,鼓舞跳跃,而索寒也!"①疏奏,不纳。景龙三年(公元709年)十二月,中宗在京师长安,又令诸司长官到醴泉坊看泼胡王乞寒戏。泼寒胡戏原是波斯数种节日礼俗的糅合,但在唐中宗时这种"裸露形体"的胡戏却成为贵族官僚骄奢纵欲的一个方面。因此,不少有识之士力主取缔。

唐玄宗即位初,"因蕃夷入朝,又作此戏。"开元元年(公元713年)十月,中书令张说谏曰:"泼寒胡未闻典故,裸体跳足,盛德何观;挥水投泥,失容斯甚。法殊鲁礼,褻比齐优。"建议特罢此戏。②张说是著名的文人,从儒家传统的礼乐观念出发,反对"失容斯甚"的胡戏。十二月,唐玄宗颁布敕令:"腊月乞寒,外蕃所出,渐浸成俗,因循已久。自今以后,无问蕃汉,即宜禁断。"③可见,胡戏已为蕃人和汉人所爱好,成了"因循已久"的风俗。改元"开元"不久,唐玄宗正式下令禁止,表明他在移风易俗上迈出了第一步。这一步是坚实的,以致泼寒胡戏从此禁绝,再也没有流行起来了。开元二年(公元714年)八月,玄宗又发布敕令,对于"事切骄淫,伤风害政"的某些"技乐"也严加"禁断"。④

(二)焚毁珠玉锦绣

开元二年(公元714年)七月乙未,⑤唐玄宗发动了一场声势浩大的宣传。那天,特地把内宫一些(不可能是全部)珠玉锦绣(不包括金银)堆在殿庭前,放火焚烧。下制声称:金银器物由有关机构"铸为铤",贮藏起来,以供军国之用。珠玉锦绣之类,"宜焚于殿前,用绝浮竞。"规定后妃以下不得服珠玉锦绣。过了三

① 《唐会要》卷34《杂录》。
② 《旧唐书·张说传》及《全唐文》卷223张说《谏泼寒胡戏疏》。
③ 《唐会要》卷34《杂录》。原作"十月",应为十二月。
④ 《唐会要》卷34《论乐》。
⑤ 《旧唐书·玄宗本纪上》作六月,欠妥。今从《资治通鉴》卷211。

天,下敕宣布:"天下更不得采取珠玉、刻镂器玩、造作锦绣珠绳";违者决杖一百,受雇工匠降一等办罪;"两京(指西京与东都)及诸州旧有官织锦坊宜停。"①同时,对百官车服饰和酒器都作出具体的规定。

这样雷厉风行地销毁金银器玩,禁用珠玉锦绣,在中国古代史上是罕见的。此事可信程度如何?唐人著作《隋唐嘉话》卷下和《朝野佥载》卷3都有记述,不少史家连司马光也确信其事,赞颂"明皇之始欲为治,能自刻厉节俭如此。"②但是,略一推敲,就会知道,唐玄宗绝对不可能把宫中所有的金银器玩销毁,将全部的珠玉锦绣焚烧。要想严禁"天下"采取珠玉、刻镂器玩、造作锦绣,更是办不到的事。皇帝敕令和官方文书,有些说的好听,未必都能做到;有些确实做了,也是大打折扣的。如果不作具体分析,全信以为真,那就会上大当。

从事实来看,七月乙未那天,确实在殿庭前烧了一些珠玉锦绣,但这只是示意性的宣传行动,"示不复御用也"。③没有迹象证明,后来切实地贯彻制敕所规定的全部禁令。大概关于百官服饰的规定,如三品以上听饰以玉,四品以金,五品以银等等,还是照办了的。作为帝王,没有追求享乐的私欲,那是不可能的。唐玄宗只是在特殊的历史条件下,对自己的私欲有所压抑罢了。不到两年,他就要派人到遥远的师子国去搜罗"珠翠奇宝"。监察御史杨范臣谏曰:"陛下前年焚珠玉、锦绣(注意!没有提及金银),示不复用。今所求者何以异于所焚者乎!"④玄宗知错便改,但他那追求"珠翠奇宝"的私欲还是强烈地反映出来了。

为什么要搞一次示范性宣传呢?看来,目的主要是移风易俗,

---

① 《册府元龟》卷56《帝王部·节俭》。亦作"七月"。
② 《资治通鉴》卷211开元二年七月条。
③ 《隋唐嘉话》卷下。
④ 《资治通鉴》卷211开元四年五月条。

转变长期以来形成的奢靡风俗。唐中宗、睿宗时期,贵族官僚竞相浮华。安乐公主有一条百鸟毛裙,正面看为一色,旁边看为一色,阳光下为一色,阴影中为一色,仿佛百鸟并见裙中。据说,"自安乐公主作毛裙,百宫之家多效之。江岭奇禽异兽毛羽,采之殆尽。"①太平公主也以骄奢闻名,在公主府第里,"绮疏宝帐,音乐舆乘,同于宫掖。侍儿披罗绮,常数百人,苍头监姬,必盈千数。外州供狗马玩好滋味,不可纪极。"②这里,所谓"同于宫掖",可以想见,睿宗皇宫里又是何等的豪华奢侈。至于玄宗,早年也未尝不是如此。当太子时,"好妓之声,或闻于人听。"③即位以后,和太上皇睿宗一样追求声色。先天二年(公元713年)正月十五、十六日夜,长安灯节热闹非凡。据说,在安福门外造了一座"灯轮",高达二十丈,饰以金玉锦绮,燃灯五万盏,簇之如花树。"宫女千数,衣罗绮,曳锦绣,耀珠翠,施香粉。一花冠、一巾帔皆万钱,装束一妓女皆至三百贯。"④二月庚子夜,又开门燃灯。"上皇(睿宗)与上(玄宗)御门楼临观,或以夜继昼,凡月余。"⑤很清楚,奢靡之风,愈演愈烈。耗费锦绣珠翠知多少,封建国家财力也难以承受。因此,诛灭公主之后,玄宗亲政时,贤相姚崇"屡以奢靡为谏",⑥才有焚烧锦绣珠玉的宣传举动。玄宗在七月乙未敕令中,谴责往昔"互相夸尚,浸成风俗",提出了"返朴还淳,家给人足"的主张。⑦ 这说明他有所反省,决心革除奢侈习俗,倡导淳朴新风,在移风易俗上又跨出了重要的一步。

---

① 《旧唐书·五行志》。
② 《旧唐书·外戚传》。
③ 《旧唐书·贾曾传》。
④ 《朝野佥载》卷3。
⑤ 《资治通鉴》卷210开元元年二月条。
⑥ 《旧唐书·五行志》。
⑦ 《册府元龟》卷56《帝王部·节俭》。

(三)罢遣宫女

开元二年(公元714年)八月,唐玄宗令有关部门在崇明门准备好车牛,将后宫里用不着的宫女遣送回家。人数多少,已无可考。为什么要采取这个措施呢?唐初以来,每当重大事变之后,因整顿内宫,时有放还宫女的事。唐太宗贞观初,"放宫人三五千人出"。① 唐中宗神龙初,"出宫女三千"。② 唐玄宗遣返宫女,估计数字远不及前几次。因为这次主要是平息社会舆论,表示一下不求"声色"而已。当时,民间纷纷传言,说皇帝陛下采择女子,以充掖庭。无风不起浪,传说是有一定事实根据的。先天年间,正如玄宗本人所说:"往缘太平公主取人入宫,朕以事虽顺从,未能拒抑。"这里说是公主"取人入宫",其实,太上皇睿宗和玄宗本人也是如此。所以,开元初,"人颇喧哗,闻于道路,以为朕求声色,选备掖庭。"民间舆论"喧哗",才使玄宗有所觉悟:"见不贤,莫若自省;欲止谤,莫若自修。改而更张,损之可也。"③在这种情况下,作出了罢遣宫女的决定。显然,这是唐玄宗抑情损欲的措施之一。

(四)"以厚葬为诫"

开元二年(公元714年)九月,唐玄宗颁发制书,强调"以厚葬为诫"。他指出,"近代以来,共行奢靡,递相仿效,浸成风俗,既竭家产,多至凋弊。……且墓为真宅,自便有房,今乃别造田园,名为下帐,又冥器(随葬器物)等物,皆竞骄侈。"④为了改变奢靡风俗,特地"申明"丧葬"约束",如规定冥器等物色数及长短大小,禁绝园宅下帐,坟墓务遵简俭,送终之具不得以金银为饰。同时规

---

① 《魏郑公谏录》卷4。
② 《旧唐书·中宗本纪》。
③ 《唐会要》卷3《出宫人》。
④ 《全唐文》卷20 玄宗《禁厚葬制》。

定,如有违者,先决杖一百;州县长官不能举察,并贬授远官。这些禁令未必都能贯彻执行,但对社会上移风易俗起了一定的促进作用。

(五)"文质之风,自上而始"

上述四条措施,都是在一年之内采取的,反映了唐玄宗求治的急切心情。可贵的还在于:他懂得"文质之风,自上而始"的道理。① 也就是说,抑制奢靡,要从上面开始,要从自己做起。司马光评论唐玄宗"始欲为治,能自刻厉节俭",这番赞语虽然不完全符合实际,但是,玄宗确实有点"自上而始"的精神,为树立"节俭"新风作过号召与宣传。有一次,看见一个卫士将吃剩的饭菜倒掉,玄宗不禁大怒,欲加严办。从这件小事也可以看到节约粮食的好风尚。

开元前期,"自上而始"的精神还表现在不少宰相身上。卢怀慎就是一个榜样,唐朝人早已把他当作"清廉"的典型。史称"怀慎清俭,不营产业,器用服饰,无金玉绮文之丽。所得禄俸,皆随时分散,而家无余蓄,妻子匮乏。"②开元四年(公元716年)十一月,怀慎病逝,据说,"家无余蓄,惟一老苍头(家奴),请自鬻以办丧事。"③这似采自小说家之言,当非信史。根据四门博士张星的建议,玄宗下诏表彰卢怀慎"节邻于右,俭实可师。"特地赐物一百段、米粟二百石。很久以后,玄宗校猎城南,"望见怀慎别业(别墅),方营大祥斋,悯其贫乏,即赐绢五百匹。制苏颋为之碑,仍御书焉。"④唐玄宗多次表彰卢怀慎,也是要让"节俭"之风发扬光大。"俭实可师",希望臣僚们仿效这位"清廉"的宰相。

---

① 《册府元龟》卷56《帝王部·节俭》。
② 《旧唐书·卢怀慎传》。
③ 《资治通鉴》卷211 开元四年十一月条。
④ 《大唐新语》卷3《清廉》。

总之,在开元君臣们的倡导下,奢靡风俗基本上得到抑制,"返朴还淳"的新气象逐渐地形成。唐玄宗在《禁断奢侈敕》中,强调指出:"雕文刻镂伤农事,锦绣纂组害女红。粟帛之本或亏,饥寒之患斯及。朕故编诸格令,且列刑章,冀以还淳,庶皆知禁。"①禁断奢侈,反对浪费,这是"开元之治"的重大成果。

　　当然,就唐玄宗本人来说,不可避免地具有两重性的特点。一方面,开元二年(公元 714 年)正月,宣布"不急之务,一切停息";②另一方面,同年七月,始作兴庆宫。一方面,焚烧锦绣珠玉,以示不复用;另一方面,派人到江南罗捕禽鸟,以供园池之玩,还想派人到海外营致"珠翠奇宝"。一方面,反对厚葬,申明丧葬禁约;另一方面,违背礼式,为王皇后父亲筑高坟。宰相宋璟等批评说:"比来蕃夷等辈及城市闲人,递以奢靡相高,不将礼仪为意。今以后父之宠,开府之荣,金穴玉衣之资,不忧少物;高坟大寝之役,不畏无人。……"③由上可见,唐玄宗只是对个人欲望和社会上奢靡风气作了一些节制而已。所谓开元淳朴风习,也仅仅是跟"天宝之后,俗尚浮华",④相比较而言的。

第五节　"贞观之风,一朝复振"

　　大量的史实表明,唐玄宗和宰臣们"依贞观故事",在政治上取得了成功。关于经济、法制以及文化,另立专章论述。如果略作比较,就会发现,"开元之治"和"贞观之治"有许多共同点。人们获得这种认识并不难,难的是对历史现象作出科学的分析。

---

①　《全唐文》卷 35 玄宗《禁断奢侈敕》。
②　《册府元龟》卷 144《帝王部·弭灾二》。
③　《旧唐书·宋璟传》。
④　《全唐文》卷 700 李德裕《荐处士李源表》。

（一）"太宗定其业，玄宗继其明"

早在唐德宗即位初，有识之士就已经把"贞观、开元之太平"联系起来考察了。① 唐宪宗读国史实录，深有体会地说："太宗之创业如此，玄宗之致理如此。"创业与致治，自有不同，而且前者之功业胜过于后者。唐穆宗时，下诏曰："我国家贞观、开元，同符三代，风俗归厚，礼让皆行。"这主要是就社会风气而言的。唐文宗时，有个名叫刘蕡的，在贤良对策中指出："太宗定其业，玄宗继其明。"②这个提法很精辟，可以说是对前人认识的总结，较好地论述了"贞观之治"与"开元之治"的关系。的确，唐太宗开创的"贞观之治"是封建时代太平治世的典范，在政治上颇多创新。尤其是用人与纳谏，达到了封建专制主义时代所能够做到的最高水平。唐玄宗的"开元之治"是"依贞观故事"的结果，是继承了"贞观之治"的事业。归结为三个字："继其明"。本章前面论述的"任贤用能"、求谏与容纳以及移风易俗等，无可争辩地证明了这一点。

及至五代后晋，刘昫等编撰《旧唐书·玄宗本纪》时，援引了唐朝史臣一段极其精彩的议论："我开元之有天下也，纠之以典刑，明之以礼乐，爱之以慈俭，律之轨仪。黜前朝侥幸之臣，杜其奸也；焚后庭珠翠之玩，戒其奢也；禁女乐而出宫嫔，明其教也；赐酺赏而放哇淫，惧其荒也；叙友于而敦骨肉，厚其俗也；搜兵而责帅，明军法也；朝集而计最，校吏能也。庙堂之上，无非经济之才；表著之中，皆得论思之士。而旁求宏硕，讲道艺文。昌言嘉谟，日闻于献纳；长辔远驭，志在于升平。贞观之风，一朝复振。"这里不乏溢美之辞，但对照开元时期尤其是前十多年的政治、经济、法制、文化、军事，基本上是符合实际的。最后两句"贞观之风，一朝复

---

① 《旧唐书·崔祐甫传》。
② 《旧唐书·文苑传下》。

振",可谓画龙点睛之笔,深刻地揭示了"贞观之治"与"开元之治"的关系。也就是说,唐玄宗"依贞观故事",是成功的。重新恢复"贞观之风",又开创了新的"盛世",从而推进了中国古代社会的发展。这是唐玄宗及其臣僚们的历史功绩。

(二)学步、效仿与创新

当今研究"开元之治",自然更须有科学的分析。"从政治上看'开元之治',它不过是对唐太宗'贞观之治'的模仿和学步而已。"①这是正确的。因为唐玄宗是在学步与效仿,"依贞观故事"来施政,所以他就有更大的局限性,在许多方面比唐太宗逊色。拿用人与纳谏这两个最反映本质的问题来说吧。

唐太宗有系统的卓越的人才观,其用人政策闪烁着辩证思想的光芒。所用之人既广且多:士庶并举,官民同申,新故齐进,汉夷共用。尤其善于团结跟自己意见不同的人,善于使用曾经反对过自己的人。而唐玄宗显然没有深刻的用人思想,策略与方法也较单调,政治上用人的圈子较窄,主要是依靠宰相们和身边一批得力的文官,以及心腹如王毛仲、高力士等。应当说,开元之世,人才济济,盛过于贞观时期。唐玄宗也喜欢广泛地结交各种各样的人士,如诗人学者、隐士山人、方伎医家等等,但是这些人士在政治决策上不起什么作用,并非都有政治管理的才能。在对待功臣问题上,"姚崇劝不用功臣",虽然是符合巩固皇权的需要,但是,如何把不安定的因素化为积极的力量,是考虑得很不够的。姚崇作为杰出的皇权主义者,处处维护皇权的稳定。但是,他有"嫉忌"的私念,如对待宰相魏知古"阴加谗毁",实在不那么光明正大,说明他不善于跟自己意见不同的人共事。同样,唐玄宗虽然没有枉杀功臣,

---

① 参见徐连达《开元天宝时期唐由盛转衰的历史考察》,载 1980 年 10 月 20 日《文汇报》。

表现了一定的宽容器度,但是,"待幽求等恨太薄云",①说明他也不善于使用跟自己政见不同的人。总之,用人的气魄与胆识,不如唐太宗那样雄伟与广博。

唐太宗的"从谏如流",是以完整的政治思想作为基础的,是跟他在认识论上的一些真知灼见紧密相连的。特别是君臣论,如主张君臣事同鱼水、共理天下、同心同德等等,无疑是封建时代政治思想的精华之一。而唐玄宗的政治思想就显得十分贫乏,构不成一个体系。他说过"见不贤,莫若自省",也颇精彩,但这类观点不多。正因为思想基础薄弱,故开元谏诤从总体上说,远远不如贞观谏诤。换言之,唐朝历史上第二次谏诤高潮比不上第一次,可谓一浪低一浪。在君臣关系上,封建专制主义的气焰比太宗厉害。姚崇算是玄宗"宾礼"的"故老"了,在开元元年(公元713年)十月,再三奏请序进郎吏,玄宗故意不答。这时,"崇益恐,趋出。……崇至中书(省),方悸不自安。"②面对皇帝陛下,姚崇尚且如此惧怕,何况别的臣僚了。在这种气氛中,犯颜直谏与廷争面折,也就比较少见了。相反,当面颂扬与谄谀,却愈来愈多。姚崇迎合玄宗的话不少,以致大臣褚无量讥之为"谀臣之言"。③ 即使是宋璟,史称刚正直言超过姚崇,有时还以天子年少,常常"危言切议",但是,对玄宗不乏"陛下降德音"之类的赞美诗。④ 由此不难明白:为什么开元时期没有产生魏征那样的典型人物? 为什么谏官议政制度恢复后谏官的作用仍不突出? 显然都跟专制主义的浓厚有关。

君主专制的厉害,还表现在严防泄露禁中机密上。明文规定,凡是秘密的事,不允许谏官与史官参与讨论。谁泄露"禁中语",

---

① 《新唐书》卷121赞曰。
② 《次柳氏旧闻》。
③ 《资治通鉴》卷211开元五年正月条。
④ 《新唐书·宋璟传》。

谁就要受罚。玄宗有位好友,名叫崔澄,玄宗早年出任潞州别驾时,崔澄送行直至最远的地方。唐玄宗即位后,"澄侍左右,与诸王不让席坐。性滑稽善辩,帝恐漏禁中语,以'慎密'字亲署笏端。"[①]任何时代,都有一定的保密制度。但是,唐玄宗过于"慎密",时有惩办泄露"禁中语"者。这样,臣僚们议政或者提意见,势必提心吊胆,不可能做到畅所欲言,更谈不到君臣"事同鱼水"的了。

由上可见,唐太宗不仅是杰出的政治家,而且是卓越的政治思想家。而唐玄宗仅仅是杰出的政治实践家,够不上政治思想家的资格。行动受思想支配。没有深邃的思想,所以在用人与纳谏上,后者不如前者。

当然,"依贞观故事"是在新的历史条件下进行的。效仿不等于旧的复原,它本身就是一种改革。既然是改革,总会有所前进,有所创新。如果只看到玄宗不如太宗的一面,而不注意"开元之治"中创新的东西,那也是不全面的。就以用人为例,唐玄宗讲究任用宰相艺术,某些新的做法胜过于曾祖父。

第一,从横向来看,在某一阶段里,宰相班子里成员搭配相宜:一刚一柔,以刚为主;一严一宽,以严为主。这样,同心戮力,以济太平之政。姚崇与卢怀慎、宋璟与苏颋、张嘉贞与源乾曜,就是三对紧密合作并取得显著成效的贤相。本章第二节已有详细论述。

第二,从纵向来看,"上(玄宗)即位以来,所用之相,姚崇尚通,宋璟尚法,张嘉贞尚吏,……各其所长也。"[②]这是精辟的概括。从"通"到"法",再到"吏",实际上反映了开元前期改革的进程。"通"者,"变"也。玄宗亲始听政之际,面临着百乱待治、百弊待革的局面。首先需要的是一位"救时之相",来迅速消除"再三祸变"

① 《新唐书·崔澄传》。
② 《资治通鉴》卷214开元二十四年十一月条。

所造成的后果。姚崇以"善应变"著称,提出"十事要说"作为政治纲领,"故能成天下之务"。"通"的结果,是成功了。紧接着,要靠"法"了。所谓宋璟"尚法",也就是"璟善守文"的意思。姚崇和卢怀慎都曾推荐宋璟接替宰相的职位,可能是看到了这一点。宋璟果然不负众望,"能持天下之政",[①]坚持严以执法,又取得了成功。经由姚、宋及其他臣僚们的相继努力,"开元之治"终于奠定了牢固的政治基础。所以,往后照办就是了。张嘉贞"尚吏"即注重处理政事,正是适应了新形势的需要。史称张嘉贞"善傅奏,敏于裁遣",[②]不愧为"惓惓事职"的名相。

第三,从任期来看,宰相一般任职三年左右:姚崇三年又三个月,卢怀慎不到三年而病卒,宋璟三年又一个月,苏颋三年又一个月,张嘉贞三年又一个月。源乾曜从开元八年(公元 720 年)正月至开元十七年(公元 729 年)六月罢相,长达九年又五个月。除了源乾曜之外,任期三年左右,这是由于偶然的因素所造成的,并非出于明文规定,跟现代意义上的轮换制或者不搞终身制是不可同日而语的。但是,在客观上,这样做有利于发挥各类宰相的独特才能,有利于皇权的巩固。唐朝后期著名的宰相李德裕指出:"开元初,辅相率三考辄去,虽姚崇、宋璟不能逾。……是知亟进罢宰相,使政在中书,诚治本也。"[③]这番话的本意,不在于论证轮换制的优越,而是说明防止小人专权对于巩固皇权的重要意义。

第四,宰相罢职以后,唐玄宗仍然重视发挥他们的顾问参谋作用,本章第三节对此已略说过。如姚崇罢知政事,玄宗"令崇五日一参,仍入阁供奉,甚承恩遇。"[④]宋璟免相后,作为"国之元老",两次被委任为西京留守。苏颋罢相后,一度外任益州大都督府长史。

---

① 《大唐新语》卷 1《匡赞》。

② 《新唐书·张嘉贞传》。

③ 《新唐书·李德裕传》。

④ 《旧唐书·姚崇传》。

开元十三年(公元725年),随玄宗封禅泰山,负责撰写朝觐碑文。不久,又知吏部选事。开元十五年(公元727年)逝世,享年五十八岁。玄宗令于洛城南门举哀,辍朝两天,赠尚书右丞相,谥曰"文宪"。张嘉贞罢相后,因与张说矛盾,时而为京官,时而为地方官。但是,玄宗对他还是念念不忘的。开元十七年(公元729年),张说回到东都洛阳治病,玄宗特地派医官去治疗。秋,张说病卒,年六十四岁,赠益州大都督,谥曰"恭肃"。

由上可见,唐玄宗善于任用众多的宰相,在用人方面有不少新的特色。可惜的是,他不是思想家,没有在理论上作出概括。此外,在加强地方吏治和完善行政法规方面,也有一些创举。总之,"依贞观故事"不是简单地模仿,而是在效仿中有所创新。

(三)历史条件的异同

玄宗跟太宗比较,有同也有异。这种异同,归根结底,取决于时代条件和各自的政治生活历程。

唐太宗生活于从隋末丧乱到唐初大治的历史时代,唐玄宗则处于从初唐到盛唐的发展时期。但是,他们有一个共同点:亲历动乱,备尝艰苦,依靠不倦的奋斗,才登上皇位。唐太宗曾回忆自己的创业史,说"出万死而遇一生",[①]所以他深知安天下必须任贤纳谏,力戒骄逸,勤劳施政。唐玄宗虽然没有晋阳起兵和国内战争那样的经历,但是,他从小就经过武后朝的艰危,经过"再三祸变"的动乱,从生死夹缝中奋斗过来。所以,他和曾祖父一样,深知"草创之难"。"自古帝王,在于忧危之间,则任贤受谏。"[②]太宗是这样,玄宗也是如此。后来,唐宪宗时曾讨论过这个问题。大臣崔群说:"玄宗少历民间,身经迍难,故即位之初,知人疾苦,躬勤庶政。

---

① 《贞观政要》卷1《君道》。

② 《贞观政要》卷1《君道》。

加之姚崇、宋璟、苏颋、卢怀慎等守正之辅,孜孜献纳,故致治平。"①这话是有道理的。"开元之治"所以成为"贞观之治"的继续,原因之一就是玄宗跟太宗有着相似的社会经历。

当然,历史时代毕竟不同了。唐太宗目睹的隋末"丧乱",是蜂起云涌的农民大起义摧毁隋炀帝的反动统治。而唐玄宗经历的是"祸变",即封建统治阶级内部的激烈斗争。前后引出的经验教训是不一样的,因而治理天下的效果也就有差异。

众所周知,隋末农民大起义的汹涌波涛,隋王朝由盛而亡的短促行程,不能不给唐太宗以特别深刻的印象。他经常以隋亡为鉴,和大臣、太子谈论"水能载舟,亦能覆舟"的道理。② 由此引出任贤纳谏,引出抚民以静,引出"贞观之治"。而对唐玄宗来说,一百年前隋末"丧乱"那幅历史画卷,是无缘亲眼目睹的。听臣僚们说起过"隋氏纵欲而亡",但印象是不会深刻的。他本人在敕令中也提到过"自有隋颓靡,庶政凋敝",③那不过是官样文章。再看姚崇的"十事要说",没有一句话涉及隋炀帝暴政,讲的尽是武则天垂拱以来包括中宗、睿宗时期的弊政。很清楚,开元初期,君臣们不是从隋亡历史教训中引出现行政策措施,而是模仿贞观"故事",以改革前朝弊政。正因为如此,"开元之治"的开明程度远远不及"贞观之治",唐玄宗在政治上不如唐太宗那样的卓越。唐朝两位最杰出帝王的差异,就是他们所处的不同历史时代的反映。

(四)"开元之治"与武则天政治的关系

如前所述,"开元之治"是"依贞观故事"的结果。至于它与武则天政治的关系如何呢? 史学界早就有一种意见认为,武则天为

---

① 《旧唐书·宪宗本纪下》。
② 《贞观政要》卷4《教戒太子诸王》。
③ 《唐会要》卷34《论乐》。

"开元盛世"奠定了坚实的基础。"开元时代的一些大臣宰相、文人学士大抵是武后时代所培养出来的人物。"①的确,武则天专政时代是初唐到盛唐的转变时期,其重要意义是不可低估的。开元名臣如姚崇、宋璟、张说等,在武则天时已经显露出政治才华。但是,如果认为"开元之治"还依靠了武则天执政早、中期的政治经验,至少在史料上缺乏充足的根据。看来,还有必要弄清唐玄宗与祖母武则天关系的来龙去脉。玄宗六岁以前,是得到祖母的宠爱的。武则天称帝,改"唐"为"周",对儿孙们的骨肉之情被强烈的政治冲淡了。近九岁时,母亲窦氏被杀,接着幽闭六年。作为一个磨难少年,不可能对女皇帝武则天有什么亲昵的爱戴。十五岁再次"出阁",虽然恢复了跟祖母的亲善关系,但是内心深处的鸿沟尚难以填平。由于青少年时代的患难经历,后来唐玄宗始终没有赞赏过武则天时期政治局面的清平。姚崇在"十事要说"中指出:"自(武则天)垂拱已来,朝廷以刑法理天下;臣请圣政先仁义,可乎?"玄宗答道:"朕深心有望于公也。"姚崇又说:"自太后临朝以来,喉舌之任,或出于阉人之口;臣请中官不预公事,可乎?"玄宗答曰:"怀之久矣。"②由此可见,开元君臣们对武后临朝以来的一些政治措施,包括"武氏诸亲猥侵清切权要之地"、"太后造福先寺"等等,都是持否定态度的。

既然要恢复"贞观之风",也就必然要改革武后弊政。开元二年(公元714年)三月,唐玄宗派人销毁东都洛阳的"天枢",反映了这种决心。所谓"天枢"是女皇帝武则天统治天下万国的象征物,用大量铜铁铸成的。延载元年(公元694年),"武三思帅四夷酋长请铸铜铁为天枢,立于端门(洛阳皇城正南门)之外,铭纪功德,黜唐颂周,以姚璹为督作使。诸胡聚钱百万亿,买铜铁不能足,

---

① 参见郭沫若《我怎样写〈武则天〉?》。
② 《开元升平源》。

赋民间农器以足之。"①可见,铸造"天枢"不仅是"黜唐颂周"的政治措施,而且是劳民伤财的经济掠夺。武周统治结束,唐朝重新恢复,这座"黜唐颂周"的"天枢"安然地存在了近二十年。唐玄宗终于下令毁"天枢",调发工匠,熔其铜铁,历月不尽。这样做,既是出于消除武后政治的影响,又是为了解决当时的财政困难。

当然,武则天毕竟是祖母。从家族关系与孝道观念出发,唐玄宗对早已逝世的祖母依旧保持尊崇的地位。先天元年(公元712年)八月壬寅,即玄宗即位第三天,上大圣天后尊号曰"圣帝天后"。开元四年(公元716年)十二月,改为"则天后"。天宝八载(公元749年)六月,再改定为"则天顺圣皇后"。② 但是,这种"尊崇"丝毫不意味着要效仿武后政治的好经验。说实在,唐玄宗不可能对祖母的历史功绩作二分法,区别其清明的一面与黑暗的一面。

---

① 《资治通鉴》卷205延载元年八月条。

② 参见胡戟《武则天本传》。

第七章　好大喜功

——开元中期

开元中期,大约十四年。这时,人已中年的唐玄宗,为前期"致治"成功而感到欣喜。封禅泰山与置千秋节,就是他好大喜功的突出表现。空前的盛世自有一番热闹的活动。但是,在一片"万岁"声中,人们看到了"德消政易",开元中期已不如前期了。

第一节　重新起用张说为相

张说再次出任中书令,这是"开元之治"从前期进入中期的标志。[1] 史称张说"当承平岁久,志在粉饰盛时。"[2]唐玄宗重新起用张说为宰相群中的决策人物,完全是出于粉饰"开元盛世"的需要。南宋洪迈说得好:"明皇因时极盛,好大喜功。"[3]

(一)"天下大治"的实现

前面说过,开元前期政治上是成功的,基本上实现了"大治"。唐朝刘肃在《大唐新语》卷1《匡赞》中指出:"军国之务,咸访于

---

① 吕思勉《隋唐五代史》上册云:"开元九年,张说相,导帝以行封禅,而骄盈之志萌矣。"以九年为区分前、中期的标志,未尝不可。但确切地说,开元十一年二月,张嘉贞罢相,张说才成为宰相群中的决策人物。故以张说任中书令作为标志,似较妥。

② 《旧唐书·张说传》。

③ 《容斋续笔》卷14《用计臣为相》。

（姚）崇。崇罢冗职,修旧章,内外有叙。又请无赦宥,无度僧,无数迁吏,无任功臣以政。玄宗悉从之,而天下大理。"这里说的"大理",主要是指拨乱反正,安定政局和巩固皇权。姚崇为相时的基本任务是实现了。但从社会经济状况来看,最初三年里,关中旱灾不雨,山东诸州蝗虫猖獗。有些地区,"人多饥乏,遣使赈给。"有些地区,通过姚崇倡导的灭蝗斗争,"田收有获,人不甚饥。"①注意!所谓"不甚饥",仅仅是饥荒程度有所减轻,百姓温饱问题尚未解决。及至开元四年(公元 716 年)冬,全国丰收,才开始出现"唐主英武,民和年丰"的局面。②

接着,宋璟为相三年多,继续推行"依贞观故事"的方略,结果是一方面在政治上更加安定、更加巩固,另一方面在经济上有了新的发展。唐朝郑綮在《开天传信记》中指出:"开元初,上(玄宗)励精理道,铲革讹弊,不六七年,天下大治。"所谓"六七年",恰恰是姚崇与宋璟相继努力的时期。人间终于换了新颜,正如郑綮所描绘:"河清海晏,物殷俗阜。安西诸国,悉平为郡县。自开远门西行,亘地万余里,入河隍之赋税。左右藏库,财物山积,不可胜较。四方丰稔,百姓殷富,管户一千余万,米一斗三四文,丁壮之人,不识兵器。路不拾遗,行者不囊粮。其瑞叠应,重译麕至,人情欣欣然,感登岱告成之事。"这里不乏溢美之辞,但是,"百姓殷富"跟往昔"人多饥乏"毕竟是大不一样的了。

面对太平盛世,"人情欣欣然",一般人尚且如此,更何论好大喜功的唐玄宗了。张说作为文士的领袖,兼善武功,真是"适当其会",③成了唐玄宗粉饰"文治武功"的最得力的宰相。

---

① 《旧唐书·玄宗本纪上》。
② 《资治通鉴》卷 211 开元四年十月条。
③ 参见汪篯《唐玄宗时期吏治与文学之争》,载《汪篯隋唐史论稿》。

（二）张说其人其事

张说字道济，或字说之，河南洛阳人。据记载，"张说年少时为（魏）克己所重"。① 魏克己，世代为山东士族，以词学见长。少年张说很有文学才能，故被魏克己所器重。武则天时，策贤良方正，张说所对第一，授太子校书郎，迁右补阙②、凤阁舍人等职。张说虽然才华横溢，但在政治上却有趋炎附势的特点。女皇武则天就曾骂他是"反覆小人"。③ 唐睿宗时，张说一度出任宰相，策动太子隆基监国，献计诛杀太平公主。唐玄宗亲政后，张说以功拜中书令，封燕国公。不到半年，张说就被罢相，贬为相州刺史。玄宗和姚崇之所以这样做，是为了防范"反覆小人"们可能闹的"祸变"。后来，张说又迁岳州刺史。据说，当"递书"到相州时，张说"承恩惶怖，狼狈上道。"到达岳州后，张说自称"贬官"，上表说："无术无才，将何克宣风化？"④此时此地，这位文士是何等的失意潦倒！

时来运转。开元四年（公元716年）十一月，适逢挚友苏瑰逝世六周年。谪居岳州的张说，特作《五君咏》组诗，其一是悼念苏瑰的，托人送给苏瑰之子苏颋。当时，苏颋是玄宗身边的重臣，"颋因览诗，呜咽流涕，悲不自胜。"同年闰十二月，宋璟和苏颋继任宰相。苏颋就向玄宗"陈（张）说忠贞謇谔，尝勤劳王室，亦人望所属，不宜沦滞于遐方。"玄宗便"降玺书劳问"，⑤于开元五年（公元717年）二月调张说为荆州大都督府长史。唐玄宗对功臣张说的态度变化，虽然跟苏颋的劝说有关，但是，从根本上说，是形势发展的结果。这时，姚崇已经离开相位，刘幽求逝世已一年余，皇权

---

① 《旧唐书·列女传》。
② 《新唐书·张说传》作"左补阙"。
③ 《资治通鉴》卷207长安三年九月条。
④ 《全唐文》卷223张说《岳州刺史谢上表》。
⑤ 《明皇杂录》卷下。原日期有误，今已订正。

已经巩固,因此对昔日功臣也就没有防范的必要了。何况,张说多年沦滞于荒服,并无异图,相反,对玄宗还是一片"忠贞"呢!

不久,张说以右羽林将军检校幽州都督,入朝时还穿着"戎服",玄宗大喜。开元八年(公元720年)正月,张嘉贞调至中央任宰相。张说接替张嘉贞的原来职位,即并州长史、天兵军节度大使。须知,张说还是一位儒将。早在唐中宗时,就担任过兵部员外郎、兵部侍郎等。如今,率轻骑奔驰于沙场,表现了用政治手段解决军事问题的杰出才能,使边防得以巩固。因此,开元九年(公元721年)九月,唐玄宗授张说为兵部尚书、同中书门下三品。这是张说一生中第三次拜相。玄宗在制书中,赞扬"张说挺其公才,生我王国,体文武之道,则出将入相,尽忠贞之节,亦前疑后丞。"①可见,玄宗重新起用张说为相,是看中了他的"文武之道"。而这一点,又是盛唐时期"文治武功"所需要的。

据唐朝张𬭤《朝野佥载》记述,张说"前为并州刺史,诣事特进王毛仲,饷致金宝不可胜数。后毛仲巡边,会说于天雄(兵)军大设,酒酣,恩敕忽降,授兵部尚书、同中书门下三品。说谢讫,便把毛仲手起舞,嗅其靴鼻。"张𬭤由此评曰:"燕国公张说,幸佞人也。"上述记载采自传闻,并非实录,所以司马光编撰《资治通鉴》时不予取纳。至于评论张说是"幸佞人",也未必正确。但是,可以肯定地说,张说有趋炎附势的弱点。当委任宰相的制书送到并州时,张说受宠若惊,故意上表推让,说什么"臣早以书生射策,载笔圣朝;晚以军志典兵,秉旄乘塞。"②表白了对唐玄宗的"忠贞",以博得好感。

张说任宰相以后,在宰相群里发生了新的矛盾。由于张说的为人、气质与资历都跟当时中书令张嘉贞迥然有别,所以他们不可

---

① 《全唐文》卷22 玄宗《授张说同中书门下三品制》。
② 《全唐文》卷222 张说《让兵部尚书平章事表》。

能合作共事,彼此经常争吵。原来,唐中宗时,张说为兵部侍郎,张嘉贞不过是兵部员外郎,位在张说之下。现在,他们都是宰相,且"(张)说位在嘉贞下,既无所推让,说颇不平,因以此言激怒嘉贞,由是与说不叶。"①开元十一年(公元 723 年)二月,张嘉贞弟弟嘉祐(金吾将军)贪赃案被揭发,张说就趁机把张嘉贞搞下去。唐玄宗宣布贬谪张嘉贞为幽州刺史。过了半个月,又以张说兼中书令。张说取代张嘉贞的位置,成为唐玄宗最宠信的宰相。

唐玄宗为什么要采取这样重大的人事变动呢?从表面上看,他认为张嘉贞"不能励其公节,以训私门。"②连弟弟都管不好,又怎能总管百官呢? 其实,贬谪张嘉贞,重用张说,这反映了"开元之治"从"尚吏"到"尚文"的深刻变化。史称"张嘉贞尚吏,张说尚文"。③ 张嘉贞善于处理政事,有过功劳。这一点,玄宗很明白,也从来不加以否认。但是,随着"大治"的实现与"盛世"的来临,像张嘉贞那样"悁悁事职"的宰相,难以适应玄宗好大喜功的需要了。而张说呢? 特点是"尚文"。玄宗在《命张说兼中书令制》中,赞扬张说"道合忠孝,文成典礼,当朝师表,一代词宗。"④盛世要"一代词宗"出来粉饰升平,要"当朝师表"出来制定典礼。张说再次出任中书令,实在不是偶然的事。因此,以这次人事变动作为区分开元前期与中期的标志,无疑是十分确切的。

(三)"志在粉饰盛时"

张说任中书令共三年又二个月。开元十四年(公元 726 年)罢相后,专修国史,一度致仕(退休)。至开元十六年(公元 728年)二月,唐玄宗又以尚书右丞相致仕张说兼集贤殿学士。"说虽

① 《旧唐书·张嘉贞传》。
② 《全唐文》卷 22 玄宗《贬张嘉贞幽州刺史制》。
③ 《资治通鉴》卷 214 开元二十四年十一月条。
④ 《全唐文》卷 22 玄宗《命张说兼中书令制》。

罢政事,专文史之任,朝廷每有大事,上(玄宗)常遣中使访之。"①可见,其人宠顾不衰!次年秋,代源乾曜为尚书左丞相。开元十八年(公元730年)春正月,玄宗加张说开府仪同三司;十二月张说病逝,享年六十四岁。总之,前后凡八年,张说的所作所为,集中到一点,就是"粉饰盛时"。正是根据张说的建议,唐玄宗做了八件大事,以粉饰"开元盛世"。

第一件事,就在张嘉贞罢相后第三天,唐玄宗祭后土祠于汾阴脽上(高地)。原先,张说建议说,汾阴有一座汉武帝造的后土祠,祭礼久废;"为农祈谷",宜去祭拜。唐玄宗照办了。

第二件事,玄宗置丽正书院,聚文学之士,或修书,或侍讲,以张说为修书使,主持其事。后改为集贤殿书院,亦由张说负责。

第三件事,开元十一年(公元723年)冬十一月,唐玄宗首次亲祀南郊,极其隆重。张说担任礼仪使。所谓"祀南郊",就是祭拜昊天上帝的活动。唐中宗景龙三年(公元709年)十一月,李隆基从潞州回到长安,参加过"祀南郊"。此后整整十四年,唐王朝没有举行过。唐玄宗作为盛世君主,亲祀南郊,那副神气跟十四年前的情景犹如天壤之别。

第四件事,张说倡议封禅泰山,负责制订封禅礼仪。唐玄宗封禅泰山的全过程,都是在张说的引导下进行的。

第五件事,张说奏请修订"五礼",希望与学士等讨论古今,删改施行。玄宗制从之。

第六件事,张说将僧一行编纂的《开元大衍历》,呈给唐玄宗。天下始行新历。

第七件事,张说和源乾曜率百官上表,请以每年八月五日(玄宗生日)为千秋节。布于天下,咸令宴乐。

第八件事,开元十七年(公元729年)十一月,在张说的倡议

---

① 《资治通鉴》卷213开元十六年二月条。

下,唐玄宗拜谒五陵。以车驾经行近远先后为序,先谒桥陵(睿宗陵墓),次定陵(中宗陵墓),次献陵(高祖陵墓),次昭陵(太宗陵墓),最后谒乾陵(高宗陵墓)。车驾还宫,大赦天下,百姓减免今年地税一半。

上述事实雄辩地证明,张说"当承平岁久,志在粉饰盛时"。他的种种建议,完全迎合了唐玄宗好大喜功的需要,所以能够件件照办,为"开元盛世"描绘了彩色斑斓的图画。张说虽然有不少缺点,但是,简单地说他是"幸佞人",则未必正确。对于唐玄宗的事业来说,他是有功之臣。正如唐朝刘肃指出:"张说独排太平(公主)之党,请太子(隆基)监国,平定祸乱,迄为宗臣,前后三秉大政(三次为宰相),掌文学之任,凡三十年。为文思精,老而益壮,尤工大手笔,善用所长,引文儒之士以佐王化。得僧一行赞明阴阳律历,以敬授人时,封泰山,祠睢上(汾阴后土祠),举阙礼,谒五陵,开集贤,置学士,功业恢博,无以加矣。"①由此可见,唐玄宗在开元中期宠顾张说,长达八年,决不是偶然的。张说晚年病危,玄宗每天派中使去慰问,还赐以亲手写的"药方"。张说逝世,玄宗憯恻久之,在光顺门举行哀悼仪式,并下令停止次年元旦朝会。太常谥议曰"文贞",有些人反对,纷论未决。玄宗亲自制神道碑文,御笔赐谥曰"文贞"。这样,别人也就不敢提什么意见了。

著名的诗人张九龄怀着敬仰之情,写了《祭张燕公文》,自称"族子",告慰于燕国公之灵:"惟公应有期之运,降不世之英,坦高规以明道,谨大节而立诚。……人亡令则,国失良相,学堕司南,文殒宗匠。"又撰《张(燕)公墓志铭并序》,颂扬"公义有忘身之勇,忠为社稷之卫,文武可宪之政,公侯作扦之勋。"②这种评价带有个人的私恩,但也反映了文学之士对文士领袖的尊崇。张说在开元

---

① 《大唐新语》卷1《匡赞》。
② 张九龄《曲江集》。

"文治武功"中的作用,还是应该肯定的,当然也不能评价过高。

第二节 "万岁"声中的封禅

盛唐最为壮观的典礼莫过于封禅泰山。玄宗说:"自古受命而王者,曷尝不封泰山,禅梁父,答厚德,告成功!"①开元十三年(公元 725 年),他以为大功告成,要拜谢天地了。于是,率领皇亲国戚、文臣武将、四夷首领,兴师动众,前往泰山,举行封禅仪式。论规模之宏大,秦始皇、汉武帝、汉光武帝以及唐高宗都是无法比拟的。它是盛唐国力强大的反映,也是玄宗好大喜功的表现。

(一)唐初封禅的复兴

什么叫封禅?宰相张说解释,"封禅者,帝王受天命告成功之为也。"具体地说,其义有三:"一、位当五行图箓之序,二、时会四海升平之运,三、德具钦明文思之美。是谓与天合符,名不死矣。有一不足,而云封禅,人且未许,其如天何?"②可见,这种君权神授的理论跟粗鄙庸俗的迷信不同,而是专门给封建社会里"太平盛世"涂上一层神秘主义的色彩。

其实,就封禅起源来说,它本身并不神秘。据近代学者章太炎研究,"封禅为武事,非为文事。"原来,远古时代,中原地区各部落为了防备夷、戎,"因大麓之阻,累土为高,以限戎马,其制同于蒙古之鄂博。"后来,由统治者给它笼罩上神秘主义色彩,"故文之以祭天以肃其志,文之以祀后土以顺其礼,文之以秩群神以耆其气。"这样,封禅失去原先的军事实用价值,演变为君权神化的宗教仪式。③上述解释,对沟封之典作了较好的说明。封禅可能与

---

① 《全唐文》卷 29 玄宗《允行封禅诏》及《旧唐书·礼仪志三》。
② 《全唐文》卷 221 张说《大唐封祀坛颂》。
③ 《訄书·封禅》。参见姜义华《章太炎思想研究》第 117 页。

沟封有关，但是，历代传说的封禅始终与巍巍的泰山结下不解之缘。看来，封禅只是东方（齐鲁）的宗教仪式。春秋战国时代，诸侯纷争，列国称霸，封禅不可能成为崇高的礼仪。秦汉以后，出现统一的封建帝国和中央集权制度，旷古未有的专制皇帝才使封禅发生了质的变化，封禅成为粉饰"太平盛世"的典礼。章太炎说得对："秦皇以后，世封禅。佹心中之，假文于升中燔柴，以恣佚乐。"①

自秦皇之后，封禅泰山的只有汉武帝和东汉光武帝，这反映了两汉的"盛世"。唐玄宗指出："自魏、晋已降，迄至（北）周、隋，帝典阙而大道隐，王纲弛而旧章缺，千载寂寥，封崇莫嗣。"②的确，魏晋南北朝的几百年分裂局面，无法提供封禅泰山的历史条件。隋文帝统一全国以后，至开皇十四年（公元594年），"群臣请封禅。"文帝先是不纳，后则命牛弘等创定封禅仪注。但是，隋文帝最终还是决定不举行封禅大典，说："此事体大，朕何德以堪之！但当东狩，因拜岱山耳。"③次年春，经过泰山脚下，用祀南郊的礼仪，祭拜一下就走了。

直到唐朝，随着"治世"的实现，封禅泰山才得以复兴。贞观五年（公元631年）正月，赵郡王李孝恭等"以为天下一统，四夷来同，诣阙上表，请封禅。"唐太宗以"凋残未复"的理由，加以拒绝。同年十一月，利州都督武士彟上表请封禅，太宗说："丧乱之后，民物凋残，惮于劳费，所未遑也。"次年，"公卿百僚，以天下太平，四夷宾服，诣阙请封禅者，首尾相属。"④唐太宗犹豫了，心里想搞，又害怕劳费百姓。于是，就跟魏征商量。魏征认为，陛下功高德厚，华夏已安，年谷丰登，符瑞已至，但是，东封登山，千乘万骑，供顿劳

① 《訄书·封禅》北图底本增删文字。
② 《全唐文》卷29玄宗《允行封禅诏》。
③ 《隋书·礼仪志二》。
④ 《册府元龟》卷35《帝王部·封禅一》。

费,不能搞这种崇虚名而受实害的事。"太宗称善,于是乃止。"①

"终太宗世,未行封禅,然帝意亦非遂终止也。"②太宗的意愿一直未了,其实,魏征也不是坚决反对封禅的。在魏征看来,贞观前期,自伊、洛之东,暨于海、岱,茫茫千里,道路萧条,还不具备封禅的条件。到了贞观十一年(公元 637 年),众臣又请封禅,太宗同意了,令秘书监颜师古撰定《封禅仪注书》。当时,议者数十家,互相驳难,于是就由房玄龄、魏征等慎采众议,以为永式。可见,魏征参与定礼,当然是赞同封禅泰山的。后来,唐太宗两次宣布具体日期封禅泰山,结果是或因星变,或因水灾,停止举行。

唐太宗的愿望,终于由他的儿子唐高宗实现了。继"贞观之治"之后,又经历"永徽之治",唐朝经济实力有了新的增长。丰收年景,米斗五钱,粰麦不列市。在这种情况下,唐高宗于乾封元年(公元 666 年)正月到达泰山,举行了隆重的封禅大典。据说,筹划时皇后武则天"密赞之",③所以禅于社首,"以皇后武氏为亚献,越国太妃燕氏为终献,率六宫以登,其帏帝皆锦绣。群臣瞻望,多窃笑之。"④关于这次封禅的历史意义,历来评价是不一样的。当时,"议者以为古来帝王封禅,未有若斯之盛者也。"⑤作为唐朝第一次封禅,它恢复了中断六百余年的典礼,可谓"重光累盛"(玄宗评语)。其规模比汉武、光武帝宏大,反映了唐朝强盛超过了两汉。但是,就封禅本身的涵义来说,像唐高宗那样的帝王未必是相配的。五代后晋刘昫等撰《旧唐书·高宗本纪》时,指出:"藉文(文皇帝唐太宗)鸿业,仅保余位。封岱礼天,其德不类。"的确,唐高宗的个人功业是远不及唐太宗的,他只是依靠父亲的"鸿业",

---

① 《贞观政要》卷 2《直谏》及《魏郑公谏录》卷 2《谏封禅》。
② 《魏郑公谏录》卷 2《谏封禅》王先恭校注语。
③ 《旧唐书·礼仪志三》。
④ 《新唐书·礼乐志四》。
⑤ 《册府元龟》卷 36《帝王部·封禅二》。

继续推行"贞观之治"的措施,维护其封建统治地位。由这位美德稍逊的帝王来"封岱礼天",实在有点"不类"。

那么,谁有资格来封禅泰山呢?所谓"功高德厚"的唐太宗当然可以的。但是,限于社会经济状况的客观条件,他想做而没有干成。其次,就推盛唐天子"有唐氏文武之曾孙隆基"了。从太宗谋议封禅,到高宗初次封禅,再到玄宗第二次(也是唐朝历史上最后一次)封禅,反映了从初唐到盛唐的历史进程。因此,唐玄宗东封泰山之举,有它的历史必然性,并不是他个人心血来潮的结果,也不完全是臣僚们请求与鼓动的结果。

(二)开元封禅的倡议

司马光说:"张说首建封禅之议。"①不少人也认为,封禅是张说最早建议的。诚然,张说在倡导封禅中起了极其重要的作用,但他不是首倡者。最早建议封禅的是崔日用。前面说过,崔某曾参与六月政变,献计诛灭太平公主,是有功之臣。开元初期,官为吏部尚书,特地集《毛诗》、《大雅》、《小雅》二十篇以及西汉司马相如《封禅书》,在八月初五玄宗生日那天呈献上,"以申规讽,并述告成之事。"玄宗一看,便明白此中用意,在"手诏"中答曰:"古者封禅,升中告成,朕以菲德,未明于至道。竦然以听,颇壮相如之词;惕然载怀,复惭夷吾之语。"②夷吾即管仲,曾谏阻齐桓公封禅。看来,崔日用的建议,太不合时宜了。那时,玄宗"励精图治"刚刚开始,"未明于至道",更谈不上大功告成。关中旱灾,山东诸州蝗灾,灭蝗斗争正在紧张地进行,怎么可能兴师动众,东封泰山呢?所以,玄宗赐以衣物,"以示无言不酬之信。"③开元三年(公元715年),崔日用从父兄崔日知贪暴不法,贬黜为歙县丞。姚崇趁此机

---

① 《资治通鉴》卷 212 开元十二年闰十一月条。
② 《旧唐书·崔日用传》。
③ 《旧唐书·崔日用传》。

会,把善于"临时制变"的崔日用外任为刺史。开元十年(公元722年),转并州大都督长史,寻卒,年五十岁。这位封禅的首倡者,却没有看到誉为"天下之壮观"的典礼,真是遗憾呵!

封禅泰山,是以"天下大治"的实现为前提的,是"开元之治"由前期进入中期的产物。开元十二年(公元724年),"文武百僚、朝集使、皇亲及四方文学之士,皆以理化升平,时谷屡稔,上书请修封禅之礼并献赋颂者,前后千有余篇。"①仅这年闰十一月,就有著名的四次上书、奏请。

第一次,闰十一月辛酉,以吏部尚书裴漼等文武百官,上请封东岳,颂扬"皇帝陛下握符提象,出震乘图,英威迈于百王,至德加于四海";说什么"臣幸遭昌运,谬齿周行,咸申就日之诚,愿睹封峦之庆。"对此,玄宗报以"手诏"。表面上是"谦冲不许"的样子,强调"朕承奉丕业,十有余年,德未加于百姓,化未覃于四海"。心里则为"人和岁稔"的盛世而沾沾自喜,只是一时难下决心,说:"难违兆庶之情,未议封崇之礼。"

第二次,过了三天,中书令张说、侍中源乾曜等奏请,把玄宗即位以来十余年的政绩吹得天花乱坠,说皇帝陛下有"大舜之孝敬"、"文王之慈惠"、"夏禹之恭俭"、"帝尧之文思"、"成汤之深仁"、"轩皇之至理"等等。真是到了无以复加的高度!还说:"臣等仰考神心,旁采众望,封峦展礼,时不可仰。"对此,玄宗答以"手诏",依旧"谦冲"一番,强调"幸赖群公,以保宗社",岂可以展封祀之礼?

第三次,紧接着,张说、源乾曜等又上言曰:"今四海和平,百蛮率职,莫不含道德之甘实,咀仁义之馨香。"而唐玄宗则说:"未能使四海乂安,此礼未定也;未能使百蛮效职,此功未成也;焉可以扬景化、告成功?"

---

① 《旧唐书·礼仪志三》。

第四次,紧接着,张说、源乾曜等又再上言曰:"陛下功格上天,泽流厚载,三王之盛,莫能比崇。登封告成,理叶幽赞。"据说,当时儒生墨客献赋颂者,数以百计。最后,"帝不得已而从之"。丁卯,唐玄宗在《允行封禅诏》中宣布:"可以开元十三年十一月十日,式遵故实,有事泰山。所司与公卿诸儒,详择典礼,预为备具。"①

综上所述,从辛酉至丁卯,共七天,演了一场又一场的闹剧。其中,中书令张说扮演了最重要的角色,赞美诗愈唱愈高。封建时代的歌功颂德,于此可见一斑。所谓数以千百计,不免夸大。但是,确实有大批公卿百官、儒生墨客,纷纷献赋颂,把皇帝陛下推上东封泰山的道路。至于玄宗本人,所谓"不得已而从之",那无非是一种姿态。多次推托"不许",等于给自己增加了"谦冲"的美德。也许他是真诚的,但是,虚伪的一面还是依稀可见。说穿了,以张说为首的大批官僚一再固请,恰恰是迎合了玄宗好大喜功的心理,满足了粉饰"开元盛世"的需要。

(三)张说定礼,改革旧仪

唐玄宗即位以来,已经两次去过东都洛阳。开元十二年(公元724年)八月,决定再去,便以开府仪同三司宋璟为西京留守。第三次去洛阳,可能是跟东封泰山有关。同年十一月,到达东都。不久,就有上述群臣频频奏请"封峦展礼"。玄宗终于宣布明年十一月举行大典,指示中书令张说负责刊撰封禅仪注。于是东都丽正(后改集贤)书院里忙碌起来了,张说以及右散骑常侍徐坚、太常少卿韦绦、秘书少监康子元、国子博士侯行果等,与礼官们一道,

---

① 以上均见《册府元龟》卷36《封禅二》。原误作"闰十二月",据《资治通鉴》卷212,当为闰十一月。又,参见《全唐文》卷29玄宗《报裴漼等请封禅手诏》、《答源乾曜等请封禅手诏》、《答源乾曜等重请封禅手诏》、《允行封禅诏》及《旧唐书·礼仪志三》。

反复商议,编制礼式。开元十三年(公元 725 年)四月,张说献上仪注草稿后,玄宗十分高兴,就跟宰臣、礼官、学士们欢宴于集仙殿,酒酣时提议将集仙殿更名为"集贤殿"。还宣布以张说知集贤书院事,著名文士徐坚副之。同年秋天,继续修订。经过近十个月的努力,封禅仪注最后定稿。

前面说过,先秦时代,封禅是纯粹的宗教仪式,无一定的章法。"古封太山,七十二君,或禅亭亭,或禅云云。其迹不见,其名可闻。"秦汉时代,封禅究竟怎么搞,谁也说不清楚。既然礼无所本,方士儒生们也就大肆地神秘化。"方士虚诞,儒书不足,佚后求仙,诬神检玉。秦灾风雨,汉污编录,德未合天,或承之辱。"[1]也就是说,那时封禅是神秘主义的东西。自汉以后,历世不行,到了唐朝才得以复兴。由于时代的不同与历史的进步,封禅从宗教仪式演化为喜庆大典。这个过程开始于贞观而完成于开元,创启于颜师古而定礼于张说。唐太宗和唐玄宗,也是这种礼制进化的推动者与赞助者。

唐朝封禅仪注是颜师古最先编定的。颜氏是有唐一代研究《汉书》的大学问家,对汉朝历史与礼仪了如指掌。他说:"臣撰定《封禅仪注书》在(贞观)十一年春,于时诸儒参详,以为适中。"后来,唐太宗诏房玄龄、魏征等讨论,"定其可否,多从师古之说,然而事竟不行。"[2]唐高宗封禅泰山,是参照颜氏仪注的。当然,因皇后武则天的建议,也有一些令人"窃笑"的做法。及至开元,张说、徐坚等"详择典礼",进行了充分的商议。他们"稽虞典,绎汉制",比较研究《贞观礼》和《显庆礼》,特别对"乾封之礼"作了仔细的推敲。[3] 张说定礼的革新精神,具体地表现为以下几点。

一、为了防止"突厥乘间入寇",根据兵部郎中裴光庭的建议,

---

① 《全唐文》卷 41 玄宗《纪泰山铭并序》。

② 《旧唐书·颜师古传》。

③ 《旧唐书·礼仪志三》。

邀请四夷君长及使臣"从封泰山"。开元十三年（公元725年）四月，"即奏行之"。① 被邀的有突厥、契丹、奚、昆仑、靺鞨以及大食（阿拉伯）、日本、高丽、新罗、百济、日南等等。这样，封禅不仅是各族而且是各国使者参加的盛大典礼。

二、同年八月，张说奏请以睿宗配皇地祇，玄宗从之。原来，唐高宗封禅之礼，以文德皇后（高宗之母长孙皇后）配皇地祇，皇后武则天为亚献，越国太妃为终献。张说认为，"宫闱接神，有乖旧典。上玄不祐，遂有天授易姓之事，宗社中圮，公族诛灭，皆由此也。景龙之季，有事圆丘，韦氏为亚献，……未及逾年，国有大难。"因此，要"革正斯礼"。② 后来，玄宗祀昊天上帝于山上封坛，以唐高祖配享，邠王守礼亚献，宁王宪终献；享皇地祇于社首之坛，以睿宗配祀。可见，张说对仪注的"革正"，体现了开元政局的特色，反映了清除武后、韦后弊政的意愿。

三、张说强调礼仪"断于圣意"的原则。在商议过程中，总会有各种不同的意见。例如，有些人主张先燔柴而后祭祀，有些人认为应以后焚为准。彼此引经据典，各有道理。张说则向玄宗奏曰："凡祭者，本以心为主，心至则通于天地，达于神祇。既有先燔、后燔，自可断于圣意，圣意所至，则通于神。燔之先后，臣等不可裁定。"③这里是说，礼仪本来就是依皇帝陛下的心意而定的。如此"断于圣意"，自然便于充分地表达唐玄宗东封泰山的政治意图。

四、张说还强调"临时量事改摄"的原则。张说是文士的领袖，而不是学究。对于繁琐的礼仪，主张灵活变通地运用，切不可死抠教条。当时，有位四门助教，名叫施敬本，呈上驳旧封禅礼八条。玄宗令张说、徐坚召敬本一道讨论决定。张说等奏曰："敬本

---

① 《资治通鉴》卷212开元十三年四月条。
② 《通典》卷54《礼一四·封禅》。
③ 《通典》卷54《礼一四·封禅》。

所议,其中四条,先已改定。有不同者,望临时量事改摄。"①玄宗同意了。后来,封禅泰山时,有不少场合都是临时"变礼"的。

由上可见,张说刊定封禅仪注,着重于增加政治色彩。他跟秦汉时代的方士儒生不同,认为祭祀"本以心为主,心至则通于天地,达于神祇",所以他不会过多地渲染原来浓厚的神秘主义的东西。改革的结果,把封禅宗教仪式变为粉饰"开元盛世"的喜庆典礼。这无疑是历史的进步。

(四)帝王盛节,天下壮观

唐玄宗和臣僚们在东都洛阳住了近一年,不仅刊撰封禅礼仪,而且作了人员组织与物资供应的准备。一切办妥之后,于开元十三年(公元725年)十月辛酉,皇帝车驾自东都出发,百官、贵戚、四夷酋长从行。每到一处,数十里中人畜被野,满载物资的车队连绵数百里。数万匹牧马,每种毛色为一队,远远望去,犹如"云锦"。中原大地上的奇观,欢腾热闹的景象,真是令玄宗欣喜不已。

东行二十五天,十一月丙戌,抵达泰山脚下。第二天(丁亥),玄宗在行宫略略休息,并致斋于帐殿(野次连幄以为殿)。第四天(己丑),②玄宗御马登山。他认为灵山清静,不宜喧哗,就把众多随从官留在谷口,独与宰相、诸王及祠祭礼官登上山头。巍巍泰山,是何等神仙的境界呵!玄宗忽然问:前代帝王的玉牒文(祭文)为什么都是秘而不宣的呢?礼部侍郎贺知章答道:密求神仙,故不欲别人看见。须知,玄宗早就说过:"仙者,凭虚之论,朕所不

---

① 《旧唐书·礼仪志三》。

② 按照干支次序,如果以丙戌为第一天,那么,第二天丁亥,第三天戊子,第四天己丑。若以"己丑"为"第三天",疑疏忽致误。第三天(戊子),可能是刮大风,寒气切骨,休息一天。夜半风止。第四天(己丑),天晴转暖,玄宗一行御马登山。

取"；而"贤者"，才是"济理之具"。① 如今，置身于笼罩着神秘气氛的泰山，多少还是从前的观点，宣称："朕今此行，皆为苍生祈福，更无秘请。宜将玉牒示百僚，使知朕意。"②可见，玄宗是"临时量事"，"断于圣意"，按照自己的政治意图来变通礼仪的。原来，那"礼"应秘而不宣的玉牒上写着这样的文辞："有唐嗣天子臣某，敢昭告于昊天上帝。天启李氏，运兴土德。……中宗绍复，继体不定。上帝眷祐，锡臣忠武。底绥内难，推戴圣父（指睿宗）。恭承大宝，十有三年。敬若天意，四海晏然。封祀岱岳，谢成于天。子孙百禄，苍生受福。"③看！这是一篇政治文献，简明地概括了唐玄宗的经历与事业，表达了为子孙祈禄与为百姓祈福的意向。当然，它又不可避免地点缀着"上帝"、"土运"。"天意"之类字眼。

据记载，这天，仪卫环列于山下百余里。泰山上下行道间布置卫兵，传呼辰刻（报时）及送递诏书，须臾而达。仲冬之夜，忽然风起雨落，宿斋山上的君臣们顿时感到寒气切骨。幸好很快就"息风收雨"，山气又渐渐地暖和起来。泰山夜景，美不胜收。"夜中燃火相属，山下望之，有如连星自地属天。"④这里是一种神秘的气氛，但又是一派热烈的喜庆。

第五天（庚寅），"天清日暖"。遥望山下，休气四塞，南风微吹，丝竹之声，飘若天外。按照玄宗亲自定的"先奠后燔"之仪，在山上封台的前坛，祭拜昊天上帝，以唐高祖配享。玄宗首献，邠王亚献，宁王终献。献毕，将盛有玉册与玉牒的两个玉匮，藏于祭坛之石室。接着，位于封坛东南方向的一座燎坛，点燃了堆积的柴草。火势直上，日扬火光，庆云纷郁，遍满天际。"皇帝就望燎位，火发，群臣称万岁，传呼下山下，声动天地。"这时，在山下坛，群臣

① 《资治通鉴》卷 212 开元十三年四月条。
② 《旧唐书·礼仪志三》。
③ 《通典》卷 54《礼一四·封禅》。
④ 《旧唐书·礼仪志三》。原作"癸巳"，疑误。

百官祭祀五帝百神也已结束。山上山下，一片"万岁"声。玄宗陶醉了，情不自禁地说："今封祀初建，云物休祐，皆是卿等辅弼之力。君臣相保，勉副天心，长如今日，不敢矜怠。"宰相张说跪言："昨夜则息风收雨，今朝则天清日暖，复有祥风助乐，卿云引燎，灵迹盛事，千古未闻。陛下又思慎终如初，长福百姓，天下幸甚。"①其实，哪里想的是"长福百姓"？玄宗一心要维护的是"长如今日"的"盛事"。既好大喜功，又"不敢矜怠"，这是开元中期的特征。

清晨"封祀"礼毕，玄宗、诸王、宰臣以及礼官们就由南向行道下山了。大约午前，到达社首山帷宫。迎候銮驾的百官、贵戚及四夷酋长们，争先祝贺，仿佛个个都要聆听从昊天上帝那里带来什么福音。这时，日色明朗，庆云不散。遥望泰山之巅，紫烟憧憧上升，内外欢噪。

第六天（辛卯），举行"禅社首"大典。社首山是泰山下西南方的一座小山，在今山东泰安县西南。传说，"周成王封泰山，禅于社首。"②此事不甚可靠。秦始皇和东汉光武帝，都是禅于梁父。梁父山，一作梁甫山，在今山东泰安县东南，西连徂徕山。唐高宗恢复封禅大典，禅于社首山，唐玄宗因袭之。辛卯那天，享皇祇（地神）于社首之泰折坛，唐睿宗配祀。藏玉册于石礉，如封祀坛之礼。至此，所谓"封泰山，禅社首"的祭祀天地大典结束了。

第七天（壬辰），唐玄宗在帐殿受朝觐，参加的有文武百官，二王之后，孔子后代，诸方朝集使，岳牧举贤良及儒生、文士上赋颂者。还有突厥颉利发，契丹、奚等王，大食、谢䫻、五天十姓，昆仑、日本、新罗、靺鞨之侍子及使，高丽朝鲜王，百济带方王，十姓摩阿史那兴昔可汗，三十姓左右贤王，日南、西竺、凿齿、雕题、牂柯、乌浒之酋长。可见，这是空前的国际性盛会。正如玄宗所说："四方

① 《旧唐书·礼仪志三》。原作"癸巳"，疑误。
② 《汉书·郊祀志上》。

诸侯,莫不来庆。"①高兴之余,大赦天下,封泰山神为天齐王。

第八天(癸巳),稍事休整。第九天(甲午),唐玄宗率领浩浩荡荡的队伍,离开了泰山。

次年七月,唐玄宗总结了东封泰山之行,亲制《纪泰山铭并序》,派人勒于泰山顶石壁之上。序中声称:"有唐氏文武之曾孙隆基,诞锡新命,缵我旧业,永保天禄,子孙其承之。"②道出了封禅泰山的政治目的。

(五)宋州酒宴,示以节俭

盛唐诗人李白《大猎赋》云:"登封于泰山,篆德于社首。"③开元封禅是自古以来最隆重的典礼,气势宏大超过了唐高宗"乾封之礼"。显然,这反映了经济实力的雄厚、盛唐帝国的强大以及周边各族的友好。由于累岁丰稔,东都米斗十钱,山东青、齐诸州米斗五钱。全国牧马四十三万匹,牛羊称是。大唐帝国的威望远播域外,各族各国使臣纷纷而来。正是在这种情况下,开元君臣们"张皇六师,震叠九寓,旌旗有列,士马无哗,肃肃邕邕,翼翼溶溶,以至于岱宗。"④

当然,千乘万骑所过,势必是供顿劳费。这一点,玄宗是预料到的,早在《允行封禅诏》中强调:"勿广劳人,务存节约,以称朕意。"封禅结束,返回东都,途经宋州(今河南商丘)时,宴从官于楼上。酒酣,玄宗对宰相张说曰:"前日出使巡天下,观风俗,察吏善恶,不得实。"过去听巡视诸道的使臣的汇报,往往隐瞒了真情。这次,亲历诸州,才发现地方官吏的好坏。接着,玄宗表扬了三位"良吏":一是怀州刺史王丘,"饩牵外无它献,我知其不市恩也";

---

① 《旧唐书·礼仪志三》。
② 《册府元龟》卷36《帝王部·封禅二》。
③ 《李太白文集》卷25《古赋·大猎赋》。
④ 《全唐文》卷41玄宗《纪泰山铭并序》。

二是魏州刺史崔沔，"遣使供帐，不施锦绣，示我以俭，此可以观政也"；三是济州刺史裴耀卿，上书数百言，甚至说"人或重扰，则不足以告成"，"朕置书座右以自戒，此其爱人也。"①宰臣率领百官起贺，楼上一片"万岁"声。

从宋州酒宴，可以看到，一方面好大喜功，东封泰山，重扰百姓，另一面善察吏治，注意"节约"，提倡俭朴，这是开元中期唐玄宗的两重性的表现。

第三节 兰殿千秋节

唐玄宗好大喜功的又一个突出标志，就是四十五岁生日时设置了千秋节。自古以来，没有一个帝王把自己的生日定为节令，举国宴乐，祈祷"万岁寿"。唯独唐玄宗这样做了，正如北宋王钦若指出："诞圣节名始于此。"②这恰恰反映了唐朝的盛世和玄宗的骄气。

（一）"兰殿千秋节，称名万岁觞"

封禅泰山的热潮过去三年半了，开元十七年（公元729年）仲秋又掀起了一番热闹的景象。玄宗庆祝自己八月初五生日，在兴庆宫花萼楼下大摆酒席，宴请百官。兴庆宫原是兴庆坊"五王宅"。根据长兄成器的建议，旧宅改为离宫；又经过十多年的营造，离宫成为艳丽堂皇的宫殿。开元十六年（公元728年）正月，"始移仗于兴庆宫听政"。③ 这里便是最高的政治中心，称为南内。次年仲秋初五酒宴，是兴庆宫有史以来最盛大的场面。百官满席，羽觞流行，歌舞助乐。酒酣之余，尚书左丞相源乾曜、右丞相张说

---

① 《新唐书·裴耀卿传》。
② 《册府元龟》卷2《帝王部·诞圣》。
③ 《册府元龟》卷14《帝王部·都邑二》。

率领文武百官,上表说:"伏惟开元神武皇帝陛下,二气合神,九龙浴圣,清明总于玉露,爽朗冠于金天。月惟仲秋,日在端五,长星不见之夜,祥光照室之朝。群臣相贺曰:诞圣之辰也,焉可不以为嘉节乎?"又是歌功颂德! 其实,四十四年前,唐玄宗诞生于神都洛阳内宫,是很平凡的。如今,因为功业隆盛,就连他的出生也被说得神乎其神了。既然如此,源乾曜和张说等建议以每年八月五日为千秋节,"著之甲令,布于天下,咸令宴乐,休假三日。群臣以是日献甘露醇酒,上万岁寿酒。王公戚里进金镜绶带,士庶以丝结承露囊,更相遗问。村社作寿酒宴乐,名为赛白帝,报田神。"①显然,要把千秋节变成全国上下的喜庆日子,以祈祷"万岁寿"作为各项活动的中心内容。

往昔,百官奏请封禅泰山,玄宗曾经多次推辞不许。这次,百僚建议置千秋节,玄宗满口答应了。他明明知道,"凡是节日,或以天气推移,或因人事表记。"自古以来,没有以生日定为令节的先例。但是,他在"手诏"中宣称:"自我作古,举无越礼。朝野同欢,是为美事。依卿来请,宣付所司。"②于是,所谓"千秋节"就确立了,顾名思义,无非象征着千秋万代,永世不衰,万寿无疆。

开元十八年(公元 730 年)闰六月,为了筹备千秋节的活动,礼部奏请,将千秋节休假三天跟村间"社"会合并起来,"先赛白帝,报田祖,然后坐饮。"③玄宗同意了。原来,"社"会是乡间村间祭社祈年的活动,起源于先秦时代。《孝经纬》曰:"社,土地之主也。……故封土为社,以报功也。"④唐代有春秋二社,"本以祈农,如闻此外别为邑会。此后除二社外,不得聚集,有司严加禁止。"⑤

①　《册府元龟》卷 2《帝王部·诞圣》。又,参见《玉海》引《实录》。
②　《全唐文》卷 30 玄宗《答百僚请以八月五日为千秋节手诏》。
③　《旧唐书·玄宗本纪上》。
④　《太平御览》卷 30《时序部·社》。
⑤　《旧唐书·高宗本纪下》。

也就是说，乡间只有春秋二社可以聚会饮酒，"家家扶得醉人归"。此外，不准聚集欢饮作乐。唐中宗时，"改秋社依旧用仲秋（八月）"，①在秋分前后（戊日）。唐玄宗曾经颁诏，规定春秋二祀及释奠，天下诸州宜依旧用牲牢，其属县用酒醴而已。如果千秋节休假三天，"作寿酒宴乐"，再加上秋社酒醴，那么，乡间聚会欢饮活动过多了。因此，礼部建议将秋社并入千秋节，先祭白帝（五天帝之一，西方白招矩之神），②报田祖（农神），然后饮酒作乐。这样，民间千秋节不仅为皇帝陛下祝寿，还增加了"祈农"的内容。

经过两个月的准备，八月初五生日，唐玄宗又在花萼楼大摆酒宴。百官为"千秋节"而纷纷献贺，歌功颂德。玄宗赐四品以上金镜、珠囊、缣彩，赐五品以下束帛有差。他乐融融地作了一首诗《千秋节宴》："兰殿千秋节，称名万岁觞。风传率土庆，日表继承祥。……处处祠田祖，年年宴杖乡。深思一德事，小获万人康。"右丞相张说也奉和一首，颂扬"五德生王者，千龄启圣人"，说什么"何岁无乡饮，何田不报神。薰歌与名节，传代幸群臣。"③一唱一和，是何等的热闹。

自此以后，"令节肇开"，年年千秋节，全国休假三天，聚宴欢饮。"群臣上万寿，王公戚里进金镜绶带，士庶结丝承露囊，更相遗问。"④乡间赛白帝，报田祖，一片欢乐的情景。开元二十三年（公元735年）千秋节，玄宗"御花萼楼，宴群臣，御制千秋节诗序"。⑤次年千秋节，玄宗御东都广达楼，赐宴群臣，奏九部乐。下制书声称："今属时和气清，年谷渐熟，中外无事，朝野乂安。不因

---

① 《旧唐书·中宗本纪》。
② 《旧唐书·礼仪志四》云："立秋，祀白帝于西郊。"
③ 《文苑英华》卷168玄宗《千秋节宴》及张说《奉和千秋节宴应制》。
④ 《隋唐嘉话》卷下。
⑤ 《册府元龟》卷2《帝王部·诞圣》。时玄宗在东都洛阳，云"御花萼楼"，疑误。

此时,何云燕喜？卿等即宜坐饮,相与尽欢。"①此外,还召集地方父老宴饮,宣敕曰:"今兹节日,谷稼有成。顷年以来,不及今岁。百姓既足,朕实多欢。故于此时,与父老同宴,自朝及野,福庆同之,并宜坐食。"②

及至天宝七载(公元 748 年)七月,唐玄宗已是六十四岁的老年人了,文武百官、宗子以及刑部尚书兼京兆尹萧炅等奏请,改千秋节为天长节。玄宗从之。八月初一,正式宣布改名"天长节"。

总之,从千秋节到天长节,"称名万岁觞",反映了唐玄宗要把自己的封建统治永远维持下去的愿望。正如封禅泰山时,一心想的是"长如今日"的"盛事"。其实,历代帝王无不如此。秦始皇侈想后世以计数,二世三世至于万世,传之无穷。汉高祖也要维护刘氏天下而不绝。唐太宗同样希望国祚永久,长守富贵。但是,没有一个帝王把自己生日定为节令。"圣节锡宴"自玄宗始,③这确实是开元君臣们的一大发明。

(二)"享国既久,骄心浸生"

如果再比较一下,事情就更加明显了。贞观二十年(公元 646年)十二月,唐太宗四十九岁生日,对侍臣们说:"今日是朕生日。俗间以生日可为喜乐,在朕情,翻成感思。君临天下,富有四海,而追求侍养,永不可得。……况《诗》云:'哀哀父母,生我劬劳。'奈何以劬劳之辰,遂为宴乐之事！甚是乖于礼度。"④不禁流下眼泪,久久不能平静,左右侍臣莫不悲伤。看来,虽然贞观后期已不如前期,但唐太宗还是比较注意"慎终"的,没有完全为"贞观之治"的

① 《全唐文》卷 23 玄宗《千秋节宴群臣制》。
② 《全唐文》卷 35 玄宗《千秋节赐父老宴饮敕》。
③ 《资治通鉴》卷 213 开元十七年八月条胡三省注。
④ 《贞观政要》卷 7《礼乐》。原作"贞观十七年",据《资治通鉴》卷 198,当为贞观二十年。

显赫政绩所陶醉。至于唐玄宗,史称他"依贞观故事",开元初期曾经努力按照唐太宗的一些开明措施去做。可是,一旦取得了成就,往往忘乎所以,在一片"万岁"声中封禅泰山,又在"群臣上万岁寿"中大搞那种"乖于礼度"的千秋节。

宋代史学家范祖禹评论说:"太宗不以生日宴乐,以为父母劬劳之日也。乾曜等乃以人主生日为节,又移社以就之。夫节者,阴阳气至之候,不可为也;社者,国之大祀,不可移也。明皇享国既久,骄心浸生。乾曜、(张)说不能以义正君,每为谄首以逢迎之,后世犹谓说等为名臣,不亦异乎?"①本来,庆贺生日,搞点宴乐,也是人之常情,无可非议。但是,规定什么"千秋节","布于天下,咸令宴乐",这就不能不算是唐玄宗"享国既久,骄心浸生"的表现了!

应当说,唐玄宗开头还是好的,既智且明。崔日用曾在玄宗生日时,进献司马相如《封禅书》。玄宗没有采纳,也不搞什么生日庆祝活动。然而,随着盛世的到来,他逐渐地骄傲起来了,变成一个好大喜功的帝王。张说和源乾曜奏请封禅时,把玄宗吹得比尧、舜、禹还高明。玄宗却听得乐滋滋,似乎当之无愧。后来,又是这两位大臣,颂扬"陛下二气合神,九龙浴圣"。玄宗同样听得进去,还说什么"当朕生辰,感先圣之庆灵,荷皇天之眷命。"②很清楚,诚如范祖禹所批评的,"乾曜、(张)说不能以义正君,每为谄首以逢迎之。"这批谄谀之臣把唐玄宗推上骄傲的道路,是不可否认的事实。当然,张说等名臣对"开元之治"的贡献,也是不可一笔勾销的。关键还在于玄宗本人,他不能像曾祖父那样,"翻成感思",反对"乖于礼度"的宴乐,结果闹出了"千秋节"新花招。宋代欧阳修等编唐史时,指出了事情的严重性:"千秋节者,玄宗以八月五日

---

① 《唐鉴》卷5《玄宗下》。
② 《册府元龟》卷2《帝王部·诞圣》。

生,因以其日名节,而君臣共为荒乐,当时流俗多传其事以为盛。……盖其事适足为戒,而不足考法,故不复著其详。"①这是对千秋节及当时流俗的抨击。

虽然千秋节标志着"君臣共为荒乐"了,但是,在开元中期,作为盛世君主的唐玄宗还是相当清醒的。一方面,陶醉于"万岁寿";另一方面,企望"处处祠田祖",年年是丰收。所谓"深思一德事,小获万人康",也并不是欺人之谈。因为只有年成丰收,万人康乐,才有"开元之治"的太平盛世,才有君臣们的酒宴作乐。玄宗能够意识到这一点,还算是明智的。他强调"朝野同欢",反映了某种真诚的愿望。

第四节 "人君德消政易"

开元十七年(公元 729 年)四月某一天,关中大风震电,蓝田山摧裂百余步。占卜者说:"人君德消政易则然。"②胡诌天象与人事感应,自然是荒谬的。但是,所谓"人君德消政易",作为一种社会舆论,却在一定程度上反映了开元中期的政治状况。如果就任贤用能、纳谏求谏和移风易俗等方面略作比较,不难发现,中期确实不如前期清明,唐玄宗渐渐地"德消政易"了。

(一)朋党相构

开元前期,玄宗精心选拔宰辅。每届宰相们如姚崇与卢怀慎,宋璟与苏颋,张嘉贞与源乾曜,彼此配合协调,同心戮力,以济太平之政。开元中期,这种政治局面基本上消失了。虽然玄宗选拔的宰臣,如张说、宇文融、李元纮、杜暹、萧嵩、裴光庭、韩休等等,也都

① 《新唐书·礼乐志十二》。
② 《新唐书·五行志二》。

是很有才干的能人，各自对"开元之治"作出了贡献，但是他们彼此不和，互相拆台，甚至"各为朋党"，①闹得不可开交。这种政治弊病，从根本上说，是唐玄宗巩固皇权所造成的恶果。

朋党之争是随着张说重新为相而出现的。前面说过，张说任宰相以后，就跟中书令张嘉贞发生了新的矛盾。开元十一年（公元 723 年）二月，"张说与张嘉贞不平"，②结果嘉贞被贬为幽州刺史，而张说则兼任中书令，成为最主要的宰相。同年四月，玄宗任王晙为兵部尚书、同中书门下三品（宰相之一）。十二月，经张说审讯，王晙"以党与贬蕲州刺史"。③ 可见，又出现了宰相结"党"的苗头。

张说作为中书令和文士领袖，拥护者与亲信甚众，自然地结集成派系。他与侍中源乾曜的关系基本上是好的，"乾曜不敢与之争权，每事皆推让之。"④但是，矛盾也逐渐地萌生了。旧史称："源乾曜本意不欲封禅，而（张）说固赞其事，由是颇不相平。"⑤这恐怕不是事实。据《册府元龟》卷 36《帝王部·封禅二》载，三次奏请封禅，都是源、张联名的。在当时的狂热形势下，源乾曜不可能"不欲封禅"。他们之间的"颇不相平"，似乎在由谁去包揽封禅礼仪大权。张说利用自己文士领袖的地位，垄断了礼仪的制订，而源乾曜却完全被撇在一边了。后来，在东封泰山的过程中，虽然由张撰《封祀坛颂》，源撰《社首坛颂》，但是，前者的显赫使后者变得如此的不起眼。这是不能不引起源乾曜的"不平"的。

张说红得发紫之日，也正是他为内外所怨之时。封禅泰山时，"张说自定升山之官"，将自己的故吏与亲戚带到泰山。因为参加

---

① 《资治通鉴》卷 213 开元十五年正月条。
② 《资治通鉴》卷 212 开元十一年二月条。
③ 《新唐书·王晙传》。
④ 《旧唐书·源乾曜传》。
⑤ 《旧唐书·张说传》。

大典礼仪,是会受到皇帝的"推恩",可以获得官爵赏赐。中书舍人张九龄劝说:"官爵者,天下之公器,德望为先,劳旧为次。若颠倒衣裳,则讥议起矣。"①张说以为悠悠之谈,不予采纳。结果,许多亲信加阶超入五品官。例如,女婿郑镒由九品骤迁五品。玄宗怪而问之,镒无词以对。旁边有个叫黄幡绰的,幽默地说:"此乃泰山之力也。"②真是一语破的!其他官员以及扈从士卒却没有得到赏赐,"由是中外怨之。"③

张说的作风也招来了非议。史称,"说有才智而好贿,百官白事有不合者,好面折之,至于叱骂。"④一个人自恃才高权重,听不得别人意见,处事专断,盛气凌人,难免要垮台的。果然,开元十四年(公元726年)四月,东封泰山仅仅过了四个多月,权势显赫的张说遭到了政治上的敌手的突然袭击。御史中丞宇文融、御史大夫崔隐甫以及御史中丞李林甫,趁内外埋怨张说的时机,联名劾奏张说"引术士王庆则夜祠祷解,而奏表其间;引僧道岸(人名)窥诇时事,冒署右职;所亲吏张观、范尧臣依据说势,市权招赂,擅给太原九姓羊钱千万。"⑤唐玄宗大怒,立刻令源乾曜等把张说抓起来审查,并派金吾卫兵把张说在东都洛阳的第宅包围起来。事情竟是如此严重!不久前还与皇帝共登泰山、经常欢饮的宰相,一下子变成了囚犯。这里又看到了封建专制主义的厉害。

唐玄宗为什么大发雷霆呢?原因之一好像是宇文融进行括户、括田,大见成效,从而深得玄宗的宠信;而张说则蔑视宇文融,千方百计地压抑括户之举。但是,朝臣之间的政见纷争,决不会引起玄宗那么重视,囚禁张说,通常最多是罢职与贬谪。或者说是玄宗由

---

① 《大唐新语》卷3《公直》。
② 《酉阳杂俎》前集卷12《语资》。
③ 《资治通鉴》卷212开元十三年十一月条。
④ 《资治通鉴》卷213开元十四年二月条。
⑤ 《新唐书·张说传》。

于三个多月前亲自批准的"分吏部为十铨"之事,①遭到了张说的抵制,故心中不满。但是,这种不满决不会发展到那么大怒的程度。

问题的症结在于:宇文融等奏弹张说"引术士占星",这太刺激唐玄宗的敏感的神经了。玄宗是靠政变起家的,自己曾利用过术士与僧人,而且看到过太平公主利用术士与僧人搞阴谋活动。因此,即位以后,三令五申,予以严禁。开元二年(公元714年)七月,"禁百官家毋得与僧、尼、道士往还。"②开元十年(公元722年)八月,敕曰:"其卜相占候之人,皆不得出入百官之家。"③此外,在《禁百官交结匪人制》中宣称:"卜祝之流,妄陈休咎,占候之辈,假托征祥,诳惑既然,愆违斯作。……仍令御史访察,有即弹奏,当加严罚。"④在《禁左道诏》中强调:"如闻道俗之间,妄有占筮,诳惑士庶,……宜令所司,申明格敕,严加访察。"⑤很清楚,作为御史中丞的宇文融与李林甫,作为御史大夫的崔隐甫,他们都有职责根据"有即弹奏"的旨意,控告张说交结"术士"。这一着是很厉害的,等于说张说图谋不轨,欲置之于死地而后快。

当然,张说有无阴谋,还得审查之后定论。张说的哥哥、左庶子张光诣朝堂割耳呼冤,竭力辩护。经查证,中书主事张观、左卫长史范尧臣并依张说的权势,私度僧人王庆则占卜吉凶。张说本人并没有引术士占星,也不清楚亲吏们犯罪行为,至多是负有领导的责任。所以,六天以后,玄宗派高力士去探视,"见(张)说蓬首垢面,席藁,家人以瓦器馈脱粟盐疏,为自罚忧惧者。"力士回来汇报说:"说往纳忠,于国有功。"⑥这里,"忠"比"功"更重要。张说

---

① 《资治通鉴》卷212开元十三年十二月条。
② 《资治通鉴》卷211开元二年七月条。
③ 《资治通鉴》卷212开元十年八月条。
④ 《全唐文》卷22玄宗《禁百官交结匪人制》。
⑤ 《全唐文》卷29玄宗《禁左道诏》。
⑥ 《新唐书·张说传》。《旧唐书·张说传》作"(张)说经两宿,玄宗使中官高力士视之。"据《资治通鉴》卷213,高力士探视,是在六天之后。

还是"忠"于皇帝陛下的,所以玄宗"抚然"有怜悯之情。张说被囚禁整整八天,第九天释放了,罢免了中书令的职务,右丞相及专修国史等依然如故。至于对张观和王庆则之流,查有实据,一律处死;连坐贬逐者十余人。

风波并没有平息。次年二月,"右丞相张说、御史大夫崔隐甫、中丞宇文融以朋党相构",①彼此攻击,闹得朝廷不宁。这时,玄宗看清了:宇文融并不是真诚地履行职责,弹奏大臣"交结"术士,而是借此来进行朋党之争。于是,"上(玄宗)恶其朋党,寻出(宇文)融为魏州刺史。"同时,令张说致仕(退休),崔隐甫免官侍母。

(二)如何看待吏治与文学之争

上述朋党之争,从表面现象来看,似乎是吏治与文学之争,②是朝官中吏士派与文学之士之间的一场大交锋。宇文融、崔隐甫和李林甫是吏士派官员的代表,而张说则是文学之士的代表。然而,细细地推敲,所谓"吏士派"的提法,是不够确切的。

有唐一代,"士"即文化知识阶层的构成,大约分为四大类别:儒学之士、文学之士、方伎之士和隐逸之士。旧、新《唐书》里各有《儒学传》、《文苑(艺)传》、《方伎(技)传》和《隐逸传》,分别地记载他们活动的事迹。明代闻人诠在重刻《旧唐书》序中说:"《儒学》、《文苑》,表以著达;《方伎》、《隐逸》,兼以察微。"③可见,在古代史家们的眼里,就没有"吏士"单独一类。官吏有大小高低之分,有流内流外之别,有良吏酷吏之异,等等。如果从官员中划出

---

① 《旧唐书·玄宗本纪上》。

② 汪篯《唐玄宗时期吏治与文学之争》。已故的汪先生有许多卓绝之见,已为拙著所引用。但是,关于"吏治与文学之争"的观点,经再三思考,难以接受。如果由此引申出"吏士派",似不够确切。

③ 闻人诠《重刻旧唐书序》。

183

"吏士派"一类,实在是模糊的概念。

当然,就官员的个人才能来说,有的擅长吏务,善于理政;有的以文学知名,善于辞令;有的既明于吏道又以文学见长;有的则什么特长也没有,只会庸庸碌碌地当官。这些差异在任何时代都是有的,确实会使彼此看问题的角度不同,容易产生政见的歧异。但是,朝官们的政治斗争包括朋党之争,从根本上说,并不是取决于这种分野,而是有更为深刻的具体的原因。即使都是善于吏治的官员,他们之间也会因争权夺利而发生争斗。简单地归结为"吏士派",是难以说明复杂的历史的。

例如,姚崇既以文华著名,尤善于吏道,就算是"吏治派"官员吧。开元初年,他与张说的矛盾,就不仅仅是吏治与文学之争。为了巩固皇权,"姚崇劝不用功臣",以防止祸变。张说是作为功臣而不是作为文学之士,才被贬逐的。如果张说不是文士,而是明于吏道者,也同样在贬逐之列。又如,宋璟既工于文翰,更以吏事精明著称,就算是"吏治派"官员吧。可是,与他共事的苏颋,无论如何不能算是"吏治派"。诚然,苏颋"吏事精敏",但更擅长于文辞,早已有"思如涌泉"的赞誉。玄宗看中他的是文才,而不是吏道。可见,"吏治"与"文学"绝不是火水不容的,有时甚至可以集两者于一人之身。

至于张说,他无疑是文学之士的首领。但是,他前后三秉大政,三次为宰相,也是吏道精明的重臣。"吏治"并没有与这位著名的文士无缘呵!当然,他看不起没有文才的官吏,如对崔隐甫,"薄其无文";他还厌恶御史中丞宇文融的为人。这种矛盾实质上是朝官之间的争权夺利。正如胡三省指出:"宇文融既居风宪之地,又贰户部(宇文融兼户部侍郎),故患其权重。"①朝官们也有不同的"群体"集团,他们之间的朋党相构出于种种的原因。总之,

---

① 《资治通鉴》卷 213 开元十四年二月条及胡三省注。

要作具体分析，是什么问题就说是什么问题。统统归结为吏治与文学之争，反而说不清楚了。

开元中期，朋党之争是加强皇权而产生的恶果之一。这一点，唐玄宗本人是不自觉的，他并没有故意地导演这场戏。而当他看清朝臣们的争权夺利时，就采取"恶其朋党"的态度，令张说退休，出宇文融为刺史，免崔隐甫的官职。这样，朋党之争的势头被遏阻了，政局安定的局面继续保持下去。不久，又重新起用张说、宇文融和崔隐甫。可见，唐玄宗在政治上还是清醒的。

（三）宰相不和

自张说罢相之后，足足有一届任期里（三年又二个月），唐玄宗物色不到合适的人选担任中书令，只好让它空缺。其间为同平章事的宰相，是两位不甚显赫的新人物，即李元纮与杜暹。

李元纮早年为雍州司户参军，曾抵制过太平公主和窦怀贞等恶势力，把公主侵占的碾硙判归还僧寺。他说："南山或可改移，此判终无摇动。"表现了执正不挠的精神。开元初，三迁万年县令，"赋役平允，不严而理。"后从地方官调任京官，历工部、兵部、吏部三侍郎。玄宗原想授以户部尚书，"时执政以其资浅，未宜超授"。开元十四年（公元726年）四月丁巳，即中书令张说被囚禁的第六天，以李元纮为中书侍郎、同平章事。史称："元纮性清俭，既知政事，稍抑奔竞之路，务进者颇惮之。"①

杜暹年轻为县尉时，就有"公清之士"的美誉。开元初期，迁监察御史，奉命出使突骑施（当时西北地区的少数民族）。"蕃人赍金以遗，暹固辞不受，……不得已受之，埋幕下，既去出境，乃移牒令收取之。蕃人大惊，度碛（沙漠）追之，不及而止。"在边将受贿成风的情况下，竟有如此清俭廉正的使臣，真是令人大惊。开元

---

① 《旧唐书·李元纮传》。

中期,擢拜黄门侍郎兼安西副大都护。史称:"暹在安西四年,绥抚将士,不惮勤苦,甚得夷夏之心。"①开元十四年(公元726年)九月,以杜暹同中书门下平章事。

显然易见,唐玄宗选拔上述两位新的宰相,是经过精心考虑的。第一,资历较浅,原先不是朝廷重臣。第二,品性清直,为人公正廉洁。第三,各有地方或者边疆从政的经验。第四,在朝廷里没有党派势力。这些特点正是用来补救张说为相时的政治弊端的,以克服好贿、专断等不良风气,并防止朋党之争。

但是,事情也有不尽如人意之处。两位宰相不和,缺少合作共事的条件。他们"多所异同,情遂不叶,至有相执奏者。"②经常在皇帝面前争辩,彼此不相让。这种情况又使玄宗深深地失望,不得不重新改组宰相班子。开元十七年(公元729年)六月,贬李元纮为曹州刺史、杜暹为荆州长史。玄宗在《罢杜暹李元纮平章事制》中指出:"虽清以自牧,而道则未宏,不能同心戮力,以祗帝载。而乃肆怀相短,以玷朝纶。朕缘事丑股肱,情惟隐蔽,掩其累而不率,遂其过而弥彰,将何以缉叙三光,仪刑百辟。"③可见,玄宗对宰相们"不能同心戮力",表示了极大的不满。

与此同时,玄宗罢免了源乾曜的侍中职位,仅保留其左丞相头衔。"今源乾曜止为左丞相,是止为尚书左仆射,不复预政事也。"④源乾曜任侍中,长达九年又二个月。在张嘉贞和张说为中书令时,他基本上是积极配合的,每每推让,不与相争。后来,宰相李元纮与杜暹彼此不和,身为侍中的元老重臣,却未能起着协调作用,实在是有失职守的。玄宗指出:"虽功力在公,而暮年微疾",⑤

---

① 《旧唐书·杜暹传》。
② 《旧唐书·李元纮传》。
③ 《全唐文》卷23玄宗《罢杜暹李元纮平章事制》。
④ 《资治通鉴》卷213开元十七年六月条胡三省注。
⑤ 《全唐文》卷23玄宗《停源乾曜侍中制》。

没有精力来从政了,所以停其侍中职权。

源、李、杜被罢相后,继任者是宇文融、裴光庭和萧嵩。前面说过,宇文融因朋党之争,被外出为刺史。但他善于理财,颇为玄宗所注重。开元十六年(公元 728 年),调任京官,兼户部侍郎。次年六月,拜相。宇文融自以为得志,大有以天下为己任的气概,说:"使吾居此数月,庶令海内无事矣。"①结果,仅九十九天,不满百日而罢相。为什么呢?宇文融依旧有交结朋党的恶习,常引宾客故人,旦夕欢饮,加上性格急躁,轻易表态,不善于听取不同的意见,终于为时论所讥,下台了。玄宗在《贬宇文融汝州刺史制》中,一方面肯定了他的理财功绩,"往以封辑田户,漕运边储,用其筹谋,颇有宏益。"另一方面,指出:"近颇彰于公论,交游非谨,举荐或亏,将何以论道三台,具瞻百辟!"②因此,不宜居中枢之位,遂出为汝州刺史。宇文融罢相,从一个侧面,反映了朝臣之间的争权夺利。

至于裴光庭与萧嵩,彼此也是不和睦的。萧嵩是唐初名臣萧瑀的后代,虽"寡学术",但由于破吐蕃有功,于开元十六年(公元728 年)十一月,被提拔为兵部尚书、同平章事。次年六月,兼中书令。空缺了三年又二个月的高位,竟由他坐上了。这说明玄宗对他"恩顾莫比"。③ 裴光庭是名臣裴行俭的少子,先为平章事,后拜侍中,兼吏部尚书。按理说,中书令与侍中,应该协调一致,同心戮力。可是,"光庭与萧嵩争权不协"。尤其在用人问题上,争斗更为激烈。光庭掌管吏部,"奏用循资格",用论资排辈的办法选拔官吏。心腹阎麟之任门下省主事,专管吏部选官。凡是阎麟之裁定的,裴光庭就下笔签署批准。当时人说:"麟之口,光庭手。"④反

① 《旧唐书·宇文融传》。
② 《全唐文》卷 22 玄宗《贬宇文融汝州刺史制》。
③ 《旧唐书·萧嵩传》。
④ 《旧唐书·裴光庭传》。

映了不满的舆论。开元二十一年(公元733年)三月,裴光庭逝世,萧嵩奏请取消了"循资格"的办法,并且把光庭所引进的官吏统统出为外职。

裴光庭死后,根据萧嵩的建议,玄宗起用尚书右丞韩休为相。原来,萧嵩以为韩休这个人"柔和易制,故荐引之。"其实,位居中书令的萧嵩,并不了解尚书省属官。韩休为人刚直方正,不求荣利,不讨好献媚。及拜相,"甚允当时之望",连玄宗也赞赏他的"切直"。还经常在皇帝面前,跟萧嵩争论是非曲直,毫不相让。史称"多折正嵩,遂与休不叶。"①宰辅们如此廷争面折,也使玄宗感到不快。开元二十一年(公元733年)十二月,萧嵩以乞怜之态,请求辞职,以倾韩休。玄宗考虑结果,将两位宰相统统罢免,任命张九龄和裴耀卿为相。

综上所述,十余年来,几乎每届宰相们之间都有不和的现象。先是张说与张嘉贞的"不平",继而是张说与源乾曜的"不相平",李元纮与杜暹的"不叶",裴光庭与萧嵩的"不协",萧嵩与韩休的"不叶"。此外,还有张说与宇文融的朋党之争,还有宇文融的百日罢相。这种状况跟开元前期宰相们"同心戮力",形成了鲜明的对照,足以说明开元中期"德消政易"了。至于唐玄宗的态度,第一,"恶其朋党",不允许争斗不休,维护政局安定;第二,发现了,及时处理,不偏袒一方,统统罢免相职;第三,肯定宰相们的功劳,或者安排荣誉性的闲职,或者降任他职,或者贬为刺史;第四,需要时,也可重新起用。由此可见,玄宗处理宰臣们问题还是明智的。

(四)谏诤渐衰

开元中期不如前期的又一个方面,就是谏诤之风渐渐衰落。前期求治心切,建设性的意见固然乐于采纳,就是触犯龙鳞的直谏

---

① 《旧唐书·韩休传》。

也概不拒绝。及至中期,大功已经告成,玄宗被臣僚们的歌功颂德所包围。什么"功格上天,泽流厚载";什么"三王之盛,莫能比崇"。既然如此,还有什么不足之处可提的呢!玄宗也自以为"感先圣之庆灵",那就听不进别人的批评了。因此,从开元十年(公元722年)僧一行谏永穆公主出嫁之事以后,批评皇帝个人错误的直谏几乎消失了。翻阅《资治通鉴》,竟找不出一条记载,实在不是偶然的。

当然,建设性的意见,玄宗还是听取的。开元十二年(公元724年),他鼓励谏官们"无所回避",敢于"献封事",还强调"门司"不得"停滞",以便下情上达。这说明玄宗还是勤劳施政的。不过,从事实来看,真正"无所回避"的谏官少得可怜。开元十三年(公元725年)东封泰山,济州刺史裴耀卿"表数百言,莫非规谏",①玄宗则置书座右以自戒。因为这些"规谏"是合乎旨意的,所以玄宗不仅接受,而且加以表扬。

值得一提的是,宰相韩休的直言敢谏,可谓独树一帜。中书令萧嵩唯皇帝旨意是从,与玄宗结成亲家,恩宠莫比。守正不阿的韩休就是不买帐,经常面折萧嵩,据理力争。当时,年已古稀的宋璟目睹此情,感叹地说:"不谓韩休乃能如是,仁者之勇也。"②这话分明有两层意思:一,自宋璟离开相位之后,几乎没有一个宰相直言敢谏;二,韩休做到了,确实不容易,正是"仁者之勇"的表现。韩休的勇气还使玄宗有所顾忌。据记载,玄宗有时在宫中宴乐或者在后苑游猎,稍有过差,就对左右说:"韩休知否?"话音刚落,韩休的谏疏送到了。如此神速,不免有些夸大。但是,毫无疑问,玄宗是怕韩休提意见的。有一次,玄宗独自对镜,默然不乐,左右的人挑拨地说:韩休为相以来,陛下没有一天欢乐的样子,比从前瘦得

① 《资治通鉴》卷212开元十三年十一月条。
② 《旧唐书·韩休传》。

多了,为什么不把他贬逐呢? 玄宗戚戚而叹:"吾貌虽瘦,天下必肥。萧嵩奏事常顺指,既退,吾寝不安。韩休常力争,既退,吾寝乃安。吾用韩休,为社稷耳,非为身也。"这就清楚地说明,玄宗在纳谏上有两重性:一方面,不好直言,害怕别人提意见;另一方面,为了封建王朝的长治久安,还得听一些逆耳的"忠"言。随着时间的推移,前者越来越压倒后者。元代史学家胡三省说:"明皇之待韩休如此,而不能久任之,何也?"①原因就在于唐玄宗"德消政易",容纳不了老是提意见的宰相。因此,韩休为相,仅十个月就被罢免了。

(五)奢靡日增

开元初期,唐玄宗刻厉节俭,抑制奢靡,为倡导淳朴的社会风气作过一些努力。这是特殊的历史条件促成的。没有多久,封建帝王的本性又驱使他追求奢靡浮华的生活。营造宫殿,除了兴庆宫外,开元十一年(公元723年)冬在骊山改建温泉宫。东封泰山时,"有司辇载供具之物,数百里不绝。"这是何等的铺张! 置千秋节之后,"君臣共为荒落"了。开元十八年(公元730年)二月,初令侍臣百官于春月旬休,各自寻选胜地行游而宴乐。上上下下,沉醉于游乐之中,恰恰反映了开元中期的奢靡习俗。

史称:"上(玄宗)心益侈"。②玄宗的贪欲,也是和经济政策联系在一起的。自宇文融进行括户、括田以来,广置诸使,竞为聚敛,封建王朝积集了大量的物质财富。"时太平且久,御府财物山积,以为经杨卿者无不精好,每岁勾剥省便出钱数百万贯。"③所谓"杨卿"者,即杨崇礼,隋炀帝曾孙。开元初,任太府少卿,专管封建王朝财产,以严办著称,因而擢拜为太府卿。此人虽然在职二十

---

① 《新唐书·韩休传》及《资治通鉴》卷213开元二十一年三月条胡三省注。

② 《资治通鉴》卷213开元十七年八月条。

③ 《旧唐书·杨慎矜传》。

年,公清如一,却为唐玄宗奢侈挥霍提供了丰厚的物质基础。

此外,奢靡日增,还是跟政治上"优容"策略密切相关的。为了防止兄弟诸王的"祸变",玄宗采取"专以声色畜养娱乐之"的方针,让诸王沉溺宴乐,不至于涉足政事。因此,诸王个个都是奢靡的典型。诸皇子和公主也无不过着穷奢极欲的生活。同样,对待功臣和大臣们"常优容之",用纵情娱乐与永保富贵,来换取他们对皇权的拥护与支持。由此影响所及,必然是社会风气的奢靡。

(六)吴兢献《贞观政要》

开元前期,唐玄宗"依贞观故事"取得了成效。及至中期,虽然经济上文化上持续发展,但在政治上特别是在选用宰臣、纳谏与社会风气等方面,已明显地不如前期了。正是在这种"德消政易"的情况下,杰出的史臣吴兢献上一部《贞观政要》,呼吁玄宗要"克遵太宗之故事"。

吴兢,汴州浚仪(今河南开封)人,是比较进步的史学家。[①] 早在唐中宗神龙年间,由于"依贞观故事"的历史任务已经提出,所以吴兢就开始搜集太宗史料,加以研究。当然,那时远远没有编成《政要》,更谈不到呈献了。[②] 开元初期,吴兢"虑帝(玄宗)果而不及精",乃上疏说:"太宗皇帝好悦至言,时有魏征、王珪、虞世南、李大亮、岑文本、刘洎、马周、褚遂良、杜正伦、高季辅,咸以切谏,引居要职。……当是时,有上书益于政者,皆黏寝殿之壁,坐望卧观,虽狂瞽逆意,终不以为忤。"[③]从这篇奏议内容来看,吴兢还在继续搜集贞观史事,编撰《政要》。大约至开元八、九年(公元720、721年),即中书令张嘉贞和侍中源乾曜执政时,《贞观政要》基本上编成了。但是,不久,张说为宰相,跟吴兢发生了矛盾。原来,张说自

---

① 参见吴枫《评贞观政要》,载《唐太宗与贞观之治论集》。
② 明朝宋濂认为,《贞观政要》上献于唐中宗。此说欠妥。
③ 《新唐书·吴兢传》。

恃权势,要吴兢修改《则天实录》中涉及张说的史事,吴兢坚决抵制,说:"若徇公请,则此史不为直笔,何以取信于后!"①可能是由于这种纠葛,在张说执政时期,吴兢不愿意献上自己的《政要》。

开元十三年(公元 725 年),东封泰山,玄宗在途中驰射为乐,身为太子左庶子的吴兢提了意见,玄宗接受了。封禅礼毕,回到东都洛阳,吴兢又就"分吏部为十铨"之事,上表批评玄宗:"陛下曲受谗言,不信有司,非居上临人推诚感物之道。"②次年六月,吴兢不胜惓惓之情,批评"陛下庶政之阙",强调:"愿斥屏群小,不为慢游,出不御之女,减不急之马,明选举,慎刑罚,杜侥幸,存至公,虽有旱风之变,不足累圣德矣。"③在当时歌功颂德与一片"万岁"声中,这样直言敢谏是需要很大的勇气的。作为对"贞观之治"颇有研究的良史,特别能够从比较中看清楚开元中期政治上的弊病。

开元十七年(公元 729 年),每事切谏的吴兢,不为玄宗所容,"出为荆州司马,制许以史稿自随。"④所谓"史稿",是指未编完的《国史》,当然那部早已编成而未及上献的《贞观政要》也随身带去了。就在这年,他素来敬仰的宰相源乾曜,被罢免了侍中职务,得了个"安阳郡公"封号。也在这年,他敬仰的原宰相"河东侯"张嘉贞,⑤病逝于洛阳。吴兢百感交集,忧国忧民,情不自禁地写下了二百余言的《贞观政要序》:"有唐良相曰侍中安阳公、中书令河东公,以时逢圣明,位居宰辅,寅亮帝道,弼谐王政,恐一物之乖所,虑四维之不张,每克己励精,缅怀故实,未尝有乏。太宗时政化,良足可观,振古而来,未之有也。……于是缀集所闻,参详旧史,撮其指要,举其宏纲,词兼质文,义在惩劝,人伦之纪备矣,军国之政存焉。

① 《资治通鉴》卷 212 开元九年十二月条。
② 《资治通鉴》卷 212 开元十三年十二月条。
③ 《新唐书·吴兢传》。
④ 《旧唐书·吴兢传》。
⑤ 《旧唐书·张嘉贞传》。

凡一帙一十卷,合四十篇,名曰《贞观政要》。庶乎有国有家者克遵前轨,择善而从,则可久之业益彰矣,可大之功尤著矣。"

大约不久,吴兢将《贞观政要》呈献给唐玄宗,上表说:"臣愚比尝见朝野士庶有论及国家政教者,咸云若以陛下之圣明,克遵太宗之故事,则不假远求上古之术,必致太平之业。"这里,喊出了"朝野士庶"的呼声,急切地希望唐玄宗"依贞观故事"。同时,吴兢指出:"昔殷汤不如尧舜,伊尹耻之;陛下倘不修祖业,微臣亦耻之。"[1]这是批评玄宗不如太宗,开元中期不如前期。因此,建议从随表奉进的《贞观政要》中,择善而从,克遵前轨,以致太平之业。

遗憾的是,唐玄宗似乎不理睬吴兢的一片心意,从现存的史籍中看不到玄宗对《贞观政要》的一丝一毫的反应。十七年前,晋陵尉杨相如上疏言"贞观之治",玄宗还是"览而善之"。如今,连这一点信息都没有,说明他已经背离了"依贞观故事"的方针。

第五节　张九龄与"开元之治"

这真是巧合:开元中期,以张说任中书令为开端,又以张九龄任中书令为结尾。前后两位宰相,一个是中州人,一个是岭南人,由于同姓"张",加上共同的文学爱好,彼此结成了深厚的情谊。唐玄宗起用九龄,如同重用张说一样,都是出于"文治"的需要。

(一)荒陬孤生,以文见用

张九龄曾跟玄宗说过:"臣荒陬孤生,陛下过听,以文学用臣。"[2]这是对自己仕宦生涯的简明概括。

所谓"荒陬孤生",是指九龄出生于韶州曲江(今属广东),身

---

① 吴兢《上贞观政要表》。

② 《新唐书·张九龄传》。

世并非门阀之家。① 幼年聪敏,小善文词。十三岁时,深得广州刺史王方庆的赞赏。二十五岁写诗言志:"惜此生遐远,谁知造化心。"②感叹在荒僻的岭南,纵然文才出众,也难觅知己。谁知不久,著名文士张说被女皇武则天流放岭南,过韶州,读九龄文章,为之倾倒。两张从此结成友谊,至死而不绝。

开元初年,流传着这样的议论:"不识宰相,无以得迁;不因交游,无以求进。"官为左拾遗的张九龄大不以为然,他上书给刚刚为宰相的姚崇,说:"任人当才,为政大体,与之共理,无出此途。而曩之用才,非无知人之鉴,其所以失,溺在缘情之举。"③姚崇嘉纳其言。但是,开元四年(公元716年)秋,由于跟姚崇有点矛盾,九龄辞官归里。南下过湘水,赋诗述怀:"十年乖夙志,一别悔前行。……时哉苟不达,取乐遂吾情。"④吐露了官场失意与不求闻达的复杂的心情。

过了两年,张九龄又拜谏官左补阙,迁礼部员外郎等职。开元九年(公元721年),张说为宰相;次年,张九龄被提拔为中书舍人内供奉,成了玄宗亲近的臣僚。张说与九龄互通谱系,叙为昭穆,俨然是宗族里的前后辈。东封泰山时,九龄为玄宗起草诏令,但他十分谨慎,提醒张说切不可滥封官爵。回到东都以后,目睹宇文融权势逼人,九龄劝张说道:"宇文融承恩用事,辩给多词,不可不备也。"张说不以为然,说:"此狗鼠辈,焉能为事!"⑤结果,张说恰恰为"狗鼠辈"所奏弹,丢掉了中书令的职位。依附于张说的九龄,也因此而被出为刺史、都督和按察使等。

直到张说死后,唐玄宗又十分思念学士顾问,于是召回了张九

---

① 参见刘斯翰《张九龄年谱简编》。
② 张九龄诗《浈阳峡》。
③ 张九龄《上姚令公书》。
④ 张九龄诗《南还湘水言怀》。
⑤ 《旧唐书·宇文融传》。

龄,官以秘书少监、集贤院学士、知院事。这样,张九龄继张说之后,成为文士们的新领袖。开元二十年(公元732年)八月,九龄兼知制诰,述宣圣旨。过了两个月,迁中书侍郎。九龄在答谢状中说:"圣恩不以不才,却赐荣奖,拔擢非次,荷跃惟深。但中书近密,参掌不易,岂臣微贱所堪忝窃?拜命之日,伏用惭惶,不胜战荷之至!"①表示了对唐玄宗的忠诚。次年十二月,九龄和裴耀卿被任命为宰相。又过五个月,九龄为中书令,耀卿为侍中。

(二)九龄为相,政局尚佳

九龄为相,将近三年,对开元中期的政治局面起了激浊扬清的作用。

第一,扭转十多年来宰相不和的状况。张九龄与裴耀卿,一个是中书令,一个是侍中,彼此通力合作。这就在一定程度上恢复了初期宰相们"同心戮力"的好传统。

第二,继续废弃"循资格"的论资排辈的做法。虽然前任中书令萧嵩早已奏请取消"循资格",但它的影响仍然存在。因此,张九龄"上言废循资格,复置十道采访使"。②

第三,奖掖后进,选用新人,一批文士提拔为朝官。例如,著名的诗人王维擢右拾遗,历监察御史。又如文士卢象,字纬卿,擢为左补阙、河南府司录、司勋员外郎。刘禹锡赞颂说:"丞相曲江公方执文衡,揣摩后进,得公深器之。"③文士当上谏官,往往敢于发表各种意见。

第四,坚持直谏。史称"张九龄尚直",④"当是时,帝在位久,

---

① 张九龄《谢中书侍郎状》。
② 《新唐书·张九龄传》。
③ 《刘禹锡集》卷19《唐故尚书主客员外郎卢公集纪》。
④ 《资治通鉴》卷214开元二十四年十一月条。

稍怠于政,故九龄议论必极言得失,所推引皆正人。"①有时弄得玄宗发怒了,他还是坚持己见,大有谔谔之士的风度。

第五,反对起用李林甫和牛仙客,反对赦免安禄山。这些意见最终不为玄宗所采纳,但是,足以表明他那正气浩然的品质。

总而言之,"九龄守正嫉邪,以道匡弼,称开元贤相。"②唐玄宗能够任用这样的"贤相",以推进"开元之治",可谓尚有眼力与卓识。玄宗赞扬九龄"器识宏远,文词博赡,负经济之量,有谋猷之能。自翼赞台阶,彝伦有序,直道之心弥固,謇谔之操愈坚。"③可见,好大喜功的唐玄宗毕竟还不是昏昏然的君主,在用人问题上自有清醒之处。

(三)褒美《千秋金镜录》

开元二十四年(公元 736 年)千秋节,玄宗在东都洛阳宴请群臣与父老。当时进献金宝镜(铜镜),成为一种时髦的风尚。唯独宰相张九龄搜集历代兴废史事,编为一部书《千秋金镜录》,呈献给唐玄宗。九龄上表说:"伏见千秋节日,王公已下悉以金宝镜进献,诚贵尚之尤也。臣愚以谓明镜所以鉴形者也,有妍蚩则见之于外;往事所以鉴心者也,有善恶则省之于内。……伏惟开元神武皇帝陛下,圣德之至,动与天合,本已全于道体,固不假于事鉴。然覆载广大,无所不包,圣道冲虚,有来皆应。臣敢缘此义,谨于生辰节上事鉴十章,分为五卷,名曰《千秋金镜录》。"④看来,此时玄宗听惯了歌功颂德,已为谄谀之臣所包围。连敢于直谏的张九龄,也只好通过"事鉴",婉转地向皇帝陛下提出批评。所谓《千秋金镜录》说的虽然是"前世兴废之源",实际上是一份意见书,针对开元中

---

① 《新唐书·张九龄传》。
② 《四库全书总目》卷 149《集部·别集类二》。
③ 《全唐文》卷 23 玄宗《罢侍中裴耀卿中书令张九龄为尚书左右丞相制》。
④ 张九龄《进千秋节金镜录表》。

期的政治上弊病而言的。

据载,《千秋金镜录》献上后,玄宗"赐书褒美"。① 这说明它是得到玄宗的赏识的。但是,由于奸臣李林甫的挑拨,九龄终于不为玄宗所容纳。开元二十四年(公元 736 年)十一月,罢知政事,而为尚书右丞相。次年,贬荆州长史。"无心与物竞,鹰隼莫相猜。"②在荆州呆了二年,就回岭南故乡去了。开元二十八年(公元 740 年)五月七日,病逝于曲江,享年六十三岁。唐玄宗不胜悲悼,赠荆州大都督,谥曰"文献",对"一代辞宗"表达了深沉的追念。

---

① 《资治通鉴》卷 214 开元二十四年八月条。
② 张九龄诗《咏燕》。

第八章 "怠于政事"

——开元晚期及其以后

开元晚期,仅仅五年。这时,"上(玄宗)在位岁久,渐肆奢欲,怠于政事。"①至于天宝时期十多年,无非是开元晚期政治的继续恶化。诚如韩愈所说:"天宝之后,政治少懈,文致未优,武克不纲。"②唐玄宗由"怠于政事"而踏上昏庸之路,为自己的垮台准备了条件。

第一节 委政李林甫

罢免张九龄,委政李林甫,这是"开元之治"进入晚期的标志,是唐玄宗自"明"趋于"昏"的转折点。

(一)口蜜腹剑的奸相

所谓"口蜜腹剑"的成语,出典于李林甫其人其事。据五代王仁裕《开元天宝遗事》载,"时人皆言林甫甘言如蜜。"朝中异口同声地说:"李公虽面有笑容,而肚中铸剑也。"宋代司马光说得更明确:"世谓李林甫口有蜜,腹有剑。"③可见,李林甫的阴险奸诈,是当时人所公认的。

然而,唐玄宗委政这样的奸相竟达十六年之久。这里,原因不

---

① 《资治通鉴》卷214开元二十四年十一月条。
② 《全唐文》卷548韩愈《潮州刺史谢上表》。
③ 《资治通鉴》卷215天宝元年三月条。

在于李林甫是什么"吏士派"的代表人物,而是他用"巧言似忠"的伎俩,深深地迷住了奸忠莫辨的唐玄宗。

林甫出身于李唐宗室,"爰因宗室,奖以班序。"①他的曾祖父名叫李叔良,是唐高祖李渊的从父弟。祖父李孝斌,官为原州长史;父亲李思海,官为扬府参军。按辈分来说,李林甫还是唐玄宗的远房小叔叔呢。林甫小名"哥奴",年轻时素行才望不高,被人瞧不起。但是,他颇机灵乖巧,善于钻营,历任御史中丞、刑部侍郎、吏部侍郎、黄门侍郎等职。开元二十二年(公元734年)五月,李林甫拜相,为礼部尚书、同中书门下三品。这固然是跟"惠妃阴助之"分不开,但主要是由于玄宗的"眷遇"。②唐玄宗十分赞赏李林甫,说:"泉源之智,迪惟前人。"③那套奸臣的智术,确实把唐玄宗弄得昏头转向了。

当时,张九龄为中书令,裴耀卿为侍中,李林甫还不是主要的执政者,并没有形成三巨头的政治格局。张九龄鄙视李林甫的为人,根本不把他放在眼里,常谓宾客曰:"李林甫议事,如醉汉脑语也,不足可言。"④由于九龄大权在握,"方以文学为上(玄宗)所重",所以"林甫虽恨,犹曲意事之。"⑤心里恨得要死,表面上还是讨好九龄。宰相们议政时,李林甫从来不敢公开反对九龄的意见,背后则处处设置陷阱,阴害之。他很明白,关键在于要破坏玄宗与九龄的关系。为此,他千方百计地揣摩玄宗的心意,制造君臣的不和,达到挑拨离间的目的。史称:"林甫面柔而有狡计,能伺候人主意,故骤列清班,为时委任。而中官妃家,皆厚结托,伺帝动静,

---

② 《旧唐书·李林甫传》。拜相作开元"二十三年",当误。
③ 《全唐文》卷23玄宗《授裴耀卿侍中、张九龄中书令、李林甫礼部尚书制》。
④ 《开元天宝遗事》卷下"醉语"条。
⑤ 《资治通鉴》卷214开元二十四年十一月条。

皆预知之,故出言进奏,动必称旨。"①玩弄这种伎俩,李林甫可谓登峰造极的了。

例如,开元二十四年(公元 736 年)十月,唐玄宗心里想从东都洛阳回到西京长安。召集宰相们商议,张九龄和裴耀卿认为,秋收未毕,待仲冬十一月再说吧。李林甫当场不表态,暗中探知玄宗的心意,就单独留下对玄宗说:"长安、洛阳,陛下东西宫耳,往来行幸,何更择时!"玄宗一听,很高兴,觉得还是李林甫为知己。于是,匆匆地回到了长安。又如,唐玄宗打算提拔朔方节度使牛仙客,欲官以尚书。宰相们讨论时,张九龄公开地陈述自己的反对意见。李林甫又是当场不说,私下言于玄宗:"仙客,宰相才也,何有于尚书! 九龄书生,不达大体。"玄宗悦。第二天,重新商议,正直的张九龄固执如初,玄宗满脸怒色。李林甫则退而言曰:"苟有才识,何必辞学! 天子用人,有何不可!"②于是,赐爵牛仙客,食实封三百户。诸如此类,说明李林甫当面一套,暗中捣鬼,事事迎合唐玄宗的旨意,处处中伤诚实的张九龄。

尤其恶劣的是,为了整倒张九龄,竟硬扣上结党的罪名。李林甫清楚地知道,皇帝陛下的心病之一,就是害怕宰臣们结党。自开元中期以来,常有结党的事。一经发现,玄宗就毫不手软地将他们罢免。机会果然又来了。张九龄有位好友,名叫严挺之,官为中书侍郎。九龄曾推荐他为宰相。而严挺之鄙薄林甫的为人,林甫一直怀恨在心。开元二十四年(公元 736 年),蔚州刺史王元琰贪赃案发生,由刑部、大理寺和御史台合庭审理,严挺之为之营解。原来,王元琰的妻子,就是严挺之的早已离异的前妻。李林甫把这消息秘密地转告给唐玄宗。玄宗召集宰相们讨论,要追究严挺之包庇亲属的罪责。张九龄哪里知道此中有李林甫设置的陷阱,像往

① 《册府元龟》卷 339《宰辅部·邪佞》。
② 《资治通鉴》卷 214 开元二十四年十月条。

常一样,实话直说,极力替严挺之辩护。这就引起了唐玄宗的怀疑:为什么反对牛仙客?为什么荐引严挺之?前后一联系,就得出了宰相张九龄、裴耀卿为"阿党"的结论。同时,觉得李林甫倒是孑然独立的忠臣。于是,就在这年十一月,罢免了张九龄和裴耀卿的相职,任命李林甫兼中书令,牛仙客为工部尚书、同中书门下三品。据载,宣布任免令时,九龄与耀卿愤郁难言,而李林甫"抑扬自得"。旁观者窃窃私语,说:"一雕挟两兔"。[①] 道出了李林甫陷害忠良的凶恶面目。

李林甫窃据中书令,直至天宝十一载(公元752年)十一月病死为止,总共十六年。这期间,虽然在经济上和文化上仍旧有所发展,但在政治上却急剧地滑坡了。谏诤路绝与妒贤嫉能,集中地反映了日趋腐败的情况。

(二)无复直言,谏诤路绝

谏诤历来是封建政治的晴雨表。开元前期,下制求直谏,鼓励犯龙鳞。开元中期,虽然谏诤之风渐渐地衰弱,但是,唐玄宗依旧提倡谏官们上封事、提意见,像韩休和张九龄那样的直言切谏在一定程度上还是"容纳"的。及至晚期以后,情况发生了根本性的变化。唐玄宗既然厌恶遇事力争的张九龄,谁提意见就是"阿党",就得罢免官职,那么,一切忠直之士还有什么话好说的呢!司马光一针见血地指出:"九龄既得罪,自是朝廷之士,皆容身保位,无复直言。"[②]

李林甫专权,为了"蔽欺天子耳目",竟取消了谏官议政制度。有位补阙(谏官)杜琎,上书言事。李林甫把他斥黜为地方县令,并拿这个例子来告诫其他的谏官,说:"明主(玄宗)在上,群臣将

---

① 《明皇杂录》卷下。
② 《资治通鉴》卷214开元二十四年十一月条。

顺不暇,亦何所论?君等独不见立仗马乎,终日无声,而饫三品刍豆;一鸣,则黜之矣。后虽欲不鸣,得乎?"如此侮辱性的威胁言辞,反映了李林甫为人的刻薄。所谓"立仗马",是指宫廷里仪仗队的骏马,平时吃好料,养得高大。每天,八匹厩马分为左右厢,立在正殿侧宫门外,候仗下即散。把谏官视同为"立仗马",无非要他们摆摆样子而已。谁要"一鸣",提意见,谁就被斥黜。这样,原以上书言事为职责的谏官,也被剥夺了发言权,"由是谏争路绝"。[①]

万马齐喑的局面的出现,归根到底,责任还在于唐玄宗本人。作为专制帝王,已经越来越听不得半句意见了。开元二十五年(公元737年)四月,监察御史周子谅弹奏牛仙客没有才能,滥居相位,援引谶书"两角犊子自狂颠,龙蛇相斗血成川",[②]来证明姓"牛"的将会造成唐廷内争。对牛仙客的非议,基本上是事实。但是,周子谅太不了解:谶书历来是刺激玄宗神经的东西。玄宗勃然大怒,命人在殿廷上痛打周子谅,绝而复苏,仍杖之朝堂,流瀼州,至蓝田而死。李林甫趁机挑拨,说周子谅是张九龄荐引的。于是,唐玄宗贬九龄为荆州长史,驱出京师。

周子谅之死,一方面反映了唐玄宗对妖言谶书之类的痛恨,另一方面表明玄宗饰非拒谏,庇护奸臣。唐朝著名的文士柳宗元,曾特地歌颂周子谅"以谏死"的事迹,赞扬他"抗言以白其事,得死于墀下",抨击开元晚期"谄谀至相位,贤臣放退"的政治局面。[③]

(三)"妒贤嫉能,亦无敌也"

如何用人,是衡量封建政治开明程度的重要准则。开元前期,

---

① 《新唐书·李林甫传》。
② 《资治通鉴》卷214开元二十五年四月条《考异》。
③ 《柳河东集》卷9《故御史周君碣》。

朝臣颂扬玄宗"任贤用能,非臣等所及。"①开元中期,玄宗任用的十多位宰相,基本上都是贤能之才。及至晚期,"时帝春秋高,听断稍怠,厌绳检,重接对大臣,及得林甫,任之不疑"。②从姚崇起,每位中书令任期只有三四年,经常调换,以利于宰臣们聪明才智的充分发挥。而李林甫窃据要职,长达十六年,终于形成了奸臣专权的局面。"妒贤嫉能"取代了"任贤用能",政治上腐败现象日益严重。

李林甫是权欲熏心之徒,奢好大权独揽。由他荐引的牛仙客,"既居相位,独洁其身,唯诺而已。"③牛仙客作为"谄谀"之臣,跟奸臣李林甫还是不同的,"独洁其身",没有直接干坏事害人。但是,牛仙客既无才智,唯唯诺诺,一切政事听由李林甫处置,也就助长了奸臣专权的气焰。天宝元年(公元742年)七月,牛仙客病逝。八月,玄宗任命刑部尚书李适之为左相(天宝元年二月改侍中为左相,中书令为右相)。李适之出身于宗室,他的祖父是唐太宗的长子李承乾。适之为人简率宽疏,不务苛细,嗜酒好客。"及为左相,每事不让李林甫。林甫憾之,密奏其好酒,颇妨政事。"李适之敢于跟李林甫争权不协,李林甫必欲去之而后快。天宝五载(公元746年)四月,李适之被罢免相职,改为太子少保,自我解嘲地作了一首诗:"避贤初罢相,乐圣且衔杯。为问门前客,今朝几个来?"④继任左相的是陈希烈。原来,李林甫以为希烈柔佞易制,故引以为相。陈希烈也和牛仙客一样,唯唯诺诺,凡政事一决于李林甫。由上可见,李林甫专权时期有一个特点,就是"苟用可专制者,引与共政。"⑤这种情况显然违背了"任贤用能"的原则,跟以往

① 《大唐新语》卷6《举贤》。
② 《新唐书·李林甫传》。
③ 《太平御览》卷205《职官部·丞相下》。
④ 《大唐新语》卷7《识量》。
⑤ 《新唐书·陈希烈传》。

宰相们共商政事是大大不同的了。

李林甫不仅把无才无能者"引与共政",而且对声望稍著的贤能之士加以诬陷、排挤与打击。史称:"李林甫开元末为中书令,耽宠固权,已自封植,朝望稍著,必阴计中伤之。"①例如严挺之,唐玄宗虽然往昔追究过他包庇亲属的错误,但是,总觉得他是可用的人才。时隔多年,问李林甫:严挺之现在何处?李林甫害怕严挺之又被重用,就耍弄花招,欺骗玄宗,说严挺之年高,又患风疾,还是授予闲官,让他养病去吧!唐玄宗信以为真,叹息之余,授严挺之为员外詹事,令东京养疾。后来,严挺之到了洛阳,郁郁不得志,成疾而卒。又如齐浣,也是朝廷宿望之臣,任职汴州刺史和河南采访使,"兴利以中天子意"。李林甫妒嫉他,竭力加以排挤。天宝初,召为太子少詹事,留在东都养病。当时,"严挺之亦为林甫所废,与(齐)浣家居,杖屦经过不缺日,林甫畏之,乃用浣为平阳太守,离其谋。"②最后,齐浣积郁而死。再如户部尚书裴宽,向来为唐玄宗所器重,"李林甫恐其入相,忌之",③借故把他贬为睢阳太守。如此等等,不胜枚举。

总之,李林甫城府深密,忌贤成僻,诡计多端。安史之乱爆发后,唐玄宗逃到成都,曾跟一位精通历史的给事中裴士淹,评品人物。提及李林甫时,玄宗作了这样的评论:"妒贤嫉能,亦无敌也。"这话算是说到要害。裴士淹接着问:既然陛下知道如此,又为什么长期地宠用李林甫?"玄宗默然不应"。④ 唐玄宗只能是无言以对的,还要为自己辩解吗? 其实,李林甫的"妒贤嫉能",正是由于唐玄宗背弃"任贤用能"原则而造成的恶果。君主不明,奸臣孳生,历代无不如此。如果没有唐玄宗的"任之不疑",李林甫是

---

① 《册府元龟》卷339《宰辅部·忌害》。
② 《新唐书·齐浣传》。
③ 《资治通鉴》卷215天宝三载十二月条。
④ 《大唐新语》卷8《聪敏》及《新唐书·李林甫传》。

不可能那样"无敌"的。在委政林甫的十六年里,玄宗恰恰把"忠贤"与"奸邪"颠倒过来了。天宝六载(公元747年),玄宗忽然想"广求天下之士",而林甫则声称"野无遗贤"。似乎天下贤士都已被录用,草野之士尽是"卑贱愚聩"者。① 对于这种胡言乱语,玄宗却偏听偏信,以为李林甫是网罗贤才的宰相呢。过了四年,下诏表彰李林甫,什么"器惟国桢,材乃人范",什么"文标楷式,学究精微",简直是人才难得的贤相。玄宗还特别强调:林甫好就好在"清贞之节,尽公心于匪躬。"②可见,以邪为贤,以奸为忠,这正是唐玄宗长期地宠信李林甫而毫无觉悟的根本原因。只有尝到安史之乱"苦果"之后,才会真正认识到李林甫的本来面目。

(四)"治乱固已分矣"

李林甫专权时期,虽然社会祸乱还没有发生,依旧是一派歌舞升平的景象,但是,政治上由"治"趋"乱"已有明显的先兆。唐宪宗时,曾经讨论过这个问题。大臣崔群尖锐地指出:"世谓禄山反,为治乱分时。臣谓罢张九龄,相林甫,则治乱固已分矣。"左右大臣莫不为之动容。宋代史臣也赞同此说:"崔群以为相李林甫则治乱已分,其言信哉!"③的确,委政李林甫,便给安史之乱种下祸根。上述纳谏与用人的情况,不是有力的证明吗?

罢免张九龄以后,朝士们鉴于纳忠见斥,就不敢多提意见了。谏官们像"立仗马"一样沉默无声,骨鲠之士终于销声匿迹了。"开元之初,谏者受赏;及其末也,而杀之。"周子谅以谏而死,造成了极其严重的后果。稍谏即怒而杀,何人更敢直言?而不让人讲话,恰恰为玄宗垮台和宗社倾败准备了条件。正如宋代范祖禹所

---

① 《资治通鉴》卷215天宝六载正月条。
② 《全唐文》卷33玄宗《以李林甫兼领朔方节度诏》。
③ 《新唐书·崔群传》及传末"赞曰"。

说:"古之杀谏臣者,必亡其国。明皇亲为之,其大乱之兆乎!"①

委政李林甫以后,奸臣柄权,恩宠日甚,道路以目。"用人得失,所系非小。"②以前,任贤致治,姚崇、宋璟、苏颋、张说、李元纮、韩休、裴耀卿、张九龄等等,孜孜守正,努力创新,所以才有"开元之治"。晚期以后,唐玄宗以奸宄为贤能,以巨猾为忠良,因此造成了祸乱而不自知。唐朝刘肃说得好:"林甫奸宄,实生乱阶,痛矣哉!"③

显然易见,罢免九龄,委政林甫,这是区别治乱的分水岭。作为"开元之治"进入晚期的路标,记下了唐玄宗走向昏庸的第一步。

第二节　宠信高力士

宦官制度是封建专制皇权的附属物,它本身包含着必然的腐朽性。贤相姚崇曾反对政事"出于阉人之口","请中官不预公事。"玄宗深表赞同,说:"怀之久矣。"④开元十九年(公元731年)以前,宦官基本上是"不预公事"的。而从王毛仲事件以后,高力士便成为唐玄宗的心腹。宦官势力益盛,作用越来越重要,这是开元晚期与天宝时期政治上的一个特点。

宦官高力士是一位颇有争议的历史人物。不少封建史家囿于传统的观点,鄙视宦官而全盘否定了高力士,愤怒地谴责:"明皇不鉴石显(西汉宦官)之事,而宠任力士,……失君道甚矣。其后李林甫、杨国忠,皆因力士以进,迹其祸乱所从来者,渐矣。"⑤把

---

① 《唐鉴》卷5《玄宗下》。

② 《旧唐书·崔群传》。

③ 《大唐新语》卷11《惩戒》。

④ 《开元升平源》。

⑤ 《唐鉴》卷5《玄宗下》。

206

"祸乱"归咎于高力士,是不公平的。他虽然不是"开元之治"的功臣,但决不是天宝之乱的罪魁。在他身上散发着奴气,但也闪烁着特异的光彩。"内侍如力士者甚少",①的确,有唐一代,没有哪个宦官在才识器度上比高力士高明。如果对他毕生行事作出简明的概括,似可以归结为六个字:忠诚,谨慎,精明。

(一)"力士当上,我寝则稳"

高力士有过这样的表白:"臣生于夷狄之国,长自升平之代,一承恩渥,三十余年,尝愿粉骨碎身,以裨玄化,竭诚尽节,上答皇慈。"②这是肺腑之言。

所谓"夷狄之国",是指故乡岭南潘州(今广东高州)。他原姓冯,名元一,生于公元684年,比唐玄宗大一岁。据陕西蒲城出土的《大唐故开府仪同三司赠扬州大都督高公神道碑》载,高力士的曾祖父冯盎,唐初任高州总管;父亲冯君衡为潘州刺史,"家雄万石之荣"。公元693年,父亲犯罪,"籍没其家",年仅十岁的冯元一被阉为奴。十五岁那年,被岭南讨击使李千里带到神都洛阳,③改名力士,一度侍候过女皇武则天。后来,力士为宦官高延福收为养子,故改姓高。唐中宗景龙年间,李隆基为藩王时,"力士倾心奉之,接以恩顾。"④这反映了宦官势力也倒向正在策划政变的李隆基一边。但是,高力士的地位并不重要,没有直接参加六月二十日禁宫夜战。既诛韦氏,隆基为太子,力士日侍左右,关系更加紧密。先天二年(公元713年),高力士以内给事的身份参与诛灭太平公主的斗争,起了重要的作用。七月八日,唐玄宗大封功臣,赏

---

① 《史纲评要》卷20《玄宗》。
② 唐朝郭湜《高力士外传》。
③ 有的传记说是"带至长安",当误。
④ 《旧唐书·高力士传》。

郭元振等官爵、第舍、金帛有差，以高力士为右监门将军、知内侍省事。①

旧史称"宦官之盛自此始"，是不符合事实的。唐玄宗之所以赐封高力士，主要是根据论功行赏的原则。② 既然功臣郭元振、姜皎、李令问、王守一等等都得到了封赏，为什么宦官高力士就不可以了呢？力士身高六尺五寸，善于骑射。碑文赞扬他"一发而中，三军心伏。"③选择这样的功臣担任右监门将军，倒是唐玄宗善用能人的例证。

高力士除了担任宫廷禁卫外，还负责传达圣旨与掌管内务。后人赞颂他"传王言而有度"，④并不过誉。例如，姚崇刚为相时，请序进郎吏，玄宗一言不答。高力士奏曰："陛下初承鸿业，宰臣请事，即当面言可否。而崇言之，陛下不视，臣恐宰臣必大惧。"待玄宗说明原委之后，"会力士宣事，因为言上意，崇且解且喜。"⑤可见，高力士颇有见识，办事周全，决不是唯唯诺诺之辈。又如，开元十四年（公元726年），张说被押受审查，玄宗派力士去探视，力士如实汇报张说"惶惧待罪"的状况，还说张说有功于国，理应从宽处理。作为宦官，奔走于君臣之间，不是挑拨是非，而是协调关系，难道不该肯定吗？

开元十九年（公元731年）以前，史籍上看不到高力士干预朝政的记载。事实上，玄宗遵照姚崇的意见，政事由宰相们集体议决，不存在宦官专权的问题。这期间，恃宠骄恣的人物不是高力士，而是皇帝"心腹"王毛仲。官为开府仪同三司的王毛仲，宠幸用事，蔑视宦官，犹如僮仆，"稍不如意，必恣其凌辱。"高力士"忌

---

① 有的传记作"开元初"，似未细加考核，欠妥。
② 参见葛承雍《重评高力士》，载《人文杂志》1984年第1期。
③ 《大唐故开府仪同三司赠扬州大都督高公神道碑》。
④ 《大唐故开府仪同三司赠扬州大都督高公神道碑》。
⑤ 《次柳氏旧闻》。

之颇深，而未尝敢言于帝。"①显然，宦官的权势远不是炙手可热的。

自王毛仲赐死后，高力士才成为唐玄宗的心腹。玄宗尝曰："力士当上，我寝则稳。"②意思是力士精明强悟，办事干练，由他值班，自己就放心了，睡得安稳了。如果认为唐玄宗从此不理政，而让宦官专权，实在是一种误解。的确，高力士经常留在禁中，四方表奏，先呈力士，再向玄宗报告。力士可以单独处理小事，部分地代"天子"行事，那权势也是够显赫的了。但是，这些主要是秘书性质的事务，还没有发展到扰乱朝政的地步。

由于高力士的特殊的"恩宠"地位，拍马奉承者也就蜂拥而来。据记载，力士的母亲麦氏病逝，"左金吾大将军程伯献、少府监冯绍正二人，直就力士母丧前披发哭，甚于己亲。朝野闻之，不胜耻笑。"③类似荒唐可笑的事，旧史上渲染的不少，也当是事实。如果用来证明宦官专权，理由似乎还不充足。须知，这类事的主要责任在于那些巴结献媚者。高力士本人是"小心恭恪"的，他没有重踏王毛仲走过的宠极奸生的老路，所以唐玄宗"终亲任之"。④

（二）"我家老奴，岂不能揣我意"

开元晚期，尤其是天宝时期，随着唐玄宗从"急于政事"到荒于理政的变化，高力士的作用也就愈来愈重要了。历来皇帝与宦官的关系，往往不同于一般的君臣关系。皇帝虽然至高无上，富有四海，但在思想感情交流方面却是孤独的、贫困的。俗话说："王者无戏言。"即使是对宰相们，也不能随便地讲心里话。唯独身边宠信的宦官，可以与之倾吐自己的烦恼、困惑、设想与闪念。玄宗

---

① 《明皇杂录》卷上。

② 《册府元龟》卷 667《内臣部·干事》。

③ 《朝野金载》卷 5。

④ 《资治通鉴》卷 213 开元十九年正月条。

越到晚年,这种心态表现得更加突出。在奸相李林甫"蔽欺天子耳目"的情况下,却能从宦官那里听到一些信息。所以,玄宗对力士说:"汝,我家老奴,岂不能揣我意!"①是的,高力士这个"老奴",深深地知道主子的意图。在一系列重大问题的决策上,玄宗总是先跟"老奴"私议,而力士的意见也无不扣紧主子的心弦。

开元二十六年(公元738年),唐玄宗碰到了立太子的疑难。储君问题关系到封建统治集团内部的权力分配,关系到政局安定与皇权巩固。如果处置不妥,就会引出"祸变"。这一点,玄宗是颇有体会的。当时,究竟立寿王李瑁还是立忠王李玙,犹豫不决。寿王是武惠妃生的,排行第十八。宠妃武氏已经病逝,宰相李林甫却继续劝立寿王为太子。忠王李玙是第三个儿子(长子李琮面容损伤,次子废太子李瑛已死),在玄宗看来,忠王年长,而且仁孝恭谨,准备立为太子。就在举棋不定的时候,高力士私下说:"推长而立,孰敢争?"②玄宗听了很高兴,就断然地立李玙为皇太子。

回顾历史,废立太子,是不容宦官插手的。而高力士竟起了如此重要的作用,确实反映了开元晚期宦官势力的"益盛"。但是,对于这种"干预"朝政,要作具体分析,不能笼统地加以否定。奸相李林甫拥立寿王,包藏着险恶的祸心,为的是继续独揽外朝,并进而打入内廷。如果阴谋得逞,势必会使皇室内部矛盾激化,甚至演成无休止的争斗。这幅情景是唐玄宗最忧虑的。而高力士提出的"推长而立",恰恰是防止内争与"祸变"的方案。虽然玄宗从来不恪守什么立储以长的,但是,现实使他高兴地接受了这条原则。后来的历史证明,立忠王比立寿王为好,有利于开元晚期和天宝时期的政局稳定,有利于消除皇室内争。从这种意义上说,高力士"干预"朝政,决不是他的一大罪状。

---

① 《资治通鉴》卷214开元二十六年五月条。
② 《新唐书·李林甫传》。

当然,宦官高力士和宰相李林甫之间的矛盾,实质上是唐朝最早的内廷与外朝之争,属于封建统治集团的倾轧活动。① 这种争斗,一直延续到天宝时期。天宝三载(公元 744 年),唐玄宗倦于理政,忽然想"高止黄屋,吐故纳新",企求长生不老,而准备把"军国之谋,委以林甫。"对此,高力士立刻表示不赞同,强调指出:"军国之柄,未可假人,威权之声,振于中外,得失之议,谁敢兴言? 伏惟陛下图之。"这里,"老奴"与主子之间,意见不一致了。唐玄宗原是醉心于"吐纳"导引养生术,未必真的要把"军国之柄"专委之林甫。高力士则深怕李林甫专权会损害自己的地位,所以用耸听的危言来挑激"陛下"。玄宗乍一听,很不高兴。但是,细细一想,"老奴"之言也有道理,在维护皇权上比任何人都要"竭诚尽节"。于是,玄宗转怒而喜,对力士说:"朕与卿休戚共同,何须忧虑。"②置酒为乐,左右皆称万岁。

旧史称:"力士自是不敢深言天下事矣。"③如果把这句话理解为力士不敢言事了,恐怕不是真实的情况。既然力士与玄宗"休戚共同",关系如此密切,怎么可能会像"立仗马"那样沉默无声呢? 高力士言事有个特点,叫做"顺而不谀,谏而不犯"。④ 他跟李林甫一样,顺从并迎合玄宗的心意。但是,又很不相同:李林甫专门歌功颂德,不讲缺点;而高力士则多少提些意见,说些存在的问题。当然,如果唐玄宗不高兴听的话,力士就会声称身患"风疾",自责罪该万死,决不敢冒犯唐玄宗。这是奴性的表现,跟张九龄犯颜直谏有着本质的区别。

天宝十三载(公元 754 年)六月,云南战事失利,唐军覆没。

---

① 参见黄永年《唐肃宗即位前的政治地位和肃代两朝中枢政局》,载《唐史研究会论文集》。
② 《高力士外传》。
③ 《资治通鉴》卷 215 天宝三载十二月条。
④ 《大唐故开府仪同三司赠扬州大都督高公神道碑》。

奸相杨国忠蔽欺皇帝,把失败说成胜利,谁也不敢反映真实的情况。当时,唐玄宗认为,朝事付之宰相,边事委托边将,就没有什么忧患了。高力士尖锐地指出:"臣闻云南数丧师,又边将拥兵太盛,陛下将何以制之! 臣恐一旦祸发,不可复救,何得谓无忧也!"①同年深秋,大雨成灾,杨国忠隐没真情,天下无敢言灾者。高力士伏奏:"自陛下威权假于宰相,法令不行,灾眚备于岁时,阴阳失度,纵为轸虑,难以获安,臣不敢言,良有以也。"②可见,高力士时刻关注内外形势,留意天下大事,对奸相报喜不报忧的做法极为不满。在无人敢言的情况下,他能"谏而不犯",给玄宗敲起警钟,还是难能可贵的!

　　以上事实说明,宦官高力士的为人不同于奸相李林甫、杨国忠,绝不是一丘之貉。诚然,李林甫和杨国忠的早年进用,跟高力士有点关系(不是主要的因素),但是,他们之间很快就发生矛盾了。这种矛盾的性质,一方面是争权夺利与互相倾轧,另一方面也是政见分歧与志趣相异。高力士忠诚地维护皇权,反对奸相专权,反对边将拥兵,其见识还算是高明的。特别是在天宝末期,预感到祸乱的爆发,多次提醒过唐玄宗,表现了一定的远见与卓识。加上性格和蔼,小心谨慎,得宠而不骄横,得势而不专断,颇获士大夫的好感。总之,天宝"祸乱"并非源于宦官高力士,是明明白白的事实。

(三)"竭诚尽节,上答皇慈"

　　唐玄宗既然荒于理政,也就会把政事交给宦官去办,使高力士日益得宠。"上在禁中,不名力士,呼为将军。"③皇太子叫力士为"二兄",诸王公主皆呼"阿翁",驸马辈则直呼为"爷"。力士留在

---

① 《资治通鉴》卷 217 天宝十三载六月条。《高力士外传》作天宝"十年",似误。
② 《高力士外传》。
③ 《次柳氏旧闻》。

禁中处理表奏,玄宗就让他在寝殿旁边的帘帷中休息。力士笃信佛教,玄宗就以殿侧一所廷院供他念经拜佛,作为"修功德处"。据说,那里"雕莹璀璨,穷极精妙。"天宝初,又封高力士为冠军大将军、右监门卫大将军,进爵渤海郡公。天宝七载(公元748年),加骠骑大将军,从一品。阶虽高,不过是勋官。过了六年,特地置内侍监二员,由高力士和另一个得宠的宦官袁思艺任之。这是职事官,虽然秩正三品,但比勋官重要。高力士权势显赫,"资产殷厚,非王侯能拟。"①宦官的地位提高与作用加强,对于后来宦官专权起了一定的影响。这也是无需否认的事实。

高力士是奴性十足的宦官。他曾声称:"竭诚尽节,上答皇慈",即使"粉骨碎身",也在所不辞。这里吐露的是一种愚忠而已。但是,就力士与玄宗的私人情谊来说,却有令人瞩目的地方。许多的兄弟亲王,无数的后妃宫女,上万的臣僚官属,几千的宦官侍者,大概只有高力士追随唐玄宗为时最长了。玄宗晚年在政治上最忠诚的知己者,除了"老奴"外,还有谁呢?特别是安史之乱爆发后,玄宗处于危难之际,宠妃杨氏死了,儿子肃宗自立为帝了。大臣如陈希烈,驸马如张垍,宦官如袁思艺,纷纷投向安禄山营垒。而高力士则维护唐玄宗,逃到成都。后来,作为太上皇的玄宗,重返长安,相依为命的还是"老奴"高力士。玄宗死后,力士悲痛而绝,紧跟而去。大量的史实表明,"高力士真忠臣也,谁谓阉宦无人?"②在历史上,像高力士这样独具个性、忠诚专一的宦官,确实是罕见的。

由于高力士毕生谨慎无大过,唐朝人对他的评论还是好的。"代宗以其耆宿,保护先朝,赠扬州大都督,陪葬泰陵。"③《高公神道碑》上说:"近无闲言,远无横议。"曾与高力士有过接触的郭湜,

---

① 《旧唐书·高力士传》。
② 《史纲评要》卷20《玄宗》。
③ 《旧唐书·高力士传》。

特地写了《高力士外传》，口口声声"高公"，表示了怀念与敬意。

第三节　踏上昏庸之路

如果说，开元初期"励精为治"，中期"德消政易"，已不如前，那么，晚期以后，唐玄宗就从"怠于政事"而走向昏庸了。政治上的昏庸，除了上述委政林甫、谏诤路绝、宠信宦官外等，还突出地表现为以下几点。

（一）倦于万机，高居无为

人的进取精神，是事业上成功的重要因素。只有克服无所作为的思想，才能成为一个大有作为的明君。唐玄宗早年经历艰险，以不倦的拼搏，才登上皇位。开元初期，求治心切，奋发图强，兢兢业业。有时通宵达旦地处理政事，"上（玄宗）不解衣以待旦。"[①]半夜里想到什么事，就叫宦官"持烛"于省中，立刻督促办理。开元中期，虽然好大喜功，有所松懈，但基本上是勤劳施政的。玄宗规定：臣僚谏官们上封事，"门司"不得停滞，要迅速上报。一切重大的政事，包括宰臣任免，玄宗总是亲自及时地处理。开元晚期以后，"上（玄宗）在位多载，倦于万机，……自得林甫，一以委成。"[②]由于几十年来的"太平盛世"，经济繁荣，社会稳定，唐玄宗自我陶醉了，困倦于事了，不再像过去那样日理万机了。委政李林甫，竟达十六年，这是跟唐玄宗"倦于万机"的心态密切相关的。

"上（玄宗）厌巡幸"，自开元二十四年（公元 736 年）冬回西京，不复东幸洛阳。历来有"天子巡狩"制度，反映了皇帝对全国各地形势的关注。天宝三载（公元 744 年），玄宗从容地说："朕不

---

① 《明皇杂录》卷上。
② 《旧唐书·李林甫传》。

214

出长安近十年，天下无事，朕欲高居无为，悉以政事委林甫，何如？"①高力士当即反对把政事"悉委"林甫，但对"高居无为"的思想不敢说半个"不"字。这年，玄宗正好六十岁，在古代早已算是老年人了。天宝十三载（公元754年），古稀之年的唐玄宗，不得不发出了"朕今老矣"的感叹，表达了十分厌倦政事的情绪。

从"倦于万机"到"高居无为"的变化，说明唐玄宗已经丧失进取精神。有了无所作为的思想，也就不可能在政治上有所作为了。每当宰相推荐贤士，玄宗虽然询问风度是否像张九龄那样，但是，一问了之，再也不愿作具体的考察。从前半夜物色张嘉贞的劲儿，早已没有了。李林甫说"野无遗贤"，玄宗也信以为真。林甫奏，今天下太平无事，宰相们办公已时（上午十点钟）就可以回家了。军国机务竟决于私家，宰相陈希烈只是签名而已。对于这种不正常的规则和松散的作风，玄宗听之任之，因为他本人也认为天下无事可干的了。君臣上下如此，天宝时期政治怎么不会腐败呢？

（二）冀求神仙，思慕长生

迷信神仙与否，历来是区别明君与昏君的一个重要标志。

唐玄宗急于理政之时，是无暇求神弄鬼的。开元十三年（公元725年），明确宣称："仙者凭虚之论，朕所不取。"②改集仙殿为集贤殿，成为历史上的美谈。凡是务实的清醒的政治家，谁也不会轻信世上真有什么神仙。为了稳定社会秩序，玄宗还禁止卜祝迷信活动，不准各地献符瑞。当然，对于方药与养生术，唐玄宗始终是孜孜以求的。人不可能不死，更无法成仙，但是，长寿健康是可以做到的。玄宗深谙此道，精通医药，讲究养身。如果这一切并没有妨碍与影响政务，又有什么不好的呢？

---

① 《资治通鉴》卷215天宝三载十二月条。
② 《资治通鉴》卷212开元十三年四月条。

开元二十二年(公元734年),玄宗在东都洛阳召见了著名的方士张果,恩礼甚厚。旧史称:"上(玄宗)由是颇信神仙。"胡三省也说:"明皇改集仙为集贤殿,是其初心不信神仙也,至是则颇信矣,又至晚年则深信矣。"①的确,从"不信"到"信"神仙,这年跨出了重要的一步。但是,就史实来看,玄宗主要是请教"方药"之事,并没有把张果当作"神仙"。张果自称数千岁,是荒诞的,然而他有长年秘术,也是不必否认的。张果在宫殿里的种种闹剧,似出于后人的传说编造,未必是信史。玄宗赞扬"张果先生,游方外者也。迹先高尚,深入窈冥。"②与之结交半年,在政治上没有产生恶劣的影响。

唐玄宗从思慕长生而笃信神仙,发展到荒政误国的昏庸地步,那是天宝时期的事。"天宝元年十月,造长生殿,名为集灵台,以祀神。"③从前废弃"集仙殿",如今重新搞了"集灵台",这是政治思想上的大倒退。延年益寿不去依赖养身术,而是祈求于神仙,也就走向荒谬的境界了。天宝四载(公元745年)正月,有一天,年过花甲的玄宗,一本正经地对宰相说,他曾在宫中筑坛祈福,忽然听到空中语云"圣寿延长"。这似乎是过分思念长寿而造成的幻觉。可笑的是,玄宗把幻觉当作神怪显灵,而太子、诸王、宰相等竟将诞佞视为事实,纷纷上表庆贺。宋代史学家范祖禹批评说:"明皇假于怪神,以罔天下,言之不怍,而居之不疑,何以使其臣下不为欺乎? 是率天下而欺己也。"④如此自欺欺人,真是昏庸之至!

为了迎合唐玄宗企求长寿的急切心情,一些投机取巧之徒要弄了新花招。天宝八载(公元749年),有个叫李浑的,串联了一些人,上书声称:在太白山遇见"神人","神人"说金星洞有块玉板

---

① 《资治通鉴》卷214开元二十二年八月条。
② 《旧唐书·张果传》。
③ 《唐会要》卷30《华清宫》。
④ 《唐鉴》卷5《玄宗下》。

石，"记圣主福寿之符"。①玄宗立刻派官员去寻找，果然得到了。这是拙劣的诈骗，事先埋好"福寿之符"，竟使玄宗如获至宝。从此以后，各地纷纷效仿，"符瑞"像雪片似的飞来。史称："时上（玄宗）尊道教，慕长生，故所在争言符瑞，群臣表贺无虚月。"宰相李林甫也把自己的宅第捐献为道观，"以祝圣寿，上悦。"②可见，从合理的养身之道，演化为如此荒唐的"慕长生"，清楚地反映了唐玄宗晚年的昏庸。这也是政治上丧失进取心的必然结局。

（三）铸造真容，崇拜偶像

更有甚者，唐玄宗还制造偶像崇拜，掀起了一场浑浑噩噩的造神运动。

虽然在此之前，那些尊崇道教者，早就把始祖老子当作"玄元皇帝"来顶礼膜拜，但是，老子何等样子，谁也说不清楚。开元二十九年（公元 741 年），玄宗根据自己的梦幻，派人到鳌屋楼观山间找到了一张老子像，迎置兴庆宫。同时，"命画玄元真容，分置诸州开元观。"③这样，全国处处有玄元皇帝的"真容"画像，尊奉老子到了狂热的程度。

如果说，崇拜老子偶像还是可以理解的，那么，唐玄宗自己为自己造神，简直是莫名其妙的了。大约天宝初期，在长安最大的道教庙堂太清宫，"命工人于太白山采白石，为玄元圣容与玄宗圣容，侍立于玄元右，皆依王者衮冕之服，绘彩珠玉为之。"④用白玉石雕塑了玄宗真容，站立在玄元皇帝（老子）圣容的右侧，供人礼拜。天宝三载（公元 744 年），东、西两京以及天下诸郡都要用金铜铸造老子和玄宗"真容"，供奉在道观里。天宝八载（公元 749

---

① 《资治通鉴》卷 216 天宝八载五月条。
② 《资治通鉴》卷 216 天宝九载十月条。
③ 《资治通鉴》卷 214 开元二十九年五月条。
④ 《册府元龟》卷 54《帝王部·尚黄老二》。

年），甚至在潞州启圣宫（即隆基旧宅飞龙宫）里，"琢玉造圣祖大道玄元皇帝真容及帝真容。"①可见，唐玄宗的塑像遍及全国各地，有玉石雕的，有金铜铸的，像老子一样备受崇拜。

众所周知，唐初以来，皇帝有写真图，即皇帝的画像。如唐太宗写真图，开元时期张说就曾看见过。但是，没有一个皇帝把自己的画像供奉起来，更没有雕铸成"真容"，而唐玄宗却率先这样做了，开启了帝王偶像崇拜的先声。这是为什么呢？旧史称："天宝中，天下州郡皆铸铜为玄宗真容，拟佛之制。"②的确，塑像是跟佛教的传播有关。但是，玄宗"真容"的大树特树，却是尊崇道教这股潮流的产物。天宝四载（公元 745 年），崇玄馆学士、门下侍郎陈希烈奏曰："伏惟陛下虔诚奉道，福佑所归，置玉石真容，侍圣祖（老子）左右。"③可见，设置玄宗偶像，是跟尊奉道教分不开的。所谓"福佑所归"，无非是要圣寿延长，永远健康。这也就是造神运动的现实目的。

唐玄宗不仅把自己造成了"神"，而且把身边宠信的宰相也带进了"神"的殿堂。天宝五载（公元 746 年）九月，"诏于太清宫刻石为林甫及陈希烈像，侍于圣容（玄宗塑像）之侧。"④后来，李林甫死了，名声败裂，宰相杨国忠取而代之，也以石像侍于玄宗"真容"之侧。长安太清宫里的情景，犹如封建朝廷的倒影。世俗间的君与臣，到了"神"的境界，依旧是君臣关系。这种从"人"到"神"的升华，反映了要把封建统治永远维持下去的愿望。然而，维护封建统治不是依靠政治上的明察，而是祈求于造神举动，又恰恰表现了唐玄宗晚年的昏庸。

---

① 《册府元龟》卷 54《帝王部·尚黄老二》。

② 《旧唐书·李宝臣传》。

③ 《册府元龟》卷 54《帝王部·尚黄老二》。

④ 《册府元龟》卷 319《宰辅部·褒宠二》。

(四)荡心侈欲,风俗奢靡

前章说过,随着开元盛世的出现,唐玄宗就醉心于豪华的生活,不讲什么"刻厉节俭"了。开元晚期以后,尤其是天宝时期,由于荒于理政与冀求神仙,在物质享受方面必然是日益腐朽化。唐朝苏冕指出:"上(玄宗)心荡而益奢,人望怨而成祸。"①玄宗晚节犹以奢败,是何等深刻的教训。

建置琼林、大盈二库,是唐玄宗"荡心侈欲"的表现之一。开元末年,贵臣贪权,饰巧求媚,建议:"郡邑贡赋所用,盍各区分:赋税当委于有司,以给经用;贡献宜归于天子,以奉私求。"也就是说,天下赋税按旧制皆纳于左藏,太府四时上其数,尚书比部复校其出入。另外,新置琼林、大盈二内库,专门存储各地贡物,以供天子私求。这样做,实际上是把天下贡赋(部分)化为人君私藏,便于皇帝任意挥霍。唐朝著名的政治家陆贽批评说:"琼林、大盈,自古悉无其制,传诸耆旧之说,皆云创自开元。……玄宗悦之,新是二库,荡心侈欲,萌柢于兹。"②

天宝四载(公元745年),由于"用度日侈",户口色役使王鉷,私自把岁贡额外钱百亿万,转入大盈内库,以供皇帝宴私赏赐。王鉷说:"此皆不出于租庸调,无预经费。"玄宗信以为真,夸奖王鉷"能富国",将他提拔为御史中丞、京畿采访使。其实,"鉷务为割剥以求媚,中外嗟怨。"③由此可见玄宗昏庸之一斑。

宴乐无度,赏赐无节,这是君臣上下、朝廷内外腐败的重要表现。宴请之风愈刮愈烈,贵戚竞以进食相尚。玄宗吃的山珍海味,一盘的费用就等于十户中等人家的产业。天宝六载(公元747年),命百官到尚书省参观各地送来的贡物。阅毕,统统赏赐给宰

---

① 《资治通鉴》卷216天宝七载六月条。
② 《全唐文》卷469陆贽《奉天请罢琼林大盈二库状》。
③ 《资治通鉴》卷215天宝四载十月条。

相李林甫。李林甫是开元以来最奢侈的宰相。史称:"林甫京城邸第,田园水硙,利尽上腴。城东有薛王别墅,林亭幽邃,甲于都邑,特以赐之,及女乐二部,天下珍玩,前后赐与,不可胜纪。"①天宝八载(公元749年),引百官参观堆满宝货财物的左藏库,同时给百官赐帛有差。过了三年多,玄宗又亲自带领群臣参观左藏库,赐群臣帛。据说,"上(玄宗)以国用丰衍,故视金帛如粪壤,赏赐贵宠之家,无有限极。"②在这种情况下,贵宠之家如高力士、杨国忠、杨氏家族以及安禄山等等,都是穷奢极欲的典型。

总之,"天宝已后,风俗奢靡,宴席以喧哗沉湎为乐。……公私相效,渐以成俗,由是物务多废。"③政治上昏庸,促使了风俗上衰颓;而奢靡成风,又造成了"物务多废"。这样的恶性循环,终于把唐玄宗推上败亡的道路。

第四节　"开元之治"的反思

"开元之治"历来与"贞观之治"并称,它以空前繁荣的盛世登上了唐朝历史的最高峰。然而,就在经济文化一直呈上升趋势的同时,唐玄宗在政治上却是"滑坡"了:开元中期不如初期,晚期不如中期,天宝不如开元。如此明显的反差,往往令人反思不已。

(一)由明而昏的三部曲

"开元盛世"消失之后,回过头来一看,不难发现,唐玄宗走的是一条由明趋昏的道路。唐代宗、德宗时,政治家颜真卿、陆贽等对此已作了一些分析。特别是唐宪宗,十分重视"开元之治"的研究,提出了一个发人深省的问题:"朕读《玄宗实录》,见开元初锐

---

① 《旧唐书·李林甫传》。
② 《资治通鉴》卷216天宝八载二月条。
③ 《旧唐书·穆宗本纪》。

意求理，至十六年已后，稍似懈倦，开元末又不及中年，何也？"①这
里说的，正是把"开元之治"划分为三个阶段。初期，锐意求治，
"依贞观故事"，取得了"贞观之风，一朝复振"的业绩。中期，好大
喜功，"粉饰盛时"。唐宪宗说的"十六年已后"，似指封禅泰山之
后，从东都返回西京，在政治上稍稍懈倦。当然，确切地说，张说任
中书令为中期的开始。晚期，委政李林甫，"怠于政事"，走向昏
庸。可见，唐玄宗的三部曲，是客观存在的事实，并不是人为的
臆造。

为什么经济文化持续发展而政治上却走下坡路呢？安史之乱
的暴风雨过后，残破景象代替了歌舞升平，人们探讨的话题自然地
集中到"开元之治"的得失上。有的说："皆权臣误主，不遵太宗之
法故也。"②有的说："耳目之娱渐广，忧勤之志稍衰。佚心一萌，邪
道并进。……司府以厚敛为公忠，权门以多赂为问望。外宠持窃
国之势，内宠擅回天之谣。祸机炽然，焰焰滋甚。"③有的说："承平
日久，安于逸乐，渐远端士，而近小人。宇文融以聚敛媚上心，李林
甫以奸邪惑上意，加之以国忠，故及于乱。"④有的说："理生于危
心，乱生于肆志。……李林甫、杨国忠相继用事，专引柔佞之人，分
居要剧，苟媚于上，不闻直言。……盖小人启导，纵逸生骄之致
也。"⑤如此等等，不一而足。

上述各种的解释，归结起来，主要有几点：第一，用人不当，奸
宠专权。第二，不容谏诤，偏信邪言。第三，倦于理政，骄奢纵欲。
这些确实是唐玄宗由明而昏的重要因素。但是，如果追问一下：为
什么从"任贤用能"变为宠信奸邪？为什么从"从谏如顺流"变为

①　《旧唐书·宪宗本纪下》。
②　《全唐文》卷 336 颜真卿《论百官论事疏》。
③　《全唐文》卷 468 陆贽《奉天论前所答奏未施行状》。
④　《旧唐书·宪宗本纪下》。
⑤　《旧唐书·李绛传》。

"谏诤路绝"？为什么从"求治心切"变为求神仙心切？为什么从"励精图治"变为荒于理政？为什么从"刻厉节俭"变为肆志纵逸？苛求古人，用阶级矛盾与社会矛盾的观点来解释，那是荒唐的。而要弄清"为什么"，关键在于对封建专制主义政治体制的基本特征的认识。

（二）"人君明哲，终始尤难"

唐文宗时，大臣李珏论及开元天宝政事时，指出："人君明哲，终始尤难。"[1]肯定唐玄宗是杰出的政治家，无疑对的。但是，作为"人君明哲"，跟许多杰出的历史人物一样，有好的开始，却没有好的结局。应当说，历史上政治家特别是帝王一类人物，未能终始如一的，多得很，只是程度有所差异罢了。即使像明君唐太宗，也是后期不如前期，卑俭之迹岁改，骄侈之情日异，"所以，功业虽盛，终不如往初。"[2]

这样，历史就提出了一个带普遍性的重要问题：自古以来，多少杰出的"人君明哲"，创业时总是兢兢业业，蓬勃向上，但是，在取得胜利与成功之后，或者在繁荣盛世之时，就逐渐地为功业所陶醉，慢慢地腐败，走向下坡路了。这究竟是为什么呢？历史是千差万别的，具体的人物要结合具体的历史条件来分析。但从普遍意义上说，"鲜克有终"，是跟封建专制主义政治弊病分不开的。下面，列举几点来谈谈。

第一，专制权欲与年事增长的关系。

封建帝王无例外地要把自己的统治维持下去，这是不会放弃的专制权欲的表现，也是封建统治阶级利益的集中表现。在初创时期，帝王的权欲往往跟社会发展的趋势相一致，跟恢复与发展生

---

① 《旧唐书·陈夷行传》。
② 《贞观政要》卷2《纳谏》。

产力的潮流相一致,跟广大人民群众的意愿相一致,因而就能够有所作为,干出一番轰轰烈烈的事业。"开元之治"赢得辉煌的功绩,根本原因就在于此。但是,一旦坐稳天下,大功告成,专制权欲所固有的种种弊病就会表现出来,成为阻碍社会进步的东西。同时,随着帝王年事的增长,逐渐地丧失蓬勃向上的进取精神,"怠于政事"是不可避免的了。开元中期,唐玄宗在一片"万岁"声中封禅泰山,又在"上万岁寿"中搞了"千秋节",自我陶醉了,忘乎所以了。晚期以后,他多次表示对政事的厌倦,说:"朕年事渐高,心力有限,朝廷细务,委以宰臣,藩戎不謷,付之边将,自然无事,日益宽闲。"①

由于皇位的终身制与世袭制,把事情弄得更加复杂了。一方面"心力有限",倦于理政,另一方面专制权欲至老而不衰,决不会轻易地放弃。于是,各种矛盾发生了,各种弊病出现了。围绕着太子问题(皇位继承权)的争斗激烈了,朝臣之间互相倾轧增多了,窃国擅权的外内宠孳生了。因此,封建帝王晚年政治状况总是不如初期,即使主观上想要保持清明,也是难以做到的。

第二,"太平盛世"与政治昏庸的关系。

"太平盛世"是指封建王朝的鼎盛时期,历来"人君明哲"无不以此为追求目标。而要实现"盛世",就非经由艰苦奋斗不可。史称:"昔玄宗少历屯险,更民间疾苦,故初得姚崇、宋璟、卢怀慎辅以道德,苏颋、李元纮孜孜守正,则开元为治。"②在这过程中,封建统治者的私欲,不仅受到客观历史环境的制约,而且还会由自己作些压抑。因此,政治上比较清明,国家官僚机构运转比较正常,相对地说,腐败现象较少。

但是,随着"太平盛世"的实现,在歌舞升平的背后,各种社会

---

① 《高力士外传》。

② 《新唐书·崔群传》。

矛盾从平稳状态又趋向激化了。封建统治者的贪欲因经济繁荣与财富增长而逐渐地膨胀起来。"侈心一萌,邪道并进",种种弊病涌现了。封建官僚机构越来越庞大,冗官冗员,腐败自不待言。据统计,开元二十一年(公元 733 年),"官自三师(太师、太傅、太保)以下一万七千六百八十六员,吏自佐史以上五万七千四百一十六员,而入仕之涂甚多,不可胜纪。"①天宝之后,不仅官员多,而且将兵多。凡镇兵四十九万人,马八万余匹。每年军士用衣达一千二十万匹,耗粮一百九十万斛。司马光指出:"公私劳费,民始困苦矣。"②注意,所谓"始"字,说明经历近三十年"开元盛世"而百姓又"困苦"了,阶级矛盾必然是日益尖锐化。

"气盛而微,理固然也。"③从"太平盛世"走向衰微,对于封建统治者来说,几乎是不可抗拒的规律。

第三,商品经济与纵欲颓败的关系。

有一种意见认为,商品经济的腐蚀作用,是封建统治集团包括唐玄宗本人颓败的原因之一。这是值得商榷的。

首先,必须指出,经济繁荣与财富增长,其本身并不包含有什么腐蚀作用,只是为封建统治者骄奢淫逸提供了物质条件,贪欲是封建统治者对物质享受追求的某种特性,而这种特性却不是来自经济发展的内涵。在特定的历史环境里,因客观物质条件的限制,封建统治者的贪欲表现不甚突出,如"明皇之始欲为治,能自刻厉节俭",就是一个典型。但是,随着"太平盛世"的出现,"国用丰衍",封建统治者视金帛如粪壤,"明皇暴敛而横费之,其不爱惜如此,安得无祸乎?"④如果把这种颓败情况归结为"商品经济的腐蚀

① 《资治通鉴》卷 213 开元二十一年六月条。
② 《资治通鉴》卷 215 天宝元年正月条。
③ 《元稹集》卷 28《才识兼茂明于体用策一道》云:"天宝之后,徭戍渐兴,气盛而微,理固然也。"
④ 《唐鉴》卷 6《玄宗下》。

作用"，似不妥当。司马光说得好："甚哉，奢靡之易以溺人也！"①
是奢靡是贪欲膨胀害人，而不是经济发展害人，这是应当区别清
楚的。

其次，在开元、天宝时期，占主导地位的是封建的自给自足的
自然经济，而不是商品经济。封建统治者享用的物质资料，绝大部
分是由全国赋税与贡献提供的，而不是来源于商品交换。例如，专
供"天子私求"的百宝大盈库，储存的是各地贡物；左右藏库皆出
于租庸调。天宝初，有人进献五色玉带，玄宗又从左藏库中得到五
色玉杯。于是，"上（玄宗）怪近日西贡无五色玉，令责安西诸蕃。
蕃言比常进，皆为小勃律所劫，不达。"②可见，远自西域而来的奢
侈品，是通过进贡的途径，而不是经由商人之手。商业豪富阶层是
存在的，但在经济生活中并没有扮演重要的角色。封建国家财富
的积累与集中，依赖于政府官员的搜括。什么租庸使、户口色役
使，什么和籴使、转运使，什么盐铁使、支度使，名目繁多。聚敛之
臣如宇文融、韦坚、杨慎矜、王鉷、杨国忠等等，身兼各种专使，奔忙
于各地，搜括民膏民脂，以供封建统治者包括唐玄宗的任意挥霍。
显然，他们的经济活动跟商品经济是无缘的。正因为财富不是通
过商品交换得到的，所以浪费起来毫无痛惜之心。

（三）骄奢是可怕的腐蚀剂

以上，说的是阶级的、社会的、经济的客观原因。如果从主观
因素来看，唐玄宗由明而昏还在于：骄奢是可怕的腐蚀剂。③

首先，"志满意骄"，陶醉于"太平盛世"。前章说过，开元中期
已不如初期，原因之一就是唐玄宗"骄心浸生"。正如宋代史臣指

---

① 《资治通鉴》卷 211 开元二年七月条。
② 《酉阳杂俎》前集卷 14《诺皋记上》。
③ 参见魏克明《唐玄宗盛衰史略》，载上海《社会科学》1980 年第 4 期。

出："及太平久，左右大臣皆帝自识擢，狎而易之，志满意骄，而张九龄争愈切，言益不听。夫志满则忽其所谋，意骄则乐软熟、憎鲠切，较力虽多，课所效不及姚（崇）、宋（璟）远矣。"①的确，骄傲自满，就听不进别人的意见，就喜欢阿谀奉承，所以政治上稍怠了。开元晚期以后，唐玄宗更为歌功颂德所包围。开元二十七年（公元739年），群臣请加尊号曰"开元圣文神武皇帝"，许之。天宝元年（公元742年），尊号又加了"天宝"两字。七载（公元748年），尊号内又加了"应道"两字。次年，群臣上尊号曰"开元天地大宝圣文神武应道皇帝"。十三载（公元754年），上尊号曰"开元天地大宝圣文神武证道孝德皇帝"。尊号的变化，反映了唐玄宗越来越"志满意骄"了。

唐玄宗还陶醉于"太平盛世"，居安而不思危，于是无所作为的思想占了上风。天宝元年（公元742年）正月初一，玄宗在兴庆宫勤政楼受朝贺，大赦天下，改元"天宝"，宣称："昊穹孚祐，万方无事。六府惟修，寰宇晏如。"②既然天下太平，"万方无事"，也就从"怠于政事"走向荒政误国了。后来，他多次声称"朕欲高居无为"，把政事统统交给内外宠臣去办理。这样就造成了奸相专权的黑暗局面。

其次，骄者必奢，奢者必昏。唐穆宗时，大臣崔植对此作了生动的说明。他指出，开元初期，宋璟送上《无逸图》一幅，该图是根据《尚书·无逸》篇画的，告诫切勿纵欲。玄宗置之内殿，出入观省，牢记在心，"故任贤戒欲，心归冲漠。"然而，"开元之末，因《无逸图》朽坏，始以山水图代之。"这表明玄宗放弃了"无逸"的古训，沉溺于山水娱乐，荡心于侈欲奢靡。"自后既无座右箴规，又信奸臣用事，天宝之世，稍倦于勤，王道于斯缺矣。"③可见，骄奢纵欲的

---

① 《新唐书》卷126赞曰。
② 《全唐文》卷39玄宗《改元大赦文》。
③ 《旧唐书·崔植传》。

结果,必然导致政治上的昏暗。

再次,没有自知之明。一般地说,"人之立事,无不锐始而工于初,至其半则稍怠,卒而漫澶不振也。"①虽然封建帝王都有后期不如前期的情况,但是,并非个个都踏上败亡的道路。这里,除了各种客观条件外,重要的问题是有无自知之明。例如,唐太宗后期虽然骄奢纵欲,但他还是有自知之明的,公开地检讨:"吾居位已来,不善多矣,锦绣珠玉不绝于前,宫室台榭屡有兴作,犬马鹰隼无远不致,行游四方,供顿烦劳,此皆吾之深过,勿以为是而法之。"②由于能够承认错误,也就避免了一些失误,始终没有朝危亡的道路滑下去。相比较而言,唐玄宗晚期就缺乏这种自知之明。史称:"晚年自恃承平,以为天下无复可忧,遂深居禁中,专以声色自娱,悉委政事于林甫。……养成天下之乱,而上(玄宗)不之寤也。"③在委政李林甫的十六年里,玄宗自以为"明主",听不得别人的意见,对于各种严重的问题根本"不之寤",没有觉察,更谈不到有所检讨。李林甫死后,又完全听信了杨国忠,依旧是"不之寤"。天宝十二载(公元753年),玄宗在《削李林甫官秩诏》中,说李林甫"外表廉慎,内怀凶险,……祸福生于喜怒,荣辱由其爱憎,使缙绅箝口,行路侧目"。④ 这里,虽然谴责奸相李林甫的罪行,但是没有一句话联系到玄宗自己。其实,林甫的一切"凶险",正是由于玄宗宠信的结果。可见,时至于此,玄宗还是没有一点自知之明。因此,继续委政杨国忠,终于导致了安史之乱。

① 《新唐书》卷126赞曰。
② 《资治通鉴》卷198贞观二十二年正月条。
③ 《资治通鉴》卷216天宝十一载十一月条。
④ 《全唐文》卷33玄宗《削李林甫官秩诏》。

第九章　完善立法与行政法典

"开元之治"的一个重要方面，就是袭用贞观法制的宽仁慎刑原则，对唐初以来律令格式进行某些删修，编撰了我国历史上最早的行政法典《唐六典》，以适应"盛世"的需要。唐玄宗为完善法制而作的努力，在我国法制史上谱写了新的一页。但是，晚年又走上了重用酷吏、践踏法制的老路。

第一节　"以宽仁为理本"

史称"开元中，玄宗修道德，以宽仁为理本。"①重新恢复"宽仁"原则，是经历长期斗争的结果，是对武周时代酷吏政治的否定。

（一）清除酷吏政治的影响

众所周知，"唐家承隋苛虐，以仁厚为先。"②鉴于隋炀帝的烦法酷刑的严重后果，唐太宗"遂以宽仁治天下，而于刑法尤慎。"③正是在宽仁慎刑原则的指导下，制定了著名的《唐律》。及至"高宗即位，遵贞观故事，务在恤刑。"永徽四年（公元653年）颁布的《唐律疏议》，是贞观法律继续完善的成果。然而，自永徽以后，武则天登上政治舞台，由于封建统治集团内部矛盾的激化，逐渐出现

---

① 《旧唐书·杨炎传》。
② 《新唐书·权德舆传》。
③ 《新唐书·刑法志》。

"滥刑"的倾向。特别是垂拱以后,武后临朝,"恐人心动摇,欲以威制天下,渐引酷吏,务令深文,以案刑狱。"①于是,宽仁慎刑原则被废弃了,代之以威刑严法。

针对上述情况,姚崇在"十事要说"中首先强调:"自垂拱已来,朝廷以刑法理天下,臣请圣政先仁义,可乎?"也就是说,姚崇主张恢复贞观、永徽时期的宽仁原则,把行"仁义"作为"理天下"的第一要务。对此,唐玄宗深表赞赏,说"朕深心有望于公也。"②欣然采纳姚崇的这一政治主张,决不是偶然的。在酷吏横行的时代,唐玄宗本人也是受害者之一。外祖父窦孝谌一家惨遭酷吏迫害,那是何等的冤屈事件。乐工安金藏剖腹的壮烈场面,更使少年的李隆基看到"酷吏肆凶,潜行谋构",造成了多么严重的后果。往后的二十年,又目睹各种残酷的宫廷内争。从切身经历中,玄宗体会到:姚崇的建议无疑是正确的。如果不先行"仁义",封建阶级内部关系不可能获得协调,稳定政局也就成了一句空话,天下"太平"更何从谈起。

开元时期,宽仁原则贯串于政治经济生活的各个方面。下面,先谈谈有关消除酷吏政治影响的两个问题。

第一,重申废止酷吏政治。

唐朝酷吏政治是封建统治阶级派别斗争的产物。酷吏所打击的对象主要是政治上的反对派,而不是平民百姓。武则天曾起用酷吏,以达到消灭政敌与巩固统治的目的。然而,酷吏肆凶,又带来新的社会恐怖与不安。所以,武则天最终还是亲自处了周兴、索元礼、来俊臣等一批酷吏。中宗神龙初年,宣布周兴等酷吏已死的追夺官爵,尚存者如唐奉一、曹仁哲等都流放到岭南恶地。但是,在"祸乱"不已的时期里,自然来不及彻底清查酷吏并消除其

---

① 《旧唐书·刑法志》。
② 《开元升平源》。

政治影响,以致某些人仍任地方刺史等官职。开元元年(公元713年)底,唐玄宗就着手清理还活着的酷吏及其子弟。次年闰二月,下了一道敕令:涪州刺史周利贞等十三人,都是酷吏,罪行比周兴等差轻,应当"放归草泽,终身勿齿"。① 必须指出,这个敕令并没有切实执行。如周利贞,原是崔湜的表兄,任广州都督时,崔湜曾唆使他杀害刘幽求。照规定,"宜终身勿齿"。可是,不久又授珍州司马。次年,授夷州刺史,黄门侍郎张廷珪反对说:"今锡以朱绂,委以藩维,是绌奸不必行也。"②疏入,遂寝。未几,复授黔州都督,加朝散大夫,由于张廷珪坚决抵制,玄宗乃止。廷珪罢职后,周利贞起为辰州长史。最后,又贬利贞为邕州长史,未几,赐死于梧州。看来,唐玄宗的这种态度,为天宝年间重新起用酷吏,种下了祸根。

开元十三年(公元725年)三月,御史大夫程行谌奏:武周朝酷吏周兴、索元礼、来俊臣等二十三人,"残害宗枝,毒陷良善,情状尤重,子孙不许与官。陈嘉言、鱼承晔、皇甫文备、傅游艺四人,情状稍轻,子孙不许近任。"③玄宗采纳并实行这一建议。当然,酷吏跟他们的子孙不是一回事。按照封建血统论,株连及其子孙,也未必是妥善的。不过,此事却反映了唐玄宗重申废止酷吏政治的某些意向。

第二,表彰"用法平直"。

当酷吏"罗织"之际,也有些法官卓然守法,持平不挠,敢于跟群邪作斗争。大理卿徐有功就是一个典型。史载:"时酷吏周兴、来俊臣、丘神勣、王弘义等构陷无辜,皆抵极法,公卿震恐,莫敢正

---

①　《唐会要》卷41《酷吏》。《资治通鉴》卷211云周利贞是"天后(武则天)时酷吏",似欠确切。

②　《新唐书·酷吏传》。

③　《旧唐书·酷吏传上》。

言。有功独存平恕,诏下大理者,有功皆议出之,前后济活数十百家。"①他还曾为李隆基外祖父母冤案辩护,因而被除名为庶人。后来,又任司刑少卿等,执志不渝。长安二年(公元702年)卒,年六十二岁。

对于徐有功这样的法官,唐玄宗是深怀敬意的。开元二年(公元714年)闰二月,"上思徐有功用法平直",②以其子徐恬为恭陵令。国舅邠公窦希瑊等请把自己的官爵让给恬,以报旧恩,于是徐恬迁为申王府司马。

唐玄宗表彰"用法平直",产生了积极的社会效果。开元时期,涌现一批执法清严的官吏,显然与此有关。例如,开元三年(公元715年),京兆尹崔日知"贪暴不法",御史大夫李杰将发举之,日知反而诬告李杰有罪。侍御史杨场奏曰:"若纠弹之司,使奸人得而恐惕,则御史台可废矣。"③玄宗觉得在理,立刻命李杰视事如故,贬日知为歙县丞。又如河南尹李朝隐,"政甚清严,豪右屏迹。"当时太子舅舅赵常奴恃势欺害平民,朝隐绳之以法,执而杖之。玄宗知道后,"又降敕书慰勉之,"④表扬这位"素有公直之誉"的官员。开元十年(公元722年),迁大理卿。

(二)防止苛刑与滥刑

在酷吏横行的时代,苛刑之残忍,令人发指。或者以醋灌鼻,禁地牢中;或者盛之瓮中,以火烧之。什么"定百脉"、"喘不得",什么"突地吼"、"失魂胆",真是五花八门!后来,酷吏统治虽已结束,但苛刑之余风继续存在着。先天二年(公元713年)八月,即诛灭太平公主不久,唐玄宗宣布:"凡有刑人,国家常法。……自

① 《旧唐书·徐有功传》。
② 《资治通鉴》卷211开元二年闰二月条。
③ 《资治通鉴》卷211开元三年十二月条。
④ 《旧唐书·李朝隐传》。

今以后,辄有屠割刑人骨肉者,依法科残害之罪。"①这是对酷吏遗风的清理,也是立法上的一种进步。开元以来,基本上废除了"屠割骨肉"的苛刑,按照"常法"实行死刑、流刑、徒刑、杖刑等。开元十二年(公元724年)四月,由于杖刑过重,致人殒毙,唐玄宗颁发了一道敕令:"比来犯盗,先决一百,虽非死刑,大半殒毙。言念于此,良用恻然。今后抵罪人,合杖敕杖,并从宽。"②改决杖一百为六十,定为常式。可见,这些法制上改革都体现了宽仁慎恤的原则,反映了开元立法的某些特点。

完善死刑的审批程序,是贞观司法的重要措施。开元司法也有这一条,唐玄宗在《恤刑制》中宣称:"自今有犯死刑,除十恶罪,宜令中书门下与法官详所犯轻重,具状奏闻。"③但是,唐玄宗有时候"生杀任情",从个人好恶出发,轻易地决定处死。例如,开元七年(公元719年)深秋,在通往兴庆宫的"复道"上,看见一个卫士将吃剩的饭菜倒在沟窦里。玄宗"怒,欲杖杀之,左右莫敢言。"同行的长兄宁王宪(原名成器)从容谏曰:陛下在"复道"上看见人家过失就要杀他,恐怕会弄得人人不自安。况且陛下厌恶倒掉饭食,为的是粮食可以养人。现在以余食杀人,不是丧失了原先的本意吗!玄宗一听,"大悟",蹶然起曰:"微兄,几至滥刑。"④立刻释放卫士。当天,在兴庆宫里宴饮极欢,玄宗亲自解下红玉带,连同御

---

① 《册府元龟》卷612《刑法部·定律令四》。
② 《唐会要》卷40《君上慎恤》。
③ 《全唐文》卷23 玄宗《恤刑制》。
④ 《资治通鉴》卷212 开元七年九月条。关于"复道"问题,据《册府元龟》卷14《帝王部·都邑二》记载,"兴庆宫在东内之南,自东内达南内,有夹城复道,径通化门达南内,人主往来两宫,莫知之。"又,《资治通鉴》卷211 开元二年七月条胡三省注云:"兴庆宫,后谓之南内,在皇城东南,距京城之东,直东内之南。自东内达南内,有夹城复道,经通化门达南内,人主往来两宫,外人莫知之。"可见,"复道"即夹城复道。如果把"复道"解释为"宫廷里的通道",或者说"玄宗在宫中复道中散步,通过隔墙看见卫士将吃剩的饭菜随意丢弃了",似欠确切。

马,送给了大哥。这个真实的故事既说明善纳规谏,更反映了防止"滥刑"的事实。浪费粮食是一种"过失",但从法律上说,并不构成死罪。如果盛怒之下"杖杀之",势必造成一桩错案,将使人人自危。唐玄宗终于明悟过来,避免了如同唐太宗怒杀张蕴古那样的悲剧。[①]

开元十年(公元722年)八月,武强(今属河北)令裴景仙索取贿赃达五千匹,事发逃走。玄宗"大怒,令集众杀之。"刚刚上任的大理卿李朝隐认为,"乞赃,犯不至死",加上景仙曾祖是唐开国元勋裴寂,根据"十代宥贤"的原则,应改弃市为流刑。玄宗手诏不许。李朝隐继续辩护说:"生杀之柄,人主合专;轻重有条,臣下当守。……今若乞取得罪,便处斩刑,后有枉法当科,欲加何辟?所以为国惜法,期守律文,非敢以法随人,曲矜(景)仙命。"这里坚持有法必依,该斩则斩,该流则流,不轻罪重判,不以法随人,表现了法官忠于职守的品质。唐玄宗下制曰:"朕垂范作训,庶动植咸若,岂严刑逞戮,使手足无措者哉?"[②]于是,判处贪官裴景仙决杖一百,流放岭南。

除了断案外,对待社会动乱事件的处置也贯彻了宽仁原则。就在裴景仙案不久,京城长安发生权楚璧拥左屯营兵叛乱事件,西京留守王志愔惊恐而死。当时,唐玄宗在东都洛阳,立即派遣河南尹王怡前往处理。"(王)怡禁系极众,久之未能决断。"看来,严刑逞戮,"穷其枝党",反而得不到效果。玄宗就请开府仪同三司宋璟为西京留守。宋璟早已罢宰相,作为元老顾问,欣然应命。宋璟来到长安,只处置了几个策划阴谋的人,"胁从者尽原之"。[③] 这是执法"平允"的典型例子,可以跟贞观时期崔仁师处理青州"逆谋"

---

①　怒杀张蕴古,详见拙著《唐太宗传》第185页。

②　《旧唐书·李朝隐传》及《唐会要》卷40《臣下守法》。

③　《册府元龟》卷618《刑法部·平允》。

事件的作风相媲美。①

（三）行法先近亲而后远疏

严以执法之难，难在对待皇亲国戚、宠幸近密的违法乱纪问题上。而如果让权贵们恣意横行，为非作歹，那就不可能有"太平"的局面。姚崇在"十事要说"中，尖锐地提出："比来近密佞幸之徒，冒犯宪网者，皆以宠免；臣请行法，可乎？"唐玄宗坚决地回答说："朕切齿久矣。"②开元前期，基本上实现了自己的诺言。

开元二年（公元714年）正月，玄宗同父异母的弟弟薛王业，有一位舅父叫王仙童（即王德妃兄弟），侵暴百姓，被御史揭发出来。薛王向玄宗求情，便令紫微省（原中书省）、黄门省（原门下省）复核。宰相姚崇、卢怀慎等奏："仙童罪状明白，御史所言无所枉，不可纵舍。"玄宗采纳了宰相们的意见。史称："由是贵戚束手。"③可见，只有严以执法，才能使权贵们畏威屏迹，不敢侵欺细人。

开元四年（公元716年）正月，王皇后的妹夫、尚衣奉御长孙昕和御史大夫李杰有点矛盾。有一次，长孙昕伙同自己的妹夫杨仙玉，在里巷里伺机殴打李杰。李杰上表自诉，说大臣被打，实在是国家受到凌辱。玄宗大怒，令斩昕等。散骑常侍马怀素以为阳和之月（春正月），不可行刑，累表陈请。于是，由斩刑改为朝堂杖杀，以谢百官。玄宗还特地以敕书慰问李杰，说："昕等朕之密亲，不能训导，使陵犯衣冠，虽置以极刑，未足谢罪。卿宜以刚肠疾恶，勿以凶人介意。"④这里，倡导的是疾恶如仇、不畏权贵的精神，表白了玄宗"励精为治"的决心。

值得注意的是，唐玄宗还在敕令中强调了这样的法律思想：

---

① 崔仁师事迹，详见拙著《唐太宗传》第187页。
② 《开元升平源》。
③ 《资治通鉴》卷211开元二年正月条。
④ 《资治通鉴》卷211开元四年正月条。

"夫为令者自近而及远,行罚者先亲而后疏。"①把严以律己、宽以待人的道德准则引进立法与司法之中,恰恰是"玄宗修道德,以宽仁为理本"的一个例证。严以执法,它本身是"宽仁"原则的题中应有之义。当然,开元法律实质上是特权法规,竭力维护封建等级制度。在立法与司法方面,都有优待尊者、贵者的种种规定。如所谓"八议",即议亲、议故、议贤、议能、议功、议贵、议勋、议宾等。这八类人无非是皇亲国戚、贵族官僚。越是近亲者,享受法律特权的机会就越多。至于人主喜怒断案,徇情枉法,更是在所难免。但是,唐玄宗毕竟强调过行法先近亲而后远疏,罚不阿亲戚,其进步意义是不可抹杀的。

第二节 删辑格式律令

唐代法典体式分为律、令、格、式等四类,以刑律为最根本。唐高宗颁行《唐律疏议》,标志着封建刑律的完备化。尔后相沿使用,几乎没有更动。而令、格、式等则有待于继续完善,这个历史任务由玄宗在开元时期完成了。

所谓"令",主要是尊卑贵贱之等数及国家之制度,也就是封建国家的行政组织制度。所谓"格"与"式",主要是百官有司所常行之事与常守之法,也就是行政法规以及公文程式等。从初唐到盛唐,由于长期以来的社会变动和各种制度的演化,令、格、式愈积愈多,不少条款已经不能适应新形势的需要了。为了巩固中央集权和加强行政效能,必须进行修删与整理。

(一)五次修撰的经过

第一次,编定《开元格》(亦称《开元前格》)。开元二年(公元

---

① 《旧唐书·李杰传》。

714 年)初,玄宗命黄门监卢怀慎以及刑部尚书李乂、紫微侍郎苏颋等"删定格、式、令"。① 可见,这次没有涉及"律",仍沿用《唐律》及其《疏议》。至开元三年(公元 715 年)正月,编成,奏上,名为《开元格》,计十卷。②

第二次,编定《开元后格》、《开元令》等。开元六年(公元 718 年),玄宗命侍中兼吏部侍郎宋璟以及中书侍郎苏颋、尚书左丞卢从愿、吏部侍郎裴漼、慕容珣、户部侍郎杨滔、礼部侍郎王丘、中书舍人刘令植、源光裕、大理司直高智静、幽州司功参军侯郢琏等十一人,删定律、令、格、式。这次涉及"律",但只是稍作订正,基本上照旧。新编《开元后格》(对前《开元格》而言),十卷;《开元令》,三十卷;式仍旧名,二十卷。开元七年(公元 719 年)三月,奏上。

第三次,修撰《唐六典》。开元十年(公元 722 年),玄宗先令起居舍人陆坚编纂,后由宰相张说负责,继而经宰相萧嵩、张九龄、李林甫等人努力,至开元二十六年(公元 738 年)编成。详情专节论述,见下。

第四次,删撰《格后长行敕》。开元十九年(公元 731 年),侍中裴光庭和中书令萧嵩"以格后制敕行用之后,颇与格文相违,于事非便,奏令所司删撰《格后长行敕》六卷,颁于天下。"③这次背景似乎是,《开元后格》行用已十多年,制敕常与格文相矛盾,因此删撰常行的制敕,以方便于行政事宜。

第五次,编修《开元新格》和《格式律令事类》等。开元二十二

---

① 《通典》卷 165《刑三》和《旧唐书·刑法志》作"开元初",《册府元龟》卷 612 《刑法部·定律令四》作"开元元年"。按:开元二年正月,卢怀慎检校黄门监,故"删定格、式、令",当在此后。

② 《唐会要》卷 39《定格令》作"正月",今从之。《旧唐书·刑法志》作"三月","三"疑"正"之讹。又,《新唐书·艺文志二》作《开元前格》,十卷,参与删定者还有兵部尚书兼紫微令姚崇。

③ 《册府元龟》卷 612《刑法部·定律令四》。

年（公元 734 年），唐玄宗下诏改修格令，由礼部尚书李林甫负责。[①] 二十四年（公元 736 年）十一月，李林甫迁中书令，乃与宰相牛仙客以及明法之官等继续修编，至开元二十五年（公元 737 年）九月颁行。前后历时近三年半。玄宗原先只要求改修格、令二类，而实际上还涉及律、式、敕，是最全面的一次修订。总共删辑旧格式律令及敕七千二十六条，其中一千三百二十四条于事非要，并删之。二千一百八十条随文损益，三千五百九十四条仍旧不改。[②] 总成律十二卷，律疏三十卷，令三十卷，式二十卷，《开元新格》十卷。此外，又撰《格式律令事类》四十卷，以类相从，便于省览。上述各种法典，由玄宗敕尚书都省（即办公厅）写成五十定本，遣使散发于天下。

（二）开元立法的特点

由上可见，唐玄宗为了"开元之治"的需要，极其重视法典的编撰与刊定。据统计，唐代共修订了三十多部主要的法典，开元年间新修的达七部之多。[③] 开元立法具有以下几个特点：

第一，刊定与重颁原有的法典。封建法制本身有它的连续性与继承性，如《唐律》及《唐律疏议》这样完备的法典诞生后，唐朝历届帝王因循行用，没有必要重新编修。开元前期，唐玄宗命宋璟等对旧有的律作了一次订正。开元晚期，又命李林甫等进行全面的"刊定"，卷帙与内容，一仍其旧。当然，"刊定"时要对《律》和《律疏》中若干忌讳、地名、职官作些改动，但不能据此以为《唐律

---

① 《旧唐书·刑法志》作"户部尚书"，疑误。是年五月，李林甫为礼部尚书、同中书门下三品。

② 《通典》卷 165《刑三》作"总七千四百八十条，其千三百四条于事非要，并删除之。二千一百五十条随文损益，三千五百九十四条仍旧不改。"

③ 参见杨廷福《唐律初探》第 18 页。

疏议》是开元时期的法典。① 刊定的目的在于颁行。自永徽四年（公元 653 年）《唐律疏议》颁于天下后，虽沿用不变，但没有作过订正。经历八十多年，唐玄宗重新将《唐律》十二卷和《唐律疏议》三十卷颁发于天下，这对于完善封建法制和巩固中央集权都具有重大的意义。

第二，着重于行政法典的编撰。众所周知，唐太宗时，立法的重点是《贞观律》，其次是《贞观格》、《贞观令》和《贞观式》。唐高宗时，立法的重点是《永徽律》与《永徽律疏议》（即《唐律疏议》），其次是《永徽留司格》、《永徽令》、《永徽式》。及至开元时期，情况发生了明显的变化。因为刑律已经是十分完备了，所以立法的重点转移到行政法典的完善上。新修的七部，除《唐六典》是综合性的行政法典外，其他都是格、令、式三类。同时，由于盛唐帝国的出现和封建皇权的加强，各种行政事务日益增多，政府各部门之间的关系日趋繁杂，因此，格、令、式三类法规都有不断删辑和继续完善的过程。例如，《开元前格》是对旧有的格删辑损益而成的，计十卷。过了几年，有些条款不适用了，随事增损，于是编撰了《开元后格》，也是十卷。又过十多年，"随文损益"，删辑成《开元新格》，同样是十卷。可见，开元"格"卷数没有变化，但条款内容为适应"开元盛世"的需要而时有增删。

第三，贯彻"便于省览"的原则。一般地说，刑律具有相对的稳定性。从《武德律》到《贞观律》，再到《永徽律》，都是十二卷，五百条。开元时期重颁的"律"也是十二卷，五百条。《唐律疏议》凡五百条，计三十卷；开元时期重颁的"律疏"，也是如此。但是，行政法规就显得多变而且繁冗了。它们往往是随时随事而规定的，有些具有长期的效力，有些仅在短期内行用。日积月累，时常出现"于事非便"的情况。因此，每每新的宰相上任，就对行政法

---

① 参见杨廷福《唐律初探》第 21 页。

规作必要的删辑;而删辑的原则就是"便于省览",便于遵照执行。例如,开元晚期,旧格、式、律、令及敕总计七千多条。宰相李林甫等将其中"于事非要"的一千三百多条删掉了,被删的绝大多数是过时了的行政法规。此外,为了"便于省览",又把格、式、律、令四大类处理同一事情的条款归于一起,编成《事类》四十卷。唐初以来,律、令、格、式都是各自分开制订的。李林甫、牛仙客等却搞了个"以类相从",这在古代法制史上却是一种创新。

据记载,开元二十五年(公元 737 年),刑部断狱,天下死囚只有五十八人。大理狱院里一片冷落景象,鸟鹊竟在树上筑巢。"百僚以几至刑措,上表陈贺。"这些是溢美之辞。但是,完善法制所产生的某些积极效果,也是不可否认的。因此,"玄宗以宰相燮理、法官平允之功,封仙客为豳国公,林甫为晋国公,刑部大理官共赐帛二千匹。"[1]牛、李执政,虽然政治上已由治趋乱,但在完善法制上所作的功绩,还是应当如实地加以肯定。历史人物是十分复杂的,好的不是一切都好,坏的也不是一切都坏。例如:"牛仙客既居相位,……百司或有所谘决,辄对曰:但依令式即可,若不依文,非所知也。"[2]这话既反映了唯唯诺诺的神态,也说明他还是严格地依照律、令、格、式来办事的。当然,如此"依文",也近于呆板。至于李林甫,曾主持编撰过一系列法典,素谙律令格式。史称他"自处台衡,动循格令,……";[3]"谨守格式,百官迁除,各有常度。"[4]可见他办事谨慎,纲纪严明,讲究效率。如果没有这一点,恐怕李林甫很难独揽朝政达十六年之久。虽然李林甫依法办事的目的在于个人专权,但是,完善立法,对于稳定封建统治秩序也起了一定的作用。为什么天宝时期还能维持十多年的安定局面?原

① 《旧唐书·刑法志》。
② 《太平御览》卷 205《职官部·丞相下》。
③ 《旧唐书·李林甫传》。
④ 《资治通鉴》卷 214 开元二十四年十一月条。

因之一就在于此。

第三节　编撰《唐六典》

《唐六典》作为我国现存最早的行政法典,旧题唐玄宗明皇帝御撰,这当然不是事实。但是,这部行政法的巨典确实是玄宗亲自下令编撰的,经由张说、萧嵩、张九龄和李林甫等四任宰相的努力,历时十六年,方才修成。可见,玄宗对此是何等的重视![①]

(一)手书六典,撰录以进

所谓"六典"究竟是什么意思呢? 恐怕是出于玄宗的手书六条。据韦述《集贤记注》载:"开元十年,起居舍人陆坚被旨修《六典》,上(玄宗)手写白麻纸凡六条,曰理、教、礼、政、刑、事典,令以类相从,撰录以进。"[②]这是关于《唐六典》的最早的史料。诏书一般用黄麻纸写的,特别重要的使用白麻纸。玄宗亲自在白麻纸上写了六条,指示编撰《六典》,反映了他重视的程度。所谓"理、教、礼、政、刑、事"六典,并不是玄宗的创见,而是引自《周礼》卷2《太宰》。原文是这样的:"太宰之职,掌建邦之六典,以佐王治邦国。一曰治典,以经邦国,……二曰教典,以安邦国,……三曰礼典,以和邦国,……四曰政典,以平邦国,……五曰刑典,以诘邦国,……六曰事典,以富邦国,……"为了回避祖父唐高宗李治的名字,改"治典"为理典,其他五典仍旧。显然易见,玄宗企图遵照《周礼》太宰"六典"的精神,编纂唐朝各方面的典章制度。

但是,奉旨修《六典》的陆坚,似乎不愿意也没有能力来完成

---

① 参见王超《我国古代的行政法典——〈大唐六典〉》,载《中国社会科学》1984年第1期。

② 陈振孙《直斋书录解题》卷6《唐六典》条引。

这项巨大的工程。陆坚,洛阳人,以"善书"著称。① 当宰相张说以修书使名分主持丽正书院时,学生们享受优厚的待遇。中书舍人陆坚"以为此属无益于国,徒为糜费,欲悉奏罢之。"张说反对说:"今天子独延礼文儒,发挥典籍,所益者大,所损者微。陆子之言,何不达也!"玄宗听到后,便"重(张)说而薄(陆)坚。"②看来,陆坚对"发挥典籍"持不同的意见,自然无法胜任《六典》的编撰。于是,玄宗把这个任务交给了张说。

史载:张说"以其事委徐坚"。徐坚是著名的文士,与张说交谊甚笃。徐坚遍览经史,多识典故,七入书府,编修过《三教珠英》、国史实录等等。这样学问渊博的学者却对如何编纂《六典》,显得束手无策。"沉吟岁余",谓人曰:"坚承乏,已曾七度修书,有凭准皆似不难,唯《六典》历年措思,未知所从。"③这是实话。的确,修书"有凭准"就不难,照着编好了。但是,玄宗手书"六条",没有具体的设计。怎样按照"理、教、礼、政、刑、事"六典,以类相从,实在是前人从未做过的事。况且,果真分典编撰,又会产生何等庞杂的典籍呢?

既然徐坚"未知所从",张说也就另想办法了。史载:张说"乃命毋煚、余钦、咸廙业、孙季良、韦述参撰,始以令式象《周礼》六官为制。"④毋煚、余钦、韦述是著名的图书目录学家,他们跟随徐坚一起撰《六典》,颇为合适。张说不仅增加编修人员,而且提出了"凭准",即"检前史职官,以今式分入六司,以今朝六典,象周官之制。"⑤这是一种变通的办法。玄宗原先要按"理、教、礼、政、刑、事"六典编纂,做不成,只好勉强迁就《周礼》六官之制。六官显然

① 《新唐书·儒学传下》。
② 《资治通鉴》卷 212 开元十一年五月条。
③ 《大唐新语》卷 9《著述》。
④ 《新唐书·艺文志二》职官类《六典》条注。
⑤ 《大唐新语》卷 9《著述》。

与六典不同,是指天官冢宰、地官司徒、春官宗伯、夏官司马、秋官司寇、冬官司空。一部《周礼》就是由这六部分构成的。如果以《周礼》体例为"凭准",参照前史的职官志,将唐朝行政组织加以条理,那还是可以编修的。不过,名称虽叫《唐六典》,实际上"六典"的本义几乎丧失了。

不幸的是,书未编成身先死。开元十七年(公元729年),年过古稀的徐坚病卒。次年,尚书左丞相、燕国公张说病逝。继续负责修《唐六典》的,是中书令兼集贤殿学士、知院事萧嵩。"萧嵩知院,加刘郑兰、萧晟、卢若虚。"①开元二十二年(公元734年),张九龄为中书令,知院事,负责《唐六典》的编撰,增加了一名修书人员陆善经。后来,李林甫代九龄,又加一名修书人苑咸。至开元二十六年(公元738年),《唐六典》终于编成了,"始奏上,百僚陈贺。"②由宰相李林甫呈献给唐玄宗,所以旧题李林甫奉敕注。

(二)"一代典章,厘然具备"

《唐六典》是什么性质的典籍呢?历来众说纷纭,看来,这种意见较为确切:"唐朝《六典》是我国现存的一部最古老的行政法典,它的编纂在封建立法史上具有重要意义。"③

《唐六典》凡三十卷,正文内容包括从中央到地方的行政机构的建置和各级官吏任用制度,注文备述历史沿革。诚如南宋晁公武所说:《唐六典》"以三师三公三省九寺五监十二卫等,列其职司官佐,叙其品秩,以拟《周礼》。"④就它的体系而言,大约如下:⑤

三师(太师、太傅、太保),三公(太尉、司徒、司空),为中央最

---

① 《新唐书·艺文志二》职官类《六典》条注。
② 《大唐新语》卷9《著述》。
③ 参见张晋藩主编《中国法制史》第204页。
④ 《郡斋读书志》卷7。
⑤ 参照王超《我国古代的行政法典——〈大唐六典〉》。

高顾问。德高望重者居其位,掌"训导"、"论道"之事。

三省,即尚书省、门下省、中书省。三省首长组成最高决策机关。实际上,尚书省首长的职权变化复杂,而中书门下政事堂为最高权力机构,这两个问题下面另外论述。

尚书六部(吏、户、礼、兵、刑、工六部),为中央行政管理机关。每部分设四个司。

九寺五监,为中央政府办事机构,它们对六部是承受的关系,并非完全平行的关系。九寺,即太常寺、光禄寺、卫尉寺、宗正寺、太仆寺、大理寺、鸿胪寺、司农寺、太府寺。五监,即国子监、少府监、将作监、军器监、都水监。

御史台,为中央最高监察机关,设台院、殿院、察院。

此外,还有秘书省、殿中省、内侍省、十二卫、诸卫府、太子东宫、诸王府、公主邑司等等。

至于地方行政机构,有府、州、县,还有都护府。

乍一看,《唐六典》的体例跟正史职官志如唐初编的《晋书·职官志》之类差不多,只是内容特别详尽完备。这种相似之处,是无法否认的事实。因为张说接替编《六典》时就曾参照过"前史职官",所以《新唐书·艺文志》也把《唐六典》列入"职官类"。值得注意的是,在形似的背后,还有性质的区别。如《晋书》(包括职官志)旧题唐太宗"御撰",由宰相房玄龄等集体编修,但那明确地说是"修史",而不是立法。《唐六典》的性质就不同了,它是以唐玄宗"御撰"和宰相奉敕注的名义,通过封建国家立法的形式而产生的。正如韦述所说:"以令式分入六司,像《周礼》六官之制,其沿革并入注。"①将"令"、"式"等行政法规加以综合与条理,显然跟修史编志不可同日而语。

《唐六典》作为一部行政法典,涉及的是封建国家的政体问

_____

① 韦述《集贤记注》。

题。它展现了唐朝的政权组织形式,对专制主义的中央集权制度的各级机构与官吏任用作了详尽的规定。内外上下,晓然究悉。清代学者赞曰:"一代典章,厘然具备。"①

(三)加强集权,文饰太平

《唐六典》为什么产生于盛唐时期呢? 这不是偶然的,而是有着深刻的历史原因。

开元君臣们编撰《唐六典》,是跟《周礼》相关的,所谓"法以《周官》,作为唐典。"②这种情况反映了时代的特点。例如,开元末年,著名的史学家刘知几的儿子,名叫刘秩,"采经史百家之言,取《周礼》六官所职,撰分门书三十五卷,号曰《政典》,大为时贤称赏。"③可见,无论是封建法典还是私人专著,都曾标榜遵循《周礼》的精神与原则。

但是,就内容来说,《唐六典》与《周礼》是大不相同的,绝不是把《周礼》的礼制理想变成唐代的现实法制。众所周知,《周礼》是战国时代儒家编著的一部典籍,它按天官、地官、春官、夏官、秋官、冬官等六部分叙述各级官职和各种典章制度。《周礼》是以西周春秋的奴隶主统治制度为基础,经过系统化与理想化而编成的。至于《唐六典》体现的是封建专制主义的中央集权制度,这跟《周礼》之制有着本质的差异。诚然,《唐六典》披上一层"周六官"的薄薄的外衣,如把吏、户、礼、兵、刑、工等六部跟天、地、春、夏、秋、冬等六官相比拟。但是,事实上,尚书六部跟"周六官"是风马牛不相及的。口头标榜的和实际内容全不相同,这是研究古代法制礼制时必须注意的。

《唐六典》不是孕育于《周礼》,而是秦汉以来中央集权制度发

① 《四库全书总目》卷79《史部·职官类》。
② 《全唐文》卷765 顾德章《东都神主议》。
③ 《旧唐书·杜佑传》。

展的产物。秦、两汉王朝是我国封建大一统帝国的创建与发展时期,政治上实行的是三公九卿体制和郡县制。《汉书·百官公卿表》最早记述了秦汉官制的设置,展现了封建的中央集权的国家政权组织形式。它开启了正史职官志的先声,影响深远。但它毕竟是私人修史,不具有任何的立法意义。及至隋唐,中央集权制度发生了重大的变化:从三公九卿体制转变为三省六部体制,尚书六部已是完全意义的封建国家最高行政机构。由于隋唐是我国封建大一统帝国的再建与鼎盛时期,政治上经济上比秦汉更为统一,更为发展,反映到封建王朝上层建筑上,也有重新制定统一的政治、法律与礼仪等典章规范的必要,因此就有《唐律疏议》、《唐六典》、《唐开元礼》等封建法典的相继制定。[①]

如果说,唐高宗时编纂的《唐律疏议》,是封建刑律完备化的标志,那么,唐玄宗时修撰的《唐六典》,是封建行政法发展到新阶段的信号。联系开元时期删辑格、式、律、令的频繁活动,可以明白,《唐六典》是当时编制行政法典的综合性成果。还应当承认,它的产生也带有"粉饰盛时"的意义。《唐六典》编修前后凡十六年,恰恰是开元中期。这不是偶然的巧合。"当承平岁久,志在粉饰盛时",几乎是时代的特征。好大喜功的唐玄宗企图效仿《周礼》编撰"六典",也流露了他那封建帝王的虚荣心。肯定这一点,跟着重揭示《唐六典》产生的历史必然性,并不是相悖的。

总之,《唐六典》是开元盛世时期封建政治体制完备化的结晶,在我国法律制度发展史上具有重要的意义。

关于《唐六典》行用与否的问题,历来争论甚多。其实,结合历史背景来看,问题似乎是可以讲清楚的。开元二十五年(公元737年)九月,经过全面修订的律、令、格、式颁行于天下。次年修成的《唐六典》,如韦述《集贤记注》所说:"至今在书院,亦不行

---

①　参见周予同《中国历史文选》下册第 39 页。

用。"这里,所谓"不行用",当是指没有颁行于天下。事实确是如此,在旧新《唐书》和《资治通鉴》中都找不到颁行的记载。为什么呢?有人认为唐玄宗倦于政事,昏庸享乐,使国家法制遭到破坏,所以《唐六典》不曾行用。这种意见虽好,但解释不了一个疑问:何以律令格式颁行于天下而《唐六典》没有颁行呢?看来,关键在于《唐六典》涉及的是国家政权的组织形式、官员编制、职掌权限等等,这些内容是没有必要颁示于天下的,主要靠皇帝和宰相们来掌握。而律令格式是要下面贯彻执行的,要各级官吏和百姓遵守的,所以要写成定本,散发于天下。

《唐六典》虽然没有颁行天下,但它还是发生法律效用的。须知,行政法本身是现实的政治结构的反映,既经立法,又会对现实政治起着一定的作用。唐宪宗元和年间,上距《唐六典》成书约七十年,刘肃在《大唐新语》中说:《唐六典》"(开元)二十六年始奏上,百僚陈贺,迄今行之。"这里所谓"行之",是指法律效用而言的。例如:裴垍奏曰:"集贤御书院,请准《六典》,……"[1]白居易疏曰:"臣谨按《六典》,左右拾遗,掌供奉讽谏,……"[2]唐文宗时,冯定奏曰:"据《六典》,太师居詹事府,……"[3]可见,准《六典》、按《六典》、据《六典》,都说明《唐六典》的法律效用是无需怀疑的。

(四)左右丞相与政事堂

《唐六典》反映了唐朝一百二十年中行政机构的概况,某些条文跟开元时期实际状况并不符合。它的法律效力也不在于要一一依照遵行,这一点是应当注意的。

先拿尚书省长官的职权变化来说吧。

《唐六典》规定:"尚书令一人,正二品。"实际上,唐初武德年

---

[1] 《旧唐书·裴垍传》。
[2] 《旧唐书·白居易传》。
[3] 《旧唐书·冯定传》。

间,秦王李世民曾任尚书令,自唐太宗即位以后,尚书令就阙而不置了。尚书省长官为左、右仆射,也就是正宰相。但是,后来仆射如不带"同中书门下三品"者,就不算是宰相,仅仅掌管尚书省而已。开元初,改左右仆射为左右丞相,从二品,如果带上"同中书门下三品",实在有点不伦不类,所以唐玄宗干脆让它空缺,不再任命某某人为左、右丞相,当时执政的宰相是中书令、侍中(均正三品)。直到开元十三年(公元725年)十一月封禅泰山时,"以侍中源乾曜为尚书左丞相兼侍中,中书令张说为尚书右丞相兼中书令,盖以宰相之任佐于王化,勒成岱宗,特有宠也。"①可见,左右丞相品位高于侍中与中书令,故源、张两位兼之,被看成是特殊的恩宠。左丞相兼侍中,右丞相兼中书令,这是三省制度产生以来从未有过的事。

不久,由于朋党之争的牵连,张说被罢免了中书令,仅保留尚书右丞相。过了几年,复拜尚书左丞相。这里,所谓"左、右丞相"跟执政的"宰相"是不可同日而语的,只是荣誉性的虚职,毫无实权。正如《唐六典》注文所说:张说"罢知政,犹为丞相。自此已后,(丞相)遂不知国政。"②开元十七年(公元729年),源乾曜被免掉侍中,止为左丞相。元朝胡三省指出:"今源乾曜止为左丞相,是止为尚书左仆射,不复预政事也。"③这样就形成了一条不成文的惯例:一些资望深的宰相(侍中、中书令)罢知政事时,又授予左、右丞相。如萧嵩罢相,授尚书右丞相;裴耀卿罢相,授尚书左丞相;张九龄罢相,授尚书右丞相。

---

① 《册府元龟》卷36《帝王部·封禅二》。以侍中兼尚书左丞相,中书令兼尚书右丞相,这确实是破天荒的事。继张说之后,偶尔也有类似的情况。例如:天宝元年,改侍中为左相,中书令为右相,尚书左、右丞相复为仆射。右相李林甫兼尚书左仆射(《旧唐书·李林甫传》)。

② 《唐六典》卷1《尚书都省》。

③ 《资治通鉴》卷213开元十七年六月条胡三省注。

由上可见,左右丞相"初亦宰相之职",①后来演变为"不复预政事"的荣誉性的职称。这种变化反映了皇权的巩固与加强。按规定,左右丞相掌总领尚书六部。而实际上,尚书六部直接听命于由宰相组成的中书门下政事堂,后者成为执行皇帝旨意的行政管理中枢。不经由尚书左右丞相之手,减少了中间环节,也就有利于加强中央集权和提高行政效能。

再来说政事堂问题。

《唐六典》规定:"侍中二人,正三品";"中书令二人,正三品。"实际上,开元时期中书令、侍中各一人,他们是执政的宰相。自唐初以来,宰相们议决大政的场所,叫做政事堂。政事堂制度经历了三个发展阶段:第一,门下省政事堂时期,主要任务是议决政事。第二,中书省政事堂时期,它成为宰相议政的最高国务会议。第三,开元十一年(公元 723 年)以后,政事堂成为最高权力机构。②据记载:"开元十一年,中书令张说改政事堂为中书门下,其政事印,改为中书门下之印也。"③同时,在正堂后院分列五房:一曰吏房,二曰枢机房,三曰兵房,四曰户房,五曰刑礼房。这样,由中书令牵头,将门下省与中书省的权力合而为一,反映了中央集权制度的强化。

既然政事堂如此重要,为什么在《唐六典》中一句也没有提及呢?《唐六典》规定的是三省制度的常规:先是尚书省,次是门下省,再次是中书省。而在开元时期政治生活中,恰恰是倒了过来,最重要的是中书令,其次是门下省侍中,再次是尚书六部。"中书门下"即政事堂,成为最高权力机构;而尚书六部则是行政管理中枢,任务在于执行。因此,政事堂制度是三省制度的衍生物。它的

---

① 《唐六典》卷 1《尚书都省》。
② 参见王超《政事堂制度辨证》,载《中国史研究》1983 年第 4 期。
③ 《旧唐书·职官志二》。

强化,势必会冲击"中书主出令,门下掌封驳,尚书主奉行"的格局。同时,政事堂五房的设置跟尚书六部有明显的重叠,也会带来繁冗难理的弊病。可能是由于这些原因,《唐六典》对政事堂的记载采取略而不详的态度。

第四节　酷吏复活,冤案屡起

开元初期,废止酷吏政治是英明的措施;而天宝时期,重新起用酷吏,则是政治上昏庸的表现。唐玄宗的可悲往往是把自己从前反对过或者禁止过的东西又捡了起来,重蹈覆辙。

(一)"罗钳吉网"

前面说过,唐朝酷吏鼎盛于武后临朝之时。后来,酷吏为人所不齿,渐渐地销声匿迹了。然而,"中兴四十载而有吉温、罗希奭之蠹政"。[①] 吉温、罗希奭是天宝时期著名的酷吏,他们依靠奸相李林甫,屡兴狱讼,时人谓之"罗钳吉网"。[②]

吉温,是武周时酷吏吉顼的侄子,毒辣阴险,"谲诡能诣事人"。天宝初,任新丰县丞,经人荐引,为玄宗所召见。但是,玄宗对他的印象很不好,说:"是一不良汉,朕不要也。"后来,吉温为万年县丞,与京兆尹萧炅串通一气,又升为京兆府法曹。天宝四载(公元745年),李林甫为了排挤宰相兼兵部尚书李适之,借故把兵部属吏六十余人抓起审问。吉温把兵部属吏集中在院外,自己到后厅"佯取两重囚讯之,或杖或压,痛苦之声,所不忍闻。"兵部属吏听到如此严刑拷打,便纷纷自诬伏罪。这是酷吏首次登台表演,颇得李林甫的赞赏。吉温常说:"若遇知己,南山白额兽不足

---

① 《旧唐书·酷吏传上》序。

② 《旧唐书·罗希奭传》。

缚也。"①从此以后,酷吏吉温便成为奸相李林甫的一条家犬。

罗希奭,原是杭州人,后迁东都洛阳。他是鸿胪少卿张博济的堂外甥,而张博济则是李林甫的女婿。由于这种裙带关系,罗希奭从御史台主簿(从七品下)再迁殿中侍御史。罗某为吏持法深刻,与吉温一样的毒辣阴险。他们制造了种种冤案,谁也难以逃脱他们的魔爪。

(二)"非吏敢酷,时诱之为酷"

吉温与罗希奭,不过是两个小官,能耐终究有限,为什么胆敢为非作歹,威慑朝野呢?原因不在于他们个人的狠毒,而是当时封建统治者内部矛盾激化的形势所造成的。宋代史臣说得好:"呜呼!非吏敢酷,时诱之为酷。"②事实确是如此。

封建统治集团的争权夺利,是围绕着太子废立问题而展开的。李林甫阴谋动摇东宫,另立太子。支持太子的有韦坚、皇甫惟明等,微劝玄宗除掉李林甫。林甫得知此事,恨之入骨,伺机报复。天宝五载(公元746年)正月十五元宵灯节,太子出宫游乐,恰好与韦坚不期而遇。接着,韦坚与皇甫惟明在崇仁坊景龙观的道士之室里聚会。李林甫因奏韦坚与皇甫惟明互相勾结,图谋共立太子。言下之意,要夺取帝位。于是,将韦坚与皇甫惟明下狱,由京兆府法曹吉温等审问。玄宗本人也怀疑韦坚与皇甫惟明有阴谋,但是证据不足。过了几天,下制贬韦坚为缙云太守、贬皇甫惟明为播川太守。同年七月,再将韦坚长流临封(岭南),凡韦坚亲党坐流贬者数十人。

不久,又发生了杜有邻冤案。杜有邻的女儿,为太子良娣。换句话说,玄宗与有邻是亲家。有人揭发"有邻妄称图谶,交构东

---

① 《旧唐书·吉温传》。
② 《新唐书·酷吏传》序。

宫,指斥乘舆(皇帝)。"①李林甫趁机派酷吏吉温与御史一道审问。天宝五载(公元746年)十二月,杜有邻等人皆杖死,积尸大理寺,朝野震惊。同时,派已为监察御史的酷吏罗希奭到青州,查处有牵连的北海郡太守李邕。次年正月,根据李林甫的奏议,分遣御史到韦坚、皇甫惟明等贬所,令其"赐死"。罗希奭在青州杖死李邕后,又奉命奔赴岭南,"所过杀迁谪者,郡县惶骇。"②排马牒(御史所过,事先给郡县的通知)至宜春,贬居那里的原宰相李适之忧惧不已,饮药自杀。谪居江华的王琚,听说酷吏将至,立即自缢。

由上可见,酷吏吉温与罗希奭,扮演了打手与鹰犬的角色。他们心狠手毒,令人闻风丧胆。但是,如果没有奸相的指使,没有皇帝的圣旨,岂能如此横行天下!罪魁祸首与其说是吉温与罗希奭,毋宁说是李林甫与唐玄宗。酷吏的出现,反映了封建统治阶级内部斗争的残酷性。正是这种残酷的形势,把奸恶小人召唤上历史舞台,得以充分地表演。

(三)专制帝王的心病

如果说,武则天重用酷吏,是为了剪除李唐宗室,以维护女主临朝,那么,唐玄宗起用酷吏,则是为了防止政变图谋,以稳定统治秩序。前后两次情况虽然不同,但都表明了封建专制帝王的心病:最害怕的是皇位受到威胁。对于一切危及皇权的人与事,那是绝对不会容忍的。

诚然,开元初期,玄宗也是怀着那种心病的,不过,当时还能作冷静的分析,辨明真相,没有制造过冤狱。及至天宝时期,随着政治上走向昏庸,他就丧失了求实的作风,一听说谁有危及皇权的图谋,必置谁于死地而后快。这样,就给李林甫兴风作浪与酷吏横行

---

② 《资治通鉴》卷215天宝六载正月条。

提供了条件。李林甫诬陷韦坚等"欲共立太子",玄宗也怀疑他们有图谋。有人诬告杜有邻等"指斥乘舆",玄宗也信以为真。至于真相究竟如何,压根儿不作调查。而且,"事有微涉东宫者,皆指捅使之奏劾,付罗希奭、吉温鞫之。"①既然一切由酷吏来审问,又怎么能够弄清是非曲直呢?所以,韦坚、杜有邻之死,确实是冤案。

就唐玄宗本人来说,还是要维护太子地位的。这一点,跟企图废太子的李林甫是不同的。玄宗强调:"吾儿居深宫,安得与外人通谋,此必妄也。"②显然,在他看来,危及皇权的不是太子,而是利用太子的旗号另有图谋的人;要维护政局的安定,必须毫不手软地打击那些似乎有谋划的臣僚。韦坚、杜有邻冤案的发生,恐怕是和这样的主观认识分不开的。这也是唐玄宗晚年的悲剧。

可悲的还在于:明明知道酷吏吉温这个人不可用,后来却偏偏重用了他。天宝十载(公元 751 年),吉温为户部郎中。次年,又提拔为御史中丞,充京畿、关内采访等使。天宝十三载(公元 754 年),安禄山奏以吉温为武部(即兵部)侍郎,不久,玄宗亲自欲以武部侍郎吉温为宰相。同年底,由于吉温跟杨国忠有矛盾,贬为沣阳郡长史。这时,玄宗在华清宫,谓朝臣曰:"吉温是酷吏子侄,朕被人诳惑,用之至此。屡劝朕起刑狱,以作威福,朕不受其言。今去矣,卿等皆可安枕也。"③唐玄宗和祖母武则天一样,终于亲手结束了酷吏政治,但是,为时已晚了,垮台的日子就在前面了。

---

① 《资治通鉴》卷 215 天宝六载十一月条。
② 《资治通鉴》卷 215 天宝六载十一月条。
③ 《旧唐书·吉温传》。

第十章　括户之举与赋役改革

唐玄宗即位以后,不仅在政治上作了卓有成效的改革,而且还面临着恢复和发展经济的严重任务。如果这个任务不能解决,也就谈不到"天下大治"。所谓"括户"之举以及随之而来的赋役改革,是唐玄宗解决经济问题的突破口。

第一节　"积岁淹年"的逃户问题

开元以前,唐王朝经历了近百年的发展,社会经济基本上呈上升的趋势。由"贞观、永徽之治"到武则天执政,经济发展较快。中宗、睿宗时期七年半政治动荡一度影响了经济发展。但是,总的来说,是由初唐到盛唐的推进。

当然,问题也不少。最尖锐的是农民游离土地日趋严重。所谓逃户问题,由来已久,唐玄宗曾经指出:"天册、神功(武则天年号,公元 695 至 697 年)之时,北狄西戎作梗,大军过后,必有凶年;水旱相仍,逋亡滋甚,自此成弊,于今患之。"[①]追溯了武则天晚年因战乱与灾害而导致的严重流亡问题,一直遗患至今。

其实,武周天册、神功时的流民问题,早在十余年前的文明元年(公元 684 年)就较严重了,当时武则天曾谆谆告诫官员要安抚"弃其井邑,逋窜外州"的流民。[②] 再往上溯,则可追至高宗总章二

---

① 《册府元龟》卷 70《帝王部·务农》。
② 《文苑英华》卷 465《诫励风俗敕》。

年(公元669年)下达的敕令:"遣使存问诸州逐粮百姓。"所谓"逐粮百姓",是指逃荒到余粮地区就食的农民,这事始于太宗朝,但当时对户口控制很严,俟其度过饥荒,就要督返故里。高宗放宽管制,"其未情愿归者听之",①允许就地附籍。武周朝社会问题复杂化了,流亡原因也趋多样化,除了"因缘逐粮"之外,还有"违背军镇"、"偷避徭役"等等。

鉴于流民日益成为严重的社会问题,武周朝士颇为忧虑,为了消弥潜在危险,纷纷献计献策。证圣元年(公元695年),凤阁舍人李峤上表陈危、建议检括:"此等浮衣寓食,积岁淹年,王役不供,簿籍不挂,或出入关防,或往来山泽,非直课调虚蠲,阙于恒赋,亦自诱动愚俗,堪为祸患,不可不深虑也。"为了防微杜渐,提出一个寓"恩"威、兼"衡"、"制"于一体的检括方针,②为后继者唐玄宗、宇文融所沿用。右拾遗陈子昂也向武则天呼吁:"大括此户"、"乞作条例括法。"③当时,武则天面临帝位继嗣的内争,无暇制定括户条例。但是,正直的大臣却督促武则天采取权宜措施,例如狄仁杰就一再疏请,后派他到河北诸州"抚慰百姓,得突厥所驱掠者,悉递还本贯。"又采取善后措施,发放粮食,以赈贫乏,禁止州县骚扰百姓,使"河北遂安",④收到了一些抑制流亡的效果。

中宗继位,内则广度僧尼、耗财建寺,外有夷族入扰、劫掠人畜,政治腐败,时遭大水,宋务光上书痛陈时弊说:"丁壮尽于边塞,孀孤转于沟壑,猛吏奋毒,急政破资",致使"户口减耗"。⑤农民逃亡是"户口减耗"的主要原因,但中宗不思进取,"户口亡散"

---

① 《册府元龟》卷161《帝王部·命使一》。

② 《唐会要》卷85《逃户》。

③ 《陈子昂集》卷8《上蜀川安危事》。

④ 《资治通鉴》卷206圣历元年十月条。

⑤ 《新唐书·宋务光传》。

更多。①

旋及睿宗,农民流亡更甚。景云二年(公元 711 年),监察御史韩琬上疏指出,昔年农民乐业安生,近年"人多失业,流离道路",成为"游惰",责任在于朝廷"军机屡兴,赋敛重数,上下逼促,因为贫民"所致,但统治者不思缓解,反而更立"严法束之",结果适得其反,"法严而犯者愈众"。韩琬把祸根归之于"刻薄之吏",②当然是一种表面肤浅的看法,但他敢于触及统治者的痛处,多少有点刺激作用。可是在"王室多难"的睿宗时期,宫廷与朝臣忙于结党与纷争,哪有心思与精力去缓解农民的逃亡问题。

玄宗临朝,制定治国方略、革除武周以来的积弊,进展显著,但解决逃户的问题,不那么顺畅。逃户所以之积重难返,是各种社会矛盾的积淀,又是唐初三朝社会问题的凝集,带有诸多复杂的因素。单纯就事论事,是抓不住解决问题的要领的,必须进行综合治理。逃户的沉积同吏治不善、赋役弊病、土地并吞纠结一起,要解决逃户问题,必须结合这几方面的改革一起进行。但是,唐玄宗并不是一开始就认识清楚的,当他颇费周折、颇历岁月之后,才有所领悟,取得了较为显著的效果,使开元的括户之举与他的名字一起载入了史册。

第二节　前期的安抚措施

开元初期,当务之急是稳定政局,巩固皇权。此外,采取重农政策、澄清吏治、解决灾荒问题、扶植小农经济,使农民安于垄亩而不浮浪,也是严重的任务,而这些都涉及解决逃户问题所采取的安抚措施。

---

① 《新唐书·吕元泰传》。
② 《唐会要》卷 85《逃户》。

（一）"行清静之化"

"人必土着,因议流亡"①,这是唐玄宗于开元十三年二月所下的《置十道劝农判官制》中的一句话,揭示了他括户的目的在于:把游离土地的农民重新固着在土地上,以编附户籍的形式加以控制。农业社会一个最基本的问题是生产资料与直接生产者的结合。农民单与土地结合,本身具有自流性的趋求;编户齐民、国家介入干预,具有离心的趋向,逃亡与括户就是在这两种反差逆境中出现的。

唐玄宗的括户既从安抚流亡入手,就不能实行烦扰之政,必须抚民以静,这也是他实现致治的思想。他的夙愿是竭力想作个有道明君,多次标榜自己要"行清静之化,成太平之业。"②农民的逃亡是与他矢志实现"清静致化"以及梦寐以求的"太平之业"互不相容的。这里,笃信老子的哲学,奉行清静无为的学说,无疑是他安抚流民思想的出发点,而"行清静之化"带有明显的功利动机,因为抚静,利于政治上的稳定与财政上的增收。

首先,从政治上说,唐玄宗深知,农民流亡多半是由于统治者的滥征引起的,不满的积愤很易引爆为动乱。他认识到清静是安民的前提,为了稳定统治,就要严防逃民栖身山泽与潜藏兵器。开元五年(公元717年)二月,他在《至东都大赦天下制》中说到:"亡命山泽,挟藏军器,百日不首,复罪如初。"③这当然是出于稳定统治的目的,值得注意的是,他与武则天的作法不同,后者曾对四川流民光化军的起义,派军镇压。玄宗强调自首,采取温和手段解决流民的反抗,避免过激以稳定局面。

其次,从经济上说,逃户脱籍减少了财税收入、唐初的租庸调

---

① 《全唐文》卷25 玄宗《置十道劝农判官制》。
② 《唐大诏令集》卷78《追尊玄元皇帝制》。
③ 《唐大诏令集》卷79《至东都大赦天下制》。

制是以"丁身为本"的租税征收制度,它以朝廷控制的户口、人丁的多寡作为国家财税征收的依据,这是国家极端重视户籍、丁口控制的终极原因。生产力的发展,均田制的破坏成为不可抗拒的经济法则,随之与其相适应的租庸调税制也发生了动摇。但现实税率的征收照旧不变,带来了税制的弊病,特别使失去土地的农民的负担显得极不合理。逃户,主要是这个阶层的农民构成的,逃亡主要是为了逃避赋役征收。玄宗所说的"租赋既减,户口犹虚"①,就是逃户带来的社会经济问题。

开元前期,唐玄宗试图在局部地区对逃户采取检括措施,以解决这个社会经济问题。开元五年(公元717年),孙平子上书指出:"两畿户口,逃去者半,常侍解琬招携不还,李杰奏请访括不得。"②必使租赋收入疾减。

(二)派遣朝集使等督察吏治

"抚字之道,在于县令"。③唐玄宗深知农民逃亡,往往多与吏治失抚有关。为了促使流民返乡,必须改善吏治,加强安抚工作,督责朝集使严加考察。开元三年(公元715年)三月,颁布敕令:"顷虽临遣使臣,未能澄正此弊,或以害物,或以妨农,或背公向私,或全身养望,至使钱谷不入,杼轴其空,捐瘠相仍,流庸莫返。"④敕令的用意是指出吏治败坏,敦促朝集使予以澄清,使其清勤劝农、恤孤扶弱,最终企望"流庸"复归。

开元八年(公元720年),唐玄宗面对"五谷丰植,万物阜安,百姓无事,与能共化"的升平景象,不迷恋于丰年的太平气象,念念不忘"淳流未还","田里"仍有"愁叹之声"。为此,他告诫诸道

---

① 《唐大诏令集》卷103《处分朝集使敕八道之六》。
② 《全唐文》卷335孙平子《请裨孝和皇帝封事》。
③ 《全唐文》卷27玄宗《劝奖县令诏》。
④ 《唐大诏令集》卷103《处分朝集使敕八道之一》。

朝集使要督察地方吏治得失,促其关心民瘼,才能使"田里绝愁叹之声",达到"淳流"返乡务农的期望。①

为了减轻农民的赋役负担,正面的作法是劝课农桑,开元二年(公元714年)七月,玄宗下敕告诫州县说:"且一夫一女,不耕不织,天下有受其饥寒者",故勤政循吏督察农桑,使"田畴"力垦,"布帛"毕出,最为急务。但"课其贮积",必须"待至秋收"②。玄宗如此部署,无非是避免征敛失时,造成农民生活困顿,流移他乡,故他强调征敛以时。

唐玄宗重视吏治,还把逃民自动复归与诸州刺史的荐贤有机地联系起来。开元五年(公元717年)七月,他在敕中指出:"至于敬耆老,恤茕弱,止奸盗,伏豪强,下不忍欺,吏不敢犯。田畴垦辟,狱圄空虚,徭役必平,逋逃自复,若是者,乃闻举职,思可以力致。"③将"逋逃自复"作为县令"力致"的重要依据,意在擢任他们安辑流亡。开元八年(公元720年)七月,玄宗下敕告诫京县、畿县县令要勤政恤民,不夺农时,不事烦扰,宽简刑狱,整肃政典,"徭役须平,豪强勿恣",④以此作为循吏的标准,推荐与擢任的条件。玄宗此后还派遣按察使考察诸道吏治,以政绩优劣分为五等,朝廷根据按察使两次推荐,特指出"兼户口、复业带上考者,选日优与内(京)官"。⑤玄宗着重户增与复农作为从优选拔京官的标准,显然是鼓励循吏招抚逃户。

(三)禁止重征与重视救荒

农民已经被租调徭役压得喘不过气来,再加重征,实在无法生

①　《唐大诏令集》卷103《处分朝集使敕八道之六》。
②　《唐大诏令集》卷108苏颋《禁断锦绣珠玉敕》。
③　《唐大诏令集》卷100《诫励诸州刺吏敕》。
④　《唐大诏令集》卷104《劝诫京畿县令敕》。
⑤　《全唐文》卷27玄宗《整饰吏治诏》。

存。为了防止农民逃亡,唐玄宗特于开元四年(公元716年)四月下达制令说:"诸处百姓,苦被勾征。使人(按察使等)贪功,既不纳理,州县承敕,又不敢放。或已输已役,重被征收;或先死先逃,勒出邻保。欲令贫弱何以安存?"玄宗总算说了几句公道话,既然如此,那么采取什么措施安存农民呢?制令规定自今以后"隔年以去,更不在勾限。"①同年九月,唐玄宗针对地方官员滥增"差科"的情况,使百姓苦不堪言,特下诏令,申明"缘顿差科","不得妄有科唤,致妨农业",为了督促执行,特意派遣左右御史"检察奏闻"。②

唐玄宗一方面禁止累年勾征,另方面关心灾民与防灾。在诸类灾害中以饥荒较为多见。开元元年(公元713年)十月,引见京畿县令,戒以岁饥惠养黎元之意。开元二年(公元714年)五月,"以岁饥,悉罢员外、试、检校官。"③针对连续两年的"岁饥",唐玄宗采取亲自面诫和果断行动,责令父母官"惠养黎元",及时发放赈粮。此外,唐玄宗对京畿以外地方上的饥荒也照样赈济。如开元二年(公元714年),他得悉江东道"今兹人庶,颇致饥乏"之后,认为"目前之困,糊口犹切,思从蠲者,用救荒弊",于是,任命给事中杨虚受往江东道安抚存问,指示"不急之务,一切除减,观察疾苦,量宜处置。"④

(四)恢复义仓与灭蝗斗争

救荒要有充足的贮粮。京师有太仓,各地亦有仓储,或供食内外官员,或作为内外官俸;而常平仓与义仓则具救荒之粮。唐玄宗即位,以防年荒,恢复义仓制度。

开元二年(公元714年)九月,"以岁稔伤农,令诸州修常平仓

---

① 《唐大诏令集》卷100《洗涤官吏负犯制》。
② 《册府元龟》卷70《帝王部·务农》。
③ 《资治通鉴》卷211开元二年五月条。
④ 《唐大诏令集》卷115《遣杨虚受江东道安抚敕》。

法"。其法以丰年谷贱籴进,刺激市场谷价浮升;以凶年谷贵粜出,压抑粮价,通过购销环节调节粮价。所谓"诸州",并不包括江淮以南的地区,因为"江、岭、淮、浙、剑南地下湿,不堪贮积,不在此例。"①常平仓法的设置与义仓含义相通,目的主要是凶年备赈,带有安抚农民的用意。

常平仓法和义仓法是唐玄宗经济上"依贞观故事"的救荒措施。唐太宗的义仓法是:不论王公至庶人,计垦田多寡,亩纳地税两升,秋熟收税入仓,歉收则散赈灾民。"义"含税率平均之意,又有赈灾与众皆同之意,正如唐玄宗所说的:"元率地税,以置义仓",②"义仓原置,与众共之"。③ 不仅可以赈民,而且可于青黄不接时免息贷种,④俟秋后偿还,限制高利盘剥。至于玄宗标榜"恩宏惠恤,以拯贫窭",不免言过其实,但作为封建帝王能面对"年谷颇登,时政庶绩"的情况,未能忘怀下户贫民的困境,而且还敦促州县官吏"审责贫户应粮及种子"之需,⑤可谓难能可贵。

唐玄宗还匡正父、祖置义仓事不得宜的做法,针对"高宗以后,稍假义仓以给他费,至神龙中略尽"的弊病,⑥指出义仓之设原来"将以克制斯人,岂徒蓄我王府",⑦应该赈贫为务,为此,每郡责令设立上佐专司其事。⑧

① 《资治通鉴》卷 211 开元二年九月条。
② 《全唐文》卷 29 玄宗《放免(开元)十二年以前积欠诏》。
③ 《全唐文》卷 23 玄宗《发诸州义仓制》。
④ 《全唐文》卷 27 玄宗《赈恤河南北诏》:"德惟善政,政在养人……间者河北、河南颇非善熟,人间粮食,固应乏少……凡立义仓,用为岁备。今旧谷向没,新谷未登,蚕月务殷,田家作苦,不有惠恤,其何以安,宜开彼仓储,时令贷给……"
⑤ 《全唐文》卷 23 玄宗《发诸州义仓制》。
⑥ 《新唐书·食货志二》。
⑦ 《全唐文》卷 23 玄宗《发诸州义仓制》。
⑧ 《全唐文》卷 25 玄宗《南郊推恩制》:"诸郡义仓,本防水旱,如闻多有费损,妄作破除,自今以后,每郡差一上佐专知,除赈给百姓之外,更不得辄将杂用。"

开元前期的救灾，最为突出的当推捕蝗斗争。

开元三年（公元 715 年）五月，①山东诸州蝗虫大起，尤以河南、河北最为肆虐，飞蝗铺天盖地而来，稍为停食，苗稼立尽。地方官员不思捕灭蝗虫，昧于迷信，驱使农民焚香祭拜，祈祷苍天福祐。"救时宰相"姚崇闻报，急忙采取对策，上奏玄宗，派遣朝廷御史分赴蝗害诸州，督促当地官员驱捕焚埋，"以救秋稼"。②姚崇富于吏才，注重实际，态度坚决，说理有力。他以《诗经》与汉光武帝诏灭除蝗之义作为依据，指出灭蝗先王典籍有征，事有所验。蝗食庄稼，稼有田主；灭蝗符合田主利益，人必尽力。再者，蝗虫畏人，人不必畏蝗；坐视束手，无异畏蝗，若设法捕杀，"易为驱逐"。最后，他根据"蝗既解飞，夜必赴火"的趋光特性，提出"夜中设火，火边掘坑，且焚且瘗，除之可尽"的捕灭之法。玄宗接受了他的建议，"乃遣御史分道杀蝗。"③

但是，捕蝗并非一帆风顺，朝臣中不乏反对的议论。在声势喧嚣的飞蝗面前，或惶惧不知所措，或畏天谴。连一向唯诺连声的"伴食宰相"卢怀慎也向姚崇进言："蝗是天灾，岂可制以人事？外议咸以为非。又杀虫太多，有伤和气。今犹可复，请公思之。"

姚崇反驳说："今蝗虫极盛，驱除可得，若其纵食，所在皆空，山东百姓，岂宜饿杀！"如果"救人杀虫，因缘致祸，崇请独受，义不仰关"，④驳得卢怀慎哑口无言。

御史督捕，焚埋灭蝗，使蝗灾缓解，秋稼不致全损，"是岁，田收有获，人不甚饥"。⑤

---

① 《旧唐书·玄宗纪上》作"六月"，《资治通鉴》卷 211 作"五月"，今从《资治通鉴》。
② 《旧唐书·玄宗纪上》。
③ 《旧唐书·姚崇传》。《传》云"开元四年"，非也，今从《资治通鉴》。
④ 《旧唐书·姚崇传》。《旧唐书·五行志》作"帝曰：'杀虫太多，有伤和气'"。
⑤ 《旧唐书·玄宗纪上》。

唐玄宗和姚崇为了鼓励农民捕蝗，曾采取以捕代赈的作法："采得一石者，与一石粟；一斗，粟亦如之，掘坑埋却。"这无疑对捕灭蝗虫起了促进作用；但他们对"大如黍米，厚半寸盖地"的"（蝗）卵"，①却忽视了捕灭，致为来年蝗虫的再度孳生埋下了祸胎。

开元四年（公元 716 年）夏，"山东蝗复大起，姚崇又命捕之。"②督捕御史到达汴州，刺史倪若水拒不应命，还振振有词地说："蝗是天灾，自宜修德"。姚崇闻报，大为震怒，移书驳斥，指出："古之良守，蝗虫避境，若其修德可免，彼岂无德致然！"既然河南诸州蝗害如此严重，岂非守吏失德、失职所致，今坐视蝗害，于心何忍，一旦苗尽，"因以饥馑，将何自安？"倪若水无言以对，态度由反对转为支持，执行焚埋之法，捕蝗灿然可观，"获蝗一十四万石，投汴渠流下者不可胜纪。"③

在这次捕蝗斗争中，唐玄宗的态度比上年积极而坚决，他于五月派遣捕蝗使，并下敕说："今年蝗暴，乃是孳生"，指出这点，表明他不相信这是天谴所致，而是去年未能灭卵除根之故；既是人为因素造成，必须根绝蝗害，除虫还须除卵。"所由官司不早除遏，信虫成长，看食田苗，不恤人灾，自为身计"，④就是严重的渎职、失职行为。为此，他制订了称职者奖功、失职者罚过的褒贬措施，并下诏申明："向若信其拘忌，不有指麾，则山东田苗，扫地俱尽。使人（捕蝗使）等到彼催督，其中犹有推托，以此当委官员责实。若有勤劳用命，保护田苗，须有褒贬，以明得失，前后使人等审定功过，各具所由州县长官等姓名闻。此虫若不尽除，今年还更生子，委使人分州县会计，勿使遗类。"⑤接着，玄宗连续采取了较为有力的灭

---

① 《朝野金载》补辑，《太平广记》卷 474《蝗》。
② 《资治通鉴》卷 211 开元四年五月条。
③ 《旧唐书·姚崇传》。
④ 《资治通鉴》卷 211 开元三年五月条《考异》引《实录》。
⑤ 《全唐文》卷 27 玄宗《捕蝗诏》，又见《通鉴》卷二一一。

蝗救灾措施。开元四年七月六日下制，凡河南、河北遭遇蝗害诸州，"十分损三以上者，差科杂役，量事矜放。"①八月四日又下敕河南、河北检校捕蝗使狄光嗣、康瓘、敬昭道、高昌、贾彦璇等，"宜令待虫尽而刈禾将毕，即入京奏事。"②

然而，谏议大夫韩思复立足于蝗虫是天灾，当修德祈神福佑，恐非人力所能捕灭的迂腐认识，上疏反对："伏闻河北蝗虫，顷日益炽，经历之处，苗稼都尽。"③"游食至洛，使命来往，不敢昌言，山东数州，甚为惶惧。"反对姚崇以人力捕杀蝗虫。希望玄宗悔过自责，减停不急之役，停派前后驱蝗使，"以答休咎"④看来，开元四年夏的蝗灾，原以河南为甚，经倪若水督责焚埋，大为减少。但至初秋，河北官员始终措施不力，致使当地遭殃，蔓延西飞，河南复被蝗害。面对蝗灾辗转难灭的气候，朝中某些人重弹起汉儒天人感应的滥调来了，韩思复就是典型代表。由于他的阻挠，曾一度使唐玄宗发生了思想动摇："上深然之，出思复疏以付崇。"

面对反复，姚崇仍然一如既往，先请派韩思复检察蝗害情况，韩思复既然早有成见，自然还奏不能令姚崇感到满意。于是，姚崇再请派监察御史刘沼"重加详复"⑤，刘沼是赞同姚崇的捕埋作法的，可以想见，回奏完全两样。于是，姚崇的灭蝗主张又得以贯彻执行了。

姚崇还针对玄宗的疑虑，指出"庸儒执文，不识通变。凡事有违经而合道者，亦有反道而适权者"，除蝗就是"合道"的救灾之举。若任凭蝗虫急剧繁殖，耗尽苗稼，"倘不收获，岂免流离，事系安危，不可胶柱"，即使除灭不尽，总比姑息成灾好些。为了表白

① 《唐大诏令集》卷104《遣王志愔等各巡察本管内制》。
② 《旧唐书·五行志》。
③ 《旧唐书·五行志》。
④ 《旧唐书·韩思复传》。
⑤ 《旧唐书·韩思复传》。

自己捕蝗必胜的信念，诤然宣称以官爵担保。① 终使玄宗下定捕蝗决心，开元四年的山东蝗灾很快得以捕灭，"由是连岁蝗灾，不至大饥。"②

唐玄宗为了吸取灭蝗必须除根的教训，又采取了善后措施，于开元五年（公元 717 年）二月，下诏重申"顷岁河南、河北诸州蝗虫为患，虽当遣除瘗，恐今仍生育"的潜患，特遣"户部郎中蔡秦客往河北道，试御史崔希乔往河南道，观察百姓间利害"，③从而巩固了灭蝗的成果。

历时两年的蝗害，所以如此喧议，是涉及天人之际的世界观的分歧。《朝野佥载》作者"浮休子"对于蝗灾，主张"当明德慎罚，以答天谴，奈何不见修福以禳灾，而欲遣杀以消祸！此宰相姚元崇失燮理之道矣。"④但《新唐书》主编欧阳修见解较为有识，他在《五行志序》里指责汉儒董仲舒、刘向父子的灾异之学，认为"螟蝗之类"灾，"被于物而可知者也"，故他在《志》中载蝗时，仅书开元三年、四年河南北、山东蝗，蚀稼，不载庸儒天人感应之论，可谓卓识。总之，开元初唐玄宗、姚崇密切配合捕蝗一举，闪耀着人能胜天的思想光辉而载入了抗灾史册。

第三节　宇文融与括户举措

宇文融括户始于开元九年（公元 721 年）初，迄于开元十二年（公元 724 年）底，历时四年，大体分为两个阶段，第一阶段自九年初至十一年七月；第二阶段自十一年八月至十二年底。两个阶段既互为联系，又互有变化，特别是第二阶段的变化较大，取得的成

①　《旧唐书·姚崇传》。
②　《资治通鉴》卷 211 开元四年五月条。
③　《唐大诏令集》卷 104《遣使河南河北道观察利害诏》。
④　《朝野佥载》补辑，《太平广记》卷 474《蝗》。

效也较显著。

（一）括户的历史渊源

唐玄宗、宇文融的括户承自前代，溯其法律渊源，当始于北魏。其时赋重役繁，民多逃亡，豪强乘机庇为私家隐户，国家编户剧减，失去大宗租调与徭役征敛。北魏统治者为了增加税收，展开了与地方割据势力争夺劳动力的斗争，制定了"检括户口"的法律。[①]隋唐刑律规定了夫如逃避赋役而亡，最重则处徒刑；其检括户口当承自魏律，不过，比魏律更有条贯、更趋完备。[②] 但从括户的政策和措施来看，唐玄宗、宇文融则大多承袭了武周朝凤阁舍人李峤的建议。

证圣元年（公元 695 年），李峤鉴于逃户具有诱发土著流亡和减少"恒赋"收入的"祸患"，指出括户的极端必要性。李峤的建议精神是，加强中央政府的监督，防止单纯的地方自流。认为朝廷颁发诏敕固然不可或缺，但更重要的是要派遣官员到州县检察、督促。为此，他提出了"设禁令"、"垂恩德"、"施权衡"、"为制限"的方针，作为制订具体措施的依据。

所谓"设禁令"的措施，是"使闾阎为保，递相觉察"、"仍有不出，辄听相告"。这是预防今后再现逃亡的办法，也是吸取隋代括户采用乡里连坐、开相纠之科的作法。

所谓"垂恩德"的措施，重在招诱逃户返乡。为此，须解决他们返乡安家的生活困难：如应还本贯者，要途供"程粮"；返归乏食者，要予以赈济；田地荒芜者，要助其修营；积欠徭赋者，须宽而勿征等等。改变以前只强调驱返，不解决他们的生计问题的作法，试图括户能够奏效。可见，"恩德"云云，不过是诱人归籍的食饵而

①　《魏书·高祖本纪》。
②　《唐律疏议》卷 28《捕亡》。

已;不过,它比以前单纯的胁迫手段显得缓和。

所谓"施权衡"的措施,颇具新意。李峤鉴于"逃人有绝家去乡,离失本业,心乐所在,情不愿还"的情况,提出"听于所在隶名,即编为户"的解决措施。唐初法禁农民流移,特别是规定"军府之地,户不可移。关辅之民,贯不可改",但流民谋生的本能驱使他们冲破法律的禁区,陆续移入"军府"与"关辅"。李峤面对现实和禁令的脱节,与其让空文自欺欺人,不如承认既成事实。这虽无视于祖制,但对解决逃户问题有利,故他认为流民"乐住"关辅与军府,不如顺水推舟,让他们就地附籍,不必非驱本贯不可。这一变革是通情达理的,它摈弃了强迫命令,代之以相对照顾逃户的意愿,作法较为宽和。

所谓"为制限"的措施,规定逃户"自首"与否,有一个"制限"的时间界线,即"以符到百日为限",限内报到,算作"自首",既往不咎;或返归故乡或就地附籍,悉听自愿。但"限满不出",即百日限期已过,算作"不首"。"自首"与"不首"、"限内"与"限满"涉及合法与违法的界线,"不首"既然违法,就要加重处罚,"迁之边州",这是变相的流刑。显然,李峤企图对不愿复归本贯或就地附籍的逃纳课役的流民,加重刑罚。从这个角度来看,从重、从严惩处逃户也是李峤首先提出来的。[①]

由上可见,李峤的"设禁令以防之,垂恩德以抚之;施权衡以御之,为制限以一之"的括户方针,既有继承前代的经验,又有总结当代失御的教训,还有他自己的变通设想。既"防"又"抚";既"御"又"一",宽严结合、"恩"威并济,堪称为唐玄宗、宇文融括户以前最具通融、周详的措施。

李峤的括户措施,曾为武则天部分地所采纳。如她颁发的《置鸿、宜、鼎、稷等州制》中,就对"先缘饥岁,流宕忘归"的逃

---

① 《唐会要》卷 85《逃户》。

户,规定"限百日内首尽,任于神都(洛阳)及畿内怀、郑、汴、许、汝等州附贯,给复一年"。① 显然,允许京畿附籍、百日首尽就是李峤"施权衡"、"为制限"的建议措施。李峤上表为证圣元年(公元 695 年),武周"置稷州"、"置宜州"虽为天授二年(公元 691 年),但鸿州、鼎州并非置于该年,因为,当年李峤表文中对"军府"与"关辅"地区"不达于变通"的冻结户口的传统作法,深表不满。如果制令前已放宽,李峤就不会冲着武则天无的放矢了。据此,鸿州、鼎州之置与武则天颁发此制,当在证圣元年至大足元年(公元 695—701 年)之间,因为罢废上述四州为大足元年。② 这是武则天采纳李峤部分建议予以推行的尝试。

(二)第一阶段的括户

开元九年(公元 721 年)正月至开元十一年(公元 723 年)七月为括户的第一阶段。开元八年以前,唐玄宗采取了安抚措施,但逃户有增无减,使他感到失望。正如杜佑所说的:"(开元)八年,天下户口逃亡,色役伪滥,朝廷深以为患。"③标榜励精图治的他,最忌逃户增多导致政治上的潜在危险与经济上的减少收入。于是,他检讨了以前单纯从宽安抚的失策,转而承袭了李峤提出的宽严相济的括户方针,遂于开元八年(公元 720 年)八月下制申明:"政宽而慢,法弊则穷,弛而张之,其可致理。"又说:"隐匿不作,人斯无怨;宽猛相济,政是以和"。④ 体现唐玄宗宽严的括户指导方针,就是"作一招携、捉搦法闻奏"⑤的思想。所谓"招携",指招

---

① 《全唐文》卷 95 高宗武皇后《置鸿宜鼎稷等州制》。
② 《旧唐书·地理志一》。
③ 《通典》卷 7《历代盛衰户口》。
④ 《唐大诏令集》卷 104《遣御史大夫王晙等巡按诸道制》。
⑤ 《册府元龟》卷 63《帝王部·发号令二》。

诱,采取安抚手法,从宽附籍。所谓"捉搦(音诺)",指对不愿附籍者,采取捕捉手法,从严惩处。可见,唐玄宗的宽严相济的括户方针,是继承李峤而来的。但是,更为具体的细则措施却是宇文融循迹李峤提出的。

宇文融,京兆万年(今陕西省西安市)人,出身官僚家庭,祖父宇文节仕贞观朝尚书右丞,父宇文峤任莱州长史。开元初,宇文融任富平县主簿,以"明辩有吏干"著称,颇得京兆尹源乾曜、孟温的器重与礼待。① 不久,调任监察御史,品位虽然不高,却是京官,按当时重内轻外的仕途惯例,说明他政绩显著。开元八年,他知悉玄宗为逃户问题所困扰,遂于次年(公元 721 年)正月乙亥(二十八日)"上言,天下户口逃移,巧伪甚多,请加检括"。②这正中玄宗下怀。仅隔十天,即二月乙酉(八日),玄宗就"敕有司议招集流移、按诘巧伪之法以闻。"③据前引《册府元龟》所载诏令原文是"作一招携、捉搦法闻奏",这就是二月乙酉诏的主要精神。

距二月乙酉诏颁仅只两天,即于二月丁亥(十日),唐玄宗就迫不及待地将有司(主要是宇文融)据他旨意拟定的逃亡弊病与括户方针及具体细则措施颁制天下了。④ 制令指出"虽户口岁增,而税赋不益"的原因,是由于农民轻易离乡,而豪民与奸吏的欺压和包庇,则促使流亡日益严重。为了防止逃亡,一方面需免除积欠、救济孤穷,御之"恩"抚;另方面需设立法禁,人知方向,施之威服。但他强调应以威济"恩",以严纠宽,才会改变"国章或弛,氓伪实繁"的局面。至于具体措施,根据《册府元龟》的记载如下:诸

---

① 《旧唐书·宇文融传》。
② 《资治通鉴》卷 212 开元九年正月条。
③ 《资治通鉴》卷 212 开元九年正月条。
④ 《册府元龟》卷 63《帝王部·发号令二》、《全唐文》卷 22《科禁诸州逃亡制》、《资治通鉴》卷 212 开元九年二月条。

州逃户,限制百日内自首。凡自首者,准许户令"乐住之制"从宽乡、从近处、从役重处编户,"情愿者","即附入簿籍,差科赋敛于附入令式",就地附籍后于当地征纳赋役,而原籍赋役则予以停征。

若按期自首的逃户自愿归返故籍,或因关辅之民、军府之地不合附籍的,登记存档,暂不遣返;由官府通知原籍,待至秋后递还。本人立即还乡的,到后免除当年赋租课役。如有百户以上集体返乡,须由原籍派员带领。

若按期不首,作为违法论处:"并即括取,递边远,附为百姓。家口随逃者,亦便同送。"

若本贯及客籍以外的州县,不分公私凡允许逃人居留的,"事有未尽,所司明为科禁。"

自开元七年十二月以前,凡天下勾征未纳的贷粮种子、地税,"并宜放免"。

以上五条,主要是前三条,为这阶段括户的重要依据。[①] 它所体现的宽严相辅精神,在事隔一年的开元十年(公元722年)二月二十七日诏敕中,仍然被玄宗所强调:"游业浮堕,不勤稼穑者,特令惩肃,……逃亡之户,兼籍招携。"[②]

从上述括户措施来看,百日之内自首与否是划分"招携"和"捉搦"的政策界线。"招携"即招抚,按理含有宽松之意,实际上并不尽然。"捉搦"即捕追,当属严厉作法。招抚附编以限内时间自首作为前提,或就地附籍,或遣归原籍。捕捉或云"括取",以过限时间不首作为前提,递解边州编户,受到形同流放式的惩处。可见,这些措施明显地承自李峤的括户议。

---

① 《资治通鉴》卷212开元九年二月条:"州县逃亡户口听百日内自首,或于所在附籍,或牒归故乡,各从所欲。过期不首,即加检括,谪徙边州;公私敢容庇者抵罪。"后一措施与《册府元龟》稍异,其实这是隋代括户"正长远配"的继承。
② 《唐大诏令集》卷103《处分朝集使敕八道之八》。

"谪徙边州",理所当然地遭到流民逃丁的抵制与反抗。至于返归原籍的办法,虽稍温和,但也非逃人所欲。故唐玄宗采取相应的监督措施,规定"如满百户以上,各令本贯差官,就户受领",这些"本贯差官"对他管下的逃亡农民怎会有好感呢? 途中驱迫在所难免。因此,"递还"故籍有可能成为变相的递解返籍。故制书中所谓"情愿即还者",只是玄宗一厢情愿的想法。而"招携"的另一种形式就地附籍,虽可免去路上的颠沛之苦,但附籍之后差科赋役仅有一年半载的免征,根据《唐六典》载:"凡丁新附于籍帐者,春附则课役并征,夏附则免课从役,秋附则课役俱免。"①至于今后就一切照征了,故诱惑力不大。"情愿"云云,只是表面文章,实际上或多或少都会带有某些强制性。当然"招携"与"捉搦"的强制性质不同,如捉搦后的徙边就不提什么"情愿"了,这还有区别。

唐玄宗为了贯彻括户制令,任命宇文融为推勾使。"推勾",亦称勾检,据《旧唐书·职官志二》载官吏考课之法其中有"二十七最",第十七最是"明于勘覆,稽失无隐,为勾检之最。"验证审覆,明白无误;追查逃亡,没有隐漏,作为官员优绩考课之一。据此,宇文融充使推勾的主要职责是依据簿籍,检括逃户。《新唐书》本传说他"勾检帐符",作法颇为严厉,短期内也收到一些效果。传谓"得伪勋亡丁",主要指逃丁、逃户,因"甚众",故获得玄宗赏识,从原职正八品上的监察御史拔擢为从六品上的兵部员外郎。

这次括户,强调从严,强制勾检,造成烦扰,在所难免。阶级关系趋向紧张,亦非玄宗所望,故后来括户时指导思想又由严趋宽了。

---

① 《唐六典》卷3《户部郎中员外郎》。

（三）第二阶段的括户

开元十一年（公元 723 年）八月至十二年（公元 724 年）底为括户的第二阶段。该阶段的指导思想是强调安抚、体谅流亡。具体作法是将括户与括田及赋役改革结合起来，唐玄宗、宇文融的括户成效主要是在这个阶段取得的。

由于唐玄宗检讨了前阶段的括户问题，才出现了新阶段的转折。其标志是，颁于开元十一年八月的敕令云："前令检括逃人，虑成烦扰，天下大同，宜各从所乐，令所在州县安集，遂其生业。"①从中可见，玄宗已觉察到开元九年以严纠宽、造成"烦扰"逃户的不良后果。经过反思，吸取教训，采取了"宜各从所乐"的方针，并责令州县予以安辑，"遂其生业"，这就提出了解决土地问题。同年十一月，宇文融被任为"勾当租庸地税使"，②不久转任"括地使"，从中透露了括田也被提上了议事日程。

开元十一年八月的敕令，仅是唐玄宗确立的括户新方针。至于具体措施，至次年（公元 724 年）六月壬辰颁的《置劝农使诏》时才提出来的。③ 其间，唐玄宗有过一系列的思想活动。他曾回顾了自己一贯具有的安民固本思想，经常考虑弘济黎民，以致到了夜不成寐、昼至忘食的地步。使他感慨的是，为什么多次招谕仍不显效呢？寻思答案，可能是上情不能通下，下情不能达上所致。作为决策者，必须知悉民意，降以笼络民心的诏敕，使上下互通。这就需要物色一个能够沟通上下的人选。他看中了宇文融，于是面召到延英殿，提出了"人必土著，因议逃亡"的问题，宇文融则畅言所

---

① 《资治通鉴》卷 212 开元十一年八月条。

② 《唐会要》卷 84《租庸使》。

③ 《全唐文》卷 29 玄宗《置劝农使诏》，《资治通鉴》卷 212 开元十二年六月条及《册府元龟》卷 70《帝王部·务农》；惟《唐大诏令集》卷 111《置安农使安抚户口诏》作五月，今从《通鉴》及《元龟》六月说。

欲;玄宗赞同,"授其田户纪纲,并委之郡县厘革"。这就是十二年六月壬辰诏的来历。①

诏令体现了唐玄宗设身处地同情逃户的态度:"至于百姓逃散,良有所由"。除了历史沉积的原因之外,还有"暂因规避,旋被兼并;既冒刑网,复损产业;居且常惧,归又无依,积此艰危,遂成流转。"逃户空有怀乡之念,不能实现土著务农之业;逃民既出无奈,又有苦衷。基于这种较为开明的认识,就不会一味指责逃户的不是了,而把检讨的重点转移到"前令"的"烦扰"方面。由此制定的具体措施就不会照搬李峤的旧议,而必具新意了。那么,这阶段由他们提出的措施新在哪里呢?据《册府元龟》所载:

第一,将括户和括田结合起来。诏中提到:"顷岁以来,虽稍丰稔,犹恐地有遗利,人多废业;游食之徒未尽归,生谷之畴未均垦。"为了地尽其利、人尽其力,派遣使臣,兼括户田,将安抚逃户和括量剩田并举进行,要解决流亡问题,必须同时解决土地问题。这就找到了问题的症结所在,克服了以往单纯的括户偏向。于是,在"并宜自首"的前提下,采取了"所在闲田,劝其开辟"的措施。

第二,免征正赋,仅收随土所产实物为税。诏云:"逐土任宜收税,勿令州县差科,征役租庸,一皆蠲放。"目的在于调动流民编

---

① 《旧唐书·宇文融传》、《全唐文》卷 25 载玄宗《置十道劝农判官制》,但均不标年月。比照《资治通鉴》卷 212 开元十三年二月条,则知《置十道劝农判官制》系在开元十三年二月,其文云:"庚申,以御史中丞宇文融兼户部侍郎。制以所得客户税钱均充所在常平仓本;又委使司与州县议作劝农社,使贫富相恤,耕耘以时。"玄宗颁此制提出多种善后措施以巩固括户成果,司马光虽只择取上列的税钱充作常平仓本与劝作农社两项,但这两项赋有新意,其余措施早已有之,故不全录。比起《旧唐书·宇文融传》与《全唐文》所载此制的全文,当然简略多了,但司马光不会把最重要举措遗漏掉的,故通过比照,可辨知颁制年月。由于原制文回顾了上年派遣宇文融为劝农使之前的思想活动,故可作开元十二年六月颁壬辰诏的背景资料理解。

户后的生产积极性,使其"服勤垄亩,肆力耕耘"。但诏中没有明言到底免征几年,有人认为这就是"其新附客户,则免其六年赋调",看来不是;否则,不会提出下面的政策措施。

第三,不便于人的赋役,可以变通。诏末有一段颇为耐人寻味的话:"乃至赋役差科,于人非便者,并量事处分,续状奏闻。"《通鉴》则作"与吏民议定赋役"。这是唐玄宗授权宇文融巡行州县时可便宜从事流民附籍进行赋役改革。至于赋役改革的具体措施,开元十二年六月的壬辰诏中还没有提出,据《通典》及《旧唐书·宇文融传》来看,是指"其新附客户,则免其六年赋调,但轻税入官。"时间必在壬辰诏颁之后不久,《通鉴》胡注系此为开元十二年八月己亥条下。

有关这项赋役改革的过程,大体上可作如下理解:宇文融"巡行州县,与吏民议定赋役"时,当会注意到地方上比较能反映民情的呼声,其中六年起科可能是他了解下情之后,依"量事处分"精神,经向玄宗奏闻批准而实行的新政策,故颁于六月壬辰的诏书不见此说。由于添加这个使附籍客户得惠的赋役改革措施,才使这个阶段的括户以罕见的感人场面出现。史载,当宇文融宣制之日,"老幼欣跃,惟令是从,多流泪以感朕心,咸吐诚以荷王命"①。能激发逃户"欣跃"附籍的积极性,关键不是宣传方式的改变,而是免征六年、轻税入官符合逃户的利益。

众所周知,唐初均田户移居"宽乡"授田,仅限于免除一至三年的徭役。而唐玄宗、宇文融的赋役改革,不仅将优免由徭役扩及租调,而且历时长达六年。就此而论,它超过太宗朝的优惠,又下启了明清移民垦荒三年、五年甚至十年起科的惠政,从而在括户与赋役改革史上写下了崭新的一页。

既然免征六年涉及赋役改革的大事,而以前史书在免征的年

---

① 《旧唐书·宇文融传》,《全唐文》卷25《置十道劝农判官制》。

限与免征的始年方面，记载互有出入，以致引起后人的误解，有必要加以澄清。

关于免征六年之说，现存史书的最早记载，当推杜佑的《通典》与刘昫的《旧唐书·宇文融传》。但刘昫失审，在《旧唐书·食货志》里作"免五年征赋"，以致前后互相抵牾而不自觉。欧阳修似有觉察，故在《新唐书·宇文融传》里回避此事，但他在《食货志》里却说："融献策括籍外羡田逃户，自占者给复五年，每丁税钱千五百。"这样，抵牾之处似乎避免了，但又节外生枝，引出"给复五年"之说。其实，"给复"，指免服徭役，而杜佑、刘昫则指免其"赋调"，又增添了一个疑点。再者，司马光的《通鉴》卷212开元九年二月条亦作"免六年赋调"，但开元十二年八月条胡三省注文又作"给复五年"，这是胡注引欧志和《通鉴》引《旧唐书·宇文融传》造成了矛盾。看来，出现抵牾的根源始于刘昫的《传》与《志》，继之又承自旧新《唐书》的《传》与《志》。我们认为，"免征六年赋调"较为确切。

关于免征六年的始年问题，《通鉴》卷212系于开元九年二月条下，故有人据此将宇文融的这项新政策与开元九年括户活动接连并叙，没有指出始年，不免使人误会。经查证，免征六年必非始于开元九年，有以下理由足资证明。其一，《通鉴》编年纪事时，有将跨越几年的同一事件作过程性叙述的作法，宇文融括户起讫时间历时四年，而免征六年是将近尾声阶段的杰作，当非开元九年始时之事。其二，《册府元龟》所载开元九年二月丁亥制全文，完全没有提到免征六年赋调之语。那么究竟始于何年呢？前已引述《册府元龟》及《通鉴》载唐玄宗授宇文融"量事处分"、"议定赋役"之权，两书均明确系于开元十二年六月。至于由此派生的免征六年措施，当在六月壬辰之后、八月己亥之前。另一有力旁证是，"（开元）十八年，宣州刺史裴耀卿论时政上事：'窃见天下所检客户，除两州计会归本贯以外，便令所在编附，年限向满，须准居人,更有优矜,即此辈侥幸"①。所谓"年限向满",即指优免六年期届,可知始年当为开元十二年。

关于"轻税入官",指免其租庸调杂徭,岁收仅一千五百文,且不说租庸调正赋之数,单以杂徭色役如防阁、庶仆、白直、士力等,折为资课就高达二千五百文了,而新附客户所交丁税还比资课少纳一千文,确实轻多了。

第二阶段括户时的赋役改革所以能得以实现,是唐玄宗对第一阶段括户不甚显效的反思结果。那么,促成反思的动因是什么呢?恐是出于以严纠宽、押解边州流民的反抗所致吧!从开元十年怀安县的设置透露了这个信息。《旧唐书·地理志一》云:"开元十年,检括逃户置,因名怀安。"《新唐书·地理志一》说:"开元十一年括逃户连党项蕃落置。"《元和郡县志》卷3也载:"怀安县,古居近党项蕃落,开元十年检逃户初置。"怀安原属边远番汉杂居区,人烟稀少,开元十年谪徙若干逃户,因人口渐多始置下县。这些百日限满不首的逃户,本对检括已心怀不满,被国家据法强制徙边,更是火上加油。试想,返归本土与就地附籍总比徙边好得多,但既已薄彼,而岂有厚此之理,造成的"烦扰"自不待言,连唐玄宗也羞答答地自认了,足见徙边引起的"烦扰"震波是够撼动人心的了。

由此动因触发唐玄宗进行赋役改革,从而使唐玄宗、宇文融第二阶段括户大见成效,足见其作用是不容低估的。

第四节　组织措施

括户是一项艰巨而又复杂的经济事件,面向全国,遍于十道。但唐玄宗意志坚定,频发诏敕;宇文融则设计方案,进呈御前,又承

---

① 《唐会要》卷85《逃户》、《册府元龟》卷495《邦计部·田制》。

敕贯彻,予以推行。君臣之间的贴然配合,是保证括户顺利开展的关键。

正如唐玄宗善于知人,任用宇文融得其所宜一样;宇文融也是明于知人,任用劝农判官各得其所的。难得的是,宇文融既是括户方案的设计师,又是实际推行的组织者,他的组织措施就是把括户由设想变成现实的人事保证。

起自开元九年(公元721年)初、迄于开元十二年底(公元724年),在头尾约四年的括户进程中,宇文融物色了一批由他提名上奏、经唐玄宗批准的助手,称为劝农判官,作为具体执行者。这批劝农判官究有多少人呢? 史传所载互有出入,大体分为两种:一为十人说,一为二十九人说。《旧唐书·宇文融传》是主十人说的,在宇文融首议括户、唐玄宗令其充使推勾句后云:"无几,获伪滥及诸免役甚众,特加朝散大夫,再迁兵部员外郎,兼侍御史。融于是奏置劝农判官十人,并摄御史,分往天下,所在检括田畴,招携户口。其新附客户,则免其六年赋调,但轻税入官。"按其执行任务看来,似是开元十二年六至八月间派出的。司马光在《资治通鉴》卷212开元九年二月条下,行文基本照抄《旧唐书·宇文融传》,故派出十人的时间基本同上。

《通典》是现存史书中最早主二十九人说的代表,而且一一列其姓名,其可信性不容怀疑。此后,《新唐书》、《通鉴》胡注、《唐会要》均沿其说。欧阳修、宋祁在《新唐书·宇文融传》里说:"融乃奏慕容琦、韦洽、裴宽、班景倩、库狄履温、贾晋等二十九人";《通鉴》胡注则云:"《通典》及《新(唐)书》并云二十九人,《通典》且列其姓名。"显然,欧、宋与胡只列劝农判官总数,没有指出究分几次派出。而王溥编的《唐会要》则提出了二十九人两次派出说:"开元九年正月二十八日,监察御史宇文融请急察色役伪滥并逃户及籍田,因令充使。于是奏劝农判官数人。华州录事参军慕容琦……(下列共十九人从略)。至十二年,又加长安县尉王焘……

（下列共十人从略）。"①王溥认为开元九年二月至十一年为一次派出十九人,十二年又是一次,派出十人,共二十九人。论述比《通典》细致,但从九年至十一年决不会只派一次的。据我们的理解,在首尾两次括户中,还有一次开元十一年八月唐玄宗所颁变革"前令"的括户诏敕,必又物色一些判官作为助手,可能这次为九人。

据此,《旧唐书》与《通鉴》的十人说,是指最后一次派出的人数;《唐会要》二十九人说是指先后两次派出的人数。而我们认为应是先后三次派出的人数,即开元九年二月为十人;十一年八月增派九人,计十九人;十二年六月不久再增十人,共二十九人。

从宇文融先后自选的劝农判官二十九人来看,充分显示了他的组织才能,主要表现在以下三点。

第一,善于物色"知名士"。当时全国分为十道,每道至少得有一名劝农判官,累计三次,一次比一次事繁量大,故至最后人数最多。这是《通典》与《新唐书》以及《唐会要》二十九人说的由来。唐道为地方上最大的行政区域,相当于现在两至三省,或跨越现在的数省,一个或两、三个劝农判官检括全道的逃亡户口与无籍荒地,碰到人少事多的矛盾。如何担负这繁重的工作呢?只有选拔长于吏治的人员,组成干练班子,才能对付这种局面。这决定了宇文融非启用"知名士"及"当时才彦"不可。

宇文融物色了一批颇有知名度的人士,说明他善于识别人才。据唐人杜佑载注二十九人是:"慕容珣、王冰、张均、宋希玉、宋珣、韦洽、薛侃、乔梦松、王诱、徐楚璧、徐锷、裴宽、岑希逸、边仲寂、班景倩、郭廷倩、元将茂、刘白正、王泰、于孺卿、王忠翼、何千里、梁勋、卢恰、库狄履温、贾晋、李登、盛廙等,皆知名士,判官得人,于此

① 《唐会要》卷85《逃户》。

为盛,其后多至显秩。"①所谓"判官得人",正是宇文融知人善任的表现。他能把一批"知名士"物色到手,成为后世史家的美谈,确证他有非凡的眼力。以裴宽为例,《旧唐书》本传,盛赞他"清干善于剖断","为长安尉,时宇文融为侍御史,括天下田户,使奏差为江南东道勾当租庸地税兼覆田判官"。由于宇文融物色了裴宽,才使裴宽的吏干得以显露头角,并得到唐玄宗的垂青。其他二十八人,史传虽然无征,但既与裴宽一起并列为"皆知名士",而且"其后多至显秩",可见,以"才彦"获致高官非只一人,裴宽仅是典型代表而已。就此而言,说宇文融的组织措施成为开元吏治改观的一个促进环节,并不显得过分。

第二,长于选拔谙练吏事的人才。宇文融物色的劝农判官,《唐会要》均一一列其原职,这不能视为一件无足轻重的小事,是王溥对宇文融选拔人才的肯定。

二十九个劝农判官的原职大体是这样的:属于京官系统的只有大理寺丞一人、大理评事三人,左右拾遗两人,共六人;属于府县外官系统的则有二十三人,其中府职六人、县职十七人。外官占总数百分之八十,京官只占百分之二十。可见,宇文融重点物色的是州县僚佐,特别是县尉几占百分之六十。从品位来看,最高的大理寺丞是从六品上,但只有一人;而最低的县尉是从九品下,京畿县尉分别也只是从八品下与正九品下,却共有十七人。这说明他从下级基层选拔多数助手,不仅易于指挥,而且着眼于括户工作的有利开展。因为县尉最熟悉本职工作,史载"县尉分判众曹,收率课调,"②显然,他们对基层的赋役征敛与课调弊病较为了解。府僚中有录事参军两人,其职责是"造籍"时,"审加勘覆",③他们对基

---

① 《通典》卷7《历代盛衰户口》。
② 《新唐书·百官志四下》。
③ 《唐会要》卷85《籍帐》。

层户籍的编制、登录、增减以及户去籍存等情况最为知悉。虽然劝农判官人数不多,但办事效率较高,原因是在于宇文融善于物色基层干吏。

第三,择取的多数是京畿、河南职任的干吏。从二十九个劝农判官的分布地域来看,较集中于关内道与河南道的腹心地区,关内道又集中于京兆府,计有长安、万年、渭南、三原、富平、咸阳、奉天七县和华州一府,以及属冯翊的同州一府,共九处。其中又以长安居多,计有长安县尉王冰、裴宽、王泰、李登,长安主簿韦利涉,累积计之共有十三人次。属河南道的集中在河南府属下的河南、洛阳、告成、伊阙、氾水等五处。合京畿及河南府县计十八人次,占总数百分之六十多;如加上京职的六人,占总数百分之八十多。为什么物色腹心地区的干吏任劝农判官特多呢?原因不外于二,其一是这些地区户口逃亡、土地兼并较为典型,其二是对这些地区、尤其京兆地区的情况较为熟悉。宇文融系京兆万年人,万年是京兆府辖下的京县;开元初,他任富平主簿,富平又是京兆府管下的畿县,由于出身与任职都在京畿,故对京畿的田户情伪与基层吏治较为了解。

宇文融行之有效的人事组织,使上下密切配合,彼此分工明确。判官分判诸道田、户,宇文融则统制全局,执掌“田户纪纲”,乘传马巡视天下,检察、监督田户检括、客户附籍、赋役改革等贯彻情况。所至之处,使上情及时下达,招集父老、丁幼,当众宣读谕旨,收到了良好的宣传效果:“百姓感其心,至有流泪称父母者。”①反映了新的政策措施颇得民心,出现了“流户大来,王田载理”的空前盛况,②这是第二阶段括户成功的真实写照。原因首先是唐玄宗的放宽政策,其次与“判官得人”也是分不开的。杜佑在充分

① 《旧唐书·宇文融传》。
② 《全唐文》卷25 玄宗《置十道劝农判官制》。

肯定宇文融括户业绩的同时,并没有忘记这些助手的辅助作用。他在《通典》里记载"(裴)宽等皆当时才彦"之后,紧称"使还,得户八十余万,田亦称是",①把两者联结一起,可谓卓识。宇文融也因此从六品上的兵部员外郎超擢为正四品下的户部侍郎了。

第五节　括户的意义与影响

括户是封建国家对付逃民脱籍、使之重新编户的措施。就逃户来说,他们"浮食闾里,诡脱徭赋",是拒纳赋役的反抗行动;就封建国家来说,"收匿户羡田佐用度",是迫使农民重新服役交租的理财手段。如何使括户纳入既有利于封建国家又使百姓各得其所的轨道,历来难办。由于唐玄宗与宇文融的努力,基本使双方利益兼顾,就这方面而言,唐玄宗与宇文融的括户有其成功经验,但封建剥削制度的固有弊病,不可能彻底解决。

(一)括户的争议

括户是深刻的社会变革,涉及皇朝与千家万户的经济利益,不引起人们的议论才是怪事。反对的是谁呢? 有阳翟县尉皇甫憬、左拾遗杨相如、户部侍郎杨玚。他们上疏弹劾宇文融,于是引起了一场围绕括户与反括户的论争风波。

皇甫憬的疏文由于《通鉴》系于开元九年二月条下,易给人误认为是在此后不久上疏的。但前已论证,此条是司马光对四年来括户全过程的概述,所以不能说该疏是括户开始后不久上的。根据疏文内的攻击语句:"何必聚人阡陌,亲遣括量"以及"岂括田税客能周给也!"②显指开元十二年六月壬辰诏的括户与括田并举

---

① 《通典》卷7《历代盛衰户口》。
② 《旧唐书·宇文融传》,下同。

之事。

那么,皇甫憬疏文反对括户的理由是什么呢? 举其大要,有以下两点。

其一,指责宇文融所遣劝农判官"未识大体"、"务以勾剥为计";"州县惧罪,据牒即征。逃亡之家,邻保代出;邻保不济,又便更输。急之则都不谋生,缓之则虑法交及",结论是括户只会加速流亡。

这种论调较为片面。宇文融所遣劝农判官并非"未识大体",他们多能尽职行事,故史家誉为"判官得人"。如史载裴宽,"为政务清简"。至于州县迎合旨意,确有以张虚数、冒主户为客户、称熟田为荒地的,但不是主流,不能以偏概全。说逃亡之家,邻保代出,早在括户之前就已存在,不是因为括户才出现,正相反,括客后防止两征,恰是为了堵塞邻保代出的弊病。

其二,指责吏治不善,是造成户口逃亡的根源。他说:"今之具僚,向逾万数,蚕食府库,侵害黎人……户口逃亡,莫不由此。"言外之意是括户不能杜绝逃亡,改善吏治才是正本清源。应该承认把吏治不善与农民流亡联系起来,有一定道理,但把澄清吏治作为制止百姓逃亡的症结,未免天真。其实,唐玄宗早已频降诏敕,三令五申,并以严刑峻法惩处贪吏,但收效不大。不过,开元前期,玄宗励精图治,官风不算太坏,比之武周、中宗、睿宗时期已有好转,但逃户为何反而比前朝更多呢? 可见,逃户的症结所在不是吏治。

应当说,反对括户是错误的,但是,不同意见的发表并不是坏事。有时可以促使括户工作做得更加完善。如左拾遗杨相如的反对理由是"咸陈括客为不便",[①]说"不便"是有事实根据的,那主要是第一阶段的括户,唐玄宗事后亦有发觉,故在开元十一年(公

---

① 《旧唐书·宇文融传》。

元723年)八月的敕令中有"虑成烦扰"之语,并采取措施予以改正,才出现了第二阶段括客感悦的局面。

反对的呼声来自中央的代表人物是户部侍郎杨玚。开元十二年底,唐玄宗召集百官讨论括户经验,当时括户已取得显著成绩,杨玚却说:"以括客不利居人,征籍外田税,使百姓困弊。"①这种论调貌似正确,实为迂阔之谈。试想如允许流民脱籍不税,封建国家财源流失,必增加土著户负担。正如王夫之指出的:"客胜而主(土著户)疲,不公也";如对客户横征"骤役",又为新附者"生未成而力不堪也"②,即主胜而客疲,也是不公。通融办法应是宽简徭役租调,徐而后征。唐玄宗、宇文融颇能得中,勾除积欠,免征六年,轻税入官,既化繁为简,又变重为轻。唐玄宗当然不会接受杨玚的意见,杨玚和皇甫憬一样都遭到贬职。

宇文融括户是唐玄宗贯彻改革政策的一个组成部分,反对者不多,上层人物中虽有张说、张九龄等人,但出于与宇文融的个人恩怨纠纷,说不出充足的理由,影响不大。而赞成者占多数,宇文融物色的"知名士"及侍中源乾曜、中书舍人陆坚都是支持括户作法的。特别是唐玄宗坚定不移,力排众议,起了很大作用。他不仅相继贬黜了反对者,而且赋予宇文融独立行事的大权,"事无大小,(诸州)先牒上劝农使,而后申中书,省司亦待融指执而后决断"。③钦命的职衔具有凌驾中枢之上的威权,可直接发号施令于州县,排除了枢机的掣肘,放手大干,效率极高,显示了唐玄宗听断不惑,临事果断的聪明智略。

(二)括户的成就

第一,大大增加了国家编户。一般史书均作"凡得客户八十

---

① 《旧唐书·宇文融传》。
② 《读通鉴论》卷22《玄宗十三》。
③ 《旧唐书·宇文融传》。

余万",唐玄宗颁于开元十三年二月的制令则作"归首百万"。"八十余万"之说见于开元十二年八月《通鉴》纪事,而"百万"之说,"来于岁终",①时距八月还有四个来月,再括二十万户并非不可能。以开元十四年(公元726年)全国总户数为七百零七万计,新括客户分别占百分之十强与百分之十四。比起隋开皇三年(公元583年)括得一百六十四万余口、约合三十余万户来,是大大倍增于前了。可谓是历代括户的最高数字,唐玄宗最为关切的社会问题终于初步如愿以偿了。关于八十余万或百万户是否可信呢?试以中宗神龙元年(公元715年)为六百十五万余户来看,至开元九年初基本未变,故马端临在《通考》里说:"是时,天下户未尝升降。"②当然这不符合实况,事实上是时天下升平,户口岁增,所谓"未尝升降"是被逃户之数掩盖了,至括户结束后两年净增九十一万余户,故括得八十余万或百万基本可信。

第二,有利于农业生产的发展。逃户中大部自行垦荒之外,也有部分"浮食闾里"的,括户后"括正丘亩,招徕户口而分业之",③把逃户置于土地务农。而新附客户免征六年,就是最重要的敦本务农措施,也是发展农业生产的重要政策。为了贯彻这个政策,唐玄宗还派遣劝农使与判官予以督责。

第二,推动了括田。这个措施是宇文融建议的,胡三省与马端临均云:"融献策括籍外羡田逃户,自占者给复五年,每丁税钱千五百",④故唐玄宗授宇文融"田户纪纲"、又兼租地安辑户口使,其助手有"勾当租庸地税兼覆田判官"。开元十二年六月壬辰诏云:"恤编户之流亡,阅大田之众寡",即指此而言。看来,宇文融是认

① 《旧唐书·宇文融传》,又《全唐文》卷25玄宗《置十道劝农判官制》,其"来于岁终"作"及于岁终"。
② 《文献通考》卷3《田赋考》。
③ 《新唐书·宇文融传》。
④ 《资治通鉴》卷212开元十二年八月条胡注,《文献通考》卷3《田赋考》。

真付诸实施的,因皇甫憬疏文中有"何必聚人阡陌,亲遣括量"之语。由于检括户田并举,既取得了"流户大来",又获致了"王田载理"的双重成果,史载:"括得客户凡八十余万,田亦称是"。及至开元十七年(公元729年),宇文融虽已失宠被贬,但唐玄宗仍然表彰他:"往以封辑田户,……颇有宏益。"①可见,括户与括田确实取得了较大成果。

第四,增加了国家财税收入。规定的"轻税入官",每丁岁钱一千五百文,岁得数百万缗,以佐国用;六年期满,一切征敛照旧,财利收入更多。唐玄宗关心逃户的实质,是受制于他的经济价值观念的。正如《通考》所引的:"时天下有户八百万,而浮客乃至八十万,此融之论所以立也。"②所谓财利,就是括取这些浮逃户丁的税收,括客增加户数十分之一,即税收总额增加十分之一。这是唐玄宗重视括户的终极原因。兹后,宇文融虽因骄纵被徙,但唐玄宗仍旧缅怀:"上复思之,谓裴光庭曰:'卿等皆言融之恶,朕既黜之矣,今国用不足,将若之何!卿等何以佐朕?'光庭等惧不能对。"③可见,括户是玄宗朝财税的一大收益。

第五,括户构成盛唐的繁荣经济的一个重要原因。唐代杜佑在《通典》里记叙括户完毕以后,即接着说"至(开元)十三年封泰山",紧书开元盛世云:"米斗至十三文,青齐谷斗至五文,自后天下无贵物;两京米斗不至二十文,面三十二文,绢一匹二百一十文",④将括户成就与盛唐的经济繁荣联系起来,可谓卓识。开元十二年(公元724年)的括户政策,调动了农民的生产积极性,时值风调雨顺,获得了年谷丰登。唐玄宗颇为意骄气得,于次年十一月在文武百官的簇拥下,浩浩荡荡地君临泰山,在天下升平声中,

---

① 《全唐文》卷22玄宗《贬宇文融汝州刺史制》。
② 《文献通考》卷3《田赋考》引沙随程氏语。
③ 《资治通鉴》卷213开元十七年十月条。
④ 《通典》卷7《历代盛衰户口》。

举行盛大的封禅典礼了。玄宗的封禅时间不先不后，却在括户大见效之后，意味颇为深长。

但括户也存在一些弊病。所谓"州县希旨，张虚数以正田为羡，编户为客"，①因此，括取的八十余万户数与田数多少带点浮夸。再者，由于州县虚报括户数字，一方面使某些有背景的实户以逃户身份减征税收；另方面又将实户的负担转嫁到其他实户头上，使这些人家无辜地遭受经济损失。括户中虽然存在一些不足，毕竟是支流，其成就才是主流。故后世有识之士评价颇高。元代马端临在《文献通考》里引沙随程氏语曰："使融检括剩田以授客户，责成守令，不收限外之赋，虽古之贤臣何以加诸。虽有不善，其振业小民，审修旧法，所得多矣，故杜佑作理道要诀，称融之功。"②沙随程氏和马端临均以宇文融括户理财有方，堪与"古之贤臣"相提并论，可谓真知灼见。比较旧、新《唐书》与《唐鉴》的作者的迂腐之论不知高明多少，什么"开元之幸人"、"以括户取媚"，③什么"言利得幸……以中主欲"，④什么"唐世言利，始于宇文融"，⑤一句话，注重功利就是"利禄之徒"；不搞括户，才为"清高"了。其实，宇文融的理财才干、审时度势、组织能力、办事效果均有过人之处，善于用人的唐玄宗"恨得之晚，不十年而取宰相"，⑥就是对他才能的赏识，决非用"承主恩而征责"一词所能解释得了的。后宇文融获谴，"而追恨融才有所未尽也"，⑦这是唐玄宗知人的内心思想的真诚流露，非恨宇文融有什么"取媚"，而是后悔自己未能尽其才用。

---

① 《新唐书·食货志一》。
② 《文献通考》卷3《田赋考》。
③ 《旧唐书·宇文融传》史臣曰。
④ 《新唐书·宇文融传》赞曰。
⑤ 《唐鉴》卷5《玄宗下》。
⑥ 《新唐书·宇文融传》赞曰。
⑦ 《新唐书·宇文融传》赞曰。

对宇文融括户作出全面的评价,当推清初史学家王夫之,他条分缕析,首先分析农民逃亡的原因:"土或瘠而不给于养,吏或虐而不恤其生,政或不任其土之肥瘠,而一概行之,以困其瘠,于是乎有去故土,脱版籍而之于他者。"①由此可见,农民逃亡有自然与人为两方面的原因,但主要的是吏虐失抚,促成自然条件的进一步恶化。其次,王夫之认为安抚当以客户新附、减轻征敛最为得宜,这就充分肯定了宇文融的括户政策。指出:"民不可使有不服籍者也,客胜则主疲,不公也;而新集之民,不可骤役者也,生未定而力不堪也。"各有难处,究应怎办?无非两途,一是"检括之而押还故土,尤苛政也","苛"在哪里呢?"民不得已而远涉,抑之使还,致之死也",应当舍弃。另一是"开元十一年,敕州县安集流人,得之矣","得"在何处呢?"安集之法,必令供所从来,而除其故籍,以免比闾宗族之代输,然后因所业而徐定其赋役,则四海之内,均为王民,实不损,而逃人之名奚足以乎?"②这是对唐玄宗、宇文融第二阶段括户利国而不扰民的赞许。

(三)遗留问题

开元十二年(公元 724 年)六月开始的新附客户免征赋调六年的政策,确使旧有逃户大为减少。但新的逃户又不断冒出,使唐玄宗防不胜防,造成新的逃户隐患。但括户有个限度,总不能年年跟在逃户后面打转。"思弘自新之令"固然有效,但同时也会助长土著户的逃亡,原因是新附客户优免,旧附土著照征,在负担方面存在反差,无疑会促使土著流离。如果对不断增加的客户都予六年起科,必使封建国家财政收入减少,因此享受新令优免不能没有时间限制。开元十五年(公元 727 年)二月玄宗所颁制令已显露

---

① 《读通鉴论》卷 22《玄宗十三》。
② 《读通鉴论》卷 22《玄宗十三》。

这个苗头:"诸州逃户,先经劝农使括定按比后复有逃来者,随到准白丁例输当年租庸,有征役者先差。"①可见,新生的逃户已没得到减免的好处了,而与土著户负担相同,以此抑制土著户逃移。但是就是新附客户,或因州县不加"安集",也没有附籍归农。开元十六年(公元728年)十二月敕令中透露了这一信息:"攘窃者时有犯禁,逋亡者罕闻复业"②。开元十八年(公元730年)免征六年期满,逃亡趋向增加,唐玄宗面对此情此景,不禁叹息:"欲免流庸,不可得也。"③

虽然如此,唐玄宗抑制逃户之心未泯,硬的、软的都用过了,再也想不出什么新花招,对付新生逃户也只得老调重弹罢了。开元十八年四月下敕:"顷以天下浮逃,先有处分,所在招附,便入差科,辄相容隐,亦令纠告"④,显然比过去严厉了。但以威临之,如能奏效,岂至今日,最后自然以无济于事告吹。反省之余,检讨失抚之外,也别无他法。开元二十四年(公元736年)敕令的调子又放低了:"安人之政,独不行于诸夏,使黎氓失业,户口凋零,忍弃枌榆,转徙他土,佣假取给,浮窳求生,言念于兹,良深恻隐"。⑤但即使安抚逃亡,逃亡照常不断,办法用尽了。唐玄宗深为感慨,开元二十九年(公元741年)坦率承认:"其浮寄逃户等亦频处分,顷来招携,未有长策。"⑥

天宝年间,户口逃亡更趋严重,这与唐玄宗荒殆政事、奢华生活有关。政事荒疏,抚民想得少了;生活豪奢,扰民做得多了。为了弥补财政入不敷出,他采取了勾当租庸与户口的搜括措施。天

---

① 《资治通鉴》卷213开元十五年二月条。
② 《唐大诏令集》卷104《处分朝集使敕五道之一》。
③ 《唐大诏令集》卷104《处分朝集使敕五道之三》。
④ 《唐大诏令集》卷104《处分朝集使敕五道之四》。
⑤ 《唐大诏令集》卷111《听逃亡归首敕》。
⑥ 《唐大诏令集》卷104《遣使黜陟诸道敕》。

宝二年(公元743年)四月,任命陕郡太守韦坚兼知勾当租庸使。天宝四载(公元745年)二月,加户部郎中王铁为勾当户口色役使。天宝六载(公元747年)十一月,杨慎矜加诸郡租庸使。这些"聚敛之臣",或以聚货得权,或以剥下获宠,杨、王以及杨国忠等人的搜括,几使民不聊生,当促使农户流移。此外,唐玄宗加强对户口的控制,重视州县官员监督户口,指出:"县在僻远,多不情愿,遂虚其位,累载缺人,既无本官,为政不一,户口逃散,莫不由兹。"①为制止户口流散,注重选拔素质较好的官员任职州县。

逃户不能根绝,作为括户的遗留问题,有其深刻的社会阶级根源,唐玄宗虽有九五之尊,但不能以皇权与意志制止户丁逃亡。盛唐社会的诸多矛盾问题越来越多,在面临社会阶级与经济变革之中,逃户的递相出现是难以避免的阵痛。他陷入了既倾心于财利之收、又不愿贫民流失的矛盾境地,这使他只能带着遗憾的心情度过晚年了。

---

① 《全唐文》卷25玄宗《安养及诸改革制》。

第十一章　开天盛世,海内富实

唐玄宗上秉祖辈之余荫,励精图治,开创了开元天宝盛世,谱写了大唐帝国最为光辉灿烂的新篇章。政治局面的长期稳定,周边环境的多年安宁,社会经济的日益繁荣,尤为史家所赞颂,也勾起了文人骚客的咏史雅兴。这里,探讨一下唐玄宗的经济思想以及开天时期经济发展的原因。

第一节　富民、"致肥"的经济思想

诗人白居易指出:"太宗以神武之姿,拨天下之乱。玄宗以圣文之德,致天下之肥。"①从经济方面说,唐太宗拨乱反正,实施"与民休息"政策,使社会经济得到恢复与发展;而唐玄宗则注意文治,贯彻富民政策,"致天下之肥",把日益发展的社会经济推向繁荣阶段。唐玄宗虽然没有系统的卓越的经济思想,但他与决策集团在实现"致肥"的过程中,留下了一些真知灼见。

(一)"富而后教"

开元十二年(公元 724 年),唐玄宗在制书中说:"人惟邦本,本固邦宁,必在安人,方能固本。"这些前哲至言,玄宗十分欣赏,说:"永言理道,实获朕心。"那么,如何"安存"百姓呢? 他认为,重

---

① 《白居易集》卷 47《才识兼茂明于体用科策一道》。

要的一条是"食为人天,富而后教。"①事隔九年,他再次颁诏云:"既富而教,奚畏不理!"②

所谓"富而后教",确实是唐玄宗的重要经济思想。"富",要注重物质生产;"教",要注重儒家彝礼。这两者之间有个孰先孰后的问题。古来多数统治者往往重"教"而耻言"富",囿于"为富不仁"的传统观念,不甚强调百姓的衣食之"富"。唐玄宗是个比较务实的君主,他把"富而后教"提高到治国的高度,既兼顾了富与教,又置富于教之上,颇有管子的"仓廪实而知礼节"的经济思想遗风。

在富的内涵方面,还有一个国富与民富的关系问题。天宝二年(公元743年),玄宗在诏中说:"古之善政,贵于足食;将欲富国,必先利人。"③把"足食"富民摆在"富国"之前,体现了藏富于民的思想。因为只有百姓富足了,封建国家赋税才有来源,皇室贵族官僚地主才有挥霍的物质基础。凡是开明的政治家,无不强调"家给人足"的重要意义。

唐玄宗对"家给人足"有一个逐步深化的认识过程。开元初,经历王室多难的动荡局面,他只是设想而已,"思使反朴还淳,家给人足。"④开元中,随着农业生产的发展,出现了"开元之治",认识也就达到了新境界:"为国之道,莫不家给人足。"⑤及至天宝时期,他总结了"临驭万邦,迄今四纪"的统治经验,认为已实现了这个目标。温饱无虞,人易自重,教易收效,正如他在《天长节推恩制》里所说的:"衣食既足,则廉耻乃知",⑥就能达到"富而后

① 《旧唐书·宇文融传》。
② 《唐大诏令集》卷104《处分朝集使敕五道之二》。
③ 《册府元龟》卷497《邦计部·河渠二》。
④ 《唐大诏令集》卷108《禁珠玉锦绣敕》。
⑤ 《唐大诏令集》卷107《遣使选择边兵诏》。
⑥ 《全唐文》卷25玄宗《天长节推恩制》。

教"了。

反过来看，"教"也可以促"富"。所谓"教"虽然是指礼义，但并不全是空洞说教，而是渗透到各种"劝农"的措施中去。早在开元二年(公元714年)，玄宗就督责州县"仍加劝课，循植农稿。"①过了二十年，再次强调："农桑之时，不得妨夺，州县长官，随时劝课。"②如果劝课无效，则辅之以猛，对于游业浮堕与不勤稼穑者，则特令"惩肃"。这就从思想与法制两方面把致富的手段与目的结合起来了。

当然，致富的最主要手段，还是发展生产。唐玄宗和大臣强调："赡人之道，必广于滋殖"，③就指民务稼穑，才能衣食丰足之意，反映了他的发展农业生产是致富之源的思想。只有把生产搞上去了，才能为公私提供足够的消费财富；而劝农，就是敦促农民发展生产的思想环节。可见，劝农致富之教，在唐玄宗经济思想中占有重要的地位。

(二)"济生人为意"

北宋著名的唯物主义思想家李觏，曾经总结过"开元之治"的历史经验，指出：唐玄宗"以安天下，济生人为意，此其所以兴也。"④所谓"济生人为意"，就是"惠养黎民"思想的体现，这是开元时期经济政策的一个特色。

开元元年(公元713年)冬十月，玄宗亲自接见京畿县令，"戒以岁饥惠养黎元之意。"⑤开元三年(公元715年)盛夏，他身居避

---

① 《唐大诏令集》卷108《兴庆宫成御朝德音》。
② 《唐大诏令集》卷74《开元二十三年籍田赦》。
③ 《唐大诏令集》卷111 常衮《劝天下种桑枣制》。
④ 《李觏集》卷2《礼论第七》。
⑤ 《资治通鉴》卷210 开元元年十月条。

署台榭，有感而道："天其养生，在物最灵，惟人最贵。"①天地之间人最贵，由此出发，自然地要引申出恤人思想；而从恤人思想又会引出"惠养黎元"的政策措施。具体地说，主要有灾蠲赈济与恩蠲惠免两大类。

其一，灾蠲与"富教"有内在联系。农民遭灾，已成穷民，先要济贫，然后才能致"富"，即玄宗所说的："将给小康，必弘厚贷。"在"必弘厚贷"措施中，设置义仓就有这个含义。他说："义仓元（原）置，与众共之，将以克济斯人，岂徒蓄我王府。"②义仓积谷，非为"王府"而设，作为防荒备灾之用。这是取之于民、还之于民的一种公共设施；如排除贪吏舞弊，不失为一种行之有效的济贫救灾措施。州县除义仓外，有时也动用当地仓储救济。如开元十四年（公元 726 年）秋，全国发生水灾加旱灾，玄宗诏遣御史中丞宇文融检覆"赈给"。至于京师逢灾，则动用太仓赈济。如开元二十一年（公元 733 年），关中久雨害稼，京师饥，诏出太仓米二百万石，以济贫民。这是京师无偿赈灾发粮最多的一次。

灾蠲不限于发放救济粮，还有采取减免当年与来年租税的作法。如开元五年（公元 717 年），河北遭涝及蝗灾，颁令无出今年租。过了六年，河南府遭水灾，玄宗下敕说："（今）不支济者，更量赈给，务使安存。"③开元二十三年（公元 735 年），玄宗于东都亲耕籍田，特地下制云："天下诸州损免处，税地先矜放；其非损免处，有贫乏未纳者，并一切放免。"④

其二，恩蠲，一般说来，与灾情无关，多属玄宗喜逢重大庆典时的特殊蠲免，颇具推恩意味，并不常有，但一旦恩蠲则普及全国，惠及周流。开元天宝时期，全国性的恩蠲主要有三次：第一次为开元

① 《唐大诏令集》卷 83 苏颋《原减囚徒敕》。
② 《全唐文》卷 23 玄宗《发诸州义仓制》。
③ 《唐大诏令集》卷 79《将离东都减降囚徒敕》。
④ 《唐大诏令集》卷 74《开元二十三年籍田赦》。

二十七年(公元 739 年),玄宗加"开元圣文神武皇帝"尊号,下敕曰:"百姓间或有乏绝,不自支济者,应须蠲放及赈给。"①第二次为天宝七载(公元 748 年),玄宗受册加"开元天宝圣文神武应道皇帝"尊号,大赦天下,百姓免来载租庸。第三次为天宝十四载(公元 755 年),玄宗颁《天长节推恩制》,宣布"天下百姓今载租庸,并宜放半。"

上述措施,反映了唐玄宗"济生人为意",维护稳定的社会经济秩序。蠲免赈济虽然不是主要的、直接的致富办法,但是仍不失为间接的致富手段。正如玄宗本人所说:"比岁小有僭亢,颇非丰稔,遂使开仓赈乏,空圄恤刑,兼蠲徭省赋,故得家给人足。"②显然,"家给人足"局面的出现,也是跟"惠养黎元"的措施分不开的。

(三)"男耕女桑不相失"

大诗人杜甫《忆昔》一诗赞颂"开元全盛日"时,特别提到"男耕女桑不相失"。征之史实,并非虚语。这是唐玄宗经济思想的内容之一。

众所周知,男耕女织是封建社会小农经济最基本的生产形态与劳动分工形式。耕桑及时,就会获得丰收。历来开明的政治家无不强调"不夺农时",唐玄宗也是如此。他认为,"衣食本于农桑",③当不容忽视。"农事伤则饥之本,女功害则寒之源。"④养民之道,必须以耕为本,辅以之织,使耕织并举,粟帛兼顾。为此,一要不失农事,二要不妨农事。

如何做到不失农事呢?唐玄宗除了颁诏劝农外,还命御史督察,分往各地,巡行劝课。直至天宝十三载(公元 754 年),他还重

---

① 《唐大诏令集》卷 9《开元二十七年册尊号赦》。
② 《全唐文》卷 25 玄宗《天长节推恩制》。
③ 《唐大诏令集》卷 104《处分朝集使敕五道之一》。
④ 《唐大诏令集》卷 108《禁珠玉锦绣敕》。

申县令须加视察:"至于上敷朝政,下字淳人,亲其农桑,均其力役。"①妨农之举莫过于力役,玄宗为了不让力役扰人,多次颁诏云:"农功不可夺,蚕事须勿扰",②强调停止妨碍农事的"不急之务"。

当然,唐玄宗的重农,实质上是关心赋税收入。因为封建赋税的实物方面,不外乎农产品与丝麻织品两类,玄宗仍承唐初的租庸调制,征收粮食与绢布。他关心男耕女桑,目的在于防止小农家庭的破坏与逃户的出现。他频频劝农,教诫官员切勿"扰以妨农"、致失农时,是与国家"钱谷不入,杼轴其空",税利损失有关的。③"男耕女桑不相失",为农民创造丰产增收条件,也为国家增加税收,可谓公私两利。这就不难理解唐玄宗把男耕女桑提到"为国之道"的认识高度,以及为什么强调"劝农务稼,国政攸先"的用意所在了。④

(四)"我无事而民自富"

值得注意的是,唐玄宗执政于王室多难之际,他曾择取道家某些思想观点来治理经济环境,收到了一定的成效。

早在唐睿宗时,谏官辛替否上疏陈时政,提出"以无为为妙,依两卷《老子》"来治理天下。⑤ 当时崇尚道家学说的潮流,对太子李隆基不会没有影响。玄宗即位后,除了尊崇儒学外,还大力提倡道教,弘扬玄元之风。他曾对辅臣说:"同归清静,共守玄默。"⑥开元二十一年(公元733年)正月,令天下士庶家藏《道德经》一本,

---

① 《唐大诏令集》卷100《吏部引见县令敕》。
② 《唐大诏令集》卷104《诫励京畿县令敕》。
③ 《唐大诏令集》卷103 苏颋《处分朝集使敕八道之一》。
④ 《全唐文》卷28 玄宗《释放流徒等罪诏》。
⑤ 《旧唐书·辛替否传》。
⑥ 《册府元龟》卷53《帝王部·尚黄老一》。

借此阐明"清静"之政。尔后,又亲自研读并注释《道德经》,总结了理国、理身的要旨。

首先,依据经文,发挥了清静致富的经济思想。他引证经文所说:"我无为而人自化,我无事而人自富,我好静而人自正,我无欲而人自朴。"①这里,将节欲、凡事简易作为治国的起点。从主体的无为、无事、好静、无欲,达到客体的自化、自富、自正、自朴,体现了道家"无为而治"的哲理。唐玄宗特地对"我无事而民自富"一句作了这样的疏释:"上无赋敛,下不烦扰,耕田凿井,家给民足,故云而民自富。"②这就是从道家思想中概括出的治国要旨。

其次,要做到"我无事",就必须"少私寡欲,以虚心实腹为务。"他引证经文曰:"不贵难得之货,不见可欲",不以珍物为贵,见到欲求之物,当作视而不见、望而不想一样,不为斑驳之物所动,当然知足为足了。人一旦知足了,就会少私寡欲与虚心实腹。唐玄宗有八句道诀云:"以不贪为宝,以知足为富。内保慈俭,外能和同。念身何来,从道而有。少私寡欲,夷心注元。"③这就是从道家思想中总结出的治身之道。

第三,以《道德经》作为理国、理身之本,是以"清静无为"融会贯通的,反映在经济思想上就是:"爱民者,使之不暴卒,役之不伤性;理国者,务农而重谷,事简而不烦;则人安其生,不言而化也。此无为也。"④这里,役民不伤、务农去烦、使民乐生等三条构成了"清静无为"的基本内容,为推行富民政策与劝农措施提供了理论根据。

综上所述,唐玄宗孜孜不倦于"富而后教"、"济生人为意"、

---

① 《全唐文》卷41玄宗《道德真经疏释题词》。
② 唐玄宗御注《道德真经疏》,见《道藏·洞神部·玉诀类》。
③ 《全唐文》卷41《通微道诀碑文》。
④ 唐玄宗御注《道德真经疏》,见《道藏·洞神部·玉诀类》。

"男耕女桑"以及"清静无为",自有一定的积极意义。尽管这些思想带有虚伪的骗人的色彩,什么"爱民",什么"少私寡欲",并没有那么一回事,而且唐玄宗本人向来以多欲奢豪为特点,但是,仍然不能低估玄宗经济思想多少付诸实践而取得较大的成果。

第二节　"开元之盛,汉、宋莫及"

凡是论述开元盛世的,几乎没有不引杜甫《忆昔》诗的。诗人赞颂说:"忆昔开元全盛日,小邑犹藏百家室。稻米流脂粟米白,公私仓廪俱丰实。九州道路无豺狼,远行不劳吉日出。……"美丽的诗句自非实录,但不愧为盛唐的形象史诗。开元盛世,历来有口皆碑。唐朝著名的政治家陆贽说:"朝清道泰,垂三十年。"①北宋欧阳修在《新唐书·玄宗本纪》赞曰:"开元之际,几致太平。"明清之间的王夫之更从上下历史的比较中,得出了这样的结论:"开元之盛,汉、宋莫及矣。"②的确,开元时期社会高度繁荣,这是中国封建社会史上的黄金岁月。

(一)社会经济的繁荣

开元时期社会经济的演进,大约分为两个阶段。

开元十二年(公元 724 年)以前,属于发展时期。唐玄宗即位于艰难之际,面临着长期政局动荡遗留下的各种问题,当务之急是要采取各种措施来治理政治经济环境。他限制佛教势力,不允许新营佛寺,将僧尼还俗,以增加劳动力。一再颁诏恤农赈灾,强调不夺农时,劝以男耕女桑。推行括户授田,改革赋役,将流民列为

---

① 《全唐文》卷 468 陆贽《奉天论前所答奏未施行状》。
② 《读通鉴论》卷 22《玄宗》。

编户,安置农业生产。罢除冗吏,去奢省费;罢不急之役,以待农闲。这些措施的综合治理,都是围绕着发展农业生产这个中心任务而展开的。至开元十二年,取得了大丰收,正如群臣上言封禅所说:"年谷屡登,开辟以来,未之有也。"①

从开元十三年(公元725年)至开元末,是社会经济发展的繁荣阶段。连年丰收,蒸蒸日上,一派富庶的情景。据唐朝杜佑说,天下无贵物,两京米斗不至二十文,面三十二文,绢一匹二百一十文。开元二十八年(公元740年),"西京、东都米斛直钱不满二百,绢匹亦如之。海内富安,行者虽万里不持寸兵。"②

总之,开元时期确实是"全盛日",封建经济的高度繁荣,还可以从两个方面来说明。

第一,"累岁丰稔"的农业。

衡量古代农业经济繁荣的标尺之一是人口增长,因为劳动力是农业生产的必要的前提。唐朝前期的发展是跟户口增长同步的。武德间全国户数仅二百余万户,贞观初不满三百万户,永徽三年(公元652年)增至三百八十万户,这实际上是反映贞观末的户数,说明"贞观之治"二十余年间增加了近百万户。中宗神龙元年(公元705年)复增至六百十五万户,即五十六年间增加了二百三十五万户。据宋代苏辙说,"开元之初,虽号富庶,而户口未尝升降。"③经由括户,至开元十四年(公元726年)户数为七百零七万。开元二十八年(公元740年),增至八百四十一万余户,即十四年间增加了一百二十六万户,为唐朝前期增速最快的阶段。

垦田增加是农业发展的直接标志。唐玄宗继续执行鼓励农民垦荒政策,当为期四年的"括户"开始时,将括田、垦荒与之联系一

①　《唐会要》卷8《郊议》。
②　《资治通鉴》卷214开元二十八年十一月条。
③　《栾城后集》卷11《历代论五》。

起,加速了全国范围内垦荒的进程。开元十二年(公元724年),玄宗下了所在闲田、劝其开辟的诏令。耕者多占宽乡的闲田,律不与罪,体现了鼓励垦荒的精神。除均田外,屯田垦荒也是扩大耕地面积的重要措施。如开元二十二年(公元734年),"遣中书令张九龄充河南开稻田使,"后又"遣张九龄于许、豫、陈、亳等州置水屯。"①总之,在鼓励政策的推动下,调动了广大民众的积极性,海内垦田大为增多,正如元结所说的:"开元、天宝之中,耕者益力,四海之内,高山绝壑,未耜亦满。"②

江南农业也得到了发展。由于人口与垦田的大量增加,为水稻集约经营提供了条件。双季稻需要劳动集约化程度更高,它的出现是水稻种植史上的大事。开元十九年(公元731年),扬州改种双季稻达一千八百顷,后又在广东地区得以推广,稻米产量骤增。小麦虽已在前代传播到长江流域,但种植还不普遍,唐玄宗时大力推广麦稻轮作制。云南地区水稻与大、小麦间作与轮种兼行,充分利用地力,提高单位面积产量。

第二,官私手工业与商业。

手工业主要有纺织、印染、矿冶、金工、造船、玉雕、木器、瓷器、制糖、制茶、印刷、造纸、服饰、皮革等业。技艺精湛,分工细密。例如,1970年在西安市郊发现了窖藏金银器,经考古确定,系李守礼邠王府的遗物。③ 从出土的碗、盘、碟、壶、罐、锅、盒、炉等金银器来看,工艺极其细致,以焊为例,就有大焊、小焊、两次焊、掐丝焊等。器物图案,花形不同,鸟状互异,灿烂夺目,整齐中有变化,变化中有规律。镂刻也是巧夺天工,一件模仿皮囊形制的银壶,两面各铸一马,马身涂金,颈系飘带,嘴衔一杯,昂首扬尾,形象逼真,生气勃勃,是盛唐金银器的杰作。

---

① 《旧唐书·玄宗本纪上》。
② 《元次山集》卷7《问进士》。
③ 《西安何家村窖藏的唐代金银器》,载《文物》1972年第2期。

私营手工业与商业的发展,更能说明当时经济的繁荣。例如,定州何名远以纺织作坊主身份,购置绫机五百张,成为当地豪富。① 以行商走南闯北、货贩致富的也不乏其例。货币在商品流通中愈益重要,甚至产生了货币拜物教。名臣张说撰了《钱本草》一文,认为钱既是"善疗饥寒困乏"、"能利邦国"的惠贫剂,又是"污贤达"的腐蚀剂。在儒臣的传统观念中,钱神一旦游荡官场,"贤达"也就难以保持洁白无污。为此,张说主张以儒制利,以"道"、"德"、"仁"、"义"、"礼"、"智"、"信"等予以约束。② 这种论调不免迂腐,不过,从中也透露出商品经济较前发展的潜讯。开元二十二年(公元 734 年),货币问题专家刘秩针对市场铜钱短缺、私铸质滥的现象,主张压低铜价,多铸公币,这样"钱又日增,末复利矣。"③他敢于冲击传统的轻末观念,提出利末而不伤农的看法,也是当时商品经济发展在思想上的反映。

(二)兴修水利的成就

　　水利是农业生产的命脉,兴修水利的成就反映了开元盛世的一个侧面。

　　据统计,贞观年间兴建水利工程计二十六处,④唐高宗时期三十一处,武则天时期十五处。唐玄宗开元时期,兴修了三十八处水利工程,加上天宝时期八处,合计四十六处,为唐朝前期的最高数字,现列表如下:

---

① 《朝野金载》卷 3。
② 《全唐文》卷 226 张说《钱本草》。
③ 《旧唐书·食货志上》。
④ 拙著《唐太宗传》列表原计二十五处,漏"观省陂"(见《新唐书·地理志二》),现予增补。

玄宗时期兴修水利表

州（郡）县名	渠名	兴修年代	支持者	渠位	资料来源
杭州盐官县	捍海塘堤（重筑）	开元元年			《新唐书·地理志五》
华州华阴县	敷水渠	开元二年	刺史姜师度	县西二十四里	《新唐书·地理志一》
太原府文水县	甘泉渠	开元二年	县令戴谦	县东北五十里	《新唐书·地理志二》
太原府文水县	荡沙渠	开元二年	县令戴谦	县东北二十五里	《新唐书·地理志二》
太原府文水县	灵长渠	开元二年	县令戴谦	县东北二十里	《新唐书·地理志二》
太原府文水县	千亩渠	开元二年	县令戴谦	县东北二十里	《新唐书·地理志二》
华州郑县	利俗渠	开元四年	刺史姜师度	县西南二十三里	《新唐书·地理志一》
华州郑县	罗文渠	开元四年	刺史姜师度	县东南十五里	《新唐书·地理志一》
莫州任丘县	通利渠	开元四年	县令鱼思贤	县南五里	《新唐书·地理志三》
蓟州三河县	渠河塘	开元四年	县令鱼思贤	县北二十里	《新唐书·地理志三》
蓟州三河县	孤山陂	开元四年	县令鱼思贤	县西北六十里	《新唐书·地理志三》
华州华阴县	渭漕	开元五年	刺史樊忱	县西二十四里	《新唐书·地理志一》
衢州西安县	神塘	开元五年		县东五十五里	《新唐书·地理志五》
兖州莱芜县	普济渠	开元六年	县令赵建盛	县西北十五里	《新唐书·地理志二》
冀州堂阳县	漳水堤	开元六年		县西四十里	《新唐书·地理志三》
同州朝邑县	通灵陂	开元七年	刺史姜师度	县北四里	《新唐书·地理志一》

州（郡）县名	渠 名	兴修年代	支持者	渠 位	资料来源
会州会宁县	黄河堰	开元七年	刺史 安敬忠		《新唐书·地理志一》
沧州清池县	东未名渠	开元十年	刺史 姜师度	县东南 二十里	《新唐书·地理志三》
沧州清池县	衡漳东堤	开元十年	刺史 姜师度	县西北 六十里	《新唐书·地理志三》
景州南皮县	未名渠	开元十年	刺史 姜师度	县东南 七十里	《新唐书·地理志三》
景州南皮县	毛河→临津→清池	开元十年	刺史 姜师度		《新唐书·地理志三》
越州会稽县	防海塘	开元十年	县令 李俊之	县东北 四十里	《新唐书·地理志五》
海州朐山县	永安堤	开元十四年	刺史 杜令昭		《新唐书·地理志二》
沧州清池县	无棣河	开元十六年		县西南 五十七里	《新唐书·地理志三》
沧州清池县	阳通河	开元十六年		县东南 十五里	《新唐书·地理志三》
沧州清池县	浮河堤	开元十六年		县南 五十里	《新唐书·地理志三》
沧州清池县	阳通河堤	开元十六年		县南 十五里	《新唐书·地理志三》
沧州清池县	永济北堤	开元十六年		县南 三十里	《新唐书·地理志三》
孟州河阴县	梁公堰	开元二十二年	县尹 李杰	河汴之间	《新唐书·地理志三》
成都府温江县	新源水	开元二十三年	长史 章仇兼琼		《新唐书·地理志六》
濠州虹县	广济新渠	开元二十七年	采访使 齐浣		《新唐书·地理志二》
朗州武陵县	北塔堰	开元二十七年	刺史 李琎	县西北 二十七里	《新唐书·地理志四》

301

州（郡）县名	渠 名	兴修年代	支持者	渠 位	资料来源
魏州贵乡县	西 渠	开元二十八年	刺史 卢晖		《新唐书· 地理志三》
蔡州新息县	玉梁渠	开元中	薛务增	县西北 五十里	《新唐书· 地理志二》
赵州柏乡县	千金渠	开元中	县令 王佐	县西	《新唐书· 地理志三》
赵州柏乡县	万金堰	开元中	县令 王佐		《新唐书· 地理志三》
景州东光县	靳 河	开元中		县南 二十里	《新唐书· 地理志三》
明州鄮县	小江湖	开元中	县令 王元纬	县南 二里	《新唐书· 地理志五》
陕郡平陆县	平陆渠	天宝元年	太守 李齐物		《新唐书· 地理志二》
常光郡获鹿县	太白渠	天宝二年			《新唐书· 地理志三》
余姚郡鄮县	西 湖	天宝二年	县令 陆南金		《新唐书· 地理志五》
蜀郡成都县	官源渠	天宝二年	县令 独孤戒盈	县南 百步	《新唐书· 地理志六》
荥阳郡官城县	广仁池	天宝六载			《新唐书· 地理志二》
弘农郡胡城县	新开渠	天宝八载	御史中丞 宋浑	县东	《新唐书· 地理志二》
会稽郡诸暨县	湖 塘	天宝中	县令 郭密之	县东 二里	《新唐书· 地理志五》
蜀郡成都县	万岁堤	天宝中	长史 章仇兼琼	县北 十八里	《新唐书· 地理志六》

由上表可见，水利建设以开元初、中期最为出色，开元后期已不如以前，天宝年间又不如开元时期。这种滑坡的情况，正是唐玄宗政治上走向昏庸的表现。不过，从全局来看，开天时期还是有唐

一代水利工程兴修最多的时期。建设的重点是黄河中下游地区，唐玄宗在前人成就的基础上，完善了关中平原的灌溉系统，对调节气候与保持水土起了良好的作用。开元诗人李华歌咏"咸阳古城下，万顷稻苗新"，①描绘了古老的关中平原渠水潺潺、稻苗油然的肥绿生态。这种景象无疑与唐玄宗重视水利关系极大，也为盛唐的"累岁丰稔"创造了必要条件。

（三）科学文化的异彩

科学文化大放异彩，是开元时期的兴盛景象之一。

唐玄宗十分重视翰林"学士院"与"伎术院"的建设，那里集中了两类专门人才：一是文学之士，二是伎术之士，供皇帝随时召用。玄宗给以优厚的物质条件，让他们彼此交流、切磋技术，这对于唐代科学文化的发展起了一定的作用。

唐玄宗与杰出的科学家僧一行的交往佳话，治唐史者说得够多了。的确，一行的科学成就，也离不开玄宗的支持与赞助。例如，僧一行进行世界上第一次用科学方法实测子午线的活动，玄宗命太史监协助之。观测点分布范围至盛唐疆域的南北两端，如果没有中央皇权的支持，是难以顺利完成的。又如，唐玄宗鉴于"《麟德历经》推步渐疏，敕一行考前代诸家历法，改撰新历"，②于是一行推《周易》大衍之数，改撰《开元大衍历经》。可惜，历成人亡，僧一行逝世后，由兼集贤殿学士的特进张说献上《开元大衍历》，唐玄宗下令正式颁行。唐朝前期，从傅仁均"戊寅历"到崔善为"校定历"，再到李淳风《麟德历》，再到僧一行《大衍历》，说明科学技术的不断进步。

唐玄宗还热心于文化事业，被后世史家赞为"好文之君"。③

①　《全唐诗》卷6李华《咏史》。
②　《旧唐书·方伎传》。
③　《旧唐书》卷102"史臣曰"。

"贞观开元述作为盛,盖光于前代矣。"①看来,开元更"盛"过于贞观。太宗时,粲然毕备的"秘府图籍",经魏征等校定分类,确立了"经、史、子、集"四部体制。开元初期,玄宗令于东都乾元殿刊校图书,"大加搜写,广采天下异本。数年间,四部充备。"②后来,成立丽正修书院继续工作,至开元九年(公元 721 年)完成《群书四录》,凡书四万八千一百六十九卷。开元十三年(公元 725 年),改丽正修书院为集贤殿书院,由宰相张说负责,著名文士徐坚为副,重文之举可谓空前。及至开元二十三年(公元 735 年),宰相裴耀卿"入书库观书",不禁赞叹:"圣上好文,书籍之盛事,自古未有。"③

至于其他方面如唐诗、书法、绘画、雕塑等,也是万紫千红,显示出开元时期的盛唐气象。这里不一一列举了。

(四)"受报收功,极炽而丰"

上述农业、手工业、商品货币、兴修水利以及科学文化的繁荣,充分地说明了盛唐在中国古代史上的地位,称得上黄金时代。如果翻阅一下世界历史,作横向比较,还会知道,盛唐帝国是最昌盛强大的国家,超过了当时世界强国法兰克、拜占庭和阿拉伯等国。

为什么会出现开元盛世呢?

任何社会经济文化从初步发展到繁荣昌盛,都要经历很长的历史时期。汉初,经由"文景之治",至汉武帝时出现繁荣,花了七十余年。唐初,经由"贞观之治",又历唐高宗、武则天、中宗、睿宗,直到开元时出现极盛,花了近百年。社会繁荣总是从过去继承下来的条件下创造的,决不可能随心所欲地创造。这是历史的

---

① 《大唐新语》"总论"。
② 《旧唐书·褚无量传》。
③ 《大唐新语》卷 1《匡赞》。

真理。

中唐思想家韩愈谈到开元盛世的历史原因时,指出:"高祖、太宗,既除既治;高宗、中(宗)、睿(宗),休养生息;至于玄宗,受报收功,极炽而丰。"①真是卓识!即使最杰出的人物,在他谱写历史的新篇章时,不能仅凭一张"白纸"。玄宗正是基于前代的"休养生息",继承着留传下来的生产力,才能创作出"极炽而丰"的盛世最强音。

众所周知,"贞观之治"是推行"休养生息"政策的结果,当时社会经济处于恢复与发展阶段,尚算不上繁荣盛世。唐高宗时期,继续贯彻均田、赈济、轻徭薄赋等措施。武则天执政,更是采取"务在养人"的重农政策,督令州县长吏"务在田蚕",凡"田畴垦辟,家有余粮"者晋级,反之,"若为政苛滥,户口流移",必予贬职。② 她亲自删定《兆人本业》,颁示天下,指导农桑生产。这样,社会经济发展到了新的水平,户数猛增。如武则天下台那年(公元705年),全国户数六百十五万户,比贞观末年增长了近一倍。当时粮价便宜,耕地面积也不断扩大。诚然,武则天晚年弊政丛生,但伤不及下;酷吏打击的是政治上反对派,没有扰乱社会经济秩序。接着,唐中宗、睿宗时期,"王室多故",长达七八年的内争造成了唐初以来最黑暗的政治局面,给经济发展带来了影响。但是,内争限于封建统治集团上层,限于宫廷,乱不于民。广大乡村的农业生产仍旧在发展,只是增长速度慢了一些。韩愈说:"高宗、中、睿,休养生息。"就唐高宗与武则天时期而言,确是如此。至于唐中宗、睿宗,并没有采取新的"休养生息"政策,但在社会经济领域中,基本上延续从前的旧政策,也就是说,仍然处于"休养生息"之中。

---

① 《全唐文》卷561韩愈《平淮西碑》。
② 《文苑英华》卷465武则天《诫励风俗敕》。

总之,唐玄宗即位时,唐朝近百年的发展已经创造了相当高的生产力水平。开元时期的社会繁荣,就是在这个基础上发展起来的。如果经济上千疮百孔,或者说是一张"白纸",决然画不出又新又美的图画。韩愈说玄宗"受报收功",是有一定的道理的。时势造就了盛世之君,某些封建史家把一切都归美于唐玄宗,那就错了。

(五)"开元之治"对经济发展的作用

　　当然,盛世的出现,也是跟唐玄宗及其臣僚们的努力分不开的。唐玄宗的历史功绩,是不可否认的事实。

　　首先,清理政治环境,维护内外安定局面,保障了经济文化的顺利发展。开元初期,唐玄宗果敢地采取各种措施,巩固皇权,消除祸乱因素;同时任用贤能,尊信旧老,克己从谏,终于出现了"开元之治"。"朝清道泰,垂三十年",这是社会经济繁荣的必要条件。国防形势也十分有利,没有一个强大的番国或民族足以威胁到盛唐的安全。边境少事,"人情欣欣然"。史称:"天下大治,河清海晏"。"安西诸国,悉平为郡县,自开远门西行,亘地万余里,入河陇之赋税。左右藏库,财物山积,不可胜较。"[1]好一派"开元盛世"的升平景象。

　　其次,推行富民政策,加快了经济发展的速度。前面说的"富而后教"及"清静无为"等,虽然没有比唐太宗的经济思想高明,但在特定的历史条件下加以实施,却取得了较显著的成效。唐玄宗重视地方官吏的选拔,依靠他们贯彻富民措施与"清静"之治。效法汉初物色"循吏"的做法,任命了一批尚清静、务简易的干吏。如:倪若水为汴州刺史,"政尚清静,人吏安之。"宋庆礼兼检校营州都督,"数年间,营州仓廪颇实,居人渐殷。"姜师度以水利专家

---

　　① 《开天传信记》。

而受到重用,拜为河中尹,"疏决水道,置为盐屯,公私大收其利。"①如此等等,不一而足。可见,全国各地经济的发展,有赖于"良吏"们的努力。而这,也正显示了唐玄宗的英明。

第三节　天宝繁华,"气盛而微"

继"开元盛世"之后,天宝时期社会经济仍然是繁荣的。所谓"盛唐",包括开元与天宝两个阶段。《开天传信记》序云:"窃以国朝故事,莫盛于开元、天宝之际。"诗人刘禹锡唱咏:"重见天宝承平时。"②可见,天宝是后人所向往的时代。当然,与"开元"相比较,又有所不同,正如诗人元稹所说:"天宝之后,⋯⋯气盛而微。"③

(一)政治昏暗与经济繁荣的反差现象

从开元后期起,唐玄宗由明而昏,怠于政事,在政治上走下坡路了。天宝时期,专事声色,志求神仙,委政于李林甫与杨国忠,政治上昏暗是人所皆知的。但是,经济上却呈增长趋势,社会繁华,歌舞升平。如此鲜明的反差现象,是有事实为证的。

第一,户口继续上升。开元二十八年(公元 740 年),全国八百四十一万二千八百七十一户,计四千八百一十四万三千六百九人。天宝元年(公元 742 年),户八百五十二万五千七百六十三,口四千八百九十万九千八百。天宝十三载(公元 754 年),户九百六万九千一百五十四,口五千二百八十八万四百八十八。十多年间,增加了五六十万户,增长速度虽不算高,但户口数字却是唐代

---

① 《旧唐书·良吏传下》。
② 《刘禹锡集》卷 25《平蔡州三首》。
③ 《元稹集》卷 28《才识兼茂明于体用策一道》。

最高的纪录。元代史家胡三省评说:"有唐户口之盛,极于此。"①

第二,耕地面积相应增加。天宝中,唐政府掌握的垦田数为六百二十余万顷。由于隐户隐田不少,所以,实际上耕地面积远远超过。据汪篯先生推算,约在八百万顷至八百五十万顷之间(依唐亩积计),稍高于西汉时的垦田数。② 这一点也说明盛唐为汉所莫及。元结描述"四海之内,……未耕亦满"时,是将"开元、天宝"并称的。其实,天宝中垦田之多则超过了开元时期。

第三,储粮更为丰实。天宝初,两京"米粟丰贱"。③ 天宝五载(公元746年),斗米钱十三,青、齐间仅只三钱,绢一匹钱二百。如果跟开元中比较一下,几乎一样,反映了社会经济生活的长期稳定。天宝八载(公元749年),州县仓库殷实,据杜佑记载:"天下诸色米都九千六百六万二千二百二十石,……诸色仓粮总千二百六十五万六千六百二十石:(其中)北仓六百六十一万六千八百四十石,太仓七万一千二百七十石,含嘉仓五百八十三万三千四百石,太原仓二万八千一百四十石,永丰仓八万三千七百二十石,龙门仓二万三千二百五十石。"④这是玄宗朝国家最高的储粮数,反映了农业连年丰收的硕果。安史之乱前一年,边远地区的陇西,人口岁增,土地日辟,桑麻遍野;至于中原地区的繁庶可想而知。

第四,百工兴旺,百货通流。天宝初,唐玄宗支持陕郡太守韦坚开凿广运潭,虽以通漕运为出发点,但也与玄宗的加强物资交流的想法不无关系。广运潭开成后,首通的是全国"轻货",俨然是盛大的博览会。数百只新运船,满载着以江淮为主的名优特产,如广陵的锦、镜,京口的绫衫段,会稽的铜器、绛纱,豫章的名瓷、酒器,宣城的糯米,南海的瑇瑁、真珠等等。这些产品虽带有"上贡"

---

① 《资治通鉴》卷217天宝十三载闰十一月条胡三省注。
② 参见《汪篯隋唐史论稿》第67页。
③ 《旧唐书·食货志上》。
④ 《通典》卷12《轻重》。

性质,但如受人欢迎,难道商人就不货贩畅销吗?广运潭的货利通航,正是天宝年间经济繁荣的一幅图画。

手工业发展也很显著。如丝织业,就有水纹绫、方纹绫、鱼口绫、绯绫、白编绫、绸、绢、八蚕丝、轻容、花纱、紧纱、宝花罗、花纹罗等花色品种,不仅数量多,而且质量也佳。不少丝织物还以独具地方特色而引人注目。又如制瓷业,北窑向以邢州窑独享盛名,南方的越州、婺州、温州、洪州、岳州、饶州等郡,均为名窑,窑区之多已首屈一指,瓷质之佳也可与邢窑一决雌雄。越州生产之瓷名闻遐迩,典雅精美,历来有邢一越二之说。值得注意的是,豫章郡也产名瓷,《新唐书·地理志》未列入郡产土贡之内,很可能是民窑所产,几乎异军突起,韦坚开凿广运潭,汇集江淮各地名优特产时,不以越瓷、却以豫章郡"名瓷"展出,说明它必有自身特色。

第五,驿驴运输的发达。"京兆府奏两京之间多有百姓僦驴,俗谓之驿驴,往来甚速。"①东都、西京是全国商业中心,客商来往频繁,运输最为繁忙,城坊行肆比肩,百工争辉,万商云集,店铺林立,需要各地物资上市,行商货贩,需要沿途留宿歇息或奔波代足。于是,私人仿照官驿制度建立私驿,经营客栈兼营畜力运输,盛于开元天宝年间。开元中,东至宋、汴,西至岐州,南诣荆、襄,北至太原、范阳,"夹路列店肆,待客酒馔丰溢。每店皆有驴,赁客乘,倏忽数十里,谓之驿驴,……以供商旅。远适数千里,不持寸刃。"②这种为客居止与接送的新兴旅运业,便利经商,业务繁忙,经营得法,能致大富,天宝时有了新的发展。

第六,江南地区经济更加发展。开元时,江南经济已有长足的进步,天宝时期显露了经济重心南移的趋势。南方的水稻种植具有得天独厚的条件,双季稻进一步推广。经济作物如茶叶、甘蔗、

① 《册府元龟》卷159《帝王部·革弊一》。
② 《通典》卷7《历代盛衰户口》。

柑桔等种植显著增多,如柑桔产区普及南方各地。唐玄宗喜欢吃柑桔,天宝十载(公元751年)对侍臣说:"近日于宫内种甘子数株,今秋结实一百五十颗,与江南、蜀道所进不异。"①丝织业与北方比较,不仅数量上领先,而且质量上毫不逊色。制瓷业也呈超越北方的态姿。扬州是冶铜业、铸造业、制镜业的中心,天宝年间北方流传的歌谣有"扬州铜器多"的辞句,正是江淮采制铜器发达、名列榜首的反映。

以上几点,从各个侧面显示了天宝时期的繁荣景象。天宝八载(公元749年)二月,唐玄宗引百官参观宝货如山的"左藏"库,赐帛有差。史称:"是时州县殷富,仓库积粟帛,动以万计。"唐玄宗"以国用丰衍",②得意扬扬,显然为繁荣盛世所陶醉了。

(二)经济持续发展的原因

为什么政治上日益昏暗而经济上继续发展呢?

政治与经济是密切相关的,但也不是一回事。两者既有同步的一面,又有不同步的一面。开元初、中期,政治的开明,促进了经济的发展,彼此是协调的和谐的。而天宝时期则是不同步的,政治状况日益"滑坡",经济上却沿着原有的方向前进。这里,关键的问题是政治昏庸尚不构成对社会生产力的直接破坏。本书第九章说过,天宝时期政治昏暗主要表现为:玄宗荒于理政,宠信李林甫(后来是杨国忠),用人不当,偏信谗言,不纳忠谏,制造冤案等等。这种状况潜伏着危机,在某些方面也影响了经济的发展,但是没有造成"天下大乱",社会生产秩序仍还较正常地维持着,广大农民远远没有到了"揭竿而起"的地步。后来,安禄山叛乱爆发了,但没有爆发农民起义,这就清楚地说明:创造物质财富的千千万万劳

---

① 《酉阳杂俎》前集卷18《木篇》。
② 《资治通鉴》卷216天宝八载二月条。

动群众生活得还可以。正因为如此,天宝时期,社会生产力按照固有的上升方向前进,没有出现阻滞、断裂或者倒退之类现象。

消费刺激生产,也是一个原因。天宝风俗奢靡,皇室贵族、官僚地主骄奢淫逸、糜费不节、追求奇巧、觅取宝货,其程度大大超过开元时期。因此,消费品的生产比重增大,奢侈品生产特别兴隆。例如,丝织品有绸、绝、绢、绫、绵、纱、罗等,绫的种类又分细绫、瑞绫、两窠绫、独窠绫、熟线绫等。还有一种叫做"轻容"的,它是纺织高档丝罗的优质原料。"蜀烟飞重锦,峡雨测轻容","轻容"指由这种高级薄纱精织而成的名贵罗绮。诗人赞不绝口的"轻容",自然不是一般民众的日用品。又如夜明枕,光照一室,不假灯烛,工艺是何等的高超。很清楚,贵族官僚的特殊消费,刺激了手工业的发展,因而也带动了工艺技术的进步。

天宝时期货币政策的改进,有助于商品经济的流通,这也是社会繁华的因素之一。唐代常用的货币是铜钱,但官铸不足,钱不敷用。由于商品经济的发展,这一矛盾更形突出,私铸活跃,严禁也无济于事。开元晚期,唐玄宗似已意识到增加铸钱的必要性,但铜源不足,也难以增铸。为此,他采取增开铜矿、加置钱炉的办法。天宝末期,置天下钱炉九十九,每炉年铸钱三千三百缗,费铜二万一千二百斤,全国铸钱总量可达三十二万七千缗。这是唐朝前期的最高铸造量。每炉仅役丁匠三十,既降低了成本,又提高了产量,使铸钱成为获利颇丰的产业,刺激了国家投资冶铸业的积极性。而铸币的大量增加,满足了商品流通的需要,使市场更加繁荣。

此外,自然灾害较少,也是客观上有利的条件。杜甫《忆昔》诗云"百余年间无灾变",抒写了唐朝从立国到极盛时期的风调雨顺的景象。当然,全无灾害不是事实,但也确无大灾或者特大灾害,就少灾而言,天宝比开元更为突出。

(三)盛极而衰,危机潜伏

毫无疑问,天宝时期是繁华的。但是,在"繁华"的背后,隐藏着深刻的社会危机。"气盛而微",其理固然!

一方面,社会财富丰实;另一方面,各种消费激增:这是当时封建国家财政经济的根本特点。军费日益庞大:开元前期,每年边防费用不过钱二百万。"天宝之后,边将奏益兵浸多,每岁用衣千二十万匹,粮百九十万斛,公私劳费,民始困苦矣。"①官僚机构耗费惊人:机构重叠,官员众多。唐初依品制禄,一品官月俸钱三十缗,职田禄米不过千斛。开元时一品月俸增至三万一千,而天宝时期的数字,又倍增于开元之时。② 上述军费与行政费,还算是常规的开支。至于特殊的赏赐也不少,如天宝六载(公元 747 年)十二月,"命百官阅天下岁贡物于尚书省,既而悉以车载赐李林甫家。"③如此庞大的开支,如此惊人的浪费,不能不压抑着社会经济发展的势头。

为了保障封建统治者穷奢极欲的需要,唐玄宗千方百计地搜括财富。正如宋代苏辙指出:"(宇文)融既死,而言利者争进。韦坚、杨慎矜、王铁日以益甚,至杨国忠而聚敛极矣。"王铁身兼二十余使,杨国忠身兼四十余使,是历史上罕见的事。这批聚敛之臣的出现,正是适应天宝经济繁荣而又潜伏危机的时势需要,是由盛转衰时期形成的怪胎,是当时商品经济发展的畸形儿。"聚敛"活动反过来进一步刺激了权贵的物欲胃口,腐蚀了封建统治的机体。当然,后果是极端严重的。"盖玄宗在位岁久,聚敛之害遍于天下,故天下遂分。"④封建统治阶级的贪婪腐朽的恶性膨胀,是后来

---

① 《资治通鉴》卷 215 天宝元年正月条。
② 参见徐连达《开元天宝时期唐由盛转衰的历史考察》。
③ 《资治通鉴》卷 215 天宝六载十二月条。
④ 苏辙《栾城后集》卷 11《历代论五》。

爆发安史之乱的原因之一。

隐性的社会危机还表现在贫富对立的日益尖锐上。"海内富实"的局面，从根本上说，是千百万劳动者创造的。旧史称"人情欣欣然"，往往是溢美之辞。但劳动者的生活有一定程度的改善，大概也是事实。唐玄宗在位四十多年，没有发生农民起义，说明社会生活的安定。当然，开元天宝时期，越到后来，贫富悬殊就越显著。天宝十四载（公元755年）十一月初，杜甫写了"朱门酒肉臭，路有冻死骨"的诗句，[1]表达了民间的疾苦。注意！路"有"冻死骨，不等于哀鸿遍野的惨境。如何估计天宝末人民生活状况，恐怕不能以偏概全，说成是一片黑暗。那样估计，未必符合盛唐气象的事实。贫富对立日益尖锐化，但还没有到了"揭竿而起"的地步。这就是叛乱发难于北疆而不渊源于内地的根本原因。

最严重的社会问题是"朱门酒肉臭"，豪华荒淫的生活方式像瘟疫一样蔓延。其中，尤以唐玄宗本人为最突出：晚期荒于理政沉醉于歌舞升平之中，"穷天下之欲不足为其乐，而溺其所甚爱，忘其所可戒"，[2]结果踏上了由盛而衰的道路。

---

① 《杜工部集》卷1《自京赴奉先县咏怀五百字》。
② 《新唐书·玄宗本纪》赞曰。

第十二章　杨玉环身世

唐玄宗晚期生活,离不开一位绝代佳人,她就是中国历史上特出的女人杨贵妃。[①] 玄宗与贵妃之间曲折而动人的爱情故事,既为盛唐气象增添了斑斓的光彩,又与唐王朝由盛而衰的行程息息相关。

杨贵妃,"小字玉环",[②]一生只有短短的三十八年。然而,其人其事,却笼罩着重重的迷雾,至今尚难显露出历史的真面目。这里,先谈谈她的身世、少年与寿王妃时期的情况。

第一节　杨氏家族

唐朝皇宫里是讲究门第的。杨玉环是何等的出身呢?唐玄宗颁发的官方文书里这样写道:"公辅之门,清白流庆,诞钟粹美,含章秀出。"[③]换句话说,这位俊秀的美人是名门望族的后代。

(一)弘农杨氏的后裔

追溯远祖,杨玉环的高祖父是隋朝名臣杨汪。《新唐书·后妃传》说她是杨汪的"四世孙",疑误,应为五世孙女。唐初编撰的《隋书》有杨汪专传,说他"本弘农华阴人也"。唐人陈鸿《长恨歌传》特地点明"弘农",宋人乐史《杨太真外传》也说杨玉环"弘农

---

① 参见南宫搏《杨贵妃——中国历史上最特出的女人》。
② 《明皇杂录》卷下。
③ 《全唐文》卷38玄宗《册寿王杨妃文》。

华阴人也",都是就远祖地望而言,强调杨氏家族源出于北周隋朝以来的弘农望族。

不过,早在杨汪的曾祖杨顺时代,就"徙居河东"了。杨汪及其后代子孙,世居河东,所以史籍上又称杨氏家族为蒲州永乐人。蒲州,隋属河东郡,唐属河东道,永乐县乃蒲州之属县。杨汪由于与隋文帝都是弘农人,曾被重用,赐爵平乡县伯,官至尚书左丞。隋炀帝即位,杨汪守大理卿;岁余,拜国子祭酒。大业九年(公元613年)杨玄感起兵,杨汪遭到怀疑,出为梁郡通守。隋炀帝死后,杨汪依附于东都王世充集团。唐初,秦王李世民平定王世充,克复东都,对于杨汪,"以凶党诛死"。①

自杨汪被杀以后,其子孙辈继续居于蒲州永乐(今山西永济),并不显贵了。《旧唐书·杨贵妃传》提及"高祖令本,金州刺史。""高祖"当误,这个杨令本疑为杨玉环的曾祖父,即杨汪之子。玉环祖父一辈,有几个兄弟。杨国忠的祖父与杨贵妃的祖父,就是兄弟关系。大概他们都没有担任过显职,史籍上没有留下详细的记载。尤其是杨国忠祖父一支系,已衰落到"细微"的境地。

及至杨玉环父亲一辈,史载比较多了。看来,杨玉环亲生父亲是杨玄琰,旧新《唐书》及《通鉴》都是这样说的,毋庸怀疑。"玄琰,(杨)汪之曾孙也。"②玄琰从家乡永乐跑到四川,当了蜀州司户,时间约在开元初期。蜀州为上州,司户属从七品下的刺史衙吏,掌管户籍、计帐、道路、逆旅、婚田等事务。杨玄琰还有两个亲弟弟:一个叫杨玄珪,似在家乡;一个叫杨玄璬,官为河南府士曹参军事,也是从七品下的衙吏,掌管津梁、舟车、舍宅、百工众艺之事。

由上可见,杨汪的曾孙一代,已是家道衰落,当官的没有超过七品。但是,他们毕竟是名门望族的后裔,如果提起杨氏家族的远

---

① 《隋书·杨汪传》。
② 《资治通鉴》卷214开元二十三年十二月条。

祖杨汪,还是引人注目的。

（二）玉环籍贯与出生地

按照嫡系三代的居住状况,杨玉环的籍贯应为蒲州永乐(今山西永济)。倘若说是"弘农华阴人",实在扯得太远了。当然,就远祖地望而言,说是弘农杨氏也未尝不可。

杨氏家族世系表
（根据《新唐书·宰相世系表》制作）

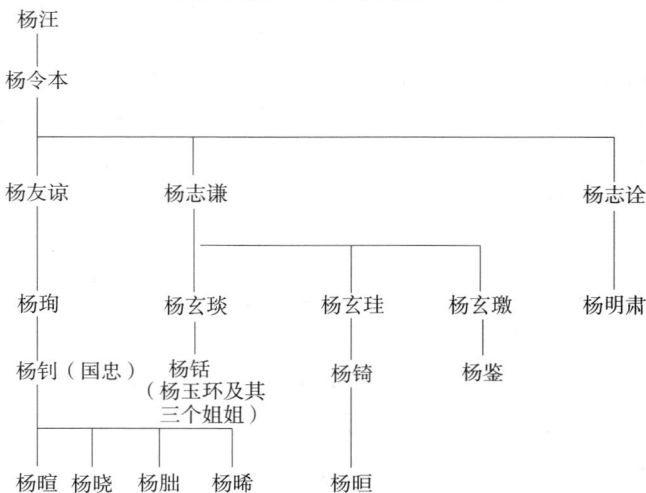

```
杨汪
 |
杨令本
 |
 ├──────────────┬──────────────────────────┐
杨友谅         杨志谦                      杨志诠
 |             ├──────────┬──────────┐      |
杨珣         杨玄琰      杨玄珪     杨玄璬   杨明肃
 |             |          |          |
杨钊（国忠） 杨铦        杨锜        杨鉴
             （杨玉环及其
               三个姐姐）
 ├────┬────┬────┐        |
杨暄 杨晓 杨朏 杨晞      杨昢
```

一个人的籍贯与出生地有时是不一致的。前者指的是祖籍(上溯三代够了),后者说的是诞生之地。杨玉环生于何处?《唐国史补》卷上记载:"杨贵妃生于蜀,好食荔枝。"这是可信的,为乐史《杨太真外传》所采用。所有的史料都肯定杨贵妃死时三十八岁,由此推算,她诞生于开元七年(公元719年)。那时,父亲官为蜀州司户,杨玉环就是作为这个小官的最小女儿而降临人间的。

至于生日,《明皇杂录》逸文说:"六月一日,上(玄宗)幸华清宫,是贵妃生日。"众所周知,唐玄宗只有在冬天到华清宫避寒,决没有盛夏六月"幸华清宫"的事实。因此,人们怀疑这条史料不可靠。但是,由此而否定出生日期,也未必理由充足,这里暂且将六月一日当作杨贵妃的生日。

杨玉环有三个亲姐姐,即后来的韩国夫人、虢国夫人、秦国夫人。史籍上称"大姨"、"三姨"、"八姨",如果按杨贵妃姐妹排列的话,那么还有众多的堂姐姐,也许她们早已去世了。《明皇杂录》逸文还说八姨,"贵妃妹也"。似乎传说杨贵妃不是最小女儿,恐误。三个姐姐没有名字,唯独小女儿"字玉环",这不知是由于什么缘故?

杨玉环的兄弟情况如何?"《唐历》以(杨)铦为玄琰之子。"[①]从天宝时期杨贵妃与杨铦关系的亲密来看,杨铦很可能是杨玉环的亲哥哥。但是,后来杨玉环被叔父杨玄璬领养,所以称杨铦为"从兄"。还有一个从兄叫杨锜,疑为叔父杨玄珪之子。至于杨国忠,当年叫杨钊,则是从祖兄,亲属疏远,不是直系。此外,杨玄璬之子鉴,是杨玉环的堂弟。

玉环的童年是在蜀川度过的。蜀中风土,有异中原,培育了她那轻快活跃的性格。据记载,大概长到学会走路时,竟独自跑到池塘边玩耍,"尝误坠池中,后人呼为落妃池。"[②]这显然是民间传说,唐人笔记史料中无一字提及,似不可靠。但是,幼年的玉环爱动,好奇心强,无疑是事实。联系到杨贵妃入宫以后的种种表现,仍有幼年余韵。

杨玉环十岁左右,死神夺走了她的双亲。[③] 旧新《唐书》本传称"早孤"或者"幼孤",所谓"孤"者指的是父母双亡,不仅父亲杨玄琰逝世了,而且母亲也死了。至今有的新传记却说杨玉环出生

① 《资治通鉴》卷 215 天宝四载八月条《考异》引。

② 宋朝乐史《杨太真外传》卷上。

③ 杨国忠三十岁跑到四川,杨玄琰恰好逝世不久,据此推算,杨玉环约十岁左右。杨国忠到达时,杨玉环已到河南去了,故彼此并不相识。

不久,父亲即逝世,从小在河南长大,这是不符合实际的。史籍上明明说是"幼"(幼年)孤,怎么会是出生不久呢?

由于父母亡故,幼年的玉环被叔父杨玄璬领到河南洛阳抚养。杨玄璬没有儿女,便把小玉环当作"长女",自然是十分宠爱的。但是,玉环的童年,毕竟是在生父的悉心教养下成长,所以,后来的杨贵妃仍旧认定杨玄琰为父亲。如果玉环出生不久,就被叔父杨玄璬收为养女,那么,她对生父的感情不可能如此深厚。

从蜀川到河南,杨玉环的生活天地发生了重大的变化。中原的风土人情,洛阳的繁荣豪华,无不吸引着富于好奇心的少女。养父杨玄璬官为河南府士曹,这官虽小,但却与权贵们有着广泛的联系,加上远祖杨汪的声望,那还是有一定的地位的,比起杨玄琰在蜀州,要阔气得多。杨玉环在洛阳所见所闻也远非昔比,学会了歌舞音乐,学会了交际应酬。随着年龄的增长,这位"含章秀出"的少女,如花似玉,颇能引起上流社会的瞩目。

(三)《杨妃碑记》的伪造

大凡绝代佳人,遗闻秘事的编造也多。像杨玉环的身世,历来就有种种的奇谈怪论。

有的说杨玉环的籍贯是虢州阌乡,根据是《新唐书·杨元琰传》。传云:元琰,字温,"虢州阌乡人",东汉太尉杨震的十八代孙。元琰与玄琰,虽只一字之差,但分明是两个人,"元"字决不是"玄"的避讳字。细读该传,杨元琰参与过"五王政变",唐睿宗即位,官刑部尚书,封魏国公,"徙太子宾客,诏设位东宫,太子为拜。"太子李隆基自然是十分熟悉、敬仰的。开元六年(公元718年)卒,年七十九。显而易见,这杨元琰跟蜀州司户杨玄琰,是风马牛不相及的,扯在一起,岂非笑话!

有的认为杨贵妃是今广西容县人,据说,《全唐文》卷403许子真《容州普宁县杨妃碑记》可作证明。许子真其人,史传无征,

《全唐文》编者前注云"天宝时官四门助教",未知出自何据。四门助教乃一小小学官,不见经传,这就为杜撰碑记者提供了作假的方便。经专家学者考证,《杨妃碑记》纯系伪造,时间应在清朝康熙以后、嘉庆修《全唐文》之前。①

首先,从文体来看,盛唐仍承六朝、唐初遗风,文尚骈丽、四六对偶。而碑文多系俚俗之词,浅陋之笔,散漫无章,半文半白,倒像明清时代拙劣文人的作品。如果唐朝真有个许子真为杨贵妃写碑记,决不会以如此蹩脚文笔形之笔端。

其次,内容上几乎到处都可发现漏洞。碑记称杨妃出生于今广西容县西南杨山冲,父名杨维,母为叶氏。母亲怀娠,十二月始生。"初诞时,满室馨香,胎衣如莲花,三日目不开,夜梦神以手拭其眼。次日目开,眸如点漆,抱出日下,目不瞬,肌白如玉,相貌绝伦。"这个女孩子名杨玉娘。后来,"后军都置"杨康见之,欲求为己女,"以财帛啖其父",杨维家里贫穷,不得已与之。后来,杨康又将女孩卖给杨元琰,当杨玄琰以金帛胁取时,"(杨)康举家号泣"。经过这番买卖,杨玉娘成了杨玄琰的女儿。

请对照一下旧新《唐书》与《通鉴》,《容州普宁县杨妃碑记》伪造的痕迹如此明显,纯粹是为了哗众取宠。普宁县乃武德年间所置,贞观初改隋朝合浦郡为容州,开元中称容州都督府,天宝初改为普宁郡。照理,《碑记》应称普宁郡,不可作"容州普宁县",因为容州与普宁郡是同级的;如将普宁置于容州之下,则视为容州属下之县,变成州县两级制了。可见,《碑记》撰者不熟悉当时情况,决非唐朝四门助教"许子真"。至于说"后军都置"杨康,更是大笑话。唐代虽有都督府建制,但无"后军都置"军衔。明代有后军都督衔头,明太祖为了分制军权,置前、后、左、右、中五军大都督府。后军都督常驻中央,如无战事,不会轻易奔赴边陲。《碑记》的杜

---

① 参见黄永年《"全唐文·杨妃碑记"伪证》,载《人文杂志》1982 年第 4 期。

撰者昧于唐代军制,误将明代军制夹杂其中,徒然露出了造假的证据。此外,伪造者根本不知道杨贵妃的远祖杨汪是隋朝鼎鼎大名的官僚,把她的生父说成是"素婆"的乡间村民,完全不符盛唐婚姻崇尚阀阅之风。孕诞杨妃时的神异之象以及杨维、杨康两个人名,纯属虚构,一望而知。杨维竟将美貌绝伦的女儿委之他人,似乎是一个要钱不要人的财迷。相形之下,甚至不如买养玉娘的杨康颇有父爱,这岂非把生父杨维比得更为卑下了吗?如此不近人情,竟然形诸笔端,伪作者忘了最起码的人情味。

总之,《杨妃碑记》是伪造的。追根究底,它渊源于广西地方志。明朝郎瑛《七修类稿》卷26《杨贵妃生考》条云:"广西省志又载,妃乃容州普宁县云陵里人,父维,母叶氏。生妃有异质,都部署杨康求为女。时杨玄琰为长史,又从康求为女,携至京,进入寿王宫。城西至今有杨妃井。"从广西省志到《杨妃碑记》,反映了明、清时代人们对杨贵妃故事的浓厚兴趣。

第二节　册为寿王妃

杨玉环十七岁时,从河南府衙吏的"长女",一跃而为大唐天子的儿媳妇,这是杨氏家族里所有的人包括玉环本人万万没有料到的。顿时,荣耀与富贵向她涌来,前面展现的是一条新的多姿多彩的生活道路。选为寿王妃,犹如人生旅途上的中转站,如果没有这一站,她就不可能成为杨贵妃,或许永远是默默无闻的女人,尽管她的姿色超群。

(一)唐玄宗东都之行

杨玉环的机遇,是跟唐玄宗最后一次东都之行相联系的。

玄宗即位以来,先后五次巡幸东都洛阳。每次东巡,都与解决关中粮运不足有关,同时也为了加强对全国各地的统治。开元二十一年(公元733年)秋,关中霖雨连绵,粮食减产,长安谷价大幅度上升,仓储锐减,民食吃紧。玄宗考虑到近几年来官僚机构扩大,漕运艰辛,准备再赴洛阳。次年正月,率领文武百官、宫妃、皇子、公主等等,浩浩荡荡地来到了洛阳;至开元二十四年(公元736年)十月返回西京长安,共住了两年十个月。这是最后一次的东都之行。

在这期间,洛阳确是真正的政治统治中心,以张九龄为中书令,裴耀卿为侍中,李林甫为礼部尚书、同中书门下三品,所谓"开元之治"正处于盛世的顶峰。

好大喜功的唐玄宗,标榜天下升平、与百姓同欢,使洛阳成了歌舞喧闹的大都会。开元二十三年(公元735年)正月,大赦天下,东都城内酺宴三日。皇家梨园子弟与民间艺人粉墨登场,并伴以惊险的杂技表演。洛阳士女倾城出观,人山人海。玄宗亲御五凤楼酺宴,观者喧哗,几与奏乐争声。维持演出秩序的皇家金吾卫士,虽以"白梃"驱策,观者拥挤仍不减于前。幸好高力士出了条主意,让河南丞严安之来维护场面,才避免了事故。这次盛况空前的大酺宴乐,给当时人留下了深刻的印象;直至中唐,诗人张祜作诗赞颂:"车驾东来值太平,大酺三日洛阳城。小儿一伎竿头绝,天下传呼万岁声。"①

值得注意的,就在一派欢乐的气氛中,于同年秋冬,唐玄宗亲自操办了皇子寿王和咸宜公主的婚事。玄宗诸子三十个,女儿也多达二十九人,②除了册皇太子妃外,要算寿王选妃与咸宜公主下嫁最为隆重了。这两件喜事都是在东都举行,反映了玄宗对他们

---

① 《全唐诗》卷511张祜《大酺乐》。

② 钱大昕《十驾斋养新录》卷6《新唐书明皇二十九女》条云:"唐书公主传明皇帝二十九女,吴氏纠其谬,谓公主数多一人,然不言所多何人。予考……普康公主传不著其封年,乃悟咸通九年追封者必是懿宗女,非明皇女也。若去此一人,正合二十九之数。"

的特殊宠爱。

原来,寿王、咸宜公主是武惠妃生的,而武惠妃则是唐玄宗最宠爱的事实上的皇后。武惠妃,本为武则天从父兄子恒安王武攸止的女儿。父亲攸止死后,她年纪尚幼,"随例入宫"。玄宗即位,见她容貌端丽而且婉顺贤惠,十分喜欢,从此"渐承恩宠"。开元十二年(公元 724 年)王皇后被废,特赐武氏为"惠妃","宫中礼秩,一同皇后。"①武氏虽承恩宠,但在养育方面很不如意。生下第一个儿子,名"一",即玄宗第九子夏悼王,可惜天不假命。开元五年(公元 717 年),正值玄宗第一次东巡,"孩孺"而卒,遂葬于洛阳城南龙门东岭,欲宫中举目见之。足见玄宗对他钟爱无比。武氏养的第二个儿子,名"敏",即玄宗第十五子怀哀王。史载:"才晬,开元八年二月薨。"②所谓"晬",指婴儿已周岁。据此,怀哀王似诞生于开元六年(公元 718 年)底。第三个儿子即寿王,初名"清",也就是玄宗第十八子。寿王出生年月,经十月怀胎,当在开元七年秋冬之间。算起来,他与杨玉环同庚,只是生日稍晚些,后来他俩结成夫妻,真还有点缘分呢!

鉴于武惠妃养的二个儿子以及女儿上仙公主相继夭亡的情况,寿王初生不久,就由玄宗的大哥宁王收养于府邸。注意!开元七年(公元 719 年)九月,徙宋王宪为"宁王",停止诸兄弟亲王外任刺史,宁王李宪才回到了京城长安。寿王的出生,当然不会在这年前半年,更不可能比杨玉环大一两岁。大约次年二月怀哀王夭折,玄宗深怕不足半岁的婴儿寿王又出意外的事故,便让宁王妃元氏抚养,元氏"自乳之,名为己子。"③开元十三年(公元 725 年)三月,玄宗在洛阳(第三次东巡),更改诸皇子王号,并将年仅七岁的

① 《太平御览》卷141《皇亲部七·武皇后》。
② 《旧唐书·玄宗诸子传》。又,《资治通鉴》卷212亦载皇子敏卒于开元八年二月,追立为怀王,谥曰哀。
③ 《旧唐书·玄宗诸子传》。

李清正式封为"寿王"。寿王从此回到宫中,宫中常呼为"十八郎"。过了两年,玄宗仍在东都,宣布皇子诸王领州牧、刺史、都督、节度大使、大都护、经略使等,实际上挂名而已,并不外出。寿王清遥领益州大都督、剑南节度大使。有趣的是,此时杨玉环正在蜀州,从名义上说,那还是在寿王的管辖之下呢!

随着岁月的推移,寿王清长大了,十分俊美。由于"武惠妃宠幸倾后宫",作为她儿子的寿王尤其尊贵,"诸子莫得为比",连李林甫也表示"愿尽力保护寿王"。① 及至唐玄宗第五次巡幸东都,为寿王选妃的事提到日程上来了。而最后选中的竟是同龄的美女杨玉环,那无疑是轰动洛阳的大喜事。

(二)册妃礼与大婚

首先举行的是咸宜公主的婚礼,时间在开元二十三年(公元735年)七月。咸宜公主,是武惠妃的亲生女儿,约比寿王小一二岁,出嫁时十五六岁。新驸马名叫杨洄,②他的远祖出自弘农(隋朝宗室后裔),也是名门望族的后代。这是武惠妃子女的第一件婚事,唐玄宗自然十分重视,破例地增加公主封户数额,从五百户增至一千户。回顾唐太宗时代,革除滥封之弊,削减封户,定制公主三百户。高宗时,宠幸武后,惠及子女,封户开始逾制。武后执政,如太平公主增至一千二百户;中宗临朝,太平公主叠封至五千户。玄宗即位,鉴于武周以来食实封制度的弊病,制定了开元新制:长公主(皇妹)一千户,公主(皇女)只五百户。当时,有人认为食封太微薄,玄宗严正地指出:"百姓租赋非我有,士出万死,赏不过束帛,女何功而享多户邪? 使知俭啬,不亦可乎?"可见,玄宗还是明智的,颇有点革新的精神。然而,随着"开元之治"的实现,陶

---

① 《资治通鉴》卷 214 开元二十二年四月条。
② 据《新唐书·宰相世系表》载,杨洄是杨慎交之子,出于弘农杨氏。

醉于太平盛世以及"万岁声"中,践踏了早年自己制定的封户制度,"后咸宜（公主）以母爱益封至千户,诸主皆增,自是著于令。"①即使公主不出嫁,亦得封户一千。这就表明唐玄宗又走上了因缘为私的老路。

不到半年,武惠妃儿子寿王的婚事也来临了。按照《开元礼纂类》规定,②皇子亲王纳妃有一整套繁缛的礼仪。在隆重的"册妃"礼之前,先要经由"纳采"、"问名"、"纳吉"、"纳征"、"请期"等五个过程。看来,唐玄宗和武惠妃于开元二十二年（公元734年）正月抵达洛阳后,才为寿王挑选妃子。通过近两年的了解,选中了杨玉环,并完成了上述五项礼仪,于开元二十三年（公元735年）十二月二十四日举行热闹的"册妃"礼。唐玄宗签署的诏令文告是这样写的:

"维开元二十三年岁次乙亥,十二月壬子朔,二十四日乙亥,皇帝若曰:于戏!树屏崇化,必正阃闱,纪德协规,允资懿哲。尔河南府士曹参军杨玄璬长女,公辅之门,清白流庆,诞钟粹美,含章秀出。固能徽范凤成,柔明自远;修明内湛,淑问外昭。是以选极名家,俪兹藩国。式光典册,俾叶龟谋。今遣使户部（按:应作礼部）尚书、同中书门下李林甫,副使黄门侍郎陈希烈,持节册尔为寿王妃。尔其敬宣妇道,无忘姆训。率由孝敬,永固家邦,可不慎欤!"③

读一读这重要的文献,可以清楚地看到:第一,杨玉环是以"杨玄璬长女"的身份出嫁的,④当时人们似不了解她的生父杨玄琰以及幼年在蜀州的情况。既称"长女",意味着杨玄璬领养小玉

① 《新唐书·诸帝公主传》。
② 详见《通典》卷129《亲王纳妃》。
③ 《唐大诏令集》卷40及《全唐文》卷38玄宗《册寿王杨妃文》。
④ 有的新传记说,杨玄璬已亡故。当误,诏令称"尔河南府士曹参军杨玄璬",可见人健在。

环后,又添了儿子。第二,杨玄璬官为"河南府士曹参军",仅从七品下的衙吏,而诏令称"名家"、"公辅之门",可见他被公认为名家望族的后裔。杨玉环出身高贵,册为寿王妃,可谓门当户对。第三,杨玉环不仅美貌出众,而且品德淑贤。第四,唐玄宗与武惠妃十分重视这件婚事,特地委派宰相之一李林甫(开元二十二年五月起为礼部尚书、同中书门下三品)和黄门侍郎陈希烈为正、副使。李林甫依附于武惠妃,鼓吹"保护寿王",由他负责这特殊的使命,自然是很适宜的。

"册妃"典礼是在杨家进行的。照规定,开元二十三年十二月二十四日这天,杨氏父女和亲属们"咸集"于家,正副使李林甫和陈希烈在仪仗队的呼拥下来到杨家大门之外。迎接入内,使者、持节者、典谒者、赞礼者、持册案者以及主人、诸宗人各就各位。之后,女相者从"别室"把杨玉环引出,立定,使者称有"制",女相者曰"再拜",女赞者承传,玉环再拜。使者读毕册书(即上述诏令全文),女相者曰"再拜",女赞者承传,玉环再拜。接着,"女相者引妃少前",接受了皇帝的册书。这意味着杨玉环成为寿王妃了,成为唐玄宗的儿媳妇了。使者等大队人马离开杨家,"主人拜送于门外"。① 显而易见,隆重的典礼使杨家满门生辉,对于衙吏杨玄璬来说,实在是光宗耀祖的大喜事。

继"册妃"(订婚)之后,还有"亲迎"、"同牢"、"妃朝见"、"婚会"、"妇人礼会"、"飨丈夫送者"、"飨妇人送者"等七项礼仪。完成了"纳妃"的全部礼仪,寿王及其妃子才生活在一起,时间约在开元二十四年(公元736年)春正月。二月,玄宗宣布皇太子和皇子诸王改名字,寿王原名清,现改为瑁。年芳十八的杨玉环,跟随寿王瑁住在东都王宅中,与从前杨家的生活小天地相比较,大大不同了。

---

① 参见《通典》卷129《册妃》。

(三)选中杨玉环的缘由

杨玉环被选为寿王妃,其原因何在?假如没有唐玄宗的最后一次东都之行,也许她走的是另一条生活道路。命运之神把她变成了寿王妃,不能不说带有很大的偶然性。但是,在这偶然性的背后,又潜藏着唐代门阀婚姻的必然因素。

唐玄宗第一次巡幸东都,杨玉环尚未出世。第二、三次东巡洛阳,小玉环在蜀州。开元十九年(公元731年)十月,玄宗第四次巡幸东都,玉环十三岁,已在洛阳,虽美貌,但毕竟年少,没有惹人注目。玄宗第五次抵达东都那年,玉环芳龄十六,正当豆蔻年华,姿色绝伦,可说是洛阳第一美女。皇帝的巡幸,使东都留守官员与河南府官员分外忙碌。养父杨玄璬作为河南府衙史,掌管津梁、舟车、舍宅、百工众艺之事,自然也参与了接待皇亲国戚和贵族达官的工作。因此,家里美貌的"长女"渐渐地为上流社会所熟悉。正在这时,唐玄宗与武惠妃考虑寿王的婚事,经多方的了解,终于选中了杨玉环。"含章秀出",无疑是重要的条件。假如她是一个相貌平平乃至丑陋的少女,不管出身于何等高门望族,也未必会成为寿王妃。

但是,皇家婚事,正式选妃,又必然地要讲究门第。如果艳丽异常的杨玉环,没有"公府之门"这一条件,要想堂堂皇皇地册为寿王妃,恐怕是很困难的,甚至是不可能的。咸宜公主下嫁杨洄,寿王以杨玉环为妃,这两门婚事都跟"杨姓"相联系,决不是偶然的巧合。

追溯历史,唐高祖李渊是隋文帝杨坚的皇后的姨侄,与隋朝帝室有亲戚关系。隋亡唐兴,名义上不是一个推翻一个,而是打着"尊隋"的旗号取天下。先是迎立恭帝,遥尊隋炀帝为太上皇。炀帝死于江都,隋恭帝禅位,李渊即皇帝位,国号唐。唐初以来,李、杨两大家族联姻之风盛行。唐太宗娶隋炀帝女儿为妃,生子名恪,以其英武类己，且母妃地望素高，一度想立为太子。齐王元吉也娶隋宗室杨恭仁的从侄女为妃，玄武门事变时，李世民杀死元吉，夺弟妃为己妃。

及至唐高宗时，立武则天为皇后，标志着李武婚姻关系的建立。而武氏家族与弘农杨氏有姻亲关系，如武士娶䕶杨氏，生则天；而杨氏乃隋宗室杨士达(官纳言，即宰相)的女儿。这就说明武则天与杨隋有血缘关系。武则天执掌朝政，首先制定了"要欲我家及外氏常一人为宰相"的政策，①即武氏本家父系与杨氏舅家母系至少得各有一人任职宰相。固然，天授年间，女皇帝武则天以本家侄子武承嗣、武攸宁相继为相，又任母族杨恭仁的从孙杨执柔同中书门下三品(宰相之一)。同时，"以则天母族，追封(杨)士达为郑王，赠太尉。"②此外，由于李、武缔姻，武则天所生子、孙一辈系为李姓，大多与武姓构筑了婚姻关系。例如，武则天女儿太平公主，嫁给武攸暨；孙女新都公主(唐中宗之女)，嫁给武延晖；孙女长宁公主(中宗之女)，嫁给杨慎交；孙女安乐公主(中宗之女)，先嫁武崇训，后嫁武延秀。如此等等，不胜枚举，反映了李、武、杨三大家族的紧密的关系，以婚姻为纽带结成了政治上李、武、杨统治集团。

从唐中宗到唐睿宗，"王室多故"，政变不绝，各种群体集团发生了新的变化。从政治势力上看，武氏家族衰败了，杨氏家族影响减弱了。唐玄宗即位之后，不复存在什么李、武、韦、杨统治集团。但是，在婚姻习俗方面，旧传统旧观念不会轻易地消失，崇尚阀阅之风仍然存在(程度上有所减轻)。唐玄宗立武惠妃，从某种意义上说，是承袭前代李武姻亲政策的结果。武惠妃出自武氏本家，再从叔武三思是臭名昭著的人物。开元十四年(公元726年)，玄宗

---

① 《新唐书·杨恭仁传》。
② 《旧唐书·后妃传下》。

欲以武惠妃为皇后,有人反对说:"武氏乃不戴天之仇,岂可以为国母!"①虽然打消了立皇后的企图,实际上宠之如同皇后。此外,玄宗元献皇后杨氏(唐肃宗生母),弘农华阴人,系杨士达的后裔。可见,传统的婚姻观念仍在起一定的作用。

至于唐玄宗与武惠妃选择女婿与媳妇,也是讲究门第,重视李、武、杨姻亲关系。杨洄是杨慎交与长宁公主的儿子,论其父系源于弘农杨氏。同样,杨玉环的远祖与武则天的外家皆出自弘农杨氏,虽然杨顺时"徙居河中永乐",②宗亲疏远,但永乐这房仍是弘农杨氏的分支,多少有点沾亲带故的血缘关系。到了杨玉环的父祖辈,仕途不显,但旧望尚高,仍属"名家"。因此,武惠妃的亲生女儿下嫁杨洄,亲生儿子以杨玉环为妃,决非偶然的结合。这是皇室婚姻的传统政策的继续。当然,开元时期,未必还存在李、武、韦、杨婚姻集团,但他们家族之间缔结良缘,则是不可否认的事实。③

第三节　寿王与废立太子之争

开元二十四年(公元 736 年)冬十月,据说洛阳宫中"有怪"(迷信的鬼怪),唐玄宗与武惠妃提前四个月返回长安。完婚不到一年的杨玉环,也随同寿王到了京城,又继续度过了四年余的王妃生活。这期间,围绕着立寿王为皇太子,展开了激烈的宫闱内争。而作为寿王妃的杨玉环似乎淡然待之,表现了对政治斗争的冷漠态度。

(一)寿王宅邸的新生活

对杨玉环来说,长安是陌生的,又是令人神往的。杨玉环幼年

---

①　《资治通鉴》卷 213 开元十四年四月条。
②　《新唐书·宰相世系表》杨氏条。
③　参见陈寅恪《记唐代之李武韦杨婚姻集团》,载《历史研究》1954 年第 1 期。

时从蜀州到河南,必经长安,但匆匆一过,不会留下深刻的印象。如今,定居于西京,生活在寿王宅邸里,一切都是新奇的。

寿王宅是著名的"十王宅"(后亦称十六王宅)之一,位于长安朱雀街东第五街安国寺东边。原来,唐玄宗即位初,诸皇子年幼,养在内宫。后来,长大了,虽兼有各种名目的职位,但只是"遥领"而已,从不出迁外藩。大约开元十三年(公元725年),"乃于安国寺东附苑城同为大宅,分院居,为十王宅。令中官押之,于夹城中起居,每日家令进膳。又引词学工书之人入教,谓之侍读。"①十王,即庆王、忠王、棣王、鄂王、荣王、仪王、光王、颖王、永王、济王。不久,寿王、盛王、陈王、丰王、恒王、凉王等又就封入内宅,所以又称"十六宅"。这里是皇子诸王的聚居地,所谓"十"或者"十六","盖举全数"。后来,诸王添了儿子,"又于十宅外置百孙院"。②"十王宅"每院宫人四百,百孙院亦有三四十人。

对于杨玉环来说,王妃的富贵生活,跟从前养父家里的情形,不可同日而语了。在"十王宅"里,终日歌舞宴乐,嬉戏喧闹,她那擅长歌舞的才能得到了培育与发挥。

(二)废太子瑛的初次交锋

然而,"十王宅"决非世外桃源,太子与诸皇子之间的争权夺利,在这里掀起了惊涛骇浪。皇太子李瑛与寿王李瑁,就是彼此对立的关键人物。

早在开元二年(公元714年)十二月辛巳,③李瑛(当时叫嗣谦)就被立为皇太子。他是玄宗的次子,生于李隆基任潞州别驾时,母亲是赵丽妃。为什么立次子为皇太子呢?因为王皇后没有儿子,长子嗣直的生母刘华妃不甚得宠,而赵丽妃以"善歌舞"得

①　《旧唐书·玄宗诸子传》。

②　《旧唐书·玄宗诸子传》。

③　旧新《唐书》作开元三年正月,今从《通鉴》卷211。

幸,因此,"以母宠而立其子",①太子便是嗣谦了。开元二十四年(公元736年)二月,皇太子改名为李瑛。

随着武惠妃的日益宠幸,赵丽妃渐渐地失宠,后来默然地亡故了。"母宠衰则子爱弛",②皇太子的地位发生了动摇。而"惠妃之子寿王瑁,钟爱非诸子所比。"③事实上居于皇后地位的武惠妃,在宰臣李林甫的支持下,趁玄宗"钟爱"寿王之机,力图改立寿王为皇太子。但在唐玄宗第五次东巡期间,废立太子的阴谋尚在策划之中,还没有衍化为公开的争斗。

废太子瑛的初次交锋,发生在开元二十四年十一月,即返回长安不久。史载:"太子与(李)瑶、(李)琚会于内第,各以母失职有怨望语。"所谓"内第",胡三省注云:"时太子、诸王皆居禁中。"④"十王宅"也属禁中的范围,故又称"内第"。李瑶,即玄宗第五个儿子,封为鄂王,生母是皇甫德仪。李琚,即玄宗第八个儿子,封为光王,生母是刘才人。在诸皇子中,要算李瑶与李琚最有学识了,"同居内宅,最相爱狎。"尤其是李琚,"有才力,善骑射。初封甚善,玄宗爱之。"但是,由于他们生母渐遭疏薄,就与太子瑛一道在"内宅"里发牢骚。谁知武惠妃获悉此事,便派女婿杨洄去侦察。"(杨)洄希惠妃之旨,规利于己,日求其短,潜于惠妃。"武惠妃向玄宗泣诉,说什么"太子结党",企图谋害"妾母子",甚至"指斥"皇帝陛下。玄宗一听,不禁大怒,就与宰相们商议废黜太子与鄂王、光王。

这时,中书令张九龄严正地指出:"陛下纂嗣鸿业,将三十年,太子已下,常不离深宫,日受圣训。今天下之人,皆庆陛下享国日久,子孙蕃育,不闻有过,陛下奈何以一日之间废弃三子? 伏惟陛

① 《资治通鉴》卷211开元二年十二月条胡三省注。
② 《资治通鉴》卷211开元二年十二月条胡三省注。
③ 《旧唐书·玄宗诸子传》。
④ 《资治通鉴》卷214开元二十四年十一月条及胡三省注。

下思之。且太子国本,难于动摇。"还援引晋献公、汉武帝、晋惠帝以及隋文帝的历史教训,说明轻率废太子,就会有"失天下"的危险。"今太子既长无过,二王又贤,臣待罪左右,敢不详悉。"①慷慨陈辞,使玄宗无言对答!

紧接着,武惠妃耍弄收买花招,密派官奴牛贵儿对张九龄说:"有废必有兴,公为之援,宰相可长处。"②张九龄怒斥牛贵儿,并向唐玄宗作了汇报。玄宗为九龄的忠实正直所感动,废立太子的风波暂时停息了。

由上可见,宫闱隐秘之中,包含着争宠的激烈斗争。在得宠与非宠、或者宠而复失之间都会产生种种怨恨情绪,从后宫嫔妃波及太子诸王,波及外廷大臣。为了各自的地位、权势、利益、前途以及家族集团的兴隆,彼此勾斗,不择手段。显然,这是政治上昏暗的突出表现,发生在"开元之治"由中期到晚期的转折之际,决不是偶然的。作为维护"开元之治"的最后一位重臣,张九龄挺身而出,反对废黜太子,极力避免出现天下动乱的政治局面。

(三)"一日杀三庶人,昏蔽甚矣"

张九龄的努力,最后还是失败了。他本人也被扣上"阿党"的罪名,丢了宰相之职。"愿尽力保护寿王"的李林甫,当上了中书令,这就为废太子瑛创造了重要的条件。"李林甫专国,数称寿王美,以揣妃意,妃果德之。"一场废立太子的新风波又来临了!

开元二十五年(公元737年)四月,武惠妃又指使女婿杨洄诬陷太子,说瑛、瑶、琚三兄弟以及太子妃之兄薛锈潜构"异谋"。什么叫"异谋"?就是指造反,企图发动宫廷政变。据《新唐书》记载,武惠妃使人诡召太子、鄂王、光王,曰"宫中有贼,请介以入。"

---

① 《旧唐书·玄宗诸子传》。
② 《资治通鉴》卷214开元二十四年十一月条。

太子等从之,被甲入宫。惠妃立刻向玄宗报告:"太子、二王谋反,甲而来。"玄宗派宦官去看,"如言",果然如此。① 宋代史学家司马光等不相信有那么一回事,认为"瑛等与惠妃相猜忌已久,虽承妃言,岂肯遽被甲入宫!"②的确,太子等被甲入宫,决不是事实,但当时唐玄宗肯定认为皇太子等有策划宫廷兵变的图谋。如果说,五个多月前太子等"指斥至尊",仅仅言论上怨恨,尚可宽恕,那么,潜构"异谋",蓄谋兵变,就绝对不能容许的了。因此,玄宗立即召集宰相商议,准备废黜太子。这时,张九龄已被贬为荆州长史,再也没有人敢为太子申辩了。中书令李林甫趁机说:"此陛下家事,非臣等所宜豫。"言下之意,照皇帝的处决就是了。于是,四月乙丑日,玄宗派宦官宣制于宫中,废瑛、瑶、琚为庶人,流薛锈于瀼州。注意!"于宫中废之,用李林甫家事之言也。"③所谓"家事",却并没有多一丝一毫的温情脉脉色彩!大概由于武惠妃与李林甫的继续挑拨,"庶人"李瑛、李瑶、李琚赐死于长安城东驿,薛锈赐死于蓝田。玄宗一日赐死三子,可谓惨酷。第二天(丙寅),太子舅家赵氏、妃家薛氏、李瑶舅家皇甫氏,坐流贬者数十人,株连甚众。"家事"如此严惩不贷,足见唐玄宗对事态的估量是何等的严重!

废杀太子瑛,固然出于武惠妃与李林甫的勾结诬陷,但最终还是由唐玄宗决定的。自即位以来,如何防止宫廷"祸变",始终是最敏感的问题,反映了专制帝王的特殊心态。先前,害怕过功臣"祸变",担心过兄弟诸王"祸变",后来,一一妥善地解决了。如今,太子与诸皇子也居然敢蓄谋"祸变",怎么不暴跳如雷呢?问题在于玄宗轻信谗言,没有查一查事实。瑛、瑶、琚三兄弟因母失宠而愤愤不平,他们暗中相聚,互诉不满,这是事实。但是,这三人小集团完全是孤单的,既无生气,也无力量,决不可能走上宫廷政

---

① 《新唐书·太子瑛传》。
② 《资治通鉴》卷214 开元二十五年四月条《考异》及胡三省注。
③ 《资治通鉴》卷214 开元二十五年四月条《考异》及胡三省注。

变的道路。张九龄被罢免后,他们失去了宰相的支持,深感自身岌岌可危,很有可能,他们也策划过反对武惠妃与李林甫的某些办法,当然,"被甲入宫"是子虚乌有的事。唐玄宗没有弄清真相,就在宠妃与奸臣的挑拨之下,制造了一日杀三亲子的大冤案。宋代史学家欧阳修评论说:"明皇一日杀三庶人,昏蔽甚矣。"①的确,废杀太子瑛等,是唐玄宗政治上昏庸的表现,标志着唐玄宗由"明"趋"昏"的变化。历史上昏庸君主往往制造冤案,玄宗也是如此。玄宗尝曰:"自即位已来,未尝杀一不辜。"②而偏听谗言,"一日杀三庶人",不亦惑乎?

(四)寿王妃的态度

在激烈的宫闱斗争中,寿王与王妃杨玉环的态度如何?

废立太子的实质是封建统治权力的再分配问题。原太子李瑛年已二十八九岁,虽然不是很有才能,不是理想的皇位继承人,但正如张九龄所说:"今太子既长无过。"无过而加以废黜,必然要引起纷争。就太子本人的态度来说,无疑地要维护自己的地位。在三十个皇子中,除早亡者与四个年幼无知者之外,好学且有才识的要算是鄂王李瑶与光王李琚,张九龄也称赞"二王又贤"。由于他们才智出众,也就不会默默无闻地生活于"十王宅",而是积极地参与了宫廷内争。他俩与太子瑛同病相怜(生母渐遭疏薄),联合一起,反对专宠的武惠妃。但是,力量的孤单,又注定了这三人小集团失败的可悲命运。

至于寿王李瑁,作为玄宗第十八个儿子,原是没有资格当太子的。然而,"寿王以母宠子爱,议者颇有夺宗之嫌。"③生母武惠妃是个权欲强烈、颇有心计的女人,保有武氏家族的余风。开元中

---

① 《新唐书·南蛮传中》赞曰。
② 《旧唐书·陈夷行传》。
③ 独孤及《裴稹行状》,《资治通鉴》卷214开元二十五年四月条《考异》引。

期,她在争立皇后的角逐中,未达目的,深以为憾;转而求其次,为自己的爱子寿王争立太子。她吸取了争立皇后中功败垂成的教训,主要是没有外廷作为奥援。这次,她将网络撒向外廷重臣与内侍宦官,笼络他们为废立太子呐喊助威。其中,李林甫起了极其恶劣的作用。当然,唐玄宗本人也因宠幸惠妃,进而"钟爱"其子,很想立寿王为太子,以取代李瑛。一切有利的条件,把年方十八九的寿王推向皇太子的位置。

然而,寿王主观意识上似乎并不热衷于争当太子。史载,李瑁七岁时,"请与诸兄众谢,拜舞有仪矩,帝异之。"①小时候,腼腆有礼,文质彬彬,谦让宽容;长大以后,性格大概还是这样。要他当太子,出于母亲的意向,而不是他本人的强烈愿望。综观各种史籍记载,在废立太子的激烈斗争中,看到的是太子瑛、鄂王与光王的活动,是玄宗、惠妃的活动,是张九龄、李林甫的活动,是驸马杨洄、驸马薛锈、官奴牛贵儿的活动,如此等等。当上太子,意味着是皇位的继承人,这点十八九岁的寿王无疑是懂的。假若他是血气方刚、权欲熏心的人,假若他是性格暴露、富于锋芒的人,必然地要积极投身于斗争的旋涡,必然地会在史籍上留下记述。现存史籍上没有只言片语,恰恰说明寿王对宫闱斗争的冷漠态度。

同样,寿王妃杨玉环也缺乏浓厚的政治兴趣。她从洛阳刚到长安,迎面袭来的是废立太子的惊涛骇浪。她自然明白,如果寿王当了太子,她就是太子妃;如果将来太子即位,她就是皇后。但是,这一切,杨玉环似乎考虑得不多。当时武惠妃有女婿杨洄,有媳妇杨玉环,都是很亲密的。杨洄禀承武惠妃的旨意,充当了密探、打手与诬告者的角色;而且野心毕露,"规利于己",为了私利而不择手段。从鲜明的对照中,可以想见杨玉环对政治斗争的冷漠态度。

---

① 《新唐书·寿王瑁传》。

第四节　武惠妃之死

三"庶人"赐死后八个月,武惠妃一命呜呼。惠妃之死,改变了唐玄宗的私生活,改变了寿王的地位,也改变了杨玉环的命运。

(一)"怖而成疾,不痊而殂"

武惠妃以阴谋手段,促使唐玄宗杀死三个亲子,制造了惊震朝野的大冤案。虽然当时李林甫专权,朝廷之士皆容身保位,无复直言,但私下同情的舆论广为流传,禁也禁不住。史称:"瑛、瑶、琚寻遇害,天下冤之,号三庶人。"①"三庶人"因他们的冤死,而声名远扬。玄宗即位以来,此案最大。

武惠妃原以为搞掉太子瑛,就可以立寿王为太子,谁知舆论上反而使自己处于不利的地位,唐玄宗也没有立即册寿王为皇太子,这使她无以自安。而且,杀害"三庶人",出自她的阴谋诡计,不能不使她的良心受到谴责。据载:"其年,武惠妃数见三庶人为祟,怖而成疾,巫者祈请弥月,不痊而殂。"②所谓"三庶人为祟",当然是迷信的说法,没有那么一回事。但是,武惠妃心惊胆战,心理上压力带来了生理上疾病,"怖而成疾",确是事实。虽经医治包括巫者"祈请",也未能见效。这年冬十一月,玄宗到骊山温泉避寒,惠妃随行。仅仅呆了十四天就回来,很可能是惠妃病情恶化。又过了二十天,即开元二十五年(公元737年)十二月丙午,武惠妃病逝于长安兴庆宫,享年三十九岁。③

武惠妃死了,最为伤心的是唐玄宗。因为他对她的宠爱长达

---

① 《新唐书·太子瑛传》。
② 《旧唐书·玄宗诸子传》。
③ 据《资治通鉴》卷213《考异》引云:惠妃先天元年始年十四。故卒年三十九。旧新《唐书·后妃传上》均作"年四十余"。

二十多年,王皇后、赵丽妃、刘华妃、钱妃、皇甫德仪、刘才人、高婕好、郭顺仪、柳婕好等等,都远远比不上。惠妃生前没有获得"皇后"的桂冠,死后玄宗立刻追赠她为"贞顺皇后",以慰亡灵。在制文中,玄宗不胜"载深感悼",回顾"惠妃武氏少而婉顺,长而贤明,行合礼经,言应图史",赞颂她"贵而不恃,谦而益光;以道饬躬,以和逮下,四德粲其兼备,六宫咨而是则。"①而对她的野心只字不提。其实,惠妃争夺皇后、搞废立太子的阴谋,归根结底,是唐玄宗专宠的结果。悼词只褒不贬,那是很自然的事。

(二)"推长而立,谁敢复争"

武惠妃之死,对于寿王来说,不仅失去了一位强有力的母亲,而且丧失了当太子的一切的可能性。

"太子瑛既死,李林甫数劝上(玄宗)立寿王瑁。"李林甫迎合武惠妃的心意,害死太子瑛,就想把寿王推上皇太子的位置。玄宗过去"钟爱"寿王,也曾想废立太子。但是,"三庶人"死后,天下喊冤,玄宗反而犹豫了,贸然地立寿王为太子,肯定会引起舆论上更多的不满,因此不得不将此事搁下来。

紧接着的是武惠妃之死,宫中传播着"三庶人为祟"的流言,这就使各个方面都要重新考虑太子人选的问题。

首先,宰相李林甫的态度有所变化。以往,李林甫是朝臣中鼓吹拥立寿王的台柱。他之所以那么卖力,为的是巴结武惠妃。"惠妃德之,阴为内助。"②有没有这后宫"内助",对于奸相专权至关重要。从黄门侍郎到同中书门下三品,再到中书令,都是跟武惠妃"阴为内助"分不开的。所以,他总是劝玄宗立寿王为太子。而现在武惠妃死了,"内助"没有了,狡猾的李林甫也就不必"尽力保

---

① 《旧唐书·后妃传上》。
② 《资治通鉴》卷 214 开元二十二年四月条。

护寿王"了,也就要看看唐玄宗的态度再说了。

其次,唐玄宗在立太子问题上犹豫不决。开元初立李瑛为太子,二十余年来还是相当平静的。由于宠爱武惠妃,连及"钟爱"惠妃之子寿王。玄宗喜欢寿王,主要是寿王俊美可爱,温良礼让。但是,寿王缺乏阳刚之气与奋发精神,与当年李隆基的性格大不一样,所以不是很理想的皇位继承人。"三庶人"赐死后,李林甫多次劝立寿王,玄宗不敢贸然决定。究竟立谁好? 玄宗自然比其他人考虑得多。长子李琮(初名嗣直),开元初就不令人喜欢,据说,后来打猎时脸上被野兽抓伤,难看得很,当太子不雅。次子李瑛已死。论"年长"的话,当推第三子忠王李玙。李玙的生母杨妃,弘农华阴人,门第远比李琮、李瑛的母亲为高。而且,李玙"仁孝恭谨,又好学",玄宗有意立他为太子。但是,武惠妃在病中,李林甫不同意,唐玄宗"犹豫岁余不决"。①

及至开元二十六年(公元 738 年)五月,武惠妃死了好几个月,唐玄宗"自念春秋浸高(五十四岁),三子同日诛死,继嗣未定,常忽忽不乐,寝膳为之减。"可见,既为惠妃之死而伤悼不已,又为"继嗣未定"而忧患不乐,真是到了心力交瘁的地步。这时,高力士乘间问其故,玄宗说:"我家老奴,岂不能揣我意!"是的,"老奴"高力士一清二楚,知道是太子未定的缘故。紧接着,高力士明确地表态:"大家(称呼皇帝)何必如此虚劳圣心,但推长而立,谁敢复争!"所谓"推长而立",指的是第三子忠王李玙,说出了皇帝的心意,玄宗连声道:"汝言是也! 汝言是也!"②既然唐玄宗与高力士意见一致,宰相李林甫当然不会没趣地劝立寿王了,不敢再反对忠王了。于是,六月庚子这天,正式宣布李玙为皇太子。秋七月己巳,玄宗亲御宣政殿,举行"册太子"的隆重典礼;又过十天,册忠

---

① 《资治通鉴》卷 214 开元二十六年五月条。
② 《资治通鉴》卷 214 开元二十六年五月条。

王妃韦氏为太子妃。次年九月,太子更名绍;至天宝三载(公元744年)正月,再改名亨。李亨就是后来的唐肃宗。

很清楚,在立太子的过程中,高力士起了重要的作用。虽然养父高延福出自武三思家,但高力士本人并不倒向武氏家族。对于武惠妃,自然很敬重,但也决不像李林甫那样巴结武惠妃,极力鼓吹立寿王为太子。高力士主张立忠王,也不是对李玙有什么特殊的偏爱,或者怀着另一番目的,而是强调"推长而立",防止诸皇子之间的争夺,防止再出现"三庶人"这类案件。换句话说,高力士的着眼点在于维护宫廷内部的太平无事,维护唐玄宗的封建统治局面。

忠王被立为太子,意味着寿王失宠了。任何朝臣包括李林甫都不愿"保护"寿王了,不会再提拥立寿王的事了。寿王和妃子杨玉环在宅邸里过着他们自己的生活。

若问他们的爱情有何结"子"? 恐怕没有。《旧唐书·寿王瑁传》载:"天宝中有子封为王者二人,怀为济阳郡王,儇为广阳郡王、鸿胪卿同正员。"注意! 封王者二人,也就是说,还有没有封王的儿子,几人不得而知。这里还特地点明是"天宝中"封的,而不是开元末封的。唐玄宗的孙子一代,统统住在"百孙院"里,幼年便可封"郡王"。看来,李怀与李儇,似当生于天宝年间,决不可能是寿王妃杨玉环生的儿子。此外,《新唐书·寿王瑁传》载:"子王者三人,偓王德阳郡,怀济阳郡,儇广阳郡,伉薛国公,杰国子祭酒。"《新唐书》编撰者是参考过《旧唐书》的,关于李怀与李儇所封郡王的记载,完全相同。在兄弟次序上,李伉与李杰最晚,更不可能是杨玉环所生的。一个封为薛国公,一个官为国子祭酒,似当在天宝以后的新的时期。至于最大的儿子李偓,封为德阳郡王,这在《旧唐书》中没有言及。那么,这李偓是不是杨玉环的儿子? 限于史料,妄加肯定,根据不足。即使李偓不是生于"天宝中",而是生于开元末,也未必就是杨玉环生的。须知,皇子亲王和皇帝一样,实行的是多妻制。寿王除了王妃杨氏外,还有众多侧室。寿王诸子,载于史传者五人,都与杨玉环无关,原因恐怕是杨玉环没有生育的能力。她从十八岁起,与寿王共同生活了近五年,在正常的情况下,孩子至少二三个。如果真的养育过子女(即使夭折),美貌的形体定会有所变化。后来,她成为杨贵妃,也没有生过子女,似乎也可以证明上述的推断。

爱情生活中没有子女,不一定就是不幸。由于武惠妃之死,唐玄宗在感情上出现了空白,于是,召来了美貌的儿媳妇。命运之神把寿王妃变成了女道士,变成了杨贵妃;而杨玉环没有子女的牵挂,似乎提供了方便条件。

第十三章　从女道士到太真妃

开元二十八年（公元 740 年）冬十月，杨玉环二十二岁时，人生旅途上发生了重大的转折。她结束了近五年的作嫔寿邸的生活，被抛进了年已五十六岁的唐玄宗的怀抱。此后，她以女道士或者"女官"的身份活动于宫中，不到一年，就成为贵宠的"太真"妃。

第一节　骊山相会

李隆基与杨玉环的情爱史发端于骊山温泉宫。这段秘史若暗若明，在史籍上没有留下确凿的记载。下面，尽可能展现其真相。

（一）玄宗感情上的空白

唐玄宗为什么需要召入寿王妃呢？唐人陈鸿《长恨歌传》最早作了说明："先是元献皇后、武淑（惠）妃皆有宠，相次即世。宫中虽良家子千数，无可悦目者。上心忽忽不乐。时每岁十月，驾幸华清宫（天宝六载以前称温泉宫），内外命妇，熠耀景从，浴日余波，赐以汤沐，春风灵液，澹荡其间。上心油然，若有所遇，顾左右前后，粉色如土。"元献皇后死于开元十七年（公元 729 年），当与此事无关。而在武惠妃撒手人间以后，唐玄宗失去了精神的寄托，不觉暗然伤神，忧郁寡欢，这是事实。

陈鸿的意见，为后世史家所采纳。《旧唐书·杨贵妃传》云："（开元）二十四年惠妃薨，帝悼惜久之，后庭数千，无可意者。"《新唐书》本传亦云："开元二十四年，武惠妃薨，后廷无当帝意者。"这里,卒年有误,显然可见。所以,司马光则写道:"初,武惠妃薨(胡三省注:开元二十五年),上悼念不已,后宫数千,无当意者。"①

各家记述基本上反映了历史的真实:惠妃死后,玄宗感情上出现了空白,一方面对惠妃追思不已,另一方面为没中意的新人而懊恼。开元二十六年(公元738年)冬在骊山,凡十五天;次年冬在骊山,十六天;再次年正月在骊山,计八天。这三次避寒骊山,唐玄宗见景生情,油然想起昔日与惠妃同幸温泉宫的欢乐景象,不觉若有所失,后宫随从,内外命妇,无一合心,真是景色依旧,人时已非。

(二)高力士建议召寿王妃

就在此时,有人建议召入寿王妃杨玉环。这个人究竟是谁呢?《长恨歌传》说:"诏高力士潜搜外宫,得弘农杨玄琰女于寿邸。"注意!"诏",似是指玄宗命令高力士去选美,当然也可能是高力士先提出,然后玄宗命他去办。但是,旧新《唐书》和《通鉴》都不提及高力士,仅作"或奏"、"或言",是谁不得而知。

看来,请召寿王妃的,无疑是高力士。"老奴"最懂得主子的心态,过去选美大多经他手。如开元十三年(公元725年),为忠王李玙选妃,玄宗"诏力士下京兆尹,亟选人间女子细长洁白者五人。"力士建议改在掖庭中选择,"上大悦,使力士诏掖庭,令按籍阅视。"②结果得三人,其一即唐代宗的生母。开元二十八年(公元740年),当唐玄宗出现神思恍惚的异常情绪时,高力士又肩负起选美的重任。或许物色之中,无有效应,更使玄宗兴味索然,追思益深。高力士不得不把猎艳的眼光转向"外宫",得杨玉环于"寿邸"。所谓"外宫",是跟内宫(兴庆宫)相对而言。寿王宅邸在"十王宅"内,"十王宅"与长安城东北禁宫连接,筑夹城,围起来,

---

① 《资治通鉴》卷215天宝三载十二月。
② 参见《次柳氏旧闻》及《旧唐书·后妃传下》。

与一般外宅有别。但它又非正式内宫,这与外宅相类。所以,作为"十王宅"之一的"寿邸",又可以称为"外宫"。

高力士为什么选中寿王妃呢?首先,杨玉环的"绝世无双"的花容月貌是有口皆碑的,当时人就称赞她"姿色冠代","姿质天挺"。[①] 无论姿色仪态、风度举止,都堪称冠绝一代,这就能起到填补唐玄宗感情上空白的作用。其次,高力士深知寿王失宠及其地位。开元二十六年(公元738年)六月,根据高力士的"推长而立"主张,玄宗立忠王李玙为皇太子。往后几年,寿王处境难堪,高力士比谁都清楚。显然,把寿王妃召入内宫,估计不会引起麻烦与风波。

(三)定情信物的传说

那么,召玉环到骊山,与玄宗相会,是在何年何月呢?《长恨歌传》与《旧唐书》都是指开元末惠妃死后几年,确切年月没有交代清楚。《通鉴》于天宝三载末记述此事,但用了一个"初"字,是追述"武惠妃薨"后的事情。如果认为《通鉴》作天宝三载(公元744年)杨玉环入宫,是误解了司马光的原意的。当然,司马光也没有弄清具体日期。

北宋乐史《杨太真外传》最早指出了确切年月:"(开元)二十八年十月,玄宗幸温泉宫,使高力士取杨氏女于寿邸。"《外传》包容了许多不可靠的传闻,但这"二十八年十月"似有实录根据,可惜"根据"今人无法知晓了。后来,欧阳修等撰《新唐书·玄宗本纪》亦云"开元二十八年十月",这是依乐史说的,还是另有实录根据,不得而知。看来,上述所记年月似最为可信。[②] 清代著名史学家赵翼曾强调说:"杨贵妃本寿王瑁妃,……召入宫,此开元二十

---

① 旧新《唐书·杨贵妃传》。
② 参见陈寅恪《元白诗笺证稿》第20页。

八年事也。"①

以开元二十八年(公元 740 年)十月温泉宫相会为标志,揭开了李杨情爱史的序幕。自《长恨歌》流传以来,渲染了"养在深闺人未识"的意境,这有助于文学典型形象的塑造,妙不可言。但是,作为唐明皇的历史传记,如果仍然说这次见面后才知道杨玉环"姿质丰艳",似乎以前从未看到过她的风采,那是不符合历史事实的。

须知,早在开元二十三年(公元 735 年),玄宗在东都为当时"钟爱"的寿王册妃时,就赞美过"含章秀出"。诏令虽出自词人之手,但玄宗是过目的,知道寿王妃的美貌。次年春大婚,寿王与王妃有朝见玄宗与惠妃之礼,玄宗当然看到过寿妃。回到长安以后,至开元二十八年十月之前,在各种各样的场合中,都有看到寿王妃的可能性。例如,每年元旦,皇子亲王与王妃循例朝贺,共四次。随从游幸温泉宫,凡三次。武惠妃死后祭奠,据丧礼子媳应莅灵堂。排除寿王妃偶然不参加的次数,玄宗四年内总有几次亲见其美。问题在于惠妃在世时以及死后一段时间里,玄宗对于寿王妃还不会有什么杂念。经历近三年的感情上空虚和精神上孤独,当高力士提及"姿色冠代"的杨玉环时,玄宗也就为之振奋起来,毅然地决定要高力士把她召入骊山温泉宫。

这幕骊山相会,对于二十二岁的寿王妃来说,是欢乐,还是惊忧,难以揣测;而对五十六岁的李隆基来说,无疑是心灵的解脱、青春的再现。史称:"既进见,玄宗大悦。"②这是事实。白居易歌咏:"天生丽质难自弃,一朝选在君王侧。回眸一笑百媚生,六宫粉黛无颜色。"诗句不单是赞美"杨家女"的媚态,也吐露了唐玄宗的心情。换句话说,在玄宗的眼里,寿王妃"一笑百媚生",不禁为之

---

① 《廿二史札记》卷 16《旧唐书前半全用实录国史旧本》。
② 《旧唐书·杨贵妃传》。

倾倒。

据《长恨歌传》载："上（玄宗）甚悦，进见之日，奏《霓裳羽衣曲》以导之；定情之夕，授金钗钿合以固之。"虚构"定情"节目，虚构"定情"信物，就塑造艺术形象来说，是必不可缺的，实在太重要了。然而，就史事而言，恐怕是经不起推敲的，甚至说根本没有那么一回事。

首先，李隆基与杨玉环相会于骊山，跟民间一般男女恋情，绝对不可等同视之。作为寿王妃被召入温泉宫，对面站着的是一位大唐的天子，自己丈夫的父亲。进见当天，尽管皇帝表现得何等的欢颜、恩宠，要在一夕之间达到亲密无间的纯真程度，怎么可能呢？何况，像民间男女那样的所谓"定情"，对于皇帝与王妃来说，简直是不可理解的。

其次，所谓"定情"信物，指的是爱情凭据。一般男女恋情有此等信物，如首饰之类，是很自然的事。但是，皇帝也用金钗钿盒作为"爱"的信物，岂非笑话！按开元礼，皇帝纳后、皇太子纳妃、亲王纳妃等都有极其繁杂的礼仪。唐玄宗本人就经历了这三项的全过程：当年临淄郡王时，纳妃，尝过一套礼仪；后来当皇太子，纳太子妃，又尝过一套礼仪；后来即位为帝，立皇后及纳妃嫔，又尝过一套套礼仪。所有的礼仪中，都没有专门拿首饰作信物的。唐玄宗在温泉宫召见杨玉环，又怎么会想到那样做呢！

本来，文士虚构"定情"一节，是很有诗意的。但是，在真实的历史传记中，也说当夜玄宗赠给玉环金钗钿盒，作为定情的信物，那就不够确切了。正史与《通鉴》绝不提"定情"，颇有道理。

开元二十八年十月玄宗在骊山，比前三次住得长些，可能是杨玉环在的缘故。第十八天，回长安兴庆宫去了。至于杨玉环去向如何，史传未见记载，以事理推之，她只能暂时地回到寿王宅邸。等待着她的，将是一条女道士的生活道路。

第二节　度为女道士

骊山相会毕竟短暂,要真正地解决感情上空白问题,还必须另想妥善的办法,办法就是把寿王妃度为女道士。

(一)度道时间之谜

由于史籍记载的简略与模糊,使度道时间成为一个历史之谜,至今纷争未决。

《旧唐书·杨贵妃传》载:"……宜蒙召见。时妃衣道士服,……既进见,玄宗大悦。"似乎寿王妃先度为道士,然后穿着"道士服"到骊山,与唐玄宗相会。①《杨太真外传》与《新唐书》显然觉察到上述记载不近情理,于是先述召寿王妃到温泉宫,后写以寿王妃为道士。换言之,先后有密切相联的两个层次:先见面,后度道。不过,时间都在开元二十八年十月,地点都在骊山。有人由此引申出这样一种意见:就在玄宗与玉环"定情"的同时,玄宗批准她去做女道士。

事实究竟是怎样的呢?

论情理,唐玄宗在温泉宫召见时,杨玉环是以寿王妃的身份出场的,当穿俗家嫔妃衣服参见。之后,玄宗倾心异常,才有将寿王妃度为女道士的事。这条妙计是谁出的呢? 不妨臆测一下,似是那班以"女道士"名义活动于皇宫内的大小公主们。棘手的仍是度道时间问题。现存史料中有一道《度寿王妃为女道士敕》,全文如下:

"圣人用心,方悟真宰;妇女勤道,自昔罕闻。寿王瑁妃杨氏,素以端懿,作嫔藩国,虽居荣贵,每在精修。属太后忌辰,永怀追

---

① 新近有的传记也认为,杨玉环初次到温泉宫被召幸时,是穿着道士服装去的。

福,以兹求度。雅志难违,用敦宏道之风,特遂由衷之请,宜度为女道士。"①

可惜,这道敕令不著日期。然而,细细研读,仍有年月可寻。敕文中"属太后忌辰"一句,务必注意。"太后",指唐玄宗的生母窦氏;"忌辰",即逝世日子。本书第一章里说过,长寿二年正月二日(公元692年12月4日),玄宗近九岁时,母亲窦氏被武则天秘密地杀害于神都(洛阳)内宫,连尸骨都不知弄到哪里去了。睿宗重新即位,追谥窦氏为昭成皇后,招魂葬于东都洛阳城南。后来,唐玄宗以帝母之重,追尊为"皇太后",祔葬睿宗桥陵,迁神主于京师太庙。因此,每年正月二日是太后忌辰,例行悼念。既然度寿王妃为女道士是为太后忌辰"追福",那就不可能发生在十月。陈寅恪先生早就指出:"假定杨氏以开元二十八年十月为玄宗所选取,其度为女道士敕文中之太后忌辰,乃指开元二十九年正月二日睿宗昭成窦后之忌日。"②

这样,寿王妃杨氏入道的过程清晰地显露出来了:开元二十八年十月甲子至辛巳,凡十八天,玄宗在温泉宫,与寿王妃相会。玄宗返回兴庆宫,而寿王妃暂回寿王宅。接着,商议利用正月二日太后忌辰的机会,以"追福"的名义,将寿王妃度为女道士。经策划,似于年底颁布了敕文。正月二日,杨玉环正式当了女道士。紧接着,杨玉环以"女道士"的身份,而不再是寿王妃的身份,跟随唐玄宗又到骊山去了。从正月癸巳至庚子,前后八天,在温泉宫度过了欢快的生活。之后,唐玄宗返回兴庆宫,"女道士"则居于大明宫内的道观。

据载,玄宗自骊山回来后,梦见道教始祖"玄元皇帝"告云:

---

① 《唐大诏令集》卷40及《全唐文》卷35玄宗《度寿王妃为女道士敕》。
② 《元白诗笺证稿》第20页。

"吾有像在京城西南百余里,汝遣人求之,吾当与汝兴庆宫相见。"①果然,派人在盩厔楼观山间找到了像。同年闰四月,迎置兴庆宫。五月,唐玄宗命画"玄元皇帝"真容,分置诸州开元观。毫无疑问,这股全国范围内崇道之风,是跟寿王妃度为女道士相呼应的,或者说是给寿王妃入道制造某种气氛。

(二)在为太后"追福"的背后

唐玄宗为什么不敢直接纳寿王妃为己妃,而要经由度为女道士的过渡阶段呢? 依封建礼教,玄宗是寿王妃的公公,纳为己妃,有悖人伦,易遭物议。李唐王朝虽然肇基关陇,又赋有鲜卑贵族血统,对儿女关防不如中原士族那么严格,婚娶风俗较自由,这仅是问题的一方面;另一方面,它毕竟是长达百余年的中原王朝,封建伦理对它的影响,不能视而不见。这与唐太宗取齐王妃为己妃不能完全类比。秦王李世民与齐王李元吉,虽为同胞手足,然而齐王投靠东宫李建成,势同水火。经由玄武门之变,齐王作了刀下鬼,王妃便成了阶下囚,或杀或占,身不由己。唐太宗以胜利者占有失败者之妻,大模大样地纳为己妃,时人不敢非议。乱伦之诮,仅仅宋儒有之。唐玄宗的情况就不同了,他想纳寿王妃,而寿王未闻有过,若强词夺理,据为己有,有悖情理与伦常,不能不有所顾忌。前车可鉴,唐高宗废王皇后、立武则天为皇后,大臣褚遂良就以武氏曾侍寝唐太宗为词,责备高宗行为有失检点,弄得高宗尴尬不堪。鉴乎此,唐玄宗就不敢贸然地夺子媳为己妃,而必须采取先度为女道士的办法。

的确,"妇女勤道,自昔罕闻。"如唐高祖十九个女儿、太宗二十一个女儿、高宗三个女儿、中宗八个女儿,没有一个当女道士的。但是,唐睿宗时,以西城公主与隆昌公主(玄宗两个亲妹妹)为女

---

① 《资治通鉴》卷 214 开元二十九年正月条。

道士,道号一曰"金仙"、一曰"玉真"。度道的原因,据说是"以资天皇太后(武则天)之福"。① 这两个公主入道,筑观京师,颇引人瞩目,对于"妇女勤道"起了推动的作用。及至开元四年(公元716年)六月癸亥,太上皇睿宗逝世,史载:"己巳(睿宗死后第七天),睿宗一七斋,度万安公主为女道士。"万安公主是玄宗的亲女儿,度道原因也是"欲以追福"。② 可见,皇家女子入道,是为死逝者"追福"的形式之一,而不是当时女子离异后进行再嫁的习俗。

既然有金仙公主与玉真公主"资福"的先例,又有万安公主"追福"的榜样,那么,趁窦太后"忌辰"之际,为了"永存追福",度寿王妃为女道士,可谓做得堂堂正正,十分得体。看来,提出这条妙计的,似与金仙、玉真、万安等公主有关。当时崇道之风愈演愈烈,贵家女子入道已不是"罕闻",如李林甫的女儿也当了女道士。所以,寿王妃度道之事不会有突兀的感觉,舆论上也不存在什么可讥刺的东西。至于寿王妃"悟"道,似不至于胡编,总有点修道的迹象。不过,敕文说她"每在精修",过于虔诚了,当属饰词。

明明是强加于人的做法,却偏偏说是出自寿王妃"由衷之请"。似乎"勤道"的寿王妃为太后"追福","以兹求度",诚心诚意。而唐玄宗呢,觉得"雅志难违,用敦宏道之风",便同意寿王妃为女道士。其实,这是骗局。如果寿王妃"精修"真宰、又怀孝思也可在以前求度,为何恰好选在骊山相会之后发出这个敕令呢?说穿了,什么"追怀追福",什么"雅志难违",无非是在"用敦宏道之风"的冠冕辞令下,掩盖玄宗霸占儿媳的不光彩行为。

宋代史学家早就戳穿了"由衷之请"的谎言,指出:"上(玄宗)见而悦之,乃令妃自以其意乞为女官"。③ 事实是唐玄宗"令"其入道,并非出自寿王妃本人的请求。所谓"女官",即"女冠",也就是

---

① 《资治通鉴》卷210景云元年十二月条。
② 《资治通鉴》卷211开元四年六月条。
③ 《资治通鉴》卷215天宝三载十二月条。

女道士。唐代女道士头戴黄冠，故名。"官"与"冠"通，故女冠又称"女官"。

（三）"太真"道号与"娘子"称呼

杨玉环当了女道士，另属籍簿，身份不再是王妃了。为此，加了一个道号"太真"。所谓"太真"，究竟是什么意思呢？它原是道教修炼用语。南朝道教首领陶弘景说："仙方名金为太真。"[①]以"太真"为号，体现了"宏道"的精神。联系到"金仙"公主和"玉真"公主的道号，杨玉环号"太真"，是煞费苦心才想出来的。后来，"太真"专指杨贵妃，沿用至今而不变。

作为"女官"，理应头戴黄冠，居于道观。宫内是不置道观的，如金仙公主、玉真公主两道观均于宫外。而唐玄宗为了自己的需要，破例地将女道士杨玉环迎入大明宫内，别置宫内道观。因为道号"太真"，所以居地又称内太真宫。如此空间设计，完全暴露了唐玄宗的良苦用心。

但是，玄宗常居兴庆宫，从大明宫通过"复道"到那里，往来总不甚方便。因此，开元二十九年（公元 741 年）冬以后，杨太真的居住情况发生了变化。原来，这年冬十月丙申，至十一月辛酉，共二十六天，杨太真跟随唐玄宗，避寒于温泉宫。这是李杨第三次的骊山相会，比前两次长得多。大约从骊山回来，杨太真也就住进了兴庆宫，再也不到大明宫的道观里去了。而且，杨太真也不必一身"女官"打扮，而完全可以穿着妃嫔们的衣服。史载："不期岁，恩礼如惠妃。太真姿质丰艳，善歌舞，通音律，智算过人。每倩盼承迎，动移上意。宫中呼为'娘子'，礼数实同皇后。"[②]所谓"不期岁"，即不到一年，从正月"度道"算起，恰好至十一月骊山回来。

---

① 《本草纲目·金石部一》引。
② 《太平御览》卷 141《皇亲部七·杨贵妃》。

尔后，"恩礼如惠妃"，杨太真实际上处于后妃的地位，自然不会戴着女道士的假面具了。而唐玄宗心目中只有一个杨太真，杨太真成了他私生活中形影不离的伴侣。

值得注意的是"娘子"称呼，陈寅恪先生指出，"即今世俗'太太'之称。"①当时民间称家庭主妇，往往呼为"娘子"，而宫内嫔妃则是没有此称的。宫中之所以呼杨太真为"娘子"，是因为她没有正式册妃，而承欢玄宗，于是移用民间的主妇之称于宫闱之中。当然，"娘子"与妃子也有区别的，但在宫中称之，实含嫔妃之意。显然，杨玉环喜欢"娘子"称呼，既符合她的世俗情调，又能以玄宗事实上的妃子自恃。上之所好，下必趋之，宫中盛呼"娘子"，反映了杨玉环"度道"近一年后就实际上摘取了皇妃的桂冠，同时说明了人们心目中的"太真"早已不是头戴黄冠的女道士。

第三节　李白诗赞太真妃

"开元"时代的最后一年仲冬，杨玉环住进了兴庆宫。紧接着，她以太真妃与"娘子"的身份，迎来了新的"天宝"时期。天宝之初，政治上日益昏庸，而李杨情爱却获得了发展。恰好这时，大诗人李白游长安，他以绮丽高华之笔，写了《清平调》三首，赞美太真妃。

（一）改元"天宝"

由于连年丰收，西京、东都米斛二百钱，天下乂安，海内富实。唐玄宗为"开元盛世"所陶醉，宣称："自朕嗣守丕业，泊三十年，实赖宗社降灵，昊穹孚祐，万方无事，六府惟修，寰宇晏如，庶臻于

---

① 《金明馆丛稿初编》第 263 页。

理。……式降惟新之泽,可大赦天下,改开元三十年为天宝元年。"①天宝元年(公元742年)正月初一,玄宗亲御兴庆宫西南隅勤政楼,受群臣朝贺,正式改元"天宝"。二月,玄宗加尊号为"开元天宝圣文神武皇帝"。改侍中为左相,中书令为右相,尚书左右丞相依旧为仆射,东都为东京,北都为北京,州为郡,刺史为太守。至天宝三载(公元744年)正月初一,改"年"为"载"。这些制度上的更改,似乎有一番"惟新"样子。

其实,改元"天宝"并不具有划时代的意义,天宝时期政治是开元晚期政治的继续。前面说过,罢张九龄、相李林甫,标志着唐玄宗由"明"而"昏"的转折,而这一转折并非始自天宝元年。当然,天宝初期,政治上日趋昏暗,右相李林甫妒贤忌能,"凡才望功业出己右及为上(玄宗)所厚、势位将逼己者,必百计去之。"②唐玄宗则以为天下无事,高居无为,悉以政事委林甫,结果连高力士都"不敢深言天下事矣"。③

随着"天宝"时期的到来,李杨情爱有了新的发展。兴庆宫里,龙池畔,沉香亭,花萼楼,……玄宗与"娘子"游赏名花,演奏新曲,沉醉于歌舞之中。天宝元年十月丁酉至十一月己巳,杨玉环跟随玄宗,第四次幸骊山,④凡三十三天。天宝二年(公元743年)十月戊寅至十一月乙卯,第五次骊山避寒,共三十八天。次年正月辛丑至二月庚午,第六次幸骊山,凡三十天;十月癸巳至十一月丁卯,第七次幸骊山,共三十五天。可见,唐玄宗"耽乐而忘返",时间之长大大超过了前三次。歌舞游乐,从某种意义上说,反映了唐玄宗与太真妃之间的情投意合。

---

① 《全唐文》卷39玄宗《改元大赦文》。
② 《资治通鉴》卷215天宝元年三月条。
③ 《资治通鉴》卷215天宝三载十二月条。
④ 以开元二十八年十月第一次骊山相会算起。

（二）李白游长安

就在天宝初年，著名的大诗人李白来到了长安，以自己的狂放行为与奇妙诗篇，给欢闹的宫廷生活增添了特异的情趣。李白（公元701年至762年），字太白，生于碎叶（时属安西都护府，今苏联吉尔吉斯北部），幼居四川，从二十五岁起漫游各地。唐朝的盛世与祖国的山河，孕育了这位杰出的浪漫主义诗人。

唐玄宗召李白入京，是出于吴筠的推荐。吴筠是著名的道士，也是文采焕发的诗人。他与李白在天台剡中有过交往，诗篇酬应。后来，玄宗遣使召吴筠，"既至，与语甚悦，令待诏翰林。"①吴筠向玄宗推荐了李白，玄宗特诏征召。大约天宝元年（公元742年）秋天，李白来到了长安，时年四十二岁。李白拜见年迈的太子宾客贺知章，贺见其文，叹曰："子，谪仙人也！"②贺知章再向玄宗推荐，玄宗立即接见了李白。这无疑是轰动京城的新闻。据唐朝李阳冰《草堂集序》记载，玄宗"降辇步迎，……御手调羹以饭之。"玄宗还对李白说："卿是布衣，名为朕知，非素蓄道义，何以及此。"李阳冰与李白有过交往，所记似当真确。其实，所谓"降辇步迎"、"御手调羹"等，并非实录，只是传闻而已。从唐玄宗的生活习惯来看，一般不用"辇"的；亲手调羹，更是不可能的事。不过，这些传说也反映了唐玄宗对李白的重视。

为什么玄宗如此礼遇李白呢？首先，为了"求才"的需要。虽然李林甫专权，妒忌人才，但玄宗有时还要强调一下"求才"的。在改元"天宝"的大赦文中，重申"国之急务，莫若求才"，要求："白身人中有儒学博通及文词秀逸，或有军谋越众，或有武艺绝伦者，委所在长官，具以名荐。"③天宝初年，先召吴筠，后征李白，就是选

---

① 《旧唐书·吴筠传》。
② 《新唐书·李白传》。
③ 《全唐文》卷39 玄宗《改元大赦文》。

拔"文词秀逸"者的典型例子。吴、李均属"白身"、"布衣",玄宗待之以礼,还是难能可贵的。其次,出于崇道求仙的需要。玄宗向吴筠请教道法以及神仙修炼之事,"(吴)筠之所陈,但名教世务而已,……玄宗深重之。"①李白号称"谪仙人","素蓄道义",即对道法颇有造诣。玄宗礼遇李白,自然也有崇道求仙的目的。第三,出于对诗文的爱好,虽然玄宗本人诗写得不很好。过去,玄宗喜欢跟文士领袖张说、张九龄等诗篇唱和。天宝二年(公元743年)底,贺知章请度为道士还乡。次年正月,送别于长乐坡,李白等纷纷献诗,"上(玄宗)赋诗赠之。"②

既然玄宗当时对李白如此优遇,为什么仅命他为"供奉翰林"呢?某些文学史著认为,唐玄宗把李白作为御用文人,作为清客,需要他为宫廷帮闲而已。这样评论唐玄宗是不公正的,说实在,玄宗完全没有必要那样做。何况,待诏翰林,跟流俗所轻的"倡优",是不可等同视之。翰林院始建于开元后期,它是从唐朝文学馆、弘文馆、集贤书院等演化而来。在翰林院里集中了两类专门人才:一是文学之士,二是伎术之士。唐玄宗给予某些优厚的待遇,随时召用,使他们对唐代文化的发展起了一定的作用。其中,文学士"入居翰林供奉别旨",撰拟诏制,较外廷官为便捷。简单地将学士们斥之为御用文人,是很不妥当的。当时李白自己都感到荣宠,并不将"供奉翰林"视为贱职。

(三)高力士脱靴的传说

从天宝元年秋至天宝三载夏秋间,李白在长安住了近两年。在酒与诗的狂放生活中,留下了许多生动的故事。

唐朝李肇《唐国史补》里有一条"李白脱靴事",据说,"李白在

---

① 《旧唐书·吴筠传》。
② 《旧唐书·玄宗本纪下》。

翰林多沈饮。玄宗令撰乐辞,醉不可待,以水沃之,白稍能动,索笔一挥十数章,文不加点。后对御引足令高力士脱靴,……"。仅此一句,李白"令"脱,高力士是否替李白脱靴,没有交代清楚。《酉阳杂俎》里记述具体了:"玄宗于便殿召见,(李白)神气高朗,轩轩然若霞举,上不觉亡万乘之尊,因命纳履。白遂展足与高力士,曰:'去靴。'力士失势,遽为脱之。"可见,传说总是越来越细微,似乎确有其事,以致后世史家也把"力士脱靴"写进了旧新《唐书·李白传》。

然而,传说毕竟不是事实。首先,李白虽然傲岸清高,但作为一个"供奉翰林",在帝王面前,决不会将高力士卑视为奴仆。果有此事,李白的为人品性反而变成不可理解的了。杜甫诗赞李白云:"天子呼来不上船,自称臣是酒中仙。"①倘若李白真的对唐玄宗如此傲慢,为何又高兴地应召入宫呢?事实上,李白"常出入宫中,恩礼殊厚",②对皇帝还是有讨好的一面。其次,就高力士来说,决不会干出为李白脱靴之类事。须知,高力士早于开元初就为右监门将军,从三品;其后进为左监门将军,正三品。高力士势倾内外,门施榮戟,一般官吏奉之唯恐不及,怎么可能被视为执奴仆之役的呢!总之,脱靴传说是完全不可靠的。③唐代人传播这类奇闻,无非是要拔高李白狂放的形象,反映了人们卑视权贵的心态。

(四)《清平调》三首

如果说,"力士脱靴"故事是臆造,那么,李白诗赞太真妃则是事实,至今存留的三首《清平调》就是铁一般的证据。

据唐朝韦睿《松窗录》记述,有一次,正逢繁花盛开、牡丹吐

①　《杜工部集》卷1《饮中八仙歌》。
②　孟棨《本事诗·高逸》。
③　参见南宫博《杨贵妃》第177页附记。

艳,玄宗和太真妃到兴庆宫龙池东沉香亭前赏花。著名歌手李龟年手捧檀板,押众乐前,将欲歌之。玄宗说:"赏名花,对妃子,焉用旧乐词为!"于是叫李龟年带着"金花笺"到李白那里,请填新词。李白"欣然承旨",立刻援笔写了《清平调》辞三章。"龟年遂以辞进,上(玄宗)命梨园弟子约略调抚丝竹,遂促龟年以歌。"

关于《清平调》创作背景,大概如此。《松窗录》以及《杨太真外传》说是"开元中",当误,那时李白尚未到长安。牡丹盛开于春三月,写诗要么在天宝二年春,要么在天宝三载春。清朝王琦《李太白年谱》系之"天宝三载",较为确切。如果作天宝二年,似乎太早了。因为李白写了《清平调》不久,即天宝三载(公元744年)夏秋,就离开长安了。

看来,李白填写《清平调》时,并没有参加沉香亭前的赏花游乐。他在长安的两年里,或许未曾跟杨太真会过面。所以,传说李白令杨贵妃磨墨而"醉草蛮书",纯属好事者的虚构。尽管李白没有看到过太真妃的风采,但他用笔描写了太真妃的美貌。请读一读《清平调》:

> 云想衣裳花想容,春风拂槛露华浓;
> 若非群玉山头见,会向瑶台月下逢。
>
> 一枝红艳露凝香,云雨巫山枉断肠;
> 借问汉宫谁得似?可怜飞燕倚新妆。
>
> 名花倾国两相欢,长得君王带笑看;
> 解释春风无限恨,沉香亭北倚栏干。①

这三首像诗又像词,李白恐怕是当作诗写的。② 诗人以比、兴

---

① 《李太白全集》卷5《清平调》三首。
② 参见俞平伯《李白"清平调"三章的解释》,载于《光明日报》1957年2月24日。

手法,以名花比喻"倾国"美人,热情地赞颂了太真妃。所谓"群玉山头"与"瑶台"写的是道教的仙境,似为点出她女道士身份。① 当时学道求仙成了朝野的共同风气,当女道士是颇时髦的。李白与玉真公主就有直接往来,写了《玉真仙人词》、《玉真公主别馆苦雨赠卫尉张卿》等诗篇。由此推知,李白颂扬太真妃不是偶然的。

第二首诗中借"汉"喻"唐",以赵飞燕比杨太真,是否暗含讥刺的意义呢?绝对没有。须知,从唐初至盛唐,"赵飞燕"是美人的代名词,并不包含女人祸水的意思。据《汉书·外戚传下》载:"孝成赵皇后,……学歌舞,号曰飞燕。……上(西汉成帝)见飞燕而说之,召入宫,大幸。……贵倾后宫。"赵飞燕的经历与爱好,实在跟杨玉环有些相似之处。李白诗云"飞燕倚新妆",可谓惟妙惟肖,而且揭明了太真妃"贵倾后宫"的特殊地位。难怪唐玄宗接到《清平调》三章后,立刻令被之管弦,让李龟年放声歌唱。据说,玄宗亲自调玉笛以倚曲,太真妃"笑领歌,意甚厚。"②

因此,历来关于《清平调》的种种深文曲解,就不值得一驳了。例如,《松窗录》记述,会高力士终以脱靴为深耻,故意挑拨太真妃怨恨李白,说:"以飞燕指妃子,是贱之甚矣!"太真妃深以为然,于是阻止了给李白的官职任命,致使李白愤然离京。这种编造显然不符合史实,杨太真和高力士都不是拨弄是非的小人。至于后代注家以为"云雨巫山"句有讥杨太真曾为寿王妃,"枉断肠"者指寿王,那更是荒唐可笑。李白当时岂敢如此恶骂?唐玄宗与太真妃又怎么会把恶骂当作颂歌呢?

李白离开长安的原因,并不是高力士的进谗,也不是太真妃的作祟,而是由于翰林院内部的倾轧。很可能是出于张垍的妒忌,张垍是开元文士领袖张说的儿子,又是唐玄宗的女婿,他主持翰林

---

① 参见南宫搏《杨贵妃》第 183 页附按。
② 《杨太真外传》卷上。

院,排挤了天才的诗人李白。此外,翰林学士起草诏制文书,务必遵守保密的规定。如果漏泄,就要贬官或者惩罚。像李白那样豪放不羁的诗人,常常沉醉于酒肆,实在不适宜供职于翰林。

　　总之,李白在《清平调》三章中,以绮丽高华之笔,为名花、妃子传神写照。透过这幅画面,可以看到李杨情爱的热烈,看到杨太真的尊贵。作为一种社会舆论,说明正式册妃的条件成熟了。

第十四章　正式立为贵妃

天宝四载(公元745年)八月初六,唐玄宗刚过了六十一岁的生日,就宣布将二十七岁的杨玉环立为贵妃。前面说过,杨太真早已脱掉了女道士的外衣,以"娘子"的身份生活于兴庆宫,成为事实上的皇妃。然而,所谓"太真"妃毕竟是名不正、言不顺。正式立为贵妃,这是李杨情爱发展的必然结果。

第一节　事前的安排

立杨贵妃之前十天,唐玄宗给寿王李瑁另选了一位王妃。两件喜事,一先一后,是经过精心安排的。册寿王妃,是立杨贵妃的必要准备。

(一)以韦氏为寿王妃

另册韦妃的日期,《资治通鉴》作天宝四载七月壬午,"壬午"即十六日,恐误。据册文,当为"壬辰"即二十六日,兹抄录如下:

"维天宝四载岁次乙酉,七月丁卯朔,二十六日壬辰,皇帝若曰:於戏!古之建封,式崇垣翰,永言配德,必择幽闲。咨尔左卫勋二府右郎将韦昭训第三女,育庆高门,禀柔中阃,……爰资辅佐之德,以成乐善之美。是用命尔为寿王妃。今遣使光禄大夫行左相兼兵部尚书、宏文馆学士李适之,副使金紫光禄大夫行门下侍郎、集贤院学士兼崇文馆大学士陈希烈,持节礼册。尔其钦承宠数,率由令则,敬恭妇道,可不慎欤!"①

回顾十年前,唐玄宗在东都颁布过《册寿王杨妃文》,内容类似。可是,杨妃后来不属于寿王的了。如今,寿王年已二十七岁,玄宗再次给他选了韦妃。这样两次册妃,是罕见的。更为稀奇的是,大臣陈希烈担任了两次册妃的副使。他对杨玉环的来龙去脉,可说是了如指掌;而且清楚地意识到,另册韦妃是为杨贵妃的登台作舆论上的准备。陈希烈性格柔佞易制,唯唯诺诺,办事小心,关于杨妃的事自然不会声张出去,所以颇得唐玄宗的喜爱。天宝五载(公元746年)四月,他竟当上了宰相。

以韦氏为寿王妃,也是讲究门第的。册文说她"育庆高门",确是事实。据《新唐书·宰相世系表四上》载,韦昭训源于韦氏郧公房,其父韦湜官为齐州刺史,祖父韦爽曾任太仆少卿,从祖父韦巨源历任武则天、唐中宗时的宰相。神龙初,韦巨源迁侍中、中书令,进封舒国公,"附入韦后三等亲,叙为兄弟,编在属籍。"②可见,当时韦氏家族是颇显赫的。后来,李隆基发动"六月政变",诛灭韦后,韦巨源也为乱兵所杀。及至唐玄宗时期,除了李、武之间与李、杨之间通婚外,李、韦两大家族之间也往往缔结良缘。如薛王业(玄宗之弟)以韦氏为妃,鄂王瑶妃家韦氏,皇太子李亨妃家韦氏,棣王琰妃家韦氏,等等。唐玄宗选择左卫郎将韦昭训之女,为寿王妃,也可算是门户相当。这在时人婚姻崇尚门第的情况下,不至被人作为口实。

(二)寿王悲哀的消失

另册韦妃之后,寿王一颗悬着的心才放了下来。

原先杨妃的离去,给他留下了感情上的悲哀,也造成了潜在的

---

① 《全唐文》卷38 玄宗《册寿王韦妃文》。

② 《旧唐书·韦巨源传》。

危险。与同龄的美貌的杨妃生活了近五年,没有恋眷是不合情理的。深怀着己妃被皇帝又兼生父所夺的委屈,真是有苦说不出。好在寿王生性谨慎,不敢发泄不满,又没有杨妃为他生儿育女的拖累,才免遭不测之祸。相反的例子不是没有,他的异母兄太子瑛、鄂王瑶、光王琚,均因怨言引起诬陷而被赐死。面对既是皇帝、又是生父的权威,无论从君臣、父子关系来说,唐玄宗都是尊者,如有怨言冲尊,或死或废,易如反掌。寿王身处于某种潜在的危险之中,他自己一清二楚。所以,自杨妃当了女道士以后,整整四年半里,寿王过着没有王妃陪伴的孤寂生活。开元二十九年(公元741年)十一月,宁王李宪逝世,乃谥曰"让皇帝"。寿王"瑁请制服,以报乳养之恩,玄宗从之。"①那副孝顺恭敬的态度,足以使玄宗放心。因此,玄宗又为寿王另选了一位妃子。对于寿王来说,杨妃一去不返了,但他毕竟又有了新的韦妃,他的生命不会有危险了,他的悲哀也就消失了。② 在这个问题的处理方法上,唐玄宗总算没有把事情做绝。

册寿王韦妃,不早不迟,选在立杨贵妃之前十天,还有另一番用意。随着十年时光的流逝,东都册寿王杨妃的事,人们或许淡忘了。《册寿王韦妃文》中绝对不会涉及往事,似乎寿王至此时才娶了一位王妃。这样,杨贵妃原是寿王妃的一段历史被掩盖了。即使局外人知道寿王过去娶过一位杨妃,但那位"杨妃"是否就是杨贵妃,也未必一清二楚。皇宫里双喜临门,父皇立妃,皇子娶妻,在热闹声中割断了某种瓜葛。因此,册寿王韦妃,是唐玄宗为自己立杨贵妃创造必要的前提条件。

---

① 《旧唐书·玄宗诸子传》。
② 寿王李瑁卒于唐代宗大历十年正月壬寅,终年五十七岁。参见《资治通鉴》卷225。

第二节　赐以"贵妃"

八月壬寅(初六),①千秋节刚过,唐玄宗正式宣布"太真"妃号曰"贵妃"。从此以后,杨贵妃以崭新的姿态活跃于历史舞台,直到马嵬坡死时为止。

(一)纳妃与立妃的礼仪差异

从陈鸿《长恨歌传》到白居易《胡旋女》,从《旧唐书》到《杨太真外传》与《资治通鉴》,都说是"册"为贵妃。这里,所谓"册"并不是指纳妃礼仪,而是赐号"贵妃"的意思。

按照开元礼的规定,皇帝纳后有一套繁杂而隆重的礼仪(跟皇太子纳妃、亲王纳妃有所不同),如"临轩命使"、"纳采"、"问名"、"纳吉"、"纳征"、"告期"、"册后"、"命使奉迎"、"同牢"、"皇后表谢"、"朝皇太后"、"皇后受群臣贺"等等。其中,"册后"礼仪是在后氏宅第里举行的,要由太尉为正使、司徒为副使,授以册宝。以上说的是纳皇后礼仪,纳皇妃也大致如此。

至于杨玉环被立为贵妃,她不是以父家闺女受册,因此纳后妃那一整套的礼仪均无奉行的必要。如果真的遵照纳妃礼仪办,反而弄巧成拙,徒然暴露了杨玉环入主后宫的非正常过程。唐玄宗岂敢循礼而行呢?事实上,杨玉环内以"娘子"之称,外以"太真"之号,在兴庆宫里生活了三年半多,早已是皇妃了。所谓"赏名花,对妃子",不是清楚地说明这一点吗?问题在于"太真"妃是没有名目的非正式的称号,要正名,就必须赐号"贵妃"。正如当年武惠妃一样,年幼"随例入宫",开元初"渐承恩宠"。"及王庶人

---

① 　今据《新唐书·玄宗本纪》及《资治通鉴》卷215。《旧唐书·玄宗本纪下》作"八月甲辰",《唐历》作"甲寅"。

（皇后）废后,特赐号为惠妃,宫中礼秩,一同皇后。"①可见,赐号
"惠妃"、"贵妃"之类事,跟纳后妃是不可同日而语的,礼仪上的差
异也显明地存在着。

那么,赐号"贵妃"时有没有隆重的典礼呢?从赐号"惠妃"时
情况来看,似乎没有,至多是举行一次内宫的欢庆宴乐。陈鸿只说
"册为贵妃,半后服用",②而不提及庆典。白居易《胡旋女》诗云:
"梨花园中册作妃",③认为唐玄宗是在梨花园即梨园中立杨太真
为贵妃。这是诗人虚构的文学手笔,不足凭信,但是透露了一点信
息:立杨贵妃时举行了一场歌舞欢宴活动。当然,地址绝对不会在
梨园弟子排演场。

宋代乐史说:"天宝四载七月,册左卫中郎将(应为左卫郎将)
韦昭训女配寿邸。是月(应为八月),于凤凰园册太真宫女道士杨
氏为贵妃,半后服用。进见之日,奏《霓裳羽衣曲》,……是夕,授
金钗钿合。"④这里采撷唐人杂著,颠三倒四。所谓定情之夕,《长
恨歌传》明明说是骊山初次相会,怎么可以系于天宝四载呢?乐
史说册妃仪式是在凤凰园举行的,也不可信。凤凰园或许就是丹
凤园。原来,大明宫南墙有五个大门,中门叫丹凤门,内有园叫丹
凤园。大明宫始建于唐太宗时,命名永安宫。唐高宗加以扩建,改
称大明宫,移政议事于此。唐玄宗开元初修建兴庆宫,至开元十六
年(公元 728 年)春正月,"始听政于兴庆宫"。⑤ 尔后,大明宫遂为
闲置宫殿,只在重大节日才启用,如每年元旦,玄宗接受百官朝贺,
就在大明宫的正殿含元殿举行。丹凤门乃含元殿之正门,届时丹
凤门开,文武百官鱼贯而入含元殿,呼万岁,奏升平。可见,重大的

① 《旧唐书·后妃传上》。
② 《长恨歌传》。
③ 《白居易集》卷 3。
④ 《杨太真外传》卷上。
⑤ 《旧唐书·玄宗本纪上》。

庆典举行于大明宫,也是在含元殿,决不可能在丹凤园。乐史写的是《外传》,可以想象"于凤凰园"册为贵妃,但与史实并不符合。大明宫即"东内",不是立后妃之地。

据《开元礼纂类》载,临轩册命皇后,规定在太极殿(西内)里举行。① 早在先天元年(公元712年)八月,唐玄宗即位后第七天,册立妃王氏为皇后,礼仪就是在太极殿里举行的。王皇后被废而死,唐玄宗再也没有立新皇后了。赐号"惠妃"的庆典在何处,不得而知。至于立杨贵妃,无疑是在兴庆宫(南内)。因为天宝年间重大的节日典庆也改在兴庆宫了。如天宝元年(公元742年)元旦,玄宗御兴庆宫勤政楼,受百官朝贺,改元"天宝",大赦天下。兴庆宫不仅是议政的中心,而且是宴乐的中心。再者,"太真"妃的身份是女道士,过分庄严的典礼反而惹人瞩目,招来不必要的麻烦。

(二)"贵妃"的由来

自天宝四载八月起,"杨贵妃"的称号逐渐地为朝野所熟悉,至今历一千数百年之久,还是家喻户晓。那么,"贵妃"称号的由来如何?

"贵妃"作为皇帝妃嫔之一,始置于南朝宋武帝。孝建三年(公元456年),"置贵妃,位比相国;进贵嫔,位比丞相;贵人位比三司;以为三夫人。"②贵妃的地位,仅次于皇后。南朝四代,互相沿袭,无大异同。至隋炀帝时,参详典故,自制嘉名,著之于令:以贵妃、淑妃、德妃为三夫人,正一品;顺仪、顺容、顺华、修仪、修容、修华、充仪、充容、充华为九嫔,正二品;婕妤十二员,正三品;美人、才人十五员,正四品,是为世妇。如此等等,不一而足。唐初因隋制,皇后之下,有贵妃、淑妃、德妃、贤妃为四夫人,正一品。其他各

---

① 参见《通典》卷125《临轩册命皇后》。
② 《宋书·后妃传》。

号及人数,与隋制稍有差异。如唐高祖时,有位万贵妃。贵妃的地位,也是仅次于皇后。但是,从唐太宗经高宗、中宗、睿宗,直到玄宗前期,贵妃的设置并不固定。史称:"开元中,玄宗以皇后之下立四妃,……非典法也。乃于皇后之下立惠妃、丽妃、华妃等三位,以代三夫人,为正一品。"①也就是说,取消了"贵妃"称号,以惠妃仅次于皇后。开元时期,武惠妃得宠就是例证。及至天宝四载(公元745年),武惠妃亡故已七年多,杨玉环得宠也有四年多,如果依旧俗称"娘子"或者"太真"妃,实在是不符合"典法"的。再赐以"惠妃",也不甚妥善。于是,唐玄宗恢复了"贵妃"的称号,立杨太真为贵妃。从制度上说,贵妃仅次于皇后,但当时没有皇后,所以,杨贵妃处于事实上皇后的地位,即六宫之主。

为什么不直接立为皇后呢?恐怕是由于历史传统的影响。众所周知,唐高祖李渊正妻窦氏早于隋末逝世,唐王朝创建后就没有另立皇后。唐太宗即位,以长孙氏为皇后。贞观十年(公元636年),长孙皇后病亡,太宗也不再立新的皇后。唐高宗时期,先有王皇后,后有武皇后(则天),结果导致了唐王朝中断的局面。唐中宗时只有韦后。唐睿宗重新即位,因刘氏与窦氏早已被杀,也没有皇后。玄宗即位初,以王氏为皇后。王皇后死后,"上(玄宗)欲以武惠妃为皇后",②但遭到朝臣反对,只好作罢。反对的理由主要是:如以武氏为"国母",将会取笑于天下;而且,太子非惠妃所生,容易引起宫廷内争。由上可见,拥立"国母"是极其慎重的事,一般不宜更立新的皇后。正因为如此,尽管唐玄宗宠爱杨贵妃甚于惠妃,但还是不可立为皇后的。像杨太真女道士的身份,当了"国母",不亦取笑于天下!而且太子李亨年长于杨玉环,玉环为皇后,又成何体统呢?

---

① 《旧唐书·后妃传上》。
② 《资治通鉴》卷213开元十四年四月条。

（三）父夺子媳与伦理观念

如果杨贵妃原先不曾是寿王妃，唐玄宗纳她为己妃，是绝对不必考虑舆论与影响的，也不必等待了四年多的时光。问题恰恰在于看中了寿王妃杨氏，即使在婚姻关系较自由放任的盛唐，父夺子媳也是非正常的事。皇权赋予唐玄宗以无限的权力，但要公然地立子媳为皇妃，还是不能立即做到的。正因为这种缘由，唐玄宗采取了度寿王妃为女道士的过渡办法，足足拖了四年多，而且正式立贵妃之前，又为寿王另册韦妃。经过充分的准备与多方的掩饰，才宣布了杨贵妃的册命。当时，局外人对唐玄宗父子与杨贵妃的微妙关系是不大知情的。知情者或者慑于皇权威严，或者有意为尊者讳，决不会评议父夺子媳在伦理观念上的是与非。

历史记载随着时间的推移有个由隐到显的过程。事隔半个世纪，陈鸿在《长恨歌传》中提及杨玉环是选自"寿邸"，可见民间已广泛知道杨贵妃本来是寿王妃。诗人白居易却偏偏说："杨家有女初长成，养在深闺人未识。"白与陈一起在楼观山饮酒作诗，当然知道杨贵妃入宫前不是闺女。陈鸿既已揭示了事实，白居易也没有必要为尊者隐讳了。《长恨歌》里不提寿王妃，那决不是为国讳，而是要歌颂爱情的真诚与纯洁。换句话说，出于文学上塑造典型人物的需要。

后来，诗人李商隐竟为寿王鸣不平了："夜半宴归宫漏永，薛王沉醉寿王醒。"[①]将寿王当年想发泄而强行压抑的愤慨心情委婉地点出来了。诗笔追求的是艺术的真实，而不是复写历史的实录。须知，薛王死于开元二十二年（公元734年），怎能和离去了杨妃的寿王共赴宫宴呢？不过，薛王是尽人皆知的酒色之徒，拉他出场作为陪衬，诗人别有意在。薛王没有爱妃被占的委屈，心无牵挂，

---

① 《全唐诗》卷540李商隐《龙池》。

一味畅饮至"醉";而寿王心存离愁,无意沾唇,所以仍"醒"。这一"醉"一"醒",反映了两人截然不同的遭遇与心态。诗篇曲折含蓄地将唐玄宗夺子之妇作了隐晦的讽刺,又赋予了寿王失爱以深切的同情,应该视为一首有分量的宫闱史诗。

第三节　推恩杨门

一人得宠,合家升迁,这是封建宗法制度在家族推恩方面的反映。杨玉环一旦晋为贵妃,杨氏家族就以外戚的地位,享有皇权赋予的种种特权。杨家上自长辈,下至同辈,几乎都得到了皇恩浩荡、惠泽周流的好处。当时普遍流传的民谣说:"生女勿悲酸,生男勿喜欢";"男不封侯女作妃,看女却为门上楣。"[①]道出了封建宗法制下血缘政治形成的心态,牵动了当时羡慕的人心,连重男轻女的封建信条也发生了价值观念的转变。可见,"恩宠声焰震天下"的诱惑力量是何等的巨大!

(一)养父的隐没

然而,出现了十分奇怪的现象:在一片推恩与承恩声中,养父杨玄璬似乎被隐没了,毫无声息。即使亡故,也该追赠官爵呵。唐玄宗与杨贵妃遗忘了这位"养父"吗? 当然不会。相反,记得太清楚了,以致不得不将他隐去。这里包藏着难言的苦衷。

十年前,唐玄宗在东都为儿子寿王册妃,诏令上明白地写着:"尔河南府士曹参军杨玄璬长女,……为寿王妃。"当时杨玉环是以"杨玄璬长女"嫁给寿王的,早已亡故于四川的生父杨玄琰却并不引人注意。换句话说,玄宗只知道玉环是杨玄璬的女儿,而不了解她的亲生父亲杨玄琰。新近有的历史传记认为,开元二十三年

---

① 《长恨歌传》。

（公元735年）十二月,杨玉环被纳为寿王的妃子时,养父杨玄璬则已亡故。这是毫无根据的。读一读册文,就会知道杨玄璬健在的,而且册妃仪式是在他家里举行的。因为"长女"当了寿王妃,不久又迁居长安,所以杨玄璬也从东都到了西京,任职为国子司业。[①]唐朝国子监设祭酒一员,从三品;司业二员,从四品下。祭酒、司业之职,掌邦国儒学训导之政令。杨玄璬原为河南府士曹参军,从七品下,现任国子司业,算是大大地升迁了。

后来,杨玉环度为女道士,杨玄璬对此是赞同还是反对呢?作为"养父",自然深知"度道"不过是幌子而已,无非是唐玄宗夺子媳的过渡办法。作为掌职儒学训导的国子司业,无论是对度为道士,还是对父夺子媳,总是不那么赞扬的吧!虽然不赞同,但也不敢反对,因为事情出于皇帝的意愿,况且杨玉环本人后来也乐意的。大概是在忧郁之中,杨玄璬离开了人间。这些,虽然没有史料证实,但完全是合乎情理的推测。

唐玄宗正式立杨贵妃时,杨玄璬确实已经亡故了。在推恩杨门的名单中,这位"养父"名字被埋没了。原因很简单,如果有了"杨玄璬",岂不叫世人联想到杨贵妃即其"长女"吗?如果真的想起了十年前《册寿王杨妃文》,总有点不愉快吧!而隐掉了"杨玄璬",也就多少掩盖了杨贵妃即寿王妃的一段历史。特别是对不了解内情的世人来说,这样做更有必要。井上靖先生分析得好:"因为考虑到还是从正式文献上抹掉更为平安无事的吧,这个人物再也没有在历史上露名。"[②]连死后追赠官爵也没有份,不胜悲寂!

(二)追赠亲生父母

封建时代推恩是按等亲进行的,首先要恩及父母。杨贵妃十

---

① 《新唐书·宰相世系表一下》。
② 井上靖《杨贵妃传》第89页。

年前是认杨玄璬为父亲的，现在却认定了生父杨玄琰。这是皇帝推恩之大势所趋，未必出于杨贵妃本人的主意。唯有如此，世人就会相信杨贵妃是杨玄琰之女，跟那个"杨玄璬长女"迥然有别。杨贵妃与寿王妃之间的某种联系被拆掉了，真不愧是虚伪的妙计。

杨玄琰早已亡故，必须追赠官爵。《资治通鉴》卷215云："赠其父玄琰兵部尚书。"这是天宝四载（公元745年）八月初次赠官。[①]《旧唐书·杨贵妃传》又载："妃父玄琰，累赠太尉、齐国公。"注意！所谓"累赠"，就是再次追赠的意思。兵部尚书，正三品；太尉系三公，正一品。可见，官爵越赠越高，也反映了唐玄宗对杨贵妃的专宠程度。顺便一提，如果认为太尉齐国公是追赠给杨玄璬的，恐怕不是事实。

前面说过，杨玉环幼年时代，父母双亡，推恩也不忘已故的生母。《旧唐书》云："母封凉国夫人"，似乎这位夫人仍健在。有些历史传记竟认为，杨贵妃在四川的生母，被迎至京师长安居住。其实，《旧唐书》行文是紧接"累赠"妃父之后，所谓"封"也是追赠的意思。乐史编写《杨太真外传》时，倒理解得正确："又赠玄琰兵部尚书，李氏（生母）凉国夫人。"透露了追赠的迹象，换言之，李氏早已亡故。《长恨歌传》仅仅说："叔父昆弟皆列位清贵，……姐妹封国夫人，……"可见，唐人陈鸿也不认为生母的健在，哪里有什么迎至京师居住的事实呢？

贵妃长辈中健在的，只有叔父杨玄珪。唐玄宗封他为光禄卿，从三品，还算是得体的。后来，叔父杨玄珪累迁至工部尚书，正三品；于是，生父杨玄琰追赠的官爵相应提高，从兵部尚书加至太尉、齐国公。

此外，随着杨贵妃的日益得宠，特地为"贵妃父祖立私庙，玄

---

① 《杨太真外传》云："册妃日赠其父玄琰济阴太守，母李氏陇西郡夫人。"未必可靠，追赠"太守"，嫌小。然而，父母并"赠"，可见母李氏亦已逝世。

宗御制家庙碑文并书。"①这对于杨氏家族无疑是莫大的荣耀。

（三）兄弟们的升迁

杨贵妃的兄弟们也因她的关系而纷纷获得官位。

亲兄杨铦，即杨玄琰之子，初任为殿中少监，从四品上，协助掌管天子服饰、总领尚食等六局之官属。后迁鸿胪卿，从三品；再授三品、上柱国，享有"私第立戟"的荣宠。唐制官阶勋三品以上，私宅家门施棨戟。项安世《家说》曰："棨戟，叉也，以赤油韬之，亦曰油戟。"②这油漆的木戟，原是汉代官吏出行时作前导的仪仗。唐代门施棨戟，表示主人地位的高贵。

从兄杨锜，即杨玄珪之子，初任侍御史，从六品下。八月癸卯（初七），即正式立贵妃之次日，玄宗册武惠妃的幼女为"太华公主"，命杨锜尚之。杨锜娶了公主，循例晋为驸马都尉，从五品下。但是，驸马都尉是武散官，凡尚公主者皆授之；而侍御史则是有职有权的流官。看来，杨锜尚太华公主时以侍御史兼领驸马都尉的。太华公主曾以母宠，备受钟爱，礼遇过于诸公主，下嫁以后，玄宗特赐近宫的甲第，号称"太华宅"，与宫禁相连。这就使杨锜顿时光耀门庭。

值得注意的是，杨玉环为寿王妃时，太华公主（寿王亲小妹）叫她嫂嫂，关系似亲热，从辈分上说是同辈。当了杨贵妃，太华公主乃至寿王，则属于晚辈了。可是，杨贵妃的从兄又偏偏娶了太华公主，从中牵线者也许是杨贵妃。如此辈分上混乱、颠倒，反映了当时封建伦理观念还不是十分严峻化。正是在这种情况下，出现了婚姻关系上的自由与放任，对于父夺子媳之类现象未必加以愤怒的谴责。

---

① 《旧唐书·杨贵妃传》。
② 《资治通鉴》卷213开元十八年末胡三省注引。

从祖兄杨钊,即后来的杨国忠,因为他是贵妃三代直系之外亲属,初次推恩时也就轮不到他。杨钊在仕途上另辟蹊径,走着一条与杨氏其他兄弟不同的道路。

　　还有一个堂弟,名叫杨鉴,为什么立贵妃时未及推恩,恐与他年幼有关。大约开元二十三年(公元735年)册寿王妃时,杨鉴始生不久。天宝四载(公元745年),他的年龄当稍大于十岁,必小于十五岁(男子行冠礼年)。天宝九载(公元750年)以后,史载:"妃弟鉴皆尚公主。"①杨贵妃前系"杨玄璬长女",故视杨鉴为"弟",实际上是堂弟。至此,杨鉴约十六七岁,始尚公主,推恩授职为"湖州刺史"。②

(四)诸姐姐的承恩

　　杨贵妃的三个姐姐,不仅美貌,而且各有性格特点。他们早就分别嫁给崔家、裴家、柳家,依夫姓氏,也可称崔氏、裴氏、柳氏。天宝初期,杨玉环为"太真"妃时,她们就来到长安了,因妹妹的宠幸,也可以出入内宫。

　　初立贵妃推恩时,"贵妃三姐,皆赐第京师,宠贵赫然"。③ 天宝七载(公元748年)冬十一月,唐玄宗正在华清宫避寒,宣布以崔氏为韩国夫人、裴氏为虢国夫人、柳氏为秦国夫人。这三夫人皆有才色,唐玄宗竟呼之为"姨";她们出入宫掖,并承恩泽,势倾天下。连玄宗的妹妹玉真公主等,对她们也是谦让三分,起立相迎,不敢就座。其中,尤以虢国夫人宠遇最深,权势最大,行贿请托,嬉游无度,正如元稹诗云:"虢国门前闹如市","杨氏诸姨车斗风"。④

　　虢国夫人还是能说会道的皇室媒人,凡"十王宅"、"百孙院"

　　① 《旧唐书·杨贵妃传》。《新唐书》本传作"弟(杨)鉴尚承荣郡主"。
　　② 《新唐书·宰相世系表一下》。
　　③ 《资治通鉴》卷215天宝四载八月条。
　　④ 《全唐诗》卷419元稹《连昌宫词》。

里的婚嫁，少不了这个穿针引线的大唐姨娘。当然说媒是百说百成的，即使不尽如人意，也不看僧面看佛面。只是有一条，先要纳钱千缗，事包成功。

虢国夫人财源最盛，也最仗势欺人。有一次，她看中已故大官僚韦嗣立的私宅，妒嫉它的豪华，竟想占为己有。她带领侍从婢女数十人来到韦宅门前，谈笑自若，对韦氏诸子曰："闻此宅欲卖，其价几何？"诸韦答以根本没有这回事。紧接着，数百工徒在她授意下，立时拆迁，补赏韦宅的仅十亩多空地。[①] 然后大兴土木，酷役工匠，不分昼夜，限期竣工。中堂既成，又想克扣赏钱，当场将蝼蚁、蜥蜴放置堂中，若堂有微隙，走失一只，就不给赏钱。可见，豪奢的虢国夫人又是如此刻薄，吝于付钱。

（五）"恩宠声焰震天下"

综上所述，杨家凭借贵妃之宠，而成为政治上经济上的暴发户。权势显赫，大有"恩宠声焰震天下"的威力。[②]

由于玄宗与贵妃结为伉俪，李杨互结姻亲，层出不穷。除杨锜、杨鉴尚公主、郡主外，杨国忠的儿子杨昢尚万春公主，杨暄尚延和郡主。韩国夫人的外孙女嫁与玄宗孙为妃，虢国夫人的女儿嫁与宁王子为妃，秦国夫人女婿之弟柳潭尚太子李亨女为妻。这样，杨门尚二公主、二郡主，加上三夫人的亲属与皇家通婚，就显得更威风了。

为了炫耀自己的权势，每逢朝会，杨氏五家争先夺路，前呼后拥，好不威风。每年冬玄宗与贵妃行幸华清宫，杨氏五宅排场之盛，装饰之侈，令人咋舌。杨国忠以剑南节度使开纛，五宅鱼贯而行，每家一队，每队着一色衣，照映如百花之焕发。诸杨竞为车服，

---

① 《明皇杂录》卷下。
② 《新唐书·杨贵妃传》。

一车之费,动辄数十万贯,牛不堪重负牵引,奉旨乘马,又争购名马,穷饰马匹。贵妃诸姐盛饰珠翠、钿簪,摇落于途,俯拾皆是。

权势助长了横暴,以致发展到家奴竟敢欺侮皇亲的地步。如天宝十载(公元751年)正月望夜元宵灯节,杨氏五宅在家奴簇拥下夜游灯市,恰逢广平公主偕同驸马程昌裔观灯,双方争过西市门,互不相让。杨氏家奴挥鞭抽及公主,公主受惊落马,驸马程昌裔下扶之,亦被数鞭。公主哭诉于玄宗,玄宗依律令杖杀杨氏奴。但是,次日又免程昌裔的官职,不令朝谒,以安慰杨氏五宅。可见,杨门气焰是何等的嚣张!

第四节　外戚与皇权

史称:"开元已来,豪贵雄盛,无如杨氏之比也。"[①]杨氏外戚势力的兴盛,是跟皇权的腐败密切相关的,也反映了唐玄宗由明而昏的变化。

(一)外戚贵盛与开天治乱

外戚势力是伴随封建皇权而必然产生的。《旧唐书·外戚传》序总结了这样的历史教训:"自古后族,能以德礼进退,全宗保名者,鲜矣。"因为外戚往往恃宫掖之宠,骄侈淫逸,作恶多端,最终几乎没有不身败名裂的。因此,明哲之君总要慎重地对待外戚问题。唐太宗时,长孙皇后告诫说:"汉之吕、霍,可为切骨之戒,特愿圣朝勿以妾兄为宰执。"[②]不甚重用外戚,任以勋贤,这是"贞观之治"政治上清明的重要因素之一。可是,自唐高宗以后,武后、韦后相继干政,造成了祸乱不已的局面。

---

① 《旧唐书·杨贵妃传》。
② 《旧唐书·长孙皇后传》。

唐玄宗即位初,杰出的政治家姚崇在《十事要说》中尖锐地提出:"吕氏产、禄,几危西京,马、窦、阎、梁,亦乱东汉,万古寒心,国朝为甚,臣请陛下书之史册,永为殷鉴,作万代法,可乎?"玄宗潸然良久,说:"此事真可为刻肌刻骨者也。"①开元时期,唐玄宗基本上牢记深刻的教训,防止外戚势力的恶性膨胀,保障了"开元之治"的安定局面。

　　例如,以王氏为皇后,其父王仁皎任官太仆卿,累加开府仪同三司、邠国公。后兄王守一也封官进爵。但是,王氏后族没有干预朝政。后来,搞"符厌之事",声称"当与则天皇后为比"。事发,玄宗亲究之,皆验。王皇后被废而卒,王守一赐死。对于这一事件,唐玄宗过于严酷了,但也可以看到他防范后族乱政的苦衷。

　　又如,玄宗宠爱赵丽妃,其父赵元礼、兄赵常奴擢为大官。赵氏父子没有也不可能干预朝政。开元后期,由于太子瑛事件的牵连,舅家赵氏也遭到流贬。

　　再如,玄宗宠爱武惠妃长达二十余年,而当大臣提出"武氏乃不戴天之仇"的告诫时,玄宗还是接受了,始终没有立武惠妃为皇后。惠妃死后,玄宗下制赞扬她"贵而不恃,谦而益光",②道出了外戚势力没有得到发展的事实。

　　宋代史家指出:"玄宗即位,大加惩革,内外有别,家道正矣。"③这话虽有溢美之处,但在一定程度上说明唐玄宗改革后族乱政的弊病,"法行近亲,里表修敕",取得了"开元之治"的成就。

　　然而,"天宝夺明,委政妃宗",④唐玄宗已经忘记了从前"刻肌刻骨"的"殷鉴",为了宠爱杨贵妃,竟不惜扶植杨门外戚势力。政治上推恩,给予各种官爵与特权;经济上赏赐,唯恐供应不周。凡

　　①　《开元升平源》。
　　②　《旧唐书·后妃传上》。
　　③　《唐会要》卷3《内职》。
　　④　《新唐书·外戚传》序。

有颁赐四方进奉,每家一份,五家如一,中使传送,往来不绝。杨氏五宅的权势显赫,归根到底,是唐玄宗一手纵容造成的。

杨氏外戚是封建家族脐带关系衍化出来的一股腐朽势力,成为天宝时期政治日趋腐败的晴雨表。

(二)杨门外戚势力的特点

首先,杨门的飞黄腾达,是由于杨贵妃的关系。民谣说:"君今看女作门楣。"什么叫"门楣"?胡三省注云:"凡人作室,自外至者,见其门楣宏敞,则为壮丽。言杨家因生女而宗门崇显也。或曰:门以楣而撑拄,言生女能撑拄门户也。"①白居易的《长恨歌》也有类似咏叹:"姊妹兄弟皆列土,可怜光彩生门户。"所谓"门楣"、"门户"之说,都瞩目于杨贵妃光耀门庭的推恩效用,这主要是由唐玄宗荒怠政事、贪恋女色的结果。

其次,杨氏五宅即杨铦、杨锜、韩国、虢国、秦国三夫人,他们和杨贵妃一样,在政治上起不了决策作用。杨贵妃并不是权势欲强烈的女人,同样,杨氏五宅也没有多少参政本领。杨氏外戚的这个特点,跟历史上干政的外戚集团是不同的。以往,外戚贵盛,常常威胁或者危害着皇权;外戚愈强,皇权愈衰,甚至出现女主临朝的局面。天宝时期,杨氏外戚始终依附于皇权,没有形成独立的政治群体,没有发展到危及皇权的地步。所以,唐玄宗对他们是放心的。每当宫宴,诸杨奉旨给以伴食,酒兴之余,得以赐赏,教坊奏乐,观赏歌舞,都尽欢而散。

诚然,"委政妃宗"也是事实。所谓"妃宗",指的是杨国忠。杨国忠的发迹,是靠了杨贵妃的宗族亲属关系。但是,唐玄宗所以重用他,不仅仅是因为外戚的关系,主要是杨国忠聚敛的才能。关于这一点,本书第十九章将会作详细的论述。

---

① 《资治通鉴》卷 215 天宝五载七月条胡三省注。

第十五章　两次"出宫"风波

　　杨玉环被选入宫,册为贵妃,使唐玄宗的感情得到了充实。然而,其间也有过感情的跌宕起伏。玉容妒悍和龙颜不悦的冲突,曾导致两次被谴"出宫",旋又两次入宫,而且获得唐玄宗"恩遇愈隆"、"宠待益深"的眷恋。

　　在宫闱秘史中,嫔妃被谴出宫的事很多,或者废为庶人,或者打入冷宫,或者赐死自裁。但是,谴而复入者却是鲜有其事。这两件事发生在杨贵妃一人身上,是够奇特的,而且结局良好,更是出人意料。于是乎历代的文人骚客不由遐想联翩,煞有介事,推出真名实姓的设想,企图显露这桩鲜为人知的宫闱公案。

第一节　天宝五载的风波

　　唐玄宗对杨贵妃的百依百顺,养成了杨贵妃的恃宠任性,娇气十足,使她情不自禁地炉火中烧,发泄不满。结果,弄得唐玄宗尴尬不已,禁不住发起脾气来。天宝五载(公元 746 年)七月,即册为贵妃不到一年,就发生了一场由杨贵妃"妒悍"引起的"出宫"闹剧。事情的经过究竟是怎样的呢?

(一)贵妃"妒悍",谴还杨宅

　　翻阅唐朝人的记载,这次"出宫"风波,在白居易的《长恨歌》中不见咏叹,在陈鸿的《长恨歌传》中只字未提。两人究竟是不知底细还是有意回避情节呢? 看来,后者的可能性较大。为了突出李杨爱情的主题思想,割掉旁枝蔓节,这大概是白、陈两人不抒写"出宫"情节的原因。

晚唐的郑綮在《开天传信记》里披露了有关的史实:"太真妃常因妒媚,有语侵上(玄宗),上怒甚,召高力士以辎车送还其家。妃悔恨号泣,抽刀剪发……上得发,挥涕悯然,遂命力士召归。"

郑綮没有写明年月,从贵妃剪发、玄宗命高力士召还来看,似指第二次风波。但是,文内"常因妒媚"的"常"字应值得注意。它表明"妒媚"不止一次,引起风波的原因大体一样。

第一次风波最早见于正史的当推《旧唐书·杨贵妃传》,兹引录如下:"(天宝)五载七月,贵妃以微谴送归。"这里,写了具体年月。但是,《新唐书·杨贵妃传》作"它日,妃以谴还"。所谓"它日",又显得模糊不清。《资治通鉴》据《旧唐书》作七月"妃以妒悍不逊,上怒,命送归",可以说是最为确切。

所谓"不逊",即大不敬,可能是杨贵妃出言顶撞,致使"龙颜大怒"。要是一般嫔妃如此"不逊",早已加以严刑处置。而唐玄宗毕竟舍不得割爱,只以"送归"外第了事。正如《旧唐书》说的"微谴",也就是指重重的罪过,仅作了轻轻的发落,手下是极其留情的。

杨贵妃"出宫",送至何处安顿呢?她的养父早已死了,叔父杨玄珪虽然健在,但非生父,杨锜仅是堂兄,所以《旧唐书》作"送归杨铦宅",《新唐书》简略为"还铦第"。《资治通鉴》也说,"命送归兄铦之第"。

据《唐历》记载,杨铦是杨玄琰之子。换句话说,杨铦实际上是杨贵妃的亲哥哥。早年玄琰死后,杨玉环被叔父杨玄璬领养,而玄琰这一家则由杨铦充当家长。杨贵妃得宠以后,杨铦也成为长安的新贵。由于血亲的缘故,杨贵妃与杨铦的关系比较密切,似把杨铦宅当作娘家。嫔妃"出宫",类同于皇室婚姻的离异;"谴归"娘家,是符合时尚礼仪的。

杨铦宅位于崇仁坊,该坊东连胜业坊,北连永兴坊。永兴坊东连安兴坊,而安兴坊与胜业坊,又毗邻兴庆宫。当宗室贵戚恩宠至亲者,大多建宅于兴庆宫西旁之坊内。如"宁王、岐王宅在安兴坊,薛王宅在胜业坊,二坊相连,皆在兴庆宫西。"①又如,太华公主以母武惠妃之宠,特赐宅于安兴坊,便于出入。② 杨铦既以贵妃之恩宠,必赐宅于靠近皇宫的崇仁坊,而不可能在相距较远的永崇坊。③ 用车送贵妃"出宫",是在那天上午,杨铦宅第又近,所以很快就到了。事先杨铦未得风声,看到贵妃被突然遣归,自然引起合家的惊恐不安。杨氏五宅毗邻一起,又引起杨门合族的极大震动。

(二)高力士请召回宫

杨贵妃"出宫"之后,唐玄宗的心情又是怎样的呢?

一般说来,拥有"三千"佳丽的皇帝发谴一个嫔妃,根本算不了什么大事。唐玄宗以前多次有过类似的做法,事后都无动于衷。唯独这次对杨贵妃的"出宫"表现了异常的情绪:心神不宁,急躁暴怒。据记载,"是日,上(玄宗)不怿,比日中,犹未食,左右动不称旨,横被棰挞。"④细读这条史料,"是日"指杨贵妃被送归杨铦宅那天。当天上午,玄宗"不怿",一副不高兴的样子。及至中午,连饭都不吃,什么都不称心。倒霉的是那些服侍妥帖的内监与宫女,他们成了皇帝大发雷霆的出气筒。

回顾九年前,武惠妃之死,唐玄宗遭到一次感情上的打击,但

---

① 《资治通鉴》卷 211 开元二年七月条胡三省注。
② 《杨太真外传》卷上:"力士因请就召,既夜,遂开安兴坊,从太华宅以入。"
③ 南宫搏按:"史传称杨铦住永兴坊,距兴庆宫北门有八坊之远,需开十六道坊门,旧传但记开安兴坊门,可证杨铦宅在崇仁坊,毗连安兴坊也。唐代宵禁极严,非军国大事,不得开坊门,故开坊门之事,史必详记,因此可判断杨铦所居之处。"
④ 《资治通鉴》卷 215 天宝五载七月条。细读《通鉴》,第一次"出宫"风波,仅一天一夜,并没有延续几天。

远远没有这次严重。他从心底里迷恋杨贵妃,尤其是近年来,彼此"行同辇,止同室,宴专席,寝专房。"①平日密不可分,突然一下子离异,就面临着一场新的感情空虚。那留恋忆旧之情,显得更加强烈了。既然思念贵妃,为什么不直接吐露心声,下旨召回呢?须知,"出宫"是玄宗下旨的,尽管是在一时恼怒的情况下作出的。如果他主动下令召回,岂非出尔反尔,怎能取信于人!但是,坚守前旨,又使自己在感情上受到折磨。因此,唐玄宗陷入了自我困扰的境地,昔日乐观诙谐的情趣没有了,以致饭食不进,暴怒打人。

紧随皇帝的高力士,看在眼里,急在心上。他首先"探知上旨",知道唐玄宗还是急切思念贵妃的,决没有真的要把贵妃赶出内宫。于是,老奴提议:将贵妃院里的"供帐、器玩、廪饩等"尽数装车,送至杨铦宅第。这样做,无非是表示皇帝继续关心贵妃的生活起居,使矛盾的气氛缓和下来。精明的唐玄宗也深知老奴的用意,便决定"分御馔以送之"。分御膳比送器物,更能体现思念的心意,实际上传递了要召贵妃回宫的信息。

当天下午,中官护送百余辆车的器物以及御膳,到了杨铦家。惊惶万状的杨家,顿时又充满了希望与欢乐。也就在这时,高力士又提出新的建议:"奏请迎贵妃归院。"②这完全说到了玄宗的心坎上。玄宗早已等待不住了,只是自己难以先下旨。既然高力士"奏请"了,也就顺水推舟,马上答应。名义上是采纳臣下的意见,做得十分得体。

据《通鉴》记载,这天夜里,打开"禁门",迎回杨贵妃。选择夜里入宫,是为了不事声张,好为屈尊的玄宗暗留台阶。所谓"禁门",是指皇城的城门和宫殿的殿门,都由禁军守护。每天早晚按时开启、关闭,均以击鼓报时为号。唐代宵禁极严,"禁门"以及其

---

① 《长恨歌传》。
② 《旧唐书·杨贵妃传》。

他坊门、市门关闭之后,不准随便开放的。如果碰到军国大事,需要夜开"禁门"以及其他坊门,务必事先奏报中书门下核准。唐玄宗和高力士这回破例了。《旧唐书·杨贵妃传》载:"是夜,开安兴里门入内。"从杨铦住宅崇仁坊,经安兴坊,须开二道坊门;从城坊到兴庆宫内,又须开宫殿门。玄宗居然准许为迎贵妃而夜开"禁门"与坊门,一路上都由禁军护送。这在唐朝历史上是绝无仅有的事,充分地反映了唐玄宗迫不及待的心情。

一出牵动帝王之心的宫闱闹剧就此结束了。杨贵妃重新回到内宫,"伏地谢罪",玄宗则"欢然慰抚"。[①] 次日,大摆宴乐,宠遇愈隆。

第二节 "妒媚"系谁

贵妃"出宫",事出有因。然而,宫闱隐秘,史籍上没有留下具体的记载。而后世猎奇者以丰富的遐想,对这类风流韵事妄加猜测,编造了不少动人的故事。

(一)与虢国夫人无涉

历来有一种说法,认为天宝五载的风波,是出于唐玄宗与贵妃姐姐裴氏(后封虢国夫人)调情。杨贵妃发觉后,大发醋劲,便冲撞了皇帝。到底有没有这回事呢?

杨玉环为"太真妃"时,三个姐姐就从蜀来到长安了。其中以裴氏最为活跃,她虽可入宫,但终究属于外人,一般都是在太真妃伴随的情况下才得以朝见。如果裴氏入宫,避开其妹,单独朝见玄宗,那是不可能的。天宝四载(公元745年)八月册封"贵妃"后,情况也是如此。

---

① 《旧唐书·杨贵妃传》。

即使在骊山行宫,当时也不可能发生此事。天宝五载"出宫"风波之前,行幸骊山只有一次,即天宝四载冬天。当时,贵妃三个姐姐以及堂兄杨钊(杨国忠)陪同到了骊山。唐玄宗举行家宴,款待诸杨,席间还赞赏杨钊精于计算的本领。骊山行宫比起京师兴庆宫,就时间与空间来说,确实具有不同的特点。

首先,这次行幸时间较长。从十月丁酉至十二月戊戌,共计六十二天。终日酒宴,舞乐欢闹。比起在兴庆宫偶尔见面,接触机会要多得多了。

其次,骊宫的空间条件尤佳。那里遍植松柏花草,加上温泉地热,有水灌溉,处处郁郁葱葱,掩映着众多的殿阁。显然,这是男女幽会的理想场所。

此时此地,唐玄宗若和虢国夫人调情,客观的条件倒是具备的。然而,这时杨氏家族还未飞黄腾达,诸杨才第一次随游骊宫,杨钊刚刚冒头,裴氏尚未就封虢国夫人。按理,裴氏是不敢放肆的。总而言之,还不可能具备调情的主观条件。如果真的发生了风流艳事,杨贵妃是个急性女人,矛盾必在当时或返京伊始就会爆发出来,何以按捺长达八个月之久? 显然,这种传说不合情理。

(二)梅妃并无其人

还有一种说法:梅妃的介入,使杨贵妃妒忌起来,以致触怒了唐玄宗。梅妃的故事影响至今,有的唐明皇传记也采取了认可的写法。因此,很有必要弄清梅妃是否确有其人。

根据无名氏撰的《梅妃传》,其人其事,言之凿凿。传记的梗概是这样的:梅妃姓江,福建莆田人,父亲名叫江仲逊,世代行医。她九岁时,就能诵《诗经》,取名采苹。开元中,高力士出使闽、粤,见她年轻美貌,选归回京。她侍候玄宗,大见宠幸,被册为妃。妃善诗赋,尤喜梅花,所居阑槛之外,遍植梅树,旁修一亭,名曰"梅亭"。唐玄宗以妃所爱,戏称她"梅妃"。后来,杨贵妃入宫,以媚妩见宠,恃色而骄。梅妃孤芳自赏,恃才自矜。二人相嫉,结果梅妃被贬入东都上阳宫,杨贵妃始得专宠。梅妃曾写词《一斛珠》,以诫玄宗,又作《楼东赋》以寄情怀。直到安禄山叛乱时被害,玄宗从蜀回銮,抚妃尸骨,悲恸欲绝。

从《梅妃传》来看,梅妃是玄宗"大见宠幸"的妃子,后与杨贵妃"相嫉"。杨妃"忌而智",梅妃"性柔缓,亡以胜。"若果真有此事,不可能不在史籍中留下蛛丝马迹。可是,旧、新《唐书》根本无梅妃其人其事,《资治通鉴》也无片言只语。此外,唐人的文集诗词亦无一处涉及。《宋史·艺文志》、《群斋读书志》、《直斋书录解题》、《崇文总目》等均未著录《梅妃传》。

再来看《梅妃传》罗列事迹所构成的情节,也完全经不起史实的检验。

首先,高力士没有出使过闽粤,也就谈不到选梅妃的事。《高力士外传》最能说明问题,作者郭湜笔录力士亲口所述,撰成于唐代宗大历年间,较为可信。《外传》中只说"贵妃受宠,外戚承恩",没有一字提及梅妃。按旧、新《唐书》及《通鉴》,高力士在开元、天宝年间的全部活动中,并无出使闽、粤的记载。这就说明所谓高力士选梅妃是杜撰之词。

其次,从时间来看,梅妃根本无法得宠。《梅妃传》说她"开元中"大见宠幸,"长安大内、大明、兴庆三宫,东都大内、上阳两宫,几四万人(宫女),自得妃,视如尘土。"这是不可信的。众所周知,开元中得宠的只有武惠妃。如果梅妃也同时得宠,势必与武惠妃相妒。但是,史书中却无一点踪迹。那么,在武惠妃死后的那几年(召寿王妃杨玉环之前),梅妃有无可能得宠呢?也不可能。前面说过,武惠妃之死,弄得玄宗丧魂失魄,感情上极度空虚。如果真有一个"姿态明秀,笔不可描画"的梅妃,唐玄宗何以如此失常,又何以"潜搜"寿王妃杨氏呢?

《梅妃传》云:"会太真杨氏入侍,宠爱日夺,上无疏意。而二人相嫉,……后竟为杨氏迁于上阳东宫。后上忆妃,夜遣小黄门灭烛,密以戏马召翠西阁,叙旧爱,悲不自胜。"这番话更是破绽百出。众所周知,唐玄宗自开元二十四年(公元736年)十月从东都返回西京以后,直至逝世再无东巡。所谓梅妃被贬后,玄宗与她"叙旧爱"于东都,纯属子虚乌有。至于说梅妃与"太真杨氏"相忌,那当指在天宝四载八月册"贵妃"之前,就算确有此事,也跟天宝五载七月的"出宫"风波无关。

再次,从骂人丑语来看,不合史实。《梅妃传》载她对玄宗特宠贵妃表示不满,竟笑曰:"恐怜我则动肥婢情,岂非弃也?"盛唐以丰硕为美,欣赏健壮,只要肥中不见臃肿,就不显丑,骂人鲜有诋肥之语。自宋以降,转以瘦弱为女性美,才有诋肥为丑的含意。若梅妃真有其人,怎么会从唐人口中以宋时诋语辱骂杨贵妃呢?

由上可见,梅妃的故事是不可信的。《梅妃传》说她承恩久远,除非没有生育能力,否则怎无子女?若有子女,即使一般嫔御也会在史书上留名的,更不用说"大见宠幸"的梅妃了。但翻检有关史书,唐玄宗诸子与诸女竟没有一人出自梅妃名下,原因就是根本没有梅妃其人。

(三)梅妃传说的由来

《梅妃传》既然是伪作,那么,它是何时出现的呢?北宋肯定尚未出现这部传记,因为《新唐书·艺文志》、《宋史·艺文志》以及许多著名的书志总目均未著录。据悉,南宋宁宗嘉定年间(公元1208年至1233年),在一本名叫《莆阳比事》的笔记中,载有《梅妃入侍》条,作为地方名媛扬名,与现存的《梅妃传》相差无几。显然,这是无名氏创作《梅妃传》的蓝本。《梅妃入侍》文后附跋云:"此传叶石林得之朱遵度家。"叶、朱两人,《宋史》均有传。朱遵度,北宋初人,卒于宋真宗景德四年(公元1007年);而叶石林即叶梦得,生于北宋熙宁十年(公元1077年),上距朱卒年恰恰七十年。为什么别人不能早先得到朱家收藏的传记,而晚至叶梦得成名后才获得呢? 而且,叶氏乃北宋著名文人,学有专识,词酬甚多,如果他得到此传,又为什么没有言及此事呢? 显然,跋文作者编造了叶氏"得之"朱家的谎言,借这两位名人的关系,以提高《梅妃入侍》的身价。看来,叶氏去世很久之后,有人才敢如此妄托。据此,推断《梅妃传》是南宋人的作品,较为可靠。①

《梅妃传》行世后,史家鲜有辨正,致使文史互混,真伪莫辨。文士以其颇有戏剧性,喜于附会增饰。明代吴世美杂剧《惊鸿记》,清代洪升《长生殿》之《夜怨》、《絮阁》两出,都上演了梅妃的故事。明清编历代名媛诗及《全唐诗》,收入《梅妃传》中的《一斛珠》词或兼采前人的笺评,越发使《梅妃传》流传开来。

《梅妃传》虽经不起史实的推敲,但作为文学作品却有一定的现实意义。文学是以其可能发生的事作为创作的依据的。杨贵妃"妒媚"有史可按,至于嫉妒何人,姓甚名谁,那是无关宏旨的。虚构人物梅妃的故事反映了当时的宫闱历史,具有一定的真实性。看来,作者似乎意在讽谕,教诫有道君王切莫重蹈唐玄宗贪恋女色误国的覆辙。传中将梅妃作为正面人物来歌颂,而把杨贵妃当作反面人物予以鞭挞;塑造了贤妃与妒妃的性格冲突,进行忧国与祸国的对比。这些说明《梅妃传》渗入了宋人的封建正统观念,宣扬了女人祸水论。唐朝人虽亦有类似的论调,但并非舆论一律。由于唐代妇女地位尚可,才会出现武则天、杨贵妃这类著名的历史人物;又因为较开放,所以对她们并不菲薄,唐代诗词对杨贵妃之死不乏同情之辞。而自宋至明清,理学统治思想界的状况越演越烈,《梅妃传》因其宣扬女人祸水论的主题迎合封建统治者的需要,也就广泛流传开来。还有传奇故事的曲折离奇,托名梅妃,演绎盛唐宫闱秘史,更迎合了市井小民的欣赏口味。因此,《梅妃传》久传

①　参见卢兆荫《梅妃其人辨》,载《学林漫录》第9集。

不衰,以致今人也信以为真。

(四)贵妃"妒媚"究竟指谁

天宝五载风波的起因,似乎出于唐玄宗选美与调情之事。至少白居易是这样理解的,他的诗《上阳白发人》开篇云:"上阳人,红颜暗老白发新","玄宗末岁初选入,入时十六今六十。"这首诗抒发了玄宗所选的"红颜",被杨贵妃嫉妒、幽禁上阳空等白头的悲愤:

> 未容君王得见面,已被杨妃遥侧目;
> 妒令潜配上阳宫,一生遂向空房宿。

原诗前另有小注云:"天宝五载已后,杨贵妃专宠,后宫人无复进幸矣。六宫有美色者,辄置别所,上阳是其一也。贞元中尚存焉。"①

诗与注告诉人们:天宝五载杨贵妃"专宠"之前,是有被选的佳丽进幸的,也就难免发生唐玄宗与之调笑的事。而杨贵妃一旦专宠,便施展她"妒媚"之举,来个先下手为强,挑出最媚妖动人的美女,暗送东都上阳打入冷宫。此外,元稹亦作《上阳白发人》诗,揭露强夺民间美女,造成"良人顾妾心死别,小女呼爷血垂泪"的惨相。元稹自注:"天宝中,密号采取艳异者为花鸟使。"②姿色艳丽的宫女不能得幸,往往就"永配深宫作宫婢",深闭长待,多么残忍。总之,白居易和元稹的词情文饰,也包含着某种历史的真实:唐玄宗的选美,诱发了天宝五载的风波。

杨贵妃的"出宫",使唐玄宗受到了痛苦的精神折磨。随着杨贵妃的入宫,他似乎变得更富人情味了,表现出"欢然"的心态。为了"慰抚"杨贵妃,次日唐玄宗大摆宴乐,并召贵妃三个姐一道,

---

① 《白居易集》卷3《上阳白发人》。
② 《元稹集》卷24《上阳白发人》。

"作乐终日,左右暴有赐与。自是宠遇愈隆。"①比较一下唐玄宗对左右的态度,很耐人寻味。贵妃出宫后是"暴怒笞挞",入宫后则是"暴有赐与"。两个"暴"字,反映了唐玄宗前怒后喜的截然不同的心情,说明杨贵妃以感情俘虏了皇帝,接踵而来的自然是"宠遇愈隆"。这真是意外之赐。

第三节　天宝九载的风波

按理,杨贵妃有了上次的被谴"出宫"的教训,应该有所收敛。但是,时过境迁,不到四年,即天宝九载(公元 750 年)二月,又发生了"忤旨"送归私第的事件。

(一)"忤旨送归"

这次事件的经过,最早的记载见于《开天传信记》:"太真妃常因妒媚,有语侵上,上怒甚,召高力士以辎軿送还其家。妃悔恨号泣,抽刀剪发授力士曰:'珠玉珍异,皆上所赐,不足充献,唯发父母所生,可达妾意,望持此伸妾万一慕恋之诚。'上得发,挥涕悯然,遽命力士召归。"《旧唐书》本传基本类此,开头简括为:"天宝九载,贵妃复忤旨,送归外第。"不过,改探视者为中官张韬光,增补了吉温献议及发生风波的时间。《新唐书》本传也很简略:"天宝九载,妃复得谴还外第。"《通鉴》亦曰:"(天宝九载)二月,杨贵妃复忤旨,送归私第。"上述四种史书比较而言,《开天传信记》集中地记述了这次事件的全过程,也交代了发生的原因。但是,它记载高力士送贵妃回家,是搞错了。这次风波的年月,当以《通鉴》所记的为最确切。

看来,具体经过是这样的。天宝八载(公元 749 年)冬十月乙

①　《旧唐书·杨贵妃传》。

丑,幸骊山华清宫,至次年正月己亥还兴庆宫,总共九十五天。不久,就发生了"送归私第"事件。

"私第",即杨铦住宅。杨贵妃第二次被送归长兄家,可急坏了杨氏家族。他们深知,自己享受的荣华富贵,全仗杨门一女;万一唐玄宗认真计较,不复召入宫,从此恩泽断绝,什么也没有了。特别是堂兄杨钊最为焦急,一时计无所出,只得"谋于吉温"。①

吉温是个多心计的小人,他固然提出了一个处置得体的办法。杨钊十分赞同,付之实行。吉温利用"与中贵人善"的有利条件,打通关节,得以入内面奏:"妇人智识不远,有忤圣情,然贵妃久承恩顾,何惜宫中一席之地,使其就戮,安忍取辱于外哉!"②这里,先贬杨贵妃知识浅陋,心胸狭隘,结果得罪了皇帝。接着,故意挑激唐玄宗,说:过忤当死,就将她杀戮于内宫,何必让她忍辱于外,贻笑大方呢! 实际上,这番话的意思是叫玄宗尽快召回贵妃。

唐玄宗听了,为之"感动,辍食",立即派宦官张韬光赐御膳抚慰贵妃。张韬光一到杨铦宅,贵妃就急于表白,所谓"妃附韬光泣奏"。"附"者,示以亲切状也;"泣"者,韬光并非玄宗,但贵妃就当着他面流泪哭诉了。如果说,第一次"出宫",看不出贵妃有什么内疚,那么,这次则充分地流露了她的歉意。贵妃说罢,"乃引刀剪发一缭附献。"③儒家谓身体发肤皆受之父母,不敢毁伤,否则就是对父母的不孝。杨贵妃为了表白自己的"万一慕恋之诚",不仅承担不孝之名,而且也表示自己"悔恨"不已之情。④ 须知,剪发代首乃是诀别的象征。正如《新唐书》本传所说的,"以此留诀。"

张韬光返回兴庆宫,转告了杨贵妃的情况。唐玄宗只见那一缕青丝,大惊失色,深知"剪发"暗示后果的严重性。因此,急命高

---

① 《新唐书·杨贵妃传》。
② 《旧唐书·杨贵妃传》。
③ 《旧唐书·杨贵妃传》。
④ 《开天传信记》。

力士召还杨贵妃。由于史籍记载的简略,具体情节不得而知,估计是在白天召回的。彼此重新见面,自然少不了贵妃的痛哭流涕与玄宗的温言慰藉。

(二)风波的结局

这次风波的结局和上次相似,以闹剧始,以喜剧终。《新唐书》本传曰:"礼遇如初"。"如初",若指复归"出宫"前的专宠而言,不够恰当。还是《通鉴》说的确切:"宠待益深"。不仅是恢复,而且还超过从前。从史实来看,是有根据的。①

杨门的一男一女因弥合有功,得到了更多的恩泽。不久,唐玄宗特地"幸秦国(夫人)及国忠第,赐两家巨万。"《新唐书》的这条记载,可以补《旧唐书》和《通鉴》的缺笔,说明平日最为活跃的虢国夫人没有获得赏赐,给读史者留下了一个感到蹊跷的问号。下一节,将会揭露此中秘密。看来,调解第二次"出宫"事件,秦国夫人起了一定的作用。当然,最重要的还是杨钊。这年十月,即风波平息后半年多,玄宗与贵妃游幸华清宫,诸杨随行。唐玄宗赏识杨钊的一片忠心与办事能力,特地赐名"国忠"。从此,杨国忠得到更大的信用,越来越横行霸道。

风波也使李、杨的爱情升华了。杨贵妃"出宫"后,就感到不能没有玄宗的爱抚,故"悔恨号泣"。而当唐玄宗得到一缕青丝,也"挥涕悯然",说明他承受不了失去宠妃的精神打击。经此风波,往后再也没有发生过分离了,似乎贵妃变得不那么"妒媚"了,玄宗爱得更加专一了。在《长恨歌传》里,假托升仙后的贵妃对方士说:"昔天宝十载,侍辇避暑于骊山宫。……上凭肩而立,因仰天感牛女事,密相誓心,愿世世为夫妇。"这是文学传奇作品,所记

---

① 乐史《杨太真外传》比《新唐书》和《通鉴》成书早,因《旧唐书》没有提到结局,故此书的"自后益嬖焉",是最早提及结局的确切用语。《新唐书》不如它,《通鉴》又比它迟,就此而言,《杨太真外传》很有史料价值。

当然不足凭信。但陈鸿将"密相誓心,愿世世为夫妇"系于天宝十载,不是没有道理的,恰与史籍上"宠待益深"的史实是相符的。"愿世世为夫妇"的爱情升华,需借助于"宠待益深"的皇恩培育,由此不难找到两者内在的感情维系的纽带。

第四节 再次"出宫"的原因

天宝九载二月何以重演"出宫"闹剧呢?旧、新《唐书》和《通鉴》说得很笼统,《开天传信记》则明确指出"妒媚"。如是"妒媚",当为唐玄宗另有新欢。但是,中唐诗人张祜却有一种看法,认为是杨贵妃别有追求。这就使"出宫"原因显得扑朔迷离起来。

(一)"闲把宁王玉笛吹"的误传

日映宫城雾半开,太真帘下畏人猜;
黄翻绰指向西树,不信宁哥回马来。①

这首题为《宁哥来》的诗,是诗人张祜写的。"宁哥",即宁王李宪(本名成器),也就是唐玄宗的大哥。请看,在"日映宫城"、雾气迷蒙的景色中,贵妃站在殿阁帘下思念着什么,但又担心被别人窥破。诗人把贵妃倾心宁王写得脉脉含情。

北宋乐史又据此敷衍成文云:"(天宝)九载二月,上旧置五王帐,长枕大被,与兄弟共处其间。妃子无何窃宁王紫玉笛吹。故诗人张祜诗云:梨花静院无人见,闲把宁王玉笛吹。"这里认为杨贵妃闲来无事,私下把宁王玉笛拿出来吹,"因此又忤旨,放出。"②

其实,乐史张冠李戴了。张祜集中没有留下贵妃窃宁王笛的诗,但有虢国夫人窃邠王笛之咏:"虢国潜行韩国随,宜春小院映

---

① 《全唐诗》卷 511 张祜《宁哥来》。
② 《杨太真外传》卷上。

花枝。金舆远幸无人见,偷把邠王小管吹。"①乐史可能把张祜写的贵妃钟情宁王与虢国窃笛二件事混同起来,遂改为贵妃"闲把宁王玉笛吹"。此后,据南宋王楙的记载,有人承袭此说,"乃谓妃子窃宁王笛。"②

无论张祜的《宁哥来》也好,乐史的贵妃窃宁王笛说也好,若以史实核之,均属虚构。南宋洪迈早在《容斋续笔》卷2《开元五王》条内作了反驳:"唐明皇兄弟五王,兄申王㧑以开元十二年,宁王宪、邠王守礼以二十九年,弟岐王范以十四年,薛王业以二十二年薨,至天宝时已无存者。"杨贵妃于天宝四载册封,宁王早已不在人间,怎么可能会思念"宁哥来"呢?

更令人发噱的是,乐史还把已死近十年的宁王拉入宫廷乐团之中,与贵妃同台演出。说:天宝十载(公元751年),新丰县献上舞女谢阿蛮,于清元小殿举行演奏,"宁王吹玉笛,上(玄宗)羯鼓,妃琵琶,……自旦至午,欢洽异常。"③唐玄宗举行音乐演奏会是常有的事,但决不可能拉进已死的宁王来凑热闹。乐史如此铺叙,正是他不明史事而弄出的笑话。但今人写历史人物传记不加辨正,是有碍视听的。

如果说,北宋乐史有隔代之遥,难免以讹传讹,那么,中唐诗人张祜应知宁王已死,何以编造"宁哥来"之类传说呢?其中必有原因。

首先,宁王以"好声色"著名,容易使后人联想到他与杨贵妃的情意。其次,开元初,唐玄宗消磨兄弟诸王锐气,使之沉溺声色。时而在宫中酒宴,时而在宁邸张乐,玄宗与宁王确有轮番吹玉笛之事。及至天宝年间,贵妃歌舞时,玄宗往往以玉笛伴奏。这些也会

---

① 《全唐诗》卷511张祜《邠王小管》。
② 《野客丛书》卷24《杨妃窃笛》。
③ 《杨太真外传》卷上。

使后人将宁王玉笛跟杨贵妃联系起来，甚至编造了贵妃"闲把宁王玉笛吹"的故事。

尽管贵妃钟情于宁王之说，纯属子虚乌有，但是，张祜的诗及乐史的《外传》，多少反映了玄宗与贵妃之间不愉快的史实。假设宁王死后留下一只珍贵的玉笛，且保存在兴庆宫，有一次，贵妃出于好奇，便拿来吹。这也决不是有伤皇帝尊严的越轨举动。因此而将贵妃赶出内宫，送归私第，实在是很难说通的。

（二）虢国夫人的夺爱

原因究竟是什么呢？看来，敢在妒悍的贵妃面前插上足，这个女人不是等闲之辈。种种迹象表现，是虢国夫人从中夺爱。

杨贵妃的三个姐姐都长得美貌绝伦，唐玄宗曾为之垂青。其中，"三姐"裴氏最为放荡，玄宗称之为"三姨"。她原嫁裴姓丈夫，夫死孀居，早在蜀川就与堂兄杨钊勾搭。及至入京，裴氏生活豪华，骄奢淫佚。天宝七载（公元 748 年）冬，诸杨随游华清宫。玄宗封"大姨"崔氏为韩国夫人、"三姨"裴氏为虢国夫人、"八姨"柳氏为秦国夫人。诸杨国夫人"出入宫掖，并承恩泽，势倾天下。"[1]

与玄宗关系最密切的还是虢国夫人，她是诸姨中最为"恩宠一时"的大红人。中唐诗人张祜曾作《集灵台》二首，其二云：

虢国夫人承主恩，平明上马入宫门；

却嫌脂粉涴颜色，淡扫蛾眉朝至尊。[2]

这首诗透露了虢国夫人与唐玄宗之间的隐私。虢国夫人并非嫔妃，居然能"承主恩"，非同寻常。诗题名《集灵台》，别有意思。集灵台，后改称长生殿。传说玄宗与贵妃有"七月七日长生殿"之事，而诗人描写虢国夫人集灵台里"承主恩"，其寓意不是昭然若揭吗？

---

① 《资治通鉴》卷 216 天宝七载十一月条。

② 《全唐诗》卷 511 张祜《集灵台》之二，一云此诗为杜甫作。

前面说过,天宝五载之前,还不具备调情的主观条件。而天宝七载封国夫人之后,情况就起了变化。虢国夫人所受到的恩宠,十分特殊。一般命妇入宫是乘凤辇的,而她常乘骢马,使小黄门御。紫骢之俊健,黄门之端秀,皆冠绝一时。她"却嫌脂粉"、"淡扫蛾眉",活现了一副自诩天生丽质的妖娆色相;风流的唐玄宗在这位"三姨"面前,是难以自持的。

可以推测,暧昧关系似发生在天宝八九载之交,地点在骊山华清宫。从八载十月至次年正月,玄宗、贵妃及贵妃诸姐在华清宫住了九十五天。紧接着,二月,返回兴庆宫,就爆发了贵妃"忤旨"而被"送归"杨铦宅的风波。"忤旨"的原因,自然在于华清宫里发生了不愉快的事。须知,自天宝六载以来,华清宫大兴土木,众多的亭台殿阁掩映在茂密的苍松翠柏之中。或许这为唐玄宗与虢国夫人的调情具备了较好的场所。虢国夫人的夺爱,激起杨贵妃对唐玄宗的不满,于是出现了第二次"出宫"风波。

还有一条史料,可以证明上述推断的合理性。《新唐书·杨贵妃传》载,高力士召回贵妃后,唐玄宗特地到秦国夫人和杨国忠宅第,赐"两家"巨万。注意!第一次风波结束后,玄宗曾宴请"诸姨";而这次则回避了虢国夫人,仅赐秦国夫人和杨国忠两家。显然,这样做,是为了照顾杨贵妃的情绪,消除"虢国夫人承主恩"的影响。看来,秦国夫人为弥合姐妹之间的纠葛,作了一些事。

(三)如何看待"出宫"风波

综上所述,两次风波的原因与结局,基本上是类似的,但在经过方面颇多不同。

第一次,事件的起讫时间较短,几乎都发生在一天一夜之内。没有惊动外廷,"出宫"鲜为人知;入宫时乘黑夜潜归,力图不让外人知道。唐玄宗心情不宁,举动异常,急于要迎回贵妃,所以破例地动用禁军护送。高力士主动为主子分忧,献计策划,起了重要的作用。

第二次，风波延续了好几天，事情比第一次闹得大。不仅杨氏家族惴惴不安，外出奔走，也惊动了外廷臣僚，使某些人也卷入了这场宫闱是非之争。唐玄宗在心态和行动方面都较平静，相反，杨贵妃一再表白自己的悔恨与求饶心情。高力士没有显示出上次那样的主动性，不见他提出什么积极意义的措施。而杨国忠和吉温扮演了重要的角色，反映了这批新贵势力的抬头。

关于唐玄宗的调情和杨贵妃的"妒媚"，不应该停留在表面的分析上，而要对他们习以为常又异乎寻常的风情作一番透视。忤旨复返、恩宠更甚的现象，说明杨贵妃在唐玄宗的爱情生活中，占有不可或缺的地位。两次风波涉及重感情和遵礼法的斗争，权衡结果，唐玄宗是重前者而轻后者的。对此，元代史学家胡三省指责玄宗不尚妇道，说："妇人女子最为难养，以忤旨而出之，若弃咳唾可也。既出而复召还，则彼之怙宠悍悖将无所不至。明皇其可再乎！"①胡三省是站在封建卫道者的立场上说话的，不免迂腐。出而复召，当然会促使杨贵妃恃宠而骄，但唐玄宗始终重感情，有时就违背了礼法。

历史上好色的帝王确实不少，这主要是严格的封建等级制度形成的多妻制的结果。皇帝调情以致随意合欢，谁敢非议；还对这种轻薄行为，美化为游龙戏凤的"恩幸"。其实，这反映了封建专制时代男女在性爱方面的不平等。在唐代比较开放的社会风气影响下，带有几分抗争精神的杨贵妃，对于天子溺于众爱的传统观念，提出了大胆的挑战，确是难能可贵的。虽然，这种挑战是出于排他性的妒意，但这种妒意又是多少与封建礼教相悖的。杨贵妃对唐玄宗敢于冲撞与冒犯，从某种意义上说，表现了盛唐女性的特殊性格。

---

① 《资治通鉴》卷216天宝九载二月条胡三省注。

第十六章 "三千宠爱在一身"

在历代帝王与后妃中,玄宗和贵妃之间的爱情似最富多姿多彩。盛唐风流天子一生承欢过诸多美人,"后宫佳丽三千人"正是他的多妻特权的写照。而最后玄宗竟排除众爱,"三千宠爱在一身",完全钟情于杨贵妃。这是什么原因呢?贵妃的娇艳玉容与雍容华贵,首先博得玄宗的倾心。更重要的是,共同的歌舞爱好、相近的性格情趣,把他们两人紧密地结合在一起了。这种爱情既是盛唐历史时代的特殊产物,又是五彩缤纷的社会生活的展现。

第一节 专宠杨贵妃

唐玄宗是一个性格豪放又富于感情的帝王,开元时期宠幸的主要是武惠妃,天宝年间就集中在杨贵妃一人。

(一)李杨情爱的三部曲

如前章所述,专宠贵妃有一个曲折的过程。爱情经得起风波的考验,结果达到了至深弥笃的境界。旧、新《唐书》及《通鉴》等史书围绕两次"出宫"风波,虽然也有简略的交代,但比起《长恨歌》还是不够细致的。《长恨歌》取舍史料,融合传说,运用文学的集中写法,摈弃两次"出宫"事件,突出李杨爱情发展这条主线,从而奏响了两人身心交融的三部曲,即性爱、情爱、挚爱三个阶段。

初始阶段,由于彼此相处的时间不长,尚未找到更多的共同语言。玄宗较多地迷恋于对方的美貌,着眼于外表。诗人善于细味

角色的心态,将审视方位对准这个侧面,十分妥帖地抒写了第一层次的特征:

回眸一笑百媚生,六宫粉黛无颜色。……

春宵苦短日高起,从此君王不早朝。

随着李杨相处时间的增多,彼此加深了对共同爱好的了解。诗人触及到玄宗由贪恋美色而转入内在的情爱阶段,于是诗人笔下展开了"爱在一身"的畅写:

承欢侍宴无间暇,春从春游夜专夜;

后宫佳丽三千人,三千宠爱在一身。

天宝九载(公元 750 年),杨贵妃经历第二次"出宫"风波之后,受到唐玄宗"宠待"无以复加的殊遇。与此相应,岁冬随幸骊山,杨氏家族备受垂青。杨贵妃自然对玄宗的浩荡皇恩感激不尽,更加倾心相爱了。至此,李杨爱情的发展,达到了最高境界。白居易以浪漫主义的手法,虚构了贵妃死后神游仙山,遇见方士,倒叙了生前"七月七日"的山盟海誓:

七月七日长生殿,夜半无人私语时;

在天愿作比翼鸟,在地愿为连理枝。

诗人描写李杨爱情发展的第三层次,虽没有指出具体时间,但陈鸿在《长恨歌传》里却点明了:"天宝十载,……秋七月,牵牛织女相见之夕。"这个特定的时间,是否纯粹出于文学家的虚构呢?陈鸿既不提前于五载,也不后推几年,恰恰选定此年此月此日,看来不是没有道理的。就史实而言,天宝九载冬幸华清宫,杨贵妃比从前更为玄宗所宠爱,再也没有发生纠葛了。因此,描写次年七夕的感情飞跃,达到比翼双飞、连理同枝的境界,就显得合情合理。

总之,《长恨歌》既源于历史,又高于历史,可以以诗证史,基本上反映了李杨爱情发展的全过程。

（二）"宠甚于惠妃"

唐玄宗一生最钟情的妃子,前有武惠妃,后有杨贵妃。比较起来,他更爱贵妃。宋代乐史以传奇文学的笔触概括了两点:第一,唐玄宗初得杨玉环,抑制不住内心的欣喜之情,对宫人说:"朕得杨贵妃,如得至宝也。"玄宗虽然倾心过武惠妃,但从未视为"至宝"。第二,惠妃死后,"后庭虽有良家子,无悦上目者,上心凄然。至是得贵妃,又宠甚于惠妃。"①

第一点史传无证,不过从唐玄宗对杨贵妃的百依百顺来看,"至宝"之说并不算过分。第二点决非文饰,确有史据。只要比较一下两人的宠异程度,就可判然而知。

众所周知,唐朝后宫建置极其庞大。依照礼制,例置皇后一人,以下有嫔妃,多达一百二十二名。嫔妃列于内职,经过正式册命的,称为"命妇"。此外,还有无数的宫女。② 作为盛唐天子,玄宗当然拥有众多嫔妃;不过,其中受恩宠的只是少数。首以见幸的是王皇后。王氏出自关中官宦名门,李隆基为临淄郡王时纳她为妃。后来,王氏及其父王仁皎、其兄王守一,都曾参预平定武韦之乱,建立了一定的功勋。玄宗即位初,便以王氏为皇后。但王皇后年长色衰,兼又无子,不久失宠。兄王守一"常惧有废立,导以符厌之事",③企图求子邀宠。事露,玄宗借机将王皇后废为庶人。

接着,玄宗宠幸的便是武惠妃。前面说过,武氏出自武则天本

---

① 《杨太真外传》卷上。

② 顺便指出,内宫和宫女的身份是严格区别的。内宫,指皇帝嫔妃,列于内职,都有品位,从四妃的正一品到采女的正八品,各有等差。宫女,是指服侍天子、后妃等皇家主子起居或供宫内洒扫等杂役使唤的人员,是皇家奴婢。内宫与宫女贵贱有别,不可混淆。有的历史人物传记把后宫具有内职之称的一百二十二个后妃归入"三千宫女"之列,无异将宫女和后宫等同起来,不仅用语不当,恐亦出于对宫女涵义的误解。

③ 《旧唐书·后妃传上》。

家,与玄宗是表兄妹的关系。先天元年(公元712年),武氏年届十五,便被召入宫,跻身于"渐承恩宠"的行列。看来,这位"少而婉顺"的武氏,比年长色衰的王皇后、赵丽妃等,更能获得唐玄宗的喜欢。及至开元十二年(公元724年),王皇后被废之后,武氏"承恩宠"又进了一步,玄宗特赐号曰"惠妃",已从册封方面予以宠冠后宫的认可了。至开元二十二年(公元734年),越益受宠,正如司马光在《通鉴》里所说的:"宠幸倾后宫"。①所谓"倾后宫",是指压倒其他一切嫔御,标志着武惠妃达到了真正独承专宠的地位。此后至她死时为止,这种特异的专宠维持了三年多。

武惠妃承恩的时间是够长的了,唐玄宗对她的感情也是颇深的,但比起后来入宫的杨贵妃还差一截。也就是说,对杨贵妃爱宠的程度超过了武惠妃。

首先,杨贵妃入宫不到一年,就宠冠后宫,礼数同于皇后;而武惠妃至少要等十二年,才得到皇后规格的待遇。《旧唐书·后妃传》将杨、武两妃作了比较,强调:"(贵妃)不期岁,礼遇如惠妃。"显然,在恩宠的时间进程表上大大地缩短了。

其次,玄宗专宠武惠妃仅三年多,此前虽偏爱于她,但却是溺于众爱的。杨玉环被册为贵妃,仅以一年时间,就使"后宫莫得进矣"。②而且,这种专宠地位一直延续至马嵬被缢杀为止,长达十年。

陈鸿早就对此作了这样的白描:"时省风九州,泥金五岳,骊山雪夜,上阳春朝,与上行同辇,止同室,宴专席,寝专房。虽有三夫人、九嫔、二十七世妇、八十一御妻(应作御女),暨后宫才人、乐府妓女,使天子无顾盼意。"③其中,唯有"骊山雪夜"是符合实情的,其余"省风九州,泥金五岳"与"上阳春朝"等都属虚构。然而,

① 《资治通鉴》卷214开元二十二年四月条。
② 《资治通鉴》卷215天宝五载七月条。
③ 《长恨歌传》。

这些虚实相生的手法,形影相随的刻画,揭示了唐玄宗专宠杨贵妃的历史实际。

第二节　爱情的基础

唐玄宗为什么如此专宠杨贵妃? 他们的爱情生活究竟是以什么作为基础呢?

(一)皇帝与爱情

皇帝拥有多妻制的特权,嫔妃成群,是没有什么爱情可言的。但这仅仅是问题的一方面。另一方面,皇帝也是人,必有感情、家庭生活,甚至还有高远的情趣。拿唐玄宗来说,他除了履行"朕即国家"的皇权使命外,还有个人的理想、寄托、爱好与追求。尽管他的私生活比较放荡,但却很重感情,从成年到暮年,几乎离不开一个"情"字。早先宠爱歌伎赵氏,不因她出身寒微而有歧见,后来封她为赵丽妃。可见,在感情与门第的天平两端,他是重前者的。王皇后虽是他发难创业时的内助,但在爱好、兴趣等方面和玄宗格格不入,不讨欢心。王皇后被废而死,"后宫思慕之,帝亦悔",[1]流露出怀念之情。武惠妃死后,玄宗深为哀悼,追思不已,说明他对惠妃有深厚的感情。后来,他对杨贵妃更是一见倾心,一往情深。

当然,唐玄宗又是多情多欲的风流天子,嗜色的需求驱使他干出荒诞不经的事。据王仁裕《开元天宝遗事》记载:"开元末,明皇每至春时旦暮,宴于宫中,使嫔妃辈争插艳花;帝亲捉粉蝶放之,随蝶所止幸之。"这种传说,当然不会在官方史书中看到。历史上曾有晋武帝随羊车选幸嫔妃的故事,反映了封建统治者的荒淫无耻。

---

① 《新唐书·后妃传上》。

五代王仁裕是否据此而杜撰了唐明皇的荒唐故事,也未可知。但揆之以情,也并非不可能。"开元末",正是痛失武惠妃而未得杨贵妃的时候。宫嫔千数,无可悦目。随蝶所幸,恰恰是唐玄宗的反常心态的表现。一旦找到了真正的所爱之人,就会恢复常态:"后因杨妃专宠,遂不复此戏也。"①

还有一个传说:"明皇未得妃子(指杨贵妃),宫中嫔妃辈投金钱赌侍帝寝,以亲者为胜。"又是荒唐的作法。"赌寝"出于嫔妃辈的某种幸胜心理,透露了她们的不幸遭遇与心态失衡。据记载,后来,"召入妃子,遂罢此戏。"②杨贵妃得宠,使宫嫔们断了可怜的欲念。

上述传说真实性如何,尚难判断,但反映了一个不可否认的事实,即唐玄宗的宫闱生活以与杨贵妃的结合,作为明显的分界线。此前,除武惠妃死前几年外,唐玄宗多情多欲,溺于众爱。王皇后、杨皇后(追赠)、刘华妃、赵丽妃、钱妃、皇甫德仪、刘才人、高婕妤、郭顺仪、柳婕妤、钟美人、虞美人、阎才人、王美人、陈美人、郑才人、武贤仪等等,先后共养育了五十九个子女。而唐玄宗得到了杨贵妃以后,改变了泛爱的局面与某些荒唐无耻的做法,逐渐地产生了固定式的专一的情爱。

(二)杨贵妃的情爱观

爱情从来不是一厢情愿的,只有双方共爱才会产生诚挚的感情。唐玄宗专宠杨贵妃,杨贵妃也爱唐玄宗。由于双方感情的交流,才使李杨的结合产生了较持久的力量。

杨贵妃的情爱观,具体反映在她对唐玄宗的态度上。她不仅把唐玄宗视为人间的至尊,而且看作自己心爱的人,而后者正是别

---

① 《开元天宝遗事》卷上《随蝶所幸》。
② 《开元天宝遗事》卷下《投钱赌寝》。

的嫔妃难以做到的。一般的嫔妃难得有独立的人格、突出的个性，或者受宠若惊，或者惧而失宠。杨贵妃的出众之处是，把对天子的爱在一定程度上还原为对"人"的爱，然后在彼此之间追求某种对等的情爱。她以贵妃自居自尊，不让别人染指。这种心态表面上看来，似是嫉妒，实质上也是一种变相的情爱。她既不能容忍唐玄宗宠爱别的嫔妃，也不隐讳自己对皇帝的不满，敢于在玄宗面前大发脾气。对比一下，王皇后、赵丽妃、皇甫德仪、刘才人等虽不满武惠妃的争宠，但不敢冲撞玄宗。武惠妃虽嫉妒其他嫔妃分享"恩宠"，但也不敢冒犯玄宗。其实，制造争宠风波与宫闱事端，主要责任在于玄宗。然而，她们往往把矛头指偏了方向，归咎于别的争宠者。为什么？因为在她们心目中，皇帝是至尊，她们不敢将对天子的爱还原为对人性的情爱。这种观念上的差距和精神上的桎梏，是不能产生杨贵妃式的女性的。

杨贵妃独具鲜明的个性，她不是纤弱含蓄的贵妇，而是大胆泼辣的美人。两次"出宫"事件清楚地反映了这一点。如果说，第一次"忤旨"造成了出宫的后果，事先还不知道，那么，以后应加压抑情绪，就不至于出现第二次"忤旨"。但是，还是再次"出宫"了，说明她忍受不了，才敢于发作。而"出宫"之后，她和唐玄宗一样地感到彷徨与内疚。两人都对暂时的分离，既有孤单之感，又有悔恨之情，反映了两人的内心深处是相爱着的。

杨贵妃的情爱观为什么在唐玄宗晚年能得到如此强烈的自我表现呢？这与玄宗晚年的心态紧密相关的。一个年老的封建专制帝王，面临着兄弟诸王都已仙逝的情况，徒然地增长了孤独感，变成了名副其实的孤家寡人。执政后期，荒殆政事，使贤者日疏，谀者日亲。索性委政佞幸，深居内宫。身边虽有老奴高力士可以谈心，但老奴毕竟代替不了异性的温存，更不能满足精神上的慰藉。杨贵妃恰好在此时此地出现，正适应了唐玄宗的及时欲求，填补了皇帝感情上的空虚。因此，唐玄宗对杨贵妃宠爱弥专，杨贵妃对他也是体贴入微。深沉的共爱,充实了玄宗晚年的精神生活。

一般地说,爱情包括三个要素:体态的美丽,融合的旨趣,亲密的交流。这些因素都植根于共同生活。唐玄宗与杨贵妃之间的爱情是在共同生活的土壤上培育起来的,同样离不开这些因素。

首先,杨玉环的美貌是玄宗喜爱她的首选因素。开元二十八年(公元740年)十月,皇子诸王循例随玄宗行幸骊山,时距寿王妃结婚将近五年。玄宗早已多次耳闻目睹寿王妃的美艳了,用不着别人"或言妃资质天挺",①但从寿邸召入内宫是要别人提出的。固然,玄宗一见之下,喜不自胜。没有美貌这一点,杨玉环是无缘成为贵妃的。

其次,旨趣交融,是他们情投意合的最重要的因素。他们既有艺术家的素质与才艺,可谓歌舞知音;又有道教徒的虔诚和信仰,可谓崇道雅好。这两点是构成他们融合旨趣的主要条件,下面将另辟专章论述。他们性格颇多相似,玄宗豪爽、诙谐、乐观,贵妃率直、开朗、大胆。他们生活情趣不随世俗,不拘传统,趋向时尚,崇尚开放。

再次,通过两次风波,显露了各自个性,进而彼此交流,互谅互让,增长了情爱。唐玄宗虽然生性活泼,感情丰富,但被封建帝王的尊严禁锢了,被宫阙礼仪束缚住了。杨贵妃的出现,以她特具的美貌与风情,使唐玄宗晚年生活中激起新的感情波涛。杨贵妃与众不同,她独具天赋,当然知道获得唐玄宗欢心的必要。但是,她在皇帝面前并不那么百依百顺,排他的心理、不逊的顶嘴,说是妒忌也好,泼辣也好,都显示了她是个有胆量的女性。两度风波,使她窥见了玄宗虽然贵为天子,但是一个多情善感的至尊。总而言之,彼此感情的交流,旨趣的融合,奠定了共同生活的基础,最后达到了亲密无间的地步。

---

① 《新唐书·杨贵妃传》。

第三节 "殊艳尤态"与时世妆

古来天子选妃曰选美。唐玄宗对杨玉环一见倾心,首先就是迷恋于她的天生丽质。然而,杨贵妃并不满足于自己的自然美,还崇尚时髦打扮,追求服饰美,积极推行"天宝时世装"。这也投合了唐玄宗的心意。

(一)"天生丽质难自弃"

"汉皇重色思倾国,御宇多年求不得",后来终于如愿以偿,选入了"天生丽质难自弃"的杨玉环。陈鸿形容她的美貌是"殊艳尤态",超越众美;刘昫叙写为"姿色冠代"。两人异词同义,都赞扬她是盛唐第一美人。在唐玄宗的眼里,杨贵妃是"生平雅容"、"尔颜类玉",[①]确实使他倾心不已。

白居易咏唱杨贵妃的"丽质"是"天生"的,描绘她美目传神,媚态顿生,相形之下,六宫粉黛,都黯然失色了。陈鸿补叙道:"光彩焕发,转动照人",真是顾盼生辉。刘禹锡的诗句更为夸张:"低回转美目,风日为无晖",[②]连风云、阳光都在她的眼珠转动之中,失去了光辉。

杨贵妃的丽质带有盛唐时代的印记。盛唐崇尚健康美,体型俗好丰肌,故司马光说:"太真肌态丰艳"。[③] 陈鸿咏杨贵妃"纤秾中度",用词较为恰当。即既不纤小,也不过度丰腴,而是丰纤适中,略显丰满。过去有人理解她具有肥硕体型,那怎能创造优美的舞姿形象呢?北宋乐史说的最为确切:"妃微有肌也"。还说杨贵

---

① 《全唐文》卷41玄宗《王文郁画贵妃像赞》。
② 《刘禹锡集》卷26《乐府上·马嵬行》。
③ 《资治通鉴》卷215天宝三载十二月条。

妃"有姐三人,皆丰硕修整"。① "丰硕",就是丰满之意。以丰为美的盛唐审美观还一直延续至中唐,诗人元稹写崔莺莺之美,其中也有"肤润玉肌丰"之句。②

杨贵妃的"丽质"还有另一特征是,脸型崇尚丰满匀称。史载"(太平)公主丰硕,方额广颐","则天以为类己"。③ 武则天有"武媚娘"之称,曾使高宗迷恋。高宗当然认为她"方额广颐"是美的脸型。这种审美观,显然受到印度犍陀罗艺术风格的影响。当时的佛像面部雕刻多呈生动、慈祥的表情和方额广颐的造型,一变魏晋佛像严肃、呆板的神态,颇多流露了世俗人情味。盛唐也以"方额广颐"为美,上下匀称,面如佛相,形如莲子,唐玄宗称之曰"莲脸"。他又以"莲脸嫩",④形容这种带有盛唐气质的白嫩脸型之美。杨贵妃的脸型史无明载,但从《长恨歌》赞其"雪肤花貌"的洁白皮肤,以及比喻她"芙蓉如面柳如眉"来看,多少反映了她有嫩如白莲或白荷的"莲脸"。

总之,杨贵妃一双美目以及体型、脸型特征,恰好与开元天宝时期崇尚蓬勃向上的健美风气合拍。这就无怪乎她成为"姿色冠代"的佳人了。唐玄宗果然"重色",但也不应忽视,他的审美观含有时代的积极因素。

(二)"举止闲冶",雍容华贵

杨贵妃的仪态风范也很动人。陈鸿描写她"举止闲冶",形容仪态从容不迫,即没有局促不安的窘态,却有荦荦大方的风度。

诗人李白在长安供奉翰林时,听说过太真妃雍容华贵的美艳风度,曾被玄宗点名酬唱。李白欣然从命,援笔立就《清平调》三

---

① 《杨太真外传》。
② 《全唐诗》卷 422 元稹《会真诗三十韵》。
③ 《旧唐书·外戚传》。
④ 《全唐五代词》唐玄宗《好时光》。

章。诗人以深邃目光抓住太真妃的仪态特征,以花王牡丹来比拟妃子,可谓恰到好处。其时太真妃漫步兴庆宫沉香亭北牡丹繁开丛中,"名花倾国两相欢,长得君王带笑看",简直分不清谁是妃子,哪是牡丹,人、花融为一体,交相辉映。这里,以牡丹写太真妃,又以太真妃比牡丹,把她照得花团锦簇、艳丽华贵极了。

盛唐长安盛植牡丹,季春花开,成为朝野内外著名的观赏花卉。牡丹色艳花硕,层层叠叠,被誉为富贵之花。一时赏牡丹、咏牡丹,成为文人学士的雅兴。李白以牡丹比拟贵妃仪态,恰是盛唐丰富的物质和精神文明在审美观上的反映。

(三)"红汗"与"香囊"

唐玄宗喜欢自然美,也爱好修饰美;杨贵妃在天生丽质之外,也喜梳妆打扮、粉黛艳抹。两人出于对化妆术的共同爱好,也是打开爱情心扉的一个条件。据说,玄宗于华清宫造端正楼,作为贵妃的梳洗之所。贵妃心领神会,"飈是冶其容","以中上意"。① 于是,围绕贵妃的分外之美,种种颇有传奇色彩的美容术便流传开来,其中"红汗"与"香囊"就是典型例子。

何谓"红汗"? 据五代王仁裕记载:"贵妃每至夏月,常衣轻绡,使侍儿交扇鼓风,犹不解其热。每有汗出,红腻而多香,或拭之于巾帕之上,其色如桃红也。"②贵妃会出"红汗",看来有点怪诞。其实是她施朱涂红、拭汗沾色的缘故。这种敷面及唇的化妆品,究竟是什么呢? 可能是一种高档胭脂和红粉。元稹《离思五首》:"须臾日射燕脂颊,一朵红苏旋欲融"③,反映了唐代贵族妇女特别盛行涂脂抹粉的浓妆风尚。据胡三省考证,元代的"富贵之家,帨

---

① 《杨太真外传》。
② 《开元天宝遗事》卷下《红汗》条。
③ 《全唐诗》卷 422 元稹《离思五首》之一。

巾率以胭脂染之为真红色"，是"唐之遗俗"。① 即唐代胭脂除了化妆之外，还用来染色，优质不易褪色。盛唐还盛行以红粉敷脸、脖颈及胸的打扮，正如张祜《李家柘枝》诗云："红铅拂脸细腰人"，② 元稹《恨妆成》："傅粉贵重重，施朱怜冉冉"。③ 很明显，杨贵妃身出"红汗"并染红揩汗的"巾帕"，是她浓抹胭脂与红粉的染色所致。

　　杨贵妃还喜爱胸佩"香囊"。当时异域进奉的香料、香药很多，纳入囊中，称为"香囊"。这是当时的珍稀之物，一般说来，皇家才有。唐玄宗从不轻易地赏赐与人，只用来赏赐宠臣与宠妃。如天宝九载（公元 750 年），玄宗驾幸华清宫，曾赐"香囊珍宝"等物与安禄山。④ 杨贵妃身佩的"香囊"，当然也来自玄宗所赐。据记载，马嵬惊变，埋骨黄泉，玄宗回銮，打开墓穴，发现生前"香囊"仍在。⑤ 诗人张祜有感而赋："蹙金妃子小花囊，销耗胸前结旧香。"⑥指出贵妃佩戴的是用"蹙金"绣成花朵，内盛香料，故称"花囊"。"香囊"中的香药、香料散发出异香，可以经久不绝，刘禹锡故说"缕绝香不歇"。⑦ 李益亦有类似的吟咏："浓香犹自随銮辂，恨魄无由离马嵬"。⑧ 诗人以贵妃香随玉殒，寄托玄宗离愁，别具艺术匠心。贵妃喜佩"香囊"，浑身散发异香，无疑是历史的真实写照。

　　其实，杨贵妃所谓体红气香，也反映了唐玄宗的嗜好。玄宗的《好时光》词描写盛唐美女的化妆曰"体红香"。贵妃出"红汗"、

---

① 《资治通鉴》卷 216 天宝十一载十月条胡三省注。
② 《全唐诗》卷 511 张祜《李家柘枝》。
③ 《全唐诗》卷 422 元稹《恨妆成》。
④ 《安禄山事迹》卷上。
⑤ 旧、新《唐书·杨贵妃传》。
⑥ 《全唐诗》卷 511 张祜《太真香囊子》。
⑦ 《刘禹锡集》卷 26《乐府上·马嵬行》。
⑧ 《全唐诗》卷 287 李益《过马嵬二首》之二，一作李远。

"佩香囊"，正是"体红香"的如实反映。她的三个姐姐可能也身佩"香囊"，有人从她们随幸华清宫的车中一窥，不禁香气扑鼻，残留"数日不绝"。[①] 可见，佩戴"香囊"是当时宫廷与贵妇的装饰时俗，也是豪侈生活的反映。

（四）簪步摇、黄裙、柳叶描、义髻

步摇，是古代妇女鬓发修饰品，上有垂珠，步则摇动，故名。盛唐的步摇以金玉作饰，比前朝制作精致。《长恨歌》云："云鬓花颜金步摇"。《杨太真外传》卷上铺叙道："上（玄宗）又自执丽水镇库紫磨金琢成步摇，至妆阁，亲与插鬓上。""紫磨金"，指紫金磨制凤鸟置上；"琢"，指美玉雕琢彩珠以垂下。玄宗亲为杨玉环簪步摇，说明他喜欢步摇。这是流行于天宝年间的时世妆。宋欧阳修云："妇人则簪步摇钗，衿袖窄小。杨贵妃常以假鬓为首饰"。[②]"假"者，借也，凭借双鬓插上首饰，很可能是步摇。可见，唐宋文人"金步摇"之咏，不仅为诗文修饰的词藻，也是史家纪事的实录。

陈鸿《长恨歌传》称，杨贵妃"披紫绡"。紫绡，为质轻如纱的紫色薄绢。这种服装十分吻合贵妃的擅长和个性，即便起舞，亦似武装，类似披肩或披衫，增添了女性的潇洒、娇健之美。毋庸赘言，这也是贵妃诸姐仿制的对象。她们穿"罗帔衫"，袒露颈胸，更显开放。

唐代妇女喜着红裙，为了协调颜色，罕用紫色披肩。杨贵妃喜欢"披紫绡"，也就不宜着红裙。因此，《新唐书·五行志》载她"好服黄裙"。值得注意的是，原来杨太真为女官时曾戴黄冠，专宠后又好服黄裙。黄冠是道教徒的标志，黄裙也可能与"天宝中，上书言事者，多为诡异"，以应符命有关。李唐据说承汉代火运，为土德，"衣服尚黄，旗帜尚赤，常服赭赤也。赭，黄色之多赤者"。[③] 因

---

① 《杨太真外传》卷下。
② 《新唐书·五行志》。
③ 《唐语林》卷5。

此,唐玄宗于天宝十载(公元751年)颁布《诸卫队仗绯色幡改赤黄色诏》,①以符土德。正是在这种气氛下,"智算警颖,迎意辄悟"的杨贵妃,带头穿起黄裙,具有以应土德的含意。贵妃诸姐纷纷效法,虢国夫人"衣黄罗帔衫"。②

画眉是古代妇女的眉饰风俗,唐代特别盛行,玄宗尤其注意画眉样式的总结与推广。据《杨慎外集》记载,唐明皇曾令画工画过十眉图,即鸳鸯眉(又名八字眉)、小山眉(又名远山眉)、五岳眉、三峰眉、垂珠眉、月棱眉(又名却月眉)、分梢眉、涵烟眉、拂云眉(又名横烟眉)、倒晕眉等。十眉图是根据开元年间流行的眉式整理加工的,成为当时妇女画眉的范本。天宝年间,眉式时俗发生了变化,盛行起柳叶眉。《长恨歌》描写的"柳如眉",就是柳叶眉。其特点是眉式线条细长、宛如柳叶,是当时的宫眉。《梅妃传》虽系伪作,但作者似也知道盛唐宫廷的时尚眉式,故撰《一斛珠》词,首句就是"柳叶双眉久不描"。

描画柳叶眉施用青黛之色,唐玄宗尤善此道。他在《好时光》词里说:"眉黛不须张敞画,天教入鬓长"。张敞是西汉人,当他在京兆尹任上时,曾亲手给妻子画眉,在长安传为美谈,他就成为画眉能手的代称。画柳叶眉无须惊动画眉能手,只要抓住细长要领就得了。从刘禹锡的《马嵬行》"共爱宿妆妍,君王画眉处"③来看,也许这是唐明皇为贵妃画柳叶眉的经验之谈。盛唐"天宝时世妆"的眉式特点是"青黛点眉眉细长",与中唐"元和时世妆"的"莫画长眉画短眉",④"双眉画作八字低",⑤迥然不同。

盛唐妇女崇尚的发式是高髻,将发髻梳高,遍插首饰。杨贵妃

---

① 《全唐文》卷33玄宗《诸卫队仗绯色幡改赤黄色诏》,《旧唐书·玄宗本纪下》。
② 《明皇杂录》卷下。
③ 《刘禹锡集》卷26《乐府上·马嵬行》。
④ 《才调集》元稹《有所教》。
⑤ 《全唐诗》卷426白居易《上阳白发人》。

喜梳高髻，《新唐书·五行志》称为"义髻"。"义"与假通，故"义髻"亦可称假髻，《长恨歌》描写贵妃发式为"翠翘金雀玉搔头"。梳妆特点是将发梳松，发端插上发环，环呈扇形，正中大，两边小，上饰金凤、珠翠等首饰，后佩孔雀翎，两鬓簪步摇。后人称这种发式为玉环髻或杨贵妃髻。① 如此豪华的发饰，当然引起了人们的愤慨，故有"义髻抛河里"的不满情绪流露。②

高髻时尚始于唐初的宫妆。当时"俗尚高髻，是宫中所化也。"③后及民间，形成流俗。时至盛唐，风气更加开放。除了发饰趋向繁富之外，花样也别出心裁了，杨贵妃又成为宫妆发饰的创新者。她喜欢在宝冠上插花，《长恨歌》云"花冠不整下堂来"。据王仁裕记载，有一次御苑千叶桃花盛开，玄宗"亲折一枝插于妃宝冠上，曰：'此个花尤能助娇态也'。"④宝冠上插花叫花冠，髻上插花，称为"簪花"。当时长安贵族妇女竞簪名花，几与簪步摇同步流行。

看来，自杨贵妃倡行的高髻、插花发式，也是由宫廷扩及社会的"时世妆"之一。沿及中唐，盛行不衰，从著名仕女画家周昉的仕女画来看，高髻发饰除簪有金钿、簪钗等等之外，髻上还插有花朵。这种发式既是盛唐高度物质与文化生活水平的反映，也是当时贵族妇女注重美感的装饰的思想流露。

唐玄宗喜欢流行时世妆扮，传说他作《好时光》词一首："宝髻偏宜宫样，……莫倚倾国貌，嫁取个，有情郎。彼此当年少，莫负好时光。"反映了他心目中女性倾国的时妆美。所谓"宝髻"，似指宝塔形髻，即高髻。因塔檐挂垂铃铛等饰品，类似高髻的多敷头饰。玄宗所咏"宝髻偏宜宫样"，意指高髻应以宫妆发髻为范本模式，

---

① 张艳莺《唐仕女发髻》《文化周报》1985 年 1 月。
② 《新唐书·五行志》。
③ 《唐语林》卷 3《雅量》。
④ 《开元天宝遗事》卷上《助娇花》。

也就是他推广杨贵妃髻的意思。

（五）"服妖"之诮

白居易指出，"天宝末年时世妆"的时新服式特征是："小头鞋履窄衣裳"。《新唐书·五行志》扩而大之把这类竞奇尚新的穿着等服饰，一概视为不祥之物，故把杨贵妃的簪步摇、义髻、窄衣裳、好服黄裙也斥为"服妖"。所谓"服妖"之诮，就是讥笑穿着新奇款式的服装，视同妖异。

所谓"天宝时世妆"，包括两方面的涵义。一是对中原传统服饰的变革，如金步摇、描柳眉、施朱涂红、黄裙、高髻等等，都是在吸取唐以前各代服饰的基础上，形成了自己优美高雅的服饰。二是引进胡风、胡俗性质的服饰，作为中原传统服饰的补充，如胡衣、胡帽、窄衣裳、小头鞋履等等。其中，特别是胡服，更易引起重夷夏之辨者的"服妖"之诮。

就唐代胡化装束来说，唐初就已仿制了。太宗时长安士庶嗜爱胡衣胡帽，如长孙无忌以乌羊毛制作浑脱毡帽，不少人予以仿造。及至盛唐，风气更趋开放，"天宝初，贵族及士民好为胡服胡帽"。[1]"胡帽"，据姚汝能记载，乃"豹皮帽"，和唐初男人崇尚羊皮帽的款式也有变异。但是它比起天宝时贵妇的明显胡化装束，却大为不如，也就是说，盛唐妇女的服饰更趋开放。白居易《柘枝词》咏柘枝舞女有"香衫窄袖裁"之句，显然，妇女崇尚"窄小"的"衫袖"，不能忽视天宝间外来柘枝舞衣的影响。[2]"小头鞋履"，指小巧的皮靴，是西域胡旋舞女的装束，便腾跳和飞舞，成为宫廷仿着的胡履，改变了传统的凤舄穿着。凤舄是复底鞋，下底木制，木上置履，履面绣凤，不便行动，更不宜起舞，崇尚开放的女子自然

---

① 《新唐书·五行志》。
② 据向达先生《唐代长安与西域文明》考释，此舞为天宝九载高仙芝远征石国，随之传入。

不喜欢。贵妃善舞胡旋,估计她有可能穿这种小鞋履。

"天宝时世妆"反映了唐玄宗、杨贵妃对传统美感观念的更新,打上了盛唐时代社会心态的印记。天宝乱后,唐人痛定思痛,对玄宗沉溺声色,反思激切,不能说没有道理。然而,未能切中时弊,流于表象,甚至迷恋守旧,归罪开放就不对了。元稹对"胡音胡骑与胡妆,五十年来竞纷泊"的胡风氛围,就大加笔伐。其实,这种风气也为民间所接受:"女为胡妇学胡妆,伎进胡音务胡乐",①尊重客观的元稹又不得不承认这种现实。可见,"胡化"是盛唐不可阻遏的文化浪潮。

当时朝野上下为时势所趋,腐儒少有露头或鲜有斥语,这不能不归功于唐玄宗和杨贵妃吞吐万象的宏伟气魄。他们带头标新立异,思想较为开明。玄宗又制订了更加开放的政策,加速了经济、文化的交流,使域外的胡风、胡俗得以畅通。长安作为经济、文化交流的中心,深受西域服饰等等文化的影响。唐玄宗和杨贵妃在服饰等等文化方面引进外来或边陲民族的文化艺术,予以融合,形成了颇具特色的天宝服饰美。因此,他们都是服饰文化的改革者,又是身体力行者。崇尚时髦、情投意合,这是他们得以建立厚爱的另一条件。

当然,杨贵妃在服饰方面也是够奢侈的。她所穿的绫罗衣裙,极其精巧,是由掖庭织锦院的七百名优秀织工特地制作的。她喜饰赏玩的珍物器服,除唐玄宗大量恩赐外,还有各地官吏进奉的。其中,岭南经略史张九章、广陵长史王翼贡纳的珍异,最称精美。据说,这些地方官因此而得到了高官厚禄。

奢风是受物质生产条件制约的。盛唐整个统治阶级都趋向侈华生活,这与当时社会所能提供的物质消费水平直接有关。唐文宗说:"朕闻前时内库有二锦袍,饰以金鸟,一袍玄宗幸温汤御之,

---

① 《全唐诗》卷 419 元稹《法曲》。

一即与贵妃。当时贵重如此,如今奢靡,岂复贵之?料今富家往往皆有。"①这里说明,当时纺织饰以金鸟的锦袍,想必生产工艺难度颇大,刚刚推行,故全国唯有两件,显得"贵重"异常,当然只能为玄宗和贵妃独享了。中唐以降,生产力继续发展,商品经济更趋发达,必使更多的织工掌握了这种生产技术,锦袍生产数量增多,"富家往往皆有",已不如天宝时那么"贵重"了。中、晚唐的奢华比盛唐有过之而无不及。据此,不能过分夸大李杨的豪侈生活与个人所承担的责任。

第四节　豪侈生活

唐玄宗与杨贵妃之间的爱情,是跟物质与精神方面的享受相联系的。《长恨歌》云:"金屋妆成娇侍夜,玉楼宴罢醉和春。"游赏、饮宴、歌舞、赐浴、侈服、嗜食,构成了他们突出的豪侈生活。清代著名史学家赵翼说唐诗咏"宫阙之壮丽,以及韦曲莺花,曲江亭馆、广运潭之奇珧异锦","至天宝而极矣"。② 一方面,这是盛唐物质与文化高度发展的结果,另方面也是唐玄宗与杨贵妃豪侈生活的反映。

(一)龙池、太液池、曲江

唐明皇金屋藏娇,沉溺歌舞之声,游嬉升平之乐。即位后,在所谓龙潜之地的龙池广置景观。"龙池"在南内兴庆宫的"(兴庆)殿后",③接近"力士当上,我寝则稳"的寝殿,④是皇宫内宴乐赏景

---

① 《旧唐书·郑朗传》。
② 《廿二史札记》卷20《长安地气》。
③ 《唐两京城坊考》卷1《皇城·兴庆宫》。
④ 《旧唐书·高力士传》。

的中心场所。李商隐诗云:"龙池赐酒敞云屏,羯鼓声高众乐停",①展现了他们宴饮、游赏生活。龙池之西为交泰殿,殿西北为沉香亭,亭在园内,四周遍植绿树,盛开繁花。李白有诗赞曰:"名花倾国两相欢,长得君王带笑看。解释春风无限恨,沉香亭北倚栏干。"②这里描写了沉香亭北观赏牡丹花的实地实景。有时,还在绿草如茵的园地举行歌舞表演。诗人张祜曰:"兴庆池南柳未开,太真先把一枝梅;内人已唱春莺啭,花下偬偬软舞来。"③《春莺转》为软舞曲,在宫廷梨园子弟演唱声中,跳起轻盈柔软的舞姿。五月五日端午节,玄宗偕贵妃同游兴庆池(即龙池),池中可以泛舟,传说筑有水殿,为避暑"与妃子昼寝于水殿中"。④可见,观赏歇息又伴随着豪侈的享受。

西内太液池,也是他们常去的游园胜地。特别是每逢八月仲秋,或前去欣赏池中千叶白莲,或于月圆之夜"临太液池,凭栏望月",意犹未尽,遂敕令左右,"于池西别筑百尺高台,与吾妃子来年望月。"据说,后经安史之乱,没有筑成。⑤

曲江是宫外最为著名的园林,在长安城东南,系由人工挖掘而成,也称曲江池。隋初以芙蓉盛开,改名芙蓉园或芙蓉池。胡三省注云:"(芙蓉园)本隋世之离宫也。青林重复,绿水漪漫,帝城胜景也。"⑥玄宗时景观更美,波光潋滟,碧水一泓,内可泛舟,外与观风楼、弥勒阁、紫云楼、芙蓉苑构成一组园林整体格局,交相辉映。唐玄宗为便于观赏这个名园,开元二十年(公元732年)自兴庆宫"筑夹城,……经春明、延兴门至曲江芙蓉园,而外人不之知也。"⑦

---

① 《全唐诗》卷540李商隐《龙池》。
② 《李太白全集》卷5《清平调三首》其三。
③ 《全唐诗》卷511张祜《春莺啭》。
④ 《开元天宝遗事》卷下《被底鸳鸯》。
⑤ 《开元天宝遗事》卷下《解语花》、《望月台》。
⑥ 《资治通鉴》卷194贞观七年十二月条胡三省注引《景龙文馆记》。
⑦ 《唐两京城坊考》卷1《皇城·兴庆宫》。

以便随时微服私游。

至于元旦朝贺,正月十五上元节,二月一日中和节,三月三日上巳节,七月七日乞巧节,八月五日千秋节,八月十五中秋节,唐玄宗和杨贵妃或尽兴欣赏歌舞、或游宴园林。其中,尤以庆祝玄宗生日的千秋节更是欢腾,正如张祜咏唱:"八月平时花萼楼,万方同乐奏千秋;倾城人看长竿出,一伎初成赵解愁。"[①]至天宝七载(公元748年)八月,改千秋节为"天长节",继续宴乐祝寿。

(二)骊山华清宫

"华清恩幸古无伦,犹恐蛾眉不胜人",[②]李商隐的诗点明了杨贵妃在华清宫的恩幸是前无古人的。"华清宫之香车宝马,至天宝而极矣",[③]赵翼的读史札记以"香车宝马"作为代表,揭露了李杨在此过着豪侈生活。

华清宫建于骊山,是盛唐最著名的行宫。旧名温泉宫,因温泉而建,系先凿温泉,后成宫殿的。汤池历史可远溯秦汉,北周前已有名汤两所,宇文护执政增建皇堂石井一所。隋文帝于开皇十六年(公元596年)十一月,曾"幸温汤",并在此短时起居。[④] 可知此前,曾修建屋宇,栽植松柏,以供浴后暂息,但并非行宫。唐初,高祖偶有校猎骊山,但不见行幸温泉的记载。太宗患有风湿症,行幸温泉约有六处,[⑤]书有《温泉铭》。高宗在位三十四年仅行幸温泉两次。玄宗位,频繁行幸,从先天元年(公元712年)至天宝十四

---

① 《全唐诗》卷511张祜《千秋乐》。
② 《全唐诗》卷539李商隐《华清宫》。
③ 《廿二史札记》卷20《长安地气》。
④ 《隋书·高祖本纪》。
⑤ 旧、新《唐书·太宗本纪》均载贞观四年二月、五年十二月、十四年二月、十六年十二月、十七年十二月、十八年正月,太宗幸之,并作短期停留。又《通鉴》开元十一年十月条胡注引《十道志》曰:"贞观十八年诏阎立本营建宫殿、御汤,名温泉宫"。

载(公元 755 年)的四十余年中,除五次东巡洛阳外,几乎每年逢冬即去,时间长短不一,据旧、新《唐书》与《通鉴》所载,总共四十次。

唐玄宗历年骊山行幸,大体可分为三个阶段:

第一阶段,开元二十八年以前:一般是十月临行,也有十一月、十二月、正月出发的,二月、九月各一次。以避寒休息为主,停留时间或者七八天,或者半个月左右。开元八年冬达二十六天,是例外的情况;当时行幸长春宫,真正在温汤恐怕也是半个月左右。骊山新建宫殿池苑相对较少,随行人员也不多。这说明唐玄宗为了"开元之治"而忙碌,亲理政务,只是冬天到骊山略略休息半月左右。

第二阶段,从杨玉环入宫至册贵妃之前。这时,唐玄宗已经怠于政时。自宠幸太真妃之后,到骊山的次数明显增多,每次往往呆了一个多月。如天宝二年(公元 743 年)冬居留三十八天,胡三省指出:"帝(玄宗)耽乐而忘返"。① 这是前所未有的纪录。返京勉强居住一个多月,似感年前寻欢作乐意犹未足,便于新春再次临幸,直至二月春暖始回。所谓"耽乐忘返",真是暴露无遗!

第三阶段,册立贵妃以后。天宝四载(公元 745 年)冬,杨玉环第一次以"贵妃"的身份游骊山。贵妃诸姐从行,堂兄杨钊初次到温泉宫。诸杨侍宴禁中,游戏赌博,好不热闹,足足呆了六十二天,在时间上又创了新纪录。天宝六载(公元 747 年)冬起,新命名的华清宫实际上成了另一政治中心,此后居留时间更长了。天宝十载(公元 751 年)冬至次年正月,长达九十六天,创下了最高纪录。更有甚者,索性在华清宫举行元旦朝贺的重大节日活动。至于歌舞排场,愈来愈铺张盛大。

总之,开元和天宝临幸骊山的情景的明显区别,与杨太真入宫

---

① 《资治通鉴》卷 215 天宝二年十月条胡三省注。

以及杨贵妃专宠有直接关系。一方面,通过骊山之游,李杨情爱越来越深,彼此更加了解;另一方面,玄宗"耽乐"与荒殆政事同步发展。看来,李杨确立爱情所付出的政治上、经济上的代价是十分高昂的。

为了游幸取乐的需要,唐玄宗大兴土木,对骊山行宫作了三次扩建。

第一次,开元十一年(公元 723 年)冬,把原来的"汤泉宫"名称,改为"温泉宫",①并进行了一番改建。

第二次,天宝元年(公元 742 年)新建"长生殿"。天宝三载(公元 744 年)十二月,以新丰县距泉较远,不便供顿,划出新丰、万年两县的部分地区,就近另设会昌县,置于温泉宫下,再次扩建。

第三次,自天宝六载(公元 747 年)起,大兴土木,规模最为庞大。改温泉宫为华清宫,②增辟温汤为池,修造亭台殿阁,布置园林美景。又筑罗城,置百司及十王宅;临幸期间,移仗骊山,处理政事。王公高官各建邸舍,土地亩值千金;环宫沿山,"植松柏遍满岩谷,望之郁然",③一个新的花园型皇宫出现了。天宝七载(公元 748 年)十二月,废新丰县,并入会昌县,改名昭应县。华清宫供顿地区更加扩大,随之形成了一个人口稠密的区域。附近村民利用"官道"开设"村店",④出现了"商贾繁会,里閈阗咽"的局面,⑤繁荣了长安与骊山之间的经济。

华清宫的建筑于天宝六载基本定型。据郑嵎记载,宫殿布局自北向南延伸,罗城以北门津阳门为正门,经后殿前殿,达南门昭

---

① 据载,唐高宗咸亨三年名"温泉宫",但开元前期仍称温汤,开元十一年置"温泉宫"。

① 据载,唐高宗咸亨三年名"温泉宫",但开元前期仍称温汤,开元十一年置"温泉宫"。

② 据《玉海》卷 128,华清之得名,取"温泉愙涌而自浪,华清荡邪而难忘。"

③ 《唐语林》卷 5。

④ 参见《开元天宝遗事》卷下《歇马杯》。

⑤ 《南部新书》辛部。

阳门。东西两侧采取左右相对的建置:左面东半部是玄宗和贵妃的游乐中心,其建筑自北依次为遥光楼,楼南为飞霜殿,御汤九龙殿在飞霜殿之南。成群殿庭迤逦而立,汤泉间接相错。雕梁画栋,暖流汩汩,景色宜人,赏心悦目。右面西半部为庙宇坛院所在,较为冷落,自北至南有七圣殿、功德院、羽帐、瑶坛等。

宫城东门为开阳门,与东缭墙之间有宜春亭、四圣殿、重明阁、斗鸡台、按歌台、观风楼等高大建筑物。"此时初创观风楼,檐高百尺堆华橑;楼南更起斗鸡殿,晨光山影相参差。"郑嵎自注云:"观风楼在宫之外东北隅,属夹城而连上内,前临驰道,周视山川。"①可见,风景极佳。宫城西门为望京门,与西缭墙之间有粉梅坛、芙蓉园、看花台、西瓜园等园林建筑。

骊山的宫城之内,还有东、西绣岭,以景色如画、如锦绣之美而得名。在秀丽的山峦上布列不少亭台楼阁。其中著名的有长生殿、老君殿、朝元阁等建筑。②

天宝以来,华清宫崛起的建筑群,是极为壮观的。白居易的《华清宫望幸》云:"骊岫接新丰,岩峤驾碧空;……绛阙犹栖凤,雕梁尚带虹;温泉曾浴日,华馆旧迎风。"③揭露了玄宗、贵妃的享乐生活。

华清宫既是李杨以景寄情的仙窟,又是耗人脂膏的渊薮。三次大兴土木,所需巨木,不少是从遥远林区采购而来。直至德宗时还记忆犹新。有一次他对户部侍郎裴延龄说:"人言开元、天宝中侧近求觅长五、六十尺木,尚未易,须于岚、胜州采市"。④ 所需人力、物力可想而知。

①　《全唐诗》卷 567 郑嵎《津阳门》诗及注。
②　以上参看马正林《唐代华清宫的盛衰》,《人文杂志》1984 年第 1 期。
③　《全唐诗》卷 496 白居易《华清宫望幸》。
④　《旧唐书·裴延龄传》。

(三)御汤与妃子汤

"春寒赐浴华清池,温泉水滑洗凝脂;侍儿扶起娇无力,始是新承恩泽时。"自从《长恨歌》咏唱杨贵妃沐浴华清池以来,引起了唐人抒写和后人凭吊华清池的浓厚兴趣。

华清池系由宫内汤池得名,汤池也称温汤、汤泉、温泉;还有称浴堂的。王建《宫词》云:"浴堂门外抄名入",①看来,沐浴的官员需逐个依次唱名而入。

宫泉地处陕西临潼县南一百五十步,在骊山西北。唐以前已有三所,至唐增辟较多,尤其是天宝六载(公元747年),在扩建宫室的同时,大规模地增筑"汤井为池"。②据宋代王𬱖说,当时骤增至十八处。其实不止此数,天宝十四载(公元755年)七月,唐玄宗还为安禄山新作一汤,邀他十月至华清宫汤沐。胡三省为此引《津阳门诗注》曰:"宫内除供奉两汤外,内更有汤,十六所长汤,每赐诸嫔御。"指出"太子汤"在供奉汤的"次西","宜春汤"又在其"次西"。③所谓"供奉两汤",指御汤与贵妃汤,是玄宗与贵妃专用的。"长汤十六所",指供嫔御沐浴的。还有供太子专用的太子汤,可能供梨园法部所置的小部音声人用的宜春汤。至于大臣集体沐浴的是露天浴池,称为星辰汤。近年从考古发掘得知,此汤东西长十八米、南北宽五米,是一个长形大池。

掌管宫禁汤泉,专设温泉监机构与专官,监官正七品下,职责是"凡王公以下至于庶人,汤泉馆有差,别其贵贱,而禁其逾越。"④正如王建在《温泉宫行》里所咏的:"宫前内里汤各别,每个白玉芙蓉开",诗中透露了汤泉的严格等级差别。上面提到的"庶人"也

---

① 《唐诗纪事》卷44王建《宫词》。
② 《资治通鉴》卷215天宝三载十二月胡三省注引。
③ 《资治通鉴》卷217天宝十四载七月条胡三省注引。
④ 《旧唐书·职官志三》。

可于汤泉洗澡,那肯定在宫外较远的最低等的非官修浴池。以封建等级特权为享受特征的温汤,最高级的当属御汤,以下依次为贵妃汤、太子汤、嫔御汤、大臣汤等等。

御汤,据胡三省注说:"曰九龙殿,亦曰莲花汤。"①所谓"九龙殿",因泉出九龙吐水得名,又名"九龙汤",殿依汤而建,故曰"九龙殿"。御汤不仅以泉口白玉制作龙头精巧闻名,而且池内还以雕刻或形制莲花驰名,又曰"莲花汤"。宋乐史的《杨太真外传》将其张冠李戴,说华清宫"有莲花汤,即贵妃澡沐之室。"因系传奇文学,情有可原。② 但是,当代有的传记亦沿袭讹传,不免失审。御汤以池内形制名为莲花汤,唐人郑处诲似已言及:安禄山于范阳节度使任内,命玉工取材白玉石雕成鱼、龙、鸟、雁作为石梁,及"石莲花以献",雕琢酷肖,巧夺天工,玄宗大喜,"命陈于汤中,又以石梁横亘汤上,而莲花终出于水际,……其莲花至今犹存。"③宋人王说还记石莲出泉云:"四面石座,阶级而下,中有双白石瓮,连腹异口,瓮口中复植双白石莲,泉眼自莲中涌出,注白石之面。"④据近年考古发掘报告,御汤深约一点五米,浴池略呈椭圆形,池的四周用券石自上至下砌四级台阶,池面第一级台阶用券石砌成莲花形状。据此,虽然实物形状与文献记载关于莲花的解释稍有不同,但是,御汤即莲花汤是不成问题的。

贵妃汤,又名海棠汤。自 1983 年起,经三年发掘,已看出眉目,汤也呈椭圆形,比御汤小而浅。池东西长三点六米,南北宽二点七米,深一点二六米。浴池沿边有上下两层台阶,每层分别用十六块与八块弧形券石砌成盛开的海棠花形状。从发掘现场来看,贵妃池的左上方为御汤,那么,御汤的右下方就是贵妃池了。宋人

---

① 《资治通鉴》卷 217 天宝十四载七月条胡三省注。
② 王建《宫词》:"贵妃汤殿(一作池)玉莲开"亦误。
③ 《明皇杂录》卷下。
④ 《唐语林》卷 5。

王谠记载:"御汤西南,即妃子汤,汤稍狭,汤侧有红石盆四所,刻作菡萏于白玉之面"。① 对照地理方位以及装饰是基本相符的。

玄宗与贵妃浴华清温泉,穷极奢侈。《明皇杂录》谓"制作宏丽",以银镂漆及白香木作船,又以珠玉装饰楫橹,还于汤泉中积垒瑟瑟及丁香,制成类似瀛洲、方丈等仙山的形状。《津阳门诗注》也说:"上时于其间泛钑镂小舟,以嬉游焉。"这些传闻未必事实,但制作豪华是可信的。

唐代诗人吟咏御汤与贵妃池的诗篇较多。李商隐《骊山有感》云:"骊岫飞泉泛暖香,九龙呵护玉莲房"。② 前句描写贵妃入浴后汤泉飘浮着香气,一个"香"字,写尽贵妃豪侈粉妆。后句的"九龙呵护",语意双关,既指出御汤在九龙殿,又隐喻玄宗以龙体入浴莲花汤。当然,在华清宫贵妃不仅入浴,而且备受恩幸。白居易曾揭露了李杨谈情说爱过于狂热,以致"春宵苦短日高起,从此君王不早朝";张祜则委婉地指责:"水绕宫墙处处声,残红长绿露华清;武皇一夕梦不觉,十二玉楼空月明。"③

唐玄宗和杨贵妃在华清豪侈的生活中度过,在爱情的旋涡中沉沦,加剧了天宝时期的昏庸局面。这可能是后世史家和诗人把安史之乱的爆发而导致唐由盛转衰,归罪于杨贵妃专宠的一个因素。

(四)嗜食新鲜荔枝

在享受豪侈生活方面,李杨两人基本上是同步的。但是,杨贵妃有一个特殊嗜好却为玄宗所不及,就是嗜食新鲜荔枝。

荔枝产生巴蜀和岭南,如能保鲜运至京师,所耗人力、财力极其惊人。白居易作《荔枝图序》云:"荔枝生巴峡间,形状团团如帷

---

① 《唐语林》卷5。

② 《全唐诗》卷540李商隐《骊山有感》。

③ 《全唐诗》卷511张祜《华清宫四首》其四。

盖,叶如桂、冬青,花如桔、春荣,实如丹、夏熟。朵如蒲桃,核如琴
轸,壳如红缯,膜如紫绢,瓤肉洁白如冰雪,浆液甘酸如醴酪。"他
深知荔枝极难保鲜,指出采摘后,"一日色变,二日香变,三日味
变,四、五日外香味尽去矣。"①既然保鲜荔枝以四、五日为限,巴蜀
也难以如期,白乐天似已隐约地指出杨贵妃所嗜荔枝不可能来自
岭南。比白乐天稍晚的李肇,在《国史补》里则说:"杨贵妃生于
蜀,好食荔枝。南海所生,尤胜蜀者,故每岁飞驰以进。"但是,岭
南广州"在京师东南五千四百四十七里",而剑南成都府"在京师
西南二千三百七十九里",②里程几远一倍,其中崇山恶水,道路险
阻,驿骑不如剑南便捷。李肇所云,不合情理。宋代苏轼似不同意
李肇说法,他在《荔枝叹》诗中自注云:"唐天宝中,盖取涪州荔枝,
自子午谷(今陕西省秦岭中)路进入。"元胡三省似也同意苏轼说
法,他针对司马光的"妃欲得生荔枝,岁命岭南驰驿致之"的记载,
以加注的形式表达了自己的看法:"自苏轼诸人,皆云此时荔枝自
涪州致之,非岭南也。"③

宋代欧阳修与司马光均持岭南说,而唐宋诗人白居易、苏轼则
持巴峡说。揆之事理,似以巴峡说较能站住脚;当然,也不能绝对
排除自岭南进贡荔枝的可能性。

即使从巴蜀涪州驰驿传送,也是够劳民伤财的了。诗人杜甫
的《荔枝诗》揭露云:"侧生野岸及江浦,不熟丹宫满玉壶。云壑布
衣鲐背死,劳生害马翠眉须。"明代杨慎指出:"杜公此诗,盖纪明
皇为贵妃取荔枝事也。其用'侧生'字,盖为庾文隐语,以避时
忌。……末二句盖明(韩)昌黎感二鸟之意,言布衣抱道,有老死
云壑而不征者,乃劳生害马,以给翠眉(指贵妃)之须。何为者耶?

---

① 《全唐文》卷675白居易《荔枝图序》。
② 《旧唐书·地理志四》。
③ 《资治通鉴》卷215天宝五载七月条胡三省注。

其旨可谓隐而彰矣。"①

晚唐诗人杜牧揭露得更为深刻:"长安回望绣成堆,山顶千门次第开;一骑红尘妃子笑,无人知是荔枝来。"②北宋苏轼和其诗云:"美人一破颜,警尘溅血流千载。"③当驿骑风尘仆仆地驰至宫前时,贵妃是尝到了荔枝的香美滋味,但是劳民伤财的苦头却使人畜吃够了,多么严冷的讽刺。

① 《升庵全集》卷 79《杜工部荔枝诗》。
② 《过华清宫绝句三首》其一。
③ 《荔枝叹》。

第十七章　歌舞姻缘

历史上帝王所宠爱的妃子中,擅长歌舞是不多的。但是,杨贵妃却是盛唐著名的歌唱家与舞蹈家,而唐玄宗又是多才多艺的皇帝。他们作为一对艺术家,结合的基础之一就是共同的艺术情趣。音乐与舞蹈,构成了他们爱情生活的内容之一。

第一节　霓裳羽衣曲

唐朝最负盛名的《霓裳羽衣舞曲》,仿佛是一座爱的桥梁,把唐玄宗与杨贵妃紧密地连在一起。这不仅是盛唐历史上的佳话,而且是古代艺术史上的大事。

(一)进见之日,奏曲导之

据《长恨歌传》记载,唐玄宗初次召见寿王妃杨玉环时(开元二十八年十月在温泉宫),"进见之日,奏《霓裳羽衣曲》以导之。"《杨太真外传》亦云:"进见之日,奏《霓裳羽衣曲》。"这些记述虽然出自历史文学作品,但从前后实际情况看来,是可信的。所谓"导之",即启导的意思,指演奏名曲以开拓杨玉环的情怀。陈鸿、乐史特地点明此事,意味着李杨情爱是建立在歌舞知音的基础上。

为什么唐玄宗选了《霓裳羽衣曲》演奏呢?因为它是当时最流行的名曲,而且包含着唐玄宗本人的艺术创作。这里,必须回顾一下它的来龙去脉。

白居易在《霓裳羽衣舞歌微之》诗中,有"杨氏创声君(指元积)造谱"的说法,并自注曰:"开元中,西凉府节度使杨敬述造。"敬述身居武职,能否作曲,值得怀疑。宋代《新唐书·礼乐志十二》载:"河西节度使杨敬忠献《霓裳羽衣曲》十二遍。""敬忠"系敬述之误;"献"即献声,不是"创声",较确切。至于杨氏所"献"的究竟来自何方,《新唐书》就没有下文了。据宋代王溥《唐会要》卷33《诸乐》披露:"婆罗门改为霓裳羽衣。"这就把曲的渊源揭示出来了。查唐史,开元八年(公元720年),杨敬述官为凉州都督。凉州地处丝绸之路上,西来的胡乐经此传入中原。杨敬述把婆罗门(天竺)曲献给朝廷,唐玄宗十分喜欢。

关于舞曲的来历,还有其他的一些说法。刘禹锡诗云:"开元天子万事足,唯惜当时光景促。三乡陌上望仙山,归作霓裳羽衣曲。"①认为是玄宗望女儿山仙女庙有感而作。女儿山在今河南宜阳县境,为玄宗的览胜之地。此外,晚唐诗人王建在《霓裳辞十首》解题中云:"罗公远多秘术,尝与明皇至月宫,仙女数百,皆素练霓衣,舞于广庭。问其曲,曰霓裳羽衣。"《逸史》也把唐明皇游月宫的神话加以渲染,说"上(玄宗)密记其声调,遂回桥,……旦谕伶官,象其声调,作《霓裳羽衣曲》。"②诸如此类,不一而足。这些俚俗相传的故事,当然不是事实,但也说明唐玄宗与此曲的制作密切相关。

综合各种记载来看,《霓裳羽衣曲》有它的复杂的创作过程。杨敬述呈献的《婆罗门曲》即印度的佛曲,确实是后半段的基础。但这也不是简单的外来乐曲的移植,而是以中原的清商乐为主,糅合了印度的佛曲。北宋王灼《碧鸡漫志》云:"西凉作,明皇润色,又为易美名。"所谓"润色",仅指艺术加工,不免贬低了唐玄宗的贡献。实际上,玄宗是出色的音乐家,他立足于传统的清商乐,融

---

① 《刘禹锡集》卷24《三乡驿楼伏睹玄宗望女儿山诗,小臣斐然有感》。

② 参见《杨太真外传》注引《逸史》。

合《婆罗门曲》,进行了再创造,并增加了散序部分。这样,盛唐法曲的代表作诞生了,玄宗给它起了美名,叫做《霓裳羽衣曲》。"霓裳"、"羽衣"是什么意思呢?据邢昺《尔雅》疏云:"虹双出,色鲜盛者为雄,雄曰虹;暗者为雌,雌曰霓。"裳,即衣之下裙。"霓裳",指女性衣裙。"羽衣",即用羽毛制成的衣服,道教沿用而衍为羽化登仙之意。总之,《霓裳羽衣曲》包盈着仙女翩翩起舞的极美的意境,使人有亲临神仙之府的艺术感受;故张祜诗云"碧云仙曲舞霓裳",[①]称之为"仙曲"。后人大概由此渲染了唐明皇游月宫等美丽的神话。

由于《霓裳羽衣曲》是唐玄宗本人改编的,所以他对这支乐曲特别喜欢,在骊山温泉宫初次召见杨玉环时令奏此曲。正是通过《霓裳羽衣曲》的演奏,揭开了李杨爱情的序幕。

(二)醉舞"霓裳",情投意合

如果说,从《婆罗门曲》到《霓裳羽衣曲》,唐玄宗有不可磨灭的贡献,那么,从乐曲到舞蹈,则要归功于杨贵妃了。白居易在《法曲》诗里自注云:"《霓裳羽衣曲》起于开元,盛于天宝也。"而"盛于天宝",是跟作为舞蹈家的杨贵妃的努力分不开的。

开元时期,唐玄宗只完成了编曲、作曲的任务,尚未推出舞蹈的演出形式。开元二十八年(公元 740 年)冬,杨玉环"进见之日",玄宗令"奏"曲以"导之",可见《霓裳羽衣舞》还没有创作出来。到了天宝时期,才形之于舞,形象地显现了乐曲的意境。而从音乐到舞蹈的演变过程中,一个不可忽视的因素就是杨贵妃加入了《霓裳羽衣舞》的创作实践。

据古代舞蹈史的专家分析,杨贵妃很可能是《霓裳羽衣舞》的

---

① 《全唐诗》卷 511 张祜《华清宫四首》其二。

编舞者。^① 旧、新《唐书》本传赞扬她既"晓音律",又"善歌舞"。换句话说,她是兼具音乐与舞蹈的通才。自杨贵妃得宠以后,无论在长安兴庆宫,还是在骊山华清宫,"仙乐飘飘处处闻",生活于"缓歌慢舞"之中。正是这种仙境气氛,推动了舞的创作。曲尽其妙,舞尽其态。杨贵妃深得乐曲的旨趣,运用"小垂手"等优美的传统舞姿,又注入了西域舞伎的旋转动作,赋予它绰约多姿、宛转飘忽的旋律,使舞与曲达到完美无缺的艺术佳境。综观《霓裳羽衣舞曲》的结构,分为散序、中序、曲破三个部分。第一部分散序,不歌不舞,只奏乐器(如击磬、抚箫、弹筝、吹笛),实为序曲。第二部分中序,始有拍,随拍起舞。杨贵妃编舞,就是从中序舞蹈初态与续态入手的。舞姿的优美,正如白居易《霓裳羽衣舞歌》所描绘:"飘然转旋回雪轻,嫣然纵送游龙惊;小垂手后柳无力,斜曳裾时云欲生。烟蛾敛略不胜态,风袖低昂如有情。……"第三部分曲破,节奏由渐快到极快,舞姿也以急转为主。曲终,拍、舞骤停,却留下了一丝拖长音。全曲在慢节奏的延长音中煞尾,打破了一般法曲的传统。由急而缓,由动趋静,反差强烈。

杨贵妃不仅编舞,而且还亲自参加演出,展现了天赋的歌舞才能。据乐史记载,唐玄宗宴诸王于木兰殿时,杨贵妃"醉中舞《霓裳羽衣》一曲,天颜大悦。"^②木兰殿宴诸王,自非实录,诸王于天宝之前已一一亡故。不过,贵妃醉舞霓裳,大概是事实。当然,地点不是在什么"木兰殿",大多是在骊山华清宫。唐玄宗与杨贵妃每年冬季有二三个月避寒华清宫,在"缓歌慢舞"的生活中,自然少不了醉舞一曲《霓裳羽衣》。直到天宝十四载(公元755年)冬安禄山叛乱爆发时,也还是如此。白居易《长恨歌》云:"渔阳鼙鼓动地来,惊破霓裳羽衣曲。"写的是贵妃随着不断加快的节奏,演出

---

① 参见王克芬《中国舞蹈史》,文化艺术出版社1987年2月初版。
② 《杨太真外传》卷上。

急转舞姿,舞至高潮,戛然而止。而这拖长音的"曲破",如哀如泣,恰好与安禄山举兵反唐、导致山河破碎的叛乱合拍。诗人用笔之妙,令人拍案叫绝。

贵妃编舞的成功,标志着《霓裳羽衣曲》的进一步完善化。舞蹈表演包括了奏曲的内容,它是综合性的乐舞艺术,技艺水平远较单纯的乐器演奏为高,更为广大的观赏者所欢迎。因此,舞《霓裳羽衣》成为宴乐活动中的重要节目。据记载,天宝年间,唐玄宗每次酺宴,先设太常雅乐坐部、立部,继以鼓吹、胡乐、教坊、府县散乐、杂戏;又以山车、陆船载乐往来;"又出宫人舞《霓裳羽衣》";又教舞马百匹,衔杯上寿;又引犀象入场,或拜或舞。① 从这张节目单中,可以看到,宫人舞"霓裳"是宴会的高潮之一。而宫人舞的,无疑是贵妃所教。传说贵妃有个侍儿,名叫张云容,"善为霓裳舞";贵妃曾赠她一首诗,诗曰:"罗袖动香香不已,红蕖袅袅秋烟里。轻云岭下乍摇风,嫩柳池塘初拂水。"②贵妃是否写有此诗,无法考证。但诗所形容的舞蹈优美多姿,却反映了杨贵妃编舞的意图。

综上所述,《霓裳羽衣舞曲》是唐玄宗与杨贵妃共同创作的,特别是通过杨贵妃的艺术实践,更臻完美。这舞曲好像一条绚丽的纽带,维系着他们的爱情生活。

(三)"霓裳"功罪,古今评说

《霓裳羽衣舞曲》在我国古代艺术史上自有重要的地位。但是,中唐以后,论者往往把这歌舞声容视为唐玄宗"溺声色"、"招祸乱"的象征。"唐人诗歌于此寓讽刺者,不可胜计!"③一般认为《长恨歌》首先开了风气,将《霓裳羽衣曲》同玄宗之"溺声色"、

---

① 《资治通鉴》卷 218 至德元载八月条。
② 《全唐诗》卷 899 杨贵妃《阿那曲》。
③ 参见任半塘《唐声诗》上编。

"招祸乱"串连在一起。^① 其实,白居易之前,李益在《过马嵬》诗中已说:"世人莫重霓裳曲,曾致干戈是此中。"^②当然,白居易之后,那就更多了。例如:张祜诗云:"天高一笛凉,细声摇翠佩;轻步宛霓裳,祸乱根潜结。"^③诗人们都把《霓裳羽衣舞曲》视为乱阶。直到宋代的王谠还是这样看的,他说:"天宝中,乐章多以边地为名,若凉州、甘州、伊州之类是焉。其曲遍繁声为破,后其地尽为西蕃所没,破其兆矣。"^④所谓"曲遍繁声为破",指法曲的高潮曲破,也包括"霓裳"在内。

诚然,"天宝乱政"的重要方面是唐玄宗沉溺声色。"从此君王不早朝",荒于理政确是招致"祸乱"的原因之一。但这是封建统治者腐败的表现,而歌舞本身并不是造成腐败的根源。把祸乱与"霓裳"舞曲混为一谈,无异倒栽罪魁于杨贵妃身上,岂不冤哉?! 作为乐舞艺术的奇葩,何罪之有! 唐朝诗人李益、张祜等的指责,过于简单化了。

比较而言,白居易还是区别对待的。白居易《法曲》诗云:"法曲法曲舞霓裳,政和世理音洋洋,开元之人乐且康。"须知,开元时期只有乐曲而无舞蹈。诗人认为《霓裳羽衣曲》是"开元之治"的象征,颇有见地。至于《长恨歌》,确实把"霓裳"舞的"曲破"跟安禄山叛乱串连在一起,但是,并没有视"霓裳"为祸根,更没有把杨贵妃当作罪魁。相反,《长恨歌》后半篇继续唱道:"风吹仙袂飘飘举,犹似霓裳羽衣舞。……昭阳殿里恩爱绝,蓬莱宫中日月长。"可见,诗人一再笔触此舞曲,正是展现了歌舞知音者的爱情悲剧,似无寓讽刺于《霓裳羽衣舞曲》。

---

① 参见陈允吉《从"欢喜国王缘"变文看"长恨歌"故事的构成》。
② 《全唐诗》卷283 李益《过马嵬二首》。
③ 《全唐诗》卷511 张祜《华清宫和杜舍人》。
④ 《唐语林》卷5。

第二节　胡旋舞

杨贵妃不仅擅长霓裳舞,而且还善跳胡旋舞。她和唐玄宗一样,对待胡人舞乐的态度,是颇为开明的。既注意吸收,又加以创新,为盛唐艺术宝库增添了一笔财富。

(一)"最道能胡旋"

白居易诗云:"中有太真外禄山,二人最道能胡旋。"①天宝年间,杨贵妃与安禄山以善舞胡旋著名,这大概是唐人所公认的事实。

追溯历史,胡旋舞风行于九姓胡,并不像《新唐书·五行志》说的"本出康居"。早在南北朝时就传入中原了,唐初流行于宫廷。如武则天的孙女安乐公主十分喜爱,时武则天的侄孙武延秀善舞胡旋,后为安乐公主"唱突厥歌,作胡旋,有姿媚,主甚喜之。"②及至开元、天宝时,西域康、米、史、俱密诸国屡献胡旋舞女,从宫廷到民间,盛行一时。这种舞以旋转便捷为巧,学习较易,流传就广。正如白居易所描绘:"胡旋女,胡旋女,心应弦,手应鼓。弦鼓一声双袖举,回雪飘飘转蓬舞,左旋右转不知疲,千匝万周无已时。人间物类无可比,奔车轮缓旋风迟。"③有的记载说:"胡旋舞,舞者立毯上,旋转如风。"④这种舞法固然甚妙,但近似杂技,难度大,恐怕不是胡旋舞的基本舞法。

由于唐玄宗的喜爱与倡导,胡旋舞成为内宫宴乐活动的节目之一。天宝六载(公元747年),安禄山入朝,宴于兴庆宫勤政楼

---

① 《白居易集》卷3《胡旋女》。
② 《旧唐书·外戚传》。
③ 《白居易集》卷3《胡旋女》。
④ 《新唐书·礼乐志一一》。

"玄宗每令作《胡旋舞》,其疾如风。"①可见玄宗是很欣赏胡旋舞的。而安禄山虽然自称体重三百五十斤,腹垂过膝,但跳起舞来,旋转如风,说明他舞蹈本领的高超。至于杨贵妃,虽然现存史籍上没有关于她跳胡旋舞的记载,但从她善舞"霓裳",可以推断她会舞"胡旋",因为两舞具有共同的身段舞姿。白居易说她"最道能胡旋",当有史实根据。天宝末年,康居又献胡旋女,正是迎合了唐玄宗与杨贵妃的爱好。

(二)胡舞与祸乱

从胡旋舞的流行,可以看到唐玄宗对外来艺术的开明态度。盛唐时期,对外来的文化抱有极恢廓的胸襟,禁忌较少,或者吸收而加以创造,或者移用而加以推广。

前一种情况,如唐玄宗作《霓裳羽衣曲》时就吸收了《婆罗门曲》,不过他改造制作十分成功,几乎不露夷曲痕迹,可说是进行了再创造,特别是突出了清商乐为主调,使深悉乐章的白居易等也未觉察。白居易就有"乃知法曲本华风"的咏唱,殊不知霓裳法曲是糅合夷音的。由于白居易以为《霓裳羽衣舞曲》是纯粹的"华风",所以没有将它与"招祸乱"扯在一起。

后一种情况,如唐玄宗倡导胡旋舞,就遭到一些诗人的非议了。白居易诗云:"天宝季年时欲变,臣妾人人学圆转。"(《胡旋女》)把胡旋舞的盛行视为天宝末年变乱的象征。诗人元稹说得更明白:"天宝欲末胡欲乱,胡人献女能胡旋;旋得君王不觉迷,妖胡奄到长生殿。"②竟在一个"胡"字上做文章!因为胡旋舞是胡舞,安禄山是胡人,便从胡舞联系到胡乱。其实,胡舞本身并不是祸根。从南北朝至天宝年间,中历唐初"贞观之治"与盛唐"开元

---

① 《安禄山事迹》卷上。
② 《全唐诗》卷 419 元稹《胡旋女》。

之治",胡旋舞不曾"迷"君误国,从未遭到非议,为什么天宝末就成了祸乱之源呢?

相形之下,唐玄宗与杨贵妃倒是坚持歌乐革新的中坚力量。他们对胡音夷乐不予排斥,相反,积极提倡,使"胡化"或"胡俗"成为时髦。这实质上是盛唐乐舞对外开放的深化反映,具有一新唐人耳目的启迪作用。如果一味排斥外来舞乐,哪有盛唐艺术苑里的万紫千红呢? 问题是天宝末季之前的胡乐是独立存在的,如高昌乐、龟兹乐、疏勒乐、安国乐、康国乐、天竺乐、西凉乐、高丽乐等等,它们与传统的清商乐不相交侵,故唐人鲜有异议。开元晚期,"胡部新声"传入,也还是不相参错的。天宝十三载(公元754年),唐玄宗"始诏道调、法曲与胡部新声合作,识者异之,明年禄山叛。"[1]于是,分歧产生了。白居易、元稹等人认为破坏了华音的纯正性,讲不出什么道理,便摆出乱政吓人。例如,白居易从"审音与政通"的礼乐观出发,强调:"一从胡乐相参错,不辨兴衰与哀乐。愿求牙旷正华音,不令夷夏相交侵。"[2]兹后北宋欧阳修在《新唐书·礼乐志》中也重复了这种看法。其实,以夷夏之辨、审音得失作为甄别治乱兴衰的依据,是儒家保守的礼乐观的反映,不足为训。而唐玄宗将"胡部新声"引进道调、法曲是继《霓裳羽衣曲》之后,进一步扩大音乐改革的尝试。当他刚熔华夷音乐于一炉时,不巧遭次年的安禄山犯阙,使这次更大胆的华夷音乐革新夭折于摇篮之中,致遭带有传统礼乐观的人士的物议,沉沦千载,不亦冤乎!

第三节　艺术伴侣

从艺术修养来看,唐玄宗与杨贵妃不愧为一对艺术家。彼此

---

[1] 《全唐诗》卷419元稹《立部伎》自注。
[2] 《全唐诗》卷426白居易《法曲》。

相爱的十四年里,几乎都是在歌舞声中度过的。

(一)音乐家与歌舞家

如果说,唐玄宗是杰出的音乐家,那么,杨贵妃就是出色的歌舞家。

唐玄宗的音乐才能是从小培养起来的。父亲睿宗以"好乐"著名,对于音乐往往"听之忘倦"。[1] 玄宗幼年幽居深宫,常与乐工为伴,逐渐学会音律。长大后,仪范伟丽,"性英断多艺,尤知音律。"[2]在潞州任别驾时,爱上歌女赵氏,决非偶然。开元初期,励精图治,但仍然嗜好音乐,以致有人上疏批评玄宗"悦郑声",玄宗嘉其诚而不纳。历史上喜爱音乐的帝王不少,但善于作曲的就不多了。唐玄宗精通音律,元稹、白居易都推崇其"雅好度曲"。民间流传并经诗人润笔的李谟偷曲的故事,最为传神。据说,玄宗东幸驻跸上阳宫,夜阑新翻一曲,击节度谱。适有少年笛手李谟路过宫墙,偷听度曲,默记曲谱。次夕元宵,玄宗潜游灯下,忽闻酒楼有人笛奏己曲,问其来历,方知缘由。元稹诗云:"李谟擪笛傍宫墙,偷得新翻数般曲。"[3]张祜也有诗曰:"平时东幸洛阳城,天乐宫中夜彻明;无奈李谟偷曲谱,酒楼吹笛是新声。"[4]李谟故事的真实性难以考证,但流传如此广泛,说明玄宗"度曲"知名度之高!北宋王谠赞扬玄宗"制作诸曲,随意即成,如不加意。"[5]达到即事作曲、随心所欲的地步,那该有何等的真功夫!粗略统计一下,玄宗创作的曲除了著名的《霓裳羽衣曲》外,还有《得宝子》、《紫云回》、《凌

---

① 《旧唐书·严挺之传》。

② 《旧唐书·玄宗本纪上》。

③ 《全唐诗》卷 419 元稹《连昌宫词》。

④ 《全唐诗》卷 511 张祜《李谟笛》。

⑤ 《唐语林》卷 4《豪爽》。

波曲》、《龙池乐》等等。① 玄宗不仅作曲,有时也兼填词。王建《宫词》云:"朝来乐部歌新曲,唱着君王自作词。"玄宗诗词水平并不高超,远比"度曲"逊色,但能够填词,也算是不简单的了。

杨贵妃也具有天赋的艺术素质,十余岁在歌舞中心的洛阳开始学习,很快就显露出才华,惹人注目。召入内宫以后,以绝代姿色与兼通音乐歌舞,使她与一般只善歌舞的嫔妃区别开来,受到唐玄宗的专宠。司马光称赞:玄宗"精晓音律",贵妃"晓音律"。以"精"否划分,表明大史学家用词极有分寸。的确,两人都通音律,但内行程度有别。贵妃作曲之数量、质量,自然比不上玄宗。但是,一个妃子能作曲,这在嫔妃群中是难能可贵的。相传《凉州曲》,"贵妃所制"。② 这恐怕不是事实。《开天传信记》云:"西凉州俗好音乐,制新曲曰《凉州》,开元中列上献。上(玄宗)召诸王便殿同观。"据此,《凉州曲》是开元中传入的。由于玄宗的喜欢,贵妃作了改编,使之成为天宝中的流行歌曲。

杨贵妃是以出色的舞蹈家而彪炳于盛唐史册的。她善舞"霓裳"与胡旋舞,上面已经说过了。天宝年间,玄宗沉醉于丝竹齐鸣、翩翩起舞的艺术气氛中,能歌善舞的杨贵妃投合了唐玄宗的艺术情趣,唐玄宗大有知音恨晚之感。在帝京兴庆宫与骊山华清宫,他俩在歌舞活动中,配合默契。或者联袂演出,玄宗调玉笛以倚曲,贵妃"笑领歌",甚为得意。或者由梨园弟子演奏金石丝竹,贵妃于乐曲声中飘然起舞。有时候,"贵妃姐妹尽来看",共同观赏宫妓乐舞。盛大的歌舞场面,反映了升平的盛唐气象!

(二)善奏乐器,多才多艺

唐玄宗与杨贵妃还能演奏多种乐器,这是他们成为艺术伴侣

---

① 《旧唐书·音乐志一》云:"玄宗又制新曲四十余,又新制乐谱。"
② 《明皇杂录》补遗。

的一个重要原因。

唐玄宗多才多艺,可能出于家学渊源。父亲睿宗喜奏琵琶,据说,他有把心爱的"玉环琵琶",后由玄宗一直珍藏至天宝末。长兄成器以善笛出名,且懂乐理。弟弟隆范善弹琵琶,睿宗时任太常卿,说明也是熟悉音乐礼仪的。请看,这是音乐气氛浓厚的家庭。开元中,作为至尊的帝王,却常与兄弟聚会,奏乐助兴,往往自执丝竹。玄宗有时登花萼楼,"闻诸王音乐之声,咸召登楼同榻宴谑。"每逢大哥生日,"必幸其宅,移时宴乐。"①如此家庭演唱会,反映了盛唐宫廷生活的特色。

大概由于家庭的影响,玄宗从小就会弄笛。随着岁月的推移,技艺愈来愈精,或调玉笛倚曲,或以笛度曲。除了李谟故事外,还有这样的传说:玄宗梦见众多仙女,飘飘而下,悬奏乐器,曲调清越,仙女告诉说,这是《紫云回》曲,传授陛下,为正始之音。玄宗喜而受之,一觉醒来,余音犹在,忙以玉笛习曲,曲尽其妙。这当然是神话,姑妄听之,但善笛度曲确是事实。

玄宗也会拨弄弦乐器,"自执丝竹",②"丝管皆造其妙。"③就是说,弹丝弦乐器与奏管乐器一样内行。例如,玄宗善琵琶。《明皇杂录》云:"玄宗梦凌波池中龙女,制《凌波曲》。"乐史加以演化,说玄宗醒来,尽记梦中之曲,"自御琵琶,习而翻之。"④附会神怪,不足为凭,但玄宗会弹琵琶看来也有所据。及至天宝末,"羯胡犯京",避乱出奔前夕,登花萼楼,叫人把珍藏的睿宗的"玉环琵琶"拿出来,"命禅定僧段师弹之"。⑤ 张祜诗云:"宫楼一曲琵琶声,满

---

① 《旧唐书·睿宗诸子传》。
② 《资治通鉴》卷 211 开元二年五月条。
③ 《唐语林》卷 4《豪爽》。
④ 《杨太真外传》卷上。
⑤ 《明皇杂录》逸文。

眼云山是去程。"①可见,寄悲凉于琵琶,感情是何等的深沉。

玄宗最拿手的,要算是羯鼓了。这种爱好,不仅与他的雄豪性格有关系,而且跟他的对外文化开放政策分不开。前面说过,玄宗积极倡导胡音、胡舞、胡俗等。羯鼓系打击乐器,南北朝时已从西域传入。形如漆桶,击用两小杖,故又称"两杖鼓"。唐代的高昌乐、龟兹乐、疏勒乐、天竺乐等都用羯鼓伴奏,盛行于开元、天宝年间。玄宗常说:"羯鼓,八音之领袖,诸乐不可方也。"②八音,指金、石、丝、竹、匏、土、革、木。羯鼓声声焦杀,特异众乐,故为八音之首。"羯鼓声高众乐停",那高昂雄壮的鼓声,恰好与盛唐气象相配合。难得的是,玄宗本人还是击鼓的好手。传说,有一次,玄宗问"善羯鼓"的李龟年能打多少杖,答曰:"臣打五十杖讫。"玄宗说:"汝殊未,我打却三竖柜也。"过了几年,又闻李龟年打一竖柜,"因锡(赐)一拂杖羯鼓棬"。③故事真实性无法考核,但多少反映了唐玄宗体力健壮与技艺高超!

杨贵妃也是多才多艺,善奏各种乐器。首先,她以弹拨琵琶见长。传说,她所用的琵琶选材极精,是"中官"白秀贞从蜀地带回的,"其槽以逻逤檀为之",温润如玉,光辉可见,用金镂红文,做成双凤。"贵妃每抱是琵琶奏于梨园,音韵凄清,飘如云外。"许多人包括虢国夫人都拜她为师,自称"琵琶弟子"。④

贵妃还是击磬高手。据《开天传信记》载,"太真妃最善于击磬拊搏之音,泠泠然新声。虽太常梨园之能人,莫能加也。"唐玄宗特令选蓝田绿玉,精琢为磬。"制作神妙,一时无比。"以蓝田石或者华原石制磬,是对传统磬石的改变。原来,"天宝中,始废泗滨磬,用华原石代之。"直至中唐,白居易就此询问"磬人","磬人"

①　《全唐诗》卷 511 张祜《玉环琵琶》。
②　《新唐书·礼乐志十二》。
③　《隋唐嘉话》补遗。
④　《明皇杂录》逸文。《杨太真外传》卷上作"寺人白贵贞"。

引故老云:"泗滨磬下,调之不能和,得华原石考之乃和,由是不改。"①蓝田与华原,同属京兆府,蓝田玉石可能比华原玉石更好。看来,天宝中改用磬石,似与杨贵妃善磬而讲究选石有关。这种改制无疑是有利于磬乐的发展。

(三)礼待艺人,培育新苗

唐玄宗与杨贵妃,作为一对出色的艺术家,礼待各种歌舞名伶,培养艺术新人,随和相处,切磋技巧,没有皇帝的专横,没有宠妃的刁习,这实在是很可贵的。

古代乐工归太常寺管辖,编入乐籍,号"太常音声人",是封建社会里的特种专业人户。士流已不屑与之为伍,更不用说帝王了。至于教习乐工的乐师,也是不预士流的贱民。但唐玄宗却能亲自"教太常乐工子弟三百人为丝竹之戏",②对才艺出众者予以优厚赐赏或者破格授官。他对艺人的关怀,是历代帝王中罕见的。因此,大批名师如马仙期、张野狐、贺怀智等等,纷纷汇集于玄宗手下。特别是著名音乐家李龟年、彭年、鹤年兄弟三人,以"才学盛名",深受玄宗"顾遇"。他们在东都大起第宅,"逾于公侯。"③总之,把优倡之类贱民当作有一技之长的艺人看待,是盛唐气象折射出来的人性曙光,应当刮目相看。

唐玄宗不拘一格选艺人,他以"性识"即禀赋才艺作为选拔的依据,打破了过去按部排乐的僵死作法,通过比赛,激励乐工们苦练本领的积极性。无"性识"者退,有"性识"者进,以技艺高低确定等级,这是一种合理的改革。

除了太常乐工外,唐玄宗还十分重视各地民间艺人。开元二

---

① 《全唐诗》卷426白居易《新乐府·华原磬》自注。
② 《旧唐书·音乐志一》。
③ 《明皇杂录》卷下。

十三年(公元735年)正月,玄宗在东都命三百里内刺史、县令各帅所部音乐,集于五凤楼下,"令较其胜负而赏罚焉。"①怀州刺史以车载乐工数百,皆衣文绣,服箱之牛皆为虎豹犀象之状,观者骇目。这种盛大的会演,为选拔人才创造了条件。

影响所及,杨贵妃对善歌善舞者也很器重。她身边有两名侍儿,善歌的叫红桃,善舞的叫张云容,彼此融洽,互相教习。还有一位新丰女伶谢阿蛮,以善舞著名,"常入宫中,杨贵妃遇之甚厚,亦游于国忠及诸姨宅。"②谢阿蛮,与杨贵妃素无瓜葛,但让她出入禁宫,完全是出于对舞蹈名艺人的赞赏,或许可以彼此切磋技艺。贵妃特赠以"金粟装臂环",阿蛮一直珍藏在身边。可见,杨贵妃是颇有人情味的,待人厚道。

(四)梨园与宜春院

梨园与宜春院,是盛唐时期音乐歌舞的教演机构,与唐玄宗、杨贵妃的关系极其密切,由此可以看到这对艺术伴侣关怀舞乐发展的用心。

"梨园"名称始见于《旧唐书·中宗本纪》,在光化门北,主要是打毬、拔河的空旷场所。开元二年(公元714年),唐玄宗新置"梨园",于近于禁苑之处置院,当为室内建筑,宜于教曲习乐。前后两处"梨园",似有不同的性质。玄宗新置的梨园是教练坐部伎子弟法曲的场所,玄宗自任教练,校正曲音,故号"皇帝梨园弟子"。也就是说,"皇帝梨园"是皇家音乐教习、排练厅,由"预教"的弟子与执教的乐师组成皇家乐队,他们从坐部伎挑选出来,原先已有奏乐技巧,经过审音专家唐玄宗的指导,必使曲艺更上一层楼。这是具有深远历史影响的事。元明以后,戏班仍沿称"梨

---

① 《明皇杂录》卷下。
② 《明皇杂录》补遗。

园",艺人崇奉唐玄宗为祖师,甚至塑像供奉,演出前上香祈祷,保佑不出差错。显然,这与唐玄宗严于正声有关,也表现了后世戏曲艺人对他的感念之深。

唐玄宗新设的宜春院,亦是梨园,不过,教习的是以女性为对象。据《新唐书·礼乐志十二》载:玄宗以"宫女数百,亦为梨园弟子,居宜春北院。"宜春院当在西内宜春门内,近射殿。它的设置比梨园晚些,但在开元中似已经有了。如果认为"天宝中"才建立,似未必正确。当然,天宝年间,由于杨贵妃倡导歌舞,宜春院更加火红了。张祜诗云:"宜春花夜雪千枝,妃子偷行上(玄宗)密随;便唤耍娘歌一曲,六宫生老是蛾眉。"①这里道出了杨贵妃与宜春院关系的密切。妃子住在南内兴庆宫,宜春院在西内大极宫宜春门内,相隔尚远,须经夹城复道,故诗人想象贵妃"偷行"而玄宗"密随"。当然,"偷行"与"密随"均属虚构,不过,反映了唐玄宗与杨贵妃是经常到那里去的。

宜春院与梨园还有一个区别是:前者以习演歌舞为主,后者以习奏乐曲为主。歌舞以女性擅长,所谓长袖善舞,宜春院可说是皇家歌舞集训、排演场所。因系宫女习艺、演艺,故也称宫妓,亦名"内人",人数仿照梨园,其中优异者单独演于内宫小殿,一般性的众多艺人则演出了群众场面。在天宝弥漫乐舞的气氛中,经唐玄宗与杨贵妃的关怀,宜春院里培养了一批女歌舞家。王建《宫词》云:"缝着五弦琴绣袋,宜春院里按歌回";"小随阿姐学吹笙,好见君王乞与名。"这些弹吹丝管乐器的宫妓,可惜没有留下姓名。总之,宜春院对培养女歌手、女舞妓、女乐工起了重要的作用。

此外,唐玄宗设置了别教院与小部音声。别教院,是专教乐工新曲与演奏新曲的机构,人数比梨园与宜春院都多,常有千人。唐玄宗为了将度谱新曲投入演奏,需先经排练,别教院的任务就是教

---

① 《全唐诗》卷 511 张祜《耍娘歌》。

会乐工供奉新曲的演奏。这就将曲谱与奏乐联为一体,使作曲家与演奏者相得益彰。小部音声,是一种小型乐队,约三十余人,乐工均为未成年者,即十五岁以下。看来,新置于天宝中,以供娱乐。

综上所述,出于对音乐歌舞发展的关怀,唐玄宗建置了梨园、宜春院、别教院、小部音声等机构,着意教练与培养了一大批乐工与歌舞艺人,为繁荣盛唐艺坛绘制了绚丽多彩的新画面。而正是以这幅画面为背景,展现了玄宗与贵妃这对艺术伴侣的爱情生活。

第十八章　太真"仙子"与道教

　　杨贵妃与唐玄宗爱情生活的一个特点是:她以玄宗的宗教信仰作为自己的信仰。从开元末到天宝末,唐玄宗崇信道教,慕长生,炼金丹,恋飞升,几乎与日俱增;而杨贵妃与之心心相印,一致崇道,使李杨后期的爱情愈益坚固。因此,在民间染有道教绚丽色彩的传说中,舒展了李杨悲思与神游的构思,设想了"南内真人"与太真"仙子"重圆的情节。如果撇开传说的荒诞不经的外衣,却透露了杨太真与道教的紧密联系。

第一节　"精修"与"严奉"

　　杨贵妃生前跟道教结下不解之缘,就是死后,民间传说她仍然生活在道院中。这种情况在历代后妃中恐怕是罕见的。

(一)"虽居荣贵,每在精修"

　　前面说过,开元二十八年(公元740年)底,唐玄宗颁布《度寿王妃为女道士敕》,敕文强调:"寿王瑁妃杨氏,素以端懿,作嫔藩国,虽居荣贵,每在精修。"这里,赞扬寿王妃杨玉环"精修"道教,未免言过其实,但多少反映了她与道教是有缘分的。须知,开元晚期,即杨玉环为寿王妃的那四五年,朝野上下,崇道之风愈演愈烈,玄宗继亲自注释《道德经》之后,任道士尹愔为谏议大夫、集贤学士兼知史官,特赐朝散阶,并下诏"许道士服视事"。随之,命两京及诸州各置玄元皇帝庙一所,下令置崇玄学,令习《老子》、《庄

438

子》、《文子》与《列子》，每岁依明经例举。所谓"妇女勤道"，也成了时尚趋向。除了金仙公主、玉真公主、万安公主等这批著名的女道士外，还有不少"荣贵"之家的女子纷纷"勤道"，以当女道士为荣耀。在这种浓烈的尊崇道教的气氛下，寿王妃杨氏参与修道活动，是十分自然的，虽然史料上至今没有留下具体的记载。

如果说，寿王妃"勤道"，尚无确证，那么，杨玉环"度为女道士"后，"精修"道教则是不言而喻的了。史书上载："丐籍女官。"①"丐"，乞也，指杨玉环主动乞求为女道士。其实，这是唐玄宗以己之欲强加于人的做法，第十三章已经作了分析。值得注意的是"籍"字，"籍"指户籍。原来，唐代除民籍、贱籍外，还有僧籍与道士籍，均由民户剃度而附籍的。政府设有专管机构，负责掌管道士籍与度道事宜。② 杨玉环当了女道士，名义上另属籍簿，仅仅表明其身份不再是寿王妃而已，决不会跟一般的道士籍等同起来。不过，既然是女道士，就要按照教规参加一定的"精修"活动。据记载，杨玉环住在大明宫的"内太真宫"，③熟悉与学习道教的礼仪与经典。内太真宫里当有住持与女道士多人，实际上替杨太真生活起居服务。

唐玄宗度寿王妃为女道士，虽然出于他个人的好色目的，客观

---

① 《新唐书·杨贵妃传》。为什么称"女官"呢？"官"与"冠"同。"冠"指女道士所戴的黄冠，故女道士称"女黄冠"，简称"女冠"或作"女官"。《唐律疏议》卷6有"诸称'道士'、'女官'者"的律文，可见，"女官"之称至迟在隋唐之际已经出现。

② 《旧唐书·职官志三》载："崇玄署……令掌京都诸观之名数，道士之帐籍与其斋醮之事。"规定天下州县三年造籍一次，一式三份，崇玄署一份、州县各留一份。开元二十四年改上宗正寺，天宝二年转呈司封。

③ 《新唐书·杨贵妃传》云：玉环度道后"内禁中"。《通鉴》曰："潜内太真宫中。"《杨太真外传》亦云："住内太真宫。""内太真宫"何以得名？显然与"太真"道号有关。如睿宗度八女、九女西城与隆昌公主为女官，曾取金仙与玉真封号，道家以"真"与仙同义，故封号亦具其道号之意，造观命名为金仙观、玉真观。

439

上却有利于道士社会地位的提高。开元二十九年（公元741年）正月，即杨玉环度道不久，河南采访使、汴州刺史齐浣上奏："伏以至道冲虚，生人宗仰，未免鞭挞，熟瞻仪型。其道士、僧、尼、女冠等，有犯望准道格处分，所由州县不得擅行决罚，如有违越，请依法科罪"，"敕旨，宜依。"① 可见，道士、女冠具有法外特权。他们"有犯"，一般以奸情为多，而《唐律疏议》原订的"道士、女官奸者，加凡人二等"，② 就变成虚文了。若以"道格"处分，至多令其还俗，岂非道士、女冠的身份可作抵罪的特权了吗？这样一来，他们既可逃避差徭，又可豁免刑法处分，社会地位显然提高了。

由于上述原因，道士、女冠自然受到凡人宗仰。如天宝二年（公元743年），"太子宾客贺知章请度为道士还乡"，③ 受到玄宗的赞赏与朝士的欢送。玄宗还优待道士，对两京宫观"各赐近城庄园一所，并量赐奴婢。"④ 因此，他把度道士视为一种"恩典"。天宝六载（公元747年）正月，下诏说：凡天下诸观道士人数不足定数的，恩准"度满七人"，标准有两条，年龄要"三十以上"，须具备"道行经业"者。⑤ 而且，玄宗对上层道教人士如观主、法师、炼师等予以殊遇，封官赐号，与之素笺往还。如对茅山道士李含光，玄宗尊称其为"炼师"、"尊师"、"元静先生"，自称"弟子"。道士如此走红，女官自然亦为时人看重。杨玉环度道不到一年，就宠逾于武惠妃了，宫中称呼她为"娘子"。但在时人心目中，还是一个女道士。直至天宝四载（公元745年）八月，杨太真被册为贵妃后，虽在官修正史中都以杨贵妃称谓，但在唐宋文人的野史、诗文里仍称"太真"或"贵妃太真"，乐史《杨太真外传》更以"太真"作为篇名。如

---

① 《唐会要》卷50《尊崇道教》。
② 《唐律疏议》卷6《杂律》。
③ 《旧唐书·玄宗本纪下》。
④ 《册府元龟》卷54《帝王部·尚黄老二》。
⑤ 《册府元龟》卷54《帝王部·尚黄老二》。

此等等都表明她是太真妃子。

（二）"勤志元宗，协诚严奉"

杨贵妃热心于道教的活动，得到了唐玄宗的首肯与表彰。

天宝七载（公元748年）三月，据说，兴庆宫大同殿柱上长出"玉芝"来，著名道士李含光闻讯，奏称道教圣地茅山也出现"灵芝"。玄宗神乎其神地宣称："玉芝遥为合应，斯仙真上祐。"①同年五月，群臣上尊号曰"开元天宝圣文神武应道皇帝"。所谓"应道"，就是指虔诚奉道得到的符应。为了表彰崇道圣德与瑞祥符应，唐玄宗颁发了册尊号大赦敕。敕文回顾了自己一贯弘扬道教、宗道师人、行教尊礼的业绩，追封了历史上一批名道为神仙或真人，宣布扩大道教宫观基地及道士人数。其中，特别指出："贵妃杨氏，禀性柔和，因心忠孝，克慎闺壸，蹈礼循诗，加以勤志元宗，协诚严奉，率励宫掖，以迪关雎，宜赐物三千匹，……其太真观虽先已度人，住持尚少，宜更度七人。"②

注意！敕文颁布的时间，距离杨贵妃第一次"出宫"风波近两年。玄宗称赞贵妃"禀性柔和"、"蹈礼循诗"，反映了李杨爱情生活的日趋和谐。至于"勤志元宗，协诚严奉"，更是对杨贵妃笃信道教的表彰。这里，所谓"元宗"，即"玄宗"，也就是指道教圣主玄元皇帝。回顾历史，唐高宗首先追封老子（太上老君）为"太上玄元皇帝"，设庙祭祀。武则天时一度废除"玄元皇帝"的称号。唐中宗复辟，依旧称"玄元皇帝"。及至唐玄宗天宝二年（公元743年），加玄元皇帝尊号"大圣祖"。在神化玄元皇帝的过程中，杨贵妃也是"协诚严奉"，"勤志"于玄元皇帝，足以成为后宫嫔妃的楷模。因此，唐玄宗特地"赐物三千匹"，以资鼓励。

---

① 《全唐文》卷36玄宗《命李含光投谢茅山敕》。
② 《唐大诏令集》卷9《天宝七载册尊号赦》。

上述敕文还透露了一个事实:杨贵妃原先修道的太真观,仍然受到非同寻常的优待。前面说过,杨玉环刚度为女道士时,住在大明宫里的太真观。开元二十九年(公元741年)冬十一月,从骊山回来,杨太真就长居兴庆宫了。不久,内太真宫迁至宫外,称为外太真观。杨太真虽然不去了,仍旧关心那里的修道活动。女道士嫌少,就提出增度的要求。天宝七载(公元748年)敕文再次准许"更度七人",表明了唐玄宗对"协诚严奉"是另眼相看的。

唐玄宗诏敕中"勤志元宗"的赞语,虽与七八年前的"妇女勤道"涵义差不多,但"协诚严奉"却反映了杨贵妃从女道士到贵妃前后崇道思想与行动的深化。显然,这离不开唐玄宗对她的深刻影响。

(三)神权与皇权

在唐玄宗与杨贵妃的共同崇道的影响下,出现了神权的皇权化与皇权的神权化这两股趋势。朝野上下,无不沉浸在"上玄元之尊"、"献宝符之瑞"的气氛中。[①]

皇帝神化,早已有之,但以人间最尊贵的皇帝封号敕赐老君,却是唐朝的特色。唐高宗已将老君封为"玄元皇帝"。唐玄宗开创了移用宫阙制度的先例,使他的崇道具有神权皇权化的特征。具体表现在以下几点。

第一,改庙为宫。人间至尊的龙居之处称为宫殿,供奉玄元皇帝的宸居岂能沿袭旧称。天宝元年(公元742年)九月,玄宗下诏将两京及天下诸郡的玄元皇帝庙,改为玄元皇帝宫。次年三月,又改西京的玄元皇帝庙为太清宫,东都为太微宫,天下诸郡为紫极宫。将道庙升格为道宫,反映了唐玄宗崇道尊祖的加深。

第二,追封真人。世俗帝王拥有师保辅弼,玄宗仿照朝官制

---

① 《高力士外传》。

度,为玄元皇帝配备班底。天宝元年(公元742年),敕尊庄子为南华真人、文子为通玄真人、列子为冲虚真人、庚桑子为洞虚真人。天宝七载(公元748年),又封张天师为太师、陶弘景为太保。玄元皇帝有了列仙、真人、师保等侍奉左右,就无冷落之感。

第三,强化道举。所谓"道举",指以道经作为教育与取士的用人制度,开元时已有,至天宝间趋向完备,其标志是在原有的《道德真经》之外,将四部子书升格为经,称为《南华真经》、《通玄真经》、《冲虚真经》、《洞虚真经》,"宜以《道德真经》置诸经之首"。① 新置崇玄博士与助教各一员,崇玄生徒百人,作为培养道学的接班人。

第四,规定半阙的书写格式。唐玄宗将诏敕的书写格式,移用到圣祖头上,下敕百官表疏及一应公文,凡引用《道德真经》之词,一律半阙。此外,唐玄宗还以皇帝的冠服制度改装了老子的形象。天宝二年(公元743年),诏令以"王者衮冕之服,绘彩珠玉为之",②把圣祖的神权外衣也皇权化了。天宝四载(公元745年),甚至连太清宫的行礼官祭祀玄元皇帝时,也脱去祭服而改穿了朝服。

总之,唐玄宗里里外外,俱以自己至尊的模式,铸造了道教教主,把他装饰成人间主宰。神是人创造出来的,神的礼仪制度都可以从人那里找到它的踪迹。随着玄元皇帝的玄宗化,玄宗也玄元皇帝化了。也就是说,在神权的皇权化同时,皇权也神权化了。

天宝元年(公元742年),玄宗以玄元皇帝显圣,加尊号为"开元天宝圣文神武皇帝";天宝七载以符应,又加尊号为"开元天宝圣文神武应道皇帝";天宝八载(公元749年),再加"开元天地大宝圣文神武应道皇帝";天宝十三载(公元754年)甚至加到"开元天宝圣文神武证道孝德皇帝"的高度。在宣扬神权的感应下,皇

---

① 《全唐文》卷32玄宗《尊〈道德〉、〈南华〉经诏》。
② 《册府元龟》卷54《帝王部·尚黄老二》。

权的灵光圈越加越多,尊号也越来越长。天宝十三载(公元754年),追加老子为"高上大道金阙玄元皇帝天皇大帝"。"天皇大帝"比起"玉皇上帝"至尊神衔,毫无逊色之处。

玄宗制造皇权的神权化,还有一个十分露骨的作法。天宝四载(公元745年),太清宫道士萧从一胡诌了一通圣祖显灵的谎言,说玄宗是"上界真人,令侍吾左右"。道士们一片随和:"(请)置玉石真容,侍圣祖左右。"①于是,两京至天下诸郡纷纷铸玄宗等身真容,置于神宫之中,与"上界真人"应证,受到士庶臣僚的顶礼膜拜,备受人间的香火熏陶。玄宗成为崇道出名的皇帝还不过瘾,还幻想成为神仙君主呢!

杨贵妃在上述情况下"协诚严奉"道教,与她获得的专宠以及与唐玄宗爱情的日益深化,是同步发展的。

第二节 "七月七日长生殿"

"七月七日长生殿,夜半无人私语时:在天愿作比翼鸟,在地愿为连理枝。"这是脍炙人口的传神韵语。然而,"长生殿"扑朔迷离,历来就有各种说法。"七月七日"的解释也是仁智互见,各持一端。其实,围绕这个特定的时间与空间,从史学与意境两个角度,都反映了唐玄宗与杨贵妃爱情和道教的直接或间接的联系。

(一)长生殿与集灵台

据《旧唐书》所载,唐高祖崩于垂拱殿,太宗崩于太极殿,高宗崩于贞观殿,中宗崩于神龙殿,睿宗崩于百福殿。以上诸帝的寝殿,都没有名为长生殿的。

以长生殿为寝殿,最早见于《通鉴》:武周长安四年(公元704

---

① 《册府元龟》卷54《帝王部·尚黄老二》。

年）十二月，"太后寝疾，居长生院"。胡三省注云："长生院，即长生殿，明年（中宗神龙元年，公元705年）五王诛二张，进至太后所寝长生殿，同此处也。"又说："此武后寝疾之长生殿，洛阳宫寝殿也。"他还举出肃宗寝疾之长生殿，是"长安大明宫之寝殿"、白居易《长恨歌》七夕盟誓的长生殿，是"华清宫之寝殿"。胡三省所能举出的例子，仅是三处。但他断言"盖唐寝宫皆谓之长生殿"，显然与以上史实不符，①不免流于以偏概全。不如反过来说，唐宫长生殿多为寝殿，则较为确切。

唐玄宗开元年间，无论就长安兴庆宫或骊山温泉宫的寝殿，都没有称长生殿的记载。据《旧唐书·玄宗本纪》载："（天宝元年）冬十月丁酉，幸温泉宫。……新成长生殿名曰集灵台，以祀天神。"《旧唐书·礼仪志》亦有类似记载："新作长生殿改为集灵台。"从行文来看，似乎新筑的长生殿即集灵台，是祭祀天神的圣殿。但有人认为长生殿是沐浴的斋殿，而华清宫的寝殿是飞霜殿。有人认为长生殿不是斋殿，而只能是"夜半私语"的寝殿。

看来，很有必要揭开这个谜团。不妨先从集灵台说起，从其取名与作用来看，无疑是神殿。玄宗祭祀的至尊天神，当首推玄元皇帝。回顾开元年间，他在兴庆宫大同殿多系每天四更初起，穿衣漱毕，即礼谒玄元皇帝圣容。开元末，以玄元皇帝玉石立像代替其悬挂画像，玄宗礼谒更勤了。《旧唐书·礼仪志四》曰："玄宗御极多年，尚长生轻举之术。于大同殿立真仙之像，每中夜夙兴，焚香顶礼。"②寝殿邻近神殿，才便于中夜礼道。有时，玄宗于理政之暇，

---

① 《资治通鉴》卷207长安四年十二月条及胡三省注。又《旧唐书·陈夷行传》载陈夷行于唐文宗大和八年"充皇太子侍读，诏五日一度入长生院，侍太子讲经。"此处长生院也非寝殿。

② 《册府元龟》卷53《尚黄老一》载：开元二十九年，玄宗置玄元皇帝玉石像于大同殿，李林甫等谀言迎合道："陛下爱舍正殿以为法堂，是尊是崇，至敬至极，殊尝（常）之礼。"所谓"法堂"，即神殿，故此后祥瑞屡见。《全唐文》卷33玄宗《答中书门下贺大同殿钟鸣手诏》云："朕斋心大同"，等等，亦说明大同殿是神殿。

也就便到"大同殿思神念道"。① 大同殿在兴庆殿之南,即神殿与寝殿相邻,还与玄宗的"尚长生"有关。因此,兴庆宫的寝殿虽不见长生殿之名,但赋有玄宗的"尚长生"之实,反映了玄宗晚年寝殿与道教长生的思想联系。

天宝元年(公元 742 年),骊山温泉宫增建了一批建筑,长生殿或称集灵台便是其中之一,建置布局很可能仿照兴庆宫神殿与寝殿邻近的布局。具体的构想可以拟定两种设计:一座较大的殿内分两小殿,一是神殿,一是寝殿;或一座较大殿内分上下两层,上层是神殿,下层是寝殿。从命名来看,后一种设计可能性较大。集灵台的"台"与楼、阁意同,故处上层;长生殿作为寝殿,当处下层。

元代著名史学家胡三省依据《长恨歌》所谓"七月七日长生殿,夜半无人私语时",确认"华清宫之长生殿"是"寝殿"。② 注意,胡氏不说温泉宫之长生殿是寝殿,似乎有意避开与《旧唐书》撰者刘昫矛盾的说法。至少在他看来,天宝六载以后华清宫长生殿是寝殿。那么,天宝元年至六载未改名前的长生殿是否寝殿?他没有交代。两人似乎都没有把问题说完全,刘昫只说了新落成的长生殿是神殿,胡三省只说了改名华清宫后的长生殿是寝殿。而且从两人行文来看,也有不足之处。刘昫没有解释长生殿为什么名曰集灵台。胡三省则压根儿不提集灵台,是出于有意回避,或是情况不明,今不可知。不过,有一点值得注意,他没有指出长生殿与集灵台的不相协调,说明里面大有文章。似乎有一种解释可以消疑:集灵台与长生殿是同一座大殿内相邻的两小殿,或处于平面结构,或处于层次结构。再从他不采纳郑嵎的"飞霜殿即寝殿"

---

① 《高力士外传》。
② 《资治通鉴》卷 207 长安四年十二月条胡三省注。

的说法来看，①他坚信长生殿是寝殿的看法。②

刘昫笼统地说长生殿即集灵台、或集灵台即长生殿，都失于过简，没有说清何以异名，不免使人纳闷。"长生"，当指世人所求，神仙何求于此？联想玄宗晚年"尚长生"，将寝殿傍于神殿之侧，两殿相近而异名，便于礼道、祈求长生来看，肯定集灵台是神殿，而否定长生殿是寝殿；或肯定长生殿是寝殿，而否定集灵台是神殿，都有片面性。究其原因，可能没有虑及骊宫内神殿与寝殿的建置模式是仿照兴庆宫而来的。

集灵台既然祭祀天神，必列真仙之像。这是玄宗尚长生轻举之术的表现，如同他的祖母武则天那样，将寝殿取名为长生殿。③可以说，集灵台与长生殿的毗邻结构，是秉承唐玄宗祈求长生的旨意而来的。

（二）朝元阁

从天宝元年至六载，唐玄宗与太真妃（后称贵妃）每次游骊山，都住在长生殿，并到集灵台祭祀。自温泉宫改名华清宫以后，由于宫殿群落的大规模扩建，情况发生了某些变化。新的扩展以长生殿为中心，北面落成老君殿，"（老君）殿之北为朝元阁，以或

① 《全唐文》卷 567 郑嵎《津阳门诗注》。
② 胡三省是以史学家的眼光来衡量白居易《长恨歌》的。他熟知郑嵎的《津阳门诗注》，取舍与否，皆出于历史审视角度。在他认为郑注具史料价值的，则予引用，如注华清宫汤泉即一例。反之，则予存疑，不予引用，如对郑注的"飞霜殿即寝殿"，就是如此。
③ 武则天于天授三年（公元 692 年）九月，改元"长寿"。后年改元"延载"，意与"长寿"义同。一些方士投其所好，诡言能合炼长生药，武则天信以为真，还加服食。圣历二年（公元 699 年），幸道教圣地嵩山，谒升仙太子庙；次年再幸。返京后，改元"久视"，源出道家与道教的"长生久视"用语。当时她年高多病，为了盼望平安无事，又改元"长安"。但直至长安四年病情反而加重，为图吉利，将卧病寝殿命名为长生院或长生殿，这就是"太后寝疾"，所以"居长生院"的来历。

447

言老君降于此,改曰降圣阁。"①"朝元",即朝拜玄元皇帝,显然,这个建筑是供奉玄元皇帝的。玄宗与贵妃由于虔诚祭祀,期待神人感应,次年底有老君显灵的说法,遂改阁名曰"降圣",以示符应。按其性质,无疑是一座神殿。白居易《华清宫望幸》诗云:"凿山开秘殿",即指此。"秘"与"神"通,"秘殿"即神殿。至于"凿山",正如宋代王谠所描述的:"朝元阁在北岭之上,最为崭绝"。由于山势险峻,故需开凿,工程艰难,可想而知。王谠又说阁之"次南,即长生殿。"可知朝元阁位于最高处,南为老君殿,次南为长生殿。长生殿"东南,汤泉凡一十八所"。② 这样就形成了一个围绕长生殿呈南北辐射的新建筑群,北为神殿,中为寝殿,东南为汤泉。唐玄宗还扩充了宫殿建置范围,"环山列宫室,又筑罗城,置百司及十宅。"③王谠所谓"北岭",实即西绣岭,朝元阁为西绣岭的最高峰。王建《温泉宫行》有"朝元阁向山上起"之咏,杜牧《华清宫》也有"行云不下朝元阁"之叹。

朝元阁的启用,意味着集灵台的消失。新的神殿取代了旧的神殿,使集灵台并入了长生殿,长生殿就成为单独的寝殿了。从长生殿到朝元阁虽然远些、高点,但也无妨。这时,祭祀程序发生了变化。由于唐玄宗耽于逸乐,沉醉于温柔之乡,出现了"武皇一夕梦不觉"、④"日光斜照集灵台"的晚睡晚起情况,⑤改变了从前"中夜夙兴,焚香顶礼"的习惯,改为白天到朝元阁礼神了。

---

① 《资治通鉴》卷 216 天宝七载十二月条胡三省注。
② 《唐语林》卷 5。
③ 《资治通鉴》卷 215 天宝六载十一月条胡三省注。又,郑嵎《津阳门》诗云:"其年十月移禁仗,山下栉比罗百司。朝元阁成老君见,会昌县以新丰移。"自注:"自有诏改新丰为会昌县,移自阴盘故城,置于山下。至明年十月,老君见于朝元阁南,而于其处置降圣观,复改新丰为昭应县。廨宇始成,令大将军高力士率禁乐以落之。"
④ 《全唐诗》卷 511 张祜《华清宫四首》之四。
⑤ 《全唐诗》卷 511 张祜《集灵台二首》之一。

自此以后,杨贵妃的"协诚严奉"就与朝元阁联系一起了。天宝七载(公元748年)三月,兴庆宫大同殿有玉芝呈祥;十二月,华清宫朝元阁有降圣传言。仿佛在玄宗虔敬斋心的感召下,贵妃协同诚心奉道,产生了昭应的现象。降圣固不足取,但透露了杨贵妃的积极配合是可信的。

天宝九载(公元750年)冬,唐玄宗与杨贵妃欢聚华清宫,有个方士声称见到玄元皇帝,预告他太白山宝仙洞有玉石函、《上清护国经》、宝券、纪箓等。唐玄宗郑重其事地派出六员大臣作为专使,取来符应,如获至宝,杨贵妃与他同享乐趣。诗人张祜诗曰:"昨夜上皇新授箓,太真含笑入帘来"。① 所谓"箓",指道箓,就是道教的神学预言符应之类,即方士所说的"妙宝真符"。而这时,正是玄宗尤为"尊道教,慕长生,故所在争言符瑞。群臣表贺无虚月"的崇道高潮。② 杨贵妃为了弥合年初再次忤旨的内疚,于是有含笑入帘祝贺的非同寻常之举。

"那胜妃子朝元阁"③,张祜揭示了杨贵妃起劲地到那儿礼道的情景。"朝元阁迥羽衣新,首按昭阳第一人"④,李商隐则点明了杨贵妃是以女道士的名分去祭祀玄元皇帝的。天宝后期,杨贵妃"好服黄裙"。服色尚黄,与运应土德有关,也与道士服色有关。女道士戴黄冠、穿黄袍,朝廷敕令中往往以"黄"作为道士代称,故"黄裙"也有"羽衣"象征。因此,"朝元阁迥羽衣新",似乎可以作这样的理解:杨贵妃随唐玄宗朝玄时是穿着新制的"黄裙"的。从道衣的象征到虔诚的礼道,正是杨贵妃"勤志元宗,协诚严奉"的表率。她与玄宗在世俗的同居、同辇、同餐、同赏的生活之外,又加上宗教上的同道,真是同到一家了。这也是杨贵妃成为"首按昭

① 《全唐诗》卷511张祜《集灵台二首》之一。
② 《资治通鉴》卷216天宝九载十月条。
③ 《全唐诗》卷511张祜《折杨柳枝二首》之二。
④ 《全唐诗》卷539李商隐《华清宫》。

阳"的一个重要原因。

自天宝六载(公元 747 年)至十四载(公元 755 年),唐玄宗与杨贵妃逢每岁冬十月行幸,朝元阁为必去之圣地。诗人杨巨源寄诗与代宗大历年间任昭应丞的王建曰:"武皇金辂辗香尘,每岁朝元及此辰。"[1]举例来说,天宝十一载(公元 752 年)十月,唐玄宗与杨贵妃去朝元阁更勤了。当时,李林甫已患重病,卧养昭应私宅,心忧如焚,求玄宗一见以冀驱邪,"上乃令林甫出庭中,上登降圣阁遥望,以红巾招之。"[2]可见,玄宗白日至朝元阁礼谒之外,还在这里处理世俗事务。天宝十四载冬十月,玄宗与贵妃幸华清宫,庚午,闻安禄山起兵叛乱。王建作《华清宫感旧》云:"尘到朝元边使急,千官夜发六龙回"。诗中透露了玄宗率领文武百官以及禁军急急忙忙地撤回长安的狼狈相。值得注意的是,王建以朝元阁作为华清宫的象征,似乎他看出了降圣阁在玄宗宗教生活中的重要作用。

华清宫殿阁的变迁史,学识渊博的大诗人白居易还算是了解的,但是,没有留下确切的文字记载,疑团不少。所以后世的诗人学者往往如堕五里雾中,或者避而不谈。如司马光没有片言只语涉及长生殿与集灵台;欧阳修也回避了集灵台,虽在《礼乐志》中提到了长生殿,也是语焉不详。或者笼而统之,如刘昀。或者讲不清骊宫殿室的来龙去脉,如晚唐诗人郑嵎。其《津阳门》诗云:"飞霜殿前月悄悄"。自注云:"飞霜殿即寝殿,而白傅《长恨歌》以长生殿为寝殿,殊误矣。"所谓"飞霜殿即寝殿",不知出自何据?他又说:"长生殿,乃斋殿也。有事于朝元阁,即御长生殿以沐浴也。"这里,既说长生殿是斋殿,又说"沐浴"后,"有事于朝元阁",岂不是成了两座神殿了吗?其实,朝元阁并非与长生殿同时建成,而是建于天宝六载。那么在此以前的五年,长生殿"沐浴"后到哪

---

① 《唐诗纪事》卷 44 王建《宫词》后语。
② 《资治通鉴》卷 216 天宝十一载十月条。

450

里去礼神呢？可见，郑嵎的说法矛盾重重，难以自圆。宋代宋敏求《长安志》及其他一些学者也持此说，并未为多数学者认可，至少元代胡三省就是如此。

（三）"七月七日"与升仙意境

唐玄宗御极四十五年，有数十余次行幸骊宫，多是冬去春回，间有早春往返。但是，从来没有盛夏避暑的记载。这对博学强识的白居易来说，当不致蒙然无知。但是，《长恨歌》偏偏设想了"七月七日"在长生殿"夜半私语"的情节，从而引起后人种种的臆测。

"七月七日"的特定时间与"长生殿"的特定空间发生了脱节，如何弥合，才能珠联璧合呢？假定"七月七日"作为实解，长生殿当作虚拟，空间环境不能设想于华清宫，当在兴庆宫寝殿度七夕节时，玄宗和贵妃凭肩而立，"因仰天感牛女事，密相誓心，愿世世为夫妇。"[1]李商隐《马嵬》二首其二所咏的"当时七夕笑牵牛"，[2]也是阐发白诗陈传的余韵的。但文学不等于历史，不必拘泥于史实的束缚，借用长生殿，实是着眼于李杨爱情史上的典型环境考虑的，似乎更有艺术魅力。否则，就难以展开纵横驰骋的生花妙笔。应该说，诗人统摄史实，运用想象，创造典型，熔铸新篇，如此处理，产生了良好的艺术效果。

若从文学的意境角度理解，"七月七日"不仅只是时间概念，更重要的是包含某种隐喻意象。就唐玄宗和杨贵妃来说，没有什么比道教对他俩爱情生活所起的思想洗礼更为直接的了。前已提到，唐玄宗崇道成僻，杨贵妃"协诚严奉"，在他俩的爱情发展史上注入了奉道的催化剂。白居易对唐玄宗的尚仙飞升是不难得知的。他的"七月七日"四句，是一种照应手笔，描述贵妃仙逝神游

---

① 《长恨歌传》。
② 《全唐诗》卷 539 李商隐《马嵬二首》其二。

之后,玄宗苦思冥想,肝肠寸断,派遣方士寻访仙山,于蓬莱仙宫谒见贵妃,贵妃以自述口吻抒发思念明皇之情,然后托出生前七夕誓言。《长恨歌》是咏史诗,因此诗中有史,史中有诗,诗史交融,虚实相生。"七月七日"的隐喻,以"在天""比翼"的明示,交相叠印,与道教的飞升幻想是有联系的,可以说是别有一层仙家意蕴的。

不妨翻述一下道书,如西汉刘向撰的《列仙传》,其中有一篇《王子乔传》,颇有启迪。传中写曰:王子乔是周灵王太子,年轻好道,游于伊、洛之间,被道士浮丘公引度嵩山学道,历三十余个春秋,忽遇友人柏(桓)良说:"'告我家七月七日待我于缑氏山巅'。至时果乘白鹤驻山头,望之不得到,举手谢时人,数日而去"。① 后出的《续仙传》载王子乔(名晋,字子乔)事迹基本同上,仅谓桓良曰稍异几字:"七月七日我当升天,可与故人会别也。"咸曰:"王子登仙。"② 故后加号曰"升仙太子"。可见,"七月七日"是神仙家编造的王子乔升仙之期。由此引申,这个含有仙风飞升之意的日子,被称为"缑山之期"。反过来看,膜拜王子乔也赋有祈求长生、飞升求仙的含义。一个显著的例子,武则天晚年为求自己健康长寿,曾"幸嵩山,过缑氏,谒升仙太子庙。"胡三省援引《列仙传》作注,无非指明武则天在崇佛的同时也有"缑山之期"的荒诞之想。③

那么,唐玄宗与杨贵妃有没有"七月七日"的缑山之期呢?回答是肯定的。看一下他颁的《敕冀州刺史原复边仙观修斋诏》,就会一目了然的。诏云:"朕承唐运,远袭元(玄)元,载宏道流,遂有灵应。彼之女道丹台真人,白日上升,五云在御,不图好道,遂有明征,深为喜慰。卿旧相之子,家上玄元,能叶心志,自滋目视,果成朕愿。虽上清玄远,而旧相犹存。辽海虽别于千年,缑山复期于七

① 《道藏》第5册《列仙传》卷上。
② 《道藏》第5册《历世真仙体道通鉴》卷3。
③ 《资治通鉴》卷207圣历二年二月条及胡三省注。

日,窈冥响像,故亦依然。……卿可于观所,宜修斋行道,以达朕意也。"①玄宗认为女道白日飞升,是他"载宏道流,遂有灵应"的验征。然后,发挥了一通"辽海虽别于千年,缑山复期于七日"的议论。这个诏敕出于何年何月,史无记载。但从唐玄宗盼望道士升仙、作为他宿愿的实现来看,颁于天宝七载(公元 748 年)稍后颇有可能。②

所谓"辽海",指道教里的蓬莱、方丈、瀛洲三座神山;"缑山",指王子晋升仙的圣地。意思是:遥隔千年的辽海仙山虽属旷远,但以当地"女道丹台真人,白日上升"来看,并非虚无缥缈。他多么期望自己有朝一日也能像王子晋一样"七月七日"升仙。玄宗认为只要诚心宏道,总有灵应,如果说王子晋升仙只有传闻的话,那么丹台真人飞升却是冀州刺史"明视"的实况,为此,"果成朕愿"而深喜。

"七月七日"作为升仙的隐喻,是白居易深悉唐玄宗求仙心态的含蓄表达。天宝以来玄宗迷信道教,期望飞升,梦寐以求,多次表白:"朕志求道要,缅想真仙",③"朕载怀仙境……岂徒梦寐华胥,驰诚碧落而已。"④"华胥",即华胥国,源出《列子·黄帝篇》,说黄帝昼寝"神游"华胥,被道家喻为人间仙境。"碧落",道家指天空。这两句话流露了玄宗遐想神游华胥还不过瘾,实现白天飞升、羽化登仙才过瘾的心境。

天宝晚年,大同殿前钟鼓楼钟鸣,玄宗下诏:"朕斋心大同,……休应荐臻。今九华之钟,三清彻响,声闻金石,气含虚无。

① 《全唐文》卷 32 玄宗《敕冀州刺史原复边仙观修斋诏》。
② 《旧唐书·玄宗本纪》:天宝七载"三月乙酉,大同殿柱产玉芝,有神光照殿。"《册府元龟》卷 53《尚黄老一》载天宝七载三月玄宗下礼道诏云:"诸郡有自古得仙之处,虽先令醮祭,犹虑未周,每处度道士二人。"联系女道升仙,"果成朕愿"来看,故断为天宝七载三月稍后。
③ 《全唐文》卷 36 玄宗《命李含光奉词诣坛陈谢敕》。
④ 《全唐文》卷 36 玄宗《命李含光建茅山坛宇敕》。

是知紫宸之宫,云轺降集,青童之府,烟景来游,灵仙坐接,福寿昭然。"①唐玄宗凭借神殿前钟鸣之事,揣思为仙宫天尊乘云车下降,"灵仙坐接"的征象,想象自己仿佛坐到"云轺"之上,被飘飘然接往"紫宸之宫"了,遂其"七月七日"的猴山之期。

据此,《长恨歌》篇末的传神佳句,是诗人溶入道教的绚丽色彩、别开生面的浪漫主义大手笔,令人拍案叫好。同时也是大诗人歌颂李杨真挚爱情思想的明显流露。"七月七日长生殿"的誓言,由于马嵬惊变,愿为人间的"连理枝"夭折了,那只能以愿作天上的"比翼鸟"来慰藉了。当方士充当传递太真"仙子"的信使还报:"但令心如金钿坚,天上人间会相见",即预言"太上皇亦不久人间",②这样,就实现了"在天愿作比翼鸟"的凤愿。

人死哪能致神,升仙更是妄想。头脑较为清醒的白居易,并非不知虚妄,故煞尾仍以"此恨绵绵无绝期"作结。但是,文学虚构是艺术创作,而杰出的创作决不能随心所欲。从这个角度理解,"七月七日"的意境说也是源于生活而又高于生活的。

白居易的意境观,还为唐宋文人创作野史与传奇提供了思想资料。唐郑处海《明皇杂录》云:"明皇自为上皇,尝玩一紫玉笛,一日吹笛,有双鹤下,顾左右曰:'上帝召我为孔升真人。'未几果崩。""上帝",指玉皇上帝,道教说是总执"天道"的神,是神仙世界的"皇帝"。"真人"与仙人同义。意谓这个太上皇将被神仙"皇帝"封为神仙,将乘仙鹤飞升了。透过所谓"上帝"、"真人"、仙鹤等的荒诞词汇,反映了唐明皇幻想升仙的真实愿望。

宋乐史的《杨太真外传》有一段记载颇值玩味:"(方士)具奏太上皇,皇心震悼。及至移大内甘露殿,悲悼妃子,无日无之。遂辟谷、服气"。注意,"辟谷"不是绝粒。绝粒指绝食,是自杀的一

① 《全唐文》卷 33 玄宗《答中书门下贺大同殿钟鸣手诏》。
② 《长恨歌传》。

种手段;"辟谷"是养生求仙的道术。中唐诗人张籍诗云:"学得餐霞法,逢人与小还;身轻曾试鹤,力弱未离山。……朝朝空漱水,叩齿草堂间。"①描写的多系辟谷的方术。"身轻曾试鹤",赋有辟谷者飞升登仙的企求。玄宗修炼辟谷,也有"试鹤"飞升的涵义。乐史还认可郑处诲的记载传闻,予以移植:"吾奉上帝所命,为元始孔升真人。"紧接着又加了画龙点睛一笔:"此期可再会妃子耳",点破了唐明皇想尸解神游天际与太真"仙子"重圆的心态。于是,"即令具汤沐"。"汤沐"不是指生活上的洗澡,而是礼神前净身的一种宗教仪式,进一层点明明皇要随"仙子"比翼双飞。可见,乐史所增饰的"辟谷"、"汤沐"之词,话虽不多,但都紧紧扣住玄宗幻化飞升,以期"再会妃子",更能体现玄宗与太真比翼神游的意境。从这个角度来看,《外传》缘饰之语,是对《长恨歌》的"七月七日"升仙意境的深化。

白居易围绕"七月七日"展开的太真"仙子"与"南内真人"的情节,②写得如此声情并茂,产生了旷日持久的艺术感染力。而"七月七日长生殿,夜半无人私语时",就是李杨世俗的挚爱与比翼升仙的意境的完美结合。

第三节 "平生服杏丹"

"平生服杏丹,颜色真如故。"③这是刘禹锡《马嵬行》诗中的两句,咏唱了杨贵妃服丹护肤的作用。当然,杨贵妃于马嵬香消玉殒之后,保持生前的白皙、红润的颜面是诗人的想象、夸张,事实是不可能的。但从中透露了杨贵妃生前服丹药的事,完全是可能的,

---

① 《全唐诗》卷384 张籍《赠辟谷者》。
② 《全唐诗》卷283 李益(一作李远)《过马嵬二首》其二云:"……浓香犹自随鸾辂,恨魄无由离马嵬。南内真人悲帐殿,东溟方士问蓬莱。……"
③ 《刘禹锡集》卷26《马嵬行》。

其源盖在于唐玄宗身上。

　　唐玄宗迷恋长生的思想有一个发展历程。开元初,他英年勃发,励精图治,无意顾及长生。及至开元晚年,兄弟诸王相继亡故,使他感到生之有限,死之可期,而道教的修仙长生可以解除他的恐死症,遂激发了他对长生的热烈追求。从道家思想的影响来说,《道德经》中亦有这类消极意识,如所谓"长生、久视之道","不失其所者久,死而不亡者寿",等等。当他执政长达三十年时,还想继续执政,永享皇祚,于是在开元二十九年泄露了天机,自编了玄元皇帝显圣的传言:"当庆流万叶,享祚无穷。"狡黠的李林甫附和说是"启无疆之休,论大庆之应。"①天宝元年(公元 742 年),陈王府参军田同秀编造了玄元皇帝的宣符:"圣寿无疆";天宝四载(公元 745 年)正月,唐玄宗在宫中置坛祭祷,自导自演圣祖显灵云:"圣寿延长";天宝八载(公元 749 年),太白山人李浑等胡诌在太白山金星洞发现一块玉版石,石上书写符篆曰:"圣上长生久视。"如此等等,明显地反映了对长生的盼望。

　　如何才能长生呢?道教方士认为吞服金丹,便能延年益寿,金丹被称为长生药。所谓"金丹",指含硫的金属矿石经高温熔化分解而成的化合药剂。玄宗早在当太子时,对道术就有所涉猎了,如谋士王琚曾以"飞丹炼药"之伎侍奉左右。开元后期,玄宗曾向张果询问"药饵之事",似乎当时虽精于"药方",但尚未有服金丹的迹象。天宝四载,嵩山道士送来仙丹,后来又有茅山道士李含光所呈仙药。②据炼丹方士说,需在名山置炉;玄宗在道教圣地嵩山与茅山都指定法师主持炼制,如李含光就是茅山的主持者。玄宗致函李含光时,曾说他"炉开仙药,九真示传",即指"九转金丹",意为反复炼制,极言金丹之精。这里赞扬李含光勤事炼烧之功,是对

---

① 《册府元龟》卷 53《帝王部·尚黄老一》。
② 《全唐文》卷 36 玄宗《命李含光建茅山坛宇敕》、又《命李含光修功德敕》有"复请尊师于茅山"之语。

东汉魏伯阳炼丹"豫兆于前"的发展,为表示虔诚,特表"斋心以伺,专使以迎。"①唐玄宗还褒扬李含光"保我以金丹之期,"②对他如期炼成,深表感激。正如刘昫所说的:唐玄宗晚年于"天下名山,令道士、中官合炼醮祭,相继于路。投龙奠玉,造精舍,采药饵,真诀仙踪,滋于岁月。"③后来,玄宗自己也学会了配方,专制了金灶,在宫内开炉亲炼,可见他迷恋之深。

金丹能致长生之说,显然是方士的妄言,服食者多数适得其反,促其中毒早死。清代赵翼在《廿二史札记》卷19《唐诸帝多饵丹药》条中指出:"古诗云:'服食求神仙,多为药所误。'自秦皇汉武之后,固共知服食金石之误人矣。及唐诸帝又惑于其说,而以身试之。"不少唐代君主"实由贪生之心太甚,而转以速其死耳。"但是,唐玄宗与杨贵妃服丹食却未中毒,这显然与玄宗懂得医药知识很有关系。时人称"合炼丹药",即于炉里另加清热解毒的中草药,如"性好服饵"的宰相萧嵩罢官后,"于林园植药,合炼自适。"④玄宗的医药知识比萧嵩懂得多,曾多次为臣下开方。他钻研药典,撰集医方,刊行《广济方》,流布天下。他利用己之擅长,解脱了硫化汞之类的毒性,避免了厄运,而且从药物之方获得了保健之道,故活到高龄。李唐诸帝中,最为长寿的就是玄宗。⑤杨贵妃如不遭马嵬横祸,从她的身体素质以及健康或体态来看,也许如玄宗之期。

史言"玄宗好神仙,往往诏郡国,征奇异之士。"⑥他所征的名

---

① 《全唐文》卷36玄宗《答李含光贺仙药、灵芝敕》等。
② 《全唐文》卷41玄宗《送李含光还广陵诗序》。
③ 《旧唐书·礼仪志四》。
④ 《旧唐书·萧嵩传》。
⑤ 女皇帝武则天高龄83岁。李姓皇帝中,玄宗78岁,高祖71岁,德宗64岁。60岁以下,50岁以上有七帝,如太宗、高宗、中宗、睿宗等。46岁至41岁有三帝,38岁以下有七帝。
⑥ 《唐语林》卷5。

道士,有叶法善、司马承祯、王希夷、张果、李含光等,都懂神仙方术。方术致仙是荒诞的,人有生必有死,但方术中却有养生之术,能起健身延年作用。如叶法善明于"摄养占卜之术",[①]"摄养"者,以阴阳、表里、虚实、寒热的辨证疗法,协调人体机能,赋有调养互补、祛邪扶正作用。

司马承祯,师事高宗朝的名道潘师正,师正"服松叶饮水",精于辟谷之术。承祯"传其符箓及辟谷、导引、服饵之术",玄宗召之,亲受法箓。[②]

王希夷,原为嵩山隐士,"师事道士,得修养之术",唐玄宗慕名,命中书令张说"访其道异"。

张果,隐逸恒山,开元二十一年(公元733年)不愿就征,使出"绝气"如死人之状的绝招。[③] 所谓"绝气",是气功之法,运用意念,屏息凝神,气沉丹田,进入假寐状态。玄宗于次年幸东都召见张果,恩礼甚厚,亲学其法。后来,玄宗回到长安,常于大同殿礼道时屏息静心,进入假寐或"思神念道"、"吐故纳新"。[④]

李含光,亦善服气养生,玄宗就遣使求教,如何"运心太虚之境,以养谷神之寿。"[⑤]"运心",即排除杂念,静心服气,属呼吸养生之法。嵇康《养生论》云:"呼吸吐纳,服气养身。"道教予以神秘化,声称吐纳可以吸取"生气",吐出"死气",达到长生,即所谓"谷神之寿"。"谷神之寿",源出《道德经》"谷神不死"的玄言,被道

---

① 《册府元龟》卷53《帝王部·尚黄老一》。
② 《旧唐书·隐逸传》。
③ 《旧唐书·方伎传》云:"开元二十一年,恒州刺史韦济以状奏闻。玄宗令通事舍人裴晤往迎之,果对使绝使如死,良久渐苏,晤不敢逼,驰还奏状。"可见不愿就征是开元二十一年,《通鉴》将此并入二十二年二月条内追叙,易造成错觉。又《大唐新语·隐逸》作"开元二十三年"、《册府元龟》卷53《帝王部·尚黄老》一系于"开元二十年",皆误。
④ 《高力士外传》。
⑤ 《全唐文》卷36玄宗《赐李含光号元静先生敕》。

教利用作为养生之道。

唐玄宗从这些郡国"奇异之士"中学会了"辟谷"、"服气"之类养生术。安史之乱前,他多情多欲,难以专心致志,只有礼道时进行"服气"。从他礼道时"或斋戒一室,则蔬食精专"来看,[①]有时玄宗也吃素,故没有出现老年性的肥胖臃肿之态。暮年幽禁西内时,万念俱灭,勤事修仙,才使"辟谷"、"服气"成为必修功课。

所谓"辟谷",即养生术,仅饮甘露的方术。道教声称,人体里有一种叫"三尸"(或三彭、三虫)的邪怪,靠五谷为生,危害人体。经过"辟谷"修炼,使"三尸"无以为生,从而除去"三尸",才能长生不死。道教杜撰不食人间烟火,仅靠饮水,可以长生飞升,是一派胡言。但是,"辟谷"也属服丹一类方术。服食"辟谷丹"并佐以清泉能维持人体最低限度的营养,有一定的科学依据。丹由山术、山药、黄芪、茯苓、大枣以及花生仁、栗子仁、核桃仁等混合制成,包含有较丰富的植物性脂肪、蛋白质、糖类以及各种维生素、氨基酸等。后来,玄宗的溘然长逝,主要不是"辟谷服气"之故,而是崩于精神忧郁。

道教把养生术纳入修仙方术,虽为这类气功疗法披上了神秘外衣,但如练功得法,亦不失为一种行之有效的延年益寿之术。如玄宗所征的"奇异之士"多以高龄而终。唐玄宗由于"服气"养生,很少生病,当然,促成他健康的因素是多方面的,养生是其中之一。他还喜欢踢毽、击剑、骑术、射击、围猎等体育活动;为人性格豁达、乐观、开朗、不拘小节、诙谐成趣,有利于调节情绪;又懂医药,执政四纪,凡冬在西京必去骊宫,接受温泉疗养。凡此等等,都有利于他的体质提高。从杨贵妃的"协诚严奉"来看,她从唐玄宗那里也有可能学得一点养身之道,细味诗句"平生服杏丹,颜色真如故",颇有道术沾边的一定道理,唐玄宗带动了杨贵妃对道术的爱好,使他俩在这方面也有了共同兴趣。

---

① 《册府元龟》卷59《帝王部·尚黄老二》。

第十九章　杨国忠与天宝乱政

天宝时期,继李林甫之后,左右政局的有两个重要人物:一是杨贵妃的远房堂兄杨国忠,一是杨贵妃的所谓"义儿"安禄山。由于杨国忠的专权,迅速地触发了安禄山的叛乱,最终导致了唐玄宗政治上的垮台。

第一节　"因缘椒房之亲"

杨国忠曾作过这样的自白:"某家起于细微,因缘椒房之亲,以至于是。至今未知税驾之所,念终不能致令名,要当取乐于富贵耳。"①所谓"椒房",是指皇帝的后妃。家境"细微"的杨国忠,因为靠杨贵妃的亲属关系,才爬上了富贵的地位。

(一)"起于细微"

杨国忠,原名杨钊,他的祖父与杨贵妃祖父是兄弟。因此,他与杨贵妃是从祖兄妹,亲属疏远,不是直系。

杨钊的祖、父辈都定居于蒲州永乐(今山西永济)。父亲杨珣,家境贫乏,一生没有当过什么大官。② 母亲张氏,是武则天时宠幸张易之的妹妹,换言之,张易之是杨钊的舅父。张易之在"五王政变"中被杀,声名狼藉,家族衰颓。《新唐书·杨国忠传》称

---

① 《明皇杂录》卷下。
② 据《新唐书·宰相世系表》载,杨珣官宣州司士参军。

"张易之之出也"，就带有轻蔑的意思。杨钊父辈"细寒"，跟杨贵妃父辈当官的境况，略有不同。

当然，杨钊的品行恶劣，并不是源于娘胎，而是他青少年生活所形成的。他从小不肯努力读书，行为放荡不检点，喜欢饮酒与赌博，为乡里宗族所鄙视。不过，这种生活也造就了他那精明机灵的特性。三十"而立"之年，竟在家乡立不住脚，就发愤从军，跑到四川当兵了。"益州长史张宽恶其为人，因事笞之，竟以屯优授新都尉。"①在新都任期满后，穷困而不能自归，幸好得到了富豪鲜于仲通的资助。堂叔父杨玄琰死于蜀州，杨钊曾经"护视其家，因与妹通，所谓虢国夫人者。"②杨钊跟这个妹妹私通，关系密切，这是他后来发迹的跳板。因为当时小妹妹杨玉环已经到河南去了，跟堂兄杨钊并不相识。

据说，杨钊在成都赌博，输个精光，便逃亡他乡。后来，到了关中，当上扶风尉。但是，又不得志，再回到四川，依附于豪富鲜于仲通的门下。总之，杨钊在蜀十多年，颇为潦倒，娶蜀倡裴柔为妻，养了几个儿子，生活困苦。

杨钊的走运，是在天宝四载（公元 745 年）。这年八月，册杨太真为贵妃，"推恩之时，何以及（杨）铦、（杨）锜而不及国忠?"③因为杨钊是贵妃三代之外亲属，作为从祖兄，关系疏远，推恩之时也就轮不到他。但是，杨钊终于凭借这点宗族关系往上爬了。原来，贵妃得幸的消息传到四川，剑南节度使章仇兼琼知道杨贵妃出生于蜀，就想派人到长安与她家结交。鲜于仲通向节度使推荐了杨钊，他无疑是十分合适的人选。章仇兼琼引见杨钊，十分高兴，立刻委任杨钊为"推官"，并以贡献"春绨"为名，派往长安。

① 《旧唐书·杨国忠传》。又，《新唐书·杨国忠传》作"节度使张宥"。
② 《新唐书·杨国忠传》。
③ 《资治通鉴》卷 215 天宝四载八月条《考异》。

大约十月初冬，①杨钊抵达长安。他首先找到了杨氏诸妹，分送了大量精美的蜀货。经由虢国夫人的介绍，入宫见了杨贵妃。因为他是贵妃的远亲，唐玄宗仅给他当金吾兵曹参军。这官虽小，但可以出入禁宫。有一次，杨钊参加内宫宴会，做"樗蒲"游戏时，负责计数，"钩校精密"，颇得唐玄宗的赏识。不久，任命他为御史中丞王铁手下的判官。这样，杨钊在仕途上另辟蹊径，走着一条跟杨氏其他兄妹不同的道路。

（二）赐名"国忠"

杨钊踏上仕途，无疑是"因缘椒房之亲"。没有杨贵妃的关系，绝对不可能出入禁宫，无缘得到唐玄宗的赏识。但是，杨钊步步高升，在政治舞台上扮演了越来越重要的角色，却是天宝时期经济形势发展的结果，基本上跟杨贵妃无关。

天宝四载（公元 745 年），由于唐玄宗在位岁久，用度日侈，需要一批聚敛之臣搜括钱财。户部郎中王铁担任户口色役使时，干得颇为出色。玄宗"以铁为能富国，益厚遇之。"十月丙子，以王铁为御史中丞、京畿采访使。恰好这时，玄宗见杨钊"强明"，②就让他当王铁手下的判官。显然，玄宗起用杨钊，主要是考虑到他某方面的才能。

天宝五载（公元 746 年）以后，杨钊被授予监察御史，又迁检校度支员外郎，兼侍御史，监水陆运及司农、出纳钱物、内中市买、召募剑南健儿等使。他还以推事院御史的身份，与酷吏罗希奭、吉温为伍，参与制造冤案，如天宝六载（公元 747 年）审理杨慎矜案件。由于杨钊善于迎合唐玄宗的爱恶，以聚敛有功，骤迁度支郎

---

① 南宫搏《杨贵妃》作"十月初冬"，较为确切。八月册贵妃，消息传到四川，章仇兼琼派杨钊赴京，前后至少一个多月。有的传记作"春天"，杨钊进京献丝织品。欠妥。献"春绨"，不是在春天，往往是在六月以后。

② 《资治通鉴》卷 215 天宝四载十月条。

中,一年之内就兼领十五余使。天宝七载(公元748年)六月,迁给事中,兼御史中丞,专判度支事。自宇文融"括户"以来,出任御史中丞的无不是聚敛之臣,如杨慎矜、王鉷等。如今,杨钊兼任此职,说明他已成为很有影响的重臣。

天宝八载(公元749年)二月,为了显示天下殷富的景象,唐玄宗引百官参观左藏,特地赐给杨钊紫衣金鱼袋,以表彰他的聚敛之功。次年,杨钊兼任兵部侍郎。同年十月,玄宗在华清宫,根据杨钊的请求,下制为张易之兄弟昭雪。同时,杨钊胡诌图谶上有"金刀"两个字,自己名"钊"不适宜,请求改一改。唐玄宗便亲自赐名曰"国忠",意味着给杨国忠以最大的荣宠。

由上可见,短短五年,从小小的"判官",爬到仅次于宰相李林甫与御史大夫王鉷的重臣地位,真是官运亨通。其中,固然由于杨国忠有掖庭之亲,但主要是他有聚敛之功,适应了唐玄宗的需要。论亲疏关系,杨国忠比不上杨铦、杨锜;但是,杨铦、杨锜没有在官场上飞黄腾达,原因就在于他们政治上才能远不及杨国忠。客观地说,杨国忠是颇有才智的。当年剑南节度使章仇兼琼初次见到他,深为他的"言辞敏给"所倾倒。唐玄宗跟他接触不久,就赞赏他的"强明"特点,夸他是个"好度支郎"。如果杨国忠仅仅是个无赖之徒,毫无才能与本领,那就不可能委以高官,在天宝时期政治舞台上起了如此重要的作用。在唐玄宗的心目中,杨钊是"忠"于"国"的,和王鉷一样"能富国",为封建王朝提供丰厚的财物。这也是唐玄宗宠信杨国忠的根本原因。

(三)取代李林甫

自然,杨国忠又是野心勃勃的,善于耍弄权术与诡计。最早,他是依附于李林甫与王鉷一派势力的,参与制造冤案,把杨慎矜打了下去。随着杨钊地位的提高,酷吏吉温曾"为钊画代林甫执政之策"。实际上,杨钊本人已经有取代李林甫之心,目标是谋取宰相之职。天宝九载(公元 750 年)四月,李林甫的心腹、御史大夫宋浑坐赃巨万,流于潮阳郡。原来,这是杨国忠向玄宗报告的,并建议加以流放,以便翦除李林甫的心腹。对此,"林甫不能救",①无可奈何。

天宝十一载(公元 752 年)四月,杨国忠又向王𫟦开刀。当时,王𫟦任户部侍郎、御史大夫、京兆尹,兼领二十余使,权宠日盛,仅亚于宰相李林甫。但是,其弟王𫟦(户部郎中)与邢𫄨勾结,阴谋叛乱。事发,杨国忠断定王𫟦参与谋划。玄宗以为自己如此重用王𫟦,他是不会同为逆恶的。右相李林甫也为王𫟦辩护,而左相陈希烈则极言王𫟦大逆当诛。于是,玄宗下令由陈希烈与杨国忠一道审理,并以杨国忠兼京兆尹②。审查的结论是不言自明的,即使王𫟦确实没有一点儿预谋,也是必然地死于杨国忠的手下。唐玄宗在《赐王𫟦自尽诏》中宣称:王𫟦"外饰公忠,干冒非据;内怀奸诈,包藏不测。"③王𫟦其人固然不足以称道,但说他"包藏不测",预谋作乱,那不是事实。王𫟦之死,是杨国忠制造的冤案。

同年五月,京兆尹杨国忠加御史大夫、京畿、关内采访等使,凡是王𫟦所有的使务,全部归于他。这样,"国忠贵震天下,始与林甫为仇敌矣。"④然而,对付李林甫,是不那么容易的。大约在这年深秋九月,南诏数寇边,蜀人表请身兼剑南节度使的杨国忠赴镇。李林甫顺水推舟,建议玄宗批准杨国忠镇蜀,实际上是要把他从中央政府中排挤出去。杨国忠深知这是诡计,但又无法推辞赴蜀。临行前,杨国忠向玄宗告别,哭着说李林甫陷害他,杨贵妃也在旁求情。玄宗说:"卿止到蜀郡处置军事,屈指待卿。"也就是说,屈

---

① 《资治通鉴》卷 216 天宝九载四月条。
② 有的传记说天宝九年杨国忠上任京兆尹,当误。
③ 《全唐文》卷 33 玄宗《赐王𫟦自尽诏》。
④ 《资治通鉴》卷 216 天宝十一载五月条。

指计日,很快就召还。玄宗赋诗送行,"句末言入相之意。"①

　　冬十月戊寅,唐玄宗幸华清宫,已经患病的李林甫随从。过了几天,李林甫病情急剧地恶化,玄宗立刻派中使召还杨国忠。杨国忠正在赴蜀途上(估计尚未到达蜀郡),碰见中使,自然喜出望外,回转头来,直奔长安。就在杨国忠到达前一天,李林甫卧疾昭应私第(在华清宫附近),已经病得不能起床,玄宗特地登上华清宫中的降圣阁遥望,以红巾招之,表示慰问(因为左右固言不可前往探病)。李林甫不能拜,使人代拜。第二天,杨国忠赶到昭应私第,谒林甫,拜于床下。李林甫垂涕托以后事,杨国忠谢不敢当,汗出覆面。不久,李林甫就死了。

　　据《资治通鉴》卷216载:"十一月,丁卯,林甫薨。"按"丁卯"疑误,应为"乙卯"。旧、新《唐书·玄宗本纪》均作"乙卯",确切。过了五天,即十一月庚申,以杨国忠为右相,取代了李林甫的位置。如果认为李林甫尚未断气的前七天,玄宗就已任命杨国忠为右相,那是绝不可能的。照常识来说,只有右相李林甫死了之后,才能任命新的右相。《通鉴》系"庚申,以杨国忠为右相",于"林甫薨"之后,可见李林甫先死而后任杨国忠为右相,这也可以证明"丁卯"当为"乙卯"之误。如果是"丁卯",那就比"庚申"迟了七天,怎么可以系于前面呢?

　　杨国忠取代李林甫,这是天宝后期政局的重大变化。其间,杨贵妃在玄宗面前求过一次情,但她基本上没有干预这类争斗,她跟李林甫之间有无矛盾,也没有史料可以说明个究竟。至于唐玄宗之所以扶植杨国忠,也不存在牵制李林甫专权的问题。玄宗对李林甫是信任的,否则,委政于他达十多年,就不可以理解了。但是,作为封建专制帝王,越到晚年,越是疑心重重,害怕臣僚们的不忠或者谋图不轨,即使是最亲近的大臣,也决不会容忍。在王铢兄弟

---

　　①　《旧唐书·李林甫传》。

案件之后，由于李林甫为之辩解，也就引起了唐玄宗的疑心，开始疏远李林甫，并准备以杨国忠为宰相。

杨国忠正是摸透了唐玄宗晚年这种心态，不仅为自己谋得最高的官位，而且把已经死了的李林甫搞得名声败裂。天宝十二载（公元753年）正月，杨国忠派人诬告李林甫生前曾与阿布思（蕃将）约为父子，企图谋反。玄宗相信了，立案侦查。李林甫的女婿杨齐宣害怕受牵连，附会杨国忠的意图，出来作假证。于是，玄宗于二月下制削李林甫官爵，指责李林甫"外表廉慎，内怀凶险，筹谋不轨，觊觎非望。昵比庸细，潜害忠良，悖德反经，师心蕴慝。"①当时李林甫棺材尚未下葬，玄宗派人去剖棺，拿走嘴里含着的宝珠，剥去身上的紫衣金鱼袋，②更换小棺，如庶人礼葬之。此外，赐左相陈希烈爵许国公，右相杨国忠爵魏国公，以表彰他们断狱之功。

诚然，李林甫劣迹斑斑，但硬说他"筹谋不轨"，也是诬构不实之辞。史称："及国忠诬构，天下以为冤。"③天下士人原本对奸相李林甫没有好感，但看到剖棺改葬的过分做法，反而觉得冤枉了李林甫。

第二节 "杨国忠终成其乱"

天宝时期，前十一年是李林甫专权，而杨国忠以右相执掌朝政仅只三年。显然，把天宝乱政统统归罪于杨国忠，也是不公平的。如果说，李林甫"在相位十九年（从开元二十二年始相算起），养成天下之乱"，④那么，正如唐朝苏冕指出，"杨国忠终成其乱"。⑤ 从

---

① 《全唐文》卷33玄宗《削李林甫官秩诏》。
② 原作"金紫"，指紫衣金鱼袋。如解释为金紫衣服，似不确切。
③ 《旧唐书·李林甫传》。
④ 《资治通鉴》卷216天宝十一载十一月条。
⑤ 《资治通鉴》卷216天宝七载六月条。

"养成其乱"到"终成其乱",恰恰概括了天宝弊政的全过程。不管杨国忠与李林甫之间如何争斗,都改变不了他们在政策措施上的连续性。

(一)专断独裁

李林甫专权的特点之一,就是杜绝言路,掩蔽聪明,擅权独断,以势压人,自皇太子以下,无不畏之侧足。杨国忠当了右相,也同样如此。史称:"国忠为人强辩而轻躁,无威仪。既为相,以天下为己任,裁决机务,果敢不疑;居朝廷,攘袂扼腕,公卿以下,颐指气使,莫不震慑。"①连左相老臣陈希烈也畏其权宠,凡事唯诺,无敢发明,其他公卿大臣谁敢提什么不同的意见呢!天宝十三载(公元 754 年),杨国忠嫉妒陈希烈,把他排挤出相位;同时认为文部侍郎韦见素"和雅",易于控制,就建议玄宗任命韦见素为宰相。韦见素当了宰相,目睹右相杨国忠擅权,"不敢议政,唯自容而已。"②这里,不妨比较一下:八年前,李林甫以陈希烈"柔佞易制,故引以为相;凡政事一决于林甫,希烈但给唯诺。"③可见,历史在重演。

按照旧例,"宰相午后六刻始出归第"。林甫专权,奏天下太平无事,以已时(指九点至十一点)还第,机务填委,皆决于私家。史称:"国忠代之,亦如前政。"④更有甚者,处理政务,个人说了算,到了极端轻率的程度。据《册府元龟》卷 335《宰辅部·窃位》载:"杨国忠天宝中为司空右相(十三载二月进位司空),时天下殷盛,玄宗注意事边,赋税之入,兵食之调,国忠拣老习计簿吏,军国大务皆其手,国忠但署名而已,不复省览。"如此"窃位",反映了天宝末

① 《资治通鉴》卷 216 天宝十一载十一月条。
② 《册府元龟》卷 335《宰辅部·窃位》。
③ 《资治通鉴》卷 215 天宝五载四月条。
④ 《旧唐书·杨国忠传》。

年政治的腐败。

　　杨国忠的擅权,引起了宦官高力士的忧虑。就在天宝十三载秋天,雨水成灾,而天下无敢言灾者。高力士对玄宗说:"自陛下威权假于宰相(指杨国忠),法令不行,灾眚备于岁时,阴阳失度,纵为轸虑,难以获安,臣不敢言,良有以也。"玄宗听了,"久而不答"。① 奸相专权原是玄宗本人荒于理政的结果,自然无言对答。

(二)用人无问贤不肖

　　妒贤嫉能,用人唯亲,这是李林甫专权的又一个特点。杨国忠执政期间,抄袭老谱,沿用不变。天宝十一载(公元752年)十二月,杨国忠当右相不久,建议:"文部选人,无问贤不肖,选深者留之,依资据阙注官。"循资格选官,开元宰相裴光庭曾经倡导过,一直沿袭着。但是,像杨国忠那样公开扬言"无问贤不肖",却是罕见的。这样做,是为了收买人心。"国忠凡所施置,皆曲徇人所欲,故颇得众誉。"②实际上,"滞淹者"除了拍马奉承者外,也未必个个都当上了官。

　　按照惯例,选拔官吏是由吏部侍郎以下的官员具体负责的,须经"三注三唱",才呈送门下省审核,从春天搞到夏天,其事乃毕。杨国忠以宰相兼文部(吏部)尚书,为了显示自己办事精明迅速,叫"令史"属吏在自己家里预先密定名单。天宝十二载(公元753年)春正月,杨国忠召集左相陈希烈以及给事中、诸司长官,在尚书都堂(办公厅)唱注选官。既然名单早已圈定,且陈希烈又是唯唯诺诺之辈,谁敢有异议,提了也没用。于是,一天之内,铨选完毕。陈国忠得意地说:今天,左相、给事中都在座,就算是门下省通过了。从此以后,门下省不再审核选官,文部侍郎也只是管"试

---

　　① 《高力士外传》。
　　② 《资治通鉴》卷216天宝十一载十二月条。

判"而已。自然,其中差错与弊病,是不言而喻的。可笑的是,在京兆尹鲜于仲通等授意下,选人士子们奏请为杨国忠刻颂碑,立于省门。唐玄宗下制由鲜于仲通撰颂辞。写好后,玄宗还亲自定稿,改了几个字。鲜于仲通把那几个字,特地用金粉填之。

同年十月,杨国忠随从玄宗在华清宫避寒。当时,他的长子杨暄参加"明经"考试,不及格。礼部侍郎达奚珣害怕奸相的权势,叫自己的儿子达奚抚先去打招呼。达奚抚官昭应尉,昭应县即会昌县,就在华清宫附近。有一天,达奚抚等候杨国忠入朝(指入华清宫)上马时,趋至马下。杨国忠以为儿子必定中选,面呈喜色。谁知达奚抚说杨暄不及格,但也不敢让他落榜。杨国忠立刻变脸,怒曰:"我子何患不富贵,乃令鼠辈相卖!"竟策马不顾而去。达奚抚惶惶不安,写信给在长安的父亲,说:"彼恃挟贵势,令人惨嗟,安可复与论曲直!"①达奚珣屈于权贵,只好把杨暄置于上等。可见,举人唯亲,徇私舞弊,实在没有是非曲直可论!

(三)"厚敛以怒天下"

割剥百姓,聚敛天下,这是贯串天宝时期的最重要的经济政策。李林甫专权时代,杨慎矜、王鉷和杨国忠等都是著名的聚敛之臣。杨国忠当了宰相后,更是"厚敛以怒天下",②激起了四海之怨愤。正如宋代苏辙指出:"(宇文)融既死,而言利者争进。韦温、杨慎矜、王鉷日以益甚,至杨国忠而聚敛极矣。故天宝之乱,海内分裂,不可复合。"③这就清楚地道出了割剥聚敛与天宝乱政的关系。

杨国忠先前是以聚敛称职,而得到玄宗的提拔。他曾建议,把征丁租地税变为布帛,输于京师。结果,左藏库丰实,堆积如山。

---

① 《资治通鉴》卷 216 天宝十二载十月条。又,参见《明皇杂录》卷上。
② 《大唐新语》卷 10《厘革》。
③ 《栾城后集》卷 11《历代论五》。

"国忠既专钱谷之任,出入禁中,日加亲幸"。① 身为宰相时,仍兼领四十余使,如判度支、两京出纳租庸铸钱等使。据记载,天宝十三载(公元754年),户部奏天下郡三百二十一,县千五百三十八,乡万六千八百二十九,户九百六万九千一百五十四,口五千二百八十八万四百八十八。有唐一代,户口极盛于此。这种极盛的景况,一方面反映了社会生产力持续发展的势头,另一方面意味着聚敛政策执行的既深且广。因为要割剥民膏民脂,就必须对户口作出仔细的统计与严密的管理。精通"钩校"筹算的杨国忠,似也有他特异的贡献。可以说,户口之极盛,无疑是"厚敛"带来的成果。

聚敛政策为封建统治集团穷奢极欲提供了有力保证,所谓天宝"俗尚浮华",显然与此密切相关。唐玄宗以国用丰衍,故视金帛如粪土,赏赐贵宠,无有限极。杨贵妃三个姐姐、堂兄杨铦及杨锜等五家,竞开第舍,极其壮丽,一堂之费,动逾千万;造好后,看到别人造的更华丽,就毁而重建。杨国忠与上述杨氏五家略有不同,并不完全沉溺于豪侈的生活,更重视政治上权力的攫取,当然也贪图享乐。他曾扬言"未知税驾之所,……当取乐于富贵。"税驾,意谓休止、停宿。政治上权力之争,瞬息万变,官场沉浮,反复无常。未知日后凶吉,休止在何处,还是趁早尽情享乐吧。这就是奸相的人生观。因此,他利用地位与职权,中饱私囊,中外饷遗辐凑,积缣至三千万匹。五代王仁裕《开元天宝遗事》描写,杨国忠以女婢为"肉阵"取暖,其子弟春游时用"楼车"载女乐;以沉香为阁,檀香为栏,远比禁宫中沉香亭壮丽;家里还有自转的"移春槛",冬天点燃"凤炭",上元夜晚红烛千炬。这些是传说,并非实录,但多少反映了杨国忠的骄奢僭侈之态。

总之,从以上史实比较中,可以看到,"李林甫、杨国忠用事,纲纪日紊。"两个奸相之间虽然有争权夺利的冲突,但他们本质上

———————

① 《旧唐书·杨国忠传》。

毫无二致,政策措施上连续性尤其明显,因此没有必要分成什么旧贵族与新贵族。重要的问题在于:天宝时期,李林甫专权十余年,已经"养成"天下之乱,种下了祸根;而杨国忠用事三年里,不仅没有将各种社会矛盾缓和下来,反而把一切弊端集中起来,结果"终成其乱"。后世评论历史功罪,杨国忠实在要比李林甫倒霉得多。

天宝末年弊政,使当时不少有识之士预感到"天下将乱"。天宝十一载(公元752年)十一月,杨国忠刚当上右相,权倾天下,四方之士,争诣其门。有人劝陕郡进士张彖投靠右相,说什么见之可以立刻得到富贵。张彖回答道:"君辈倚杨右相如泰山,吾以为冰山耳!若皎日既出,君辈得无失所恃乎!"①这位进士并不是不求高官,而是预料到杨国忠势力犹如冰山,消解的日子不远了,所以跑到嵩山隐居了。天宝十三载(公元754年),方伎之士金梁凤预言:"玄象有变,半年间有兵起。"②这是假借天象,评论时局,看到了"天下将乱"的可能性。

(四)天宝乱政与杨贵妃的关系

杨国忠专权而造成的天宝乱政,跟杨贵妃究竟有什么关系呢?局外人往往认为,由于依靠了杨贵妃,杨国忠才干出许多的坏事。其实,杨国忠在政治舞台上的所作所为,基本上与杨贵妃无涉。

诚然,杨国忠的发迹,是靠了杨贵妃的宗族亲属关系。但是,唐玄宗所以重用他,主要不是因为外戚的关系。如果论外戚,杨铦、杨锜与杨贵妃更亲,为什么偏偏不用呢?唐玄宗赏识的是"才",在《授杨国忠右相制》中,赞扬他"纯粹精明,悬解虚受";希望"弥纶经济,同致雍熙。"在追赠其父杨珣为郑国公、其母张氏为郑国夫人时,玄宗强调:"嗣生大贤,为朕良弼。"③很清楚,在玄宗

① 《资治通鉴》卷216天宝十一载十一月条,又见《开元天宝遗事》卷上。
② 《旧唐书·方伎传》。
③ 《全唐文》卷25玄宗《授杨国忠右相制》及《赠杨珣郑国公制》。

的心目中,杨国忠是"大贤"、"良弼",想用他的"精明"的经济方面才能来维护"太平盛世"的局面。杨国忠能够聚敛那么多的财货,这是唐玄宗"权假宰相"的根本原因。天宝十三载(公元754年)六月,高力士曾对"朝事付之宰相"表示忧患,玄宗不纳。九月,高力士又对"权假宰相"提出批评,玄宗默然不应。显然,高力士只看到杨国忠弄权的一面,而没有注意到经济命脉的一面。如果没有杨国忠及其聚敛政策,"歌舞升平"又怎么能维持下去呢?所以,唐玄宗是不会听取"老奴"的劝告的,仍旧委政于杨国忠,直至天下大乱为止。

说实在,杨国忠与杨贵妃之间,相处平淡得很。小时候并不相识,册贵妃之后,方才见面。杨贵妃深居内宫,跟宰相与大臣接触稀少,即使堂兄杨国忠也不例外。据统计,十余年里,除了欢宴娱乐之外,杨贵妃在政治上支持过杨国忠的,仅有二次。例如,天宝十一载(公元752年)深秋,杨国忠将赴蜀,临行前,"上言必为林甫所害,贵妃亦为之请。"①杨贵妃虽然"智算过人",聪明机智,但在政治上不会弄权,正如酷吏吉温所说:"识虑不远。"因此,天宝时期弊政,没有一条是出自她的坏主意,她也没有运用自己的特殊地位去影响杨国忠的施政。所谓"天下将乱"的局面,显然主要不是"乱"在杨贵妃的手上。

就杨氏姐妹昆仲的关系来说,杨国忠与虢国夫人往来紧密。早年在蜀,就有私通的秘史。初到长安,投宿在寡居的虢国夫人的家里,并由她牵引,认识了杨贵妃。虢国夫人宅居宣阳坊,杨国忠也"于宣阳里连构甲第,土木被绨绣,栋宇之盛,两都莫比。"②前者居东,后者居西,同于坊里,两宅相连,昼会夜集,无复礼度。据说,有时兄妹两人并辔入朝,挥鞭走马,以为谐谑,路人观之,无不骇

---

① 《资治通鉴》卷216天宝十一载十月条。

② 《册府元龟》卷338《宰辅部·奢侈》引作"宣阳里",《资治通鉴》卷216天宝十二载十月条胡三省注亦作"宣阳坊"。而《旧唐书·杨国忠传》则云"宣义里","义"似"阳"之误。

叹！每年冬天随从唐玄宗在华清宫避寒时，杨国忠第宅在宫东门之南，与虢国夫人第宅相对。史称："国忠私于虢国而不避雄狐之刺"。① 从某种意义上说，这也反映了盛唐时期男女之间放任自由的特点。诗人杜甫在《丽人行》中，用"杨花雪落覆白萍，青鸟飞去衔红巾"诗句，②来影射杨氏兄妹的暧昧关系，但其遣词之美，决没有后世礼教卫道士们那样恶狠狠的咒骂。

由于暧昧关系的特殊性，虢国夫人在政治舞台上的作用（指对杨国忠的影响），反而超过了杨贵妃。史载："虢国居中用事，帝所好恶，国忠必探知其微，帝以为能，擢兼度支员外郎。迁不淹年，领十五余使，林甫始恶之。"③这里透露了一个重要的事实：性格豪荡的虢国夫人，扮演了沟通内宫与外朝的角色。须知，杨贵妃的身份，是不可随便出宫的，其自由活动的范围远不及虢国夫人。从虢国夫人那里可以获悉深宫秘密，可以探知皇帝旨意，杨国忠也就能在官场争斗中立于不败之地。王铁倒了，李林甫也垮了，唯独杨国忠爬上了右相的高位，玄宗对他深信不疑。看来，杨国忠"私于虢国"，别有其政治目的。

在杨氏诸兄妹中，"铦、秦国早死"。④ 杨铦和秦国夫人大约死于天宝十三载（公元 754 年）。安禄山叛乱之前，杨锜似也死了。史称韩国夫人、虢国夫人和杨国忠贵宠最久，不过，他们后来也没有逃脱被杀的命运。

第三节　"金鸡障下养为儿"

与杨国忠"争宠"的还有一个特殊的人物，那就是蕃将安禄

---

①　《旧唐书·杨贵妃传》。
②　《杜工部集》卷1《丽人行》。
③　《新唐书·杨国忠传》。
④　《新唐书·杨贵妃传》。

山。他原先与杨氏诸兄妹约为"兄弟",后又变成杨贵妃的养儿,一连串的闹剧反映了天宝弊政的某些特点。

(一)安禄山其人

安禄山生年历来说法不一,据考证,应为武则天长安三年正月初一(公元703年1月22日)。[①]《资治通鉴》卷216作"生日"为正月二十日,恐误。他大概知其母,而不知其生父。"《旧(唐)书》言禄山为柳城杂种胡,本无姓氏。《新唐书》谓其本姓康。胡未闻无姓氏,《新唐书》之言是也。"[②]柳城是唐代营州治所,在今辽宁朝阳。唐代往往把同匈奴或东胡有关或无关的北方各少数民族,泛称杂胡。安禄山的生父是康姓胡人,母亲是突厥巫师阿史德,因为祈祷于战斗神轧荦山而生,故取名为"阿荦山"。如果说他是私生子,纯属猜测之辞。须知,在混血胡人中,"先母而后父",孩子随母而居。这种习俗与汉族迥然不同,几乎没有什么"私生子"的观念。后来,母亲改嫁给突厥安延偃,便冒姓安氏,名禄山。

有的说安禄山是一个丑陋的人,未必是事实。《旧唐书》本传谓"其肥白",《新唐书》本传亦云"伟而晳",足见安禄山青年时代雄伟而晳白,略嫌胖一点。他聪明多智,善测人意,通晓六种(或作九种)"蕃语",当过"互市牙郎",即突厥与唐朝进行互市贸易时的中介人(不属于"吏")。开元二十年(公元732年),安禄山恰好"而立"之年,三十岁,以其言貌伟奇与骁勇善战,得到唐朝幽州节度使张守珪的赏识,被任为捉生将。捉生将是唐代边郡主帅对部下能活俘敌人的骁将所加的称号,说明安禄山素习山川井泉,具有智擒敌人的本领。张守珪十分喜欢他,认为养子。

开元二十四年(公元736年),安禄山为平卢讨击使、左骁卫

---

① 参见杨志玖《安禄山、史思明生年考辨》,载《南开学报》1987年第2期。

② 《吕思勉读史札记》下册《胡考》。

将军。张守珪派他讨伐奚、契丹叛者,而禄山恃勇轻敌,盲目挺进,结果大败。如按军法处置,当斩首。张守珪惜其骁勇,将安禄山执送东都,交由中央处理。① 宰相张九龄坚持原则,奏曰:"禄山狼子野心,而有逆相,臣请因罪戮之,冀绝后患。"②唐玄宗认为安禄山"勇锐",仅免官算了,说:"卿岂以王夷甫识石勒,使臆断禄山难制耶?"③石勒是羯族人,幼年随邑人行贩洛阳,西晋大臣王衍(字夷甫)看他有奇志,恐为后患,驰遣收容之,而石勒已不知去向。④ 后来,石勒创建了十六国时期的后赵,称帝。可见,唐玄宗颇熟悉《晋书》史事。至于张九龄当然不可能预料到二十年后安禄山叛乱的发生,他只是认为安禄山这类人"难制",不宜重用,对边镇将领的任用表示了某些忧患。

安禄山回去以后,以"白衣"将领效劳于边疆。开元二十五年(公元737年)二月,幽州节度使张守珪破契丹于捺禄山。次年,裨将假以守珪之命,发兵攻叛奚,初胜后败。"守珪隐其败状,而妄奏克获之功。"事泄,玄宗派宦官牛仙童前往查处,守珪厚赂仙童,敷衍过去了。开元二十七年(公元739年),"仙童事露伏法,守珪以旧功减罪,左迁括州刺史,到官无几,疽发背而卒。"⑤

(二)贿赂与献"忠"取媚

张守珪死了,养子安禄山却步步升官了。往上爬的诀窍有两条:一是靠贿赂送礼,一是献"忠"心以取媚。在这方面,安禄山可谓做绝了。

开元二十八年(公元740年),安禄山从"白衣"将领变成了平

---

① 当时唐玄宗与宰相们都在洛阳。如说将安禄山执送京师长安,当误。
② 《大唐新语》卷1《匡赞》。
③ 《安禄山事迹》卷上。
④ 参见《晋书·石勒载记上》。
⑤ 《旧唐书·张守珪传》。

卢兵马使,兵马使是军使下的将领之一。次年,御史中丞张利贞为河北采访使,至平卢(营州,今辽宁朝阳),"禄山诡佞,善伺人情,曲事利贞,复以金帛遗其左右。"利贞归朝,盛赞禄山之美,玄宗便委禄山为营州都督,充平卢军使,两蕃(奚、契丹)、勃海、黑水四府经略使。天宝元年(公元742年)正月,以安禄山为平卢节度使。次年正月,安禄山第一次入朝至长安,向唐玄宗献上一片忠诚,说什么"臣若不行正道,事主不忠,(虫)食臣心。"[1]这样,奏对称旨,玄宗重赏之,加封骠骑大将军。

天宝三载(公元744年)三月,安禄山兼任范阳节度使、河北采访使。礼部尚书席建侯为河北黜陟使,"称禄山公直",宰相李林甫与户部尚书裴宽"皆顺旨称其美"。史称,"由是禄山之宠益固不摇矣"。[2] 次年,安禄山欲以边功邀宠,曾发兵击破契丹。

天宝六载(公元747年)正月,安禄山以范阳、平卢节度使,兼御史大夫。"岁献俘虏、杂畜、奇禽、异兽、珍玩之物,不绝于路,郡县疲于递运。"这时,安禄山年已四十五岁,身体发胖了,腹垂过膝,常常夸张地说腹重三百斤。有一次,唐玄宗跟他开玩笑:"此胡腹中何所有?其大乃尔!"安禄山答道:"更无余物,正有赤心耳!"[3]如此献红心,表示忠于唐玄宗,活现了"外若痴直,内实狡黠"的神态。

天宝七载(公元748年)六月,赐安禄山铁券,给予赦免的特权。天宝九载,赐爵东平郡王,唐朝将帅封王自此始。又以安禄山兼河北道采访处置使。为了庆贺"天长节",安禄山进献山石功德及幡花香炉等。这年十月,唐玄宗在华清宫隆重地接待安禄山。在昭应与长安,为安禄山造了富丽堂皇的第宅。次年二月,以安禄山为河东节度使。至此,安禄山身兼平卢、范阳、河东三镇节度使

---

① 《安禄山事迹》卷上。
② 《资治通鉴》卷215天宝三载三月条。
③ 《资治通鉴》卷215天宝六载正月条。又,参见《开天传信记》。

以及河北道采访处置使,赏刑己出,日益骄恣。

唐玄宗为什么如此宠信安禄山呢?诚然,安禄山走运靠的是贿赂与献"忠"取媚,但从根本上说,则是适应了唐玄宗边事政策的需要。唐初以来,边帅都用忠厚名臣,"不久任、不遥领、不兼统",战功卓著者往往入朝为宰相。开元中期以后,这三不政策发生了变化。由于"天子有吞四夷之志,为边将者十余年不易,始久任矣。"后来,李林甫为了杜绝边帅入相之路,建议"用寒畯胡人"为将,认为"胡人则勇决习战,寒族则孤立无党,陛下诚以恩洽其心,彼必能为朝廷尽死。"①玄宗悦其言,于是诸道节度尽用胡人,如安禄山、安思顺、哥舒翰、高仙芝等等。

在众多的蕃将中,安禄山的地位尤其特殊,备受荣宠,这是跟北疆的军事形势分不开的。唐玄宗作为盛唐帝国的"天子","必欲灭四夷,威海内",然而,北方奚、契丹等常常叛唐,制服不了。天宝四载(公元 745 年)三月,玄宗以外孙女静乐公主嫁契丹王李怀节,甥女宜芳公主嫁奚王李延宠。不到半年,契丹、奚各杀公主以叛唐。在这种形势下,安禄山讨破契丹、奚,必将引起唐玄宗的极大喜悦。后来,玄宗多次表彰安禄山的功绩,说:"顷者,契丹负德,潜怀祸心,(禄山)乃能运彼深谋,果枭渠帅。风尘攸静,边朔底宁。不示殊恩,孰彰茂绩?"②天宝九载(公元 750 年),安禄山入朝,献奚俘八千人,唐玄宗命考课之日书"上上考"。

安禄山镇守北疆,在唐玄宗的心目中,犹如"万里长城,镇清边裔"。③ 在《封安禄山东平郡王制》中,指出:"上柱国柳城郡开国公安禄山,性合韬钤,气禀雄武,声威振于绝漠,捍御比于长城。战必克平,智能料敌,所以擢升台宪,仍杖旌旄。既表勤王之诚,屡

①　《资治通鉴》卷 216 天宝六载十二月条。

②　《安禄山事迹》卷上。

③　《安禄山事迹》卷上。

伸殄寇之略"。① 正因为如此,才让安禄山兼任三镇节度使。河东节度使治太原府(今山西太原),兵五万五千人;范阳节度使治幽州(今北京西南),兵九万一千四百人;平卢节度使治营州(今辽宁朝阳),兵三万七千五百人。三镇兵约近二十万,占全国镇兵的百分之四十。以上,是天宝初的统计数字。及至安禄山为三镇节度使,镇兵当超过二十万。由此可见安禄山地位的重要性,这也是唐玄宗宠用他的根本原因。

十分明显,如果认为唐玄宗视安禄山"无能"才放心加以重用,那是不甚确切的。在唐玄宗看来,安禄山这样的人并不是"愚而可制",而是忠而可用。早在开元晚期,"玄宗惜其勇锐",后来一直欣赏安禄山"战必克平,智能料敌"的本领,故"托禄山心膂之任",企图构筑一条"万里长城"。试想,倘若玄宗认为安禄山是蠢材,怎么会委以三镇节度使呢? 除了军事才能外,安禄山还表现得比谁都"忠","玄宗尤嘉其纯诚",因此,重用而不疑。据记载,有一次宫中夜宴,安禄山醉卧,"化为一黑猪而龙首"。这当然是荒诞的。或许左右侍者见大胖子卧睡的样子,形容为一头猪。玄宗就此说道:"猪龙也,无能为者。"②注意! 所谓"无能",并不是没有才能的意思,更不是把安禄山当作"无能"之物或者平庸愚蠢之人。这里的"无能",是不可能的意思。也就是说,猪不可能变为"龙"。言下之意,安禄山没有什么政治野心。如此解释,也许符合原意。当然,上述记载是传闻,有无其事,已不可考。

总之,自称"年事渐高"的唐玄宗,把朝廷细务"委以宰臣",把军戎大事"付之边将"。③ 诸宰相中,最受宠用的先是李林甫,后是杨国忠。而众边将中,唯独安禄山一直得宠而不衰。除了北疆三

---

① 《全唐文》卷25玄宗《封安禄山东平郡王制》。
② 《安禄山事迹》卷上。
③ 《高力士外传》。

镇重要的军事地位外,安禄山的外痴内诈、诙谐滑稽、谄谀献媚以及最最"忠"于的表白,颇得唐玄宗的欢心。还因为这个缘由,安禄山出入禁宫,演了一连串的闹剧,使歌舞升平的小天地里增添了特异的情趣。

(三)"不识太子者何官"

闹剧之一,是不拜太子。天宝六载(公元 747 年),安禄山入朝,内宴承欢,玄宗命他拜见皇太子李亨,安禄山居然不拜。左右催促他拜,他却故意装傻,拱立着道:"臣胡人,不习朝仪,不知太子者何官?"玄宗以为他真的不懂,解释说:"此储君也,朕千秋万岁后,代朕君汝者也。"安禄山一听,似乎懂了,便说:"臣愚,向者惟知有陛下一人,不知乃更有储君。"不得已,然后拜。玄宗"以为信然,益爱之。"①

安禄山为什么不拜太子? 他身为范阳、平卢节度使兼御史大夫,多次入朝,怎么会不熟悉朝仪呢! 所谓"不知太子者何官",是大假话。这样说,固然是向玄宗献媚,表白"惟知有陛下一人",可谓最最忠诚的了,而更主要的还是反映了他卷入朝政斗争的企图。天宝五载(公元 746 年),围绕太子而展开了激烈的争斗。李林甫揭发,韦坚(太子妃兄)与皇甫惟明(陇右、河西节度使)"结谋",要拥立太子。玄宗怒贬坚与惟明,并下制戒百官。后来,又以"朋党"的罪名,长流韦坚于临封,牵连者数十人。接着,又发生了杜有邻(女儿为太子良娣)案件。这些大案震惊中外,安禄山也是清楚的。史称,安禄山"常令其将刘骆谷留京师诇朝廷指趣,动静皆报之。"②向安禄山报的"动静",自然也包括朝廷政争。安禄山十分明白,皇帝陛下与太子之间有着深刻的裂缝,李林甫是反对太子

① 《资治通鉴》卷 215 天宝六载正月条。
② 《资治通鉴》卷 215 天宝六载正月条。

党的台柱。安禄山既然倒向李林甫，他不拜太子也就可以理解了。而且，这种"不拜"不仅不被视为不敬，反而获得了唐玄宗的宠信。

对于安禄山的宠遇，太子李亨必然是不满的。史载，"天宝中，安禄山每来朝，上（玄宗）特异待之。"在兴庆宫勤政楼欢宴时，百官群臣列坐楼下，唯独让安禄山坐在楼上皇帝御座的东间，那里摆了金鸡障（画金鸡为饰的坐障），还命卷帘以示荣宠。太子目睹此情此景，很有意见，便进谏（似由宦官转告），说："自古正殿无人臣坐礼，陛下宠之既厚，必将骄也。"玄宗把太子叫来，解释说："此胡有奇相，吾以此厌弭之尔。"①所谓"厌弭"，大意是：用特殊宠遇的办法，把这位有"奇相"的胡人牢笼住，不至于图谋不轨。如果把"厌弭"理解为让安禄山在外守边御敌，在内借以威慑群臣，那恐怕是离开了原意。

（四）贵妃养子与"洗儿"钱

最令人耻笑的闹剧，莫过于"请为贵妃儿"了。据说，天宝六载（公元 747 年），杨贵妃宠冠六宫，"禄山遂请为养儿。"每次接见，安禄山总是先拜贵妃，玄宗问为什么这样，禄山奏曰："蕃人先母后父耳。"玄宗听了，大悦。禄山"恩宠浸深"，应对敏给，杂以诙谐，"而贵妃常在座，诏杨氏三夫人约为兄弟。"

上述故事见于《安禄山事迹》，各种史籍也都有记载，其真实性是无须怀疑的。不过，从情理上说，"约为兄弟"当在"请为养儿"之前。旧新《唐书》和《资治通鉴》，就是先书"命杨铦、杨锜、贵妃三姐皆与禄山叙兄弟"，后记"禄山得出入禁中，因请为贵妃儿。"这样就十分贴切了。从"兄弟"到"养儿"，反映了安禄山得宠程度的加深。正如白居易诗云："金鸡障下养为儿"。②

---

① 《次柳氏旧闻》补遗。
② 《白居易集》卷 3《胡旋女》。

"养儿"风俗在唐朝是流行的,连禁宫中也如此。高力士小时候,被内官高延福收为"假子"(养子、义子)。名将王忠嗣,小时养于宫中,实际上是唐玄宗的养子。杨贵妃也收养一个儿子,原本没有什么可指责的。问题在于安禄山利用这种习俗,是别有用心的。须知,当时安禄山年已四十五岁,而杨贵妃仅二十九岁。如此"请为养儿",也就成为荒唐的闹剧了。看来似乎滑稽,实际上安禄山颇费心机。他很清楚,杨贵妃经历第一次"出宫"风波,重新回到内宫,备受宠爱,"宠冠六宫"。以"请为养儿"讨好杨贵妃,正是为了获得唐玄宗的欢心。

如果说贵妃"养儿"是事实,那么,所谓"洗儿"钱是出于传闻或者虚构吗?据载,天宝十载(公元751年)正月初一,安禄山生日,唐玄宗和杨贵妃赐给"养儿"大量的衣服、宝器、酒馔等。初三,召禄山入内宫,杨贵妃用"绣绷子"(锦绣做的大襁褓),把安禄山裹起来,叫宫女们用"彩舆"(彩车)抬着,一片嬉戏欢呼声。玄宗听到了,派人去问,回报说:"贵妃与禄山作三日洗儿,洗了又绷禄山,是以欢笑。"玄宗也出来看热闹,大悦,"因加赏赐贵妃洗儿金银钱物,极乐而罢。"自此以后,宫中皆呼禄山为"禄儿",让他出入禁宫。①

这就是著名的"洗儿"钱闹剧,最早见于《安禄山事迹》。旧、新《唐书》撰者大概觉得此事荒唐无稽,弃而不书。《资治通鉴》则把它写进了,在《考异》中指明来源于《禄山事迹》,也就是说,确有史料可供考证的。而历来有人否定此事,如有人作诗道:

> 唐书新旧分明在,
>
> 那有金钱洗禄儿?②

的确,旧、新《唐书》都无记述,这是明白的事实。但是,仅仅

---

① 《安禄山事迹》卷上。
② 引自清代梁绍壬《两般秋雨庵随笔》卷1《杨妃诗》。

凭此，还不是最充足的理由，必须从风俗上来考察。初唐以来，宫中皇子"满月"庆贺，屡见不鲜；而所谓"三日洗儿"，亦常有记载。例如，开元十八年（公元 730 年），"会（王）毛仲妻产子，三日，上（玄宗）命力士赐之酒馔、金帛甚厚，且授其儿五品官。"[①]又如，"太华公主载诞三日，宫中大陈歌吹。"[②]再如，"代宗（玄宗之孙）之诞三日，上（玄宗）幸东宫，赐之金盆，命以浴。"[③]可见，宫中流行着"三日洗儿"的风俗，孩子养下三天，照例有一番热闹的"歌吹"活动，而"洗儿"钱甚为丰厚。既然如此，就不能认为"金钱洗禄儿"纯属子虚乌有。当时宫中故意拿"养儿"安禄山开玩笑，完全是可能的。

第四节　安禄山阴谋造反

大凡野心勃勃的阴谋家，愈是受到重用，愈是要蓄谋篡权。安禄山就是这样野心家的典型之一。

（一）"凶逆之萌，常在心矣"

当然，安禄山的政治野心有逐步发展的过程，决不是从小就有的。开元后期，当他还只是平卢讨击使、左骁卫将军时，张九龄预言"禄山狼子野心，而有逆相"，那是故意地用耸听的危言来告诫唐玄宗。如果真的认为安禄山已有造反的企图，恐怕不是事实。

"凶逆之萌"，大约在天宝六载（公元 747 年）前后。由于唐玄宗的"特加宠遇"，安禄山不仅身兼平卢、范阳两镇节度使，而且加了京官御史大夫，成了杨贵妃的"养儿"，真是"富贵之已极"。他经常伺察朝廷旨意动静，倒向李林甫一边，卷入了封建统治集团的

---

① 《资治通鉴》卷 213 开元十八年岁末条。
② 《明皇杂录》逸文。
③ 《次柳氏旧闻》。

内争。因此,他内心深处萌发了"异志"。史称,"每朝,常经龙尾道,未尝不南北睥睨,久而方进,即凶逆之萌,常在心矣。"①

当时,安禄山借口"御寇",修筑雄武城(今天津蓟县境内),贮藏兵器。名将王忠嗣多次上言禄山必反,宰相李林甫根本不听,反而排挤打击王忠嗣。

(二)"包藏祸心,将生逆节"

大约天宝九载(公元750年)以后,安禄山把自己的"异志"化为积极的行动,从各个方面为造反作具体的准备。这时期,安禄山的地位更高了,除了上柱国柳城郡开国公、东平郡王等衔头外,还一身兼河东、范阳、平卢三镇节度使以及河北道采访处置使,权势比过去大得多了。母亲、祖母皆赐国夫人,十一个儿子都由玄宗赐名。史称:"禄山恃此,日增骄恣。尝以曩时不拜肃宗(太子李亨)之嫌,虑玄宗年高,国中事变,遂包藏祸心,将生逆节。"②

首先,在军事方面,继续修筑雄武城,大贮兵器。先后收养了同罗、③奚、契丹等族的壮士,名曰"曳落河",约八千余人。这些人感恩竭诚,骁勇善战,一以当百。又畜养单于、护真大马数万匹,牛羊五万余头,还囤积了大量的粮草。暗中通过诸道商胡兴贩,购置巨额的军需物资及珍宝。

其次,在组织方面,安禄山是善于收罗各种人才的,并能做到使之为己所用。张通儒、李延望、平洌等在幕下,高尚掌奏记,严庄主簿书,安守忠、孙孝哲、蔡希德、崔乾祐、何千年、田乾真等为将帅。其中,尤以高尚、严庄、张通儒与孙孝哲为心腹。高尚,原名不危,早年就鼓吹"当举大事而死",野心毕露。禄山引置幕

---

① 《安禄山事迹》卷上。
② 《安禄山事迹》卷上。
③ 同罗,回纥部落联盟的"外九部"(九姓铁勒)之一。

府,出入卧内。高尚与严庄出谋划策,为安禄山"解图谶,劝之作乱。"①

　　总之,一个叛乱阴谋正在行动。然而,李林甫去世之前,安禄山还不敢贸然地揭起叛旗。为什么呢? 第一,准备工作尚需时日。第二,起兵的借口一时还没有。第三,最主要的是李林甫专权,以长期任宰相的威望与铁腕手段,尚能控制全国局势,安禄山不敢轻举妄动。往初,安禄山获得玄宗的恩宠,是跟李林甫"称其美"分不开的。安禄山依附于李林甫势力,所以,有人上言禄山必反时,李林甫就出来辩护。史称,"禄山于公卿皆慢侮之,独惮林甫,每见,虽盛冬,常汗沾衣。"②这种敬畏的神态,一方面是由于多年的依附关系所造成的,另一方面,"安禄山以李林甫狡猾逾己,故畏服之。"③边境重用蕃将,是李林甫提出的,当然,他也知道如何去控制蕃将。然而,安禄山之乱毕竟是他专权时期"养成"的。这是狡猾的李林甫所始料不及的。

(三)"决计称兵向阙"

　　李林甫死了,安禄山根本不把新右相杨国忠放在眼里,于是加紧策划叛乱的步伐。

　　天宝十二载(公元753年)初,杨国忠制造所谓李林甫与阿布思勾结叛乱案件时,那个诬告者就是安禄山。安禄山之所以接受杨国忠的指示,并不是要依附于杨国忠,旨在于打击阿布思。同年五月,阿布思为回纥所破,安禄山诱其部落而降之。"由是禄山精兵,天下莫及。"④这是安禄山聚集叛乱武装力量的关键。

---

① 《资治通鉴》卷216天宝十载二月条。
② 《资治通鉴》卷216天宝十载二月条。
③ 《资治通鉴》卷216天宝十二载五月条。
④ 《资治通鉴》卷216天宝十二载五月条。

史称："禄山与国忠争宠,两相猜嫌。"①杨国忠没有能力制服与控制安禄山,便在唐玄宗面前多次说安禄山要造反,早已荒于理政的唐玄宗自然无法作出自己的判断,不会轻易地听取杨国忠的话。杨国忠进而拉拢另一位著名的蕃将哥舒翰,以排挤安禄山。哥舒翰原为陇右节度使,杨国忠奏翰兼河西节度使,赐爵西平郡王。注意!安禄山兼北疆三镇节度使,哥舒翰兼西北两镇节度使;一个是东平郡王,一个是西平郡王。显然,杨国忠想依靠这种对峙来压服安禄山。冬天,杨国忠随从玄宗在华清宫,屡言禄山必反,甚至说陛下试试看,召他必不来。召令发出去了。

天宝十三载(公元754年)正月,安禄山却奉命入朝来,这就使杨国忠的预言破产。安禄山到了华清宫,向玄宗哭诉:"臣本胡人,陛下不次擢用,累居节制,恩出常人。杨国忠妒嫉,欲谋害臣,臣死无日矣。"杨国忠的妒嫉与谋害,是事实;而那副诚恳感恩的样子,则是伪装的。谁知玄宗"益信禄山为忠",又是一个"忠"字,迎合了唐玄宗的需要。不久,安禄山随同玄宗返回长安。直到三月,禄山辞归范阳,玄宗亲自脱御衣赐之,禄山受宠若惊。看来,唐玄宗依旧用特殊恩宠的办法"厌弭之"。但是,安禄山再也笼络不住了,他害怕杨国忠暗算,疾驱出关,以日行三四百里的速度,直奔老巢。"禄山既至范阳,忧不自安,始决计称兵向阙。"②起兵叛乱的决心定了,进入了紧急部署的阶段。

天宝十四载(公元755年)二月,安禄山派副将何千年入朝,奏请以蕃将三十二人代替汉将。韦见素对杨国忠说:"安禄山有不臣之心,暴于天下,今又以蕃将代汉,其反明矣。"杨、韦两位宰相极言禄山反状,玄宗就是不听,认为安禄山"必无二心"。秋,七月,玄宗派中使马承威带上"玺书"召安禄山,"玺书"是这样写的:

---

① 《册府元龟》卷336《宰辅部·依违》。
② 《安禄山事迹》卷中。

"朕与卿修得一汤,故召卿。至十月,朕待卿于华清宫。"这回,安禄山绝不会奉命入朝了,对中使很不礼貌。马承威返回长安,向玄宗泣曰:"臣儿不得生还。"①

冬十月,唐玄宗、杨贵妃以及杨国忠等照例到华清宫,在"歌舞升平"的小天地里寻欢作乐。而遥远的范阳,安禄山正在调兵遣将,一场大叛乱即将来临。

---

① 《大唐新语》卷2《极谏》。

第二十章 "禄山一呼,四海震荡"

安禄山叛乱终于发生了:"禄山一呼,而四海震荡。"①唐玄宗从盛世的顶峰跌落下来,大唐帝国歌舞升平的景象消失了。朝野上下都意识到,这将是历史的转折点。

第一节 安禄山范阳起兵

天宝十四载(公元755年)十一月初九(甲子),②拂晓,安禄山率领"号二十万"大军,在蓟城(今北京西南)南郊举行誓师仪式,正式宣告起兵造反。

(一)叛军的突然袭击

安禄山叛乱是蓄谋已久的,经过长达近十年的策划。但是,就起兵来说,则是采用突然袭击的方式。其战略部署包括以下几点内容:

首先,隐蔽造反意图,扬言奉旨诛杨国忠。长期以来,安禄山独与亲信严庄、高尚、阿史那承庆三人"密谋",其他将佐都不知道。八、九、十月,屡犒士卒,秣马厉兵,将士们觉得奇怪,不清楚为啥要这样干。直到起兵前几天,安禄山才召集诸将说明起兵事宜,研究从范阳至洛阳的山川地形以及进军路线。但是,他始终没有

---

① 《全唐文》卷368贾至《议杨绾条奏贡举疏》。
② 甲子,当为初九。《安禄山事迹》云:"十一月九日,禄山起兵反。"又,《旧唐书·玄宗本纪》谓十一月戊午朔,丙寅范阳起兵。如此,"丙寅"亦为初九。

和盘托出自己叛乱的狼子野心,只是对众将说:"奉事官胡逸自京回,奉密旨,遣禄山将随手兵入朝来,以平祸乱耳。诸公勿怪。"①所谓"平祸乱",指的是诛灭宰相杨国忠。伪造"密旨",打出诛杨国忠的旗号,这是安禄山突然地发动叛乱的一种策略手段。

其次,加强后方留守,保障主力南下。特命范阳节度副使贾循守范阳,平卢节度副使吕知诲守平卢,别将高秀岩守大同。这一带是安禄山的根据地,为将士们的家属所居,如果后方不稳,就会动摇军心,所以在起兵之前就作了上述的部署。

再次,采用声"西"击"东"战术。起兵之前,还派遣将军何千年、高邈等率轻骑二十名,声言献射生手,乘驿赴太原,预定起兵后第二天到达,并要劫持北京(太原)副留守。这一行动的意图是制造假象:似乎安禄山向西进击太原,然后沿唐高祖李渊当年走过的路线,夺取关中长安。其实,安禄山是颇有战略头脑的,决不会采取那样的进军路线。他之所以制造击"西"的假象,是为范阳起兵并南下夺取洛阳而施放烟幕。

最后,调集主力队伍,正式发动叛乱。十一月初八,安禄山所属的队伍以及"同罗"、"奚"、"契丹"、"室韦"等部族兵都调集齐了,共十五万,号称二十万。"诘朝",②即初九早晨,"禄山出蓟城南,大阅誓众",以讨伐杨国忠为名,引兵南下。据记载,"禄山乘铁舆,步骑精锐,烟尘千里,鼓噪震地。"③"鼓噪"行军,恐怕是后来的情况,开头未必如此。虽然起兵并非"师出无名",但是,"以讨杨国忠为名"毕竟是自欺欺人的,不可能名正言顺地大张旗鼓地

---

① 《安禄山事迹》卷中。
② "诘朝",明晨的意思。按《通鉴》所载,甲子(初九)"反于范阳";"诘朝","大阅誓众",当指初十。日本井上靖《杨贵妃传》是如此理解的,从上下文看来,似亦有道理。录此备考。但就事实而言,检阅是起兵的号角与标志,应在初九。
③ 《资治通鉴》卷217天宝十四载十一月条。

"引兵南下"。按照突然袭击的战略方针,起兵是诡秘的,以夜行军方式疾速推进。史称:"十一月,反于范阳,矫称奉恩命以兵讨逆贼杨国忠。以诸蕃马步十五万,夜半行,平明(天亮)食,日六十里。"①如此"引兵夜发",大概是事实。由于出其不意的推进,从蓟城南下,仅花十天功夫,就到达博陵(今河北定县)。这说明范阳举兵取得了出奇制胜的成功。旗开得胜之后,安禄山便放弃了夜行军,公开地鼓噪地行军。又经过十三天,就抵达了黄河边。

(二)唐玄宗的防御战略

范阳起兵的时候,唐玄宗和杨贵妃等正在华清宫里寻欢作乐,一派歌舞升平的景象。由于叛军行动的诡密,河北方面没有传来一点消息。最早的情报却来自太原。十一月初十,敌将何千年等在太原劫走了副留守杨光翙。太原火速向长安报告,但是,唐玄宗认为情报是伪造的,不相信安禄山会造反。接着,东受降城(今内蒙托克托南黄河东北岸)也送来情报。十一月十五日(庚午),即范阳起兵后的第七天,"上(玄宗)闻禄山定反",②造反是确定无疑的事实了。

多少年来,人们包括杨国忠预言过安禄山阴谋作乱,那时唐玄宗是一概不听的。他断然不信,一个由自己亲手提拔起来且无比宠信的边将,竟会造他的反。而如今,"闻禄山定反",他自然是既震惊又愤怒。就在十五日当天,召见宰相杨国忠商量。杨国忠洋洋自得,因为预言被证实了,笑曰:"今反者独禄山耳!三军左右皆不欲也,旬日必斩之来降,不如此,陛下发兵讨之,仗大义诛暴逆,可不血刃而定矣。"③玄宗也同意这种分析。显然,君臣们不了解范阳起兵的具体情况,连"以讨杨国忠为名"也不知道。如果得

---

① 《旧唐书·安禄山传》。
② 《资治通鉴》卷 217 天宝十四载十一月条。
③ 《安禄山事迹》卷中。

悉这一点,杨国忠决不可能神气活现地吹牛皮。同时,由于摸不清安禄山进军的路线,所以作了两个方面的防御:派遣特进毕思琛赴东京洛阳,金吾将军程千里诣河东,各自就地召募数万人,以拒叛军。

十一月十六日,唐玄宗在华清宫召见安西节度使封常清,商量讨贼方略,情不自禁地言及"凶胡负恩之状。"①的确,从某种意义上说,安禄山是忘恩负义之徒。没有唐玄宗的宠任,岂有三镇节度使的地位! 这年春天,玄宗还在断言:"禄山,朕推心待之,必无异志。"②然而,正是这个口口声声"忠"于皇帝陛下的野心家,最后发动了叛乱。这怎么不叫玄宗伤心呢?

封常清看到皇帝一副忧愁的样子,便夸口说:"禄山领凶徒十万,径犯中原,……臣请走马赴东京,开府库,募骁勇,挑马棰渡河,计日取逆胡之首悬于阙下。"乍一听,真是豪言壮语,玄宗壮其言。③ 次日,以封常清为范阳、平卢节度使。封常清当天就乘驿赴东京洛阳,召募队伍,作守御的准备。

封常清作为边镇节度使,历来以勇猛闻名,军事经验丰富,他对形势的估量虽然与杨国忠的吹牛大致相同,但却往往令人信服。封常清奔赴东京后,玄宗似乎感到宽松多了,所以仍旧呆在华清宫。直到十一月二十一日(丙子),即叛军已攻陷博陵、正在鼓噪南下,河北战报逐渐地传来,于是唐玄宗又惊慌了,急急地返回长安兴庆宫,进行新的军事部署:以朔方右厢兵马使、九原太守郭子仪为朔方节度使;右羽林大将军王承业为太原尹;新置河南节度使,领陈留等十三郡,由卫尉卿张介然担任;以原先赴河东的程千里为潞州长史;凡是叛军冲击的诸郡,设置防御使。

---

① 《旧唐书·封常清传》。
② 《资治通鉴》卷 217 天宝十四载二月条。
③ 《旧唐书·封常清传》。

安禄山起兵路线图

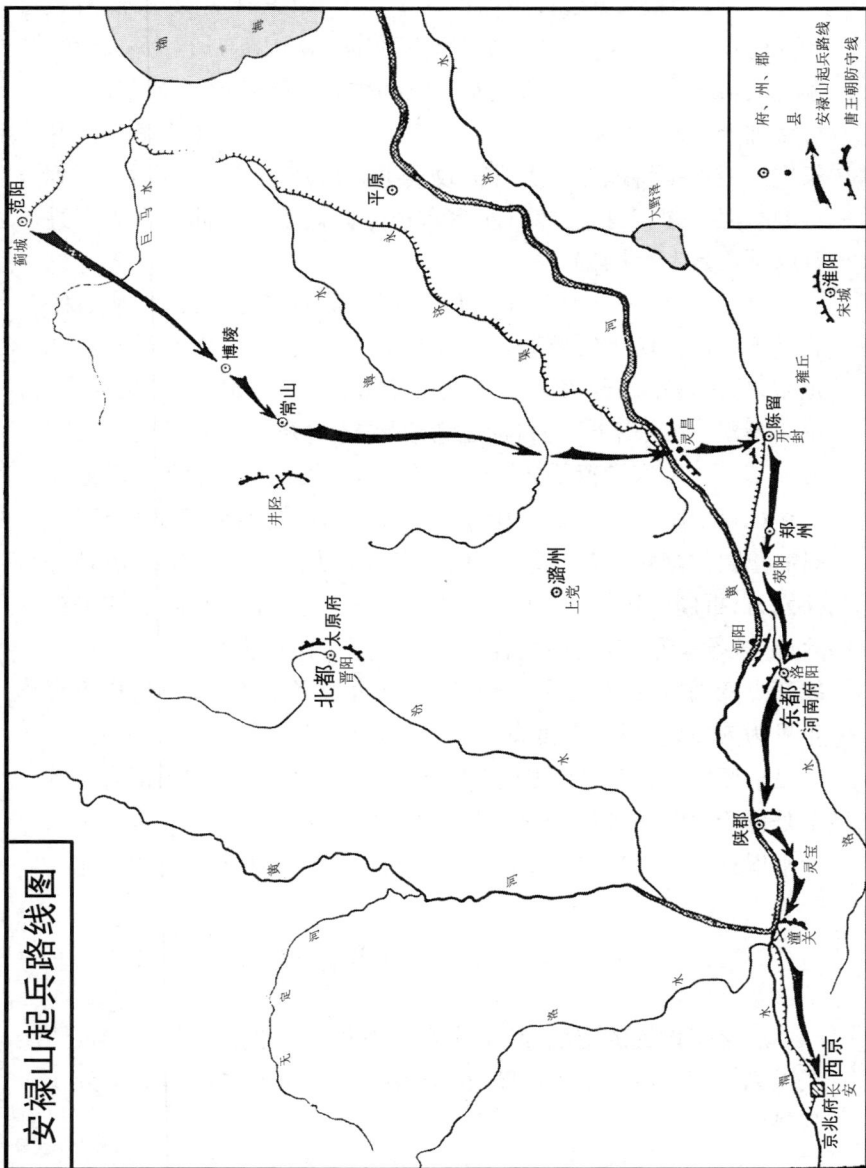

范阳 蓟城

博陵 常山

井陉 井陉山

平原

上党 潞州

北都 太原府 晋阳

灵昌

陈留 开封 雍丘

郑州 荥阳

黄 河阳

东都 洛阳 河南府

陕郡

灵宝

潼关

西京 长安 京兆府

淮阳 朱城

大野泽

巨马水

图例：
- ⊙ 府、州、郡
- • 县
- ➡ 安禄山起兵路线
- ⊥⊥ 唐王朝防守线

491

十一月二十二日，宣布以第六个皇子、荣王李琬为元帅，右金吾大将军高仙芝为副元帅，统率诸军东征。用内府钱帛召募新兵，预定人数十一万，号曰"天武军"。经过近十天的努力，征集新兵、边兵加上飞骑、彍骑，达五万人。十二月初一，由高仙芝率领离开长安。唐玄宗特地在兴庆宫勤政楼里宴请高仙芝等众将领，又到望春亭慰劳送行，诏监门将军宦官边令诚监军。高仙芝率大军进驻陕郡（今河南陕县）。

这样，从十一月十五日至十二月初，短短半个多月里，唐玄宗仓促地完成了防御的部署。从战略形势来看，安禄山起兵于河北范阳，防御叛军的部署无非包括两个方面：一是山西，二是河南。由于叛军"引兵南下"的目标逐渐地暴露，防御的重点就落在河南方面了。唐玄宗设置了三道防线：第一道，河南节度使张介然驻守陈留（今河南开封县），兵力约一万人。陈留是水陆交通的枢纽，具有重要的战略地位。第二道，名将封常清保卫东京洛阳，就地募兵六万，拆断河阳桥，防止叛军渡河。第三道，副元帅高仙芝坐镇陕郡，统领诸军东征，兵力合五万人。至于山西方面，则是采取一线三点的部署：以朔方节度使郭子仪、太原尹王承业、潞州长史程千里为支点，组成一道抵御叛军西进的防线。总之，层层设防，还算是周密的。但是，在敌军突然袭击的形势下，唐玄宗的部署基本上是属于单纯防御的战略方针，没有也不可能有"挑马棰渡河"、踏平安禄山的气概。这反映了大唐帝国军事实力上的空虚。

第二节　洛阳沦陷

唐玄宗设置的防线，经不住安禄山叛军的袭击。河南三道防线顷刻瓦解，陈留、洛阳与陕郡相继沦陷，唐王朝军队明显地处于劣势。

（一）叛军渡河夺陈留

前面说过,范阳起兵之后,叛军闪电式地推进。"河北皆禄山统内,(禄山兼河北道采访使)所过州县,望风瓦解,守令或开门出迎,或弃城窜匿,或为所擒戮,无敢拒之者。"[①]仅仅二十三天,打到黄河边。十二月初二(丁亥),[②]叛军自灵昌(今河南滑县东)渡河。当时正是寒潮滚滚,朔风逼人。叛军用绳索、草木把破船连接起来,横绝黄河。一夜之间,"冰合如浮桥",叛军步骑蜂拥而过,灵昌郡陷落了。紧接着,直逼陈留(今河南开封县)。"陈留水陆所凑,邑居万家,而素不习战。"河南节度使张介然到任才几天,敌军已渡河而来。张介然是忠于职守的,亲率近万名战士,登城拒敌,兼守要害,但是,毕竟寡不敌众,"虏骑十万,所过杀戮,烟尘亘天,弥漫数十里。"[③]十二月初五,陈留郡太守郭纳开城门投降。张介然被俘,斩于军门;近万将士也都被杀死。

十二月初七(壬辰),唐玄宗下制宣布亲征。当时,陈留失守的消息尚未传到长安,只知道叛军已渡过黄河以及陈留危急。玄宗在《亲征安禄山诏》中指出:"前所出师命将,足以除凶去孽,仍闻阻兵西路,左次南辕。朕义在救焚,情存拯溺。……今亲总六师,率众百万,铺敦元恶,巡幸洛阳,将以观风。"[④]看来,玄宗还是盲目乐观,相信自己的军队能够"剪除凶逆"。因此,命令朔方、河西、陇右兵留守城堡之外,都前往行营,由各节度使统领,限于十二月二十日毕集。可是,期限未到,洛阳与陕郡都沦于敌手,亲征计划也就成为泡影了。

---

① 《资治通鉴》卷217天宝十四载十一月条。
② 丁亥当为初二,而不是初三。按十一月甲子为初九,甲申为二十九日,乙酉为三十日。丙戌,则为十二月初一;丁亥为十二月初二。
③ 《旧唐书·张介然传》。
④ 《全唐文》卷33玄宗《亲征安禄山诏》。

（二）洛阳保卫战的失败

就在下制亲征的时候，安禄山从陈留引兵西向，攻打荥阳（今河南郑州）。荥阳是洛阳以东的重要的战略要地，郡太守崔无诐据城抵抗。但是，敌军来势凶猛，戈予鼓角，惊骇城邑；守城军士惊慌失措，自坠如雨。十二月初八，荥阳失守，崔无诐被杀。

从荥阳到洛阳，只有二百七十里。镇守洛阳的封常清十分焦急，亲自督军于武牢拒敌。武牢形势险要，是洛阳的东大门。安禄山以前锋铁骑进攻，唐军大败。封常清收集余众，战于罂子谷南之葵园。"常清使骁骑与柘羯逆战，杀贼数十百人。"[①]但是，敌人大军继至，唐军败退。于是东京洛阳处于危急之中。

洛阳城东有三座门，靠北边的是上春门，又叫上东门。常清退入该门内，而敌兵尾追而至，又展开了一场恶斗。十二月十二日（丁酉），安禄山大军从四面八方围攻，突入城内。恰好这天雪花纷飞，"大雪盈尺"。[②] 安禄山纵兵杀掠，到处是殷红的血迹！封常清战于都亭驿，不胜；退守宣仁门，又败；再从提象门出来，砍伐大树，阻塞道路；最后从禁苑西边坏墙逃出，至谷水，西奔陕郡。

这样，东京洛阳保卫战失败了，第二道也是最重要的一道防线全面崩溃了。从范阳起兵，到洛阳陷落，只有短短的三十四天。叛军烧杀抢掠，繁华的东京遭受了一百几十年来未曾有过的浩劫。

（三）陕郡溃退，急保潼关

封常清和残余部众退至陕（今河南陕县）时，陕郡太守窦廷芝已躲到河东去了，官吏、百姓也纷纷逃亡，城中一片惊惶。镇守陕郡的副元帅高仙芝，原想督五万之众东征，而在潼关没有留下足够

---

① 《旧唐书·封常清传》。
② 《安禄山事迹》卷下。

的兵力把守。谁知洛阳顷刻沦陷,使陕郡面临着极其严峻的形势。封常清向高仙芝汇报:"累日血战,贼锋不可当。且潼关无兵,若狂寇奔突,则京师危矣。宜弃此守,急保潼关。"①应当说,"急保潼关"的意见是对的。二十多天前,常清自信能够一举踏平"逆胡"。可是,经过实力的较量,深知唐军难以抵挡敌人突骑之师。连洛阳都守不住,何况无险可守的陕郡呢!与其在陕郡挨打,还不如暂避敌锋,保守潼关。

史称:"仙芝素信常清言。"②原来,封常清早年在安西就投奔于高仙芝的麾下,充任一名侍从。因才能出众,颇受赏识与提拔。后经高仙芝的多次推荐,封常清步步高升,当了安西节度使。由于信任,加上战局的实际情况,高仙芝赞同"急保潼关"的主张。当天夜里,高仙芝便率领部众西趋潼关。撤离陕郡时,把当地著名的"太原仓"打开,给将士们分发钱帛,多余的则放火烧掉。

但是,匆忙之间,也出现了不应有的溃退场面。当时,安禄山已占领洛阳,他本人不再督军西进,只派遣部分军队袭击陕郡。高仙芝、封常清当然难以预料安禄山的行踪,但尾追敌军之少,是应该注意到的。在这种情势下,完全可以有秩序地撤退。遗憾的是,一则将帅自己害怕,二则诸军士卒惶骇,结果是:"贼寻至,官军狼狈走,无复队伍,士马相腾践,死者甚众。"③官军士马不是与逆贼拼搏于战场,而是自己互相腾践而死。对于这种溃退局面,高仙芝与封常清负有不可推卸的责任。

唐玄宗在河南设置的三道防线,在十天之内竟被叛军全部摧毁。这时,关中紧张,朝野大骇。幸好高仙芝退至潼关后,立刻修完守备,逆贼不得入而去。安禄山只派将领崔乾祐驻屯于陕(今河南陕县),使唐王朝获得喘息的机会。

---

① 《旧唐书·高仙芝传》。
② 《肃宗实录》,《资治通鉴》卷 217 天宝十四载十二月《考异》引。
③ 《资治通鉴》卷 217 天宝十四载十二月条。

(四)重议亲征,太子监国

十二月十五日(庚子),即洛阳失守后的第四天,唐玄宗任命第十六个皇子永王李璘为山南节度使,以江陵(今湖北江陵)长史源洧为副使。同时,任命第十三个皇子颖王李璬为剑南节度使,蜀郡(今四川成都)长史崔圆为副使。二王皆不出阁,实际上由副使全权负责。为什么要采取这两项措施呢?玄宗并不是想在南路阻遏安禄山兵势的发展。山南地区尚未遭受叛军兵势的威胁,蜀郡更未涉及。玄宗的目的主要是为了加强后方,保障给养。以崔圆为剑南副节度使,可能出于杨国忠的建议,似与"幸蜀之计"有关。至于设置山南节度使,则是为了使江淮租赋经由荆襄而输入关中。因为安史之乱爆发后,河北、河南已为叛军控制,唐王朝财政愈来愈依赖于江南租赋;而原来的汴水漕运已经断绝,江淮租赋势必改道江汉,输送至关中。这种措施对于后来平定安史之乱,具有重大的战略意义。

十二月十六日(辛丑),唐玄宗重议亲征之事,下制由皇太子监国。诏文宣称:"皇太子(李)亨,仁明植性,孝友因心,……宜令太子监国,仍即亲总师徒,以诛叛逆。取今月二十三日先发,所司准式,务从省便,无使劳烦。"①近十天前,即初七(壬辰),玄宗曾下制亲征,规定二十日军队齐集,亲赴东京。谁知十二日洛阳已陷落,真是出乎意料。盛唐天子没有力量保住东京,这怎么行呢!因此,唐玄宗决定亲征,仍按原定日期(二十三日)出发。

但是,唐玄宗已是七十一岁的老人了,事实上不可能亲赴前线。所谓"亲征"云云,不过是一种姿态罢了。引人瞩目的倒不是"亲征",而是让太子监国。玄宗对杨国忠说:"朕在位垂五十载,倦于忧勤,去秋已欲传位太子;值水旱相仍,不欲以余灾遗子孙,淹

---

① 《全唐文》卷33玄宗《命皇太子监国仍亲总师徒东讨诏》。

留侯稍丰。不意逆胡横发,朕当亲征,且使之监国。事平之日,朕将高枕无为矣。"这里,第一次表露了让位的意向。"去秋已欲传位",详情不可考,或许是随口说说而已。如今,"逆胡横发",朝野惊恐,皇帝既然要"亲征",那就该由皇太子来监国了。但是,对于杨国忠来说,太子监国比"逆胡横发"更加可怕,更直接地危及杨氏家族的利益。因此,杨国忠"大惧",急忙回去跟韩国夫人、虢国夫人商量,说:"太子素恶吾家专横久矣,若一旦得天下,吾与姐妹并命在旦暮矣!"①韩、虢二夫人立刻到兴庆宫找杨贵妃,贵妃衔土请命于玄宗,于是"监国"停止执行了,自然"亲征"也不提了。可见,杨贵妃已经转入政治漩涡,为着杨氏家族集团的利益,而站在太子集团的对立面。值得一提的是,唐玄宗并不是一切听凭杨氏兄妹摆布的。放弃传位的打算,从根本上说,还是玄宗本人再三思考的结果。历代帝王的权欲往往至老而不衰,年逾古稀的唐玄宗似亦不例外。

(五)失律丧师,将帅枉死

"亲征"未成,却拿将帅开刀,这是唐玄宗晚年昏庸的突出表现。

原来,封常清败退至潼关后,多次遣使到朝堂,送上奏表,"具述赤心,竟不蒙引对。"后来,亲自驰赴长安,"冀拜首阙廷,吐心陛下,论逆胡之兵势,陈讨捍之别谋。将酬万死之恩,以报一生之宠。"可是,至渭南时,玄宗有敕令要他返回潼关,削其官爵,以"白衣"(平民)身份效劳于高仙芝的麾下。常清深知皇帝不会宽恕自己了,便以满腔的衷情写下"遗表"。表云:"仰天饮鸩,向日封章,即为尸谏之臣,死作圣朝之鬼。若使殁而有知,必结草军前,回风

---

① 《资治通鉴》卷217天宝十四载十二月条。当时,秦国夫人已死。

阵上,引王师之旗鼓,平寇贼之戈鋋。"①声声泪,字字血,表达了忠于皇帝、待罪效劳的赤子之心。

几乎同时,由于高仙芝在陕郡不战而退,就为监军边令诚提供了诬陷的口实。宦官边令诚入朝奏事,大讲前线"桡败之状",只字不提封常清"杀敌塞路"的血战,不提高仙芝善守潼关的事实,甚至造谣说:"常清以贼摇众,而仙芝弃陕地数百里,又盗减军士粮赐。"②诚然,封常清说过"贼锋不可当",但那是经由"累日血战"而作出的正确估量。兵法上回避强敌兵锋,以持久弊之,亦不失为取胜之道。这跟助敌威风、动摇军心,是不可同日而语的。高仙芝弃守陕郡、退保潼关,也是明智的部署,与临阵逃跑迥然有别。至于唐朝将帅之贪侈,③几乎是无不如此。史称:"仙芝性贪,获石国大块瑟瑟十余石、真金五六驼驼,名马宝玉称是。"这说明高仙芝贪婪宝货。但是,他又有慷慨施舍的特点:"家财巨万,颇能散施,人有所求,言无不应。"④他对自己的部属将士是爱护的,决不会克扣粮赐而自肥。取太原仓钱绢,分给将士,就是一个例子。监军边令诚因向高仙芝索取宝货不得满足而怀恨在心,所以在唐玄宗面前挑拨是非。而唐玄宗对于上述情况根本不作调查,为"失律丧师"而大怒不已,命令边令诚前往潼关,处斩高仙芝和封常清。

十二月十八日(癸卯),在潼关驿南西街。边令诚先召见封常清,宣示圣旨,常清悲愤地感叹:"讨逆无效,死乃甘心。"呈上"遗表",请交唐玄宗,再次表达了"臣常清无任永辞圣代悲恋之至"。尔后,被斩,陈尸于"蓬蕞"(芦菠)之上。继而高仙芝从外面回来,至厅堂,边令诚在百余名"陌刀手"的随同下,宣布敕令。仙芝遽下,遂至常清被斩之处,愤慨地说:"我退,罪也,死不辞;然以我为

---

①　《全唐文》卷330封常清《遗表》。
②　《资治通鉴》卷217天宝十四载十二月条。
③　参见《吕思勉读史札记》丁帙《唐将帅之贪》。
④　《旧唐书·高仙芝传》。

减截兵粮及赐物等,则诬我也。"士卒们平素爱戴仙芝,大呼冤枉,其声振地。仙芝又看了看常清的遗体,悲戚地诉说:"封二(家里排行第二),子从微至著,我则引拔子为我判官,俄又代我为节度使,今日又与子同死于此,岂命也夫!"①最后,从容被斩。

综上所述,从十一月十五日(庚午)获悉安禄山叛乱,至十二月十八(癸卯)潼关斩杀将帅,前后凡三十四天。而范阳起兵至洛阳沦陷,也是三十四天。这真是偶然的巧合! 短短的一个多月里,叛军旋风般地推进,唐军接二连三地失败。高、封二位将帅之死,宣告了唐玄宗的单纯防御战略的破产。在战局的危难时刻,"失律丧师"的将帅既已表示以功补过,决一死战,而玄宗却偏听宦官谗言,处斩败将,这无疑是军事指挥上的严重失策。

第三节　战略战术的比较

安禄山叛乱之初,唐玄宗层层布防,似乎是周密得很,然而,不堪一击,败亡惨重。这是为什么呢? 原因极其复杂,包括有政治的、经济的、民族的、军事的各种因素。下面,仅就战略战术作一比较,可以引出某些深刻的教训。

(一)叛军的突击战术

范阳起兵后的一个多月,是安禄山叛乱势力最猛烈的发展时期,一下子占领了河北、河南广大地区。长达八年的安史之乱基本上局限于这个范围。初期突然袭击的成功,使盛唐帝国面临着猝不可防的严峻形势。

首先,安禄山长期以来通过恩抚蕃人杂胡的办法,培植了一支

---

① 《旧唐书·封常清传》。又,《安禄山事迹》、《明皇幸蜀记》皆云常清"饮药而死,令诚至,常清已死。"似不确切。

善攻能战的主力部队。除了私养"曳落河"（健儿壮士）之外,对于诸蕃夷总是"躬自抚慰,曲宣威惠,夷人朝为俘囚,暮为战士,莫不乐输死节,而况幽蓟之士乎?"①安禄山还罗致用兵之才,如将领安守忠、李归仁、蔡希德、牛庭玠、崔乾祐、何千年、田承嗣、田乾真等等,"皆拔于行间",感恩竭诚,尽力效劳。精兵良将是范阳起兵的最重要的保证。叛乱之初,"禄山令严肃,得士死力,无不一当百,遇之必败。"②诸蕃马步十五万席卷河北,震惊河南,取得了胜利。

其次,拥有战马,以骑兵为主要的突击力量,这是叛军实力强大的又一个因素。出身杂胡的安禄山,向来重视精骑在战争中的作用;诸蕃士卒善于骑术,自不待言。史称:"安禄山以内外闲厩都使兼知楼烦监,阴选胜甲马归范阳,故其兵力倾天下而卒反。"③所谓"兵力倾天下",并非夸大之辞。从蓟南到黄河边,从陈留到洛阳与陕郡,烟尘滚滚,快速推进,都离不开精骑的突击。例如,在陈留之战中,"贼已渡河,车骑蹂腾,烟尘漫数十里,日为夺色。"④在武牢,"贼以铁骑蹂之,官军大败。"⑤在洛阳城下,唐军"被铁骑唐突,飞矢如雨,皆魂慴色沮,望贼奔散。"⑥可见,运用铁骑战术,颇为熟练。

第三,安禄山精通兵法,善于捕捉战机,发动突然袭击。早年镇守北疆时,他曾举兵讨契丹,誓众曰:"兵法,疾雷不及掩耳,今久雨,复去贼尚远,若倍道趋程,贼必不虞我至,破贼必矣。"⑦于是昼夜兼行三百余里,乘敌不备,突然一击,取得了胜利。这种"疾雷不及掩耳"的突然袭击,也运用于范阳起兵。经由长期准备之

---

① 《安禄山事迹》卷中。
② 《旧唐书·安禄山传》。
③ 《新唐书·兵志》。
④ 《新唐书·张介然传》。
⑤ 《资治通鉴》卷217天宝十四载十二月条。
⑥ 《旧唐书·李憕传》。
⑦ 《安禄山事迹》卷上。

后,选择天宝十四载(公元 755 年)冬季发动。当时,唐玄宗政治上腐败,中原军事实力空虚,毫无戒备,正是袭击的好时机。而且隆冬季节,便于铁骑行动;大河冰封,无天险可阻。叛军南下,以神速与诡密为特点,河北诸郡县望风瓦解。"禄山度河,号令严密,候诇不能知",①往往是出其不意地袭击唐军。

(二)仓促应变,自信轻敌

在叛军的突然袭击之下,唐玄宗仓促应变,部署防御。然而,由于他深受自信轻敌的思想情绪支配,使防御战略归于失败。

前面说过,杨国忠和封常清都曾弹过速胜的论调,玄宗也是听得进的。十二月初七,叛军已渡过黄河,陈留失守,玄宗还以为只要亲自出征,"巡幸洛阳",就会"剪除凶逆"。谁知仅过了几天,洛阳与陕郡相继沦陷。封常清从血战中清醒过来,深知"逆胡之兵势"不可轻视。他在"遗表"中特别强调:"臣死之后,望陛下不轻此贼,无忘臣言,则冀社稷复安,逆胡败覆,臣之所愿毕矣。"②这是用无数将士鲜血换来的教训。但是,身居长安而不想亲征的唐玄宗根本不听,以为封常清长逆胡之威风,"以贼摇众"。斩杀高仙芝与封常清,也反映了唐玄宗盲目自信的情绪。据记载,"时朝议皆以为禄山狂悖,不日授首。"③面对城池丢失、节节败退的局势,还在痴想安禄山"不日授首",这是何等的可悲。持这种战略观点的指挥者,又怎么能赢得战争的胜利呢?

(三)"久处太平,不练军事"

初期失败的又一个重要原因,就是"上(玄宗)久处太平,不练

---

① 《新唐书·忠义传上》。
② 《全唐文》卷 330 封常清《遗表》。
③ 《资治通鉴》卷 217 天宝十四载十二月条。

军事"。①换句话说,叫做"太平久,不知战。"②

从双方实力来看,安禄山号称"二十万",实际上十五万人。引兵南下,除了河北地区防守的部队外,在河南战场上约十万余兵。而唐的兵力分布:陈留一万,洛阳六万,陕郡五万;其数量与叛军相等,甚至略有超过。但是,唐军素质差,战斗能力低。这十二万军队,一半是河南就地召募的,一半是从关中雇来的,其基本成分是"市井子弟",从未受过军事训练。况且,匆匆上战场,旬日半月的集训也是无济于事的。如此"弱兵",怎么能经受住强劲胡骑的猛烈袭击呢!请看:

在陈留,"虏骑十万"蜂拥而至之时,"(张)介然之众,闻吹角鼓噪之声,授甲不得,气已夺矣,故至覆败。"③须知,介然之众仅近万。即使十万之众,也难以抵挡十万"虏骑"。

在荥阳,安禄山军队"鼓而前,无敢亢"。"太守崔无诐率众乘城,闻师噪,自坠如雨,无诐与官属皆死贼手。"④

在洛阳保卫战中,"禄山所统,皆蕃汉精兵,训练已久;常清之众,多市井之人,初不知战。"⑤封常清在东京召募的六万军队,以"白徒"(平民)为主,素来不习军事。一旦交兵,战不胜,就败退。封常清无限感慨地说:"臣所将之兵,皆是乌合之徒,素未训习。率周南市人之众,当渔阳突骑之师,尚犹杀敌塞路,血流满野。"⑥的确,封常清及其将士们尽了责任,英勇杀敌,但终究无法改变失败的命运。

总之,正如后世史家所说:"于时承平日久,金革道消,封常

① 《旧唐书·哥舒翰传》。

② 《新唐书·张介然传》。

③ 《旧唐书·张介然传》。

④ 《新唐书·崔无诐传》。

⑤ 《旧唐书·李憕传》。

⑥ 《全唐文》卷330封常清《遗表》。

清、高仙芝相次率不教之兵,募市人之众,以抗凶寇,失律丧师。"①
"失律丧师",将帅自有一定的责任;但全都归罪于将帅,也是冤枉
的。唐玄宗偏听谗言,斩杀将帅,无疑是昏庸的表现。"玄宗虽为
左右蒙瞀,然荒夺其明亦甚矣。"②

(四)官吏投降,政军不和

叛军兵临城下,唐朝地方官纷纷投降,地方当局与督军将帅之
间不团结,这是初期战争溃败的原因之一。

由于安禄山兼任河北道采访使,河北诸郡县不少守令开门出
迎,投降了叛军。玄宗曾经感慨地说:"二十四郡(河北),曾无一
人义士邪!"③当然也有,如颜真卿、颜杲卿就是杰出的"义士"。叛
军渡河以后,陈留太守郭纳以城降敌。洛阳陷没,"居位者皆欲保
命而全妻子",纷纷向安禄山献媚。有的说:"洛阳之存亡,操兵者
实任其咎,非执法吏所能抗。"④这反映了"操兵者"与"执法吏"之
间的矛盾。河南尹达奚珣与将帅不和,封常清怕他当叛军内应,欲
杀之,经人劝阻作罢。常清一退出洛阳,达奚珣就投降了安禄山。
此外,如临汝太守韦斌降于叛军。

唐朝著名的政治家李德裕指出:"天宝时,士罕伏节,逆羯始
兴,委符组、弃城郭者不为耻。"⑤这种情况是跟各种社会矛盾的激
化与整个社会危机的加重分不开的。士风"丧节",形态各异,不
能一概而论,但它无疑是盛唐帝国即将散裂的征兆。

当然,忠臣死节者也有不少,张介然死于陈留,崔无诐死于荥
阳,不可不谓壮烈。尤其是东京留守李憕和御史大夫卢奕,宁死不

---

① 《旧唐书》卷 104 史臣曰。
② 《新唐书》卷 135 赞曰。
③ 《资治通鉴》卷 217 天宝十四载十二月条。
④ 《旧唐书·卢奕传》。
⑤ 《新唐书·忠义传上》。

503

降，真是"臣节之光"由此始。他俩在无法再战的情况下，守位自如，抵刃就终。直至唐穆宗时，还下诏表彰说："天宝之季，盗起幽陵，振荡生灵，噬吞河洛。赠司徒、忠烈公（李）憕，处难居首，正色受屠，两河闻风，再固危壁，首立殊节，到今称之。"①的确，李憕的从容就义，对于两河"义军"兴起，有着一定的激励作用。

（五）"天下虽安，忘战必危"

从上述唐军"不知战"而溃败的事实中，可以引出一个重要的历史教训。唐朝姚汝能在《安禄山事迹》中作了这样的总结："兵起之后，列郡开甲仗库，器械朽坏，皆不可执，兵士皆持白棒。所谓天下虽安，忘战必危。"这里说的实质上也就是盛唐帝国与国防意识的问题。

众所周知，唐王朝是打出来的，唐太宗作为杰出的军事家，深知武备的重要。但是，自统一战争结束以后，军事行动全都在边疆，中原地区一直是太平无事的了。"高宗、武后时，天下久不用兵，府兵之法浸坏。"武后临朝，发生徐敬业扬州起兵，那是玄宗出生前一年的事。扬州兵变很快被平定，没有酿成危及中原的战火。中宗、睿宗时期，宫廷里"再三祸变"，也没有"变"成殃及社会的战争。及至玄宗，虽然边境战争频繁，但就中原地区来说，却是一派歌舞升平，不知战争为何物。朝野上下，国防意识发生了重大变化：重外而轻内。在边镇，精兵猛将；在内地，毫无战备。随着府兵制的破坏，召募为兵的价值观念也不同了。史称："至是，卫佐悉以假人为童奴，京师人耻之，……而六军宿卫皆市人，富者贩缯彩、食粱肉，壮者为角抵、拔河、翘木、扛铁之戏，及禄山反，皆不能受甲矣。"②六军宿卫尚且如此，封常清、高仙芝新召募的"市井子弟"兵

---

① 《全唐文》卷64穆宗《授李源左谏议大夫制》。
② 《新唐书·兵志》。

504

素质之低劣，也就不言而喻了。

总之，"太平久，不知战。"经历一百几十年的"太平"，中原地区"素不习战"，①人们的防御意识淡薄，而且以兵为耻。在这种情况下，"禄山一呼"必然是"四海振荡"。安禄山乘外重之势，轻而易举地取得叛乱之初的胜利。正如唐朝诗人杜牧所说："天宝末，燕盗起，出入成皋、函、潼间，若涉无人地。"②这是"忘战必危"的例证。

第四节　暂时对峙的形势

洛阳、陕郡沦陷之后，战场形势发生了微妙的变化。叛军停滞不前；唐军则从溃败的困境中走了出来，沿着有利的方向发展。天宝十五载（公元 756 年）六月以前，近半年里，双方处于暂时对峙的局面。

（一）安禄山停滞不前

安禄山攻陷洛阳，是他兵锋最盛的时候，同时也是他停滞不前的开始。史称："会禄山方谋称帝，留东京不进。"后来，一度想亲自攻打潼关，但"至新安（今河南新安），闻河北有变而还。"③直到安禄山之死，未尝亲自督军攻入潼关与长安。④或许禄山已患眼疾（白内障），无法驰骋沙场。

经过半个多月的筹划，天宝十五载（公元 756 年）正月初一，在"东都耆老缁黄劝进"之下，安禄山登上皇帝宝座，自称"雄武皇帝"，国号"大燕"，改元"圣武"。以原唐朝河南尹达奚珣为侍中，

① 《旧唐书·张介然传》。
② 《新唐书·杜牧传》。
③ 《资治通鉴》卷 217 天宝十四载十二月条。
④ 参见《廿二史札记》卷 16《新书本纪书安史之乱》。

张通儒为中书令,高尚、严庄为中书侍郎。因为攻入洛阳那天,大雪盈尺,于是就把雪看成为受命的符瑞,有人献诗曰:"马上取天下,雪中朝海神。"①

显然可见,"取天下"是安禄山造反的目的。所谓"奉密旨"诛杨国忠,不过是幌子而已。正如后世史臣所评:"大盗作梗,禄山乱常,词虽欲诛国忠,志则谋危社稷。"②回顾范阳起兵前夕,安禄山曾对燕地父老说:"吾忧国之危,非私也。"③如果说,那时奉旨讨杨国忠的诡言多少有点骗人的作用,那么,公然称"帝"就把"禄山乱常"、"谋危社稷"的真面目暴露无遗了。

由于个人的政治野心已经实现,安禄山似乎是满足了,深居于雄伟宫阙,沉溺于酒乐歌舞,往昔勇猛进击的锐气逐渐地消失。其属下猛将精兵也都忙于烧杀掠夺,把获得的子女金帛宝货统统输之范阳,内部的纷争与不和也随着出现了。从战略形势来看,安禄山已由进攻转入保守,集中精力来巩固河南、河北地区,只是派出小股力量抄掠潼关。这样,唐朝廷就获得了喘息的机会,以加强东线防御力量。

(二)敌后抗战的兴起

广大沦陷区抗击叛军的斗争的复兴,是造成暂时对峙局面的重要因素。

首先,在河北,以颜杲卿、真卿兄弟为代表,树起了抗战的大旗。颜杲卿原是常山郡(今河北正定)太守,系唐初名儒颜师古的后代。安禄山引兵南至博陵(今河北定县)后,改变夜行军,鼓噪前进,向着常山席卷而来。颜杲卿表面上顺从,暗中则筹划抵抗运动。族弟颜真卿,即著名的书法家"颜鲁公",初任平原郡(今山东

---

① 《安禄山事迹》卷下。
② 《旧唐书》卷 104 史臣曰。
③ 《新唐书·安禄山传》。

德州)太守。真卿召募勇士以抗击叛军,并派人向唐玄宗报告。先前玄宗曾哀叹"河北二十四郡,岂无一忠臣乎!"得知真卿的信息,不禁大喜,顾左右曰:"朕不识颜真卿形状何如,所为得如此!"①洛阳沦陷以后,河北忠义勇士愤起,各有众数千或万人,共推颜真卿为盟主。真卿还秘密地跟杲卿联络,"欲连兵断禄山归路,以缓其西入之谋。"颜杲卿巧妙地设计杀了叛军将领李钦凑,俘获了敌将何千年与高邈,威势大张。"于是河北诸郡响应,凡十七郡皆归朝廷,兵合二十余万。"②这就给安禄山带来了后顾之忧,使他无法亲自督军西入潼关,并切断了从洛阳至范阳的驿路。

次年正月初一,安禄山在洛阳称帝。不久,叛军将领史思明、蔡希德等集中优势兵力(包括从河内调回万人),围攻常山城。颜杲卿守城拒战,粮尽矢竭,城陷被俘。杲卿被押至洛阳,临刑前当面大骂安禄山:"我世为唐臣,常守忠义,纵受汝奏署(早年禄山荐举杲卿为常山太守),复合从汝反乎!且汝本营州一牧羊羯奴耳,叨窃恩宠,致身及此,天子负汝何事而汝反耶?"③最后壮烈就义,表现了宁死不屈的精神。

杲卿牺牲后,真卿在平原抗战有了新的进展。正月十五日,唐玄宗加颜真卿为户部侍郎兼平原郡防御使。三月底,加颜真卿为河北采访使。颜真卿采纳一个二十余岁名叫李萼的建议,发兵攻克魏郡,军声大振。还跟北海郡太守贺兰进明联合,共同抗战。贺兰进明根据部下的献计,夺取了信都郡。

至于河南地区,虽然没有涌现颜氏兄弟那样杰出的英雄人物,但也有不少可歌可泣的事迹。例如,原真源令张巡不愿投降敌人,带领吏民到玄元皇帝(老子)庙哭祭,表示尽忠于唐王朝。接着,起兵讨贼,率精兵千人,西至雍丘(今河南杞县),跟在那里聚众抗

---

① 《旧唐书·颜真卿传》。
② 《资治通鉴》卷 217 天宝十四载十二月条。
③ 《旧唐书·忠义传下》。

战的贾贲会合。安禄山派叛军攻打雍丘,贾贲出战,失败而死。张巡继续奋力战斗,击退敌军。不久,安禄山派遣将领李怀仙等,以四万之众奄至城下。守城将士害怕了,张巡则鼓舞士气,说:"贼兵精锐,有轻我心。今出其不意击之,彼必惊溃。贼势小折,然后城可守也。"他亲自带领千人,分成数队,开门突出,直冲敌阵,敌军遂退。第二天,敌军环城设置石炮轰击,张巡就在城上立木栅加以抵挡。敌兵蚁附而登城,张巡就用蒿草灌上油脂,点燃投之。这样,"积六十余日,大小三百余战,带甲而食,裹疮复战,贼遂败走。"①张巡还乘胜追击,俘虏了二千人而还,军声大振。

由上可见,当安禄山铁骑横扫河北河南之时,颜氏兄弟们的英勇抗击,跟唐军节节败退与官吏纷纷投降的情景,形成了极其鲜明的对照。为什么会出现敌后抗战运动呢? 说它是中原人民反对叛军暴虐的斗争,恐怕初期未必如此。安禄山叛乱集团是一股黑暗势力,渡河以后,从陈留打到洛阳、陕郡,确实是烧杀蹂躏,十分残忍。这里还包含着蕃、汉之间的民族仇恨。但是,就河北地区来说,安禄山早就采用笼络人心的做法,包括对常山太守颜杲卿与平原太守颜真卿的安抚。从范阳打到黄河边,没有重大的战斗,胡骑一过而去,实在谈不到对百姓的任意残虐。河北诸郡县纷纷投降,也反映了安禄山往昔恩抚政策的成功。社会矛盾与阶级矛盾,并没有因为范阳起兵而骤然地激化。至于颜氏兄弟的抗战,其精神支柱则是忠君与维护正统的思想观念。正如颜杲卿自己说的,"我世为唐臣,常守忠义",怎么可以跟着安禄山造反呢? 唐玄宗晚期,昏庸腐败,危机四伏,终于爆发了安禄山叛乱。但是,"玄宗之召乱也,失德而固未尝失道也。……天不佑玄宗,而人不厌唐德。"②唐玄宗及其王朝在人们(当然不是全部)心目中的正统地位

---

① 《资治通鉴》卷 217 至德元载三月条。
② 王夫之《读通鉴论》卷 23《肃宗》。

并没有崩溃,而且在特殊的危难之际,这种地位反而得到了加强。因此,生活于沦陷区的一些忠君义士,便奋不顾身地起来抗战,以维护李唐王朝。

(三)郭子仪等的抗战

近半年的对峙局势的形成,还有赖于郭子仪与李光弼等将领的努力。

前面说过,除了河南三道防线之外,山西方面是三点一线的防御部署。其中,太原尹王承业和潞州长史程千里两个据点,没有充分发挥作用。王承业还贪颜杲卿之功为己有,故意拥兵不救,实在缺德。唯独朔方节度使郭子仪作出了突异的贡献。

郭子仪,华州郑县(今陕西华县东)人,体貌秀杰,以"武举"出身,逐渐升至九原太守、朔方右厢兵马使。范阳起兵后,玄宗以郭子仪为朔方节度使,诏子仪率朔方健儿东讨逆贼。经过长途跋涉,郭子仪军队进驻振武军(在单于都护府城内,今内蒙和林格尔西北),击败安禄山大同军使高秀岩,乘胜攻克静边军(今山西右玉),继而夺取马邑(今山西朔县东北),打开了战略要地东陉关(今山西代县东)。由于战功卓著,唐玄宗于十二月十九日加子仪官御史大夫。

次年正月,唐玄宗令郭子仪返回朔方,以便加强东线实力,进取洛阳。这时,郭子仪推荐部下李光弼为河东节度使,分朔方健儿万人与之。李光弼率军出井陉(今河北井陉西北的关隘),定河北,功克常山城,取得了重大的胜利。史称:"时(二月)常山九县,七(县)附官军,惟九门、藁城为贼所据。"①

三月,唐玄宗以李光弼为范阳长史、河北节度使。李光弼据守常山城,与敌将史思明对垒,长达四十多天。城中粮草困乏,形势

---

① 《资治通鉴》卷217至德元载二月条。

危急,便向郭子仪报告。这时,郭子仪又从朔方回到山西了。四月,郭子仪率军至常山,与李光弼会师,大败史思明于九门城南。接着,攻克赵郡,李光弼不准士兵掳掠,郭子仪释放俘虏四千,示以优抚,颇得人心。

五月,郭子仪、李光弼与敌将史思明又发生了一场著名的嘉山大战。嘉山在常山(今河北正定)郡东。唐军大胜,斩敌首四万级,俘虏千余人。史思明也被打落战马,赤足而走,至暮才逃回军营,接着又奔往博陵(今河北定县)。嘉山大捷具有重要的意义:继颜杲卿常山抗战之后,再次使安禄山大本营洛阳与老根据地范阳之间的通道切断。"于是河北十余郡皆杀贼守将而降,渔阳路再绝,贼往来者皆轻骑窃过,多为官军所获,将士家在渔阳者无不摇心。"①

就在这种情势下,坐镇洛阳的安禄山开始害怕起来,责备亲信严庄与高尚,说:"汝等令我举事,皆云必成,四边兵马若是,必成何在?汝等陷我,不见汝等矣。"②吓得严、高二人数日不敢来见。恰好将领田乾真从潼关下回来,陈述形势,劝说禄山,风波才平静下来。

(四)战场形势的估量

综上所述,近半年里,唐玄宗摆脱了溃败的困境,以军拒敌于潼关;派遣郭子仪与李光弼深入河北地区,开辟了敌后的新战线;支持颜氏兄弟等抗战义军,加封官职,示以鼓励;增援南阳等地防御力量,以保障江汉漕运通道。这些措施使敌我实力对比发生了某些变化。但是,如果认为只要继续发展这种有利的形势,少则半年,多则一年,安禄山叛乱就会平息,那恐怕是过于乐观的估量。

---

① 《资治通鉴》卷218至德元载五月条。
② 《安禄山事迹》卷中。

须知,安史之乱是天宝时期各种社会矛盾与阶级矛盾的总爆发,跟一般的"谋反"事件不同。它是带有全局性的社会危机,而不是局部的动乱问题。安史之乱经历八年之久,决非偶然。后来的事实表明,即使安禄山死了,还有安庆绪、史思明、史朝义等相继称帝,反复作乱。因此,半载一年是绝对解决不了问题,即使唐王朝采取何等高明的政策措施。安史之乱的性质以及唐王朝的境况,决定了平叛斗争的长期性与艰苦性。

　　就当时军事形势来说,安禄山从突击战的巨大胜利,转入巩固占领区。他坐镇洛阳,广泛地吸收原唐朝官僚士人,竭力稳定对河南的统治。虽然没有集中兵力,西入潼关,但唐朝东线实力决不是安禄山的对手。在河北,由于唐正规军与地方义军(团练兵)的互相配合,重创叛军,安禄山一度害怕起来,甚至想丢弃洛阳,走归范阳。然而,经人一劝,又豁然开朗,自信地唱起《倾杯乐》,与亲信们欢宴如初。的确,安禄山在河北势力还是强大的,"纵大事不成,犹可效袁本初(东汉末袁绍)以数万之众据守河北之地,亦足过十年五岁耳。"[①]安禄山直到死也没有"走归范阳",说明他相信自己的军事实力。事实上,史思明虽然一败于土门之战,二败于嘉山之战,但还是有力量崛起的。不久,潼关失守,郭子仪和李光弼退入井陉,河北诸郡又都是史思明的地盘。因为河北毕竟是安、史经营已久的地方,加上民族矛盾的纠葛,倒向安、史者很多。

　　再来看唐玄宗的军事实力,跟最初溃败相比较,近半年里好得多了,确是沿着有利的方向发展。但是,跟安禄山实力相比较,似还算不上"大好形势",不能说全国的军事形势对唐军极为有利,而只能说是处于暂时相峙的局面。敌将田乾真说:"今四面(唐军)兵马虽多,皆募新军乌合之众,未经行阵保垒,非劲锐之卒,不

---

　　①　《安禄山事迹》卷中。

足为我敌。"①这话还是有点根据的。东线唐军基本上是新招募的,非经久战之士卒,只是部分地经历洛阳、陕郡的战斗,略有些经验,据险守关尚可,出关袭击则难以胜任。至于转战河北的郭、李军队,当然不是"乌合之众"。郭子仪和李光弼都是杰出的军事家,朔方健儿也是善战能攻的队伍。"朔方,天下劲兵处也。"②朔方原是西北重要的军镇,不仅兵劲而且将猛,蕃胡出身的骑将不少。如左武锋使仆固怀恩,即贞观时哥滥拔延之曾孙,世为金微都督。又如右武锋使浑释之,浑部酋长,世为皋兰都督。因此,朔方军转战河北,取得一系列战斗胜利,不是偶然的。但是,在敌占区作战,自有一些不利因素,尤其是粮草供养困乏,妨碍了战斗力的充分发挥。无需讳言,大概除了李光弼之外,将士贪侈成风,掳掠时有所见。从全局来看,"朔方之兵力,实非范阳之敌,所以然者,侈为之也。"③

第五节　潼关失守

天宝十五载(公元756)六月上旬,潼关战败,标志着整个军事形势进入了新的阶段。相峙的局面消失了,京师长安面临着严重的威胁。唐玄宗从此在政治上和军事上一蹶不振了。

(一)哥舒翰镇守潼关

唐玄宗在斩杀高仙芝、封常清的同时,宣布了以知名武将哥舒翰为统帅,镇守潼关。未到任之前,潼关军队暂由将军李承光代管。

---

①　《安禄山事迹》卷中。
②　《资治通鉴》卷218至德元载六月条。
③　《吕思勉读史札记》丁帙《唐将帅之贪》。

哥舒翰,突骑施首领哥舒部落的后裔,父辈世居安西。四十岁以后,才驰骋于沙场,以勇武知名,被提拔为河西、陇右节度使。天宝十四载(公元755年),春二月,哥舒翰入朝,途经土门军,入浴室,中风瘫痪,到了长安就居家养病。十二月,封常清与高仙芝被杀,谁去守潼关呢? 唐玄宗想起了年老多病的哥舒翰:一则他仍然是河西、陇右节度使,兼领西北两大军镇,威名显赫;虽然瘫痪,出谋划策似还是行的。二则他跟安禄山、安思顺兄弟有宿怨,曾当面骂过安禄山是只"野狐(胡)"。因此,玄宗召见后,便委以镇守潼关的重任。

这里,关于哥舒翰的头衔问题,很有必要提一提。他是兵马副元帅,元帅是谁?"荣王(李)琬为行宫元帅。"①前面说过,高仙芝以"副帅"统诸军东征,元帅是荣王李琬。仙芝被杀,以翰代之,这是顺理成章的事。众所周知,皇子亲王为"元帅",是不负实际责任的,不必亲赴前线。不幸,十二月二十三日,即宣布任命哥舒翰后的第六天,荣王李琬突然地死了,死因不明。看来,其中似包含有唐玄宗的儿子们争夺军权的隐蔽勾斗。史称:"琬素有雅称,风格秀整,时士庶冀琬有所成功,忽然殂谢,远近咸失望焉。"②

既然"元帅"死了,就给哥舒翰一个新的头衔,叫做"皇太子先锋兵马元帅"。③ 不是副的了,而是元帅。尤其令人注目的,还有"皇太子"三个字,这是过去所没有的军衔。换句话说,哥舒翰是"皇太子"的先锋元帅。回顾十二月十六日,下制皇太子监国,经杨国忠和杨贵妃的反对,其事遂寝。仅过八九天,在元帅的头衔上加上"皇太子"的,这无疑是反映了皇太子李亨集团的意愿,多少意味着由皇太子来挂名负责平叛斗争。

<hr />

① 《安禄山事迹》卷中。

② 《旧唐书·玄宗诸子传》。

③ 旧、新《唐书·哥舒翰传》。又,参见《资治通鉴》卷217天宝十四载十二月条《考异》及南宫博《杨贵妃》下册第400页。

大约十二月二十三日（玄宗原定东征出发日期），长安八万余兵齐集完毕，由哥舒翰率领赴潼关。玄宗在兴庆宫勤政楼送别，百官到郊外饯行。据载，旌旗亘二百里，可谓壮观。似乎唐玄宗把胜利的希望全寄托于哥舒翰，长安城里惊骇了一个多月的士庶，无不祈求出征的成功。

　　哥舒翰到达潼关后，首先抓了军队的整顿。从长安带来的八万兵，其中有河西、陇右诸蕃部落兵（共十三部），战斗力较强，多数则是新招募的市井之徒。加上高仙芝的原五万兵（散失不少），以及封常清的残余部队，总共十几万人，号称二十万。由于元帅患风疾，军政由御史中丞、行军司马田良丘主持，宦官李大宜监军，起居郎萧昕为判官，将军王思礼管骑兵，将军李承光管步兵。虽然士卒斗志不高，将领彼此磨擦，但经由整顿，凭潼关之险，依将士之众，还是守得住的。

　　其次，采取只守不出的战略方针。面临当时战争的形势，凡是稍有战略头脑的指挥家，无不主张保守潼关的方略。封常清和高仙芝是如此，哥舒翰与王思礼等也一样。哥舒翰始终认为："贼远来，利在速战。王师坚守，毋轻出关，计之上也。"①从十二月下旬至次年五月底，近半年里，一直是以守为上计。正月十一日，安禄山在洛阳称帝不久，派遣儿子安庆绪进攻潼关。哥舒翰击却之，而没有轻敌而出关追击，是十分明智的。敌将崔乾祐驻军在陕城，哥舒翰决不主动袭击；敌将田乾真奄至关下，也不予理睬。安禄山为此苦恼以至忧惧，说："今守潼关，数月不能进。"②想进攻而不可得，这是构成暂时对峙形势的一个方面。哥舒守潼关，其功不可没！

---

　　①　《新唐书·哥舒翰传》。
　　②　《资治通鉴》卷218至德元载五月条。

（二）杨国忠的猜忌

杨国忠和杨贵妃是极力反对唐玄宗亲自东征的，因为亲征等于要让皇太子监国，等于使杨氏家族陷于灭顶之灾。而由哥舒翰以"皇太子"先锋元帅的名义守关，那还是可以接受的。杨国忠与哥舒翰本来没有什么矛盾，当然也谈不到深厚的交谊。从这种情况来看，杨国忠开头是支持哥舒翰保守潼关而不出征的立场的。[①]正月初十，唐玄宗加哥舒翰左仆射、同平章事（空名宰相），示以荣宠，这对宰相杨国忠的地位是不会造成威胁的。事实上，杨国忠赞同那样的加封决定。

但是，后来矛盾发生了。三月丙辰，安思顺在长安被诛，家属迁谪岭南。原来，哥舒翰过去跟安思顺有怨仇，便叫人伪造安禄山给安思顺的书信，说是在关门抓到的，并历数思顺七大罪状。唐玄宗太寄望于哥舒翰，连这种诬陷事件也不略加分析，就把安思顺杀了。史称："杨国忠不能救，由是始畏翰。"[②]杨国忠与安思顺之间有什么关系，史不可考，所谓"始"者则说明：此前，杨国忠并不猜忌哥舒翰；此后，有所畏怕了。

随着"天下以杨国忠骄纵召乱"的舆论的加强，驻守潼关的某些将军已秘密地提出诛杨国忠的主张。有人对国忠说："今朝廷重兵尽在翰手，翰若援旗西指，于公岂不危哉！"[③]如果真的出现这种情况，那就比安禄山叛军入关更为可怕。所以，杨国忠奏请选监牧小儿三千于苑中训练，使剑南军将李福德、刘光庭等统领；又招募万人屯灞上，令心腹杜乾运将之。这两项措施名义上是防御安禄山叛军，实际上是对付哥舒翰"援旗西指"。至于哥舒翰本人未

---

① 日本井上靖《杨贵妃传》和南宫搏《杨贵妃》所塑造的杨国忠形象，都是反对打出潼关的。

② 《资治通鉴》卷217至德元载三月条。

③ 《资治通鉴》卷218至德元载五月条。

必有诛杨国忠的打算,但已敏锐地觉察到杨国忠会暗算他。六月初一,设计斩了杜乾运。这一下,杨国忠"益惧",竭力把哥舒翰往死路上推了。

(三)"守"与"出"之争

潼关宜守不宜出,本来是显而易见的事。哥舒翰镇守潼关之初,正值唐军溃败之后,守得住已经是很不错的了,决不会有什么守与出之争。一晃半年,关下军事形势稳定,小股入侵之敌被击退,敌军似无重大进攻的迹象。侦察情报传来说,驻陕城敌军不满四千,皆羸弱无备。这时,出关征讨的舆论上来了;力主者首先不是杨国忠,而是唐玄宗。

唐玄宗内心深处一直是想尽快地平定叛乱。诛杀封常清与高仙芝,也是他求胜的急躁情绪的表现。哥舒翰赴潼关时,"仍敕天下四面进兵,会攻洛阳。"①注意,攻取洛阳,是唐玄宗热切的战略目标。次年正月上旬,"上(玄宗)命郭子仪罢围云中,还朔方,益发兵进取东京。"②又是要攻洛阳! 及至六月初,潼关已稳稳地守了半年,河北郭、李将军赢得了一些重大胜利,加上侦者奏云"贼全无备",唐玄宗就为这种暂时有利的形势所迷惑,遣使者到潼关,催促哥舒翰进兵陕郡、洛阳。

虽说哥舒翰患风疾、不管事,但作为久经沙场的老将,头脑还是清醒的,对全局形势的估量基本上是正确的。他急奏玄宗:"禄山久习用兵,今始为逆,岂肯无备! 是必羸师以诱我,若往,正堕其计中。且贼远来,利在速战;官军据险以扼之,利在坚守。况贼残虐失众,兵势日蹙,将有内变;因而乘之,可不战擒也。要在成功,何必务速! 今诸道征兵尚多未集,请且待之。"③的确,安禄山才智

---

① 《资治通鉴》卷 217 天宝十四载十二月条。
② 《资治通鉴》卷 217 至德元载正月条。
③ 《资治通鉴》卷 218 至德元载六月条。

过人，"久习用兵"，老于算谋。陕郡伪装弱兵无备的样子，纯属诱虎出山之计。玄宗连这一点都看不出来，其不熟悉兵法，可想而知！潼关险要，关外有工事三堑（三条壕沟），皆宽二丈，深一丈，"利于坚守"，敌军是难以攻破的。上述意见，唐玄宗理应是可以接受的。但是，关于待敌"内变"、不战而擒的方略，实在太遥远了，求胜心切的天子怎么能等得住呢？

几乎与此同时，远在河北奋战的郭子仪、李光弼两位将军，也就形势陈述利害，奏曰："哥舒公老疾昏耄，贼素知诸军乌合，不足以战。今禄山悉锐南驰宛、洛，贼之余众尽委（史）思明，我且破之，便覆其巢。质叛徒之族，取禄山之首，其势必矣。若潼关出师，有战必败。关城不守，京室有变，天下之乱，何可平之！"①这番分析是中肯的。哥舒公老而病，除了威望或者出点主意之外，根本不适宜任职"元帅"。所谓"诸军乌合，不足以战"，也是事实。敌将田乾真从关下侦察回来，就曾对安禄山说过"新军乌合……不足为我敌"。因此，潼关大军的正确对策是：固守以弊敌，不可轻出。至于郭、李提出的"覆其巢"的方略，虽然有出奇制胜之妙，但是，要倾覆范阳老巢，又谈何容易！恐怕当时凭郭、李之军是做不到这一点。就唐玄宗来说，总是要先光复东京洛阳，然后才夺取范阳，绝对不会采取先北而后南的战略方针。

总之，哥舒翰、郭子仪与李光弼等人的意见，最终不为唐玄宗所接受。就在这进退关系到成败的关键时刻，宰相杨国忠在身边的劝说，起了极坏的作用。前面说过，杨国忠原先是反对出征的，主张守关，后来跟哥舒翰闹矛盾，害怕"援旗西指"，便一改往昔的立场。史称："国忠疑（哥舒）翰谋己，言于上，以贼方无备，而翰逗留，将失机会。上（玄宗）以为然，续遣中使趣（促）之，项背相

_____

① 凌准《邠志》。

望。"①可见,玄宗是在奸相的纵容之下,下定决心,要哥舒翰出关征战。但是,应当指出,昏君与奸相还是不同的。玄宗出于求胜心切,急想哥舒翰马到功成,光复洛阳。而杨国忠则不然,完全是为了私利,暗害别人。如果哥舒翰真的取得胜利,对于杨国忠仍旧是威胁,出关东征无异于"援旗西指"。事实上,杨国忠是估计到敌我双方实力,知道出关必败,其所以鼓动玄宗催促哥舒翰出征,恰恰是将别人推入死亡的深渊。正因为这个缘故,哥舒翰在君命难违的情况下,不得已而出关,抚膺悲哭,清醒地意识到失败即在眼前!

(四)灵宝西原之战

六月四日,哥舒翰引兵出关。七日,在灵宝县(原桃林县,天宝元年改称,今属河南)西原,遇上敌将崔乾祐的军队。敌军早已有所准备,据险以待。唐军南迫崤山,北临黄河,布阵于七十里长的隘道上,地势上显然不利。六月八日(庚寅),哥舒翰和主持军政的田良丘坐船在黄河中流观察阵势,只见敌兵不多(其实是伏兵于险),便催促诸军前进。将军王思礼等以精兵五万居前,将领庞忠等率众十万继之,哥舒翰本人则带三万人登上黄河北岸高地瞭望,鸣鼓助威。崔乾祐故意出兵不满万人,队列散漫,或进或退,官军望而笑之。既交战,叛军伴装偃旗,如欲逃遁,官军放松了警惕。忽然,伏兵突出,居高抛下木、石,唐军死伤甚众。哥舒翰眼看不妙,命令以"毡车"驾马为前驱,②冲击敌阵。这时,已过中午,忽然刮起东风,崔乾祐以数十乘草车阻挡,纵火焚烧。烟焰滚滚西去,官军看不清楚,竟自相杀,还以为贼在烟中,乱发弓弩。直到日暮黄昏,烟消矢尽,方知没有一个敌兵。紧接着,叛军"同罗"精骑自南山

---

① 《资治通鉴》卷 218 至德元载六月条。
② 《安禄山事迹》卷下云:"翰造毡车,以毡蒙其车,以马驾之,画以龙虎之状,五色相宣,复以金银饰其画兽之目及爪,将冲战,马因惊骇,从而攒戈矢逐之。"

绕到唐军背后,突然袭击;官军首尾骇乱,于是大败。黄河北岸三万官军,望之亦溃;哥舒翰只带着数百骑,由河东县首山西渡河入关。

六月九日(辛卯),敌将崔乾祐乘胜入潼关,轻而易举地打开了京师长安的门户。

潼关失守,是安禄山叛乱以来唐军遭受的最严重的失败。原因究竟是什么呢?从根本上说,是由于唐玄宗在战略上错误。这是一场不该打的仗,完全可以避免损失,却硬要去送死。如果说,陈留失守、东京保卫战失败、陕郡溃退,还不是唐玄宗直接指挥所造成的,那么,潼关失守则是他本人"决心"的结果,负有直接的责任。唐玄宗是靠政变起家的,从未经历沙场;他不是一个军事家,不谙战略战术。郭子仪、李光弼预先敲过警钟:"潼关出师,有战必败。"玄宗就是不听,既误中敌人的间计,又偏信奸相的谗言,于是下了"出师"的决心,导致全军覆没、潼关沦陷。当时,就双方实力对比来说,唐军号称二十万,叛军至多不超过二万,约十比一。依人众之势(即使未经训练的士卒居多),拒敌于门外,叛军是攻不进险关的。但是一旦出关,唐军就会丧失自己的优势,"弱兵"(即使数多)就会处于被动挨打的地位,结果给敌人提供了入关的捷径。总之,潼关失守,失在"出"字,而不在于官军实力的寡弱。

其次,崔乾祐的老谋深算与指挥高明,是叛军取胜的重要原因。灵宝西原之战,是以少胜多、诱"敌"深入、打埋伏战、巧借东风、阵后反击等战略战术的综合运用。夺取潼关,安禄山真是喜出望外,但考虑到军队有限,且摸不清长安的防御实力,所以命令崔乾祐兵留潼关。过了十天,得知唐玄宗已逃离京师,才派遣孙孝哲带兵入长安。

(五)"慎勿学哥舒"

除了上述主要原因外,作为"元帅"的哥舒翰自有不可推诿的责任。镇守潼关好几个月,应该肯定的功劳或者苦劳,前面说过了。但是,带兵的过错,指挥的失误,也是惨败的因素之一。著名诗人杜甫在《潼关吏》中写道:"哀哉桃林战,百万化为鱼。请嘱防关将,慎勿学哥舒。"①

哥舒翰率领的是一支庞大的杂牌军,部属复杂,教令不一,将领争长,卒无斗志。诗人高适曾协助守潼关,深知内情,指出:哥舒翰"疾病沉顿,智力俱竭",无法亲治军务。"监军李大宜与将士约为香火,使倡妇弹箜篌琵琶,以相娱乐,撆蒱饮酒,不恤军务。蕃浑及秦陇武士,盛夏五六月,于赤日之中,食仓米饭,且犹不足,欲其勇战,安可得乎?"②据记载,哥舒翰法严而不恤士卒,竟将皇帝特赐的十万袍军衣,封藏于库中,一直没有启用。

在灵宝西原之战中,哥舒翰犯了指挥上的错误。二十万大军倾关而出,潼关不留将士防守,埋下了隐患。布阵于七十里的隘道,落入敌人的埋伏圈而不知。列队过于密集,无法发挥人多势众的优势,反而给敌人袭击提供了方便,造成了妄自相杀的悲剧。哥舒翰原先对叛军实力有足够的估计,但临战场观阵,却为叛军稀疏散慢的假象所迷惑,"谓(崔)乾祐兵少,轻之,遂促将士令进,争路拥塞,无复队伍。"③元帅轻敌,将士们也"望而笑之"。谁知在"笑"声之中,敌人已阵于背后,突然一击,唐军溃退。

当哥舒翰狼狈地逃回潼关西驿,再想收集散卒守关,已经是大势已去矣!部下将领有个名叫火拔归仁,抓俘哥舒翰,向叛军投降了。哥舒翰被送至洛阳,竟向安禄山乞怜献媚,愿效犬马之劳。安禄山看他也不中用,就囚禁于洛阳苑中。后来,安禄山也死了,哥舒翰则被安庆绪所杀。

"丑哉舒翰,不能死王。"④后世史家从忠君观念出发,抨击了

---

① 《杜工部集》卷2《潼关吏》。
② 《全唐文》卷357高适《陈潼关败亡形势疏》。
③ 《旧唐书·哥舒翰传》。
④ 《旧唐书·哥舒翰传》赞曰。

哥舒翰的晚节不终。的确,跟颜杲卿被俘时痛斥安禄山、壮烈牺牲的大节相比较,实在"丑哉"! 然而,在那乱世之时,唐朝官僚士人纷纷投降,可谓大势所趋。丑哉,何止一个哥舒翰! 投降者之众多,且愿为安禄山效力,这也是跟唐玄宗诛杀败将的政策分不开的。火拔归仁曾对哥舒翰说:"公以二十万众一战弃之,何面目复见天子! 且公不见高仙芝、封常清乎? 请公东行(投敌)。"①高仙芝、封常清因失律丧师而被杀,是近在眼前的事。哥舒翰丧师二十万,前所未有,又怎么会逃脱被诛的命运呢? 在某些人看来,与其被杀,还不如投敌。这是不足取的态度。但是,唐玄宗不作具体分析,不善于体谅浴血奋战的将帅,凡军败者必诛,也就把自己的人推到敌人营垒里去了。宋代史臣评曰:唐玄宗之不明亦甚矣,"卒使叛将得藉口,执翰以降贼。"②看来,安禄山要比唐玄宗高明点,善于吸引投降过来的人。安禄山曾封哥舒翰为司空、同平章事,后来知其不效,也没有杀之。

实事求是地说,哥舒翰有难言的苦衷,不得已而受任元帅,不得已而出师征战,不得已而投降敌人。潼关失守后的第十六天,诗人高适曾对在逃亡路上的玄宗说:"仆射哥舒翰忠义感激,臣颇知之。"③诗人从过去的交往中深知其为人:累年戍边,沙场杀敌,表现了不怕死的精神,不愧为忠义之士。当然,诗人那时还不知道降敌的事。其实,哥舒翰兵败逃回潼关,还是想继续奋战的。火拔归仁执他投敌,"翰怒握鞭,自筑其喉,又被夺却,鞭拢马就乾祐,送于洛阳。"哥舒翰原想效高仙芝一死,不可得,被迫俘至洛阳。可悲的是,在往昔仇人的面前,哥舒翰骨头软了,颂扬安禄山"为拨乱之主",④终于乞降了。

---

① 《资治通鉴》卷 218 至德元载六月条。
② 《新唐书·哥舒翰传》赞曰。
③ 《全唐文》卷 357 高适《陈潼关败亡形势疏》。
④ 《安禄山事迹》卷下。

第二十一章　杨贵妃之死

> 九重城阙烟尘生,千乘万骑西南行。
> 翠华摇摇行复止,西出都门百余里。
> 六军不发无奈何,宛转蛾眉马前死。
> 花钿委地无人收,翠翘金雀玉搔头。
> 君王掩面救不得,回看血泪相和流。

　　潼关失守没有几天,盛唐天子仓皇逃离京师长安,宠妃杨氏缢死于马嵬驿。这是最引人注目的一幕,不知引起多少诗人墨客的歌咏。然而,文人赋咏与史家记述是不尽相同的,至今还留下许多的疑团,有待于探究。

第一节　从"始惧"到逃跑

　　关门沦陷,京师长安十万火急。唐玄宗在精神上崩溃了,由于惧怕而产生了逃跑的念头。

(一)平安火不至

　　六月九日(辛卯,公元756年7月10日),唐玄宗还关注着前方的局势,不时地召见哥舒翰派来告急的使者,特地派遣李福德、刘光庭等统帅的监牧兵去支援。可是,增援的部队未到潼关,哥舒翰已经被俘了。这天夜幕降临,再也没有人点燃平安火了。所谓"平安火",实际上是烽火。唐朝边境镇戍,"凡烽候所置,大率相去三十里。"每一烽火台置帅一人,副一人。遇到敌情,放燃烽火,以一、二、三、四炬为差,表示敌人多少。至于"关内京畿、河东河北,皆置烽。开元二十五年,敕以边隅无事,寰宇乂安,内地置烽,诚为非要,量停。"①安史之乱爆发以后,从潼关到长安,恢复了烽候设施。烽火原是报警的,如今改为报平安的了。每日初夜,放烟一炬,站站快速传递,表示前线太平无事。

"辛卯之夕,平安火不至,玄宗惧焉。"②因为潼关已经陷落,所以无人举火报平安了。这时,唐玄宗开始害怕起来了。回顾半年之前,获悉范阳起兵,玄宗先是不信,后是既惊又怒。作为统治盛唐四十余年的天子,素怀"吞四夷之志",相信自己实力的强大,会很快平定叛乱。当封常清夸口"计日取逆胡之首悬于阙下"时,玄宗颇壮其言。后来,尽管接连丢失洛阳和陕州,仍寄希望于哥舒翰所率领的二十万大军。可见,在估量敌我实力对比时,还是盲目自信的。直到"平安火不至",唐玄宗突然地感到一切都无法挽救了,于是产生了逃跑的念头。

(二)首唱幸蜀之策

六月十日,唐玄宗在兴庆宫里,召见宰相杨国忠,紧急商议。据记载,杨国忠"首唱幸蜀之策。"③其实,逃往四川,这是杨国忠早有所打算的事。安禄山起兵,打出诛杨国忠的旗号。对此,杨国忠不能不考虑自己的退路,"乃布置腹心于梁、益间,以图自全之计。"④心腹崔圆在四川增修城池,建置馆宇,储备什器,以供急需。这一切都是暗中进行的,绝对想不到连皇帝也会逃往蜀郡。及至潼关失守,玄宗惶惶无策,杨国忠就把自己的幸蜀之计公开出来了。

---

① 《唐六典》卷5《尚书兵部·职方郎中》。
② 《安禄山事迹》卷下。
③ 《资治通鉴》卷218至德元载六月条。
④ 《旧唐书·杨国忠传》。

"幸蜀"固然是杨国忠的意见,但是,逃离京师,则是唐玄宗对形势严重性估计的必然结果。旧史完全归罪于杨国忠,不过是替皇帝作粉饰而已。无论是唐玄宗还是高力士,都是主张逃往蜀川的。

　　那么,"幸蜀之策"究竟对不对呢? 就杨国忠来说,他曾身领剑南节度使,在四川有一定的势力。当然,所谓"挟天子以令天下"的企图,恐怕是没有的。至于唐玄宗,如果下决心亲征平叛,那是用不着逃离长安的。决定逃跑,恰恰是丧失信心的恐惧表现。不过,就逃跑路线而言,四川无疑是比较安全的地方。诚如高力士在几天之后说的:"剑南虽窄,土富人繁,表里江山,内外险固;以臣所料,蜀道可行。"①可见,"幸蜀"之计并不是杨国忠的个人阴谋,也不是玄宗上了奸相的大当,而是当时以皇帝为首的最高决策集团的共同意向。

　　六月十一日,杨国忠召集百官于朝堂,"命朝官报潼关之败,访以救援安危之策。"大臣张均等百余人皆唯唯不对,不敢发表意见。唯独监察御史高适,"请即日召募城中敢死之士及朝官各率家僮子弟出军防遏。"②高适是一个兼有军事才能的诗人,曾辅佐哥舒翰守潼关。潼关失守,他回到京师,建议实行紧急动员,以百官子弟与豪杰为主组成十万大军,决一死战。这个建议遭到百官的反对,杨国忠也说:"兵已入关,事不及矣。"既然如此沮丧,只好坐而待毙了。杨国忠垂泣良久,乃言曰:"人上书言禄山反状已十年,帝不信。今日之事,非宰臣之过。"③把一切责任都推到皇帝身上,说明杨国忠为人的奸诈。越是替自己开脱,越是会激起人们的反对。据记载,这天,士民惊扰奔走,不知所之,市里萧条。杨国忠罢朝后,急忙回去叫韩国夫人、虢国夫人到兴庆宫,劝唐玄宗赶快入蜀。

---

① 《幸蜀记》,《资治通鉴》卷218至德元载六月条《考异》引。
② 《册府元龟》卷336《宰辅部·识暗》。
③ 《册府元龟》卷336《宰辅部·识暗》。

(三)施放"亲征"的烟幕

六月十二日,唐玄宗亲御勤政楼,入朝的大臣寥寥无几。玄宗宣布要"亲征"了,然而,谁也不相信。其实,"亲征"不失为挽救危局的措施。高适就曾"请竭禁藏募死士抗贼,未为晚。"[1]如果下定决心,上下动员,保卫长安,这也不是不可能做到的事。从当时形势来看,叛军在潼关战役中取胜,带有很大的偶然性,[2]并不是由于实力上占压倒优势。因此,敌军虽然夺得了潼关,但不敢贸然地向长安进击。就唐王朝来说,关门失守,确实危急,但是,长安毕竟是人力财力雄厚的大城市。按照高适的建议,招募十万军队,无论如何还是能够"拒守"一阵子的。只要看看中原战场,如张巡坚守雍丘(今河南杞县),经历大小三百余战,相持六十多天,终于击退强敌的进攻。显然,长安保卫战的可能性也是存在的。关键在于有无坚强的决心,能否动员民众并激起英勇抗敌的热情。

然而,唐玄宗的"亲征",却是骗人的把戏。表面上,宣布以京兆尹魏方进为御史大夫兼置顿使;京兆少尹崔光远为京兆尹,充西京长安留守;宦官、将军边令诚掌管宫闱钥匙。似乎皇帝要亲赴前线了。实际上,这种安排是在为逃跑作准备。同时,借故要剑南节度大使、颖王李璬立即到四川,"先移牒至蜀,托以颖王之藩,令设储供。"[3]要蜀地"设储供",说是迎接颖王,其实是为了迎接逃亡的皇帝。可见,下制云欲"亲征",不过是"幸蜀"的烟幕。

同日,大约下午,唐玄宗从兴庆宫移仗"北内"。原来,长安以

---

① 《新唐书·高适传》。

② 哥舒翰在战败后说:"逆胡猖狂,偶然一胜。天下之兵,计相续至,羯胡之首,期悬旦暮。"(《安禄山事迹》卷下)这里虽有为自己辩护的意思,但指出敌人"偶然一胜",从某种意义上看,也是事实。

③ 《旧唐书·玄宗诸子传》。

大明宫称"东内",以太极宫称"西内",以兴庆宫称"南内"。所谓"北内",似指玄武门西内苑禁区。据《高力士外传》载:"六月十二日,有诏移仗未央宫。"《新唐书·杨国忠传》亦云:"帝自南内移仗未央宫。"未央宫是汉代古宫,在唐宫城之外西北处。这一带是禁苑,平时显得荒芜静寂。从禁军驻地玄武门,旁入禁苑,西出延秋门,恰恰是逃跑的捷径,而且不露声色,无人知晓。当天夜里,特命龙武大将军陈玄礼整顿禁军,厚赐钱帛,挑选了良马九百余匹,以供保驾之用。上述紧张的部署,都是秘密进行的。长安城内绝大多数人料不到皇帝会逃得如此之快!

第二节　望贤宫前的悔恨

六月十三日,凌晨离开长安,近中午到达咸阳望贤宫(行宫),夜宿金城,这是唐玄宗仓皇逃跑的第一天。

(一)凌晨出逃,朝中混乱

黎明,"微雨沾湿",①濛濛细雨笼罩着长安城。唐玄宗和杨贵妃姐妹、皇太子、亲王、妃主、皇孙、杨国忠、韦见素、高力士、魏方进、陈玄礼以及亲近宦官、宫人,诡秘地离开未央宫(唐代改为通光殿),西出延秋门(禁苑之西门),向着渭水便桥行进。随从的还有一支禁军。至于很多的皇亲国戚和百官大臣,则都没有一一通知。换句话说,丢弃他们,不管了。

据记载,唐玄宗一行途经左藏库,杨国忠"请焚库积,无为盗守。"这恐怕不是事实。唐左藏分东西二库,在"西内"太极宫中,东库在恭礼门之东,西库在安仁门之西。此外,"东内"大明宫中有左藏库,在麟德殿之左。从唐玄宗一行逃跑路线来看,是

不经过那里的。情况可能是这样:杨国忠建议派人焚烧左藏库,唐玄宗加以制止,说:"盗至若不得此,当厚敛于民,不如与之,无重困吾赤子也。"这说明玄宗还有点怜悯之心,"闻者皆感激流涕。"①

"平明"时分,唐玄宗带领的逃亡队伍,匆匆地过了渭水上便桥。便桥原是汉武帝为从长安通往茂陵而建的,因为它与长安便门相对,故称便桥。唐代因它在咸阳境内,又称咸阳桥。据记载,大队人马过后,杨国忠下令烧断便桥。玄宗知道此事,便加以制止,说:"今百姓苍惶,各求生路,何得断绝!"②命令高力士走马至桥,阻止了烧桥。这里又看到了杨国忠与唐玄宗的不同之处:前者是极端的利己主义者,后者多少还考虑到别人的死活。

皇帝逃跑了,许多大臣还是不知道的,上午依旧到兴庆宫"入朝"。"至宫门,犹闻漏声,三卫立仗俨然。"等到宫门开启,内宫里人慌张地奔出,说是皇帝不见了。顿时,宫中哗然,长安整座宫城随着处于大混乱之中。"王公、士民四出逃窜,山谷细民争入宫禁及王公第舍,盗取金宝,或乘驴上殿。"③又有人焚烧左藏大盈库,火光冲天。须知,这时安禄山叛军远在数百里外的潼关,预料不到唐玄宗逃离长安,而长安城却已遭劫难。这种劫难不是来自叛军,而是由于唐玄宗仓皇逃跑所造成的。过了十天,敌将孙孝哲率众进占长安,京师又遭到了新的大浩劫。

(二)父老进言,后悔莫及

大约辰时(上午九点),唐玄宗一行到达咸阳县东数里的望贤宫。先遣的负责安排的宦官王洛卿与咸阳县令都逃了,没有人出来接待。直到中午,还没有饭吃,"行从皆饥"。酷暑的烈阳当空

---

① 《次柳氏旧闻》。
② 《安禄山事迹》卷下。
③ 《资治通鉴》卷218至德元载六月条。

照,唐玄宗坐在望贤宫前的大树底下休息,据说,"怫然若有弃海内之意。高力士觉之,遂抱上足,呜咽开谕,上乃止。"①这是传说,未必是事实。潼关失守之后,玄宗在精神上崩溃了,但还不至于有轻生自杀的闪念。决定逃跑,从某种意义上说,也是追求生存的表现。刚逃出延秋门外,玄宗驻马谓高力士曰:"今日之事,朕之历数尚亦有余,不须忧惧。"②过便桥后,还说及"各求生路"。可见,仓皇逃难的唐玄宗,似不曾有"弃海内之意"。诚然,到达望贤宫的情景,跟往昔行宫的隆重款待,大有天壤之别。这无疑地会勾引起无限的感慨!但是,从尔后逃难的进程看来,唐玄宗的求存苟活的欲望,还是十分强烈的。由此推断,望贤宫前的轻生举动是不可靠的传说。司马光在《通鉴考异》中注意到这条资料,但在正文中不予采用,显然是很精审的。

对于逃亡队伍来说,饭食供应是个大问题。出发前,除了给扈从禁军厚赐钱帛外,饭食当有所准备,主管御膳的尚食官随行。但是,不可否认,准备是仓促的。禁军几千人,难以带足干粮。看来,玄宗主要是想通过沿途地方官来供应,所以派出先遣使臣,"告谕郡县置顿"。③ 但是,乱动已经开始,官吏四散,谁会来迎驾呢!史称:"乘舆出城,道路略无储备。"④这也是事实。这天中午,皇帝也吃不上饭,由杨国忠到市集上弄些胡饼来充饥。老百姓拿来杂以麦豆的粝饭,皇孙辈争以手掬食之,须臾而尽,犹未能饱。目睹此情此景,唐玄宗不禁掩面而泣。不久,尚食官送来了御膳,玄宗命先赐随从官员,然后自己才吃。同时,令禁军士卒分散到各个村落"求食"。可见,饭食无着,将士饥疲,这是后来触发兵变的原因之一。

① 《幸蜀记》和《安禄山事迹》卷下。
② 《高力士外传》。玄宗逃亡途中是骑马,而不是坐车。
③ 《资治通鉴》卷218至德元载六月条。
④ 《册府元龟》卷315《宰辅部·公忠》。

就在唐玄宗"掩泣"之时,有个老父名叫郭从谨,进言曰:"禄山包藏祸心,固非一日;亦有诣阙告其谋者,陛下往往诛之,使得逞其奸逆,致陛下播越。是以先王务延访忠良以广聪明,盖为此也。臣犹记宋璟为相,数进直言,天下赖以安平。自顷以来,在廷之臣以言为讳,惟阿谀取容,是以阙门之外,陛下皆不得而知。草野之臣,必知有今日久矣,但九重严邃,区区之心无路上达。事不至此,臣何由得睹陛下之面而诉之乎!"①

这番话对开元天宝间政治局势作了精辟的分析,指出安禄山叛乱的祸根在于陛下之不明,在于丢弃了从前的任贤用能与容纳谏诤的原则。这样当面的中肯的批评,对于唐玄宗来说,是近来从未听到过的。只有落到如此凄凉的境遇,一位普通的老父才敢于直言规谏。应该是清醒的时刻了! 唐玄宗深情地说:"此朕之不明,悔无所及。"②自登上帝位四十几年来,没有像今天这样悔恨过自己。老父之言,犹如一帖清醒剂,使唐玄宗开始检讨自己了,而且变得谦和些了。这是他晚年政治生涯中的转折点。没有这种转变,恐怕在次日处理杨氏兄妹与后来碰到让位问题时,还会固执己见,闹出新的纠葛。

(三)夜宿金城,狼狈不堪

未时(下午三、四点),大队人马集中起来,继续前进。大约半夜,到达了金城(今陕西兴平)。金城,原称始平县,唐中宗景龙二年(公元708年)送金城公主嫁吐蕃至此,故更此名。这时,随从队伍里很多人不见了,连内侍监袁思艺也逃走了。袁思艺,华州人,是唐玄宗最宠信的宦官之一。玄宗曾置内侍省,内侍监两员,秩正三品,以高力士与袁思艺对任之。这样特承恩顾的心

---

① 《资治通鉴》卷218至德元载六月条。
② 《资治通鉴》卷218至德元载六月条。

腹,在危难之际,竟不告而别了,后来投降了安禄山。"乱则众散,众散则与匹夫何异哉!"①唐玄宗为此伤心透了。然而,略微宽慰的是,智藏寺僧徒送来一些刍粟,勉强供食。饭后休息,深夜唯有一片月光,"驿中无灯,人相枕藉而寝,贵贱无以复辨。"②落难到如此狼狈的地步,饮食起居连村民百姓都不如,哪里还谈得上区分贵贱呢!

值得注意的是,大约在赴金城的夜晚,唐玄宗接见了从潼关而至的将领王思礼,知道了哥舒翰被俘的事实。王思礼曾与哥舒翰一道镇守潼关,"于纸隔上密语翰,请抗表诛杨国忠,翰不应。复请以三十骑劫之,横驮来潼关杀之,翰曰:'此乃翰反,何预禄山事'。"③可见,王思礼是力主诛杀杨国忠的,反映了军中将领的愿望。潼关失守后,王思礼历经几天的艰辛,才追上逃亡的皇帝,汇报了哥舒翰的情况。玄宗封王思礼为河西、陇右节度使,即令赴镇,收合散卒,以便东征叛军。王思礼匆匆而来,又匆匆而去,没有停留一天,也没有跟随幸蜀,此中似有缘由。有的史家认为,王思礼来到后,与陈玄礼有过密商,故不久发生了诛杨国忠事件。④ 当然,这只是一种推论,尚无史实可资证明。

第三节　马嵬驿事变

六月十四日(丙申,公元 756 年 7 月 15 日),是逃离长安的第二天。上午从金城出发,约中午到了马嵬驿(今陕西兴平县西北二十三里),就在这里,发生了历史上著名的马嵬驿事变。

---

① 《唐鉴》卷 5《玄宗下》。
② 《资治通鉴》卷 218 至德元载六月条。
③ 《旧唐书・王思礼传》。
④ 参见蔡东藩《唐史演义》下册。

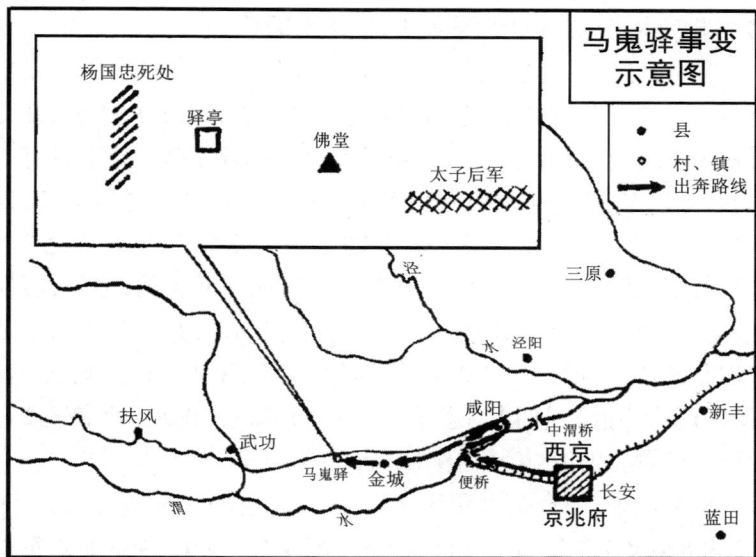

马嵬驿事变示意图

（一）六军不发无奈何

第一天的行途上如此狼狈不堪,在从官与士卒中必然地产生埋怨情绪。史称:"玄宗至咸阳望贤宫,榛芜蔽路,官吏四散,从官咸怨国忠。"①半夜至金城,又得不到好好的休息。次日上午,又赶路了。金城至马嵬驿约二十八里,当中午就到达。这时,"将士饥疲,皆愤怒。"②大量的记载表明,禁军将士已是怒不可遏的了。请看!

《高力士外传》云:"扈从至马嵬山,百姓惊惶,六军奋怒。"

《长恨歌传》曰:"道次马嵬亭,六军徘徊,持戟不进。"《长恨歌》亦云:"六军不发无奈何"。

---

① 《册府元龟》卷315《宰辅部·公忠》。
② 《资治通鉴》卷218至德元载六月条。

531

《旧唐书·玄宗本纪》曰："次马嵬驿，诸卫顿军不进。"《旧唐书·肃宗本纪》亦云："六军不进，请诛杨氏。"

十分清楚，马嵬事变的主体是"六军"将士。这里，必须先申辩一下"六军"提法是否确切的问题。诚如本书第五章所说，开元后期重建北门四军，即左、右龙武军和左、右羽林军。禁军只有四军，而无六军，这是明明白白的事实。直至马嵬驿兵变后五天，即六月二十日（壬寅），"次散关，分部下为六军。"①那么，上述"六军"说法是错了吗？不！唐宋时人是知道北门四军的，但是，习惯上不称为"四军"，而叫做"六军"。所谓"六军"，并不是指六个独立编制的队伍，而是天子禁军的别称。《旧唐书·杨贵妃传》作"既而四军不散"，"四"字恐怕是后人的臆改。据《太平御览》卷141《皇亲部》引《唐书》，仍作"既而六军不散"。

唐初以来，一直是沿用天子"六军"的说法。例如，武德九年（公元626年）冬，唐太宗与突厥颉利可汗会于便桥，"俄而六军继至，……（颉利）请盟而退。"②贞观十九年（公元645年）春，唐太宗"亲统六军发洛阳。"③贞观二十二年（公元648年），房玄龄上表谏曰："（陛下）亲总六军，问罪辽、碣。……哭战亡之卒，则哀动六军。"④可见，"六军"说法很普遍，泛指天子军队。及至唐玄宗时期，也同样如此。例如，开元五年（公元717年），行幸东都洛阳，"六军填委于其中，不可速行。"⑤开元十一年（公元723年），行幸潞州，张说写了《上党旧宫述圣颂并序》，曰："六军解严，四方和会。"过了几年，东封泰山，玄宗在《纪泰山铭并序》中说："张皇六师，震叠九寓。"所谓"六师"，义同"六军"。直到天宝十四载（公

---

① 《旧唐书·玄宗本纪下》。
② 《贞观政要》卷9《征伐》。
③ 《旧唐书·太宗本纪下》。
④ 《贞观政要》卷9《征伐》。
⑤ 《明皇杂录》，《资治通鉴》卷211开元五年正月条《考异》引。

元 755 年)十二月,玄宗在《亲征安禄山诏》中强调:"今亲总六师,率众百万,铺敦元恶,巡幸洛阳。"

照此看来,诗云"六军不发无奈何",并不存在考证上的错误。将"六军"改正为"四军",似大可不必。至于司马光编撰《资治通鉴》,当然明白北门四军(左右龙武军与左右羽林军)重建于开元二十六年(公元 738 年),但仍然写道:天宝十五载六月十二日,"既夕,命龙武大将军陈玄礼整比六军"。① 这里,"六军"是沿用唐人的习惯说法,似不能认为司马光于六军建置之年月有所疏误。②

(二)杨国忠被杀

毫无疑问,马嵬驿事变的主体是"六军"将士,而兵变的矛头则是直指奸相杨国忠。安史之乱爆发之后,"天下以杨国忠骄纵召乱,莫不切齿。"③这种憎恨奸相的情绪,不仅在前线军队里有所反映(如王思礼),而且在后方禁军中也有表现。如龙武大将军陈玄礼"欲于城中诛杨国忠,事不果,竟于马嵬斩之。"④所谓"城中"之事,详情不得而知,但由此窥见,诛杀杨国忠的政治潮流正在兴起。

六月十四日午后,又饥又疲的军士们愤怒不已,陈玄礼召集诸将商量,说:"今天子震荡,社稷不守,使生人肝脑涂地,岂非国忠所致! 欲诛之以谢天下,云何?"众将异口同声地表示:"念之久矣,事行身死,固所愿。"⑤恰好这时,吐蕃"和好使"二十余人在驿

---

① 《资治通鉴》卷 218 至德元载六月条。
② 参见陈寅恪《元白诗笺证稿》第 32 页。
③ 《资治通鉴》卷 218 至德元载五月条。
④ 《旧唐书·陈玄礼传》。
⑤ 《新唐书·杨国忠传》谓陈玄礼与"诸将"商议,较妥。《旧唐书·杨国忠传》作"先谓军士(士兵)",似不合情理。

站西门外挡住杨国忠的坐骑,诉说没有饭食供应的事情。众将们目睹此状,便大呼"国忠与胡虏谋反!"并率军士们将杨国忠包围起来。杨国忠马鞍中箭,急忙跳了下来,往西门内奔。军士们紧追入内,杀死奸相,屠割尸体,"以枪揭其首(头)于驿门外",并杀死了杨国忠的儿子户部侍郎杨暄以及韩国夫人。①

以杀杨国忠为主要目标的兵变虽然"念之久矣",但就爆发情节来说,还是仓促的,难免有些过火的举动。如把吐蕃"和好使"也视为"谋反"的"胡虏",是盲目性的表现;把这二十余人也统统杀掉,更是错误的。又如,御史大夫魏方进说了一句"何故杀宰相?"也被愤怒的军士杀死了。这里,没有把奸相跟其他大臣加以区别。再如,左相韦见素闻乱而出,被打得头破血流。幸好有人认得他,呼叫"勿伤韦相!"识者救之,才免于死。

杨国忠被杀时,唐玄宗正在驿亭里休息,听到外面喧哗声,就询问发生了什么事。旁边的侍者说是国忠谋反,玄宗惊曰:"国忠遂反耶?"②所谓"国忠谋反",玄宗是绝对不会相信的。其实,杨国忠决没有造反的企图。"谋反",不过是诛杀杨国忠的一个藉口而已。就玄宗的心意来说,是不愿意诛杀杨国忠的。但是,"祸由杨国忠"的舆论如此强烈,他还是感受到的。昨天那个老父所说的"阿谀取容"者,难道不正是指杨国忠之流吗?所以,在群情愤激的局势下,玄宗只好"杖屦出驿门,慰劳军士。"③这就意味着,杨国忠被杀,获得了合法的认可。

(三)杨贵妃缢死于佛堂

然而,"六军不散",将士们仍然包围着驿站。玄宗下令收队,

---

① 《资治通鉴》卷 218 谓被杀的还有"秦国夫人",当误。秦国夫人已早死。有的传记仍沿袭了这个讹误。
② 《新唐书·杨国忠传》。
③ 《资治通鉴》卷 218 至德元载六月条。

无人从命,便派高力士去宣问,将士们对曰:"贼本尚在。"①这里,把矛头指向了杨贵妃。陈玄礼说得更加明确:"国忠谋反,贵妃不宜供奉,愿陛下割恩正法。"高力士回来,转告了将士们的意见;玄宗顿时觉得当头一棒,完全出于意料之外,便说:"朕当自处之。"言下之意,用不着你们来管。接着,玄宗"入门,倚杖倾首而立。"思绪翻腾,久久无法平静。过了一会儿,韦见素的儿子、京兆司录韦谔前来说:今众怒难犯,安危在晷刻,愿陛下速决!玄宗反驳道:"贵妃常居深宫,安知国忠反谋?"的确,杨氏兄妹还是有所区别的。国忠"反谋"本来就是没有的事,深居禁宫的杨贵妃又怎么会知道的呢?这时,在旁的高力士表态了:"贵妃诚无罪,然将士已杀国忠,而贵妃在陛下左右,岂敢自安!愿陛下审思之,将士安则陛下安矣。"②连高力士都支持军士们的意见,显然,挽救贵妃的希望绝灭了。唐玄宗无可奈何地作出了贵妃赐死的决定,并交由高力士去执行。

杨贵妃究竟是怎样死的呢?这是历史之谜。据撰于唐代宗时的《高力士外传》记载:"扈从至马嵬山,百姓惊惶,六军奋怒。国忠、方进,咸即诛夷;虢国(夫人)、太真(贵妃),一时连坐。"这里没有讲清楚杨贵妃是如何地被处死的。唐宪宗元和初年,陈鸿撰《长恨歌传》,说杨贵妃"竟就死于尺组之下。"也就是说,是缢死的。稍晚,李肇在《唐国史补》里记述得详细了:"命高力士缢贵妃于佛堂前梨树下。马嵬店媪收得锦韈一只,相传过客每一借玩,必须百钱,前后获利极多,媪因至富。"这些,是根据传闻增写的,不仅说是缢死,而且指出缢于佛堂前梨树底下。宋代有位名叫"乐史"的,编写《杨太真外传》,除了因袭李肇的说法外,还增添了诀别时的一段对话:贵妃曰"愿大家(指皇帝)好住。妾诚负国恩,死

① 《太平御览》卷 141《皇亲部七·杨贵妃》。
② 《资治通鉴》卷 218 至德元载六月条。

无恨矣。乞容礼佛。"玄宗曰"愿妃子善地受生。"此外,附加一个插曲:杨贵妃刚死,"南方进荔枝至。上(玄宗)睹之,长号数息,使力士曰'与我祭之'。"

由上可见,随着时间的推移,传说愈来愈具体生动,当然,离开事实也就愈来愈远了。陈寅恪先生指出:"所可注意者,乐史谓妃缢死于梨树之下,恐是受香山(白居易)'梨花一枝春带雨'句之影响。果尔,则殊可笑矣。"①这是颇有见地的。乐史的说法来自《唐国史补》,而李肇的说法恐怕是受《长恨歌》的影响。今天编写史书,如果依旧说是缢死于梨树之下,不免一笑了之。至于锦勒、荔枝以及诀别对话,恐怕都是传闻,不甚可靠。贵妃葬地肯定会被盗,但得遗物"锦勒一只",实在可笑。南方进贡荔枝,当不途经马嵬驿。诀别对话,系传奇小说,根据"佛堂"而编造出来的。

其实,陈鸿撰《长恨歌传》时,上距杨贵妃之死恰好半个世纪,许多细节已不很清楚了。他说:"世所不闻者,予非开元遗民,不得知。世所知者,有《玄宗本纪》在。"当时知道贵妃是缢死的,这是确凿的事实。所谓《玄宗本纪》,当指《玄宗实录》。根据实录而修成的《旧唐书》,作了以下简明的记述:"帝不获已,与妃诀,遂缢死于佛室。时年三十八,瘗于驿西道侧。"②可见,一是缢死,二是地点在佛室,这两点是无疑的。后世所知者,仅止这些,其他如梨树下以及诀别对话,似出于传奇作者的虚构。司马光编写《资治通鉴》,史实取舍是十分严谨的,只用了十四个字:"上乃命力士引贵妃于佛堂,缢杀之。"③

"缢杀"又是怎么弄的呢?《明皇杂录》卷下云:"高力士以罗巾缢之也。"这跟"死于尺组之下"说法,是一致的。如果事实如此,那么,当缢死于佛堂内,不可能在佛堂前之梨树下。至于是由

<hr>

① 陈寅恪《元白诗笺证稿》第350页。
② 《旧唐书·杨贵妃传》。
③ 《资治通鉴》卷218至德元载六月条。

高力士动手勒逼的,还是高力士叫小宦官们用罗巾把贵妃缢死的?史料不足,不敢妄加推论了。

历史传闻向来总是多渠道的。除了缢死之说外,还有吞金的说法。唐朝著名诗人刘禹锡写了一首诗《马嵬行》:"绿野扶风道,黄尘马嵬驿。路边杨贵人,坟高三四尺。乃问里中儿,皆言幸蜀时,军家诛佞幸,天子舍妖姬。群吏伏门屏,贵人牵帝衣。低回转美目,风日为无晖。贵人饮金屑,倏忽舜英暮。"① 诗云"贵人饮金屑",也就是说,杨贵妃是吞金自尽的。这种说法,出于"里中儿"之口,自然是不可靠的传闻。

第四节　谁是后台

马嵬驿兵变的内容,首先是诛杀杨国忠,其次才是缢死杨贵妃。这场兵变的真正主谋者是谁?

(一)皇太子李亨说商榷

有一种意见认为,马嵬兵变是李亨所发动的。李亨集团乘乱发动兵变,其真正目的,并不是杀杨贵妃,乃在于杨国忠,因为如果不能除掉有权力的宰相,就无法取得帝位。② 与这种意见相似的,还认为,太子李亨与杨国忠(包括唐玄宗)之间矛盾的尖锐化,遂使李亨成了这场事变的主谋。

应当说,强调马嵬兵变旨在杀杨国忠,这是颇有见地的,克服了历代传奇小说渲染的偏见:一提起马嵬驿事变,似乎就是杀杨贵妃。同时,不少史料表明,皇太子确实是参与事变的。当然,李亨究竟起了何等的作用,还是要作具体分析的。例如:

---

① 《刘禹锡集》卷 26《马嵬行》。

② 参见南宫搏《杨贵妃》附录。

《旧唐书·杨贵妃传》记述:"至马嵬,禁军大将陈玄礼密启太子,诛国忠父子。""密启太子",似当在陈玄礼召集诸将商议之前。获得太子的支持,陈玄礼才敢于公开扬言诛国忠"以谢天下"。但是,这里记载的是:陈玄礼主动争取太子的支持,与之密商,而不是太子李亨唆使陈玄礼发动兵变。因此,由此得出李亨是真正的主谋,似乎理由不够充足。

《旧唐书·韦见素传》记述:"次马嵬驿,军士不得食,流言不逊。龙武将军陈玄礼惧其乱,乃与飞龙马家李护国谋于皇太子,请诛国忠,以慰士心。"注意!这里说的是,陈玄礼没有直接跟皇太子密商,而是通过宦官李护国"谋于皇太子"。看来,事实当属后一种情况,李护国在陈玄礼与李亨之间起了联络的作用。欧阳修、宋祁等编撰《新唐书》,就删掉了"陈玄礼密启太子"之类记载,只说:"陈玄礼等诛杨国忠,辅国(即李护国)豫谋。"[1]以取材精审而闻名的司马光,也不提"密启太子",而作了这样的记述:"陈玄礼以祸由杨国忠,欲诛之,因东宫宦者李辅国以告太子,太子未决。"[2]由"飞龙小儿"出身的李辅国,沟通禁军将领与皇太子之间的信息,那是符合实际情况的。至于"太子未决"云云,并不是说太子不赞成诛杀杨国忠,而是指何时动手尚未决定。后来,恰好发生了吐蕃使者与杨国忠会面的事,于是兵变就突然地爆发了。

总之,凡是能证明真正主谋者乃太子李亨的,只有上述几条史料。而经仔细分析,李亨集团确是参与密谋策划的,但是,还不足以证明皇太子是马嵬驿兵变的后台。须知,主谋者和参与密谋者,其作用是大不一样的。

诚然,马嵬驿事变夹杂着太子李亨与宰相杨国忠之间的尖锐矛盾。而这一矛盾,是由来已久的。东都洛阳沦陷时,唐玄宗准备

---

[1] 《新唐书·李辅国传》。
[2] 《资治通鉴》卷218至德元载六月条。有的传记故意不引"太子未决"四字,似不甚妥当。

亲征,让皇太子监国,为此曾跟杨国忠商量。国忠大惧,回到府第对杨氏姐妹说:"我等死在旦夕。今东宫监国,当与娘子等并命矣。"后来,杨氏姐妹哭诉于贵妃,"贵妃衔土请命,其事乃止。"①可见,皇太子与杨国忠之间是你死我活的关系。既然如此势不两立,那么,在逃亡的途上就不可能走在一起的了。"从官咸怨国忠",禁军众将对诛杀国忠"念之久矣";这股怒不可遏的潮流,太子李亨是看得一清二楚的。太子支持陈玄礼发动兵变,也就为自己消灭了最大的政敌。换句话说,利用当时的政治潮流,以达到自己的政治目的。然而,太子不是那股政治潮流的后台或者支柱,也是十分明白的。

(二)宦官高力士说质疑

有种意见认为,马嵬驿兵变是一次有预谋、有计划、有指挥的行动。真正的后台,只能是宦官高力士。因为他既能控制禁军、指使陈玄礼,又和宰相杨国忠有不可调和的矛盾。这又是一场封建统治阶级内部的权力之争,是内廷宦官和外朝宰相之间的斗争。②

应当说,强调兵变是有预谋的,而不是自发行动,这是正确的。持这种意见的,还否定了太子李亨是真正的后台,更是真知灼见。的确,从兵变的前后过程中,丝毫看不出陈玄礼与太子李亨之间有什么特殊关系,丝毫看不出太子具备控制与指使禁军的条件。事前,作为龙武军最高将领的陈玄礼,向来以"淳朴自检"著称,是不会也不可能跟皇太子密切联系。事变中,通过李辅国"谋于皇太子",那是为了争取支持,而不是接受指令。事后,陈玄礼没有跟随李亨至灵武,却一直紧跟唐玄宗。很清楚,太子不是陈玄礼发动兵变的后台。

---

① 《旧唐书·杨国忠传》。
② 参见黄永年《说马嵬驿杨妃之死的真相》及《旧唐书与新唐书》(祖国丛书之一)。

那么，后台是高力士的说法，对不对呢？恐怕也不是。高力士确实具备控制与指挥禁军的条件。正如本书第五章所说，唐玄宗在前期是通过王毛仲控制禁军的。而自王毛仲被贬杀之后，宦官高力士成为心腹，禁军则由陈玄礼掌管。龙武军组建后，陈玄礼升任为龙武大将军，与高力士关系比较密切，他们俩人一直是唐玄宗的忠诚卫士。但是，要论证高力士是后台，仅靠上述的分析是不够的，应该拿出具体的史实记载。可惜，至今没有一条令人信服的史料。

再就高力士与杨国忠的矛盾来说，他们之间勾斗也是由来已久的，其性质属于内廷宦官与外朝宰相的矛盾。早在天宝十三载（公元754年），高力士伏奏曰："开元二十年以前，宰臣授职，不敢失坠；边将承恩，更相戮力。自陛下威权假于宰相，法令不行，灾眚备于岁时，阴阳失度，纵为惨虑，难以获安，臣不敢言，良有以也。"①这里，当着皇帝的面，竭力攻击宰相杨国忠，表达了对局势发展的忧虑。安史之乱爆发，天下切齿于杨国忠的"骄纵召乱"，高力士自然也是如此。陈玄礼企图在京城中诛杀杨国忠，是会考虑到高力士的态度的。但是，断言高力士"指使陈玄礼下毒手"，恐怕只是逻辑推论而已，还有待于史实记述的证明。如果仅仅是推论，就很难令人信服了。

至于逃离长安和幸蜀之计，高力士的意见是跟杨国忠一致的，但是，在逃亡的途上依旧是怨恨杨国忠。六月十三日凌晨，刚出延秋门，玄宗驻马谓力士曰："卿往日之言是。"②所谓"往日之言"，当指天宝十三载"伏奏"。那时，玄宗是听不进去的；如今，不能不承认宰相专权所造成的严重后果。到达望贤宫时，"从官咸怨国忠"，"从官"当然也包括高力士在内。第二天，在马嵬兵变的过程

① 《高力士外传》。
② 《高力士外传》。

540

中,御史大夫魏方进和左相韦见素出来制止,结果一个被杀,一个挨打。唯独高力士悠然在驿亭里,没有"闻乱而出",估计他是知道陈玄礼的谋划的,并从心底里赞赏诛杀杨国忠的行动。紧接着,高力士支持将士们处置杨贵妃的要求,劝说唐玄宗赶快下决心。可见,高力士是马嵬兵变的支持者。但是,支持不等于就是后台。细审兵变的全过程,没有史料可资证明:高力士在暗中策动与指使陈玄礼搞兵变。

(三)如何看待马嵬驿事变

其实,对于马嵬兵变这一历史事件,大可不必寻找什么后台人物。因为这次事变不是出乎个别人的主观意愿,不是由某些人暗中煽动起来的,而是安史之乱以来客观形势发展的必然结果,是天宝晚期以来各种社会矛盾包括封建统治者内部矛盾的交错演化的结果。

如果说后台是太子李亨,也就把事变简单地归结为太子集团与杨国忠的矛盾。如果认为后台是宦官高力士,也就等于将兵变说成是内庭宦官与外朝宰相之间的斗争。显然,这些意见都不能完满地解释马嵬兵变的性质与意义。

不错,马嵬驿事件包含着上述两对矛盾,但它的社会基础还有更广泛的内涵,它的历史意义也超越了封建统治者内部的权力之争。

自天宝晚期以来,政治局势有一个鲜明的特点,那就是各种社会势力几乎一致地反对奸相专权。要好皇帝,不要奸相,这是天下士人包括民众的普遍愿望。李林甫专权,不得人心,"怨仇满天下"。[1] 李林甫死后,杨国忠当了宰相,社会危机更加深重,怨恨情绪愈发猛烈。民众咒骂他,太子集团反对他,宦官势力埋怨他,连

---

① 《资治通鉴》卷 215 天宝六载十二月条。

安史叛乱也打出诛杨国忠的旗号。可见,奸相杨国忠成了众矢之的。尤其是安史之乱撕去了"太平盛世"的帷幕,各种隐藏着的社会问题一下子都暴露出来,人们都惊呆了,于是天下莫不切齿于杨国忠的"骄纵召乱",达到了国人"皆曰可杀"的程度。

正是在这种情势下,以杀杨国忠为主要目标的政治潮流形成了。前面说过,哥舒翰守潼关时,王思礼就曾暗中鼓动杀杨国忠。还有人劝哥舒翰说:"禄山阻兵,以诛杨国忠为名,公若留兵三万守关,悉以精锐回诛国忠,此汉挫七国之计也,公以为何如?"①这些人的建议反映了社会上存在一股强烈潮流,他们未必受什么后台人物的指使。因此,可以说,汇合入这股政治潮流的有各种社会力量与集团。反对杨国忠的,固然有太子集团和宦官势力,同时还有军士们与民众。如果把一切都归入封建统治者内部的权力之争,似乎太简单化了。

以"六军"将士为主体而发动的马嵬兵变,实质上是各种势力反对奸相专权误国的群众性运动,并不是个别人能够煽动起来的。陈玄礼曾经慷慨陈词:今天下崩离,皇帝出逃,国家蒙难,人民死亡,这一切难道不是杨国忠专权所造成的吗!"若不诛之以谢天下,何以塞四海之怨愤!"②这种呼声,喊出了广大军士们的真诚愿望。所以,众将纷纷响应,表达了拼死的决心;数以千计的军士也包围着驿站,投入了兵变的行列。军士们早已被激怒了,为了天下安宁,为民除害,演出了历史上著名的马嵬驿事变。从某种意义上说,这场兵变是唐朝历史上第一次救亡运动。

历史上,反对奸臣往往是跟维护皇帝(或者说要一个好皇帝)分不开的。由于时代的局限,人们弄不清楚奸相与皇帝之间是一种什么样的关系,只认为坏就坏在奸相身上。连望贤宫前直谏的

---

① 《旧唐书·哥舒翰传》。

② 《旧唐书·杨国忠传》。

老父，也是如此观。正因为这样，马嵬兵变依旧受着忠君观念的支配，可以杀死宰相杨国忠和宠妃杨氏，但决不会损害皇帝，而且一切都是为了备受"震荡"的君王似的。陈玄礼，一个始终忠于皇帝的禁军将领，之所以敢于发难，道理就在于此，没有什么不可设想的。

因此，兵变一结束，陈玄礼等就向皇帝"谢罪"，说："国忠挠败国经，构兴祸乱，使黎元涂炭，乘舆播越，此而不诛，患难未已。臣等为社稷大计，请矫制之罪。"这里，不提杨国忠与吐蕃人"谋叛"，是对的。说实在，那不过是借口而已。为什么要杀杨国忠？因为国家败亡是奸相造成的：一"黎元涂炭"，百姓蒙难；二"乘舆播越"，皇帝出奔。为了"社稷大计"，为了挽救危亡，所以"矫制"即借皇帝的命令把杨国忠杀了。对于如此严正的陈述，唐玄宗是不能不接受的，说："朕识之不明，任寄失所。近亦觉悟，审其诈佞，意欲到蜀，肆诸市朝。今神明启卿，谐朕夙志，将畴爵赏，何至言焉。"①这番表白，可谓半真半假！"近亦觉悟"，是实话。昨天，望贤宫前听老父之言，深感"朕之不明"。今天，马嵬坡下再次承认"朕识之不明"，还算是难能可贵的。的确，如果没有这种"觉悟"，恐怕马嵬兵变的结局会是另外一副样子。但是，玄宗说原想到蜀后再杀杨国忠，这不是真话，无非是在为自己辩护。他打心底里是不愿意杀宰相的，只是迫于兵变，才肯定了诛杀杨国忠的合法性。史称，唐玄宗最后慰劳军士们，"玄礼等皆呼万岁，再拜而出，于是始整部伍为行计。"②短短半天的马嵬驿兵变，竟在一片"万岁"声中结束了！

"桓桓陈将军，仗钺奋忠烈；微尔人尽非，于今国犹活。"③著名诗人杜甫的诗句，反映了当时人们对陈玄礼将军的高度评价，赞美

---

① 《旧唐书·杨国忠传》。
② 《资治通鉴》卷218至德元载六月条。
③ 《杜工部集》卷2《北征》。

了陈将军在马嵬兵变中的"忠烈"举动,肯定了马嵬驿事变的救亡性质与重大意义。虽然杜甫也是从"忠君"观念出发来评论的,但他的评论基本上是符合实际的。清代史学家浦起龙,大概没有读懂杜诗,说什么"玄礼为亲军主帅,纵凶锋于上(玄宗)前,无人臣礼。"①这话实在太迂了。当今,如果认为陈玄礼不过是太子李亨或者宦官高力士在权力斗争中的工具,只是听命于后台人物的指使而已,那比起杜甫的评论也逊色得多了。

第五节　生死之谜

杨国忠死了,罪有应得。而杨贵妃之死,却引起后人的一些怀念,以致出现未死之说。这是什么道理呢?

(一)贵妃必死无疑

《高力士外传》认为,杨贵妃的死,是由于"一时连坐"的缘故。换言之,愤怒的军士们憎恨杨国忠,也把杨贵妃牵连进去了。这是高力士的观点,因为《外传》是根据他的口述编写的。然而,当时军士们并不那么看,他们杀死杨国忠后,继续包围驿站,强调"贼本尚在"(一作"祸本尚在")。② 在军士们的心目中,杨国忠是靠杨贵妃而爬上宰相高位的,奸相为非作歹,骄纵召乱,就其祸源来说,乃在于宠妃。因此,非杀不可。平心而论,军士们毕竟不了解深宫内幕,无法分清杨氏兄妹之间的区别。作为局外人,难免有上述的看法。至于禁军最高长官陈玄礼就不同了,他了解内情,所以不会扬言"贼本尚在",只是说"贵妃不宜供奉",希望皇帝陛下"割恩正法"。当然,陈玄礼更知道军士们的忧惧:如果杨贵妃依旧在

---

① 《读杜心解》卷1。
② 《旧唐书·杨贵妃传》和《新唐书·杨贵妃传》。

皇帝身边,那么,诛杀杨国忠的将士们岂敢自安!因此,陈玄礼也是迫着唐玄宗处死杨贵妃的。

就唐玄宗来说,杨国忠的被杀,尚可容忍,甚至还出来"慰劳"军士;而要杀杨贵妃,就非经过一番激烈的痛苦的思想斗争不可。他和高力士一样地明白:"贵妃诚无罪"。贵妃深居内宫,不涉朝政,不是政治性人物;堂兄的种种专权误国的罪行,不能由她来承担。然而,在"众怒难犯"的情况下,要对被激怒了的局外人讲清这一切,又谈何容易!即使有谁出来解释,又怎么能获得谅解呢!可悲的是,没有一个人包括玄宗自己敢于辩护一下。外有将士们与陈玄礼的威迫,内有高力士与韦谔的劝说,唐玄宗只能作出贵妃赐死的决定。

从马嵬驿事变的形势来看,杨贵妃是非死不可的。缢杀之后,尸体用舆轿由佛堂运至驿站,置于庭院,召陈玄礼等将士们进来验看。只有验明死尸之后,军士们的愤怒才会平息,才会继续拥护唐玄宗西奔入蜀。大约傍晚,杨贵妃尸体被草草地埋葬在驿亭西一里左右的路旁土坡下。贵妃死时,只有三十八岁。

缢杀杨贵妃,是在玄宗的"同意"下进行的。北宋以来,有人说:"明皇鉴夏商之败,畏天悔过,赐妃子死,官军何预焉?"①这是不了解历史实际的评论。哪里有什么"畏天悔过"?在赐死问题上,玄宗始终是被迫的,是无可奈何的"同意"!所以,当军士们的愤怒平息后,玄宗与玄礼的彼此对话中,都只谈到杨国忠的被诛,一字不涉及杨贵妃之死,足见这里隐藏着难言的痛苦与悲哀!玄礼等"皆呼万岁",再拜而出,此时此刻的唐玄宗决不会有一丝喜悦的。有力量统治盛唐帝国达四十多年的天子,竟没有能力保住一个爱妃的生命!诗人李商隐有感于此,在《马嵬》诗中写道:"如

---

① 魏泰《临汉隐居诗话》。

何四纪为天子,不及卢家有莫愁?"①姓卢的平民能和自己心爱妻子"莫愁"(名字)相恩爱,而盛唐天子与爱妃却做不到,这是为什么呢?

　　诗人提出的问题,其实高力士早就说过了:"虢国、太真,一时连坐。"杨国忠罪恶滔天,国人皆曰可杀,于是牵连及堂妹杨贵妃。贵妃既然转入这股激烈的政治漩涡,也就非被淹死不可。这种情况,卢家男子与"莫愁"们当然是不可能碰到的。

　　株连而死的,还有杨国忠的其他家人与亲属。据《旧唐书·杨贵妃传》载,"虢国夫人闻难作,奔马至陈仓。"这恐怕不是事实。如果虢国夫人六月十四日下午也在马嵬,估计是逃不掉的,会跟杨国忠及其长子杨暄、韩国夫人一样被杀。司马光在《通鉴》中显然注意到这一点,不书闻难而逃,只说虢国夫人与儿子裴徽、国忠妻裴柔与幼子杨晞"皆走,至陈仓"。② 是何时"走"的,未详。乐史《杨太真外传》则云:"虢国夫人先至陈仓之官店。"综合各种记述,事实似是这样:以唐玄宗为首的逃亡队伍,数以几千计,分成三大部分。先遣队伍告谕郡县,负责安排;国忠妻子及虢国夫人也走在前面,往陈仓(今陕西宝鸡东)行进。当中则是唐玄宗、贵妃、杨国忠(杨暄与韩国夫人随同)、高力士等,由陈玄礼负责保卫。后卫队伍,以皇太子李亨与宦官李辅国等为主。马嵬兵变时,裴氏与虢国夫人当不在场。后来,她们在陈仓遭到县令薛景仙的追捕。裴氏先死。虢国夫人自刎未遂,被捕,竟问狱吏说:"国家乎? 贼乎?"狱吏答得妙:"互有之。"③夫人血卡喉咙,一命呜呼! 可见,直到死时,虢国夫人还不知道举世惊骇的马嵬兵变。

---

　　① 《全唐诗》卷 539 李商隐《马嵬》。

　　② 《资治通鉴》卷 218 至德元载六月条。

　　③ 《旧唐书·杨贵妃传》。有的传记对这条史料作了如此的误解,说杨国忠妻子裴氏被捕,问狱吏云云。日本井上靖《杨贵妃传》对此诠解确切,可以参考。

（二）未死之说说明什么

杨贵妃确实死在马嵬坡，旧、新《唐书》与《通鉴》等史籍记载明确，唐人笔记杂史如《高力士外传》、《唐国史补》、《明皇杂录》、《安禄山事迹》等也是如此。贵妃未死之说的臆撰与猜测，本来是不必深究的。

唯独白居易《长恨歌》流传以来，人们企图从史实上寻找其中的"微意"，推断出杨贵妃可能没有死。[①] 其实，诗中明言"宛转蛾眉马前死"，死是肯定无疑的，只是用宗教幻想的形式，虚构了死而复生的意境。众所周知，《长恨歌》的创作，离开杨贵妃之死，正好五十年。这期间，民间流传着关于贵妃的种种传说，而《长恨歌》的构架就是来源于民间传说。

民间传说杨贵妃死而复生，这反映了人们对她的同情与怀念。前面说过，"六军"将士们以"祸本尚在"的理由，要求处死杨贵妃。如果人们继续都是坚持这种观点，那么，杨贵妃就会被当作褒姒或者妲己一类坏女人，除了世人痛骂之外，是不可能有任何的赞扬。即使她是什么人间绝色或者盛唐女性美的代表者，也不会在人们的潜在意识中产生怜悯与宽恕。全部的问题在于：杨贵妃事实上不是天宝乱祸的本源。她不仅与杨国忠不同，而且跟虢国夫人也有所区别。高力士说"贵妃诚无罪"，这话虽不无片面，但贵妃决不是罪魁祸首，那是毫无疑问的。安史之乱暴风雨过后，人们经过反思，总结开天治乱的历史经验，终于认识到历史的真相。民间传说自有公正的评判，对历史人物的褒贬往往比较客观。杨贵妃之死，既有自取其咎的一面，更有作为牺牲品的不幸一面。于是，人们幻想确实已死了的杨贵妃而能重新复活，寄以无限的追念。

---

① 参见俞平伯《〈长恨歌〉及〈长恨歌传〉的传疑》（1927年），载《论诗词曲杂著》。

第二十二章　蜀郡的流亡生活

唐玄宗出奔蜀郡的流亡生活，不过是一年几个月。但是，对于年逾古稀的老人来说，从皇帝突然地变成了太上皇，其间经历的生死离别的磨难，是永远不会在记忆中消失的。在这短暂而感受上却是漫长的岁月里，悔恨、反省与追念，构成了生活的主要内容。

第一节　父子分道扬镳

马嵬驿事变以后，究竟向何处去？唐玄宗和高力士等，坚持按原计划奔赴蜀郡；而太子李亨等则拉了一支队伍，走自己的路了。

（一）高力士论蜀道

六月十四日，兵变闹到傍晚才止息，当天就只好在马嵬驿过夜。次日，大队人马准备出发时，发生了意见分歧。有的认为蜀郡将吏与杨国忠有"连谋"，不可以到那里去。有的主张到太原，有的提议到朔方，有的主张到西凉，有的说返回京师。各有各的理由，不一而足。唐玄宗心里想入蜀，但是鉴于昨天的事变，深知众怒难犯，不敢表态，便请高力士出来讲话。高力士说："太原虽固，地与贼邻，本属禄山，人心难测。朔方近塞，半是蕃戎，不达朝章，卒难教驭。西凉悬远，沙漠萧条，大驾顺动，人马非少，先无备拟，必有阙供，贼骑起来，恐见狼狈。剑南虽窄，土富人繁，表里江山，内外险固；以臣所料，蜀道可行。"①的确，就逃避叛军兵锋而言，

---

① 《资治通鉴》卷 218 至德元载六月条。

"蜀道可行"。太原跟敌占区毗邻，很不安全。僻远的朔方与西凉，自然不是逃难的好地方。蜀郡将吏虽然跟杨国忠有瓜葛，但是，杨国忠已死，估计是不会有所动作的。何况，原先"幸蜀"之计，并不是杨国忠的私人阴谋，而是唐玄宗与高力士等共同的意向。

当然，从抗战立场来看，蜀道之行完全是消极的。潼关刚失守，如果采纳高适的建议，动员抗战是有一定的可能性。既已逃离京师，人心涣散，要想再回到长安并组织抗战，那就错过时机了。积极的对策应是北上朔方，以郭子仪与李光弼军队为主力，号召民众，平定叛乱。但是，这一着，奉信逃跑主义路线的唐玄宗是断断不会实施的。

高力士的意见没有遭到反对，当然大家也不会像往昔那样随声附会。这时，韦谔说："还京，当有御贼之备，今兵少，未易东向，不如且至扶风，徐图去就。"[1]所谓"至扶风"再慢慢商量，实际上是西幸蜀郡的主张，只是说得婉转些罢。唐玄宗不敢专断独行，"询于众，众以为然，乃从之。"[2]看来，经过马嵬惊变，一个至高无上的专制帝王也变得谦和起来了。于是以韦谔为御史中丞，充置顿使，准备上路了。

（二）"太子不敢西行"

据记载，百姓父老"遮道请留"，殷切地希望皇帝不要离开宫阙陵寝所在之地。玄宗按辔久之，心情异常沉重，最终还是西行了，叫太子李亨留在后面宣慰父老。过了一会，群众越聚越多，竟达数千人。太子涕泣，跋马欲西。"父老共拥太子马，不得行。"[3]太子的两个儿子以及李辅国也都劝太子留下来，以便东讨逆贼。

---

① 《资治通鉴》卷218至德元载六月条。
② 《资治通鉴》卷218至德元载六月条。
③ 《资治通鉴》卷218至德元载六月条。

其实,太子"不得行"是故意制造的假象。"马嵬涂地,太子不敢西行。"①长期以来,太子与父皇之间有着深深的裂缝。玄宗并不赞赏李亨的个人才能,并不认为他是理想的皇位继承者。前太子瑛被废,三个皇子同日赐死,这是何等触目惊心的事!杨国忠千方百计地陷害李亨,也是够可怕的。玄宗决没有让位的打算,连"太子监国"也做不成。如果继续跟随父皇到蜀郡,今后太子地位能否保住,是难以预料的。所以,马嵬驿事变之后,正是跟父皇分道扬镳的好时机。这一点,凡是太子集团里的人都很明白。史载,"(李)辅国侍太子扈从至马嵬,乃献策请分兵北如朔方,以图兴复。"②李辅国还"密启"太子妃子张良娣,张良娣"又赞其谋,遂定计北趣灵武。"③太子的两个儿子,即广平王李俶和建宁王李倓,也都积极地鼓吹另立山头。可见,太子不跟随玄宗西行,是早已有所预谋。当然,父老百姓"遮道请留",也是事实。太子李亨恰好利用父老们的请求,装出一副"不得行"的样子,以达到发展个人独立势力的目的。

唐玄宗已经走出一段路,久等太子不来,心中不免有所疑虑,便派人"侦之"。谁知使者回来报告说,太子留下不来了!玄宗立刻意识到太子要走自己的路了,不禁叹了一声:"天也!"自逃离京师,仅只三天,朝臣杨国忠和魏方进被杀了,内侍监袁思艺投奔安禄山去了,杨贵妃被缢死了,太子李亨又不来了,真是众叛亲离呵!玄宗被迫分出后军二千人及飞龙厩马,调拨给太子;又把东宫内人包括张良娣送到太子那里。据说,"且宣旨欲传位,太子不受。"④这恐怕不是事实。后来的事态发展表明,玄宗并没有"传位"的意图,而太子则急于抢位称帝。

---

① 《旧唐书·后妃传》序。
② 《册府元龟》卷668《内臣部·翊佐》。
③ 《新唐书·后妃传下》。
④ 《资治通鉴》卷218至德元载六月条。

（三）"百姓谁为之主"

父子分道扬镳，反映了封建统治集团内部的权力斗争。太子李亨虽然怀着早日称帝的政治野心，但他毕竟是举起一面平叛的旗帜，客观上符合广大百姓的愿望。马嵬父老们留住太子说："至尊（玄宗）既不肯留，某等愿帅子弟从殿下东破贼，取长安。若殿下与至尊皆入蜀，使中原百姓谁为之主？"①要想成为百姓之主，除了率众"破贼"外，是别无其他办法的。

唐玄宗已经丧失了平叛的信心，不仅保不住爱妃的生命，而且连两京宫阙与祖先陵寝都保不住，又怎么能够充当天下百姓之主呢？宋代史学家范祖禹评论说："自是以后，天下有变，则京师不守，人主先为出计，自明皇始，其可丑也夫。"②轻率地逃离京师，意味着唐玄宗政治生命的枯萎。而一个丢失政治生命力的老人，自然听不进马嵬父老们的劝告与挽留。

至于太子李亨，论其个人才能，远远赶不上当年奋发有为的太子李隆基，但是，有一点却比年迈的唐玄宗聪明，那就是看到了人心所向。在"禄山一呼，四海震荡"的危难之际，谁能打起平叛的旗帜，谁就会得到百姓的拥护。"逆胡犯阙，四海分崩，不因人情，何以兴复！"③只有顺应"人情"，东讨逆贼，克复两京，削平四海，才能使社稷危而复安。太子李亨正是利用马嵬驿事变所造成的政治形势，独立地树起"兴复"的大旗，为自己很快地成为"百姓之主"准备了必要的条件。

第二节　奔赴成都的路上

各走各的路。唐玄宗在高力士、韦见素以及韦谔等的陪同下，

---

① 《资治通鉴》卷 218 至德元载六月条。

② 《唐鉴》卷 5《玄宗下》。

③ 《资治通鉴》卷 218 至德元载六月条。

匆匆地向着扶风(今陕西凤翔)行进。

(一)扶风赐卒春彩

经过两天的奔波,六月十七日到达了扶风。"士卒潜怀去就,往往流言不逊,陈玄礼不能制",唐玄宗为此忧患。太子李亨拉走部分队伍后,士卒中必然引起何去何从的思考,对"至尊"也不那么敬重了。如果无法稳定军心,很可能会闹出新的兵变。恰好这时,成都进贡春彩十余万匹,运至扶风。唐玄宗立刻令将全部春彩陈列在庭院里,召集将士们,当众发表了一通演说:"朕比来衰耄,托任失人,致逆胡乱常,须远避其锋。知卿等皆苍猝从朕,不得别父母妻子,茇涉至此,劳苦至矣,朕甚愧之。蜀路阻长,郡县褊小,人马众多,或不能供,今听卿等各还家;朕独与子、孙、中官前行入蜀,亦足自达。今日与卿等诀别,可共分此彩以备资粮。若归,见父母及长安父老,为朕致意,各好自爱也!"这是何等的悔恨与伤感,反映了帝王落难的窘境! 然而,正如元代史家胡三省所说:"玄宗之为是言也,出于不得已。"的确,根据韦谔的建议,先到扶风再商量,实际上玄宗急于入蜀,"远避"敌军兵锋。如果真的没有将士们护送,仅仅靠一些子、孙、宦官们,要安全地抵达成都,也是很难的。分赐春彩,与其说是提供遣返士卒的资粮,毋宁说是笼络军心,希望不要树倒猢狲散。广大的将士们面对"泣下沾襟"的皇帝,深知其心意,便纷纷表示:"臣等死生从陛下,不敢有贰!"①于是,流言止息,军心稳定下来了。

六月十八日,唐玄宗在扶风发布重大的任命:以剑南节度留后崔圆为剑南节度等副大使。崔圆原是杨国忠的心腹,早就在四川建置馆宇,具备物资,以供急需。唐玄宗显然对他毫无介意,令他作好迎接皇帝的准备。

---

① 《资治通鉴》卷 218 至德元载六月条。

552

(二)散关分置六军

六月十九日,从扶风出发,夜宿陈仓(今陕西宝鸡)。次日,到达陈仓县西南的散关。散关是大散岭上的关隘,南下便是汉中了。唐玄宗派遣颍王李璬先到剑南,跟崔圆联系;同时分扈从将士为"六军",由寿王李瑁等分别统领。这是对逃亡队伍的一次整顿。离开长安,已经是第八天了。一路上,数千禁军以及其他人员大致分成三大部分:前头,负责安排;当中,玄宗所在;后面,由太子率领。马嵬驿事变后,太子李亨分去了"后军"二千人及"飞龙厩马"。所谓"后军",似指由太子统率的后卫队伍;而飞龙厩马则当是由"飞龙马家"李辅国掌管的。至扶风,玄宗还说"人马众多",足见扈从将士仍有几千人。但是,经由二次事变以及部分将士的逃离,禁军编制杂乱了,很有必要整顿一下。这就是散关分置"六军"的原因。

那么,何谓"六军"?众所周知,开元以来,禁军建置分为四种,即左、右羽林军和左、右龙武军。"次散关,分部下为六军"。这"六军",似是天子禁军的别称,并非指六种独立编制的军队。换言之,实际上还是四军。史称,"寿王瑁等分统六军,前后左右相次。"①从"前、后、左、右"来看,似还只是四军。当然,理解为六种独立编制的军队,也未尝不可。如果真的如此,那么,散关分置"六军"就具有重大的历史意义,它标志着唐朝禁军编制从"四"到"六"变化的开始。但是,除了左、右羽林军和左、右龙武军之外,其他两种又叫什么名称呢?不得而知。及至"至德二载"(公元757年),唐肃宗"置左、右神武军,取元从子弟充,其制皆如四军,总谓之北牙六军。"胡三省特加注解,说:"左、右羽林,左、右龙武,

---

① 《旧唐书·玄宗本纪下》。

左、右神武,谓之北牙六军。"①据此,"六"军建置是太子李亨称帝(肃宗)以后的事,与唐玄宗无涉。

值得注意的倒不是四六之争,而是由亲王皇子们统领禁军。早在唐睿宗时,明文规定皇子亲王不准兼领羽林禁军。因为那样太危险了,往往为宫廷政变推波助澜。唐玄宗时期,掌管禁军的先是王毛仲和葛福顺等,后是陈玄礼。潼关失守后,玄宗逃离京师,路上是由龙武大将军陈玄礼负责禁卫的。马嵬驿事变以后,仍旧如此。但是,很快就发生了变化。至扶风时,士卒"流言"不逊,"陈玄礼不能制",显然难以肩负统领禁军的重任。加上马嵬驿事变所造成的心灵上创伤,唐玄宗不像过去那样信用陈玄礼了。六月二十日,散关整顿六军,就由寿王瑁等分别统领了。

(三)河池接见崔圆

自散关南下,地属汉中,对于仓皇逃难的唐玄宗来说,这里安全得多了。六月二十四日,抵达河池郡(今陕西凤县),不期遇见了从四川来迎驾的崔圆。崔圆呈上奏疏,具陈"蜀土腴谷羡,储供易办"。玄宗看了,感动得流泪,说:"世乱识忠臣"。②崔圆虽然原先是杨国忠圈子里的人,但毕竟是守文之士,忠于唐王朝。当天,玄宗十分高兴,立即以崔圆为中书侍郎、同平章事。他是玄宗逃亡期间任命的第一个宰相。玄宗对高力士说:"朕观崔圆气宇冲邃,理识弘通,比诸宰臣,无出其右。若得对见,必倍承恩。"③后来的事实果然如此。可见,如果认为因为杨国忠的关系就不可以到蜀川,那是没有根据的担忧。

王思礼也来了。马嵬驿事变前夕,思礼匆匆来到金城,又匆匆

---

① 《资治通鉴》卷220至德二载十二月条。
② 《新唐书·崔圆传》。
③ 《高力士外传》。

赶往西凉。后来,闻河西诸胡乱,又退回至河池郡,唐玄宗欣然地委任他为行在都知兵马使。

高适也来了。他从长安出发,经骆谷,西驰至河池郡,谒见玄宗,陈述潼关败亡的形势,诉说在长安跟杨国忠争论的情况,指出:"臣与杨国忠争,终不见纳。陛下因此履巴山、剑阁之险,西幸蜀中,避其蚕毒,未足为耻也。"①这番话分明是安慰,希望玄宗不要以"避寇出奔"为耻辱,赶快振奋起来。玄宗深知高适的好意,便任他为侍御史。

总之,到了河池郡,玄宗的心境略有改善。七月初一,以侄子李瑀(大哥李宪的儿子)为汉中王、梁州都督、山南西道采访防御使。玄宗还叫贾至撰写了《册汉中王瑀等文》,强调"匡复社稷,戡定寇仇,在此行也。"②这说明平叛的信念又在萌发了。

(四)普安下诏罪己

离开河池郡,沿嘉陵江而南,是崎岖的蜀道。唐玄宗等大队人马翻山越岭,穿过险峻的剑门关,于七月十三日(甲子)到了普安郡(今四川剑阁)。注意!就在这天,太子李亨在灵武称帝,遥隔千里的唐玄宗当然不可能知道。

玄宗在普安遇见了宪(刑)部侍郎房琯。房琯逃出长安,历尽艰苦,方才赶上皇帝。玄宗打听从前备受恩宠的张均、张垍兄弟(张说之子)的情况,房琯说他俩兄弟毫无追随皇帝的意思(后来投降了安禄山)。这件事,玄宗虽然早已预料到,但冷酷的事实实在叫人伤心透了。比照之下,房琯却是忠诚的。因此,玄宗封他为文(吏)部侍郎、同平章事。这是逃亡途中第二次任命宰相。

七月十六日(丁卯),玄宗在普安颁布一道重要的制令,文字

---

② 《全唐文》卷367贾至《册汉中王瑀等文》。原作"七月戊子朔","戊"当"壬"之误。壬子,初一。

是由贾至撰写的。制文首先回顾了唐王朝创建以来的盛业,指出"垂五十年,中原幸无师旅。"但是,由于皇帝陛下的"不明","致令贼臣内外为患。"这里,所谓"内外"贼臣,说的是杨国忠与安禄山。制文还声称:"伊朕薄德,不能守厥位,贻祸海内,负兹苍生,是用罪己责躬。"①可见,这是一份罪己诏。自逃离长安,已是第三十三天了。天下四方不知皇帝的去向,直至制文颁布,才知道皇帝陛下在普安,知道玄宗出奔的目的地是成都。

制文还宣布了重大的战略部署:以太子李亨为"天下兵马元帅",领朔方、河东、河北、平卢节度都使,"南收长安、洛阳"。以御史中丞裴冕兼左庶子,陇西郡司马刘秩试守右庶子。这个决定表明唐玄宗没有一丝一毫的"传位"意图,仍然以"天下之主"身份,命令"元帅"前往讨伐"逆贼"。回顾半年多前,哥舒翰为"皇太子先锋兵马元帅",即"皇太子"的先锋元帅,镇守潼关。但是,由于杨国忠等的反对,李亨却没有被命为天下兵马元帅。及至普安,才给早已分道扬镳的李亨以"元帅"头衔,要他担负起平叛的重任。

此外,制文规定:以永王李璘为山南东道、岭南、黔中、江南西道节度都使;以盛王李琦为广陵大都督,领江南东路及淮南、河南等路节度都使;以丰王李珙为武威都督,仍领河西、陇右、安西、北庭等路节度都使。这样,对安禄山叛乱地区构筑了庞大的包围圈。

为什么要由太子和诸皇子分别领兵呢?制令强调:"夫定祸乱者,必仗于群才。"②太子亨"好勇多谋",永王璘、盛王琦、丰王珙等"乐善好贤",所以要由这些"群才"共同努力,来平定安禄山叛乱。在这种部署的背后,可能有压抑太子军权过大的考虑。但是,认为这是对太子参与马嵬驿事变而搞的报复,恐怕不是事实。须知,太子已独立而离开了,玄宗估计太子会到朔方,但究竟在何处,

---

① 《全唐文》卷366贾至《玄宗幸普安郡制》。
② 《全唐文》卷366贾至《玄宗幸普安郡制》。

一点也不知道。即使要报复,又怎么能做成呢? 就太子而言,分得后军仅只二千人,继续招兵买马,急剧壮大,其势力也不可能波及山南、岭南、江南、淮南、河南等广大地区。为了平定叛乱的需要,让诸皇子亲王分别统领各地区军事力量,"其署官属及本路郡县官,并各任便自简择。"①显然,这种部署是针对着安禄山,而不是针对着太子。

(五)巴西侈谈戒酒

继续走了几天,七月十九日(庚午),抵达巴西郡(今四川绵阳东)。郡太守崔涣,是"五王政变"参与者崔玄𬀪的孙子。"(崔)涣迎谒于路,抗词忠恳,皆究理体,玄宗嘉之,以为得涣晚。"②经宰臣房琯的推荐,即日拜门下侍郎、同平章事。崔涣是逃亡途上任命的第三个宰相。这时,又以原宰臣韦见素为左相。

据《幸蜀记》载,玄宗在巴西郡时,宰臣们建议"蜀中气候温瘴,宜数进酒。"玄宗令高力士宣旨曰:"朕本嗜酒,断之已久,终不再饮,深愧卿等意也。"高力士还解释说,早在开元四年(公元716年),因醉怒杀一人,次日记不得了,犹要召见此人。左右具奏,玄宗悔恨不已,从此断酒,连下药的酒也不饮。

类似的故事,又见于《次柳氏旧闻》。据说,玄宗始入斜谷(在今陕西终南山),知顿使、给事中韦倜得新熟酒一壶,献给玄宗。玄宗不肯喝,说:"始吾御宇之初,尝大醉,损一人,吾悼之,因以为戒;迨今四十年矣,未尝甘酒味。"从者闻之,无不感悦。

关于唐玄宗戒酒的故事,司马光在《通鉴考异》中按曰:"玄宗荒于声色,几丧天下,断酒小善,夫何足言! 今不取。"③司马光之所以不采用《次柳氏旧闻》和《幸蜀记》,是因为"断酒小善",没有

---

① 《全唐文》卷 366 贾至《玄宗幸普安郡制》。
② 《旧唐书·崔涣传》。
③ 《资治通鉴》卷 218 至德元载七月条及《考异》。

记载的价值；至于戒酒的事实并不加以否定。其实，传说的虚构性是显而易见的。玄宗出奔蜀郡，根本不经过斜谷；置顿使是韦谔，而不是什么"韦倜"。至于在巴西郡侈谈戒酒，不过是取悦舆论的把戏。盛唐天子向来以声色自娱，居然四十年滴酒不沾，怎么叫人相信呢？请看事实：

开元七年（公元719年）九月甲寅，"上（玄宗）宴饮极欢。"①八年（公元720年）十月，"上（玄宗）降阶执（薛王）业手，……即与之宴饮。"②十三年（公元725年）四月，"上（玄宗）与中书门下及礼官、学士宴于集仙殿。"玄宗说："朕今与卿曹合宴，……"③同年十一月，封禅泰山之后，玄宗至宋州，"宴从官于楼上，……酒酣，上（玄宗）谓张说曰……（玄宗）自举酒赐之。"④十八年（公元729年）八月初五，玄宗以生日宴百官于花萼楼下。二十年（公元732年）四月，宴百官于上阳东洲。开元晚期，高力士说："陛下频赐臣酒，往往过度。"玄宗命左右曰："即置酒为乐，无使怀忧。"⑤自从宠爱杨贵妃之后，酒色更是难分。"明皇与贵妃幸华清宫，因宿酒初醒，……帝曰：不惟萱草忘忧，此花香艳，尤能醒酒。""明皇与贵妃，每至酒酣……"⑥

很清楚，唐玄宗本来是"嗜酒"的，直到天宝时期也还是如此。酒宴与歌舞，是唐代宫廷生活所不可缺少的东西。唐玄宗和高力士在巴西郡侈谈戒酒，可能是为了入蜀而树立起较好的形象。

（六）成都大赦天下

出巴西郡，往前行进，就是目的地了。七月二十九日（庚辰），

---

① 摘自《资治通鉴》卷212。
② 摘自《资治通鉴》卷212。
③ 摘自《资治通鉴》卷212。
④ 《资治通鉴》卷212开元十三年十一月条。
⑤ 《高力士外传》。
⑥ 《开元天宝遗事》卷下"醒酒花"、"风流阵"。

终于到达成都。从六月十三日（乙未）逃离长安，至今整整四十六天。这时，扈从官吏军士到者一千三百人，宫女二十四人而已。唐玄宗是唐朝第一个经历"避寇出奔"的帝王，尝遍了路途上艰辛、狼狈与恐惧的各种味道，内心深处留下了无数的悔恨与创伤。

刚至成都，略作安置，就于八月初二（癸未）颁布了《幸蜀郡大赦文》。虽说"逆胡犯阙，四海分崩"，大唐天子已经统治不了了"天下"，"大赦天下"不过是毫无实效的空文，但是，它却顽强地表现着至尊无上的皇帝的存在，多少反映了唐玄宗在蜀川的未来设想。

赦文首先重申了皇帝陛下之"不明"。"朕以薄德，嗣守神器，每乾乾惕厉，勤念生灵，一物失所，无忘罪己。"这是官样文章。如果嗣位以来一直是"乾乾惕厉"、"无忘罪己"，怎么会落到逃亡的窘境呢？冷酷的现实催人猛醒："奸臣凶党，负信背恩，创剥我黎元，暴乱我区夏，皆朕不明之过，岂复尤人哉！"是的，再也不能怨天尤人了，过错全在于"朕不明"。只有公开地承认这一点，才会获得天下百姓的谅解与支持。

其次，重申了普安时已提出的战略部署。"朕用巡（按：不是巡狩出幸，而是逃亡避难）巴蜀，训励师徒，命元子（太子李亨）北略朔方，诸王分守重镇，合其兵势，以定中原。"当时，玄宗尚不知太子李亨的动向，更不知灵武称帝，所以仍以"皇帝"的名义，命令太子与皇子诸王分别领兵，协同合力，平定祸乱。可见，这种部署并不是针对太子李亨，而是针对安禄山。

第三，提出了对待叛乱胁从官员的新政策："安禄山胁从官有能改过自新，背逆归顺，并原其罪，优与官赏。"过去，凡是安禄山亲属即使与叛乱毫无牵连的，如安思顺、荣义郡主等，均被杀或者赐死。战场上打了败仗的将帅，也往往被诛。这样就促使了大批官员倒向安禄山。如今，唐玄宗也懂得了瓦解敌人力量的重要性，学安禄山的办法，把敌对营垒里的人争取过来。

最后，表示要振奋精神，号召"约法维新"。赦文宣称："将荡

唐明皇出奔成都路线
太子北上灵武路线图

灵武

黄河

肖关

马

泾水

彭原

平凉

安定

新平

泾水

马嵬驿

陈仓

扶风

咸阳

金城

便桥

长安

京兆府

西京

潼关

无定河

洛水

黄河

河

渭

散关

河池

嘉

利州

剑门

普安

嘉陵

绵州

巴西

成都
益州

	府、州、郡
●	县
◎	村镇
➤	唐明皇出奔路线
⇢	太子北上路线

涤烦苛,大革前弊,思与亿兆,约法维新。"还强调:"思与群臣重弘理道,可大赦天下。"①然而,这种"维新"愿望是不可能实现的。流亡蜀川以后,肩负平叛重任的已不是唐玄宗,而是儿子李亨;"复兴"唐王朝的已不是唐玄宗,而是儿子李亨。事实上,玄宗已被拉下了皇帝宝座,只是暂时不知道而已。这一纸大赦令,是唐玄宗作为皇帝而颁布的最后一道诏书。它标志着的不是"维新"时代的开始,而是唐玄宗统治时代的结束。

第三节 "逊位其子,岂其志哉"

八月十二日(癸巳),即到达成都后的第十四天,灵武使者送来了唐肃宗即位的消息。这太突然了!马嵬坡分手,玄宗估计到会有这一着,但是,一点招呼都不打,太子竟自称帝,哪里算是"即位",无异于抢夺皇位。这是完全出乎预料的事。既然如此,唐玄宗不得不"让"位,成了唐朝历史上第三个太上皇。宋代史学家欧阳修评论说:"盖自高祖以来,三逊于位以授其子,而独睿宗上畏天戒,发于诚心,若高祖、玄宗,岂其志哉!"②

(一)太子北上朔方

前面说过,马嵬父老留住太子,希望殿下"东破贼,取长安"。但是,从军事形势来看,那是急躁的冒险行动。还是韦谔的分析比较冷静:"今兵少,未易东向。"实际情况确实如此。例如,太子率众五千(后军二千加上召募百姓三千余),在渭水北岸跟一股"逆贼"发生战斗,结果大败,士众多伤。后来,才知道这是一场误会,不是叛军,而是从潼关败退至渭北的唐军。太子为此庆喜,以为上

---

① 《全唐文》卷40玄宗《幸蜀郡大赦文》及《旧唐书·玄宗本纪下》。
② 《新唐书》卷6赞曰。

天保佑。可见,连散兵游勇都打不过,又怎么能东取长安,消灭安禄山叛乱势力呢?

稳妥而积极的方针应是北上朔方,聚集力量,然后进取长安,歼灭敌人。当时,建宁王李倓、李辅国和张良娣等都力主北上,这不仅是因为太子兼任过朔方节度大使,而且是由于朔方的战略地位与军事实力所决定的。西行的唐玄宗虽然不了解太子的具体打算,但也估计到太子会到朔方。

太子率众二千人自奉天(今陕西乾县)北上,夜晚经永寿(今陕西永寿),继续赶路。六月十六日(戊戌),至新平(今陕西彬县)。次日,至安定(今甘肃泾川)。十八日,至彭原(今甘肃宁县)。十九日(辛丑),至平凉(今甘肃平凉)。这四五天,犹如逃跑,有时"昼夜奔驰三百余里,士众器械亡失过半,所存之众,不过一旅。"路上的狼狈景况,跟唐玄宗西行相比较,真是有过之而无不及!到了平凉,才喘了口气,安定下来。史称:"至平凉郡,搜阅监牧公私马,得数万匹,官军益振。"①

过了几天,朔方留后杜鸿渐、节度判官崔漪等经商量,决定派盐池判官李涵到平凉,迎接太子到朔方。李涵来了,太子大悦。恰好河西司马裴冕也来到平凉,劝太子前往朔方。于是,太子就率众北上了。

(二)李亨灵武称帝

七月十日(辛酉),太子李亨抵达灵武(今宁夏灵武西南),仅过三天,便做起皇帝来了。这反映了李亨及其支持者们急不可待的心情。据记载,七月十三日(甲子),李亨即位于灵武城南楼,史称唐肃宗。群臣欢呼称万岁,肃宗流涕歔欷,左右感动。肃宗亲御南门,颁布制书,大赦天下,改元曰"至德",遥尊玄宗为"上皇天

---

① 《旧唐书·肃宗本纪》。

帝"。又以杜鸿渐、崔漪并知中书舍人事,裴冕为中书侍郎、同平章事,文武官员不满三十人。

李亨以太子身份继位,必须有父皇"传位"的舆论,否则就会名不正而言不顺。为此,制书宣称:"圣皇久厌大位,思传眇身,军兴之初,已有成命,予恐不德,罔敢祗承。"①其实,玄宗并没有"传位"的明确表示,禄山叛乱之初,命"太子监国"与传位是不同性质的事。裴冕、杜鸿渐等也大造舆论,"请遵马嵬之命,即皇帝位"。②其实,马嵬坡分手时,玄宗除了哀叹"天也"外,并没有"宣旨传位"。问题的关键在于李亨本人要当皇帝,利用当时政治与军事形势,尽早登上皇帝的宝座。所以,肃宗灵武即位,本质上是一场争夺皇位的政变。这种观点是正确的。

裴冕、杜鸿渐等的劝进,也是一种推动力。他们迎太子至灵武,就有拥立新主的意思。一到灵武,五次呈递奏书,恳求李亨称帝。他们劝进曰:"主上厌勤大位,南幸蜀川,宗社神器,须有所归,天意人事,不可固违。若逡巡退让,失亿兆心,则大事去矣!臣等犹知之,况贤智乎!"③可见,正是利用玄宗"南幸蜀川"的时机,使"宗社神器"归于太子李亨。杜、裴等代表的是朔方、河西将官群体,没有这些人的支持,肃宗要在灵武称帝,也是很难的。然而,这些人的支持,并不是李亨长期经营西北军镇地区的结果。李亨名义上担任过朔方节度大使,实际上根本没有插手过西北军镇的事务。李亨跟裴、杜诸人过去并无深厚的交谊,只是在"四海分崩"的情势下,由于彼此利益的巧合,聚集在一起了。

应当说,平叛讨贼,这是唐肃宗即位最充足的理由。玄宗既已丧失了平叛的信心,逃亡蜀川,那么太子李亨举起"兴复"大旗,也就会赢得天下士人的注目与支持。史载,京畿士庶"知肃宗至灵

---

① 《旧唐书·肃宗本纪》。
② 《资治通鉴》卷218至德元载七月条。
③ 《旧唐书·裴冕传》。

武,皆企官军,相传曰:'皇太子从西来也。'""衣冠士庶归顺于灵武郡者,继于道路,……及闻肃宗治兵于灵武,人心益坚矣。"①这说明衣冠士庶关注的倒不在于子继父位是否名正言顺,而是要治兵讨贼,保护他们的利益,以免"逆贼"的蹂躏。从这种意义上说,唐肃宗即位,是人心所向,符合历史的大潮流。但是,治兵讨贼是否一定要跟即位称帝相联系呢?宋代欧阳修认为:"天宝之乱,大盗遽起,天子出奔。方是时,肃宗以皇太子治兵讨贼,真得其职矣!……肃宗虽不即尊位,亦可以破贼矣。"②宋代史家太讲究"孝"道了,父皇健在,太子怎么可以夺取皇位呢!以皇太子名义讨贼,岂不是更好吗?"肃宗以皇太子讨贼,至灵武遂自称帝,此乃太子叛父,何以讨禄山也!……三纲不立,无父子君臣之义,见利而动,不顾其亲,是以上无教化,下无廉耻。""唐之父子不正,而欲以正万事,难矣!"③类似的遣责,不胜枚举。由此可见,宋代以后伦理观念跟唐代有着多大的差异呵!由于唐代皇位继承的不稳定性,"三纲"决不是绝对遵循的原则。从高祖到太宗,从高宗到武后,从睿宗到玄宗,哪里讲什么"父子之义",无不"见利而动,不顾其亲"。因此,对于李亨以子夺父位,用不着拿孝与不孝来评论是非的。

重要的是肃宗能否肩负起"兴复"大业,称职于"治兵讨贼"。如果真的做到了,就应当加以肯定。唐穆宗时,太常博士王彦威说:"玄宗扫清内难,翊戴圣父;肃宗龙飞灵武,收复两都,此皆应天顺人,拨乱返正。"④唐朝士人的看法显然不像宋代史学家那样迂腐。

---

① 《安禄山事迹》卷下。
② 《新唐书》卷 6 赞曰。
③ 范祖禹《唐鉴》卷 6《肃宗》。
④ 《旧唐书·王彦威传》。

（三）屈居太上皇帝

肃宗灵武称帝那天，玄宗正逃到普安郡（今四川剑阁），遥隔千里，信息不通。肃宗立即派使者赴蜀，向"上皇天帝"报告。玄宗抵成都后的第十四天，灵武使者也来了。据载，玄宗得知此事，喜曰："吾儿应天顺人，吾复何忧。"①把太子即位说成"应天顺人"，还算是明智的。玄宗深知唐初以来夺位政变的一连串史实，绝对不必挥舞"三纲"大棒，打向不"忠"不"孝"的儿子。

过了四天，八月十六日（丁酉），玄宗颁布了《命皇太子即皇帝位诏》。其实，太子早已即皇帝位了，何必你"上皇"再来一个"命"呢！这不过是为自己被迫"让位"挽留点面子吧。诏文声称："今宗社未安，国家多难，宜令即皇帝位，朕称太上皇。且天下兵权，宜制在中夏，朕据巴蜀，应卒则难。其四海军权，先取皇帝处分，然后奏朕知。待克复上京，朕将凝神静虑，偃息大庭也。"②这里，有二点值得注意：其一，天下用兵集中于中原包括关中，玄宗偏安巴蜀，"应卒则难"，也就丧失了把握全局的主导地位。这是他不能不退位的重要原因。相反，太子李亨既然留了下来，以"治兵讨贼"为首要任务，也就夺取了军事斗争的指挥权。这是唐肃宗即位的必要条件。其二，玄宗虽然自称"太上皇"，改制敕为诰，但还是不甘心退出政治舞台的。声称天下军权先由肃宗处分，然后报告他。只有到克复长安以后，太上皇才不干预军国大事。

八月十八日（己亥），命左相韦见素、宰臣房琯与崔涣等带着传国宝玉册到灵武，举行"传位"仪式。作为太上皇的唐玄宗，十分重视此行，在《命群臣辅嗣皇帝诏》中说："皇帝自幼仁孝，与诸子有异。……往十三年（天宝十三载），已有传位之意，属其岁水

---

① 《资治通鉴》卷218 至德元载八月条。
② 《全唐文》卷33 玄宗《命皇太子即皇帝位诏》。

旱,左右劝朕,且俟丰年。尔来便属禄山构逆,方隅震扰,未遂此心。昨发马嵬,亦有处分。今皇帝受命,朕心顿如释负,劳卿等远去,勉辅佐之。"①回顾自己早有"传位之意",并非由衷之言。八个月之前,即洛阳沦陷不久,玄宗对杨国忠说过"去秋(天宝十三载)已欲传位太子",实在是随口说说而已。在杨国忠专权的年月里,"传位太子"是绝对不可能的。所谓"昨发马嵬,亦有处分",也是含糊其词,没有明确的"传位"表态。只有肃宗灵武即位之后,玄宗才无可奈何地承认"传位"的既成事实,"顿如释负",终于了却了一件烦恼的心事。

同一天,又叫贾至代拟了《皇帝即位册文》,交给韦见素等带去。这篇册文赞颂肃宗说:"尔有忠孝之诚,报于君父;尔有友爱之义,信于兄弟;尔有仁恕之行,通于神明;尔有戡难之才,彰于兆庶。""忠孝"云云,不过是官样文书罢了。当然,有一点是真诚的祝愿:"天之历数在尔躬,汝惟推诚,祸乱将冀尔永清。"②平定祸乱,这是父子共同的希望。

(四)"逊位"岂其志哉

史载,贾至写好了"传位册文",玄宗亲自览读,感叹万千,说:"昔先帝(睿宗)逊位于朕,册文则卿之先父(贾曾)所为。今朕以神器大宝付储君(太子李亨),卿又当演诰。累朝盛典,出卿父子之手,可谓难矣。"③贾至听了,伏于御前,呜咽感涕。这场面充满着特殊的感情,反映了唐玄宗被迫"逊位"的悲凉的心境。

四十五年前,据说天象星座"有灾",唐睿宗决心传位给太子李隆基,声称"安我宗庙,尔之力也。今天意人事,汝合当之。"④当

---

① 《全唐文》卷33 玄宗《命群臣辅嗣皇帝诏》。
② 《全唐文》卷367 贾至《肃宗皇帝即位册文》。
③ 《旧唐书·贾至传》。
④ 《册府元龟》卷11《帝王部·继统三》。

时,传位册文是贾曾撰写的。贾曾,洛阳人,以善属文辞著名,任太子舍人,后拜谏议大夫,知制诰,卒于开元十五年(公元727年)。其子贾至,天宝末为中书舍人,随玄宗逃亡蜀川。贾氏父子为两代皇帝撰写传位册文,可谓唐代佳话。

欧阳修认为,唯独唐睿宗"上畏天戒,发于诚心",把皇位让给了唐玄宗。其实,正如本书第四章所分析,"天戒"原指太平公主策划废黜太子隆基的阴谋,睿宗在矛盾重重的困境中,才表示"无为无事",作出了"传位"的抉择。然而,睿宗作为太上皇,仍旧把三品以上大臣任免权抓在自己手里,把重大刑政的决定权也抓在自己手里,可见他并不那么甘居"无为无事",诚心诚意地让位。结果,出现了太上皇与皇帝"兼省"政务的局面,使唐玄宗与姑母太平公主集团之间的矛盾激化。直至诛灭"太平"方才天下太平,皇室内部争斗止息了。

相比较而言,唐玄宗逊位更是迫不得已的,"岂其志哉"! 先是太子即位,后是皇帝传位,这种继统法的倒置在唐朝开国以来所未曾有过的事。唐玄宗作为太上皇,虽然声称"四海军权"还得向他报告,但他基本上采取不插手的方针,军国大政概由唐肃宗及其臣僚们独立地处分。这是极其明智的,避免了先帝睿宗"兼省"的弊病,避免了父子关系的恶化,避免了皇室内部夺位的斗争,有利于政局的稳定,有利于平叛斗争的进行。此中原因也可能跟分居两地有关,太上皇据巴蜀,自然难以顾及朔方灵武的政事。

(五)传位的尾声

灵武使者来到成都,韦见素、房琯等奉传国宝玉册赴灵武,前前后后,约花两个多月,才完成了"传位"的全过程。

就在这段时期里,唐肃宗在灵武的情况也发生了重大的变化。郭子仪等将兵五万,从河北至灵武,"军声遂振,兴复之势,民有望焉。"八月初一(壬午),以郭子仪为武部尚书、灵武长史,以李光弼

567

为户部尚书、北都（太原）留守，并同平章事。这样，肃宗初立时"兵众寡弱，虽得牧马，军容缺然"的局面，得到了改观。[①]

不久，杰出的政治家李泌也来到灵武，为唐肃宗出谋划策。李泌提出两条建议，起了重要的作用。其一，以肃宗长子广平王李俶为天下兵马元帅，防止非长子军功过大，出现类似李世民和李隆基以军功显赫而夺取帝位的现象。这对稳定初建的肃宗政权有一定的意义。其二，劝说肃宗"且幸彭原，俟西北兵将至，进幸扶风以应之；于时庸调亦集，可以赡军。"[②]也就是说，必须离开灵武，要以扶风（今陕西凤翔）为根据地。诚然，灵武是西北重镇与战略要地，但其军事意义主要是防止蕃戎入侵。作为平叛斗争的战略反攻基地，是很不理想的。如果长期地割据近塞僻远的灵武，在天下士庶的心目中，跟偏安巴蜀没有什么多大的差异。因此，在灵武称帝并聚集了一定的军事力量之后，就应当南下扶风，真正地举起平叛的大旗。

九月十七日（戊辰），唐肃宗离别了逗留两个多月的灵武。灵武作为"龙飞"之地，自然留下美好的回忆。九月二十五日（丙子），南下至顺化（今甘肃庆阳），恰巧韦见素、房琯、崔涣等经历一个多月的辛劳跋涉，也来到了这里。韦见素等献上传国宝及册书。传国宝，即传国玺，白玉做的，它是皇权的象征物。天宝十载（公元751年），改传国宝为"承天大宝"。玄宗仓皇逃离京师时，许多王公国戚可以不必通知，而传国宝却不能不随身携带。如今，这国宝将传给儿子了。可是，唐肃宗却不肯接受，说什么"比以中原未靖，权总百官，岂敢乘危，遽为传袭！"[③]明明是乘危难之际，登上了皇位，还不承认事实，岂非虚伪！群臣固请，肃宗还是不许，置传国宝与册书于别殿，犹如孝子朝夕事之，如昏定而晨省之礼。一场

---

① 《旧唐书·郭子仪传》。
② 《资治通鉴》卷218至德元载九月条。
③ 《资治通鉴》卷218至德元载九月条。

"传位"的活剧就在父子恋情的气氛中草草地结束了。

由于韦见素依附过杨国忠,唐肃宗看不起他。而房琯因与李适之、韦坚等友善,曾被贬宜春等郡太守,天宝十四载,征拜太子左庶子,迁宪部侍郎。显然房琯是李亨这边的人,所以,肃宗"倾意待之,琯亦自负其才,以天下为己任。时行在机务,多决之于琯,凡有大事,诸将无敢预言。"①

十月初一,肃宗大队人马离开顺化。初三,抵达彭原(今甘肃宁县)。至十二月,肃宗一直在彭原。这时,永王李璘起兵,企图割据江、淮。不久,被平定了。肃宗与玄宗对此都持否定的态度。但是,永王李璘起兵事件说明,诸皇子争夺皇位的可能性仍然存在,皇位继承的不稳定性仍旧是一个严重的问题。

至德二载(公元757年)正月初一,这是唐肃宗称帝后迎来的第一个元旦。肃宗在彭原受朝贺,同时派人入蜀祝贺太上皇。据说,太上皇知道肃宗"涕恋晨省",犹如孝子恭待父亲,十分感动,特地下诰,强调"至和育物,大孝安亲,古之哲王,必由斯道。"标榜自己当太子时,"尝事先后,问安靡阙,视膳无违。"如今,看到"皇帝奉而行之,未尝失坠",是何等的激动! 为了表彰孝行德教,特命"天下有至孝友悌行著乡闾堪旌表者,郡县长官采听闻奏。"②如此制造舆论,无非是掩饰内心深处的隐痛,竭力弥补子夺父位所产生的感情上的裂缝。正月初五(甲寅),太上皇派宰臣崔圆奉诰赴彭原。又以宪部尚书李麟为同平章事,总行百司,这是否想要分肃宗的权呢? 当然不是。太上皇为了避免继续独揽大权的嫌疑,把左相韦见素以及三个宰臣(房琯、崔涣、崔圆)统统送到唐肃宗那里去了。至于新任命李麟为宰臣,"总行百司",那仅仅是掌管蜀川的行政事务,决不可能是领导所有中央机构,更谈不到要分肃宗的权。

---

① 《旧唐书·房琯传》。
② 《旧唐书·肃宗本纪》。

第四节　反省与追念

唐玄宗逃亡至成都,所住的行宫,原是前剑南节度使鲜于仲通的一座使院,院宇华丽,竹树茂美,可谓胜景之地。蜀川是天府之国,气候宜人,物产丰足,加上崔圆等忠恳款待,又无战乱的威胁,唐玄宗在成都的流亡生活还是安定的,恐惧之情渐渐为喜悦悠闲所代替。

当然,巴蜀地区也有点乱子。例如,至德二载(公元 757 年)正月,剑南兵贾秀等五千人在临邛(今四川邛崃)"谋反",将军席元庆、太守柳奕讨诛之。六月,南充(今四川南充)土豪何滔"作乱",抓走了郡防御史杨齐鲁;剑南节度使卢元裕发兵讨平之。七月,蜀郡兵郭千仞等在成都"反","玄宗御玄英楼谕降之,不听。"①驸马都尉柳潭率折冲张义童等与之殊死战斗,和政公主将瞉弓送给丈夫柳潭,潭手斩"贼"五十级。最后,这场乱变被六军兵马使陈玄礼、剑南节度使李峘等镇压了。上述乱子虽然连续不断,但都是局部的小范围的,没有也不可能演成危及全局的大乱。因为这里社会矛盾不像河北地区那样复杂而深刻,所以巴蜀政局基本上是安定的。

唐玄宗奔赴蜀郡,路上走了一个半月,在成都呆了一年二个多月。这段经历在他七十八年人生旅途上,是短暂的,但却是永远难忘的。恐惧伴随着反省,忧虑与追念相杂,组成了流亡生活的基调。

(一)从反省到罪己

盛唐天子长期为歌功颂德所包围,沉醉于歌舞升平之中,只有

---

① 《新唐书·诸帝公主传》。

570

到了真正落难的时候,才会开始反省自身。咸阳望贤宫前,听老父之言,第一次承认"朕之不明"。由于仓皇逃命,只恨"悔无所及",究竟"不明"在哪些地方,尚来不及细细检讨。马嵬驿事变使他对"任寄失所"有所认识,对国人皆曰可杀的杨国忠有了些认识,再次承认"朕识之不明"。至扶风时,当众检查自己"托任失人,致逆胡乱常",那副惭愧无地自容的样子虽然是"出于不得已",但也是痛心疾首的。

经历了难于上青天的蜀道,到达普安(剑阁),下了一道罪己诏。从承认"不明"到"罪己责躬",这是唐玄宗自我认识到了新的水平。抵达成都后,在大赦令中宣称一切"皆朕不明之过",再也不怨天尤人了。具体地分析了自己用人不当,致使内外贼臣为患,指出:"杨国忠厚敛害时,已肆诸原野;安禄山乱常构祸,尚逃其斧钺。"还表示要"荡涤烦苛,大革前弊"。① 从反省罪己到决心改正,又是一个新的进步。

唐玄宗的反省集中在两个问题上:第一,关于宠信安禄山。禄山的造反,使玄宗比较容易地认识到自己在这个问题上的错失,除了后悔莫及之外,对安禄山的仇恨自不待言。第二,关于重用杨国忠。杨国忠是忠于皇帝的,说他"谋反",玄宗无论如何也不会相信。要认识这个问题上的过失,就比较困难些。六军将士对奸相的愤恨,是在马嵬驿事件中才体察到的。后来,逐渐地看清:杨国忠的主要罪行是"厚敛害时",奸臣"创剥"黎元百姓,致使祸乱的发生。因此,杨国忠"肆诸原野",罪有应得。

当然,要唐玄宗解剖自己,那是不可能的事。为什么宠信安禄山?为什么重用杨国忠?为什么从"开元之治"走向"天宝之乱"?为什么由"明"而"昏"?如果苛求于一个古代帝王,自然是非历史主义的。

---

① 《全唐文》卷40玄宗《幸蜀郡大赦文》。

（二）谱曲悼念杨贵妃

局外人往往把杨氏兄妹连在一起。而唐玄宗深知，这场"四海震荡"的祸乱绝不能由杨贵妃来承担主要责任；他对杨国忠是恨，对杨贵妃还是爱。传说，贵妃刚死，玄宗长叹息，叫高力士拿着南方进贡的荔枝，去祭奠贵妃亡灵。这条史料仅见于宋人《杨太真外传》，恐不可靠。六军将士怒杀贵妃的情绪如此高昂，"请以贵妃塞天下怨"，此时此地以荔枝祭之，太不合乎情理了。《外传》又载，次日，玄宗骑马离开马嵬坡，拿着荔枝对乐师张野狐说："此去剑门，鸟啼花落，水绿山青，无非助朕悲悼妃子之由也。"这又是传奇小说继续以荔枝做文章，其虚构情节一望而知。试想，刚从马嵬坡出发，前往扶风，"徐图去就"，怎么会扬言"此去剑门"呢？所谓"水绿山青"，形容的是蜀道，跟关中平原的景物不相宜。引用这些资料，务必考证一下！

唐玄宗谱曲悼念杨贵妃，当是行进在蜀道上。《长恨歌》云："蜀江水碧蜀山青，……夜雨闻铃肠断声。"关于《雨霖铃》乐曲，有些记载说是唐玄宗自蜀返京的途上，令张野狐谱写。这不是事实。正如陈寅恪先生指出："玄宗由蜀返长安，其行程全部在冬季，与制曲本事之气候情状不相符应。故乐天取此事属之赴蜀途中者，实较合史实。"[1]

据《明皇杂录》补遗载，"明皇既幸蜀，西南行初入斜谷，属霖雨涉旬，于栈道雨中闻铃，音与山相应。上（玄宗）既悼念贵妃，采其声为《雨霖铃》曲，以寄恨焉。"这里，制曲寄恨，事在赴蜀途中，是确切的。但是，玄宗西南行，并不经由"斜谷"，疑误传，当是从散关南下，入汉中，赴剑门的途上。那时，适逢霖雨不止，马铃声回绕于山间，勾引起对杨贵妃的怀念，便作了《雨霖铃》曲。到了成

---

① 《元白诗笺证稿》第一章《长恨歌》。

都以后,玄宗"因以其曲授(张)野狐"。

(三)追怀姚崇,讥评林甫

反省常离不开回忆。年逾古稀的唐玄宗,除了思念爱妃,更多的是回顾往昔政坛上各种人物。至德元载(公元756年)十月,唐肃宗在彭原,由房琯挂帅,率三军进讨长安叛军。消息传到成都,玄宗跟"颇精历代史"的给事中裴士淹互相品评人物。玄宗认为,房琯为将,"此不足以破贼也。"接着,历评诸将,都说"非灭贼材"。后来,玄宗提起姚崇的宏才远略,说:"若姚崇在,贼不足灭也。"①可见,对姚崇深怀敬佩之情。

玄宗阅历丰富,识别将相的才能,还是有点眼力的。房琯是文才,而不是将才。房琯率师次便桥,交战时,竟搬用什么春秋时代"车战之法",结果被叛军打得大败。房琯败回至彭原,肉袒请罪,经李泌说情,肃宗才谅宥了他。房琯"不足以破贼",果然不出唐玄宗所料。

在玄宗看来,当年"宏才远略"的姚崇仍在,那就太好了。是的,姚崇不仅是杰出的政治家,而且是卓越的军事家。姚崇对"开元之治"所作出的贡献,是众所周知的。"若使明皇不懈于开元之政,姚崇久握于阿衡(宰相),讵有柳城一胡(指安禄山),敢窥佐伯,况其下者哉!"但是,玄宗不可能坚持"开元之治",姚崇也不可能久居相位,其结果是"人君失政,为盗启门",②发生了安禄山叛乱。既然如此,唐玄宗幻想姚崇重新出现,收拾败局,为时已晚了。

怀念姚崇的同时,玄宗对李林甫也有所评论。大概经历了劫难,容易看清奸相的本质。玄宗说:"是子妒贤疾能,举无比者。"

---

① 《大唐新语》卷8《聪敏》及《新唐书·李林甫传》。原谓"时肃宗在凤翔",疑误,当在彭原。

② 《旧唐书》卷142 史臣曰及赞曰。

裴士淹趁机问道："陛下诚知之,何任之久邪?"①玄宗默然不应,无言对答。看来,玄宗企图通过品评十余宰臣,要总结一些经验教训,但是,他的反省没有紧密地联系自己。裴士淹故意挑激他,效果也并不显著。

(四)遣使曲江,遥祭九龄

安禄山叛乱的爆发,使唐玄宗越来越觉得张九龄预言的正确性。他跟裴士淹品评历来宰相时,对张九龄十分敬重。史载,"玄宗至蜀,每思张曲江则泣下。"至德二载(公元757年)三月,思念张九龄的先见之明,"遣使韶州祭之,兼赍货币,以恤其家。其诰辞刻于白石山屋壁间。"②

前面说过,开元二十四年(公元736年),幽州节度使张守珪派遣安禄山讨伐奚、契丹,禄山恃勇轻敌,盲目挺进,结果大败。安禄山被执送东都,将按军法处置。宰相张九龄认为,严肃军令,象安禄山那样冒失致败,不宜免死。唐玄宗觉得安禄山骁勇,仅免官算了。张九龄固争说:"禄山狼子野心,面有逆相,臣请因罪戮之,冀绝后患。"③玄宗不听,就把安禄山放回去了。这件事,史籍上言之凿凿,似不会虚构。然而,不管张九龄有何等的先见之明,绝不可能预料到二十年后安禄山叛乱的发生。看来,张九龄只是认为安禄山奸诈阴险,不宜重用,对边防重镇将领的任命表示了某些忧患,故借题发挥,以耸听的危言来告诫唐玄宗。

不幸言中了!安禄山确实怀有"狼子野心",起兵于范阳,表面上诛伐奸相,实际上谋危社稷。唐玄宗仓皇逃命,出奔蜀川,"追恨不从九龄之言",④每每泣下沾襟。其实,二十年前,采纳了

---

① 《新唐书·李林甫传》。
② 《唐国史补》卷上。
③ 《旧唐书·张九龄传》及《大唐新语》卷1《匡赞》。
④ 《安禄山事迹》卷上。

九龄之言,杀死了安禄山,情况又会怎样呢？诚然,安禄山死了,历史上决不会有名叫"安禄山"的叛乱。但是,按照开元末期政治的发展,必定还会出现"高"禄山或者"李"禄山。须知,安史之乱是盛唐政治演进的必然结果,是社会各种矛盾的总爆发。唐玄宗以为当年听了九龄之言,杀了安禄山,就不会有蒙难的流亡生活了。这未免太天真了！当然,要彻底反省开元末及天宝时期的弊政,又是苛求于古代帝王了。

唐玄宗在成都毕竟有所觉悟,怀念姚崇,追思九龄,还是诚心诚意的。身处逆境,从比较之中,对开元盛世充满着美好的回忆。而这在开元时期往往是体验不到的,所以那时心忌九龄,逐之乡里。二十年后,遣中使至韶州曲江,祭拜九龄亡灵,这是唐玄宗在弥补自己的过错。

（五）追册元献皇后

人到暮年,常常要补救自己往昔的错失,以解脱心灵上的不安。除了祭九龄外,还有一个突出的例子,就是追册元献皇后。事情都在至德二载（公元757年）春夏间,一前一后,似非偶然。

元献皇后,是唐肃宗的生母。她姓杨,弘农华阴人,曾祖父是隋朝名臣杨士达。唐睿宗景云初年,选入太子宫。杨妃怀孕肃宗时,正是太子隆基与太平公主激烈斗争之际。玄宗即位后,皇后王氏无子,亲自抚养幼小的肃宗,可见王皇后与杨妃关系比较密切。但是,玄宗宠爱武惠妃,王皇后失宠被废而死。过了几年,杨妃病逝。张说写了墓志铭,云："石兽涩兮绿苔黏,宿草残兮白露沾。园寝闭兮脂粉腻,不知何年开镜奁。"[1]看来,杨妃生前境遇冷落,玄宗对她并不十分恩爱。

及至肃宗即位称帝,玄宗为自己过去对肃宗生母的冷淡而内

---

[1] 《旧唐书·后妃传下》。

疾。至德二载五月,根据"母以子贵,德以谥尊"的原则,追册杨妃为"元献皇后",赞颂"故妃弘农杨氏特禀坤灵,久厘阴教。……诞发异图,载光帝业。"①这样做固然是悼念已故的杨妃,但更重要的是调节玄宗与肃宗之间的父子关系,表白对肃宗即位的支持。

(六)梦思孙思邈

唐玄宗作为太上皇,居蜀一年多,生活境况是安定的。这时期里,奔波忙碌的却是儿子肃宗。根据李泌的建议,肃宗离开灵武,南下先至彭原,然后于至德二载(公元 757 年)二月抵达扶风凤翔,调集陇右、河西、安西、西域之兵,准备大战叛军。长安人闻车驾至,从叛军中自拔而来者日夜不绝。三月,罢免左相韦见素和宰相裴冕;以苗晋卿为左相,军国大务悉咨之。四月,颜真卿来到凤翔,被肃宗封为宪部尚书,又以郭子仪为司空、天下兵马副元帅。五月,房琯罢为散职,以张镐为宰相。八月,崔涣罢为余杭太守。肃宗慰劳诸将,遣攻长安。九月,元帅广平王李俶率军二十万,发自凤翔。……这一连串政治上军事上的紧张活动,虽常有信使通表成都,但唐玄宗基本上是不干预的,独自地过着太上皇的平静生活。

由于超脱了现实斗争,也就会向往神仙的境界。据载,"玄宗幸蜀,梦思邈乞武都雄黄,乃命中使赍雄黄十斤,送于峨眉顶上。"②孙思邈是唐初著名的方伎人物,传说年近百岁,"犹视听不衰,神采甚茂,可谓古之聪明博达不死者。"③唐玄宗居然夜里梦见孙思邈,并如此虔诚地送雄黄至峨眉山顶,反映了他企求神仙的思想的复活。此外,剑南龙州近郭有座牛心山,"山上有仙人李龙迁

---

① 《旧唐书·后妃传下》。
② 《酉阳杂俎》前集卷 2《玉格》。
③ 《旧唐书·方伎传》。

祠,颇灵应,玄宗幸蜀时,特立祠庙。"①可见,空虚与无聊,也是唐玄宗流亡生活的一种特色。

当然,唐玄宗对未来没有完全丧失信心,更不想在成都度完暮年。他想念京师,希望早日返回长安。据载,"蜀郡有万里桥,玄宗至而喜曰:吾常自知,行地万里则归。"②此事是否虚构,不得而知,但由此流露的真情实意,则是可信的。待到唐肃宗的将士们光复京师,归回的愿望终于变成了现实。

① 《旧唐书·敬宗本纪》。
② 《唐国史补》卷上。

第二十三章　暮年悲凉，遗恨绵绵

从成都回到长安，唐玄宗又经历了四年多的凄凉的暮年生活，最终抱恨而死。这时期里，由于收复两京，曾带来了胜利的喜悦。但局势变幻不定，史思明重新叛乱，洛阳再次沦陷，封建统治集团内部的勾斗、忌疑、阴谋与倾轧，使太上皇不得安宁。弥留之际，他说："幸以暮年，复兹安养，常惧有悔，以羞先灵。"①其实，"暮年"谈不到什么"安养"，是在思念、悔恨、惧怕之中了此一生。

第一节　两京光复，父子相会

至德二载(公元757年)九、十月间，唐军相继克复长安与洛阳，为太上皇重返京师创造了条件。"再辟寰宇，重会父子。"②这标志着平叛斗争进入了又一个新的阶段。

（一）反攻战略的分歧

反攻时机的到来，决不是偶然的。

前面说过，安禄山称帝后，一直坐镇洛阳，过着荒淫无耻的生活。他原先患眼疾，愈来愈重，几乎昏昧看不见。眼疾固然使他无法奔波于战场，更严重的还是他没有"雄据四海之志"，③日益不得人心。深受叛乱之害的两京人民，越来越想念唐王朝。有一次，安

---

① 《全唐文》卷38玄宗《遗诰》。
② 《全唐文》卷38玄宗《赐皇帝进烧丹灶诰》。
③ 《资治通鉴》卷219至德元载十二月条。

禄山在洛阳禁苑凝碧池,欢宴群臣,盛奏众乐。乐工雷海清不胜悲愤,把乐器摔在地上,面向西方,嚎啕大哭,结果被缚在试马殿前,肢解而死。当时,诗人王维拘于长安菩提佛寺,听到此事,赋诗曰:

万户伤心生野烟,百官何日更朝天?

秋槐叶落空宫里,凝碧池头奏管弦。①

至德二载(公元 757 年)正月,叛军内部明争暗夺,日趋激烈。安禄山本人双目失明,深居内宫,性情暴躁。儿子安庆绪勾结严庄,指使阉宦李猪儿,用大刀砍死睡梦中的安禄山。自范阳起兵,至此仅十四个月,安禄山当了一年的皇帝。安庆绪即帝位,日夜纵酒为乐,比其父更加昏懦。这种状况,显然有利于唐朝军队的反攻。

同年二月,唐肃宗进驻凤翔,军队人员与供养都得到了加强。这时,关于战略反攻问题有两种意见:一是主张先取范阳、除贼巢穴,以李泌为代表;一是主张先收复两京,以唐肃宗为代表。前者有合理的因素,如果确实有力量做到,那就会使祸乱的"根本永绝"。半年多前,郭子仪和李光弼就曾提出过"覆其巢"的战略方针。但是,从实力对比来看,是很难实现的。河北地区是安禄山经营多年的根据地,影响深远;史思明大军驻扎,战斗力相当强。李泌预料"不过二年,天下无寇矣",似乎"覆其巢穴,……必成擒矣。"②这一看法,实在不符合客观实际,对安史之乱深刻的社会根源及其长期性缺乏认识。

至于唐肃宗坚持先收复两京,也并非出于对形势的正确估量,而是由于直接的政治原因。堂堂天子,连两京都保不住,这像话吗?半年多前,唐玄宗急于出潼关、收东京,就是受到这种情绪支配的。唐肃宗既然当了皇帝,就决不会采纳李泌的战略方针,务必

① 参见《王右丞集》卷 14。

② 《资治通鉴》卷 219 至德元载十二月条。

先要收复两京。表面上声称"朕切于晨昏之恋"，①急于收复两京，以迎太上皇。这完全是虚伪的饰辞！明末清初的思想家王夫之一针见血地指出，当时，"上皇在蜀，人心犹戴故君"，皇子诸王分别在各地掌握兵权，永王李璘擅兵割据东南。在这种情势下，"肃宗若无疾复西京之大勋，孤处西隅，……高材捷足，先收平贼之功，区区适长之名未足以弹压天下也。"②

（二）收复长安与洛阳

战略方针确定之后，接着进行了好几个月的准备，唐肃宗劳飨诸将，遣攻长安。天下兵马副元帅郭子仪先期抵扶风。九月，支援唐王朝的回纥精兵四千余人，由怀仁可汗的儿子叶护率领，来到了凤翔。元帅广平王李俶与叶护约为兄弟，便率大军十五万，"号二十万"，离开了凤翔。至扶风，与郭子仪会合。紧接着，进驻长安西郊，列阵于香积寺北沣水之东。香积寺建于唐中宗神龙年间，在今陕西长安县韦曲镇西南的神禾原，旁有香积堰水流入长安城内，故名。唐军利用地势而展开，李嗣业为前军，郭子仪为中军，王思礼为后军。叛军约有十万，于北边列阵。经过半天激烈的战斗，叛军大败，被斩首六万级。当天夜里，叛军将领与官吏逃离长安。第二天，唐军入城，沦陷达一年多的长安终于光复了，百姓老幼夹道欢呼悲泣。捷报传到凤翔，唐肃宗涕泗交颐。

唐军在长安停留三天后，又立即向东进发。郭子仪率军攻克潼关，收复华阴（今陕西华阴）、弘农（今河南灵宝）二郡。十月，在陕城西新店进行了一场决战。安庆绪尽发洛阳兵，加上长安败退下来的，犹有步骑十五万，以严庄为帅。敌军依山而阵，郭子仪初战失利。幸亏回纥精骑袭击敌阵背后，叛军溃乱。郭子仪率唐军

---

① 《资治通鉴》卷219至德二载二月条。
② 《读通鉴论》卷23《肃宗》。

580

与回纥骑兵前后夹击,叛军大败。严庄等弃城东逃,广平王李俶和郭子仪等遂入陕城。第二天,安庆绪及其党羽见势不妙,夜里从洛阳苑门出逃,退走至河北邺城(今河南安阳市),步军不满一千,马军才三百,可谓狼狈不堪。过了两天,广平王和郭子仪率军进入东京洛阳。自封常清丢失洛阳,至此一年十个多月。

应当说,在香积寺和新店两大战役中,回纥骑兵起了重要的作用。精骑突击,尤善于阵后反击术,往往令叛军闻风丧胆。"回纥至矣!"叛军惊呼一声,便自溃败。但是,无需否认,借兵回纥,也有消极的一面。唐肃宗用郭子仪军队讨贼,唯恐不胜,便乞援于回纥。这是情势所必然的事。借兵条件是:"克城之日,土地、士庶归唐,金帛、子女皆归回纥。"①长安收复时,回纥兵就想"如约"劫掠,广平王恳求叶护,才算罢了。及至克复洛阳,回纥兵就在城内劫掠三天。许多士女逃到圣善寺与白马寺里避难,而回纥兵竟纵火烧寺阁,伤死者无数。后来,父老请送一万匹"罗锦"给回纥,才停止了劫掠。可见,洛阳民众真是多灾多难,赶跑了安庆绪,却又遭到了另一场的灾难。王夫之感叹道:唐肃宗"请援回纥,因胁西域城郭诸国,征兵入助,而原野为之蹂践。读杜甫拟绝天骄花门萧瑟之诗,其乱大防而虐生民,祸亦棘矣!"②

(三)李泌献计迎上皇

就在收复长安的捷报传到凤翔时,唐肃宗派中使啖庭瑶入蜀,上表请太上皇玄宗返回京师,说自己仍当东宫太子。中使出发不久,李泌从长安回到凤翔,得知此事,认为表文写得不妥当,太上皇肯定不会来的。肃宗说,中使已经远去,表追不回来,怎么办呢?李泌建议,应当用"群臣贺表"的形式,而不能以肃宗皇帝的口气

---

① 《资治通鉴》卷220至德二载九月条。
② 《读通鉴论》卷23《肃宗》。

写,内容要讲"自马嵬请留,灵武劝进,及今成功,圣上(肃宗)思恋晨昏,请速还京以就孝养",①这样就行了。李泌当即起草表文。据说,肃宗读了,流下眼泪,深感自己做错了一件事。立刻派中使奉新表入蜀,以迎上皇。

事情果然不出李泌所料。唐玄宗看了初奏表,彷徨不安,连饭都吃不进,说:"当与我剑南一道自奉,不复东矣。"那副忧愁的样子,是决意不回京师了。过了几天,接到群臣奏表,"具言天子(肃宗)思恋晨昏,请促还以就孝养。"唐玄宗才高兴起来,说:"吾方得为天子父!"②遂下诰离蜀返京。

为什么前后两个奏表的效果如此不同呢?李泌办事实在"太奇","奇"就奇在对上皇、皇帝父子之间的矛盾心态洞察入微。李泌作为宠信的谋士,自然是支持肃宗当皇帝的,决不会宥于迂腐的孝道。肃宗表称"当还东宫",完全是言不由衷的饰说。马嵬驿事变后,胜败尚难预料,肃宗就急于称帝了;如今,克复京师,在胜利的欢呼声中,难道反而不要当皇帝吗? 肃宗之所以写那个初"表",无非是掩饰子夺父位所产生的心虚神态。其实,李泌认为大可不必心虚,"人臣尚七十而传,况欲劳上皇以天下事乎!"③年已七十三岁的太上皇,何必亲躬万机呢?

至于唐玄宗的心态,李泌也一清二楚。玄宗虽已年迈,但头脑还是清楚的,一眼识破儿子的饰说。要他回来再当皇帝,等于出了一道最大的难题,甚至不免令人疑问:在这背后还有什么样的诡计? 玄宗忧愁不已,决定老死剑南。可见父子猜忌是何等的深重! 在李泌看来,要消除上皇的疑虑,唯一的办法是"群臣"出面,送上贺表,讲清四点意思:第一,在马嵬坡,是百姓父老请求,才把太子留下来的。第二,灵武即位,是由于群臣的"劝进"。第三,如今成

---

① 《资治通鉴》卷220至德二载九月条。
② 《新唐书·李泌传》。
③ 《新唐书·李泌传》。

功,克复京师,是肃宗及其将帅们浴血战斗的结果。第四,皇帝朝夕思念上皇,急盼返京颐养天年。这些内容,当然不是吐露真情,但却在父子感情裂缝之处作了轻柔的弥合,以致唐玄宗获得某种宽慰。

同年十月,前后两位中使回到凤翔,报告了太上皇的情况。肃宗知道父亲要回来了,便对李泌说:"皆卿力也!"①李泌深知皇室内部包括张良娣、李辅国以及广平王之间的勾斗,不愿意卷入政治漩涡,便到衡山隐居了。次日,肃宗离凤翔,赴京师;同时派韦见素入蜀,奉迎上皇。过了三天,肃宗到达咸阳望贤宫,接到了克复东京的捷报。次日,肃宗入长安,欢呼的人群二十里不绝,士庶涕泣曰:"不图复见吾君!"②可见,长安百姓是拥护皇帝的,因为是他举起了平叛大旗;至于肃宗究竟是怎样即位的,谁也不会去过问。"兴复"是人心所向。既然唐肃宗肩负起"兴复"大业,那么,由他坐上皇帝宝座,也就是理所当然的事。

(四)告别成都,题诗剑门

说来真巧,肃宗进入长安之日,正是玄宗离开成都之时。这天,唐玄宗、高力士、陈玄礼以及禁军六百余人,北上蜀道,沿着原来的路线,返回京师。

唐玄宗居蜀一年两个多月,虽然在政治上没有什么新的建树,但给蜀川士庶留下了较好的印象。玄宗离别成都以后,居住的行宫改为道士观,"冶金作帝像,尽绘乘舆侍卫,每尹至,先拜祠,后视事。"③这说明人们怀念作为"皇帝"的唐玄宗,铸金真容,加以顶礼膜拜。直至唐代宗永泰元年(公元765年),即玄宗离开成都近八年,节度使郭英乂喜欢竹树茂美的道士观,将它改为军营,移去

---

① 《资治通鉴》卷220至德二载十月条。
② 《旧唐书·肃宗本纪》。
③ 《新唐书·郭英乂传》。

玄宗真容,自居之。利州刺史崔旰宣称:"英义反矣! 不然,何得除毁玄宗真容而自居之。"① 可见,已经逝世的唐玄宗仍然有至尊的地位。

再说唐玄宗一行北上,经巴西郡,来到险峻的剑门关,心情十分激动,赋诗一首。诗曰:

> 剑阁横云峻,銮舆出狩回。
>
> 翠屏千仞合,丹峰五丁开。
>
> 灌木萦旗转,仙云拂马来。
>
> 乘时方在德,嗟尔勒铭才。

这首诗,《唐诗纪事》卷2和《全唐诗》卷3都认为写于唐玄宗幸蜀途上,即至德元载(公元756年)七月,题为《幸蜀西至剑门》。这是搞错了。那时,仓皇逃命,心情不佳,可想而知。即使进入四川安全地带,略感轻松,但仍处于悔恨不安与"罪己责躬"的心态,完全写不出那样的诗句。其实,诗云"銮舆出狩回",明白地点出了赋诗的时间。"出狩",指出幸成都;"回",返回。显然不是幸蜀西至剑门,而是从蜀返京途经剑门。

据唐朝郑綮《开天传信记》载:"上(玄宗)幸蜀回,车驾次剑门,门左右岩壁峭绝。上谓侍臣曰:'剑门天险若此,自古及今,败亡相继,岂非在德不在险耶?'因驻骅题诗曰:'剑阁横空峻,銮舆出守回。……'其诗至德二年普安郡太守贾深勒于石壁,今存焉。"这里的记述是确切的。唐玄宗为自己能够返回京师而庆喜,所谓"灌木萦旗转,仙云拂马来",正是兴奋心情的写照。他目睹剑门天险,联想到自古以来多少兴亡事,痛感"德"治的重要性。因此,在诗中唱起了"乘时方在德"的调子。大概流亡生活中的反省,使他有所觉悟了。

---

① 《旧唐书·崔宁传》。

(五)凤翔缴械,马嵬踌躇

唐玄宗一行离别成都,经剑门,历汉中,过散关,于十一月丙申到达凤翔,凡三十天。行色匆匆,足见其返回京师的急切心情。

可是,刚到凤翔,却发生了一件很不愉快的事。身居长安大明宫的唐肃宗,调发精骑三千来凤翔"迎卫";而唐玄宗随从禁卫六百余人,"被贼臣李辅国诏取随驾甲仗。"李辅国本人并没有来凤翔,缴械似是他的坏主意。当然,肃宗是同意的,以"诏"令形式宣布将太上皇禁卫队的武器收取。面对这一突然而来的行动,唐玄宗无可奈何地说:"临至王城,何用此物?"①便命令将全部"甲兵"存放于当地武器库里。

凤翔缴械事件,充分地暴露了父子之间的猜忌。一年半前,在马嵬坡,太子李亨就拉走了相当部分的禁军力量,为灵武称帝准备了条件。禁军在宫廷政变中的重要性,是众所周知的。玄宗赴蜀路上,曾在普安郡(今四川剑阁)发布制书,要由太子与诸皇子分别领诸道兵。据说,这个主意是房琯提出的。后来,唐肃宗在彭原知道此事,就对房琯疏远了。可见,作为"皇帝"的肃宗,十分害怕自己的弟弟们掌握军队。而作为"太上皇"的玄宗,虽然没有跟肃宗互通过信息,但也猜想到皇帝的疑心病。所以,特地颁诰宣称:"今者皇帝即位,亲统师旅,兵权大略,宜有统承。庶若振纲,惟精惟一。颍王以下节度使并停,其诸道先有节度等副使,并令知事,仍并取皇帝处分。"②这也就是说,"兵权"统统归皇帝处分,其他人包括太上皇都不得插手。居蜀期间,上皇玄宗确实是这样做的,从不干预军事行动。但是,唐肃宗还是不放心。当玄宗返回途经凤翔时,竟将六百余人禁卫队缴了兵刃,随着解散了,而由长安派来

① 《高力士外传》。
② 《全唐文》卷 38 玄宗《停颍王等节度诰》。

的三千精骑负责保卫。肃宗侈谈什么"晨昏之恋",谁会相信的呢？唐玄宗在凤翔大约停留了七八天,然后离开。

从凤翔到马嵬驿,约三天路程。唐玄宗在数千精骑的簇拥下,浩浩荡荡地向东行进,表面上似乎热烈,实际上心情沉重。逗留马嵬驿时的情况,史书上缺乏详细的记载。传说玄宗派宦官前往杨贵妃的墓地祭奠,恐怕不是事实。须知,当时在三千精骑的"迎卫"即监视之下,怎么可能公开地举行那种悼念活动呢？唐玄宗的心境是悲凉的,必然产生对杨贵妃的怀念。后世诗人们根据自己的体验,加以大量的描写。李益《过马嵬》诗云：

　　金甲银旌尽已回,苍茫罗袖隔风尘。

　　浓香犹自随鸾辂,恨魄无因离马嵬。

这里,写出了唐玄宗重返马嵬不见贵妃而产生的无限的惆怅。稍后,白居易在《长恨歌》中叹道：

　　天旋日转回龙驭,到此踌躇不能去。

　　马嵬坡下泥土中,不见玉颜空死处。

所谓马嵬"踌躇",绝妙地刻画了唐玄宗的复杂的心态。这"踌躇",不仅包含着对杨贵妃的深沉的怀念,而且隐藏着对自己的未来的忧愁。"天旋日转",由玄宗丢失的两京,却由肃宗收复了,真是"再辟寰宇",换了人间。玄宗是作为"太上皇"回来的,决不是英雄似的得胜回朝。心境愈是悲凉,就愈加思念故人。人已到马嵬坡,却不能尽情地祭奠一下埋葬在泥土中的杨贵妃,这是何等的悲哀呵！诗云"不见玉颜空死处",正是悲哀之情的抒发。"空",似亦有无法悼念的意思。如果把"空死处"解释为杨贵妃没有死,逃往什么地方去了,那实在不符合诗人的原意。

诗人过马嵬,做诗何其多！①

---

① 参见霍松林《玉辇何由过马嵬——马嵬诗漫谈》,载《汉唐文史漫论》,陕西人民出版社 1986 年 5 月版。

（六）望贤宫里父子相见

过马嵬，走一天，到了咸阳。这天是十二月丙午，寒冬季节。回顾一年半前，在炎热的六月中旬，仓皇出奔的唐玄宗坐在望贤宫门前的树下，没有饭吃，狼狈不堪。如今，重新登上望贤宫南楼，犹有隔世之感！唐肃宗亲自来迎接，据说，不穿黄袍（皇帝服饰），只著紫袍（臣僚服饰），拜舞于楼下。"上皇下楼，上（肃宗）匍匐捧上皇足，涕泗呜咽，不能自胜。"①捧足是特别尊敬的礼节，据元代史学家胡三省说："夷礼以拜跪捧足为敬。"②其实，这种礼仪在唐朝是相当普遍的，并不仅仅流行于回纥等少数民族。

紧接着，太上皇特地要了一件黄袍，亲自给唐肃宗穿上，并且说："天数、人心皆归于汝，使朕得保养余齿，汝之孝也！"皇帝肯定要由唐肃宗来当，只是装出"不得已"的样子，才穿上了黄袍。这时，肃宗让千余百姓士庶拜见太上皇，众人称："臣等今日复睹二圣相见，死无恨矣！"③注意！所谓"二圣"，说明唐玄宗仍然有"至尊"的地位，"人心犹戴故君"。接着，肃宗扶太上皇登上正殿，吃饭时，先品尝而后进荐，好一个孝子的形象！晚上，就在望贤宫里过夜。

第二节　重返旧宫，思念贵妃

第二天，即十二月丁未，玄宗在肃宗陪同下，前呼后拥，热热闹闹地返回京师。从长安城西北的开远门，到大明宫，一路上尽是欢迎的人群，旗帜烛天，彩棚夹道，载歌载舞。士庶们庆贺说："不图

---

① 《旧唐书·肃宗本纪》。
② 《资治通鉴》卷220至德二载九月条胡三省注。
③ 《资治通鉴》卷220至德二载十二月条。

今日再见二圣!"①太上皇来到含元殿,接见百官,人人无不感咽。礼毕,诣长乐殿拜谒九庙神主。随后,玄宗在高力士、陈玄礼以及侍从们的簇拥下,回到了居住多年的兴庆宫。在这里,玄宗度过了二年半的寂寞的太上皇的生活。

(一)父子迭加尊号

自"二圣相见"以来,演出了一场父子互相推让的短剧。一方面,肃宗再三表示避位东宫,不当天子;另一方面,玄宗坚决不赞同,声称:"吾为天子五十年,未为贵;今为天子父,乃贵耳!"对此,元代胡三省评论说:"玄宗失国得反(返),宜痛自刻责以谢天下,乃以为天子父之贵夸左右,是全无心肠矣。"②看来,胡三省也不甚了解玄宗的心态。玄宗哪里是在向左右臣僚夸耀"天子父之贵",实际上是讲给肃宗听的,表示决不当天子,仅仅以"天子父"(太上皇)为满足。在父子推让的背后,显然隐藏着某种不信任的猜忌。过了十七天,即十二月甲子,太上皇从兴庆宫来到宣政殿,把传国宝玺授给肃宗。前面说过,去年九月,肃宗在顺化时,韦见素送来了传国宝册,肃宗不肯接受,置之于别殿。至此才涕泣而受之,这意味着父子"传位"过程的终结。打这以后,肃宗再也不提什么"避位东宫"了。

紧接着,一场父子迭加尊号的活剧开始了。就在授受传国宝的次日,太上皇加肃宗尊号为"光天文武大圣孝感皇帝"。肃宗固辞"大圣"之号,上皇不许,特地强调加尊号的必要性,指出:"尔(指肃宗)以华戎锐士,扫定神州,功乃格天,德惟迈古。是用受兹国宝,加以大号。"③过了十三天,即次年正月戊寅,太上皇又到宣

---

① 《旧唐书·肃宗本纪》。
② 《资治通鉴》卷220至德二载十二月条及胡三省注。
③ 《全唐文》卷38玄宗《答皇帝让尊号诰》。

政殿,正式给肃宗加以尊号。

不久,肃宗也给太上皇奉送一个尊号,叫做"太上至道圣皇天帝"。上皇玄宗也同样推辞一番,说:"汝欲归尊于父,实在因心;爰及朝臣,亦同恳愿。且无为于冲漠,又何取于徽名?宜悉此怀,用全至道耳矣。"①甚至强调:"宜膺景命,即断来章。"②态度似乎十分坚决。当然,最后还是同意的。二月初三,唐肃宗来到兴庆宫,奉册上皇尊号为"太上至道圣皇天帝"。

胡三省评论说:"寇逆未平,九庙未复,而父子之间迭加徽称,此何为者也!"③父子之间所以互赠尊号,无非是宣扬继位的合"礼"性与合法性。经过这番活动之后,唐肃宗堂堂正正地当他的皇帝了。二月初五,肃宗亲御明凤门,大赦天下,改元"乾元"。

(二)兴庆宫中忆旧情

唐玄宗作为太上皇,重新回到兴庆宫,生活是清静的,往昔这里热闹繁华的景象全然消失了。他声称"无为于冲漠",不管天下庶务了,其实也容不得他插手。在"无为"之中,自然地产生了强烈的忆旧情绪。

史称:"及上皇复宫阙,追思贵妃不已。"有个乐工名叫贺怀智,向玄宗讲述昔日宫中的事,说:很久以前,玄宗叫怀智独弹琵琶,贵妃也立在旁边。忽然,一阵风来,把贵妃的领巾吹落在怀智的头巾上,良久,回身方落。因为贵妃的领巾有"瑞龙脑"香气,所以,怀智回去后觉得全身香气非常,就把头巾拿下来,贮藏于锦囊中,作为留念品。及至玄宗重返旧宫,怀智献上头巾。玄宗一打开锦囊,就闻到一股香气,泣曰:"此瑞龙脑香也。"④原来,瑞龙脑形

① 《全唐文》卷38玄宗《答皇帝上尊号并让大圣字诰》。
② 《全唐文》卷38玄宗《答皇帝三上尊号并辞大圣字诰》。
③ 《资治通鉴》卷220乾元元年正月条胡三省注。
④ 《酉阳杂俎》前集卷1《忠志》。

状如同蝉、蚕,天宝末期交趾进贡上来的。玄宗只赐给杨贵妃,共十颗。香气扑鼻,远在十余步之外都会闻到芳香。时隔多年,从瑞龙脑香想起了杨贵妃,人亡香在,不禁泣下沾襟。

有一天,夜阑人静之际,玄宗登上兴庆宫勤政楼,凭栏南望,烟云满目,情不自禁地唱起歌来:"庭前琪树已堪攀,塞外征夫久未还。"这歌词是诗人卢思道所作,原是对塞外征夫的思念。玄宗留恋的则是兴庆宫的旧人旧事,包括宠爱的杨贵妃。贵妃死了,不会返还,而梨园子弟总有些人在吧。于是吩咐高力士第二天到街坊里查找,果然寻到一个梨园旧人。夜晚,玄宗、力士以及从前的贵妃侍者"红桃"等,又乘月夜登上勤政楼,叫梨园旧人唱一首《凉州词》,玄宗亲自吹玉笛伴奏。曲罢相睹,无不掩泣。据说,玄宗"因广其曲,今《凉州》传于人间者,益加怨切焉。"①

关于《凉州》曲,《明皇杂录》云"贵妃所制",恐误。它原是西凉州的乐曲,开元中献上来。当时,玄宗召兄弟诸王共同欣赏。据载,曲终,诸王贺,舞蹈称善,唯独大哥宁王不拜,说:"臣恐一日有播越之祸,悖逼之患,莫不兆于斯曲也。"果然,"及安史作乱,华夏鼎沸,所以见宁王审音之妙也。"②这里的记述,未必是事实;把安史之乱跟《凉州》曲扯在一起,更不可信。但是,唐玄宗确实是迷恋于《凉州》新曲,后来杨贵妃也十分喜欢。直至经历"播越之祸"以后,依旧忘不了《凉州》曲。

由于安禄山叛乱的破坏,兴庆宫遭受劫难,不仅梨园子弟流散了,而且"乐器多亡失"。玄宗重返旧宫,唯独一架"玉磬"仍然存在。原来,杨贵妃"最善于击磬拊搏之音,泠泠然新声。虽太常梨园之能人,莫能加也。"唐玄宗特地下令为杨贵妃造一架玉磬。据说,这架玉磬是用蓝田绿玉琢成的,上面装饰着金钿珠翠珍怪之

---

① 《明皇杂录》补遗。
② 《开天传信记》。

物,十分耀眼。还铸造了一对金狮子,各重二百余斤,象拿攫腾奋之状,作脚座。其他彩绘缛丽,制作神妙,一时无比。当年杨贵妃击磬的情景历历在目,而如今,人亡器在,玄宗"顾之凄然,不忍置于前,促令送太常,至今藏于太常正乐库。"①

(三)华清宫里思贵妃

乾元元年(公元 758 年)冬十月甲寅,唐玄宗一度离开兴庆宫,到临潼华清宫避寒。当地父老纷纷出来迎接,壶浆塞路,都想看看阔别多年的唐玄宗。过去,每次来华清宫,都是骑马的,这回改乘"步辇"(轿)了。父老问为什么不像从前那样骑马打猎呢?玄宗说:"吾老矣,岂复堪此?"父老士女们听了,无不悲泣。的确,上皇玄宗年已七十四岁,经历动乱之后,显得苍老衰弱了。

到了华清宫,玄宗召见了著名的女伶谢阿蛮。谢阿蛮,新丰市人,善舞《凌波曲》,过去常入宫中,杨贵妃待她很好。后来,玄宗与贵妃等逃离长安,谢阿蛮也回到新丰去了。玄宗重返华清宫,又看见谢阿蛮献舞,真是百感交集。舞罢,谢阿蛮拿出"金粟装臂环"给玄宗看,说这是杨贵妃赐赠的。玄宗"持之出涕,左右莫不呜咽。"②目睹旧物,老泪纵横,引起了对杨贵妃的无限的思念。

为了寄托哀思,玄宗还叫著名乐师张野狐演奏《雨霖铃》曲。这首曲,是玄宗为悼念杨贵妃而作的。在空荡寂静的华清宫里,奏此曲显得特别凄凉哀怨。曲未半,玄宗不觉流涕,左右感动,与之歔欷!

唐玄宗以太上皇的身份,在华清宫里住了二十多天,于十一月丁丑归回长安兴庆宫。从此以后,直至逝世,再也没有机会到华清宫了。华清宫在唐玄宗最后的记忆里,竟是如此的悲凉,跟往昔喧

---

① 《开天传信记》。
② 《明皇杂录》补遗。

闹嬉戏的情景相比较,犹有天壤之别。

(四)改葬贵妃始末

思念贵妃的最大的事件,莫过于要用隆重的礼仪改葬杨贵妃,正规地为她造一座坟墓。二年半前,贵妃被缢死,草草地掩埋于马嵬坡。对此,玄宗一直深感内疚。

据《旧唐书·杨贵妃传》载,"上皇自蜀还,令中使祭奠,诏令改葬。"也就是说,玄宗返回长安之后,才派中使到马嵬坡祭奠,并令改葬。而《新唐书·杨贵妃传》则说,玄宗自蜀返京,经过马嵬驿,"道过其所,使祭之,且诏改葬。"事实究竟是怎样的呢?无论是《旧唐书》还是《新唐书》都明确地记述,此事遭到礼部侍郎李揆的反对,理由是:"龙武将士诛国忠,以其负国兆乱。今改葬故妃,恐将士疑惧,葬礼未可行。"[1]李揆虽然曾跟随玄宗到达剑南,而后来一直在唐肃宗身边任职,先为中书舍人,乾元初兼礼部侍郎。乾元二年(公元759年)三月,迁中书侍郎同平章事(宰相之一)。可见,李揆以礼部侍郎身份反对礼葬杨贵妃,事当在此之前。如果认为玄宗途经马嵬驿,"使祭之,且诏改葬",恐不可能。

看来,事情大概是这样的:玄宗返回兴庆宫后,由于"追思贵妃不已",便向肃宗提出派中使到马嵬坡祭奠。肃宗最初是同意的,下"诏"改葬杨贵妃。但是,礼部侍郎李揆竭力反对,"葬礼"也就作罢了。李揆反对的理由,反映了朝臣们包括龙武将官以及李辅国的意见。他们把杨贵妃之死跟杨国忠"负国兆乱"联系在一起,因此认为"葬礼未可行"。举行葬礼,等于否定了唐肃宗积极参与的马嵬驿事变,等于否定了龙武将士诛杀杨氏兄妹的合理性。

既然不可能公开地举行葬礼,唐玄宗只得秘密地派宦官到马嵬驿,改葬杨贵妃。据记载,刚挖开坟堆,只见紫褥包裹的尸体已

---

[1] 《旧唐书·杨贵妃传》。

经腐坏,而香囊仍在。用棺椁盛好尸体,埋葬于另一处墓地。宦官将香囊带回兴庆宫,献给了玄宗。玄宗虽然了却了改葬这件心事,但目睹香囊,凄婉流涕,仿佛杨贵妃又在眼前。于是,就叫画师王文郁画了一张贵妃像,放在别殿,朝夕视之。玄宗还写了这样的赞语:

"百岁光阴,宛如转毂。悲乐疾苦,横夭相续。盛衰荣悴,俱为不足。忆昔宫中,尔颜类玉。助内躬蚕,倾输素服。有是美德,独无王福。生平雅容,清缣半幅。"[1]

这里称赞杨贵妃的美貌与美德,并不把她跟"负国兆乱"的杨国忠牵连在一起,反映了唐玄宗对杨贵妃的基本评价。

第三节　幽禁西内,遗恨绵绵

唐玄宗重返兴庆宫的两年半里,生活上清静而悠闲,行动上还有一定的自由。然而,上元元年(公元 760 年)七月,被逼迁居于西内甘露殿,实际上是被幽禁起来了。为什么会出现这种难堪的局面呢?显然是跟内外政治形势的恶化密切相关的。

(一)史思明重新叛乱

首先,由于史思明重新叛乱与洛阳再度沦陷,唐肃宗处于当年唐玄宗所面临的局势,为了防范别人乘机争夺皇位,不得不将太上皇管制起来。

史思明也是突厥杂种胡人,与安禄山同乡里,早出生一天。此人姿瘦,少须发,鸢肩伛背,庅目侧鼻,与安禄山肥胖的模样,形成了鲜明的对比。小时候,两人相当要好,俱以骁勇闻名。范阳起兵后,史思明作为安禄山叛军的主将,转战于河北地区。及至安庆绪

---

①　《全唐文》卷 41 玄宗《王文郁画贵妃像赞》。

称帝,史思明根本不听从他的命令。当唐军收复两京,安庆绪败退至邺城时,史思明投降了唐朝。唐肃宗封他为归义王、范阳河北节度使。其实,史氏之降只是一种花招而已,他所控制的地区与兵力,并没有发生实质性的变化。有识之士指出,史思明凶险谋乱,难以德怀,切勿假以威权。果然,过了半年,即乾元元年(公元758年)六月,史思明在范阳杀了唐朝使者,又重新叛乱了。

同年九月,唐肃宗命令郭子仪、李光弼等九位节度使,讨伐盘踞于邺城的安庆绪。十月,唐朝大军包围了邺城。安庆绪只得向史思明求救兵,以让皇位为条件。史思明妄图扩大个人势力,立即发范阳兵十三万,南下中原,很快就攻占了魏州城(今河北大名县东北)。乾元二年(公元759年)正月初一,史思明在魏州自称"大圣燕王"。这时,李光弼建议:分兵两路,一由郭、李率军围攻史思明,一由其他七位节度使围攻安庆绪,待邺城攻下后,再集中力量消灭史思明。这个正确的建议,却被不懂指挥的观军容宣慰处置使、监军宦官鱼朝恩否定了。结果,史思明于二月乘势引兵向邺城,唐军则处处被动,以至失利,九节度使退出了河北地区。

乾元二年(公元759年)三月,史思明解邺城之围后,设计杀害了安庆绪。为了巩固范阳根据地,留下儿子史朝义守邺城,自己则引兵北还。四月,史思明在范阳称"大燕皇帝",改元"顺天",以范阳为"燕京"。史思明称帝事件,标志着安史之乱进入了后期阶段。

经过近半年的准备,史思明于乾元二年(公元759年)九月发动了新的军事攻势。除了留儿子史朝清守范阳外,调集河北诸郡叛军,分四路向河南汴州(今开封)进攻。汴州守将开城投降。接着,史思明率军乘胜西向,夺取了郑州。

镇守洛阳的李光弼,估计到叛军"乘胜而来",难以抵挡,决定疏散洛阳吏民,"空其城"。李光弼本人率军士二万人,移守河阳,以待时机再战。第二天,史思明入洛阳,只见空城一座,害怕李光弼有计谋,竟不敢入宫阙,退驻白马寺南一带。

河阳与洛阳仅一河之隔。李光弼据河阳,对洛阳来说无疑是严重的威胁。乾元二年(公元759年)十月以后,史思明多次引兵攻河阳,结果都被李光弼击退。既然一时攻不下河阳,史思明也就于上元元年(公元760年)闰三月从白马寺南,移军入洛阳城内,以此作为叛乱势力的统治中心。当时,连年饥荒,物价昂贵。为了克服经济上的危机,叛军曾向江淮地区抢掠,使富饶的江淮地区也遭到了一定的破坏。

东京洛阳再度沦陷,使唐肃宗深感不安。乾元二年十月,下制亲征史思明,群臣上表谏,乃止。这种局势,跟洛阳初次沦陷时唐玄宗的处境几乎相似,势必加速了封建统治集团内部的争斗。

(二)父子矛盾的恶化

前面说过,肃宗作为太子时,就曾与父皇玄宗发生了深刻的矛盾。马嵬驿事变后,分道扬镳,各走各自的路。肃宗收复两京,迎上皇回长安,彼此还是格格不入的。扶风缴械,反映了父子互相忌疑的心态。望贤宫里“重会父子”以后,才出现了和睦的场面。特别是迭加尊号,使肃宗感到皇位继承问题彻底解决了,于是不再多心了。因此,太上皇玄宗居住在兴庆宫的头一年里,肃宗对他的态度还算是好的。

乾元元年(公元758年)四月,肃宗进献炼石英金灶于兴庆宫。玄宗十分高兴,说:“吾比年服药物,比为金灶,煮炼石英。自经寇戎,失其器用,前日晚际,思欲修营,一昨早朝,遽闻进奉。”[1]特地下诰表彰“天子之孝”。八月初五,庆贺唐玄宗生日(天长节),太上皇宴百官于金明门楼。十月,玄宗游幸华清宫,肃宗亲自送于灞上;十一月,玄宗回长安,肃宗迎于灞上。据载,肃宗亲自

---

① 《全唐文》卷38玄宗《赐皇帝进烧丹灶诰》。

控上皇马辔百余步,诰止之,乃已。可见,父子之间维持着亲善的关系。

然而,第二年,即乾元二年(公元759年),就很少看到太上皇的对外活动的记载了。究其原因,似有两点:第一,在改葬杨贵妃问题上意见分歧,父子关系上又蒙上一层阴影。第二,史思明重新叛乱,九节度使退出河北,洛阳再次失守,使封建统治集团内部关系也随着紧张起来。生性多疑的唐肃宗,又在担心太上皇会东山再起,担心某些人利用太上皇的威望而图谋不轨。

应当说,年已七十五岁的唐玄宗不可能有什么政治野心;长期侍卫他的高力士、陈玄礼以及内侍王承恩、魏悦等,也不可能组成新的派别集团。但是,唐玄宗的政治影响依然存在。如刚返回京师时,士庶们把他与肃宗称为"二圣",多少反映了"人心犹戴故君"。玄宗住在兴庆宫,常常到南临大道的长庆楼徘徊观览,下面过路的行人父老往往瞻望礼拜,高呼"万岁"。有时候,玄宗在楼下置酒宴请父老。有时候剑南奏事官也来看望太上皇,拜舞于长庆楼下;玄宗就叫玉真公主和如仙媛招待他们。这些活动本来是很平常的,但在紧急的战争形势下,唐肃宗疑心太上皇"与外人交通",似乎别有用心。

特别是玄宗与郭英乂的交往,更引人瞩目。郭英乂身为羽林军大将军,掌管禁兵。玄宗尝召郭英乂于长庆楼,赐宴款待。这不能不引起唐肃宗及其亲信们的疑心。上元元年(公元760年)四月,将郭英乂调离禁军,外任为陕州刺史、陕西节度、潼关防御等使,很可能与此事有关,出于某种防范的考虑。

由于太上皇与皇帝之间新的猜忌日益明朗化,所以李辅国敢于公开地向肃宗提出:"上皇居兴庆宫,日与外人交通,陈玄礼、高力士谋不利于陛下。今六军将士尽灵武勋臣,皆反仄不安,臣晓喻不能解,不敢不以闻。"如此危言耸听,警告肃宗将面临兵变的危险。肃宗泣曰:"圣皇(玄宗)慈仁,岂容有此!"这话也肯定了某些人企图兵变的事,只是仁慈的太上皇不会容许这种为非作歹而已。接着,李辅国说:"上皇固无此意,其如群小何!陛下(肃宗)为天下主,当为社稷大计,消乱于未萌,岂得徇匹夫之孝!且兴庆宫与闾阎相参,垣墉浅露,非至尊所宜居。大内深严,奉迎居之,与彼何殊,又得杜绝小人荧惑圣听。"也就是说,要把玄宗幽禁起来,"消乱于未萌"。据载,肃宗"不听"。① 所谓"不听",并不是反对或者制止李辅国的建议,只是认为皇帝出面不适宜。言下之意,你李辅国自己去干吧!

(三)迁居西内的真相

正是在唐肃宗的默许之下,李辅国打着圣旨的名义,演出了一场逼宫的丑剧,把太上皇玄宗从兴庆宫迁居至西内。西内,即太极宫,与东内大明宫相对而言。

李辅国无疑是直接的策划者,此人耍弄权术的本领远远胜过唐肃宗。在马嵬驿事变中,他奔走牵线于陈玄礼与太子李亨之间,起了重要的作用。李亨称帝后,李辅国持权中宫,掌管禁军,"宰臣百司,不时奏事,皆因辅国上决"。但是,李辅国原本微贱,出身于飞龙小儿,太上皇及其左右如高力士与陈玄礼等,都瞧不起他。这样,矛盾逐渐地激化了。在改葬杨贵妃的问题上,出面反对的是李揆,实际上背后是李辅国。因为李揆也是投靠李辅国的,"见辅国执子弟之礼",称李辅国为"五父"。② 可见,彼此是一种什么样的关系了。后来,李辅国假借诏令,撤走了兴庆宫里二百九十匹马,仅留十匹。玄宗无可奈何地对高力士说:"吾儿为辅国所惑,不得终孝矣。"两年前还在表彰"天子之孝",如今蛮横的做法,真是对"孝"道的讽刺。

---

① 《资治通鉴》卷 221 上元元年六月条。
② 《旧唐书·李辅国传》。

紧接着,上元元年(公元760年)七月丁未,李辅国"矫称"圣旨,迎太上皇游幸西内太极宫。行至睿武门,李辅国率领射生手五百骑,突然而出,露刃遮道,奏曰:"皇帝以兴庆宫湫隘,迎上皇迁居大内。"①原说是游幸,却变成了"迁居",显然是个阴谋。唐玄宗面对拔刀逼人的武士,蓦然一惊,几乎从坐骑上掉下来。高力士喝令李辅国休得无礼,李辅国才有所收敛。力士又以太上皇的名义,向诸武士问好,告示不得以兵干乘舆。武士们都收刀再拜,口喊"万岁"。力士还叫李辅国一起牵着太上皇的马,来到了西内太极宫。玄宗悲泣地对力士说:"微(没有)将军,阿瞒(玄宗小名)已为兵死鬼矣。"②当然,估计李辅国决没有胆量杀死太上皇,只是以兵胁迫玄宗迁居西内而已。

　　玄宗被安置在西内甘露殿以后,高力士、陈玄礼以及原兴庆宫侍候人员一律不准留在左右,侍卫的只有数十名老弱的卫兵。年迈的玄宗实际上是被幽禁起来了。他只得自我安慰说:"兴庆宫,吾之王地,吾数以让皇帝,皇帝不受。今日之徙,亦吾志也。"兴庆宫是"飞龙"之地,从十七岁赐宅兴庆坊算起,在这里断断续续地住了近六十年。这六十年的变迁史,恰恰是唐王朝从鼎盛转入衰落的时期。随着唐玄宗的最后离开,兴庆宫在历史上的作用与影响也就全然消失了。

　　同一天,威迫玄宗迁居西内之后,李辅国与北门六军将领到东内大明宫见肃宗,"素服"请罪,肃宗反而慰劳说:"南宫(兴庆宫)、西内,亦复何殊! 卿等恐小人荧惑,防微杜渐,以安社稷,何所惧也!"③很清楚,幽禁太上皇,完全是出于唐肃宗政治上的需要,为了防止"小人"利用太上皇而图谋皇位。如果没有唐肃宗的默许,李辅国是不敢肆无忌惮地进行那一系列的阴谋活动的。后世史学

---

① 《资治通鉴》卷221上元元年七月条。
② 《次柳氏旧闻》补遗。
③ 《资治通鉴》卷221上元元年七月条。

家王夫之指出："父几死于宦竖之手,犹曰功在社稷,晨昏之语将谁欺乎!"①这就充分地暴露了唐肃宗的伪善面目。

过了九天,肃宗颁布制书,强调:"力士潜通逆党,曲附凶徒,既怀枭獍之心,合就鲸鲵之戮。以其久侍帷幄,颇效勤劳,且舍殊死,可除名,长流巫州。"②这是诬陷不实之词,当是李辅国为了打击报复高力士而指控的罪状。除了高力士流于巫州(今湖南黔阳县西南黔城镇)外,内侍宦官王承恩与魏悦分别流于播州(今贵州遵义)和溱州,勒令陈玄礼致仕(退休)。肃宗另选一百多名宫女,负责西内宫殿的洒扫;叫玄宗的两个女儿,即万安公主与咸宜公主,侍候服膳。

这样,迁居西内的风波总算平息了。

(四)方士招魂的传说

唐玄宗幽居西内,直至死为止,再也没有走出过这宫殿的范围。"西宫南苑多秋草,宫叶满阶红不扫。"③在凄凉的禁闭的生活中,忆旧之情当然愈来愈强烈,杨贵妃的魂魄不时地入梦来。

据《长恨歌传》描写,自南内兴庆宫迁西内太极宫以后,"适有道士自蜀来,知上(玄宗)心念杨妃如是,自言有李少君(汉代方士)之术。玄宗大喜,命致其神。方士乃竭其术以索之,不至。又能游神驭气,出天界,没地府求之,不见。又旁求四虚上下,东极天海,跨蓬壶。"据说,终于在最高仙山上找到了"玉妃太真院",碰见了杨贵妃。方士返归后,讲述了一切;玄宗震悼不已,当年夏四月溘然逝世。白居易更以诗的语言,把方士"以精诚致魂魄"的情

---

① 《读通鉴论》卷23《肃宗》。

② 《高力士外传》。又及,清代姚文燮《昌谷集注》云:"逼迁之日,近御骇散,以致惊成疾。肃宗竟不之究,而反远流力士,不得留侍左右。冤哉!"

③ 南苑,指西内的南苑;如作"南内"指兴庆宫,当误。参见周天《长恨歌笺说稿》第92页,陕西人民出版社1983年10月版。

节,谱写成脍炙人口的篇章。

显然易见,仙山上出现杨贵妃,纯属虚构,原本来自民间传说。如果把神话当作事实,引申出杨贵妃未死并逃亡海外的结论,实在是欠妥的,大可不必深究。问题在于:太上皇玄宗幽居西内时,是否跟方士有过交往,或者叫方士去招魂,虽然寻觅到贵妃魂魄是不可能的事。关于这一点,历来学者大多持否定的态度。清代著名史学家赵翼在《瓯北诗话》中作了这样分析:

"惟方士访至蓬莱、得妃密语、归报上皇一节,此盖时俗讹传,本非实事。明皇自蜀还长安,居兴庆宫,地近市廛,尚有外人进见之事。及上元元年,李辅国矫诏迁之于西内,元从之陈元(玄,清代避讳,改玄为元)礼、高力士等,皆流徙远方,左右近侍,悉另易人。宫禁严密,内外不通可知。且(陈)鸿传云:上皇得方士归奏,其年夏四月,即晏驾,则是宝应元年事也。其时肃宗卧病,辅国疑忌益深,关防必益密,岂有听方士出入之理。……特一时俚俗传闻,易于耸听,香山竟为诗以实之,遂成千古耳!"①

的确,唐玄宗幽居西内,受到严密的监视,不可随便地召见外人。例如,刑部尚书颜真卿率百官上表,请问太上皇起居,"辅国恶之,奏贬蓬州长史。"②大臣尚且如此,岂有听方士出入西内之理! 当时,唐肃宗"恐小人荧惑",和李辅国一样地"疑忌益深",防范太上皇"与外人交通"。

唐玄宗幽闭西内时固然不可能与方士交往,那么,在南内兴庆宫时有无请方士招魂的事呢? 看来,赵翼并没有断然地否定这一点。"居兴庆宫,地近市廛,尚有外人进见之事。""外人"者,当然不能排除方士。早于《长恨歌》的李益《过马嵬》诗云:"南内真人悲帐殿,东溟方士问蓬莱。"可见,方士到蓬莱仙山寻觅杨贵妃的

---

① 《瓯北诗话》卷4《白香山诗》,人民文学出版社1963年版。

② 《旧唐书·颜真卿传》。

传说,最初是指玄宗居南内的事。后来,陈鸿撰《长恨歌传》,却把时间地点变换了一下,改为"自南宫迁于西内"的事,不过,末了又说太上皇"南宫宴驾"。由此可以看到民间传说因袭演化的痕迹。

诗歌与传奇都离不开艺术的虚构。如果考证"东溟方士"或者"临邛道士"究竟是何许人,那恐怕是永远弄不清楚的。如果把文艺作品渲染的故事,当作史实写进唐明皇的历史传记,那更是不妥当的。清代赵翼早就揭明《长恨歌》中某些情节"本非实事",而偏偏把虚构的当作"实事"向读者介绍,岂非怪事!

虽然没有确切的史料证实玄宗在南内时曾请方士招魂,但是,玄宗与方士有所交往大概也是事实。安禄山叛乱之前,大量的史实自不必说。就是逃亡至成都时,还在企求神仙,念念不忘于仙人祠庙。返回兴庆宫后,玄宗首先想起了著名的方伎之士僧一行。据说,一行临死前送了一包东西给玄宗。打开一看,原来是蜀地药材"当归"。玄宗"初不谕,及幸蜀回,乃知微旨,深叹异之。"乾元初年,肃宗送给上皇一个炼石英金灶。金灶炼药,自然离不开方伎之士的配方与调剂。迁居西内后的第二年,即上元二年(公元761年)五月初五端午节,有个"山人"(属方士之流),名叫李唐,建议唐肃宗关心一下太上皇。这个"山人"与玄宗有什么关系,不得而知,但他怀念玄宗,则是事实。总之,由于唐玄宗过去跟方士联系密切,后人也深知这一点,所以民间传说中就虚构了请方士寻觅杨贵妃亡灵的情节。假使唐玄宗毕生与方士没有一点因缘,恐怕未必会出现那样的虚构。

第四节　人生一梦,死葬泰陵

> 刻木牵丝作老翁,鸡皮鹤发与真同。
>
> 须臾弄罢寂无事,还似人生一梦中。

这首题为《傀儡吟》的诗,作者是谁,说法不一,似不可能是唐玄宗所作。① 但是，玄宗晚年确实吟咏过它，是在南内兴庆宫，还是在西内太极宫？也许在前后两处都吟咏过。因为这首诗刻画的形象跟年过七十五岁的太上皇有相似之处，木偶老翁"弄罢寂无事"引起了唐玄宗的共鸣。他在行将入木的时候，竟居于没有自由行动的幽闭生活，回顾往事，大有"人生一梦"的感叹。

（一）病逝于神龙殿

在历代皇帝中，唐玄宗算是长寿的了。年轻时，仪范伟丽，非常坚实。在"开元之治"的近三十年中，精神奋发，身体健康。除了开元八年（公元 720 年）生过一场病外，别无其他患病的记载。他颇谙医药，很讲究养身之道。早年结识谋士王琚时，对王琚"能飞炼（飞丹砂以炼丹）"就很感兴趣。开元初期，打算派人到师子国求"灵药"及善医之妪。玄宗本人懂得医药方，如户部尚书毕构"遇疾，上（玄宗）手疏医方以赐之。"②名臣张说晚年患病，"玄宗每日令中使问疾，并手写药方赐之。"③宋璟年老退归东都私第，玄宗"频遣使送药饵"。④ 张九龄为宰相时，玄宗送去适用的名贵药物，令人动情。⑤ 一个重视医药的皇帝，自然地也会调理好自己的健康。

天宝三载（公元 744 年）以后，唐玄宗年过花甲，渐渐地感到"年事渐高，心力有限"。但是，生活在歌舞欢乐之中，身体还是十分强壮。看上去，决不象一个老翁。击鼓舞蹈，骑马打猎，犹如壮年。当然，慕长生，吃丹药，也是健康的一个因素。

---

① 《全唐诗》卷 3 或作玄宗，或作梁锽。《明皇杂录》仅谓明皇"咏此诗"，而不是作此诗。
② 《旧唐书·毕构传》。
③ 《旧唐书·张说传》。
④ 《旧唐书·宋璟传》。
⑤ 张九龄《谢赐药状》云："高力士宣奉恩旨，赐臣等鹿角胶丸及驻年面脂。"

安禄山叛乱那年,唐玄宗年逾古稀。一个年迈的皇帝,经历出奔幸蜀的磨难,还是平安无事地过来了。但是,杨贵妃之死,对他心灵上的打击实在太大了。重返长安以后,去过华清宫,只得承认自己苍老了,不堪于骑马打猎了。精神上的凄凉寂寞,使他联想到"鸡皮鹤发"的木头老翁,仿佛做了一场梦。

　　尤其是迁居西内之后,幽禁的境况是他断断没有料到的。史称:"上皇日以不怿,因不茹荤,辟谷,浸以成疾。"①所谓"辟谷",即不食五谷,是道家方士们的修炼方法。不过,此时此地,这种修炼方法不是慕长生、求神仙,而是以绝食抗议,发泄内心的无法用语言表达的愤怒。精神上的禁锢,比肉体上疾病更加痛苦。于是,唐玄宗又低吟着"刻木牵丝作老翁"的诗句,在死寂的岁月中,回顾往事,开元天宝的盛世景象历历在目,这难道不是"人生一梦"吗?

　　唐玄宗积郁成疾,终于病倒了。宝应元年四月初五(公元762年5月4日)逝世于西内神龙殿,享年七十八岁。②他留下《遗诰》,说:"常惧有悔,以羞先灵。"是的,从治到乱,从明到昏,其中该有多少悔恨的事呵!对于先灵对于国家固然如此,对于宠爱的杨贵妃也有无限的内疚,真是"天长地久有时尽,此恨绵绵无绝期。"

　　仅仅过了十三天,即四月十八日,长期患病的唐肃宗也逝世了,终年五十二岁。又过二天,太子继位,史称唐代宗。前后不到半个月,太上皇与皇帝相继病故,令朝野惊诧。有人怀疑李辅国搞阴谋,先将唐玄宗害死。从当时宫廷内争的残酷性来看,这种可能性是存在的。宫闱诡密,自然难以留下记载。不过,玄宗自迁居西内后,就积郁成疾了。李辅国与张皇后合谋,不让肃宗见太上皇,

---

① 《资治通鉴》卷221上元元年七月条。
② 参见胡如雷《唐玄宗李隆基卒年辨》,载《河北师院学报》1984年第2期。

加上其他一些刁难（包括医疗），势必加速了玄宗病情的恶化。玄宗《遗诰》称："今病既弥留，殆将不瘳。"玄宗死于重病，而非死于李辅国的直接谋害。李辅国没有胆量也没有必要杀死一个病危的太上皇，只要稍稍刺激病情恶化就够了。因此，唐玄宗决不是安详地平静地离开人世，而是在思念、悔恨、惧怕之中了此一生。这是盛唐天子的悲哀！

（二）高力士号泣而死

唐玄宗之死，引起了不少人的哀悼。其中最为伤心的，莫过于"老奴"高力士。

上元元年（公元760年）高力士流于巫州（今湖南黔阳西南），随身手力不过十人，所余衣粮只够数月，处境艰难。据载，有一次，看见园中长有很多荠菜，当地人不知道怎么吃，力士便赋诗云："两京称斤买，五溪无人采。夷夏虽有殊，气味应不改。"这里说的是野菜，抒发的却是对自己身世的感慨。高力士作为宦官，自然有浓厚的奴性；但他另具一种忠诚耿直的品质，那"气味"确实是始终未改。

玄宗死后第十一天，肃宗下制改元"宝应"，大赦天下。同年七月，遇赦归回的高力士，行至朗州（今湖南常德），获悉太上皇与皇帝的噩耗，号天叩地，悲不自胜，哀毁既深，哽咽成疾。八月，病渐危急，呕血，卒于朗州开元寺之西院，享年七十九岁。"远近闻之，莫不伤叹。"[1]九月，灵柩发朗州，十一月抵襄州。唐代宗诏令复旧官爵，追赠广州都督。丧事行李，一切官给。

（三）安史之乱的平定

唐玄宗一生有许多的遗憾：宠妃死后不得礼葬，此其一；晚年

---

① 《高力士外传》。

幽居不得安乐,此其二。而最大的遗憾,要算是没有亲眼看到安史之乱的平定。玄宗创造的"太平盛世"是被安史之乱"惊破"的,由此而经历了无穷的生死磨难。直到死时,叛乱尚未结束,怎能安息于黄泉呢?

前面说过,上元元年(公元760年)史思明移军入洛阳城内,以此为叛乱势力的统治中心。次年正月,改年号"顺天"为"应天"。二月,唐王朝宦官鱼朝恩错误地估量形势,硬要据守河阳的李光弼率军攻洛阳。李光弼不得不奉命出征,渡过黄河后列阵于北邙山。而史思明趁唐军列阵未定,突然出击,打得唐军大溃。李光弼等渡河败走闻喜,而河阳以及怀州则先后被叛军占领。随着邙山之战的胜利,叛军内部争夺皇位的斗争日益尖锐化。同年三月,史朝义杀其父史思明,不久,在洛阳宣布即皇帝位,改元"显圣"。史氏父子内讧,表明叛乱势力已经日暮途穷,处于四分五裂的状态。等待着史朝义的,决不是胜利的桂冠。

唐王朝宫廷内争也十分激烈。宝应元年(公元762年),先是太上皇唐玄宗逝世;接着,宦官李辅国等发动政变,杀死张皇后和越王李系;接着,唐肃宗逝世,唐代宗即位。代宗作为长子时,早在灵武就以广平王身份,任为天下兵马元帅。后来,他指挥过收复两京的战斗,"恩信结于士心,故人思自效。"由于唐代宗"少属乱离,老于军旅",[①]有过平叛的阅历,所以正式即位后能够继续贯彻平叛的方略。

宝应元年(公元762年)十月,以雍王李适为天下兵马元帅,朔方节度使仆固怀恩为副帅,会同回纥兵,共计十余万人,向史朝义盘据的洛阳发动总进攻。唐军一路从渑池入,一路由河阳入,一路自陈留入,而雍王则留驻陕州。这样就构成了严密的包围圈。史朝义也调集了十万精兵,竭力抵抗。双方在昭觉寺、石榴园、老

① 《旧唐书·代宗本纪》及史臣曰。

君庙一带展开了激战。结果，叛军大败，几乎覆没。史朝义仅率轻骑数百，东逃至郑州。仆固怀恩收复了洛阳与河阳，并派兵追至郑州，唐军再战皆捷。

同年十一月，史朝义从濮州北渡河而逃，仆固怀恩尾追不舍。河北地区如相、卫、洺、邢、赵、深、定、易等州叛将纷纷投降。广德元年（公元763年）春正月，史朝义逃至范阳，而原叛军守将李怀仙已准备降唐，故不让他入城。走投无路的史朝义，企图逃入奚、契丹境内，至平州界石城县北温泉栅时，李怀仙的追兵赶到。史朝义绝望了，自缢于林中。李怀仙割据了首级，献于唐朝。至此，长达七年又三个月的安史之乱终于结束了。唐宪宗时，大臣权德舆指出："天宝大盗窃发，俄而夷灭，盖本朝之化，感人心之深也。"[1]安史之乱的爆发，有其客观的必然性，但它却带来了极大的破坏性，广大百姓士庶"益思唐室"。[2] 人心思唐，是安史之乱平定的根本原因。当然，唐朝将帅与士众的英勇战斗，也是一个重要的因素。

（四）泰陵葬礼的举行

安史之乱平定后两个月，即广德元年（公元763年）三月，为玄宗举行了隆重的葬礼。陵墓名曰"泰陵"，在同州奉先县东北二十里的金栗山（今陕西蒲城东北）。

历来皇帝大多有生前营造陵墓的习俗。唐太宗虽然提倡过薄葬，"务从俭约"，实际上营建昭陵花了十二年之久，等于贞观时期的一半。相比较而言，唐玄宗追求的是在世时的享乐，并不那么重视死后的陵寝。开元初，他发布制书，强调"以厚葬为诫"，抨击"近代以来，共行奢靡，递相仿效，浸成风俗，既竭家产，多至凋

---

① 《新唐书·权德舆传》。
② 《资治通鉴》卷218至德元载八月条。

弊。"①开元十七年（公元 729 年）十一月，玄宗亲拜五陵（高祖、太宗、高宗、中宗、睿宗），行至睿宗桥陵时，见金栗山"岗峦有龙盘凤翔之势"，便对左右说："吾千秋后，宜葬此地。"②也就是说，此前近二十年，玄宗发奋图治，根本没有考虑过自己的葬身之地。到了这时，大功告成，才在气势雄伟的金栗山选定墓穴。但是，玄宗并不急于营建，此后二十多年也不曾动工过。因为"死"这个字他是从来不曾愿意想到的，思慕的是"长生"，沉醉于太平盛世的歌舞欢乐之中。贪生享乐，这是唐玄宗的人生观。后来，发生了安史之乱，自然无暇于营造了。所以，直至死时，金栗山的墓地依然旧貌。

宝应初年，唐玄宗临终前留下《遗诰》，说："惟天鉴下，享年有期。"往昔他曾狂热地求神仙，慕长生，如今终于悟出了人不能长生不老的道理。人终有一死，无法成仙。因此，对于"死"并不觉得可怕，对于死后的安排更不重视了。《遗诰》强调："艰难之际，万国事殷，其葬送之仪，尤须俭省。"③其实，安史之乱尚未平定，战争正在进行，哪里有大量的人力物力投入营造太上皇的陵寝呢？唐代宗总算是根据玄宗当年的旨意在金栗山造了"泰陵"。由于历史的原因，加上国事艰难，时间匆促，墓地营造是潦草的。泰陵之所以卑小粗疏，原因就在于此，与盛唐时代的雄伟气势是不相关的。

广德元年（公元 763 年）三月，安史之乱平定了，泰陵也马虎地造好了，于是举行了唐玄宗的葬礼。一个盛唐天子，一位风云人物，终于安息于冷清的墓地。陪葬的还有一座高力士的坟墓，这是很适宜的。毕生忠诚于唐玄宗的，唯有"老奴"一人。

---

①　《旧唐书·玄宗本纪上》。
②　《大唐新语》卷 10《厘革》。
③　《全唐文》卷 38 玄宗《遗诰》。

第二十四章　唐玄宗与杨贵妃
传说的历史

大凡历史性人物，每当走完自己的生命之旅，而评说他们历史的"历史"就开始了，这"历史"往往更加漫长、更加遥远。

唐玄宗病逝于神龙殿，杨贵妃缢死于马嵬驿，自唐至今，政治家评论他们，史学家记载他们，文艺家描述他们，或者政论，或者史著，或者诗词戏曲，或者民间传说，可谓纷繁庞杂。特别是对李杨爱情的故事，有时升华了再升华，有时歪曲了再歪曲，弄得真假难分。

要公正地评价真实的唐玄宗与杨贵妃，就必须清理这传说的"历史"。

第一节　唐人评说开天治乱之殊

唐玄宗死了，安史之乱的暴风雨也过去了，朝臣们寻思的中心题目自然是开元天宝治乱的殊异。从开元盛世到天宝乱政，如此明显的对比，往往令人反思不已。

（一）颜真卿论疏与《高力士外传》

唐玄宗葬礼是在孙子唐代宗主持下进行的，泰陵玉册所刻的初谥曰"至道大圣大明孝皇帝"。可见，对玄宗的"盖棺论定"，还是颇高的。所谓"大明"，只说对了一半，由明而昏，才是唐玄宗一生走过的历程。大历十四年（公元779年），上距玄宗之死十七年,大臣颜真卿建议谥号改为"孝明皇帝",①以省文尚质,正名敦本。这就是通常称"唐明皇"的由来。

颜真卿是在抗击安禄山叛乱的敌后斗争中,引起唐玄宗的赏识的。玄宗作为太上皇幽居西内时,颜真卿首率百官上表请问起居。应当说,他对玄宗是比较了解的。代宗大历元年(公元766年),颜真卿在奏疏中分析了太宗与玄宗时期的政治状况,认为"太宗勤于听览,……所以平治天下",而玄宗后期李林甫、杨国忠专权,招致天下祸乱。他强调说:"天宝已后,李林甫威权日盛,群臣不先谘宰相辄奏事者,仍托以他故中伤,犹不敢明约百司,令先白宰相。又阉官袁思艺日宣诏至中书,玄宗动静,必告林甫,先意奏请,玄宗惊喜若神。以此权柄恩宠日甚,道路以目。上意不下宣,下情不上达,所以渐致潼关之祸,皆权臣误主,不遵太宗之法故也。"②

这大概是最早的评论。当时着重探讨失误方面的严重教训,未能把"贞观之治"与"开元之治"好的方面作一比较。"开元之治"是"依贞观故事"的硕果,而天宝乱政则是丢掉了"太宗之法",终于导致了"潼关之祸"。当然,仅仅归咎于"权臣误主",不提"明"君的责任,未必是全面的。

值得注意的,论疏中没有涉及杨贵妃与高力士,似不是偶然的疏忽。这反映了一个事实:天宝乱政主要不是"乱"在杨贵妃与高力士手里。杨贵妃不同于杨国忠,高力士与袁思艺也有区别,这是当时熟悉内情的人们的看法。

代宗大历年间,郭湜写了第一篇高力士传记,即《高力士外传》。虽名"外传",实际上是根据高力士口述而编写的,③具有相当的史料价值,与传奇小说之类"外传"不可等同视之。在郭著

① 《唐会要》卷2《杂录》。
② 《全唐文》卷336颜真卿《论百官论事疏》。
③ 参见黄永年《"旧唐书"与"新唐书"》,人民出版社1985年6月版。

"外传"中,记述"高公"伏奏曰:

"开元二十年(确切点,为二十四年)以前,宰臣授职,不敢失坠;边将承恩,更相戮力。自陛下威权假于宰相,法令不行,灾眚备于岁时,阴阳失度,纵为轸虑,难以获安,臣不敢言,良有以也。"

这种评论,也是著者郭湜的意见,也是代宗时期许多人的意见。稍微正视历史事实的人,都会注意到开元与天宝政治状况的差异。而评论这种差异,谁也没有把女人当作祸水。《高力士外传》云:"扈从至马嵬山,百姓惊惶,六军奋怒。国忠、方进,咸即诛夷,虢国、太真,一时连坐。"杨贵妃仍称"太真",足见这称呼沿用的普遍且久远。在马嵬事变中,杨国忠与御史大夫魏方进被诛,罪有应得,而杨贵妃和虢国夫人"一时连坐"而死,显然没有把祸乱包袱全由女人来承担。

(二)陆贽论玄宗

唐代宗死,德宗即位。"建中初(公元 780 年),德宗皇帝尝问先臣(崔)祐甫开元、天宝治乱之殊,先臣具陈本末。"[①]作为皇帝来探讨开天治乱之殊,唐德宗是第一人。大臣崔祐甫就此作了详细的分析,可惜史传上没有留存下来,只有短短几句:"祐甫谋猷启沃,多所弘益,天下以为可复贞观、开元之太平也。"[②]可见,"贞观、开元之太平",是理应效法的榜样。

在德宗时期,比较全面地分析唐玄宗一生道路的,要算是著名的政治家陆贽。他在《奉天论前所答奏未施行状》中,概括了玄宗经历磨难、取得成功的奋斗史,说:"玄宗躬定大难,手振宏纲开怀纳忠,克己从谏,尊用旧老,采拔群才。大臣不敢壅下情,私昵不敢干公议。朝清道泰,垂三十年。"这里,强调了成功之道在于纳谏

---

① 《旧唐书·崔植传》。
② 《旧唐书·崔祐甫传》。

与用人二个方面,是颇有见地的。

紧接着,陆贽指出,玄宗在"大治"之后,"谓化已行,谓安可保,耳目之娱渐广,忧勤之志稍衰。侈心一萌,邪道并进。贪权窃柄者,则曰德如尧舜矣,焉用劳神?承意趣媚者,则曰时已太平矣,胡不为乐?有深谋远虑者,谓之迂诞惊众;有谠言切谏者,谓之诽谤邀名。……司府以厚敛为公忠,权门以多略为闻望;外宠持窃国之势,内宠擅回天之谣。"这里的分析,比颜真卿进了一步。天宝弊政不仅仅是"权臣误主",关键是玄宗本人骄侈了,"侈心一萌,邪道并进",于是乎奸臣权门、内宠外宠等腐败现象泛滥成灾。

结果呢,不可收拾!陆贽慷慨陈词:"祸机炽然,焰焰滋甚。举天下如居积薪之上,人人惧焚,而朝廷相蒙,曾莫之省,日务游宴,方谓有无疆之休。大盗一兴,至今为梗。"①唐玄宗晚年落到了这种毫无知晓的地步,实在可悲又可怜。安史之乱造成了极其严重的影响,"至今为梗",子孙后代仍然要啃嚼着这个苦果。

总之,陆贽论唐玄宗,不乏真知灼见。

(三)崔群论治乱之分

德宗之后,经唐顺宗(仅一年),便是唐宪宗。宪宗即位初年,上距玄宗之死,整整四十四年,但探讨开天治乱的兴趣却越来越浓厚。因为,正如本书《引言》所说,宪宗是李唐皇帝中三个"可称者"之一,力图以"贞观、开元故事"为榜样,干一番事业。他研读国史与"列圣"实录,总想获得一些借鉴。元和十四年(公元819年)九月,宪宗读《玄宗实录》后,提出一个重要的问题,请大臣们讨论。为什么开元初期锐意求治,中期稍似懈倦,晚期以后又不及中期?大臣崔群回答如下:

"玄宗少历民间,身经迍难,故即位之初,知人疾苦,躬勤庶

---

① 《全唐文》卷468陆贽《奉天论前所答奏未施行状》。

政。加之姚崇、宋璟、苏颋、卢怀慎等守正之辅,孜孜献纳,故致治平。及后承平日久,安于逸乐,渐远端士,而近小人。宇文融以聚敛媚上心,李林甫以奸邪惑上意,加之以国忠,故及于乱。愿陛下以开元初为法,以天宝末为戒,即社稷无疆之福也。"①

此外,崔群还指出:"世谓禄山反,为治乱分时。臣谓罢张九龄,相林甫,则治乱固已分矣。"左右听了,为之"感动"。②

以上,着重分析了"开元之治"的成功经验,比陆贽的意见又深入些。因为唐宪宗需要的是"以开元初为法",需要宰臣们同心辅助,以平治天下。崔群评论的精彩之处,还在于揭示开元二十四年张九龄罢相是治与乱的分野的标志,这基本上符合历史事实。

(四)崔植评"开元之治"

宪宗暴死,唐穆宗即位。长庆初年,大臣崔植从任贤角度论述了贞观、开元盛世的成功经验。崔植是德宗时大臣崔祐甫的侄子,童年时听到过伯父论开天治乱之殊。他对穆宗说,"贞观一朝,四海宁晏",这是由于房玄龄、杜如晦、魏征、王珪等"辅佐"的结果。"玄宗守文继体,尝经天后朝艰危,开元初得姚崇、宋璟,委之为政。此二人者,天生俊杰,动必推公,夙夜孜孜,致君于道。"及至开元之末,玄宗丢弃了"任贤戒欲"的原则,"又信奸臣用事,天宝之世,稍倦于勤,王道于斯缺矣。"③这些评论,是前人观点的继续发挥。

(五)《开元政要》与《明皇杂录》

穆宗得疾而死,长子敬宗即位。没有几年,敬宗死,唐文宗继位。文宗以后,历武宗、宣宗、懿宗、僖宗、昭宗,至哀帝时唐朝灭

---

① 《旧唐书·宪宗本纪下》。
② 《新唐书·崔群传》。
③ 《旧唐书·崔植传》。

亡。这八十余年里，一代不如一代，社会危机越来越深，朝臣们已经没有多少兴趣来探讨开元天宝的治乱问题了。这时期关于唐玄宗的评论，主要有以下两件事：

第一，新修《开元政要》。众所周知，唐玄宗时，著名史家吴兢编了一部《贞观政要》，对后世影响深远。唐文宗时，也要新修一部《开元政要》。有一次，文帝询问编撰情况如何？大臣杨嗣复说："臣等未见。陛下若欲遗之子孙，则请宣付臣等，参详可否。玄宗或好游畋，或好声色，与贞观之政不同，故取舍须当，方堪流传。"[①]这里指出了开元之政不如"贞观之治"，未得尽善尽美。后来，《开元政要》没有编成，《新唐书·艺文志》不见著录，原因可能是评价标准不一，取材岂容易哉？

第二，郑处诲撰《明皇杂录》。郑处诲字延美，荥阳人，宰相郑余庆之孙。文宗大和八年（公元834年）举进士，官至检校刑部尚书、宣武军节度使等；宣宗大中九年（公元855年）撰成了《明皇杂录》。作为私家著作，更能反映了当时士人对唐明皇的看法。与以往的观点一样，书中肯定了玄宗求治心切，"急于为理，尤注意于宰辅"，任贤用能，是赢得"开元之治"的重要原因。同时指出，自开元晚期以后，"玄宗既在位年深，稍怠庶政"，走下坡路了。作者对李林甫"恃权忌能"进行了抨击，而赞扬了张九龄的"謇谔匪躬之诚"。特别值得注意的是，以往政论家们几乎没有涉及杨贵妃，而在《明皇杂录》中收集了许多生动的资料。这说明社会上关于杨贵妃的传说越来越广泛，真假难分的秘闻逸事成为里巷之谈。作者揭露了杨门的"骄奢僭侈之态"，但决不以封建卫道士的姿态出来咒骂，更没有把女人当作罪恶之源。这大概是当时士人的共同看法。

---

① 《旧唐书·杨嗣复传》。

第二节　《长恨歌》与李杨爱情故事的升华

如果说，唐朝政论家们比较重视开天治乱的社会问题，那么，诗人们则更多地注意李杨之间的爱情故事。终唐之世，咏叹杨贵妃故事的诗篇不少，其中最为杰出的无疑是白居易的《长恨歌》。随着《长恨歌》的广泛流传，杨贵妃故事成了中国文学创作的重大题材，几乎家喻户晓。

（一）杜甫诗《哀江头》与《北征》

最早把李杨爱情搬上文学作品的，不是白居易，也不是杜甫，而是盛唐大诗人李白。前面说过，李白写了《清平调》三首，赞颂太真妃。当时，杨太真刚刚得宠，唐朝在政治腐败方面还没有明显地表现出来。李白把她比喻为汉宫飞燕，并无昭阳祸水之意，只是用艳丽的彩笔描绘了帝王与妃子的热恋。正因为如此，《清平调》遣词虽美，却不能打动古往今来千万读者的心。

李杨爱情是在政治昏暗的漩涡中沉沦的。自册立杨贵妃以后，杨氏五家成为恶势力的代表，贵妃诸姐以"国夫人"名义横行霸道，右相杨国忠更是专断朝政，气焰嚣张。这种状况，必将引起朝臣的反对，遭到诗人的抨击。天宝末期，身居长安的大诗人杜甫，写了《丽人行》，揭露了杨门的穷奢极欲。作者运用客观铺陈的手法，显现出杨门女子的珠光宝气，强调指出："就中云幕椒房亲，赐名大国虢与秦。"虢国夫人与秦国夫人等所以富贵异常，缘由是靠了"椒房"（后妃）的亲属关系。右相杨国忠也同样如此。杜甫在诗篇末愤怒地告诫："炙手可热势绝伦，慎莫近前丞相嗔。"①《丽人行》虽然没有提及唐玄宗与杨贵妃，但把李杨爱情所

---

① 《杜工部集》卷1《丽人行》。

带来的严重后果暴露出来了,这就反映了诗人的现实主义创作精神。

杜甫还是最早描写马嵬驿事变的诗人,在《哀江头》与《北征》诗篇中第一次写到了杨贵妃之死。至德二载(公元757年)春,上距马嵬事件仅八九个月,长安早已被安禄山叛将占领,杜甫面对"国破山河在,城春草木深"的景象,黯然伤神,写下了名篇《哀江头》。"少陵野老吞声哭,春日潜行曲江曲。江头宫殿锁千门,细柳新蒲为谁绿?"眼前的荒芜衰败,勾引起对往昔盛况的追念:"忆昔霓旌下南苑(指曲江南的芙蓉苑),苑中万物生颜色。昭阳殿里第一人(指杨贵妃),同辇随君侍君侧。……翻身向天仰射云,一笑正坠双飞翼。"然而,就在嬉戏笑声中,安禄山叛乱发生了,结果是国破人亡,贵妃一命呜呼,玄宗逃亡蜀郡。诗人悲泣道:

　　明眸皓齿今何在?血污游魂归不得。
　　清渭东流剑阁深,去住彼此无消息。
　　人生有情泪沾臆,江草江花岂终极?①

请将《丽人行》与《哀江头》比较一下,前者对李杨爱情的社会后果加以鞭挞,后者则在哀怨之中寄以深沉的怜惜。为什么会有这种变化呢?因为安禄山叛乱使形势发生了剧变。叛乱固然是唐玄宗本人召来的,是他荒于政事的结果。但是,玄宗也仓促蒙尘,贵妃惨死,令人惋惜。许许多多的人在丧乱中经受类似的磨难。诗人的不幸,庶民的不幸,唐王朝的不幸,玄宗与贵妃的不幸,在"胡骑满城"的特定的历史条件下,都有着某种相似的地方。因此,诗人怀着极大的同情,把马嵬驿事变描写为"两不相顾,一死一生"的悲剧。贵妃长眠渭滨,玄宗由剑阁入蜀,"去住彼此无消息。"人们亡国之恨也将因江草江花而年年萌生,永无绝期。南宋诗人陆游引苏黄门语云:"《哀江头》即《长恨歌》也。《长恨》冗而

---

　　① 《杜工部集》卷1《哀江头》。

凡,《哀江头》简而高。"①以"凡"评《长恨歌》并不确切,《哀江头》未必"高"于《长恨歌》。但是,《哀江头》确实与《长恨歌》一样,描写了蒙难生死的悲剧,表达了对唐玄宗与杨贵妃的哀怜。

奇怪的是,杜甫含泪写了《哀江头》不久,同年八月,又写了著名的长诗《北征》,从另一个审视角度评论了马嵬驿事变。诗云:

> 忆昔狼狈初,事与古先别。
> 奸臣竟菹醢,同恶随荡析。
> 不闻夏殷衰,中自诛褒妲。
> 周汉获再兴,宣光果明哲。
> 桓桓陈将军,仗钺奋忠烈。
> 微尔人尽非,于今国犹活。②

这里,把杨贵妃比作妲己、褒姒之类人物,肯定了陈玄礼将军诛杀"奸臣"杨国忠的正义性,肯定了缢死杨贵妃的必要性。何以从对杨贵妃的哀婉与同情,一变而为抨击与谴责呢?原因也是客观环境的变化。至德二载(公元757年)春,杜甫羁留长安,为"国破"而悲泣,写下了《哀江头》。约四、五月间,杜甫逃出长安,奔赴凤翔。这时,唐肃宗正在凤翔,部署平叛斗争,准备收复长安。唐肃宗给杜甫一个官职"左拾遗",杜甫真是绝处逢生。八月间,经皇帝恩准,杜甫回到鄜州羌村探亲,与久别的妻子儿女团聚,同时写了众口交誉的名篇《北征》。③ 很清楚,在杜甫的心目中,唐肃宗"再兴"唐王朝,"宣光果明哲",代表着未来与希望。而如果没有马嵬驿事变,也就没有肃宗灵武称帝,也就没有"于今国犹活"。因此,诗人歌颂诛杀"奸臣"与"褒、妲",完全是可以理解的。明末钱谦益评曰:"予谓微尔人尽非,犹云微管仲吾其被发左衽也,其

---

① 《老学庵笔记》卷7。
② 《杜工部集》卷2《北征》。
③ 参见孙迟《杜甫两过昭陵与"安史之乱"》,载《唐史学会论文集》。

推许之至矣。"①的确,杜甫极力赞许"忠烈"救亡的重大意义,也是符合历史的真实的。

乍一看,从《丽人行》到《哀江头》,再到《北征》,杜甫对杨贵妃其人其事的评价是不同的。其实,始终贯穿着一条现实主义创作原则,只是审视角度有所变化而已。杜甫写的是"史"诗,用他的政治观点来评论当代人物的是与非。李杨爱情既然是跟天宝乱政交织在一起,也就不能不遭到诗人的责备;但是,唐玄宗与杨贵妃又经历了蒙难的不幸,因而诗人有时也洒以同情之泪。

杜甫的"史"诗具有典型意义,而这种典型带有浓厚的政治色彩,并为后来一些诗人所效法。例如,晚唐僖宗时,宰相郑畋写了一首《马嵬坡》诗:"肃宗回马杨妃死,云雨虽亡日月新。终是圣明天子事,景阳宫井又何人。"②作者认为,杨贵妃之死,换来了唐肃宗的中兴;而唐玄宗总算是"圣明"天子,没有踏上"景阳宫井"亡国的覆辙。换句话说,作者肯定了马嵬坡事件的救亡意义。显然可见,杜甫《北征》与郑畋诗是一脉相承的,反映了唐朝政治家以及"史"诗作者们对李杨爱情的看法。

(二)《长恨歌》的来龙去脉

白居易《长恨歌》的主题就大不相同了,诗中描绘的不是历史上真实的唐明皇与杨贵妃,更不是用政治观点来评判是非,而是塑造爱情艺术上的典型。李杨爱情的故事,经由诗人的升华,达到了超现实的纯真的境界。

杜甫之后,白居易之前,咏叹李杨故事的诗篇也有一些。如大历间诗人郑丹《明皇帝挽歌》云:"山河万古在,今夕尽归空。"③又

① 钱谦益《读杜小笺》上。
② 参见杨志玖《"马嵬坡"诗和它的作者》,载《文史知识》1987 年第 6 期。后人将诗改为"玄宗回马杨妃死",意思虽通,但不符合原来的精神。
③ 《全唐诗》卷 272 郑丹《明皇帝挽歌》。

如诗人李益诗曰:"太真血染马蹄尽,朱阁影随天际空。""浓香犹自随鸾辂,恨魄无由离马嵬。"①这些诗突出一个"空"字,充满着哀恨之情。至于俚俗传闻,那就更多了。其中,尤以唐明皇令方士寻觅杨贵妃的幽灵的故事,最为动人。唐宪宗元和元年(公元806年)冬十二月,上距马嵬事变恰好五十年,白居易和陈鸿在盩厔(今周至)仙游寺游历,从朋友王质夫的口述中听到这个民间传说,因而有感而作《长恨歌》与《长恨歌传》。可见,《长恨歌》是对俚俗传闻的再创作。②

尽管民间流传着贵妃幽灵的故事,但在文人作品中大抵局限于人世的悲叹。正如陈寅恪先生指出:"若依唐代文人作品之时代,一考此种故事之长成,在白歌陈传之前,故事大抵尚局限于人世,而不及于灵界,其畅述人天生死形魂离合之关系,似以长恨歌及传为创始。"③的确,《长恨歌》在艺术创造上第一次把李杨爱情故事从世间上升到灵界,以"畅述人天生死形魂离合之关系"为主题。这就是《长恨歌》成为千古绝唱的真正秘密,这就是它引起无数读者思想上的共鸣与强烈的精神反响的根本原因。

新近,有的学者提出:《长恨歌》所述的故事,主要是在摹袭和附会佛教变文《欢喜国王缘》的基础上形成的。④ 这无疑是创见,为研究《长恨歌》开拓了新思路。但是,仅从情节结构上比较,找不出白居易与佛教变文关系的直接史料,还是不足以服人的。各民族各种文学作品,常有惊人的相似之处;彼此类同的作品,不一定就是一个仿照一个。要证实仿照,只能靠史实,不能依逻辑推理。其实,与其说《长恨歌》受到佛教思想的影响,毋宁说是受到

---

① 《全唐诗》卷 282 李益《过马嵬二首》。
② 参见王运熙《略谈"长恨歌"内容的构成》,载《复旦学报》1959 年第 7 期。
③ 《元白诗笺证稿》第 13 页。
④ 参见陈允吉《从"欢喜国王缘"变文看"长恨歌"故事的构成》,载《复旦学报》1985 年第 3 期。

道教思想的影响。佛教主张灵魂再生说,道教也有"飞升"、"尸解"等说法。诗云:"临邛道士鸿都客,能以精诚致魂魄,……遂教方士殷勤觅。"《长恨歌传》亦曰:"适有道士自蜀来,知上(唐玄宗)心念杨妃如是,……方士乃竭其术以索之。"明明说是"道士"、"方士"觅杨妃幽灵,何以非扯上佛教不可呢? 诚然,佛教变文有"六道生死都无踪迹"的说法,但这不是"上穷碧落下黄泉,两处茫茫皆不见"词句的真正来源。须知,恰恰是道家称天空为"碧落",从用词上可以证实《长恨歌》与道教思想的密切关系。杨贵妃原是女道士,唐人皆知。《长恨歌传》虚构仙山上"玉妃太真院",白居易渲染方士在蓬莱仙宫谒见贵妃的情节,完全是顺理成章的事,无需附会于佛经文学中"有相夫人"生天因缘。

众所周知,《长恨歌》最激动人心的笔墨:杨贵妃被缢死后,幽灵升到了蓬莱仙山,以天上"仙子"的身份活动着,仍然思念世间的唐玄宗,"在天愿作比翼鸟,在地愿为连理枝"。这里,关键的问题是道家成仙说。自盛唐以来,不仅唐玄宗狂热地尊崇道教,妄想长生不老;即使像张九龄这样开明的政治家,也深受影响。例如,张九龄在《贺上仙公主灵应状》中说:"臣等伏承今月八日,上仙公主灵座有祥风瑞虹之应,爰至启殡,乃知尸解。……适来以时,且契于玄运;超然而蜕,复升于丹篆。杳冥虽远,仿象如存,则知仙路有归,兹念已释,理绝今古,事昭闻见。"①可见,"仙路有归"说法是很普遍的。杨太真死后成仙,在长安附近流传,这并非来源于佛教灵魂再生说;而白居易将民间传说加工为《长恨歌》,未必是以《欢喜国王缘》为蓝本。

虽然《长恨歌》故事情节是艺术虚构,渲染"人天生死形魂离合之关系",但也反映了作者对唐玄宗的政治评价。如果他认为玄宗是无道昏君,如宠爱妲己的纣王一样,决然写不出如此可歌可

---

① 参阅《曲江集》。

泣的诗篇。元和元年四月，即创作《长恨歌》前八个月，白居易颂扬"太宗以神武之姿，拨天下之乱。玄宗以圣文之德，致天下之肥。"对开元盛世充满热烈的向往："开元之理既定，而盛礼兴焉；虽三王之明备，无不讲也。"然而，"天宝以降，政教浸微，寇既荐兴，兵亦继起。"①很清楚，白居易对唐明皇既褒又贬，肯定之中有否定，基本上是作为"圣"君来评价的。《长恨歌》就是把李杨爱情故事置于由"盛"而"微"的历史背景下演化的。前半篇描写盛唐天子宠幸杨妃，"从此君王不早朝"，荒于政事，酿成了祸乱。显然，这是"政教浸微"的表现，诗人对此作了一定程度的批判。但是，评论马嵬驿事件就跟杜甫《北征》诗迥然有别："宛转蛾眉马前死，……君王掩面救不得，回看血泪相和流。"杜甫强调事变的救亡意义，符合政治史的真实；白居易渲染生死离别的场景，符合李杨爱情故事的真实。就感人的艺术效果来说，后者胜于前者。接着，《长恨歌》着重描写唐玄宗从四川回来后对杨贵妃的日夜思念，"天长地久有时尽，此恨绵绵无绝期。"这样，全篇主旨明显地不在于讽刺，而是畅述"人天生死形魂离合之关系"，具有不朽的艺术魅力。把帝王与爱妃的爱情故事，升华到普遍男女之间的爱情悲剧，赞美爱的坚贞不渝，同情人的不幸磨难，这就是白居易的诗人天才。

（三）唐朝关于杨妃的传说

杨贵妃知名度的提高，得力于诗人的作品。完全可以说，没有《长恨歌》的广泛流传，李杨爱情故事就不可能如此深入人心。

诚然，李白《清平调》三首，使当时人对太真妃有所知晓；但要引起多少人感情上的共鸣，那就很难了。杜甫《北征》诗，众口交誉；但要人们引起对"褒、妲"之类女人的同情，也是不可能的。太

---

① 《白居易集》卷47《才识兼茂明于体用科策一道》。

上皇唐玄宗凄凉的暮年,尤其是他深宫思念爱妃,实在令人哀怜。岁月流逝,往事攸邈,"白头宫女在,闲坐说玄宗。"①遗事逸闻演化为民间传说,便产生了方士觅贵妃幽灵的故事。这故事仅在长安附近道教圣地口耳相传,陈鸿、白居易原先也是不知道,可见流传范围尚小且狭。唯独《长恨歌》的流传,激起无数读者的强烈反响。流播之速之广,出乎诗人的意料。据载,《长恨歌》熟诵于"王公妾妇牛童马走之口",歌妓诵得便身价骤增。这样,明皇与贵妃的爱情悲剧尽人皆知,各种真假不分的传说就越来越多了。

　　记述传说的文字资料,大致分为两大类。第一类是稗乘野史、笔记史料、传奇小说,如《唐国史补》、《大唐新语》、《次柳氏旧闻》、《酉阳杂俎》、《明皇杂录》、《开天传信记》等等。凡是有关的史料,本书各章均已详细摘引,并加辨正,这里不再重复。如传说缢贵妃于佛堂前"梨树"下,就是以《长恨歌》"梨花一枝春带雨"而添加的。第二类是文人诗作,中晚唐诗人就马嵬坡、骊山、华清宫、兴庆宫、龙池等写了不少诗篇。《唐诗纪事》云:"马嵬太真缢所,题诗者多凄感。"对李杨爱情的悲剧,几乎都给以怜悯与同情,表现了"伤痕"文学的特色。而这股潮流源出于《长恨歌》,难道不是清清楚楚的吗?

　　需要补充的是,读《长恨歌》,大多有杨贵妃并没有死的强烈感觉。这正是诗的魔力!李商隐《马嵬》诗云:"海外徒闻更九州,他生未卜此生休。"②似乎唐代就有杨贵妃逃往海外仙山的传说。但是,白居易明明说贵妃"马前死",埋于"马嵬坡下泥土中"。李商隐也认为,贵妃死后成仙,居于海外,这是荒谬的说法。从史实上考察生死之谜,长期以来没人注意。及至公元1927年11月15日,著名学者俞平伯先生写了《"长恨歌"及"长恨歌传"的传疑》,

---

① 《元稹集》卷15《行宫》。
② 《全唐诗》卷539李商隐《马嵬》二首。

载于《小说月报》1929年第20卷第2期。^① 文中推断杨贵妃可能没有死，为研究白歌陈传以及考察杨贵妃史实，都有开拓新思路的意义，给读者以启迪。新近有人撰文驳斥俞先生六十年前的旧文，那就大可不必了。俞先生早已声明："佐证缺少，难成定论，姑妄言之，姑妄听之，亦以不废乎?"我们认为，重要的在于唐朝究竟有没有关于贵妃未死的传说。古往今来，某些绝代美人或者歌舞明星，不幸遇难，确实死了，但世人常常会传诵着她的未死，这虚幻的传说又会引起更多人的好奇与关注。杨贵妃明明死了，人们心理上仍觉得她还生存着，世间见不到了，幻想她生活于海外仙山。这是美好的祝愿，善良的同情。如果杨贵妃在唐人心目中始终是"褒、妲"一类坏女人的典型，绝对不会产生未死或者成仙的传说。当然，虚幻的传说，终究不是历史事实。杨贵妃必死无疑，这一点本书第二十一章已经作了详细的论述。

第三节　五代以后的史评与传奇

从五代经两宋，及至明清，各种史籍也都对唐明皇与杨贵妃作出了新的评价。第一部杨贵妃"外传"的编纂，传奇《长生殿》的产生，继续丰富并充实了李杨爱情的故事。

（一）《开元天宝遗事》与《旧唐书》纪传

五代王仁裕采撷民间传说，编撰了《开元天宝遗事》。据晁公武《读书志》载，共一百五十九条，分为四卷。按今本上下两卷，仅一百四十六则。书中记述开天遗事及人情风貌，颇生动，尤为后世戏曲小说所采用。可惜，编汇传闻，未能辨正，语多失实。除了南宋洪迈指出的四条谬误外，其他差错，比比皆是。如宁王开元末年

---

① 　现收入俞平伯《论诗词曲杂著》，上海古籍出版社1983年版。

已死,却记述天宝初宁王的活动。

看来,王仁裕对"开元之治"是赞颂的。第一条就记唐玄宗得宝玉一片,上面刻有"天下太平"字;肯定了著名政治家姚崇、宋璟以及张九龄的业绩。至于天宝时期,则搜集了大量的穷奢极欲的遗事。作者虽然没有评论由盛而衰而乱的进程,但通过触目惊心的遗事排列,令读者自然得出那个结论。书中记载杨贵妃以及跟她相关的人与事,计三十六条,铺陈了唐明皇与杨贵妃的宫廷生活,揭露了杨国忠及虢国夫人的淫靡之风。这些资料有真有假,引用时务必考核。总的说来,王仁裕渲染玄宗宠幸贵妃,但认为她是专门享乐的非政治性人物,跟专断朝政、犹如"冰山"的杨国忠有所不同。

五代刘昫等撰的《旧唐书》,是最早记载唐玄宗与杨贵妃事迹的正史。跟以往野史笔记、民间传说比较,自然严谨可靠,但往往失之简略。史臣们热情歌颂"开元之治",说:"贞观之风,一朝复振。于斯时也,烽燧不惊,华戎同轨。……年逾三纪,可谓太平。"同时,为"天宝乱政"而叹惜,指出:"自天宝已还,小人道长。……妒贤害功,但有甫、忠之奏。豪猾因兹而睥睨,明哲于是乎卷怀,故禄山之徒,得行其伪。厉阶之作,匪降自天,谋之不臧,前功并弃。惜哉!"《旧唐书·玄宗本纪》史臣这种评论,基本上承袭唐人论开天治乱的观点,只是具体些罢了。

《旧唐书·杨贵妃传》作为第一篇传记,记述了杨贵妃的身世,从女道士到"太真"妃、册立贵妃、两次"出宫"风波、逃离长安、缢死马嵬等全过程。资料除个别之处失实外,大多可信,至今仍是研究杨贵妃历史的重要文献。至于史臣如何评论杨贵妃呢?传序强调:"玄宗以惠妃之爱,摈斥椒宫,继以太真,几丧天下。"这里,把"邦家丧败"归罪于杨贵妃,暴露了史臣们的陈腐观念。

(二)乐史《杨太真外传》

在李杨故事的演变史上,《杨太真外传》占有承上启下的特殊

623

地位。乐史（公元 930 年至 1007 年），字子正，由南唐入宋，曾任史官。他把唐代以来散见各书的笔记史料、传奇故事加以总汇，按照杨贵妃的生平重新编述。"外传"虽然不如《长恨歌传》那样一气呵成，但情节详尽，故事生动，成为后世小说戏曲取材的宝库。例如，乐史根据唐诗的影子，演绎了杨妃窃宁王紫玉笛吹的故事，为后人津津乐道。又如，乐史还采撷了道士"杨通幽"觅贵妃灵魂的传说。注意！《长恨歌》仅云"临邛道士"，并无姓名。《太平广记》卷 20《杨通幽》条曰："本名什伍，广汉什邡人。"显然，这是小说家之言。"杨通幽"三个字，一望而知，纯属后人的编造，带有明显的暗喻意义，绝对不是事实。

对于历史研究来说，《杨太真外传》也有一定的参考价值。因为它比《旧唐书·杨贵妃传》详尽得多，大致展现了杨玉环的个人历史轮廓以及唐玄宗从四川返回长安后思念之情。但是，"外传"只是素材的汇编，而不是史著的考辨，所以差错比比皆是。如果不经由一番考证，信手摘引，就难免会发生笑话。

（三）宋代的史评

宋代记述盛唐历史的最重要史籍，当推《新唐书》与《资治通鉴》。这两部史书较可信，排除了一些离奇的传说故事。欧阳修和司马光的史评，基本上跟唐人的评论一样，既有褒又有贬，褒的是"开元之治"，贬的是"天宝乱政"。本书各章已有援引，兹不赘述。

还有一些思想家、文人与史学家，他们对开天治乱的分析也颇精彩。下面，举例介绍。

北宋思想家李觏认为："明皇亲见祸乱，心思矫正"，"其始皆能求辅佐，纳谏诤，夙兴夜寐，以安天下，济生人为意，此其所以兴也。"这里探讨盛世的原因，求贤与纳谏这两条，历来说的不少，唯独"济生人为意"罕有言及，反映了社会地位较低的李觏的卓识。

他还指出：唐明皇后来不行了，"进用女色，间以谗贼，以紊经纪。"①把"女色"问题突出起来，反映了宋代的伦理观念。因此，李觏对马嵬驿事件自有新的评价，他写了《读长恨辞》二首，一首云：

玉辇迢迢别紫台，系环衣畔忽兴哀。

临邛谩道逢山好，争奈人间有马嵬。

另一首云：

蜀道如天夜雨淫，乱铃声里倍霑襟。

当时更有军中死，自是君王不动心。②

诗的旨趣与《长恨歌》主题迥然有别，表达了对"女色"与"荒淫怠慢"的谴责。不过，李觏毕竟不是礼教的卫道士，没有把一切都归罪于杨贵妃。他的《马嵬驿》诗道：

六军刚要罪杨妃，空使君王血泪垂。

何事国忠诛死后，不将林甫更鞭尸？③

杨国忠被处死，历来诗人称快。奸相是罪魁祸首之一，毫无疑问。其实，除了杨国忠之外，还有另一个祸首李林甫。李林甫"养成天下之乱"，而"杨国忠终成其乱"。这种历史联系，李觏敏锐地看到了，所以情不自禁地呼喊："何事国忠诛死后，不将林甫更鞭尸？"

北宋著名文士苏辙也有精辟的评论，他认为唐玄宗是"中兴之主"。这恐怕是来自唐人的意见。中唐诗人元稹早就说过："明皇即位，实号中兴。"④苏辙加以阐发，强调："玄宗继中（宗）、睿（宗）之乱，政紊于内，而外无藩镇分裂之患，约己任贤，而贞观之治可复也。"⑤认为唐玄宗的"中兴"事业在于恢复"贞观之治"，是

---

① 《李觏集》卷2《礼论第七》。

② 《李觏集》卷36。

③ 《李觏集》卷36。

④ 《元稹集》卷28《才识兼茂明于体用策一道》。

⑤ 《栾城后集》卷11《历代论五》。

颇有见地的。同时,苏辙指出,玄宗在位岁久,聚敛之害遍于天下,故导致了"天宝之乱"。南宋著名学者洪迈也是持这种意见,把唐太宗与唐玄宗都称为"唐之明主",强调说:"(二帝)所言所行,足以垂训于后,然大要出于好名。"①既有肯定,又有否定,这是宋朝人对唐玄宗评价的基本倾向。

除了史评外,宋代学者还开始做一件很有意义的工作。中唐以来,关于明皇与贵妃的传说浸多,真假莫分。如:杨贵妃何时入宫? 杨妃窃笛是怎么一回事? 等等。宋代学者相继进行了一些考辨,有助于弄清历史的真相。这方面的著作有:《石林燕语》、《容斋随笔、续笔》、《老学庵笔记》、《梁溪漫志》、《野客丛书》等等。

(四)元代杂剧《唐明皇秋夜梧桐雨》

由宋入元,在蒙古贵族统治的历史条件下,政治家们谈论开元天宝"治乱"的自然不多了,反映在史著上也是如此。但是,在戏曲舞台上,以唐明皇与杨贵妃故事为题材的杂剧却是盛况空前。

据说,民间传说移植于舞台,大约开始于宋、金对峙之际。不过,至元代才真正地兴隆起来。如关汉卿《唐明皇哭香囊》、白朴《唐明皇秋夜梧桐雨》与《唐明皇游月宫》、岳伯川《罗光远梦断杨贵妃》、庾天锡《杨太真霓裳怨》与《杨太真华清宫》等等。可惜,留传至今的只有白朴《梧桐雨》一种,足见它在李杨故事的演变史上具有重要的地位。

从"史"的角度来看,《梧桐雨》作者是赞颂开元盛世的,剧中以唐明皇的口气说:"即位以来,二十余年,喜的太平无事,赖有贤相姚元之、宋璟、韩休、张九龄同心致治,寡人得遂安逸。"这种观点,基本上是承袭了唐宋时代的史评。正是由于白朴肯定了"开元之治",所以剧中把同情给予唐明皇,将皇帝的个性描写得比较完美。

---

① 《容斋续笔》卷 16《唐二帝好名》。

值得注意的,剧中渲染了杨贵妃与安禄山的私情。杨贵妃说白:"妾心中怀想,不能再见,好是烦恼人也。"安禄山也说什么:"抢了贵妃,夺了唐朝天下,才是我平生愿足。"这些描述不仅损害了《梧桐雨》的爱情主题,而且也不符合历史的真实。

诚然,唐朝笔记史料中已有一些记载,如《安禄山事迹》卷上曰:"禄山恩宠浸深,……而贵妃在座,诏杨氏三夫人约为兄弟。由是,禄山心动。""及动兵,闻马嵬之事,不觉数叹。"又如,《唐国史补》卷上也有类似的记载。应当指出,虚构杨贵妃与安禄山之间的恋情丑闻,系小说家之言,不足凭信。不过,天宝时期,宫中沉醉昼夜,戏闹喧笑,贵戚猥杂,不拘礼节,也是事实。金钱洗"禄儿"就是典型的例子。那时的风习礼仪,跟宋代以后的情况不可同日而语。但是,不管怎样,杨贵妃恋情于"养儿",安禄山非礼于贵妃,都是绝对不可能的。如果把安禄山叛乱的原因说成是"抢"美女,更是荒谬的。

继《梧桐雨》之后,元代作家王伯成编了一本《天宝遗事》诸宫调。它着意夸张杨贵妃与安禄山的私通丑闻,那就没有什么好评说的了。

(五)《长生殿》与李杨爱情故事的再升华

明清时代,李杨爱情故事仍以各种形式在继续着。除了民间传说外,杂剧、传奇就有:《唐明皇七夕长生殿》、《惊鸿记》、《彩毫记》、《洗儿赐钱》、《七夕私盟》、《马嵬杀妃》等等。① 洪升《长生殿》的诞生,犹如异峰突起;这部伟大的戏剧杰作,把李杨爱情故事升华到新的境界。

前面说过,《长恨歌》在艺术上把李杨爱情从"人世"升到"灵界"。深受《长恨歌》影响的《长生殿》,并不依样画胡芦,而是重新

---

① 参见周贻白《中国戏曲发展史纲要》,上海古籍出版社 1979 年 10 月初版。

回到世俗人间,着力描述李杨爱情的详尽过程。从客观上说,七言诗无法展现人物形象细节,而杂剧传奇就有了细致刻画的条件。《长生殿》凡五十出,情节复杂,仅"定情"、"禊游"、"幸恩"、"偷曲"、"进果"、"絮阁"、"密誓"及"埋玉"等二十五出,就把真挚的相爱过程写得淋漓尽致。杨贵妃死后的情节,《长生殿》又以二十五出,描写了唐明皇对贵妃的深沉的思念,实质上是歌颂了人类的生死不渝的爱情理想。

艺术上升华了的爱,并不是历史上真实的爱。现代著名的剧作家洪深先生说得好:"《长生殿》既是赞美爱情的;但爱情的美丽必须寄托在相爱者的人格的美丽上。而《长生殿》的主角,唐明皇和杨贵妃,却并不是具有优美的精神的人物;因此,他们的爱情的悲剧也就不能怎么激动人心。"①的确,就史实而言,唐玄宗与杨贵妃的爱情虽有合乎情理的因素,但毕竟不怎么高尚、优美、激动人心。《长生殿》塑造的主角则超越了历史人物的原型,抒发了人类纯真的爱。这就是《长生殿》的魅力所在!

(六)层累的道德与政治包袱

自古以来,没有一个女人像杨贵妃那样,背了道德的与政治的包袱;而且宋代以后,这两个包袱越来越沉重,以致把杨贵妃的真面目弄得难以识别。

所谓道德包袱,实际上是指女人污秽论。杨玉环是以寿王妃晋升为贵妃的,这就在当时舆论上也不能不作点掩饰,所以唐玄宗采取了"度为女道士"与"另册寿王妃"等措施。白居易和陈鸿写《长恨歌》及"传"时,当然知道寿王妃的底细。但诗云"杨家有女初长成,养在深闺人未识";《长恨歌传》原本(《丽情集》本)亦云"使搜诸外宫,得弘农杨氏女",没有通行本上"于寿邸"三个字。

---

① 《洪深文集》第 4 卷《"长生殿"传奇英译文的引言》。

628

为什么不提寿王妃呢？历来评论者认为，"盖为国讳也"。① 换言之，为尊者讳，为唐玄宗讳。其实，当时诗人根本没有避讳的必要。为了突出爱情主题，使之升华，才不道及寿王妃。这是出于艺术创作的需要。后来，微露其意者不少，如李商隐诗云："龙池赐酒敞云屏，羯鼓声高众乐停；夜半宴归宫漏永，薛王沈醉寿王醒。"又诗云："骊岫飞泉泛暖香，九龙呵护玉莲房；平明每幸长生殿，不从金舆惟寿王。"②点明了杨贵妃原是寿王妃。诗人语极含蓄，决无后世卫道士式的恶骂。因为唐朝还是较开放的时代，男女私情较自由，连狎妓游宴也成了朝野的风尚，当然对于杨贵妃原为寿王妃这一点不会大加指责。终唐之世，还没有把乱伦的道德包袱强加在杨贵妃身上。

可是，到了宋代就不行了，由于封建礼教观念的严峻化，颇看不惯唐代通脱狂放的习俗。朱熹就认为李唐出自夷狄，闺门失礼之事，不以为异。显然，对唐朝胡化色彩和"三纲不正"表示异议。至于宋人评论唐诗，则认为《长恨歌》描写燕昵之私，造语蠢拙，无礼于君。如张戒《岁寒堂诗话》卷上云："杨太真事，唐人吟咏至多，然类皆无礼，太真配至尊，岂可以儿女语黩之耶？"

自宋以后，至明清，更有人把杨太真本寿王妃这一事实，视为"新台之恶"。甚至连洪升也不能不顾及这种舆论，《长生殿》"例言"声明："史载杨妃多污乱事，予撰此剧，止按白居易《长恨歌》、陈鸿《长恨歌传》为之，……杨妃全传，若一涉秽迹，恐妨风教，绝不阑入。览者有以知予之志也。"可见，"风教"是何等的厉害，杨贵妃背上"污乱"的伦理包袱又是何等的深重！白居易为了塑造爱情主角形象，故意不提寿王妃。而洪升为了预防别人在"风教"上的指责，删去了《梧桐雨》中贵妃来自寿王邸的说明，《长生殿》

---

① 梁绍壬《两般秋雨庵随笔》卷2《寿王妃》。
② 《全唐诗》卷540李商隐《龙池》、《骊山有感》。

第二折《定情》作了这样的描写："昨见宫女杨玉环,德性温和,丰姿秀丽,卜兹吉日,册为贵妃。"杨妃"秽迹"被抹掉了,剧作者忐忑不安的心也就放下来了。

荒唐可笑的是,清代一些学者为了维护封建皇帝的尊严,为了维护三纲五常的伦理道德,居然做起杨妃是处女的考证文章来。著名学者朱彝尊在《曝书亭集》中,就《杨太真外传》作了考证,认为:杨妃由道院入宫,不由寿邸。张俞《骊山记》谓妃以处子入宫,似得其实。朱彝尊还对李商隐《碧城》三首作了分析,说:"一咏妃入道,一咏妃未归寿邸,一咏明皇与妃定情,系七月十六日。"翁方纲《石洲诗话》卷2也同意上述见解。总之,这类"考证"现在看来十分无聊,但在清代却是涉及"风教"的大事,故卫道士们不得不进行认真且严肃的考证。由此反映了中国封建文化的向衰,反映了礼教观念的虚伪,反映了文士学者的悲哀。

须知,即使从伦理上说,唐玄宗是父夺子媳,责任不在于寿王妃。但是,在封建专制时代,在男权社会里,污水是泼向女人的。史书上历来为尊者讳,为至尊的皇帝讳。乱伦的"大恶"既然不能加于至尊,那就只有推在杨贵妃身上了。这正是女人的不幸!

除了道德包袱外,还有一个政治包袱,那就是女人祸水论。前面说过,杜甫《北征》诗曾将杨贵妃比作"褒、妲"一类女人,但诗人主要是肯定马嵬驿事变的救亡意义,并没有将乱唐包袱全由女人来承担。《长恨歌》是歌颂李杨爱情的,自与祸水论无缘。不过,白居易也说过:"女为狐媚害即深,日长月长溺人心。何况褒妲之色善蛊惑,能丧人家覆人国。"还说:"生亦惑,死亦惑,尤物惑人忘不得。人非木石皆有情,不如不遇倾城色。"①这些观点是祸水论的表现,但诗人主要是批评"政教浸微",批评明君"溺声色",还没有把一切罪恶都归咎于女人。终唐之世,咏叹杨妃的诗文不少,其

① 《白居易集》卷4《古冢狐》、《李夫人》。

中固然有"溺声色"的批判,但更多的是宽容与同情。

女人祸水论泛滥于宋代,欧阳修的观点可谓典型,他在《新唐书·玄宗本纪》末加了这样的按语:"呜呼,女子之祸于人者甚矣!自高祖至于中宗,数十年间,再罹女祸,唐祚既绝而复续,中宗不免其身,韦氏遂以灭族。玄宗亲平其乱,可以鉴矣,而又败以女子。"将唐朝前期武则天称帝以及"再三祸变",统统归结为"女祸";又把"天宝之乱"全部归罪于杨贵妃;这是封建史家的陈腐观点。自宋至清,杨贵妃背上"乱唐"的政治包袱日益沉重。晚清名人魏源曾游历关中,写有诗《骊山》,自注云:"骊山一培塿耳,自汤泉而外,初无奇胜,而一笑倾周,一浴败唐,一葬亡秦,为今古凭吊之薮。"①所谓"一笑倾周"(指褒姒)与"一浴败唐"(指杨贵妃),反映了女祸论影响之深远。

当然,历史上不乏有识之士,对"杨妃乱唐"观点表示异议。特别是描写李杨爱情故事的文学作品,大多摈弃了女人祸水的偏见。例如,元代白朴《梧桐雨》第三折说:"他(指贵妃)是朵娇滴滴海棠花,怎做得闹荒荒亡国祸根芽?"又如,《长生殿》"埋玉"一折,痛斥了"杨国忠专权误国"的事实,把杨贵妃与杨国忠加以区别,这是符合历史的真实的。洪升并不认为杨贵妃是祸国根芽,对于她的死寄以极大的同情。"百年离别在须臾,一代红颜为君尽。""温香艳玉须臾化,今世今生怎见他。"唱出了可歌可泣的生死缘情,表达了为国捐躯的忠贞气节。这里,《长生殿》固然拔高了历史人物,但也推倒了强加于杨贵妃身上的政治包袱,说明剧作者是很有卓识的。

第四节　现代新小说与新传记

历史进入现代,古老的李杨爱情故事仍然引人瞩目。无论是

---

① 　《魏源集》下册《关中览古》五首之四《骊山》,中华书局 1976 年 3 月初版。

戏曲小说,还是论著传记,都有新的成就,反映了现代人对唐明皇与杨贵妃史事的新评价。

(一)鲁迅创作《杨贵妃》的计划

六十多年前,伟大文豪鲁迅先生曾想创作剧本《杨贵妃》,可惜一直未能如愿以偿。

据孙伏园在《鲁迅先生二三事》中回忆,[①]鲁迅对唐代文化有独到的见解,认为唐朝对于自己的文化抱有极坚强的自信力,同时对于别系的文化抱有极恢廓的胸襟与极精严的抉择。以此作背景,以近代恋爱心理学的研究成果作线索,衬托出一件可歌可泣的故事。"这便是鲁迅先生在民国十年左右计划着的剧本《杨贵妃》。"原计划是三幕,每幕都用一个词牌为名。第三幕是"雨淋铃",鲁迅解释说,"长生殿是为救济情爱逐渐稀淡而不得不有的一个场面。"

看来,上述回忆是可靠的。公元 1921 年左右,鲁迅不仅写现代小说,而且"动手试作"历史小说。第一篇历史小说《补天》写成于 1922 年 11 月,"便是取了女娲炼石补天的神话"。[②] 这时期,鲁迅计划创作《杨贵妃》,在他的想象中,那应当是完美的女性形象。

1924 年暑期,孙伏园陪鲁迅先生等赴西安讲学。当年西安的情景不但没有给鲁迅留下印象,反而破坏了他那想象中的"杨贵妃"的完美。孙伏园回忆说:"在我们的归途中,鲁迅先生几乎完全决定无意再写《杨贵妃》了。所以严格的说:《杨贵妃》并不是未完稿,实在只是一个腹稿。"

"腹稿"除了作者本人外,别人是无法揣测的。但是,从后来鲁迅先生的杂文中,可以获得他对杨贵妃评价的一些信息。1934

---

① 《鲁迅先生二三事》,重庆作家书屋 1942 年 4 月初版。著者孙伏园,是鲁迅的绍兴同乡,又是 1911 年鲁迅在绍兴初级师范学堂任堂长时的学生。

② 鲁迅《故事新编》序言。

年1月8日写了《女人未必多说谎》，指出："关于杨妃，禄山之乱以后的文人就都撒着大谎，玄宗逍遥事外，倒说是许多坏事情都由她，敢说'不闻夏殷衰，中自诛褒妲'的有几个。就是妲己、褒姒，也还不是一样的事？女人的替自己和男人伏罪，真是太长远了。"①同年12月21日写了《阿金》，强调"不信妲己亡殷，西施沼吴，杨妃乱唐的那些古老话"，说："我以为在男权社会里，女人是决不会有这种大力量的，兴亡的责任，都应该男的负。但向来的男性的作者，大抵将败亡的大罪，推在女性身上，这真是一钱不值的没有出息的男人。"②

可见，鲁迅先生痛斥"女祸"论，将历来强压在杨贵妃身上的政治包袱推倒了。这是评论杨贵妃的新的飞跃，表现了历史唯物主义的真知灼见。就历史而言，唐玄宗宠幸杨贵妃，是"天宝乱政"的一个方面。但是，把她看成罪魁祸首与"尤物"妖魔，是不公正的。鲁迅先生指出："其实那不是女人的罪状，正是她的可怜。""奢侈和淫靡只是一种社会崩溃腐化的现象，决不是原因。"③如果用这种观点来分析天宝时期杨门（当然包括杨贵妃）的穷奢极欲，就会得出合乎实际的结论。

（二）新小说《杨贵妃》等

鲁迅先生的遗愿，自有后来人来实现。近一二十年，海峡两岸小说家各自完成了长篇小说，展现了唐明皇与杨贵妃的历史画卷。

一部是台湾出版的《杨贵妃》，著者南宫搏先生，④1972年秋

---

① 鲁迅《花边文学》。
② 鲁迅《且介亭杂文》。
③ 《关于女人》，载《南腔北调集》。瞿秋白执笔，鲁迅修改。又，参阅韩幽桐《拥护女权的鲁迅先生》，刊1940年《中苏文化》第7卷，第5期。
④ 吉林人民出版社出版该书时作"南宫搏"或"南宫博"，究竟哪个对，未核实。如错了，希谅。

末动笔,次年夏完成。作者十分器重自己的书,称之为历史"的"小说而不仅是"历史小说"。作者尽量地考据事实,于尽可能求真中再以小说形式写出来,强调说:"主要人事发展,大致上与当时时事相吻合,正确处超过了现存的正式史书。"我们反复研读这部小说,觉得确实有此特点,足见小说家考史功夫之深。这是很不容易的,为历史研究提供了重要的参考价值。

南宫搏先生还在两篇附录里,驳斥了"女祸"论,指出:唐朝人把本朝的兴亡之际的大包袱推到杨贵妃身上,越到后来,杨贵妃所背的包袱也越大了!古代没有一个女人身负的包袱有如此之重大的!除了政治包袱,还有道德包袱。杨玉环以寿王妃入内宫,父夺子媳,为封建伦理道德所不容。自南宋末年起,这就成了中国历史、文学、乃至社会上的大问题。某些封建卫道之士,竟然"考证"杨贵妃以处女入宫,实在是很无聊的事。总之,这些分析是精辟的,自然,写出来的新小说《杨贵妃》也很有特色,值得一读。

另一系列长篇小说是四川作家吴因易写的。作者受到了鲁迅先生创作计划的启发,从 1979 年起,历时六年,推出了《宫闱惊变》、《开元盛世》、《魂销骊宫》、《天宝狂飚》等,约一百二十万字。以一人之力,完成空前的盛唐史事小说,真是难得呵!文学评论界人士说,作品以开阔的视野、宏大的气魄与才力,提供了一个色彩缤纷的历史画卷。

此外,在戏曲舞台上,现代京剧艺术大师梅兰芳,以一出《贵妃醉酒》,赢得无数观众喝彩。梅先生剔除了"女祸"的观念,把贵美娇醉的杨贵妃演得十分传神;虽然着意于"醉"字,但在醉态中显现出贵妃的烦闷与忧愁。昆剧《长生殿》经过改编,突出了李杨爱情故事,歌颂了生死不渝的爱,表达了美好的情感。越剧也编了《杨贵妃》,把唐明皇与杨贵妃作为一对艺术家来描绘,使这出戏在同类题材中显示出它的特点。甚至在芭蕾舞中,也出现了杨贵妃舞蹈家的形象。

总而言之,古老的故事在现代小说戏剧方面却是盛况不衰,说明它的生命力是何等的强大。当然,艺术创造一次次地把李杨爱情故事升华了,跟真实的历史不是一回事。

(三)历史研究的新成果

那么,真实的历史研究情况如何呢?

新中国成立以前,研究成果不多;新中国成立后至"文革"前,也是如此。1959 年香港中华书局出版了黄甄的《唐玄宗》,1963年香港宏业书局出版了李唐的《唐明皇》。值得一提的是,陈寅恪先生《元白诗笺证稿》第一章《长恨歌》,对于研究唐玄宗与杨贵妃的史事有重要的参考价值。

"文革"十年,所谓"评法批儒"的恶浪也把唐玄宗稍稍卷了进去,说什么唐玄宗继承武则天的法家路线,故有"开元之治",后来转向尊儒,走向衰落,所以出现了"天宝之乱"。这种荒谬的观点,在学术上也是不值得一驳的。

近十年,研究才渐渐兴盛起来。1979 年 10 月,吴枫先生发表了《"开元天宝盛世"新探》,次年乌廷玉、魏克明、徐连达诸位先生相继发表论文,论述"开元之治"与"天宝乱政",考察唐朝由盛转衰的历史原因。1981 年,黄永年先生发表文章,对开天时期各种政治势力作了深刻的剖析。1985 年,高世瑜同志的《唐玄宗崇道浅论》,提出了一些颇精彩的见解。1986 年,潘镛先生对唐玄宗经济改革作了分析,次年李必忠先生就玄宗时期社会矛盾进行考察,都有参考价值。

1987 年是新传记的丰收年,仅隔二三个月,就推出了两本唐玄宗传。

一本是郑英德编著的《唐明皇全传》,吉林文史出版社出版。这书的优缺点,吴枫先生在"序言"中评得十分中肯。指出:写作颇有特色,通俗易懂,深入浅出,具有广泛的可读性。重要史实皆有考订,没有空泛议论。"当然也有不足之处。在结构安排上不够周密,有些内容轻重失调,选材失之于个人好恶,对唐玄宗晚年叙述过略,个别论点还应加以斟酌。"

另一本是袁英光、王界云合著的《唐明皇传》,天津人民出版社出版。这是以生动的笔触写出来的详细的学术专著,在唐史研究上自有一定的地位。作者试图从唐代的整个社会历史出发,论述唐明皇个人从奋发到颓靡、从强者到弱者的变化过程。然而,可能是注重于"整个社会历史",对政治、经济、文化、军事背景叙述甚详,反而使传主"个人"历史有时不那么突出了。如吴枫先生前面评论的一样,晚年"过略";而关于安史之乱、太子李亨灵武即位、肃宗平叛等叙述过详,尽管这些分析也是精彩的。顺便一提,还可能是由于重视整个社会历史的分析,对唐玄宗生平履历与某些细节疏于核查,出现了一些差错。当然,这对于任何一部学术著作来说,都是难免的。

以上两本新传记还有一个共同的欠缺,就是杨贵妃史事过略。天宝时期,唐玄宗"个人"生活史,是离不开这位绝代佳人的。一千多年来,李杨爱情故事家喻户晓,而且堆积了层层神秘的色彩,几乎是真假难分。作为一部真实的唐玄宗历史传记,自然要对杨贵妃史实做稍多一些的分析。这是唐史研究的需要,也是繁荣文艺创作的需要,也是广大群众欣赏的需要。

(四)杨贵妃传说在日本

唐明皇与杨贵妃的故事,不仅为中国人民所喜见乐闻,而且在日本也广泛流传。可以说,没有一个中国古代女性形象,像杨贵妃那样,激起日本人民的极大兴趣。

看来,是与《长恨歌》的魔力分不开。一篇《长恨歌》,"以易传之事,为绝妙之词,有声有情,可歌可泣,文人学士既叹为不可及,妇人女子亦喜闻而乐诵之。是以不胫而走,传遍天下。"①《长恨歌》传到日本,同样为人们喜闻而乐诵之,并产生了杨贵妃未死的传说。诗云"忽闻海上有仙山,……中有一人字太真。"似乎杨贵妃逃到了海外仙山,逃到了日本。据说,杨贵妃逃到扬州,东渡日本。山口县、向津具半岛的久津就是她搭船到日本来的第一站,至今有一处名为"杨贵妃之墓"的五轮塔。"由于五轮塔上并没有刻上任何姓名或事迹,而且,占地不大,所以,初次到此的人,很难找到'杨贵妃之墓'。但是,若向当地人询问'杨贵妃之墓'的话,则人人都能告诉你详细的地点。"②这是美好的传说。杨贵妃必死于马嵬,毫无疑问。如果一个华贵娇艳的后妃,要孤单地跋涉千里,远渡重洋,也是不可能的。

还有一个传说,杨贵妃是名古屋的热田大明神的化身。唐玄宗要讨伐日本,大明神化为绝世美女,前往唐土,迷倒玄宗,所以玄宗忘却了攻击日本的计划。贵妃缢死后,灵归热田,"如今,热田神宫境内东北角有清水社(俗称清水神)长满了青苔地的石台,或者靠北进内云见山台地的古老石阶,据说是杨贵妃灵墓地遗迹。"这是美丽的神话,当然不是事实。估计奈良朝时代(公元710年至784年),尚不会有杨贵妃的传说。随着《长恨歌》(写于公元806年冬)的东传,才有种种神话传说。镰仓时代(公元1192年至1333年)末期,《溪岚拾叶集》里已有杨贵妃为热田明神的记载。及至江户时代(公元1603—1867年),《今昔物语》等书列述以杨贵妃为题材的无数话题。

据南宫博先生介绍,1963年,一位日本少女出现于电视,自称是中国杨贵妃的后裔,还展现古代文件作佐证。这件事曾引起小小的轰动。那时,南宫博先生特地赴日本搜寻材料,结果是不言而

---

① 赵翼《瓯北诗话》卷4《白香山诗》。

② 参见(日本)渡边龙策《杨贵妃复活秘史》,河北人民出版社1987年8月出版。以下关于日本传说,均据此书。

喻的,"搜访并无实际的获得"。传说,在日本,姓八木的人很多,许多人将"八木"写成"杨贵"。有人认为,八木家族和杨贵妃也许有血缘关系。南宫博先生则推测,至今在日本自称杨贵妃后裔之人,应为杨国忠的后裔。

传说虽然不是事实,但却生动地反映了杨贵妃与日本关系的佳话。为了探索这谜一般的传奇,渡边龙策先生撰了《杨贵妃复活秘史》。书中用史实与传说的触角,来捕捉杨贵妃东翔的幻想足迹,跟南宫博先生写的《杨贵妃外传》有异曲同工之妙,都值得一读。[①]

此外,当代日本杰出的作家井上靖先生写了一部历史小说《杨贵妃传》。从开元二十八年十月玄宗召寿王妃杨玉环去温泉宫伺候,到缢死于马嵬驿,凡十六年史事,安排紧凑,情节生动。显然,作者不采用贵妃东翔日本的传说,确认她必死无疑。书中人物性格鲜明,栩栩如生,尤其是杨贵妃的典型形象,一扫往昔的陈腐的"女祸"观念。对于唐史研究者来说,这是一部必读的历史小说。[②]

(五)史学与文学的两股流向

综上所述,古往今来,一千余年,唐明皇与杨贵妃故事流传如此久远广泛,是罕见的,甚至说是唯一的,谁还能找得出古代史上类似的帝王与宠妃的故事吗?

陈鸿撰《长恨歌传》时,声明:"世所不闻者,予非开元遗民,不得知。世所知者,有《玄宗本纪》在。今但传《长恨歌》云尔。"也就是说,那时就有史学与文学(包括民间传说)的两股流向。

史学流向是纪实的,以求历史真实为宗旨。从《玄宗实录》

[①] 《外传》写杨贵妃被缢而未死,救活,逃至扬州,东渡日本。

[②] 井上靖《杨贵妃传》,林怀秋译,陕西人民出版社1984年10月版。

起,经旧新《唐书》和《资治通鉴》以及其他史著,直到现代的历史研究与各种新传记。

　　文学流向是形象的,以求艺术真实为宗旨。从《长恨歌》起,经唐诗及唐人传奇笔记,到宋代乐史《杨太真外传》为一小结。《杨太真外传》(包括《开元天宝遗事》)汇集了各种故事资料,对后世小说、戏曲影响至巨。经白朴《梧桐雨》,至洪升《长生殿》又是异峰突起。可惜,鲁迅先生的创作计划没有实现,少了一部精品。不过,后来者相继推出各种历史小说包括井上靖先生的《杨贵妃传》,展现了色彩缤纷的历史画卷。此外,通过京剧、昆剧、越剧等演出,使广大群众更有了形象的了解。

　　总之,两股流向是密切相关的。前者的深入研究,是后者演化的基础。要做到艺术上真实,若没有史的研究,自然是不行的。反过来,后者的繁荣,有助于历史研究者从新的审视点处理旧史料,得出更符合历史真实的结论。完全可以预料,今后仍是史学与文学两股流向,也许搬上舞台银幕,显现于电视,更为广大群众所喜欢。古老的李杨爱情故事仍然有它的生命力,将以各种形式继续流传下去。作为史学工作者,在"百花齐放"的时代,理应出一点力量。这就是我们花费近五年岁月撰写《唐玄宗传》历史新传记的缘由。

重印后记

这部著作原题《唐玄宗传》,1990 年 8 月出版时书名改为《唐明皇与杨贵妃》。现在看来,作为历代帝王传记丛书之一,还是原题为好。这次重印,将书名恢复为《唐玄宗传》。

本书的编写、出版与重印,始终得到人民出版社中国历史编辑室同志们的帮助。特别是张维训同志,对提纲、论点和写作方法等都提出了宝贵的意见,并逐章逐节地详加审订与修改。人民出版社地图组同志代绘了地图多幅。我们再次向编辑同志们致以衷心的谢意。

全书凡二十四章。赵克尧撰写了第十、十一、十五、十六、十七、十八章,计六章。第十四章,赵克尧初稿,许道勋重新改写。其他十七章,均由许道勋执笔,并负责全书构架的处理和各章引文资料的校核。

殷切地希望读者们对本书提出批评,多多指教。

许道勋　赵克尧

1992 年 3 月于复旦大学历史系

责任编辑：于宏雷

图书在版编目（CIP）数据

唐玄宗传/许道勋，赵克尧 著.－2 版. —北京：人民出版社，2015.3
　（2024.5 重印）
　（中国历代帝王传记）
ISBN 978－7－01－014460－3

Ⅰ.①唐…　Ⅱ.①许…②赵…　Ⅲ.①唐玄宗(685~762)－传记
　Ⅳ.①K827＝422

中国版本图书馆 CIP 数据核字（2015）第 019166 号

唐玄宗传
TANGXUANZONG ZHUAN

许道勋　赵克尧　著

人民出版社 出版发行
（100706　北京市东城区隆福寺街 99 号）

北京新华印刷有限公司印刷　新华书店经销
2015 年 3 月第 2 版　2024 年 5 月北京第 3 次印刷
开本：850 毫米×1168 毫米 1/32　字数：520 千字　印张：20.75

ISBN 978－7－01－014460－3　定价：76.00 元

邮购地址 100706　北京市东城区隆福寺街 99 号
人民东方图书销售中心　电话（010）65250042　65289539